TERRARVM.
TEM ORTVS AD MVNDVM CONTEMPLANDVM. Cicero.
ALIS INCOGNITA.
Noua zemla
Tartaria.
EVROPA
ASIA
Mongol
Cathaio.
China
Turchestan.
Persia.
Natolia.
Arabia.
India orientalis.
Guzarate.
Barbaria.
Aegyptus
AFRICA.
Agisymba.
Nubia
Abissini.
Manicongo.
Melinde.
OCEANVS AETHIOPICVS.
Ia pan
MAR DI INDIA
Lantchidol mare.
Vastissimas hic esse regiones ex M. Pauli Ven: et Lud. Vartomanni scriptis peregrinationibus constat.
Psitacorum regio, sic a Lusitanis appellata ob incredibilem earum avium ibidem magnitudinem
Ab. Ortelius describ. cum privilegio decennali.
1587.
S NONDVM COGNITA.
IN REBVS HVMANIS, CVI AETER-
OTA SIT MAGNITVDO. CICERO:
VTINAM QVEMADMODVM VNIVERSA MVNDI FACIES IN CONSPECTVM VENIT, ITA PHILOSOPHIA TOTA NOBIS POSSET OCCVRRERE.
Seneca.

WELTATLAS DER ALTEN KULTUREN

AUSTRALIEN, NEUSEELAND UND DER SÜDPAZIFIK

Aus dem Englischen übersetzt
von Jens Kreutzer
Redaktion: Angelika Franz
Korrektur: Angelika Möhring
Umschlaggestaltung: Ludwig Kaiser
Herstellung: Dieter Lidl
Satz: Josef Fink GmbH, München

Redaktion und Projektleitung:
Susan Kennedy
Layout: Chris Munday
Design: Adrian Hodgkins
Bildredaktion: Linda Proud
Landkarten: Richard Watts,
Polly Senior, Tim Williams
Produktion: Clive Sparling

EIN ANDROMEDA BUCH

Druck und Bindung:
Fournier Artes Gráficas, S.A., Vitoria

Printed in Spain

ISBN 3-88472-291-3

Umschlagvorderseite: Das Bild von Thomas Bock (19. Jahrhundert) zeigt Mannalargenna, einen der »letzten Tasmanier«.

Innenspiegel: Typus Orbis Terrarum von Abraham Ortelius, Antwerpen 1570 (British Library).

Seite 2/3: Balgo Hills von Manuel Mudjidell.

Seite 4/5: Three Snakes Dreaming von Old Mick Gill.

Seite 6: Water Dreaming von Clifford Possum (Rebecca Hossack Gallery).

WELTATLAS DER
ALTEN KULTUREN

AUSTRALIEN, NEUSEELAND UND DER SÜDPAZIFIK

von Richard Nile und
Christian Clerk

Christian Verlag

INHALT

Dritter Teil: Die Zeit nach dem Kontakt mit Europäern

VORWORT

Die in diesem Kulturatlas behandelten Themen sind immens umfangreich. Es ist unmöglich, im Rahmen eines einzelnen Buches der geographischen, historischen und kulturellen Komplexität einer Region gerecht zu werden, die den Kontinent Australien, die Landmassen Neuguineas und Neuseelands sowie die vielen tausend Inseln des Südpazifiks umfaßt. Innerhalb dieses landschaftlich so vielfältigen Gebiets finden sich gewaltige Gegensätze unter den Gesellschaften und ihren Erfahrungswelten. Die Aborigines-Völker Australiens sind vielleicht die älteste kontinuierliche Zivilisation der Welt – deren Ursprünge möglicherweise in der Zeit vor 140 000 Jahren liegen –, während das östliche Polynesien der letzte Teil der Erde war, der von der Menschheit kolonisiert wurde. Die Besiedlung von Neuseeland (Aotearoa) durch die Maori fand vor lediglich 1000 Jahren statt.

Der Pazifikraum war die letzte Region der Welt, die in Kontakt mit den Europäern kam. Ihr Eintreffen vor weniger als 500 Jahren sollte für die ansässigen Völker tiefgreifende und oft katastrophale Konsequenzen haben. Als sie erstmals in den Pazifik vordrangen, besaßen die Europäer ein größeres Wissen über die Bewegungen der Sterne und Planeten am Himmel als über die Geographie der Erde. Dies dämpfte jedoch ihren Enthusiasmus für Spekulationen über die andere Seite der Erdkugel nicht. Reiseberichte erzählten von exotischen Tieren und Pflanzen und von Menschen, die in einer verkehrten Welt lebten. Kartenzeichner erfanden Küstenlinien und füllten die weißen Flecken mit Bergketten, Wüsten und Flüssen. Die Vorstellung eines Großen Südlandes mit unermeßlichen Reichtümern beherrschte die europäische Vorstellungswelt für Generationen: Erst mit den Entdeckungsreisen Ende des 18. Jahrhunderts verschwand der Glaube an diesen Mythos.

Europäische Kunst und Literatur stellten die Völker des Pazifiks einerseits als rohe Wilde dar, als das fehlende Bindeglied zwischen Mensch und Affe, andererseits auch als die glücklichen und unschuldigen Bewohner des einstigen Gartens Eden. Es ist ein Ziel des Buches, das Fortbestehen dieses populären Bildes aufzuzeigen, das heute nach wie vor die Vorstellung vom Pazifik beeinflußt. In Reiseprospekten und Filmen werden pazifische Inseln immer noch als exotische Orte von Liebe und Abenteuer gezeigt, während Australien als der älteste und entlegenste Kontinent der Erde dargestellt wird. Der Pazifikraum steht jedoch im Mittelpunkt der aktuellen Weltpolitik. In den Jahrzehnten nach dem Zweiten Weltkrieg wurden frühere koloniale Bindungen von neuen internationalen Handelsbündnissen abgelöst, vor allem mit den Ländern Asiens und mit den USA. Organisationen innerhalb der Region, wie etwa das South Pacific Forum, bieten den Pazifikstaaten eine Möglichkeit des Gedankenaustausches und der Diskussion von Angelegenheiten allgemeinen Interesses. Der Gebrauch des Pazifiks als Versuchslabor für Atomwaffen durch außenstehende Kolonialmächte hat alle pazifischen Völker besonders auf die Bedrohung aufmerksam gemacht, der ihre einzigartigen und zerbrechlichen Lebensräume ausgesetzt sind. Klimaveränderungen und Treibhauseffekt gefährden die Existenz der tiefgelegenen Pazifikinseln, verursachen anhaltende Dürreperioden in einigen Teilen Australiens und begünstigen das häufige Entstehen von schweren Wirbelstürmen in anderen.

Der Weltatlas der alten Kulturen: Australien, Neuseeland und der Südpazifik beginnt seinen allgemeinen Überblick über die reichen kulturellen Traditionen der Region mit der Ankunft der ersten Völker in Australien vor 140 000 bis 60 000 Jahren. Das Alter der ältesten bekannten Fundstätte Melanesiens wird auf 40 000 Jahre geschätzt, und die Besiedlung hat vielleicht schon viel früher begonnen. Vor etwa 6000 Jahren begann eine neue Bevölkerung nach Melanesien einzuwandern, die Austronesier. Sie waren die Vorfahren der Polynesier, der Seefahrer, die gegen 1000 v. Chr. das Inseldreieck von Fidschi, Samoa und Tonga kolonisiert hatten und in den folgenden 2000 Jahren die entferntesten Regionen des Ostpazifiks von Hawaii bis zur Osterinsel und Neuseeland bevölkerten. Die europäische Besiedlung veränderte den Pazifikraum für immer. Die Europäer beharrten auf ihrer Geringschätzung und Ignorierung der vielfältigen und komplexen Kulturen der pazifischen Gemeinschaften. Erst seit den 60er Jahren kommen einheimische kulturelle Identität und Tradition wieder stärker zur Geltung.

Die weißen Siedlergemeinschaften, die sich während des späten 18. und des gesamten 19. Jahrhunderts in Australien und Neuseeland etablierten, verdrängten die ansässigen Völker von ihrem angestammten Land und zerstörten ganze Gesellschaftsgefüge. Die Besiedlung Australiens als Strafkolonie durch die Briten war in der Geschichte der Menschheit ein Einzelfall. Seine Vergangenheit der Sträflinge und Pioniere formte die Legenden von der Gründung der Nation und beeinflußt noch immer seine kulturelle Identität. Darüber hinaus kam es in den letzten Jahren zu einer Renaissance der kulturellen Identität unter den Völkern der Aborigines und der Maori. Das Landbesitzrecht ist zu einem heftig umkämpften Politikum geworden, das die Siedlergemeinschaften zwang, sich selbst und ihre Beanspruchung des Landes in einem neuen Licht zu sehen.

Diese und andere Themen werden in diesem Buch behandelt, das von zwei Autoren verfaßt wurde. Christian Clerk schrieb die Kapitel über die Pazifikgesellschaften vor dem Kontakt mit Europäern und die heutige Südpazifikregion. Alle anderen Kapitel stammen von Richard Nile.

Vorhergehende Doppelseite:
Dämmerung über der Ile des Pins (Neukaledonien).

ERSTER TEIL

DER GEOGRAPHISCHE HINTERGRUND

CHINA
Jangtsekiang
Shanghai
Kyushu
Shikoku
JAPAN
OSTCHINESISCHES MEER
BONINGRABEN
Riukiu-Inseln
RIUKIUGRABEN
Ogasawara Gunto (Bonininseln) (jap.)
Kazan Retto (Vulkaninseln) (jap.)
Midway-Inseln (USA)
Taipei
Wendekreis des Krebses
MACAO (port.)
HONG KONG (brit.)
Taiwan
Hanoi
Hainan
LAOS
VIETNAM
Luzon
Manila
PHILIPPINISCHE SEE
NÖRDLICHE MARIANEN (USA)
Saipan
GUAM (USA)
Guam
Agaña
MARIANENGRABEN
Wake (USA)
MITTELPAZIFISCHER RÜCKEN
MARSHALL-INSELN
Enewetak
SÜD-CHINESISCHES MEER
Mindoro
Panay
Samar
Palawan
PHILIPPINEN
PHILIPPINENGRABEN
Negros
SULU-SEE
Mindanao
Yap-Inseln
Babelthuap
Koror
PALAU
Karolinen
Palikir
Pohnpei
FÖDERIERTE STAATEN VON MIKRONESIEN
Ralik-Kette
Ratak-Kette
Dalap-Uliga-Darrit
Majuro
BRUNEI
Begawan
MALAYSIA
Borneo
CELEBESSEE
Halmahera
SALOMONEN-PLATEAU
Bairiki
Tarawa
Gilbert-Inseln
Yaren
Nauru
NAURU
Bangka
Sulawesi
Admiralitäts-inseln
Neuirland
Sumatra
INDONESIEN
Buru
Ceram
Djalaspitze 5029
Neuguinea
Mount Wilhelm 4500
Neubritannien
Bougainville
SALOMONEN
JAVASEE
BANDA-SEE
PAPUA-NEUGUINEA
TUVALU
Jakarta
Java
Flores
SALOMONEN-SEE
Fongafale
Funafuti
Sumbawa
Timor
ARAFURASEE
Port Moresby
Honiara
Guadalcanal
SUNDAGRABEN
Sumba
Kap York
Santa-Cruz-Inseln
TIMOR-SEE
Darwin
Golf von Carpentaria
GREAT-BARRIER-RIFF
KORALLENSEE
VANUATU
Espiritu Santo
CORAL SEA ISLANDS TERRITORY (austr.)
Vanua Levu
FIDSCHI
Viti Levu
Suva
Efaté
Port-Vila
NEU-KALEDONIEN (frz.)
Große Sandwüste
GREAT DIVIDING RANGE
Nordwest-kap
Wendekreis des Steinbocks
MACDONNELL RANGES
Alice Springs
Neu-kaledonien
Loyalty-Inseln
Nouméa
Gibsonwüste
AUSTRALIEN
Brisbane
Große Victoria-wüste
Lake Eyre
Norfolk (austr.)
Nullarbor-Ebene
Lake Torrens
Lord Howe (austr.)
Perth
Darling
LORD-HOWE-SCHWELLE
Murray
Sydney
Große Australische Bucht
Kap Leeuwin
Adelaide
Canberra
Nordkap
DIAMANTINAGRABEN
Känguruh-insel
Mount Kosciusko 2230
Auckland
Melbourne
TASMANSEE
Nord-insel
Bass-Straße
Cook-Straße
Wellington
Tasmanien
INDISCHER OZEAN
Hobart
Süd-insel
Christchurch
Südost-kap
Mount Cook 3764
NEU-SEELAND
TASMANSCHWELLE
Stewart-Insel
Bounty-Inseln (neuseel.)
MACQUARIESCHWELLE
Antipoden-Inseln (neuseel.)
Auckland-Inseln (neuseel.)
ÖSTLICHER INDISCH-ANTARKTISCHER RÜCKEN
Campbell-Insel (neuseel.)
30°
10°
0°
10°
20°
30°
40°
50°
110°
120°
130°
140°
150°
160°
170°

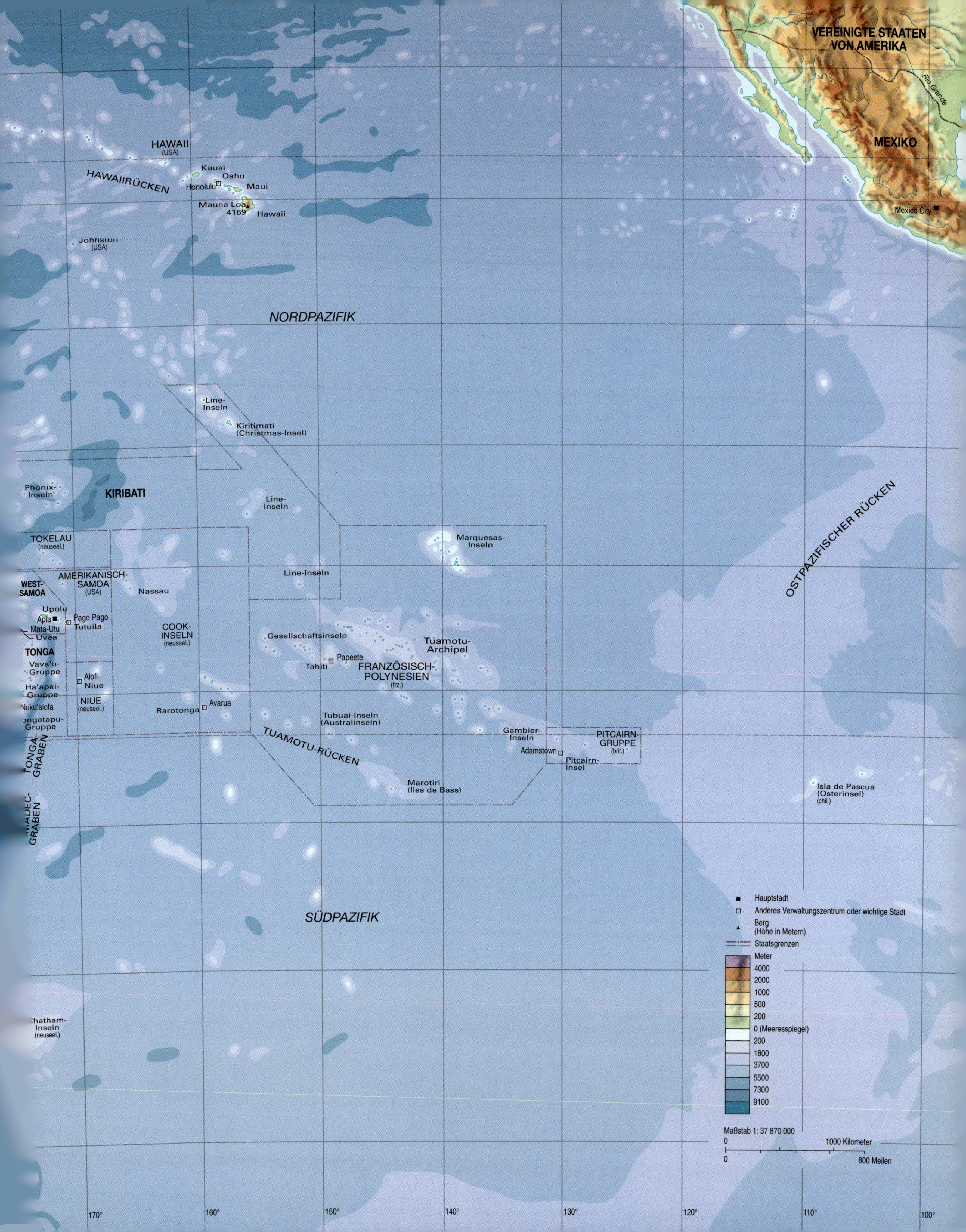

VEREINIGTE STAATEN VON AMERIKA
Rio Grande
MEXIKO
Mexico City
HAWAII
(USA)
HAWAIIRÜCKEN
Kauai
Oahu
Honolulu
Maui
Mauna Loa
4169
Hawaii
Johnston
(USA)
NORDPAZIFIK
Line-Inseln
Kiritimati
(Christmas-Insel)
Phönix-Inseln
KIRIBATI
Line-Inseln
Marquesas-Inseln
TOKELAU
(neuseel.)
WEST-SAMOA
AMERIKANISCH-SAMOA
(USA)
Nassau
Line-Inseln
OSTPAZIFISCHER RÜCKEN
Upolu
Apia
Pago Pago
Tutuila
Mata-Utu
Uvéa
COOK-INSELN
(neuseel.)
Gesellschaftsinseln
Tuamotu-Archipel
TONGA
Vava'u-Gruppe
Tahiti
Papeete
FRANZÖSISCH-POLYNESIEN
(frz.)
Ha'apai-Gruppe
Alofi
Niue
NIUE
(neuseel.)
Nuku'alofa
Rarotonga
Avarua
Tongatapu-Gruppe
Tubuai-Inseln
(Australinseln)
TONGA-GRABEN
TUAMOTU-RÜCKEN
Gambier-Inseln
Adamstown
PITCAIRN-GRUPPE
(brit.)
Pitcairn-Insel
Marotiri
(Iles de Bass)
Isla de Pascua
(Osterinsel)
(chil.)
KERMADEC-GRABEN
SÜDPAZIFIK
Hauptstadt
Anderes Verwaltungszentrum oder wichtige Stadt
Berg
(Höhe in Metern)
Staatsgrenzen
Meter
4000
2000
1000
500
200
0 (Meeresspiegel)
200
1800
3700
5500
7300
9100
Chatham-Inseln
(neuseel.)
Maßstab 1: 37 870 000
0
1000 Kilometer
0
800 Meilen
170°
160°
150°
140°
130°
120°
110°
100°

OZEAN UND INSELN

Eine unermeßlich große Wasserfläche

Der Pazifische Ozean ist die größte für sich stehende geographische Einheit der Erde. Er erstreckt sich über eine Fläche von 165 Millionen Quadratkilometern – ein Drittel der Erdoberfläche – und besitzt ein Wasservolumen, das mehr als doppelt so groß ist wie das des Atlantiks, des zweitgrößten Ozeans. Von Norden nach Süden dehnt er sich 15 000 Kilometer aus, von der Beringstraße am nördlichen Polarkreis bis zu den eisigen Gewässern der Antarktis – über fast die gesamte Länge der Erde. An seiner breitesten Stelle, fünf Grad nördlich des Äquators, umspannt er 180 Breitengrade und reicht 20 000 Kilometer weit von der Malaiischen Halbinsel im Westen bis zur Küste Kolumbiens im Osten.

Der Pazifik ist so groß, daß er die gesamte Landmasse der Welt in sich aufnehmen könnte, ohne daß sein Wasser komplett verdrängt würde; und selbst dann gäbe es noch genug Spielraum, um einen siebten Kontinent von der Größe Asiens unterzubringen. Wissenschaftler haben darüber spekuliert, daß es einstmals einen melanesischen Kontinent gegeben haben könnte, der vor Millionen von Jahren versank, als Struktur und Zusammensetzung der Erdoberfläche einem fundamentalen Wandel unterworfen wurden. Sehr alte Felsformationen auf einigen der melanesischen Inseln (Neuguinea und seine vorgelagerten Archipele, die Salomonen, Vanuatu und Neukaledonien) bekräftigen diese Theorie, doch ohne weitere Beweise bleibt sie ein phantastisches Gedankenspiel, ähnlich dem sagenumwobenen Atlantis der alten europäischen Legenden.

Die gewaltige Fläche des Pazifiks ist mit mehr als 20 000 Inseln gesprenkelt – diese Zahl repräsentiert 80 Prozent aller Inseln der Welt. Bei weitem die meisten von ihnen sind jedoch kleine, unbewohnte Korallenatolle, die sich kaum über die Meeresoberfläche erheben. Die pazifischen Inseln besitzen insgesamt nur eine Fläche von 1,3 Millionen Quadratkilometern: Jedem Quadratkilometer an Landmasse im Pazifik stehen um die 130 Quadratkilometer an Wasserfläche gegenüber. Neuguinea macht 70 Prozent der gesamten Landmasse aus, Neuseeland 20 Prozent; die übrigen zehn Prozent setzen sich aus den Tausenden von kleineren Inseln zusammen, die größtenteils im Mittel- und Südpazifik zwischen dem Wendekreis des Krebses (nördlicher) und dem des Steinbocks (südlicher) liegen. Die etwa 15 Inseln des Cook-Archipels in der Nähe der geographischen Mitte des Pazifiks haben eine Gesamtfläche von weniger als 250 Quadratkilometern, die auf eine Wasserfläche von über 2 Millionen Quadratkilometern verteilt sind – ein Verhältnis von etwa einem Quadratmeter Land zu je zehn Quadratkilometer Wasseroberfläche. Viele Inseln sind von ihren nächsten Nachbarn durch gewaltige Ozeanmassen getrennt: Die Osterinsel zum Beispiel ist einer der entlegensten Orte der Erde – mehr als 3500 Kilometer trennen sie von der chilenischen Küste Südamerikas, und die Pitcairn-Insel, ihr nächster im Westen gelegener Nachbar, ist 2000 Kilometer entfernt. Die ausgedehnte, unbewohnte Antarktis definiert die Südgrenze des Pazifischen Ozeans, während an seinem südwestlichen Rand der Altkontinent Australien liegt. Obwohl Australien der kleinste Kontinent ist, umfaßt es dennoch ungefähr 8,5 Millionen Quadratkilometer, mehr als sechsmal soviel wie die gesamte Landmasse der pazifischen Inseln.

Der pazifische Feuerring

Tief unter der Meeresoberfläche kennzeichnen drei hervorstechende physiographische Besonderheiten den Grund des Pa-

Unten: Ein Korallenstrand mit sich leicht in der tropischen Brise wiegenden Palmen – dieses Bild entspricht der populären Vorstellung von den Inseln im Pazifik: Upolu in West-Samoa mit seinen fast bis an das Wasser heranreichenden Palmen ist typisch dafür. Mehr als zwei Drittel aller Palmenarten finden sich im pazifischen Raum, und auf fast jeder seiner mehr als 20 000 Inseln wachsen Palmen, von kleinen Sträuchern bis zu den hohen Kokospalmen. Die Arten, die hier wachsen, stammen aus Asien und wurden durch Meeresströmungen (die Kokosnuß kann selbst nach monatelangem Treiben im Meer noch keimen) und Seefahrer auf die Inseln gebracht. Kokosnüsse waren für die frühen Kanufahrer als Nahrungs- und Flüssigkeitsquelle von großem Wert, und Palmenerzeugnisse, insbesondere Kopra (das getrocknete Fruchtfleisch der Kokosnuß), sind noch heute wesentlicher Bestandteil der regionalen Ökonomie. Palmen sind robuste Pflanzen: Sie widerstehen den gelegentlich auftretenden heftigen Stürmen und dem beständig hohen Salzgehalt.

zifiks. Die größte von ihnen ist das Zentralpazifische Becken: Die Erdkruste ist hier nur vier bis sechs Kilometer dick, und das Gebiet ist insgesamt relativ einförmig, bis auf den Westen und das Zentrum, wo vulkanische Eruptionen Tausende heute größtenteils inaktiver Vulkankegel aufgetürmt haben, die als Inseln aus dem Meer ragen. Westlich des Zentralpazifischen Beckens liegt das breite westliche Schelfgebiet, eine geographisch komplexere Region, die durch Asien und Australien vorgelagerte untermeerische Kontinentalplatten charakterisiert wird. An der östlichen Randzone ragt ein viel schmalerer Rücken von den Küstenlinien Nord- und Südamerikas ausgehend in den Ozean.

Diese Charakteristika sind das Resultat massiver Bewegungen der Erdkruste, die schon seit Millionen von Jahren anhalten. Die äußerste Schicht der Erde besteht aus gewaltigen Schollen, sogenannten tektonischen Platten, die einen Anteil ozeanischer oder kontinentaler Kruste – oder beides – umfassen und fest mit einem Stück der darunterliegenden starren Schicht des oberen Erdmantels verbunden sind. Vor ungefähr 160 Millionen Jahren bildeten die Antarktis, Australien, Südamerika, Indien, Afrika und ein Teil Südostasiens den zusammenhängenden Großkontinent Gondwanaland. Dieser begann zu zerbrechen und sich in kleinere Platten aufzuteilen, die sich in Bewegung setzten und über einen langen geologischen Zeitraum hinweg allmählich auseinandertrieben. Die Landmassen, die einmal Indien und Afrika werden sollten, brachen zuerst ab, dann trennte sich Australien von der Antarktis, und die Kontinente nahmen nach und nach ihre heutige Form an.

Sämtliche tektonischen Platten der Erde bewegen sich beständig und sehr langsam, mit Geschwindigkeiten von ein paar Millimetern bis zu einigen Zentimetern pro Jahr, in Relation zueinander. Die Indisch-australische Platte verschiebt sich jährlich um etwa sieben Zentimeter in nordöstliche Richtung, während die riesige Platte, die den Pazifik trägt und jene seitlich schneidet, sich nach Nordwesten bewegt. Die Randzonen der Platten sind Gebiete beträchtlicher geophysikalischer Aktivität, charakterisiert durch häufige Erdbeben und vulkanische Eruptionen. Wo Platten auseinanderdriften, wird die Erdkruste durch die Dehnung geschwächt. Magma aus dem Erdkern bricht als geschmolzenes Gestein aus der Spalte hervor und bildet weitläufige Gebirgsrücken auf dem Meeresgrund, wie beispielsweise den Südpazifischen Rücken. Manchmal kann es die Meeresoberfläche durchbrechen und läßt dann gefaltete Gebirgsketten entstehen. Die beiden neuseeländischen Inseln befinden sich auf dem Spalt zwischen der Indisch-australischen und der Antarktischen Platte. Ihre geologische Formation ergibt sich durch das Schieben und Schleifen dieser Platten, die kontinuierlich auseinanderdriften und so entlang der Südinsel parallele Ketten hoch aufragender Faltengebirge bilden.

Die Geologie des pazifischen Raums
Die Erdoberfläche oder Lithosphäre besteht aus einer Anzahl gewaltiger tektonischer Platten. Bei einer geschätzten Stärke von 50 bis 100 Kilometern sind diese Platten im allgemeinen stabil, wo sie jedoch aneinandergrenzen und kollidieren, kommt es zu heftiger geologischer Aktivität. Im pazifischen Raum treffen mehrere Platten aufeinander: Sie falten Gebirgsketten auf und lassen tiefe Meeresgräben entstehen. Erdbeben und Vulkanausbrüche gehören für die Völker der pazifischen Randzone zum Alltag, insbesondere in der Region Südostasiens und Japans, wo drei der großen Kontinentalplatten der Erde – die Pazifische, die Indisch-australische und die Eurasische Platte – im Umkreis der kleineren Philippinischen Platte aufeinandertreffen. Im Gegensatz dazu besitzt Australien – die aus dem Wasser ragende Landfläche der Indisch-australischen Platte – keine Vulkane und ist so gut wie nie von Erdbeben betroffen.

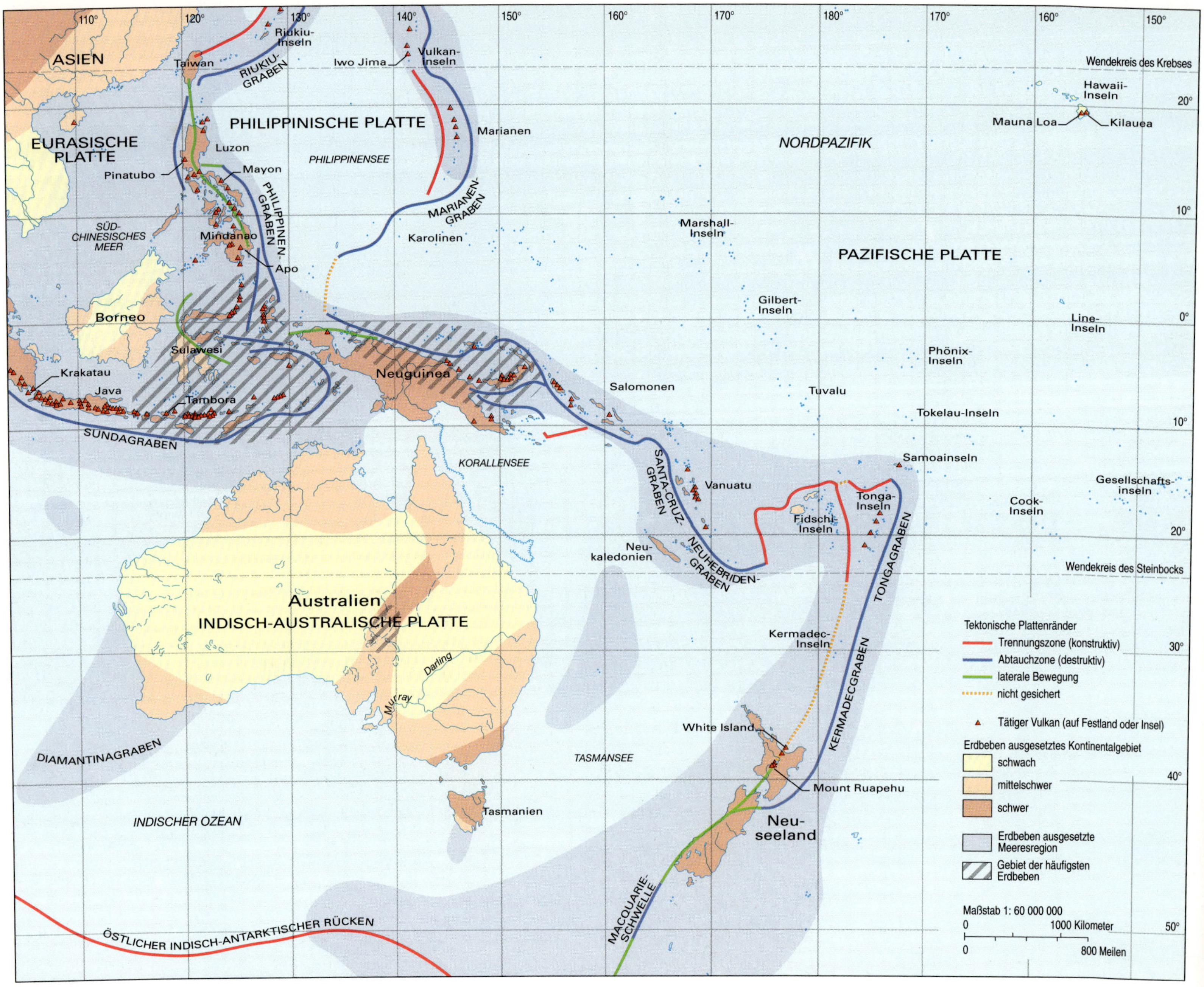

Oben: Ungefähr 80 Prozent der auf 13 000 geschätzten aktiven Vulkane der Welt befinden sich in der Pazifikregion, geschaffen durch Schwachpunkte in der Erdkruste und Bewegungen an den Kontaktpunkten der Kontinentalplatten. White Island (Whakaari) in der Bay of Plenty am nördlichen Ende Neuseelands ist die Spitze eines Unterwasservulkans. Dieser Name wurde der Insel 1769 von Kapitän James Cook wegen der weißen Wolken gegeben, die aus ihrem Krater herausquellen und aus einer Mischung von Asche, Dampf und Gas bestehen. Sie liegt in der Grenzzone der Indisch-australischen und der Antarktischen Platte, auf einer Linie, die nordwärts in den Kermadec- und Tongarücken reicht.

Stoßen zwei Platten frontal aufeinander, so wird die eine Platte unter die andere gedrückt, wobei auf einer Seite Gebirgsketten und Vulkane aufgetürmt werden und auf der anderen tiefe Meeresgräben entstehen. Im südwestlichen und westlichen Pazifik, wo die Pazifische Platte auf die Indisch-australische Platte und die in südöstlicher Richtung treibende riesige Eurasische Platte trifft, haben sich der Kermadecgraben und -rücken, der Tongagraben und -rücken, der Yapgraben und -rücken sowie der Marianengraben und -rücken gebildet. Weiter im Norden verlaufen parallel zu den japanischen Inseln der Japangraben, der Kurilengraben und -rücken, und am nördlichen Rand des Pazifiks folgt der Aleutengraben dem Bogen der Aleuten-Inselgruppe. Am augenfälligsten von allen ist die sich schlängelnde Linie des Peru- und des Atacamagrabens in der Kollisionszone der Antarktischen und der Südamerikanischen Platte, die in der massiven Auffaltung der Anden ihre Entsprechung findet. Andere Platten schieben sich seitlich aneinander vorbei: Die Nordamerikanische Platte zum Beispiel bewegt sich nach Nordwesten, während die angrenzende Pazifische Platte in Richtung Südosten treibt. Dies verursacht Auffaltungen sowie ein Niederdrücken der Platten und läßt Hauptbruchlinien wie den Sankt-Andreas-Graben entstehen. Der Zirkumpazifische Gürtel – üblicherweise als pazifischer Feuerring bezeichnet – ist die instabilste Region der Erde. Hier ereignen sich mehr vulkanische Eruptionen und Erdbeben als irgendwo anders auf der Welt. Die größte Aktivität tritt tief unter der Meeresoberfläche auf und verursacht auf den kontinentalen Landmassen wenig mehr als leichte Erschütterungen, doch die Schockwellen dieser Unterwassereruptionen lassen riesige Wellen, die *tsunami* (ein japanischer Ausdruck), entstehen. Auf ihrem Weg über die Oberfläche des Ozeans gewinnen die *tsunami* an Größe, und sie können gewaltigen Schaden anrichten, wenn sie auf eine Insel oder Küste treffen.

Meeresströmungen und Winde

Die durchschnittliche Meerestiefe im Pazifischen Becken beträgt etwa vier Kilometer. Im Marianengraben, dem tiefsten Meeresgraben der Welt, erreicht sie mehr als elf Kilometer. Die Gewässer des Pazifiks bewegen sich in einer Reihe von komplexen Strömungskreisläufen, die teilweise von der Einwirkung des Windes auf die Wasseroberfläche herrühren und teilweise durch Konvektionsprozesse hervorgerufen werden. In den kalten Meeren rund um die Antarktis treiben die vorherrschenden westlichen Winde die Meeresströmung ostwärts (Westwinddrift). Wenn diese am Kontinentalschelf von Südamerika ankommt, wird sie in nördlicher Richtung als der kalte Peru- oder Humboldtstrom entlang der Küste abgelenkt.

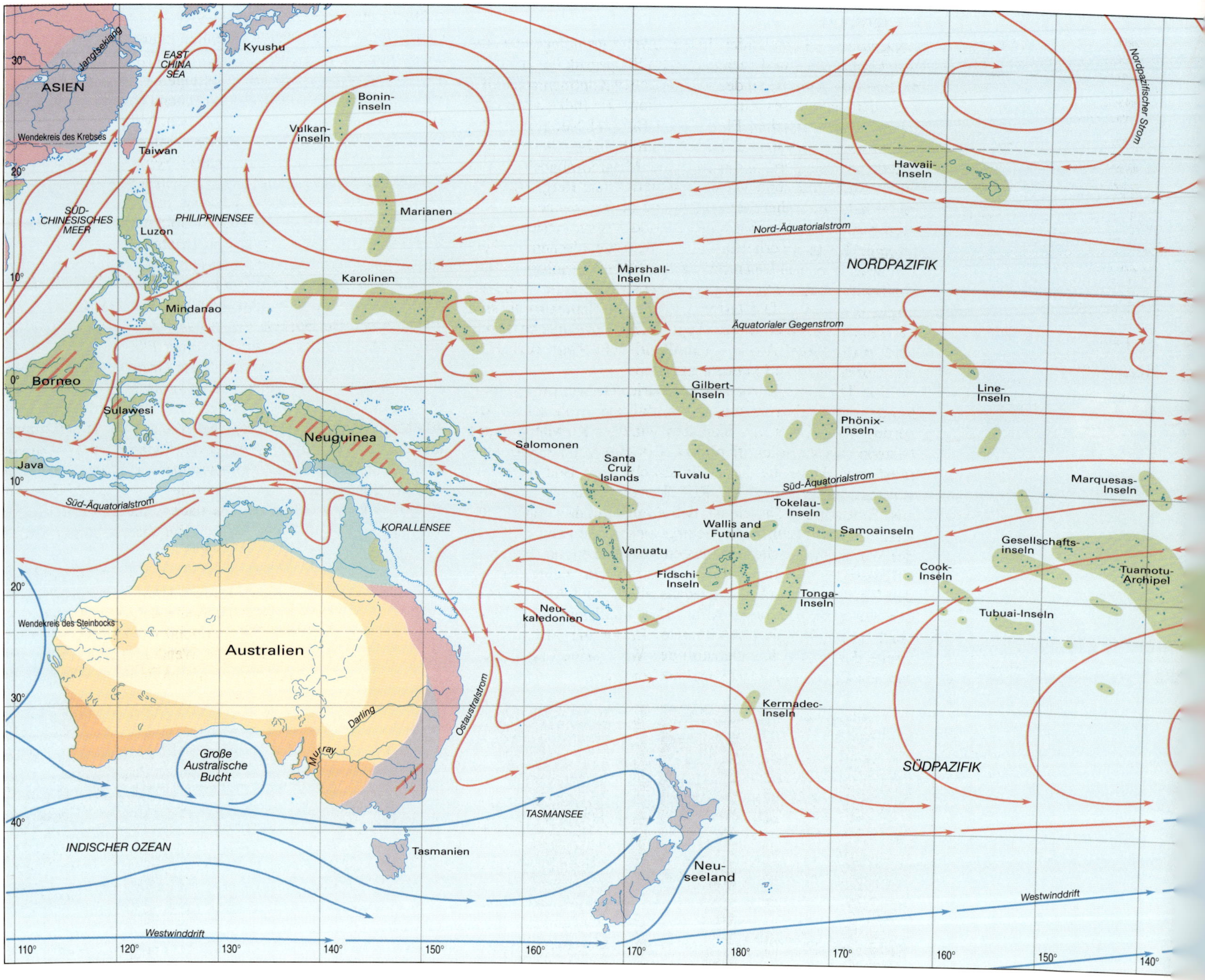

Meeresströmungen und Klimagebiete
Der Großteil der pazifischen Inseln liegt innerhalb der Innertropischen Konvergenzzone zwischen dem Wendekreis des Krebses und dem des Steinbocks, wo das ganze Jahr über Niederschläge auftreten. Der gewöhnliche, gegen den Uhrzeigersinn laufende Kreislauf der südlichen Strömungen und Winde, die am Äquator warmes Wasser von Osten nach Westen und im Südpazifik kaltes Wasser von Westen nach Osten bewegen, wird jedoch regelmäßig von einem Phänomen unterbrochen, das man den El-Niño-Effekt nennt. Dieser tritt auf, wenn die Wassertemperatur des Südpazifiks ansteigt, und bewirkt, daß der normale Kreislauf sich umkehrt. Regenbringende Winde fegen dann über die sonst sehr trockene Küste Südamerikas, während das Abreißen der östlichen Luftströmungen die Niederschlagsmenge im pazifischen Raum verringert, was an der Ostküste Australiens eine schwere Dürre zur Folge hat. Man nimmt an, daß der El-Niño-Effekt durch die globale Erwärmung verstärkt wird.

Beim Erreichen der Tropen erwärmt sich das Oberflächenwasser und wird von den vorherrschenden ablandigen südlichen Passatwinden von der Küste fortgedrängt. Die nährstoffreiche Schicht kalten Wassers unter dem Oberflächenwasser steigt empor, um dessen Platz einzunehmen – ein Vorgang, der Auftriebsströmung genannt wird. Die Meeresströmung wird gegen den Uhrzeigersinn abgelenkt und bildet den Süd-Äquatorialstrom, der nach Süden abknickt, wenn er die Landmasse Neuguineas und Australiens erreicht. Der warme Ostaustralstrom trifft in der Tasmansee wieder auf das kalte Wasser der Westwinddrift. Im nördlichen Pazifik findet zwischen den arktischen und den Äquatorialgewässern eine vergleichbare Zirkulation statt.

Die Passatwinde, die auf der Höhe der Wendekreise des Krebses und des Steinbocks entstehen und am Äquator aus südöstlicher und nordöstlicher Richtung kommend aufeinandertreffen, dominieren das Klima der ozeanischen Inseln. In der Innertropischen Konvergenzzone (Innertropical Convergence Zone, ITC), wo sich die Winde begegnen, steigt warme Luft bis zu einer Höhe von 12 bis 15 Kilometern auf – es bilden sich hoch aufgetürmte Kumuluswolken, und es fällt starker Regen. Die Innertropische Konvergenzzone wandert nördlich und südlich des eigentlichen Äquators hin und her, wobei sie der geographischen Länge folgt, auf der die Mittagssonne jeweils senkrecht steht. Die Winde dieser Zone sind gewöhnlich leicht und unbeständig – daher rührt die wissenschaftliche Bezeichnung »Kalmengürtel«. Dennoch gibt es häufig tropische Wirbelstürme, die als Zyklone, Hurrikane oder Taifune bekannt sind.

Diese starken regenbringenden Tiefdruckgebiete treten auf, wenn die Oberflächentemperatur des Ozeans auf 27 Grad Celsius ansteigt. Dann entsteht ein Gebiet äußerst geringen Luftdrucks, das durch die Erdrotation in eine Drehbewegung versetzt wird. Wasserdampf wird in den Wirbel hineingesogen und bildet so eine strudelförmige Wolke, wodurch die Verdunstungsrate beschleunigt wird, sich mehr Wasserdampf ansammelt und der Luftdruck noch weiter abfällt. Wenn sich der Wirbelsturm herausbildet, können Windgeschwindigkeiten von bis zu 300 Stundenkilometern erreicht werden, die eine schmale Spur der Verwüstung hinterlassen. Doch der Zyklon selbst bewegt sich langsamer vorwärts, und in seinem Zentrum (das das »Auge des Sturmes« genannt wird) herrscht eine seltsam anmutende Stille. Der Zyklon bewegt sich vom Äquator fort und löst sich schließlich auf, wenn er kühlere Gewässer erreicht, wobei er über einem weit größeren Gebiet abregnet.

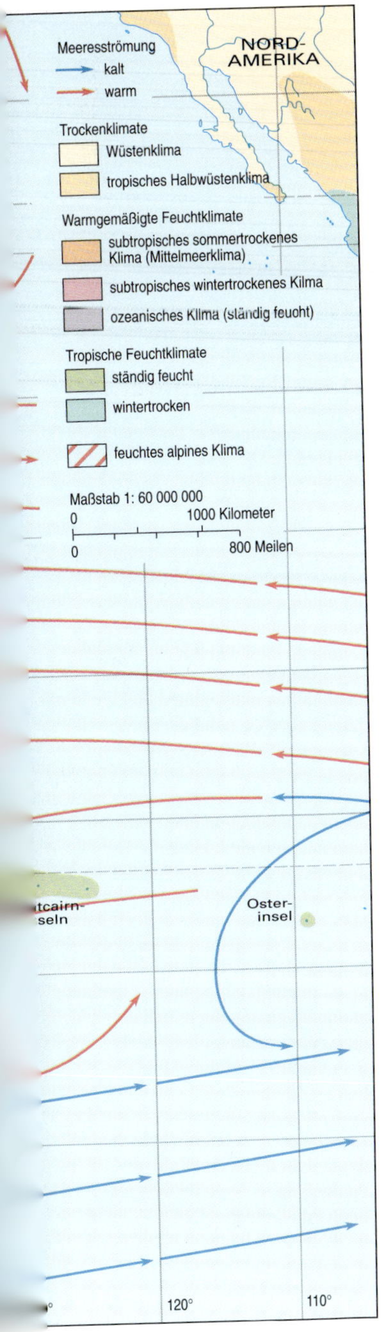

Inselgruppen

Geographen unterscheiden Inseln zweier grundlegender Typen: kontinentale und ozeanische. Im Südpazifik liegen kontinentale Inseln am Rand des Australischen Kontinentalschelfs, nahe dem Punkt des Zusammentreffens der Indisch-australischen und Pazifischen Platte, zum Beispiel Neuguinea, die Salomonen und Vanuatu. Diese Inseln bestehen aus vulkanischem sowie altem Sediment- und Metamorphgestein, das durch Auffaltung und Verwerfung zerklüftete Bergketten gebildet hat, und daher weisen sie eine breite Spanne von Klimazonen, Bodenbeschaffenheiten und Vegetationsarten auf. Ozeanische Inseln erheben sich aus dem ozeanischen Becken. Die hoch über den Meeresspiegel ragenden ozeanischen Vulkaninseln – aus der See emporgewachsene Vulkane – sind gebirgig und felsig. Die Osterinsel und die Samoainseln sind klassische Vertreter dieses Typs. Flache ozeanische Inseln sind in der Regel Atolle – Korallenriffe in Ring- oder Hufeisenform, die eine Lagune umschließen.

Eine Theorie, die zuerst von Charles Darwin im 19. Jahrhundert formuliert wurde, lautet, daß ein Atoll seinen Ursprung als ein aus den Skeletten winziger Korallenpolypen bestehendes Korallenriff nimmt, das eine vulkanische Insel umsäumt: Wenn die Insel allmählich durch Bodensenkung versinkt, ragt nur noch das Riff über den Meeresspiegel hinaus. Eine andere Theorie ist, daß Atolle von den Gipfeln unterseeischer Vulkane oder Gebirgsrücken, die nahe genug an der Wasseroberfläche sind, aus emporwachsen, um Kolonien riffbauender Korallen Lebensraum zu bieten. Keine der beiden Theorien ist völlig zufriedenstellend, und Atolle entstehen vielleicht auf beide Arten. Das Kwajalein-Atoll (Marshall-Inseln) ist mit 130 Kilometer Länge und 30 Kilometer Breite das größte Korallenatoll der Welt: Seine Lagune umfaßt ein Gebiet von 1600 Quadratkilometern.

Die Inseln des Pazifischen Beckens (oft kollektiv als Ozeanien bezeichnet) werden gewöhnlich in drei klar voneinander unterschiedene Regionen aufgeteilt: Mikronesien, Polynesien und Melanesien. Diese Gruppierungen verdanken ihre Existenz angenommenen ethnographischen Diskrepanzen, die im 19. Jahrhundert unterschieden wurden. Mikronesien liegt im Osten der Philippinen, zum größten Teil zwischen dem nördlichen Wendekreis und dem Äquator. Seine verstreuten Inselgruppen umfassen sowohl hohe vulkanische Inseln als auch Korallenatolle: Palau beispielsweise besteht aus 340 Korallen- und Vulkaninseln, die auf der Spitze des Kyushu-Palau-Rückens sitzen, und die Marshall-Inseln setzen sich aus zwei parallelen Ketten von Koralleninseln und Atollen zusammen, die auf den vulkanischen Ralik- und Ratak-Unterwassergebirgsketten ruhen. Die gebirgigen Marianen sind eine Kette vulkanischer Berggipfel, die entlang des Marianengrabens aufgeworfen wurden. Guam, mit einer Fläche von 541 Quadratkilometern die größte Insel dieser Gruppe, wird durch ein Kalksteinplateau im Norden und vulkanische Hügel im Süden charakterisiert, von denen der höchste, Mount Lamlan, sich 406 Meter über den Meeresspiegel erhebt. Yap, Truk, Pohnpei und Kosrae, die vier Hauptinseln der Föderierten Staaten von Mikronesien (der ehemaligen Karolinen), sind ebenfalls hohe vulkanische Inseln, doch Kiribati (die ehemaligen Gilbert-Inseln) besteht ausschließlich aus flachen Korallenatollen, die sich mehr als 3000 Kilometer von Banaba im Westen bis zu den Line-Inseln im Osten erstrecken.

Die Inselgruppen Polynesiens bilden ein gewaltiges Dreieck im östlichen Pazifik, das von den Hawaii-Inseln am nördlichen Wendekreis bis nach Neuseeland (zwischen dem 34. und 47. Grad südlicher Breite) reicht, wobei die Osterinsel, ein wenig südlich des südlichen Wendekreises gelegen, die dritte Ecke bildet. In der Mitte dieser Pfeilspitze liegen die

Rechts: Aitutaki im Cook-Archipel ist ein fast vollständig hufeisenförmiges Korallenatoll, das eine Lagune umschließt. Die kleinen Eilande in der Mitte und am unteren Rand des Bildes sind Überreste des erloschenen Vulkankegels, der – nach einer Theorie über das Entstehen von Atollen – unter den Meeresspiegel gesunken ist und nur das ihn umsäumende Korallenriff an der Oberfläche zurückließ.

Samoainseln. Die Hauptinseln Savaii, Tutuila, Upolu und die Manua-Inselgruppe mit Ofu, Olosega und Tau sind hoch und zerklüftet – der höchste Gipfel ist mit 1859 Metern der Silisili auf Savaii –, doch es gibt viele Korallenriffe. Östlich von ihnen befinden sich die Cook-Inseln, die gleichfalls das Resultat vulkanischer Aktivität sind. Die Hauptinsel Rarotonga ist sechs Kilometer breit und erhebt sich zu einer Höhe von etwas mehr als 650 Metern. Die nördlichen Cook-Inseln, unter ihnen Penehyn, Manihiki und Rakahanga, weisen Atolle, Riffe und Sandbänke auf. Obwohl sie am südlichen Wendekreis liegen, ist das Klima der Cook-Inseln vergleichsweise kühl, da es von den südöstlichen Passatwinden bestimmt wird.

Tahiti und Moorea, die beiden größten der Gesellschaftsinseln (ein Teil Französisch-Polynesiens), sind atemberaubende bewaldete Vulkangipfel, die steil zu schmalen Küstenstreifen abfallen. Die größte Erhebung Tahitis ist 2241 Meter hoch. Die beiden Inseln sind durch einen flachen, 14 Kilometer breiten Meeresarm getrennt; beide sind von Wallriffen umgeben. Im Süden liegen die Australinseln (Tubuai-Inseln), eine Kette relativ niedriger Inseln, die durch vulkanische Aktivität entstanden sind, und im Osten eine Gruppe von 80 Inseln – größtenteils kleine Korallenatolle –, die als Tuamotu-Archipel bezeichnet werden. Die größte Insel dieser Gruppe, Rangiroa, hat eine Fläche von 75 Quadratkilometern. Ebenfalls ein Teil Französisch-Polynesiens und noch weiter nordöstlich gelegen sind die Marquesas-Inseln, eine Gruppe von 14 hohen Inseln, die nicht durch Riffe geschützt werden. Die zu Chile gehörende Osterinsel am äußersten östlichen Rand Polynesiens ist eine vulkanische Felseninsel, die sich etwa 600 Meter über den Meeresspiegel erhebt und eine Fläche von 163 Quadratkilometern umfaßt. Drei Kraterseen schmiegen sich in die Kegel ihrer erloschenen Vulkane. Die Insel besitzt nur eine spärliche Vegetation, die sich aus einigen Gräsern, Sträuchern und Bäumen zusammensetzt. Der einzige einheimische Baum, der Toromiro, verschwand in den 50er Jahren des 20. Jahrhunderts.

Neuguinea und die kontinentalen Inseln

Im westlichen Pazifik befinden sich die Inseln Melanesiens – Neuguinea, Neubritannien und der Bismarckarchipel, die Salomonen und Santa-Cruz-Inseln, Vanuatu (die ehemaligen Neuen Hebriden) und Neukaledonien. Zusammen mit Fidschi und Tonga (oft als Teile Polynesiens angesehen) liegen sie auf dem Australischen Kontinentalschelf. Neuguinea ist weniger als 200 Kilometer von der Kap-York-Halbinsel entfernt, dem nördlichsten Punkt Australiens. Es war früher Teil eines größeren australischen Kontinents, den man Sahul nennt. Vor ungefähr 10 000 Jahren, am Ende der letzten Eiszeit, wurde die schmale Torres-Straße überflutet und Neuguinea vom Festland abgeschnitten. Die Insel befindet sich im Kollisionsbereich der Indisch-australischen und der Pazifischen Platte, und das Bergland Neuguineas hat sich durch das gewaltsame Auffalten und Verwerfen der Sedimentgesteine der ozeanischen Kruste gebildet. Die höchsten Gipfel der Bergkette, die über die gesamte Länge der Insel verläuft, erreichen zwischen 4500 und fast 5000 Meter, was Neuguinea zur höchsten Insel der Welt macht. Südlich des zentralen Hochlandes liegt eine große Tiefebene – die Fly-Digul-Ebene –, die von zahlreichen Flüssen entwässert wird. Durch das Bergland auf der Nordseite zieht sich der schnellfließende Sepik.

Etwa sieben Monate im Jahr wehen regenbringende südöstliche Passatwinde, und die Niederschläge an den südseitigen Abhängen des zentralen Hochlandes überschreiten häufig 7500 Millimeter pro Jahr. Im Hochland herrscht tagsüber eine Durchschnittstemperatur von etwa 22 Grad Celsius, doch in

Rechts: Die Erschließung der entlegensten Gebiete Papua-Neuguineas für die Modernisierung zwingt seine Völker, die traditionell aus Jäger-Sammler-Gesellschaften bestehen, ihren Lebensstil anzugleichen. Der Regenwald wird gerodet, um Straßen und Landebahnen zu bauen und Unterkünfte für Holzfäller und Minenarbeiter sowie permanente Siedlungen zu errichten. Dieses Luftbild zeigt ein Dorf an einer Straße in der Zentralprovinz. Auf den Gartengrundstücken am Dorfrand, von denen einige vor kurzem durch Brandrodung gesäubert worden sind, werden Feldfrüchte für den Eigenbedarf angebaut.

Oben: Die Insel Hienghene – der erstarrte Kegel eines früher einmal aktiven Vulkans – liegt vor der Ostküste Neukaledoniens, auf die beinahe dreimal soviel Regen fällt wie auf die Westküste. Ihre imposanten Felsformationen sind dicht bewachsen, und ihre fruchtbaren Böden weisen einige ungewöhnliche Pflanzen auf.

Höhen von über 2200 Metern kann der Gefrierpunkt erreicht werden, und oberhalb von 4000 Metern schmilzt der Schnee nicht mehr. Im tropischen Tiefland dagegen beträgt die Tagestemperatur das ganze Jahr hindurch zwischen 30 und 32 Grad Celsius. Neuguinea bietet einer enormen Vielfalt an Vegetation Lebensraum – Tundra und alpiner Graslandschaft auf den Berggipfeln, Eichen, Buchen und Kiefern in geringeren Höhenlagen. Tropischer Regenwald bedeckt die feuchten Tiefebenen, Savanne die trockeneren Gebiete. In den ausgedehnten Deltasümpfen wachsen Sagopalmen, und Mangroven säumen die Küsten. Die dichten Wälder, die das Gebirge von den tiefliegenden Regionen trennen, sowie das zerklüftete Terrain machen das zentrale Hochland zu einem der am schlechtesten zugänglichen Gebiete der Welt. In einigen Tälern ist aus diesem Grund die ansässige Bevölkerung erst vor vergleichsweise wenigen Jahren in Kontakt mit Außenstehenden gekommen.

Östlich und südöstlich von Neuguinea liegen die Salomonen, zwei annähernd parallele Ketten von ungeschützten Faltengebirgen, die durch vulkanische Aktivität und tektonische Bewegung entstanden sind. Sie erstrecken sich im Norden bis nach Neuirland im Bismarckarchipel und südlich über die Santa-Cruz-Inseln bis zur Hauptinselgruppe Vanuatus. Das Klima ist heiß und feucht, gemildert durch kühle Winde. Es gibt das ganze Jahr hindurch reichlichen Niederschlag, und das gebirgige Terrain ist dicht bewaldet. Vanuatu besteht aus 13 gebirgigen Hauptinseln, die untereinander durch unter dem Wasserspiegel liegende Korallenplateaus verbunden sind und an mehreren Stellen über das Wasser ragen, sowie aus etwa 70 kleineren Inseln. Der höchste Punkt ist der Mount Tabwemaswana (1879 Meter) auf Espiritu Santo, der größten Insel. Auf Vanua Lava, Gaua, Ambrym und Tana finden sich aktive Vulkane, ferner gibt es mehrere unterseeische Vulkane im näheren Umkreis. Es treten häufig Erdbeben auf. Das Klima wird hauptsächlich durch eine heiße, feuchte Periode von November bis April und eine Zeit kühleren, trockeneren Wetters von Mai bis Oktober bestimmt. Ein großer Teil der Inseln ist von Regenwald bedeckt, doch in trockeneren Gebieten kommt Grassavanne vor.

Neukaledonien ist der Name der einzigen größeren Insel in einer Gruppe von 25, die Bélep und die Loyalty-Inseln, die Ile des Pins und kleinere verstreut liegende unbewohnte Inseln und Inselchen einschließt. Mit knapp 17 000 Quadratkilometern macht das »Festland« *(Grande Terre)*, wie diese größte Insel genannt wird, fast 90 Prozent der gesamten Landfläche der Inselgruppe aus. Sie wird von einem zerklüfteten Gebirgssystem beherrscht, das vom Mont Humboldt bis zum Mont Panié (1628 Meter) in nordwestlicher Richtung verläuft. Dieser Gebirgsrücken ist reich an Nickel, Kobalt und Chrom, wodurch ein Großteil des Inselbodens eine charakteristische Rotfärbung annimmt. Ein ausgedehntes Korallenriffsystem umgibt das »Festland« und verbindet es mit der Ile des Pins im Südosten und Bélep im Nordwesten.

Östlich von Neukaledonien und Vanuatu liegen die Fidschi- und Tonga-Gruppen. Die zwei Hauptinseln Fidschis, Viti Levu und Vanua Levu, entstanden durch Vulkantätigkeit, und ihre kompakte Landmasse von etwa 16 000 Quadratkilometern umfaßt 30 Berggipfel von circa 1000 Meter Höhe; der höchste Berg ist der Tomanivi (1323 Meter). Die Inseln liegen mit 18 Grad südlicher Breite in den Subtropen, und das Klima wird von den südöstlichen Passatwinden dominiert, die das ganze Jahr hindurch Regen bringen, besonders jedoch im Februar, wenn zusätzlich heftige Stürme und gelegentlich Hurrikane auftreten. Fidschis Großes Seeriff umgibt die zwei Hauptinseln, und mehr als 800 Inseln und kleine Eilande sind über ein Gebiet von über drei Millionen Quadratkilometern verstreut.

Tonga befindet sich auf dem äußersten Rand der Australischen Kontinentalplatte und setzt sich aus 169 Inseln in drei Hauptgruppen zusammen: Tongatapu, Ha'apai und Vava'u. Die westliche Kette besteht aus hohen Inseln mit mehreren Bergspitzen über 1000 Metern und vier aktiven Vulkanen. Die östliche Kette ist durch das Emporwachsen von Korallen- und Kalksteinriffen auf unterseeischen Bergen entstanden.

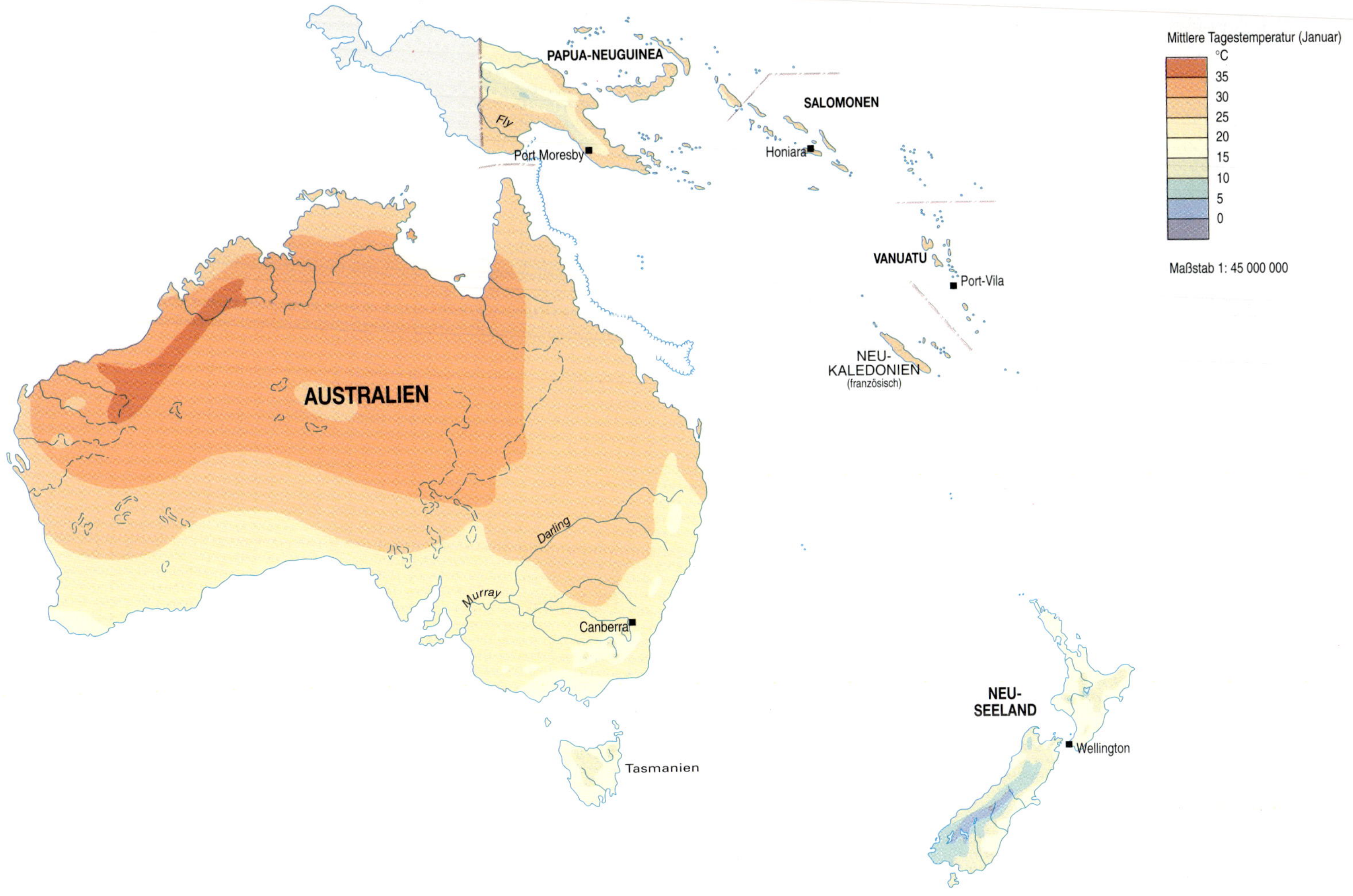

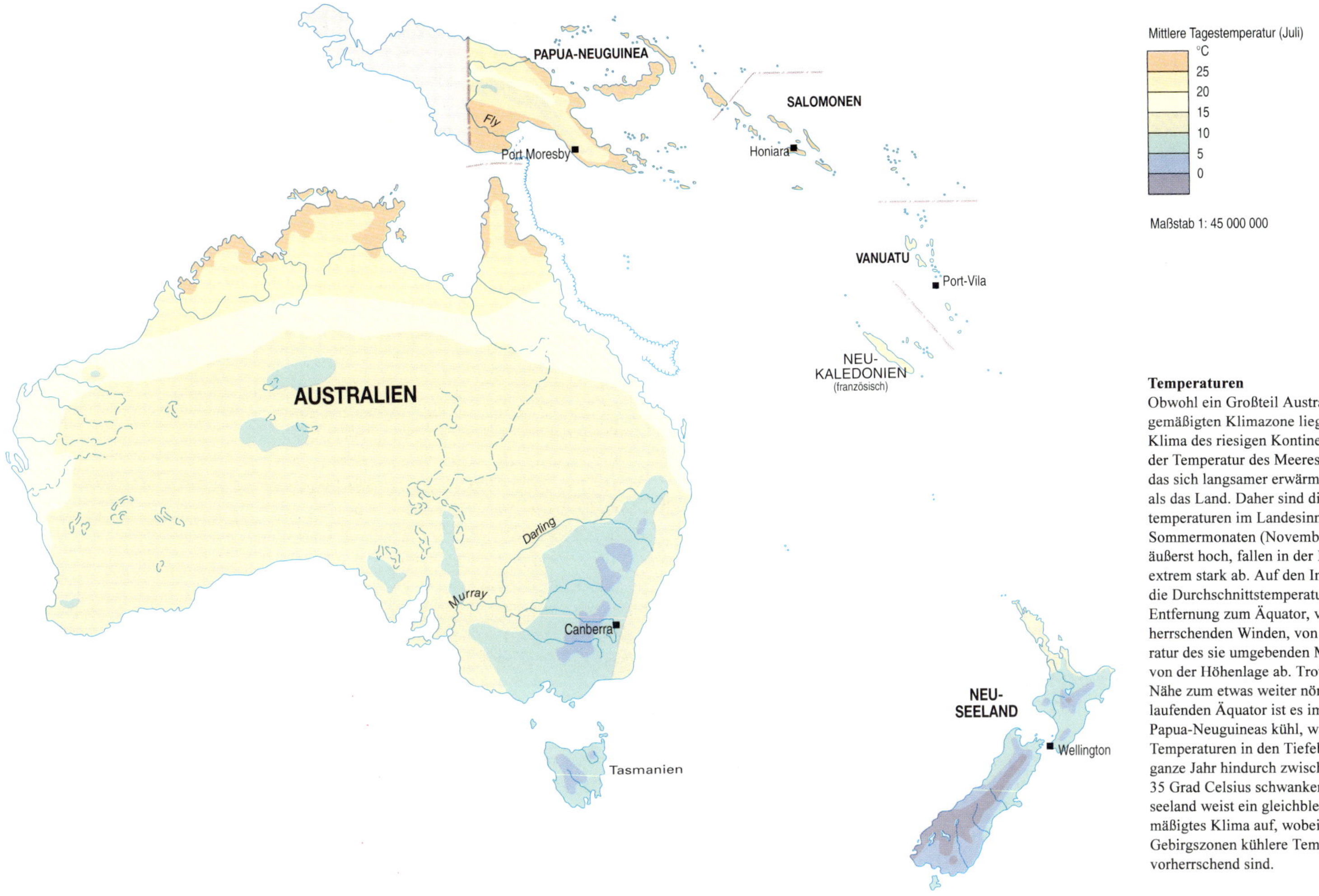

Temperaturen

Obwohl ein Großteil Australiens in der gemäßigten Klimazone liegt, wird das Klima des riesigen Kontinents nicht von der Temperatur des Meeres beeinflußt, das sich langsamer erwärmt und abkühlt als das Land. Daher sind die Tagestemperaturen im Landesinneren in den Sommermonaten (November bis April) äußerst hoch, fallen in der Nacht jedoch extrem stark ab. Auf den Inseln hängt die Durchschnittstemperatur von der Entfernung zum Äquator, von den vorherrschenden Winden, von der Temperatur des sie umgebenden Meeres und von der Höhenlage ab. Trotz seiner Nähe zum etwas weiter nördlich verlaufenden Äquator ist es im Hochland Papua-Neuguineas kühl, während die Temperaturen in den Tiefebenen das ganze Jahr hindurch zwischen 25 und 35 Grad Celsius schwanken. Neuseeland weist ein gleichbleibend gemäßigtes Klima auf, wobei in den Gebirgszonen kühlere Temperaturen vorherrschend sind.

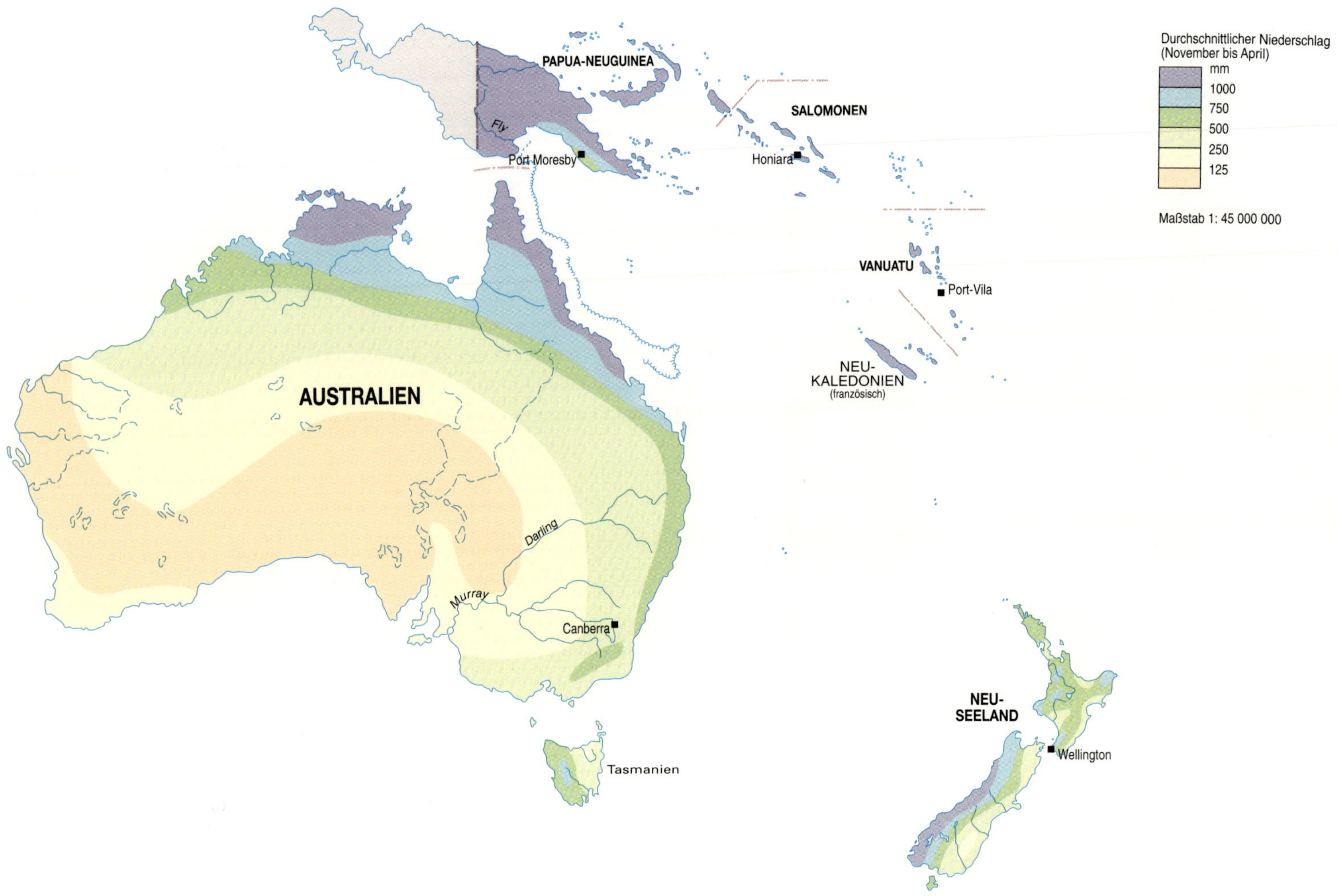

Niederschläge

In Papua-Neuguinea und dem tropischen Nordaustralien setzt im November eine bis zum April anhaltende charakteristische Regenzeit ein. Vom Äquatorgebiet her fegen regenschwere Monsunwinde über das Land, und es entstehen oft Wirbelstürme. Entlang der Ostküste unterscheiden sich die Jahreszeiten nicht so deutlich, obwohl der El-Niño-Effekt von Zeit zu Zeit eine Dürre auslöst. Das Landesinnere bleibt das ganze Jahr hindurch trocken, während die Niederschläge im Südwesten und an der Westküste Tasmaniens in den Wintermonaten am stärksten sind – der Regen wird von den vorherrschenden Südwestwinden mitgebracht. Das gemäßigte Klima Neuseelands bringt warme, trockene Sommer und kühle, feuchte Winter.

Oben: Aus den heißen Quellen in den Cathedral Rocks steigt Dampf auf. Sie liegen nahe dem kochendheißen Kratersee bei Waimangu auf dem vulkanischen Plateau der Nordinsel Neuseelands. Bevor sich im Jahr 1917 durch eine außergewöhnlich heftige Eruption dieser See bildete, brach hier ein beeindruckender Geysir in Abständen aus. Heiße Quellen, die entstehen, wenn Wasser unter der Erdoberfläche mit heißem Gestein im Berührung kommt, finden sich auch auf der Südinsel, wo es keine Vulkane gibt.

Mit Ausnahme der Gebiete, die hauptsächlich aus vulkanischer Asche und Bimsstein bestehen, haben die westlichen Inseln der Erosion erfolgreich widerstanden. Dagegen sind die Korallenatolle jedoch einem ständigen Wandel unterworfen: Regen sammelt sich an nachgebenden Stellen und bildet allmählich Spalten, die sich mit der Zeit zu zahlreichen Einschnitten und Höhlen erweitern; gleichzeitig regenerieren sich die Inseln durch das ständige Wachstum der Korallenriffe. Die dadurch entstehenden Lagunen und Riffe weisen natürliche Häfen auf und bieten sowohl in Küstengebieten wie auch auf der offenen See eine Fülle von natürlichen Ressourcen. Aus diesem Grund ist hier auch der größte Teil der Bevölkerung ansässig.

Neuseeland

Wie das Hochland von Neuguinea ist Neuseeland das Ergebnis vergleichsweise junger geophysikalischer Aktivität, wobei ozeanische Sedimentablagerungen aufgefaltet wurden und Bergketten bildeten. Auf der Südinsel wird die 500 Kilometer lange Kette der schneebedeckten und vergletscherten Neuseeländischen Alpen, die etwa zwei Drittel der Landfläche einnehmen, noch heute durch das Auseinandertreiben der Indisch-australischen und Antarktischen Platte weiter nach oben gedrückt. Der Mount Cook (3764 Meter) im Zentrum der Gebirgskette ist der höchste Berg Neuseelands. Entlang der südwestlichen Küste bilden überflutete Gletschertäler tief eingekerbte Fjorde. Östlich der Alpen liegt eine schmale Küstenebene – die Canterbury Plains –, die sich aus von den Alpen heruntergeschwemmtem Erosionsschutt gebildet hat. Die mit dichtem Gras bedeckte Region ist das bedeutendste Gebiet für die Schafzucht in Neuseeland.

Die Nordinsel weist eine vielfältigere Landschaft auf. Eine niedrigere und weniger ausgedehnte Kette von Bergen und Hügeln verläuft entlang ihrer Ostseite, und im Zentrum liegt ein vulkanisches Bergplateau, das von sanften Vorbergen und Ebenen umgeben ist. Vulkanasche, Bimsstein und Lava bedecken dieses Plateau, das sich steil neben dem Kratersee Lake Taupo erhebt, und eine Kette aktiver Vulkane erstreckt sich nordwärts bis zur Bay of Plenty. Das Plateau weist einige Zonen geothermaler Aktivität auf, die zu den spektakulärsten der Welt zählen, unter anderem heiße Quellen, blubbernde Schlammpfuhle und Geysire, aus denen in unregelmäßigen Abständen Dampfstrahlen emporschießen (sie entstehen, wenn Grundwasser mit sehr heißem Vulkangestein in Kontakt kommt). Der berühmteste, bei Pohutu gelegen, kann Höhen bis zu 30 Metern erreichen, und seine Eruptionen können 30 bis 40 Minuten lang anhalten. Die Nordinsel ist periodischen Erdbeben ausgesetzt. Gewaltige Erdrutsche, eine weitere Folge der geologischen Instabilität der Insel, werden durch das Abholzen von Berghängen zur Nutzung als Bau-, Weide- und Ackerland noch in ihrem Ausmaß verstärkt.

Neuseelands Wetter wird von den Roaring Forties (beständige Westwinde in den gemäßigten Breiten der Südhalbkugel) und der antarktischen Westwinddrift bestimmt. Auf der Südinsel mißt der Jahresniederschlag an der windzugewandten Seite der Neuseeländischen Alpen mehr als 7000 Millimeter, doch im Windschatten an der Ostseite beträgt er nur 300 Millimeter. Die vier Jahreszeiten unterscheiden sich deutlich voneinander. Der maritime Einfluß wirkt sich auf die Temperaturen aus, die im Sommer durchschnittlich 15 bis 21 Grad, im Winter vier bis zehn Grad Celsius erreichen. Das Klima Neuseelands hängt von der geographischen Breite ab; es reicht von subtropisch im Norden der Nordinsel bis zu gemäßigt-feucht auf der Südinsel. Ein Urwald aus Laub- und Nadelbäumen bedeckte einst zwei Drittel der Landfläche. Heute sind nur noch etwa zwei Fünftel bewaldet. Im Norden wachsen subtropische Bäume wie Kaurifichten, Steineiben und Baumfarne. Die natürliche Vegetation der Südinsel besteht größtenteils aus mediterranem Buchenwald, der mit subalpinem und alpinem Grasland alterniert. Häufige Regenfälle und milde Temperaturen bieten die Voraussetzungen für Neuseelands produktive Weide- und Landwirtschaft.

Australien

Teile des Inselkontinents Australien setzen sich aus einigen der ältesten Felsformationen der Erde zusammen. Die ältesten Felsen befinden sich im Westen und bestehen aus Graniten und Grünsteinen, die vor 2,5 bis drei Milliarden Jahren am Anfang der geologischen Geschichte der Erde entstanden sind. Das östliche Bergland ist jüngeren Ursprungs, doch die tektonische Aktivität und die Auffaltung der Berge war vor 300 bis 200 Millionen Jahren beendet. Seitdem ist Australien eine stabile Landmasse. Es besitzt keine aktiven Vulkane und wird nur selten von Erdstößen erschüttert; sein massiver Kontinentalschelf schirmt es von den Erdbewegungen ab, die den

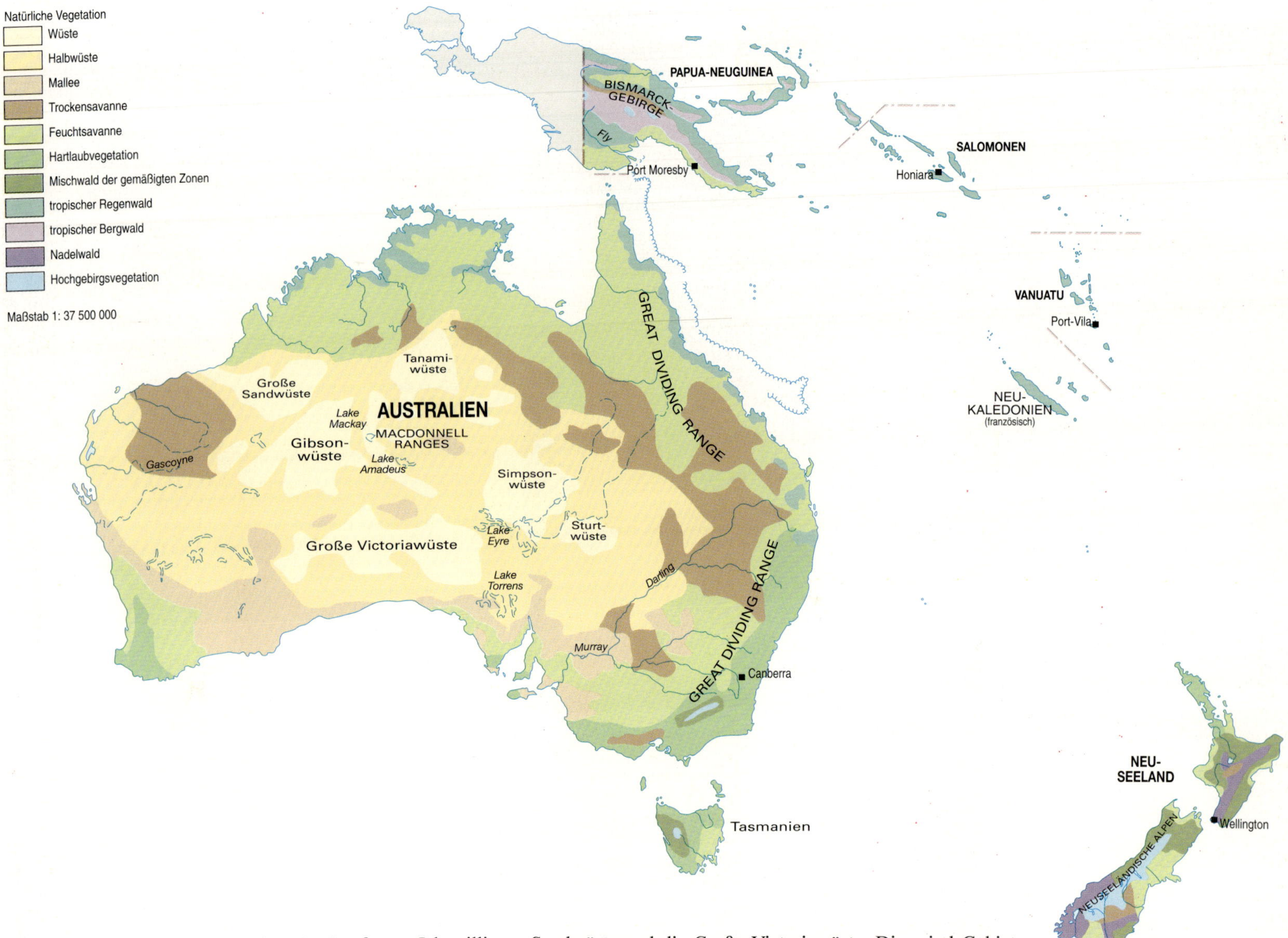

Vegetation
Die natürlichen Landschafts- und Vegetationstypen Australiens und Neuseelands haben sich in den 200 Jahren europäischer Besiedlung sehr stark verändert – das Abholzen von Wäldern und die Nutzung des Graslands für Ackerbau und Viehzucht führten zu entsprechenden Erosionsschäden. Mittlerweile verschwinden die Waldgebiete Papua-Neuguineas mit einer besorgniserregenden Geschwindigkeit.

pazifischen Feuerring heimsuchen. Im Laufe von Jahrmillionen sind Australiens seit langem erloschene Vulkane und hohe Gebirgsketten durch Erosion und heftige Winde und Stürme zu kleinen Hügeln abgetragen worden, die nur noch wenig von ihrer einstmals erschreckenden Kraft ahnen lassen. Die großen Flußsysteme, die das Wasser des Berglands abführten, sind jetzt zu kleinen Flüssen eingetrocknet, die nur zeitweilig Wasser führen.

Der australische Kontinent mißt 3700 Kilometer von Norden nach Süden und 4000 Kilometer von Osten nach Westen; seine Fläche beträgt ungefähr 8,5 Millionen Quadratkilometer. Das auffallendste Merkmal Australiens ist seine ebene Gestalt: Eine durchschnittliche Höhe von 330 Metern über dem Meeresspiegel macht es zum flachsten aller Kontinente. Sein höchster Punkt ist der Mount Kosciusko (2228 Meter), der im Winter von Schnee bedeckt wird. Er liegt am südlichen Ende der nicht sehr treffend benannten Great Dividing Range, eines Rückens von kleinen Gebirgssystemen, die sich die gesamte Ostküste entlangziehen. Im Südwesten des Kontinents hat die wellenförmige, weit ältere Darling-Gebirgskette ihren Ursprung am Küstenstreifen und geht nur einige hundert Kilometer weiter nördlich fast unmerklich wieder in das niedrigere Zentralplateau über.

Das westliche Tafelland, das drei Fünftel der Fläche Australiens ausmacht, ist eine öde Ebene aus metamorphem und erstarrtem Sedimentgestein, die sich bei einer Höhe von lediglich 230 bis 460 Metern von der Westküste aus Tausende von Kilometern in das Inland erstreckt. Sie geht im Inneren des Kontinents in die großen Wüsten über, wie etwa die Große Sandwüste und die Große Victoriawüste. Dies sind Gebiete mit Sanddünen, Steinwüste und Salzseen und nur gelegentlich einmal einem Wasserloch oder kleinen Fluß. Die flache Monotonie wird im Norden durch das Kimberley-Plateau durchbrochen. Dort ist eine Gruppe sehr alter Berge zu der Bungle-Bungle-Gebirgskette zusammengeschmolzen, deren Berge wie die Kugelbäuche in der Sonne dösender alter Männer aus der roten Ebene emporragen. In der genauen Mitte Australiens befinden sich die Macdonnell Ranges (an ihrem höchsten Punkt 1510 Meter hoch) und die Musgrave Ranges (1440 Meter). Aus dem unfruchtbaren Tafelland zwischen ihnen erheben sich der Mount Olga (1069 Meter) und der größte Monolith der Erde, der Uluru (oder Ayers Rock) – das geheimnisvolle rote Herz des Kontinents.

Australiens Klima ist auffallend arid. Auf zwei Dritteln des Kontinents fallen weniger als 500 Millimeter Regen im Jahr. Es sind jedoch nicht alle Gegenden trocken: Im Norden Australiens wehen nordwestliche Monsunwinde aus der Äquatorialregion, die dort auf einen südöstlichen Luftstrom stoßen, wodurch zwischen Dezember und März Wirbelstürme entstehen. Die Monsune bringen die Regenzeit der Sommermonate, die *»the big wet«* genannt wird: In Darwin fällt der durchschnittliche Jahresniederschlag von 1611 Millimetern fast ausschließlich zwischen November und April. Im Winter wehen ablandige Winde, die so trocken sind, daß sie regelmäßig Dürrezustände verursachen. Im Nordosten führen von der Korallensee her wehende Meereswinde in der nördlichen Hälfte des östlichen Berglands zu örtlichen starken Regenfällen und subtropischem Klima.

Rechts: Die Bungle-Bungle-Gebirgskette ist Teil des Purnululu-Nationalparks, der 1986 eingerichtet wurde. Ihre abgerundeten Kuppen bestehen aus erodierten Sandsteinschichten, die 350 Millionen Jahre alt sind. Sie haben eine große religiöse Bedeutung für die ansässigen Aborigines und sind von Umweltzerstörung bisher verschont geblieben, weil relativ wenige Fahrzeuge und Huftiere dieses Gebiet passieren.

Tiere der Antipodenländer

Für die Besucher Australiens und Neuseelands ist nichts so verblüffend wie die Unterschiedlichkeit und Vielfalt der Fauna. Die einzigartige Reihe von Beuteltieren in Australien und die flugunfähigen Vögel in Neuseeland sind beide das Resultat einer Millionen von Jahren andauernden Trennung nach dem Auseinanderbrechen von Gondwanaland, als in der Isolation eine Evolution von Arten stattfand, um jede ökologische Nische auszufüllen.

Etwas von der Irritation, die dieser Überfluß von unvertrautem Tierleben bei den ersten europäischen Siedlern hervorrief, ist in den folgenden Zeilen des Dichters Richard Whately zu spüren, der von den Antipodenländern als einem Ort »voller Gegensätze« spricht: »Dort haben Säugetiere Schnäbel und Füße wie Enten, Sporen wie Hähne, legen Eier wie Hühner. Dort laufen Papageien auf dem Erdboden, und man findet Gras auf den Bäumen.« Das Australien der weißen Siedler wählte das Känguruh – das, zusammen mit dem Emu, das Staatswappen stützt – als Nationalemblem, während der Kiwi Neuseeland repräsentiert.

Die europäische Besiedlung hatte einen verheerenden Einfluß auf diese einzigartige Fauna. Zwar haben auch die Aborigines in den Tausenden von Jahren, die sie das Land nutzten, durch das Abbrennen von Grasland und die Jagd einige Umweltveränderungen bewirkt. Diese Beeinträchtigungen waren jedoch nichts im Vergleich zu den Schäden, die in den letzten 200 Jahren durch die in weitem Umfang verbreitete Landwirtschaft und die Einführung fremder Arten, wie Kaninchen, Wiesel, Katzen, Hunde und Ziegen, verursacht wurden, die die einheimische Vegetation zerstören und den angestammten Arten den Lebensraum streitig machen. In Queensland ist die Aga-Kröte, ursprünglich 1930 zur Schädlingsbekämpfung auf den Zuckerrohrfeldern eingesetzt, selbst zu einer Plage geworden. Ohne natürliche Feinde vermehrten sich die Kröten rapide und fraßen zahllose einheimische Insektenarten. In Neuseeland haben die Waldrodungen und die Einführung von europäischen Weidegräsern die Lebensräume der einheimischen Laufvögel zerstört, von denen viele mittlerweile ausgestorben sind.

Rechts: Der Koala ist ein australisches Beuteltier, das sich vor allem von Eukalyptusblättern ernährt. Diese sind proteinarm und giftig, so daß sie in dem spezialisierten Verdauungssystem des Koalas entgiftet werden müssen. In Anpassung an diesen kargen Speiseplan hat der Koala einen niedrigen Energiebedarf. Sein Schlafrhythmus – er schläft bis zu 18 Stunden am Tag in Astgabeln – führte in den 20er Jahren dieses Jahrhunderts fast zu seiner Ausrottung, als er wegen seines Pelzes intensiv gejagt wurde. Über eine halbe Million Koalas wurden 1927 in Queensland innerhalb von ein paar Monaten getötet. Heute stehen sie unter Naturschutz.

Unten: Da es keine Raubtiere gab, gewöhnten sich viele Vögel in Neuseeland an ein Leben am Boden und verloren ihre Flugfähigkeit. Der Kiwi ist ein flugunfähiger Nachtvogel, der mit seinem Schnabel Nahrung sucht.

Links: Känguruhs sind die bekanntesten australischen Beuteltiere; sie tragen ihre Jungen in nach vorne offenen Körpertaschen. Sie haben sich an jede Art von Lebensraum angepaßt – Baumkänguruhs finden sich in tropischen Regenwäldern, die kleinen Wallabies in felsigen Gegenden. Am verbreitetsten sind die roten und grauen Känguruhs, die auf offenem Grasland weiden und sich mit einer Geschwindigkeit von bis zu 70 Stundenkilometern fortbewegen können.

Rechts: Das Schnabeltier ist ein Kloakentier – ein primitives, eierlegendes Säugetier. Da es keine sichtbaren Zitzen hat, waren sich die Wissenschaftler anfangs nicht einig, ob das Schnabeltier ein Säugetier oder ein Pelzreptil sei. Die Milch tritt aus einem Drüsenfeld und wird von den Jungen aufgeleckt. Als Wassertier baut es sich sein Nest an den Ufern von Flüssen und Seen. Sein glatter, stromlinienförmiger Körper und die Schwimmhäute an seinen Füßen sind an das Schwimmen angepaßt. Mit seinem ledrigen Schnabel schaufelt es den Schlamm auf, um seine Beute herauszufischen.

Unten: Es gibt 55 Papageienarten in Australien. Eine der schönsten ist der Allfarblori *(Trichoglossus haematodus)*. Loris bilden große Schwärme, die über erhebliche Entfernungen durch das östliche Australien ziehen. Sie leben von Nektar und Waldfrüchten.

Ganz unten: Den Leierschwanz trifft man nur in Australien an, wo er in Waldgebieten und Forsten lebt. Die Männchen haben diesen charakteristischen prachtvollen Schwanz und eine Variationsbreite von Rufen, die andere Vögel nachahmen. Sie beanspruchen ein großes Territorium, das die kleineren der Weibchen einschließt.

Über den südlichen zwei Dritteln Australiens treten die Sommermonate hindurch oft Hochdruckgebiete auf, die einen trockenen, westlich gerichteten Luftstrom über dem Kontinent verursachen. Niedriger Luftdruck und regenbringende Tiefdruckfronten charakterisieren die Wintermonate, doch das im Regenschatten der östlichen Berge gelegene Innere Australiens bleibt trocken. Im Sommer läßt das Fehlen von Wolken über dem Landesinneren die Temperatur bis auf durchschnittlich 30 Grad Celsius ansteigen, wobei häufig Extremwerte von über 38 Grad gemessen werden. Im äußersten Süden streift der mächtige, ostwärts gerichtete Luftstrom der Roaring Forties die südwestlichen und südöstlichen Spitzen Australiens und hat einen starken Einfluß auf das Klima Tasmaniens. Diese Gebiete besitzen ein mediterranes Klima mit warmen, trockenen Sommern und kühlen, feuchten Wintern. Die Durchschnittstemperatur bewegt sich hier zwischen 23 Grad in den Sommermonaten und elf Grad im Winter.

Australiens ausgedehnte Wüstenregionen weisen eine Vegetation von buschigem, steifblättrigem Stachelkopfgras und Salzbusch auf. Buschland mit Zwergeukalyptus (Mallee) und Akaziensträuchern (Mulga) umsäumt die Wüsten. Das mediterrane Klima des Südens läßt von Eukalyptus und Banksien dominierte Heidelandschaften mit großer Artenvielfalt gedeihen, während im Norden die wüstenartige Gestrüppvegetation in Grassavanne übergeht. Reste tropischen Regenwaldes haben sich in Queensland im Nordosten des Kontinents erhalten, und Tasmanien besitzt noch immer Gebiete naturwüchsigen Regenwaldes der gemäßigten Zone.

Einzigartige Tierwelt

Während der Jahrmillionen, in denen Australien von der übrigen Welt abgeschnitten war, hat sich seine Fauna in höchst unterschiedliche Richtungen entwickelt. Der australische Kontinent trennte sich von Gondwanaland, bevor die fortschrittlichen plazentalen Säugetiere ihren Siegeszug antraten. Er ist von einer Reihe einzigartiger Tiere bewohnt, an deren Spitze die Beuteltiere stehen: Diese füllten durch Anpassung jene Evolutionsnischen aus, die anderswo von den plazentalen Säugetieren eingenommen werden. Die frühesten Beuteltiere waren Baumbewohner, die sich von Früchten und Samen ernährten und den heutigen Spitzhörnchen (Tupaia) ähnelten. Einige – zum Beispiel Opossum und Koala – spezialisierten sich auf den Verzehr bestimmter Blattsorten, andere paßten sich an das Leben auf dem Boden an, wie etwa einige Arten des Opossums und des verwandten Bandikuts (Beuteldachs). Als sich das Klima Australiens veränderte und immer heißer und trockener wurde, verließen die Wallabies und Känguruhs die Wälder und paßten sich dem Leben in der Grassavanne an. Andere Arten begannen sich in der Erde zu vergraben, um zu überleben – unter ihnen der Ameisenigel und das entenähnliche Schnabeltier.

Nachdem sich das Bergland Neuguineas herausgebildet hatte, drangen die Beuteltiere auch in dieses neue Gebiet vor. Baumkänguruhs und andere Abkömmlinge der gondwanischen Wälder haben bis heute in den tropischen Regenwäldern Neuguineas und des nordöstlichen Australiens überlebt. In der Isolation dieser Bergwälder entwickelten sich viele imposante Vogelarten: Paradiesvögel, Leierschwänze und Laubenvögel sowie zahlreiche Papageien.

Neuseelands einheimische Tierwelt ist ebenfalls einzigartig. Da Nord- und Südinsel nach und nach aus dem Ozean emporgewachsen sind, waren Vögel, Fledermäuse und Reptilien die einzigen Tiere, die das neue Land besiedeln konnten; letztere mögen von ihrer ursprünglichen Heimat aus auf schwimmenden Pflanzenteilen von den Meeresströmungen über weite Entfernungen zu den Inseln getragen worden sein. In der Abwesenheit von Säugetieren wurden sich spezialisierende Vogelarten zu Jägern sowie Laub-, Gras- und Aasfressern. Viele verloren ihre Flugfähigkeit – ohne erdgebundene Raubtiere war diese Fertigkeit, die sehr viel Energie verbraucht, nicht länger von großem Nutzen. Vielen dieser Laufvögel, wie etwa den *moas*, ist von den Menschen bis zur Ausrottung nachgestellt worden, doch der Kiwi – der ein haarähnliches Federkleid und einen scharfen Geruchs- und Gehörsinn entwickelt hat – und der flugunfähige Eulenpapagei sind unter denen, die bis heute überlebt haben.

Oben: Über die Hälfte des australischen Kontinents ist Wüste mit einem jährlichen Niederschlag von weniger als 200 Millimetern. Die häufigste Vegetation dieser ariden Zonen besteht aus einer Reihe von widerstandsfähigen Gräsern, in der Umgangssprache Mitchell-Gräser und Spinifex genannt. Diese Namen umfassen eine breite Vielfalt krautiger Gewächse, die in dichten Gruppen wachsen und sich durch dünne, scharfe Blätter auszeichnen. Es existieren nur wenige Bäume, aber Sträucher wie die 200 Arten der australischen Akazie kommen häufig vor. Doch selbst die trockensten Gebiete sind reich an Leben, und der kleinste Regenschauer erweckt schlummernde Blumensamen zum Blühen, was die öde Landschaft in eine verwirrende, wenn auch nur kurz anhaltende Farbenvielfalt verwandelt.

ZWEITER TEIL

DIE GROSSEN WANDERUNGS-BEWEGUNGEN

DAS AUSTRALIEN DER ABORIGINES

Aristokraten des Geistes

Australien war nur für einen Bruchteil seiner geologischen Geschichte von Menschen bewohnt, dennoch zählen die australischen Ureinwohner zu den ältesten Völkern der Erde. Es ist gut möglich, daß ihre Kultur die älteste kontinuierliche Kultur der Welt ist. Ihre Sitten und Riten, ihr Brauchtum und ihre Religion reichen in die entfernteste Vergangenheit zurück. Sieht man von den letzten 200 Jahren ab, so hatten die Aborigines Australiens fast keinen Kontakt mit anderen Völkern. Aufgrund der europäischen Kolonisation und Besiedlung Australiens wurde ihr traditioneller Lebensstil jedoch massiv gestört. Dieser Prozeß nahm im späten 18. Jahrhundert seinen Anfang, und im 19. Jahrhundert wurde allgemein angenommen, daß die Aborigines dadurch aussterben würden. Zu jener Zeit nahmen nur wenige Europäer besondere Notiz von den Sitten, Ritualen und dem Glauben der Aborigines, die sie für wenig mehr als eine vorübergehende Zwischenphase auf dem Weg in die Auslöschung hielten.

Die Europäer versuchten, die Aborigines der Zeitrechnung der Bibel zuzuordnen. Nach diesen Berechnungen (die noch bis weit in das 20. Jahrhundert ihren Einfluß behielten) wäre Australien erst seit etwa 6000 Jahren besiedelt gewesen. Heute schätzen Wissenschaftler, daß der Beginn der menschlichen Besiedlung Australiens irgendwann vor 40 000 bis 120 000 Jahren einsetzte. Weitgehende Einigkeit herrscht darüber, daß die Aborigines schon seit mindestens 60 000 Jahren in Australien ansässig sind. Analog zu den revidierten Zeitansätzen veränderten sich auch die Schätzungen darüber, wieviele Aborigines zum Zeitpunkt der europäischen Invasion in Australien lebten. Frühere Berechnungen ergaben eine Population von etwa 40 000 Menschen. Neueste Untersuchungen deuten auf eine Zahl von über drei Millionen hin.

Die dichteste Konzentration von Völkern scheint im Verbindungsgebiet der Murray-Darling-Flußsysteme in Südostaustralien gelegen zu haben, wo mehrere große Friedhöfe entdeckt wurden – Orte, an denen ritualisierte und systematische Bestattungen durchgeführt wurden. Darunter sind Grabungsstellen wie Kow Swamp, Coobool, Poon Boon, Snaggy Bend und Roonka am Murray. Künftige Ausgrabungen am Lachlan und Darling werden wahrscheinlich eine ähnliche Fülle von Funden zutage fördern. In den frühen 90er Jahren legten archäologische Grabungen im Gebiet des Lake Victoria Funde frei, die zu einer Reihe bedeutender Friedhöfe zu gehören scheinen – eine der signifikantesten archäologischen Entdeckungen im Australien des späten 20. Jahrhunderts. Diese Stätte war vermutlich ein Sammelpunkt für die Stämme des südöstlichen Kontinents gewesen, ein Ort von großer kultischer Bedeutung, ein Treffpunkt für Handel und Kommerz. Man schätzt, daß allein diese Begräbnisstätte Zehntausende von Gräbern umfaßt, und geht heute davon aus, daß die gesamte Murray-Darling-Region zur Zeit des ersten Kontakts mit Europäern eine Einwohnerzahl von nicht weniger als einer Million Menschen besaß.

Andere neuere archäologische Untersuchungen haben die Existenz eines komplexen Netzes von Handelsrouten und Wegen des Kulturaustausches offengelegt, das den gesamten Kontinent überspannte. Auf diese Weise stellt sich die früher allgemein akzeptierte Überzeugung, die Aborigines seien ziellos umherwandernde Nomaden ohne oder mit wenig ernst zu nehmender sozialer und kultureller Struktur gewesen, mehr und mehr als Irrtum heraus. Mit einem Zitat des französischen Anthropologen Claude Lévi-Strauss aus den 60er Jahren wa-

Unten: Mitte des 19. Jahrhunderts glaubten die Europäer, die Aborigines seien eine zum Untergang verurteilte Rasse. Im Geiste der wissenschaftlichen Forschung versuchten Ethnographen, ihre Verhaltensmuster und ihre Eigenarten festzuhalten. Die Entwicklung der Fotokamera kam den Nachforschungen zugute, doch die Fotografen verwendeten viel Mühe beim Arrangieren ihrer Aufnahmen, die die Grundannahme bestätigten, daß dies ein Volk im letzten Stadium seiner Existenz war. Die Aufnahme von Charles Bayliss (spätes 19. Jahrhundert) *Aborigines an der Chowilla Station, Unterlauf des Murray, South Australia* zeigt ein Volk, das zwischen zwei Welten gefangen ist und die Gegensätze nicht miteinander verbinden kann.

ren die Aborigines die »Aristokraten des Geistes« unter den Jäger-Sammler-Gesellschaften. Sie besaßen bereits sehr früh ein hochentwickeltes System der Landnutzung und Landschaftspflege und entwickelten eine stark ritualisierte Gesellschaft, innerhalb der das tägliche Leben in einer Symbiose mit dem Universum ablief. Sie waren die Schützer und einfühlsamsten Bewahrer ihrer Umwelt.

Die Funde von Lake Mungo und Kow Swamp

In den späten 60er Jahren wurden an einer Fundstätte am Lake Mungo im Westen von New South Wales die Reste des Skelettes einer jungen Frau ausgegraben. Eine C-14-Datierung ließ auf ein Alter von etwa 25 000 Jahren schließen, was den Fund damals zu den ältesten in Australien entdeckten menschlichen Überresten machte. Von dem Skelett war wenig mehr als ein Haufen zerbrochener Knochen übrig, darunter lediglich zwei Zähne und ein Viertel des Schädels, der in mindestens 175 Bruchstücke zertrümmert war. Teile der Schädelplatten hatte man zu winzigen Partikeln zerrieben, und Kerben auf den Knochen waren weitere Anhaltspunkte dafür, daß der Körper nach dem Tod verstümmelt worden war. Eine gerichtsmedizinische Untersuchung ermittelte den Aufschlagwinkel der Schläge, mit denen der Schädel zerschmettert worden war, und erbrachte das Ergebnis, daß jemand mit einem stumpfen Werkzeug – vielleicht einem *waddi* (einem keulenähnlichen Jagd- und Kriegsstock) oder einer prähistorischen Axt – oder mit einem schweren Gegenstand, etwa einem Stein oder einer Malleewurzel, wiederholt auf ihn eingeschlagen hatte. Die Leiche war erst verbrannt und dann in einem flachen Grab beigesetzt worden, wo sie über 25 Jahrtausende lang ungestört ruhte. Es wäre ein aussichtsloses Unterfangen, die Ursache für den brutalen Tod dieser Frau ergründen zu wollen, doch die Versuchung ist groß, in ihm und in der Art, wie man sich des Körpers entledigt hat, Anzeichen dafür zu sehen, daß sie einer strukturierten Gesellschaft angehörte. Ihre Bestattung in einem flachen Grab deutet darauf hin, daß derjenige, der ihren Körper mißhandelt hatte, möglichst schnell die Spuren der Tat beseitigen wollte, was die Existenz einer gesellschaftlichen Reglementierung voraussetzt. Falls sie hingegen aus Vergeltung für ein Verbrechen getötet wurde, das sie selbst begangen hatte, spricht dies gleichermaßen für das Vorhandensein von Sitten und Gesetzen. Die wahre Bedeutung des Lake-Mungo-Fundes besteht jedoch schlicht in dem enormen Alter der Knochen. Sie lieferten den unumstößlichen Beweis dafür, daß auf der australischen Landmasse schon seit mindestens 25 000 Jahren Menschen existiert haben, weit länger, als man zuvor angenommen hatte.

Der Lake Mungo, der heute eine flache, trockene Sandsenke ist, trocknete vor etwa 10 000 Jahren, am Ende der letzten großen Eiszeit, aus. Davor war er jedoch einer von mehreren Seen, die das überschüssige Wasser des Flusses Willandra, eines Teiles des Murray-Darling-Flußsystems, aufnahmen. In diesem Gebiet hat man menschliche Skelettreste entdeckt, die mindestens 30 000 Jahre alt sind. Unter den zahlreichen Artefakten, die mit diesen in Verbindung gebracht werden, befanden sich sehr alte Tonziegel, die als Kochsteine benutzt wurden, und Werkzeuge, wie etwa Schaber. Tierknochen, die an alten Lagerplätzen und in deren Umgebung gefunden wurden, deuten darauf hin, daß die Menschen sich von Fischen, Wallabies, Emus und Emu-Eiern sowie verschiedenen anderen Vögeln ernährt haben. Der außerordentlich große Umfang dieser Funde läßt darauf schließen, daß Lake Mungo ein wichtiger Lagerplatz und Treffpunkt für die prähistorischen Nomaden war, die dort Jahr für Jahr mehrere Wochen lang, vielleicht sogar Monate, ihr Lager aufschlugen. Diese Versammlungen zeichneten sich möglicherweise durch bestimmte Riten und Zeremonien aus. 1974 wurde in derselben Gegend ein vollständiges männliches Skelett ausgegraben. Auch dieser Mann war jung, doch im Gegensatz zu dem ersten Menschenfund am Lake Mungo hatte man diesen Toten mit Sorgfalt bestattet. Er war weder verstümmelt noch verbrannt worden, statt dessen fanden sich an den Überresten Spuren verkrusteten

Ockers, Indizien für einen Begräbnisschmuck. Die Hände waren ordentlich über der Brust gefaltet. Der Tote war würdevoll beigesetzt worden, es dürfte sich demnach um eine Person hohen Ansehens gehandelt haben – ein weiteres Anzeichen für eine organisierte Gesellschaft. Dieses Skelett hat ein Alter von mindestens 30 000 Jahren.

Wie aufschlußreich die menschlichen Funde am Lake Mungo auch sind, so darf man aus ihnen doch keine allzu weitreichenden Schlüsse ziehen. Die Spanne zwischen ihrer und unserer Zeit ist so gewaltig und unvorstellbar, daß man nur zu leicht in Gefahr gerät, die vielen dazwischenliegenden Jahrhunderte außer acht zu lassen und die Informationen, die die einzelnen Gräber liefern, als repräsentativ für ein und dieselbe Epoche anzusehen. Sie sind aber durch eine Kluft von 5000 Jahren voneinander getrennt – ein zweieinhalbmal so großer Zeitraum wie der zwischen der Zeit Christi und unserer modernen Welt. Das Leben dieser einzelnen Menschen dürfte dynamisch und fließend gewesen sein, und die Welt, in der sie lebten, wird sich ständig verändert und umgestaltet haben. Nur der große zeitliche Abstand, der uns von ihnen trennt, läßt uns ihr Gemeinwesen zeitlos und statisch erscheinen.

Die Archäologen verlegen den Zeitpunkt der Ankunft der ersten Menschen in Australien immer weiter in die Vergangenheit zurück. Wie bereits erwähnt, glaubte man vor 1968, daß der australische Kontinent erst seit 6000 Jahren bewohnt gewesen sei. Durch den ersten Skelettfund am Lake Mungo erweiterte sich der Zeitraum dramatisch auf 25 000 Jahre, der zweite Fund vergrößerte ihn nochmals auf 30 000. In den 80er Jahren hatte man den Zeitpunkt auf 40 000 Jahre zurückverschoben, bis schließlich in den frühen 90er Jahren Überreste eines männlichen Skeletts bei Kow Swamp am Murray entdeckt wurden, deren Alter auf mindestens 60 000 Jahre geschätzt wird. Unter Archäologen wird bereits davon gesprochen, daß die Aborigines seit 100 000 oder gar 120 000 Jahren in Australien leben.

Unter der dünnen Schicht der sonnenverbrannten Kruste des Kontinents liegt ein gewaltiges Museum archäologischer Reichtümer verborgen. Doch die wissenschaftliche Auslotung der prähistorischen Vergangenheit Australiens ist eine sehr junge Disziplin – die ersten methodischen Ausgrabungen wurden erst nach dem Zweiten Weltkrieg vorgenommen, und noch heute wird jedes Jahr nur eine Handvoll Ausgrabungen durchgeführt. Diese konzentrieren sich meist auf den Südosten des Kontinents, nahe den bedeutenden Industriestädten mit ihren Universitäten und Labors, deren genaue naturwissenschaftliche Analysen und Untersuchungen der Funde eine unverzichtbare Hilfe für die Feldforscher bedeuten. Bei den intensiven und häufig genug ergebnislosen Bemühungen der Archäologen kann jedoch ein wissenschaftlicher Durchbruch genauso von einem einzigen Zufallsfund wie von Jahren akademischer Studien abhängen. Obwohl das Tempo archäologischer Untersuchungen in den letzten Jahren beträchtlich zugenommen hat, ist ein Großteil der prähistorischen Zeugnisse Australiens unentdeckt. Wer weiß, welche Geheimnisse noch in Zentralaustralien verborgen liegen, das seit Zehntausenden von Jahren von den Aranda-Völkern bewohnt wird? Welche Entdeckungen sind noch im Pitjantjatjara-Territorium im Nordwesten Südaustraliens zu machen? Und die größten Fragen von allen warten ebenfalls auf ihre Antwort: Wo hat das Volk der Aborigines seinen eigentlichen Ursprung? Wann und auf welchem Weg erreichte es Australien?

Herkunftstheorien

Da man über kein sicheres Wissen verfügt, hat es nicht an Spekulationen gemangelt. Frühe Theoretiker vermuteten beispielsweise, daß Tasmanien von Afrika, der Wiege der Menschheit, aus besiedelt worden sei. Demnach hätten unerschrockene Seefahrer Tausende von Kilometern offener See in zerbrechlichen Booten überquert, unter Ausnutzung der vorherrschenden Winde und Strömungen. Diese romantische Theorie gilt heute als überholt, auch wenn in einigen populärwissenschaftlichen Veröffentlichungen immer noch an ihr festgehalten wird. Der bei weitem größte Teil der Funde deutet darauf hin, daß die altansässigen tasmanischen Völker dieselbe Abstammung haben wie die Australier des Festlands.

Die ersten Menschen, die nach Australien kamen, erreichten das Land während der letzten Eiszeit des Pleistozäns, als die Ausdehnung der polaren Eiskappen gewaltige Wassermengen band und so den Meeresspiegel auf der ganzen Welt um schätzungsweise 60 Meter senkte. Landbrücken kamen zum Vorschein, und die Meeresarme zwischen den Inseln wurden flacher. Australien bildete mit Neuguinea im Norden und Tasmanien im Süden eine einzige Landmasse, Sahul genannt. Die Wasserstraßen, die Australien von Südostasien trennen, waren schmaler und weniger tückisch als heute. Die Absenkung des Meeresspiegels wird insbesondere die Seepassagen zwischen den südlichsten Inseln Südostasiens – Celebes (Sulawesi), Lombok, den Kleinen Sunda-Inseln und Timor – seichter gemacht und auf maximal etwa 16 Kilometer verkürzt haben. Migrationsbewegungen fanden vom asiatischen Festland aus entlang der langen Inselkette in einem Prozeß statt, der sich über einen eher langen als kurzen Zeitraum erstreckte.

Der mit etwa 70 Kilometern breiteste Meeresarm, der überquert werden mußte, war der zwischen Timor und dem australischen Festland. Die Küste war zwar vermutlich von Timor aus nicht sichtbar, doch die Inselvölker waren gewiß in der Lage, die Gezeiten und Wolkenformationen zu interpretieren und aus ihnen abzuleiten, daß sich jenseits des Horizonts Land befinden mußte. Es ist sogar möglich, daß sie Rauch von durch Blitzschlag entzündeten Feuern bemerkt haben, der aus dieser Entfernung zu sehen war. Vielleicht waren die ersten Siedler auch unfreiwillige Auswanderer – Fischer mit einfachen Booten, die von den Gezeitenströmen mitgerissen und auf das Festland zugetrieben wurden. Die direkteste Route von Timor aus würde sie an einen Punkt am Strand des Kimberley-Plateaus in Nordwestaustralien geführt haben. Es gibt natürlich keinen Grund zu der Annahme, daß nur eine Landung stattfand – daß es eine zufällige Seereise war, mit der die menschliche Besiedlung in Australien ihren Anfang nahm.

Eine zweite wissenschaftliche Schule vertritt die Theorie, daß die Ahnen der Aborigines über die Landbrücke nach Au-

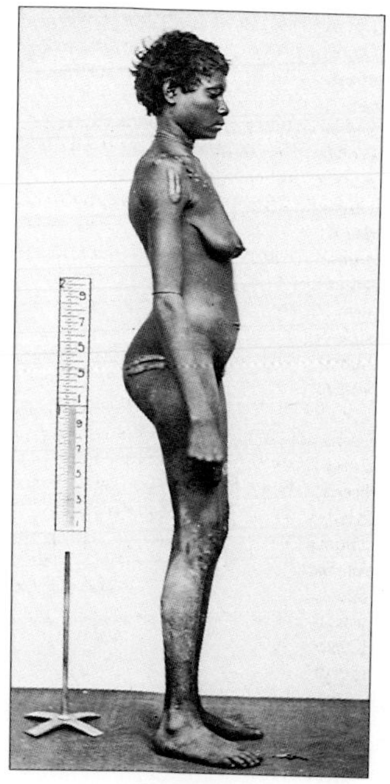

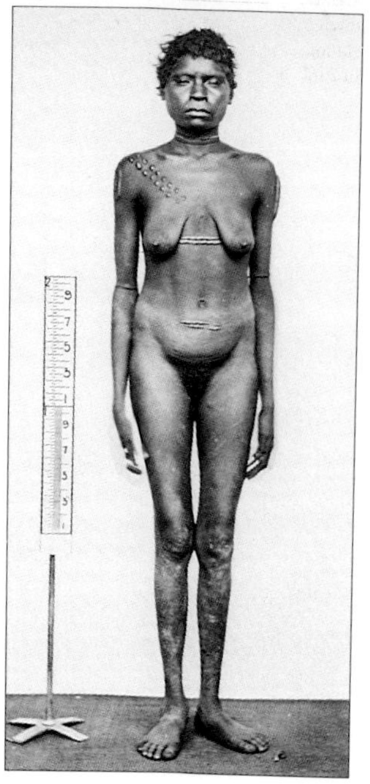

Oben: Wissenschaftler des 19. Jahrhunderts glaubten, daß die Aborigines das fehlende Bindeglied zwischen dem Affen und dem modernen Menschen seien. Als lebende Forschungsobjekte wurden sie genauestens vermessen, wobei man der Form und Größe ihres Kopfes besonderen Wert beimaß. Die sterblichen Überreste Tausender von Aborigines schickte man zur genauen wissenschaftlichen Untersuchung in die großen Museen Europas – und einige Aborigines wurden zu diesem Zweck kaltblütig umgebracht.

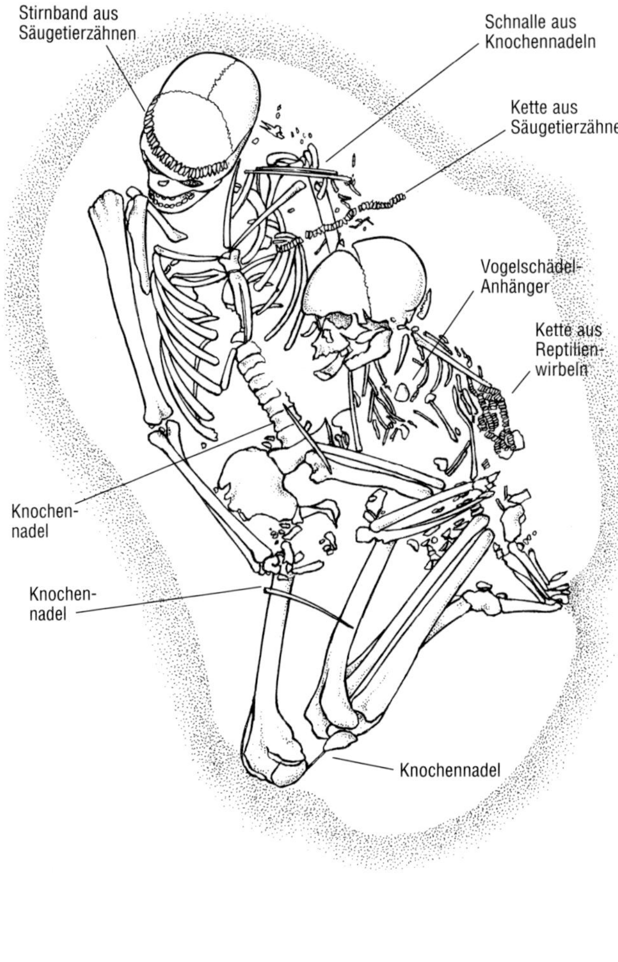

Links: Diese Skizze einer Begräbnisstätte bei Roonka in South Australia zeigt die 4000 Jahre alten Skelette eines Mannes und eines Jungen. Der Mann scheint in einen mit Federn verbrämten und mit Knochennadeln zusammengehaltenen Fellmantel gewickelt worden zu sein, und beide trugen Schmuckgegenstände. Derartige Anzeichen für in hohem Maße ritualisierte Begräbnisformen sind ein Beleg für eine geordnete Gesellschaft mit komplexen Glaubenssystemen. Ähnliche Fundstätten in der Nähe und am Lake Mungo bezeugen, daß ritualisierte Begräbnisse mindestens 40 000 Jahre zurückreichen.

Die erste Besiedlung Australiens
Die Urahnen der Aborigines trafen vor mindestens 40 000 Jahren in Australien ein – möglicherweise bereits vor 120 000 Jahren –, als es einen Teil der größeren Landmasse Sahul bildete. In Australien haben sich seitdem viele Umweltveränderungen vollzogen, denn das Klima wurde kälter und trockener, wobei die größte Ausdehnung der Gletscher vor rund 20 000 Jahren erreicht war. Es gibt verschiedene Theorien, wie sich die Menschen von ihrem vermutlichen Landungsplatz vom Norden aus verbreiteten. In den 50er Jahren stellte J. B. Birdsell die These auf, daß sich 25 Kolonisatoren im Laufe von etwa 2000 Jahren über den Kontinent verbreitet hätten. Diese auf den aktuellen Niederschlagsmengen basierende Theorie wird heute mit Skepsis betrachtet. Sandra Bowdler argumentiert dahin, daß die ersten Siedler Küstenbewohner waren, die auf ihren Wanderungen der Küste folgten und sich in ihrer Nähe niederließen. David Horton dagegen vermutet, daß sie zunächst bewaldete Gebiete besiedelten, bevor sie sich an trockenere Gebiete anpaßten. Beide Theorien berücksichtigen zwar die Veränderung von Umweltbedingungen, doch keine von ihnen läßt sich vollständig mit den archäologischen Funden in Einklang bringen.

stralien gekommen seien, die dieses mit Neuguinea verband, nachdem sie Neuguinea von den Inseln Südasiens aus erreicht hatten. Diese gesamte Wanderung hätte sich wiederum über Hunderte oder gar Tausende von Jahren hingezogen. Die frühesten bekannten Zeugnisse menschlicher Siedlungen in Neuguinea sind 26 000 Jahre alt, und es ist nicht möglich festzustellen, in welcher Richtung die ersten Auswanderer die Landbrücke überquerten. Möglicherweise sind sie von der Kimberley-Region ostwärts zum Gebiet der heutigen Kap-York-Halbinsel gewandert und anschließend nach Norden ins Innere Neuguineas. Bei dieser großen zeitlichen Distanz können wir nur darüber spekulieren, ob die Vorfahren der Aborigines Australien von Südostasien aus über die westliche oder die östliche Route (oder vielleicht über beide) erreichten. Als sie sich jedoch dort etabliert hatten, werden diese Jäger und Sammler die Küsten entlanggewandert und den Flußläufen in das Landesinnere gefolgt sein.

In den Jahrtausenden nach der ersten Besiedlung Australiens, als noch Landbrücken und flache Wasserstraßen es mit Südostasien verbanden, folgten weitere Auswandererwellen denselben Routen, und die ersten Siedlergruppen wurden in die entlegensten Gebiete des Kontinents gedrängt. Man geht mittlerweile davon aus, daß die tasmanischen Aborigines von einigen der ersten Bewohner Australiens abstammen, die vor dem Vordringen der Neuankömmlinge in den äußersten Südostausläufer des Landes zurückwichen. Als die Landbrücke zwischen Tasmanien und dem Festland im Meer versank, wurden sie von den anderen abgeschnitten. Die kulturellen, sozialen und physiognomischen Unterschiede, die die Nyungar Südwestaustraliens von den Aborigines des Nordens und Ostens unterscheiden, sind auch Anzeichen für unterschiedliche Besiedlungsphasen – man hat die Nyungar mit den Kelten Britanniens verglichen, die ebenfalls durch Invasoren in die Randzonen ihrer Welt gedrängt wurden.

Es gibt eine alternative Theorie, die davon ausgeht, daß Australien nicht durch einen Einwanderungsprozeß besiedelt wurde, sondern vielmehr selbst eine Wiege der Menschheit war. Nach dieser Auffassung entwickelten sich die Urväter der Aborigines unabhängig von und parallel zu den Vormenschen in Afrika und breiteten sich später nordwärts nach Asien aus. Diese Argumentationsrichtung besitzt nur eine kleine Zahl von Anhängern, insbesondere unter den heutigen Aborigines, die mit Empörung auf die Schlußfolgerung reagieren, sie seien in einer wie weit auch immer zurückliegenden Zeit eingewandert. Es sind von archäologischer Seite einige Erklärungsversuche unternommen worden, die diese These als nicht völlig absurd erscheinen lassen, doch der Großteil der Indizien spricht eher gegen sie.

Im späten 19. und frühen 20. Jahrhundert behaupteten Anthropologen, die Aborigines seien die letzten überlebenden Neandertaler: Sie gehörten angeblich nicht wirklich der Gattung *homo sapiens* an, sondern einer primitiveren Spezies, der

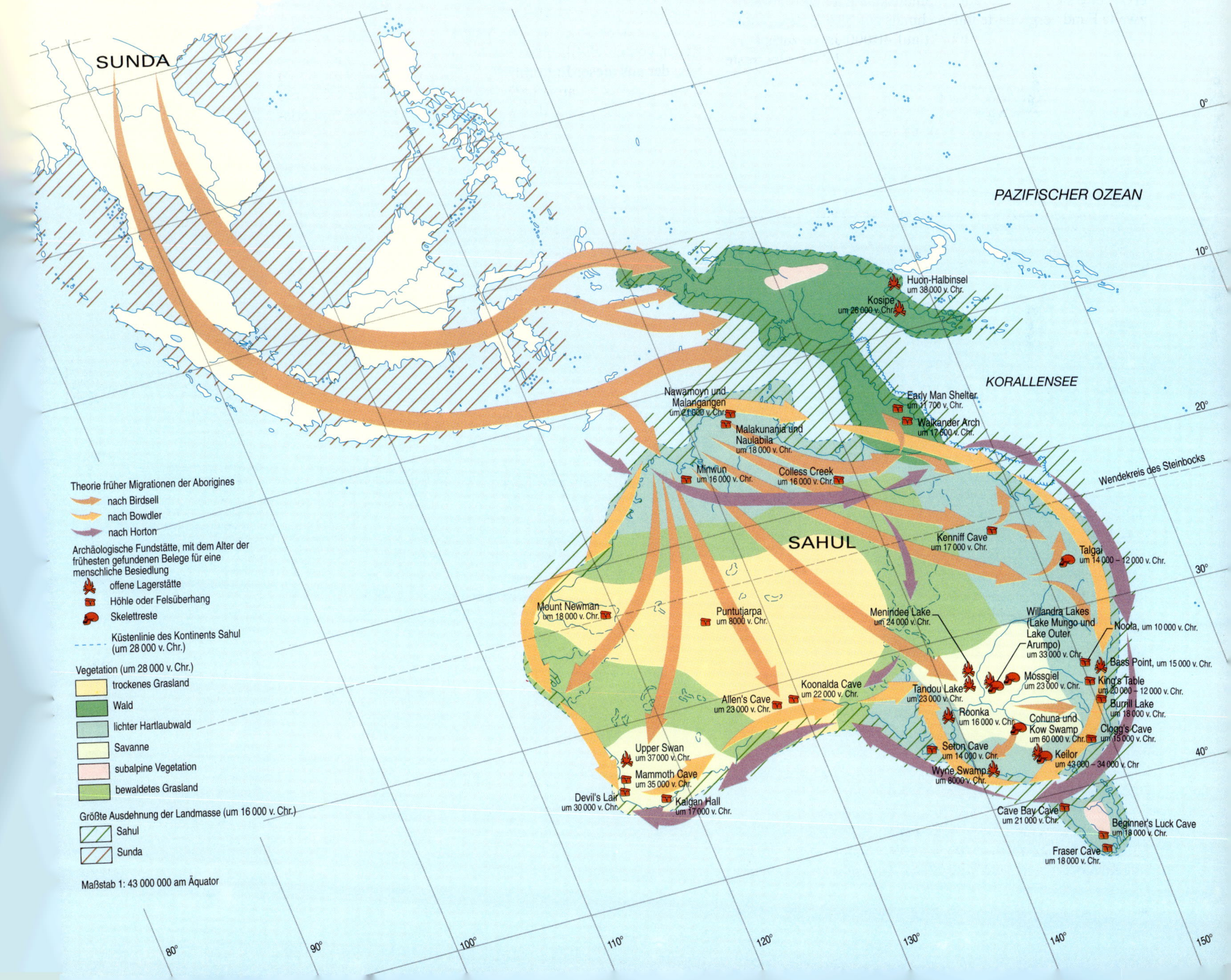

Die Kultur und der Tauschhandel der Aborigines
Nachdem der steigende Meeresspiegel die letzten Landbrücken zu Südostasien abgetrennt hatte, lebten die Aborigines-Völker über Jahrzehntausende in faktischer Isolation. Sie entwickelten eine einzigartige Jäger-und-Sammler-Zivilisation, die auf einer bis ins Detail geregelten nomadischen Wanderpraxis beruhte. Unter den verschiedenen in Australien lebenden Sprach- und Stammesgruppen gab es eine beträchtliche kulturelle Vielfalt, wie sie sich etwa in den verschiedenen Stilen der Felsmalerei widerspiegelt. Bis zu einem gewissen Grad waren solche kulturellen Unterschiede das Resultat der Anpassung an bestimmte Umweltbedingungen, aber sie näherten die Aborigines-Völker eher einander an, als daß sie trennend wirkten. Entlang eines Netzes alter Handelswege, das den ganzen Kontinent überspannte, wurden Waren wie Steinwerkzeuge, Muschelschalen, Bambus und Ocker durch ein kompliziertes System des Tausches und der Reziprozität von Stamm zu Stamm weitergeleitet. Auf diese Weise wurde auch kulturelles und anderes Wissen vermittelt und weitergegeben.

man den Namen »archaischer *homo sapiens*« gab. Diese Theorie hat man inzwischen verworfen. Die Aborigines gehören ohne Zweifel zur Gattung des modernen Menschen – das Problem der Klassifizierung ist jedoch geblieben. Die Aborigines werden oft als Angehörige einer eigenständigen australiden Rasse angesehen. Doch obwohl einige ausgeprägte physiognomische Charakteristika allen Aborigines gemein sind, teilen sie wesentliche Merkmale mit anderen Gruppen von asiatischen Ureinwohnern, zu denen die Munda-Völker Mittelindiens, die Wedda auf Sri Lanka und vielleicht auch die Ainu in Japan zählen. Es wird heute allgemein angenommen, daß alle diese Volksgruppen von einer gemeinsamen Urrasse abstammen, die Aborigines jedoch ihre individuellen Merkmale in der Isolation und als eine Reaktion auf Veränderungen ihres Lebensraumes entwickelten, die über einen langen Zeitraum hinweg stattfanden.

Das Ereignis, das zur Isolation der Aborigines führte und sie auf einen getrennten Entwicklungskurs brachte, war das Ende der Eiszeit. Als sich die Eisdecke zu den Polen zurückzog, begann der Meeresspiegel wieder anzusteigen, wodurch die Seepassagen gefährlicher wurden. Dieser Prozeß zog sich über Jahrtausende hin, in denen es für die Menschen immer riskanter wurde, sich entlang der Inseln von Südostasien nach Australien vorzutasten. Vor etwa 10 000 Jahren versanken die Landbrücken, die Australien mit Neuguinea und Tasmanien verbanden, unter den Wassern der Torres- beziehungsweise der Bass-Straße, und die Aborigines wurden praktisch von allen äußeren Einflüssen abgeschnitten. Die Aborigines im nördlichen Arnhem Land und der Kap-York-Halbinsel scheinen allerdings einige kulturelle Verbindungen zu Melanesien gehabt zu haben – der Gebrauch von Auslegerkanus durch die Aborigines der östlichen Kap-York-Halbinsel resultiert vermutlich aus dem Kontakt mit den Inselbewohnern der Torres-Straße –, doch entwickelten sie nie den Gebrauch von Pfeil und Bogen, der ein wichtiger Teil des Lebens in Neuguinea war. Bereits vor der Begegnung mit den Europäern gab es – vielleicht seit nicht mehr als 1000 Jahren – Kontakte mit Händlern und Fischern aus Makassar an der südlichen Spitze von Celebes (Sulawesi), und man glaubt, daß auch chinesische Händler diesen Teil der Welt kannten. Im großen und ganzen konnte sich die australische Zivilisation jedoch bis zum späten 18. Jahrhundert ungestört entwickeln.

Als sich das Klima erwärmte, veränderte sich die Umwelt Australiens. Das Land, das von den Vorfahren der Aborigines zuerst besiedelt wurde, war eine Landschaft mit Wäldern und Grasland, Seen und Flüssen gewesen. Für möglicherweise 40 000 Jahre teilten die Aborigines den Kontinent mit riesigen pflanzenfressenden Beuteltieren, unter anderem dem mehr als zwei Meter hohen nilpferdähnlichen Diprodoton, das in Seen lebte, und dem Riesenkänguruh, das eine Höhe von drei Me-

Unten: Der Uluru (von Nicht-Aborigines bis in die späten 80er Jahre Ayers Rock genannt) ist der größte Monolith der Welt. Er ist für die Aranda-Völker, die seine Hüter sind, von großer religiöser Bedeutung. Unter Australiern einfach als »der Felsen« bezeichnet, ist der Uluru das symbolische Herz des Kontinents und wurde zu einem der überzeugendsten Sinnbilder für die Versöhnung von Aborigines und den späteren Einwanderern. Das Eigentumsrecht der Aborigines auf das Land wurde bei einer Zeremonie im Jahr 1988 implizit bestätigt, als man den Uluru offiziell an die Aranda »zurückgab«. 1992 wurde der Anspruch der Ureinwohner auf Landbesitz vom Obersten Gerichtshof Australiens offiziell anerkannt, indem die Regelung der *terra nullius* für nichtig erklärt wurde, die davon ausging, daß Australien zum Zeitpunkt der Kolonisation durch die Europäer ein Niemandsland war.

tern erreichte. Es existierte auch eine riesige Emu-Art, die nur etwas kleiner war als der jetzt ausgestorbene *moa* Neuseelands. Als die Temperatur anstieg, verdörrte die Vegetation, und einst üppiges Grasland verwandelte sich in unfruchtbare Wüste, während die großen Seen zu öden Salzpfannen austrockneten. Als ihr Lebensraum verschwand, starben die Riesenbeuteltiere aus, wobei die Jagdaktivitäten der Aborigines vielleicht noch etwas nachhalfen. Die Nahrungssuche brachte eine zunehmend geringere Ausbeute, und der Konkurrenzkampf um die Nahrungsquellen wurde immer erbitterter. Mit der Zeit paßten sich die Aborigines an ihre veränderte Umwelt an, indem sie neue Nahrungsquellen erschlossen und lernten, in einer Symbiose mit dem Land zu leben.

Von der früher populären Vorstellung, die Aborigines seien die letzten Jäger und Sammler, lebende Fossilien aus der gemeinsamen steinzeitlichen Vergangenheit der Menschheit, ist man heute völlig abgerückt. Obwohl die australischen Ureinwohner tatsächlich als eine intakte Jäger-und-Sammler-Kultur bis in die moderne Zeit überlebten, haben ihre Gesellschaft und Kultur verschiedene tiefgreifende Wandlungen durchgemacht. Es entwickelte sich ein kultureller Pluralismus, der sich aus der jeweiligen Beziehung zur Umwelt und den verschiedenen Strategien ihrer Nutzbarmachung ableitete. Dies führte zu unterschiedlichen Merkmalen, Ritualen und Sitten der einzelnen Stämme. Man schätzt, daß es in ganz Australien 500 Stammesverbände gab und mindestens 260 Sprachgruppen mit 600 Dialekten. Die meisten Stammesmitglieder beherrschten mehrere Sprachen und konnten sich in den Sprachen oder Dialekten ihrer Nachbarn verständlich machen. Diese Vielfalt der Sprachen und Stämme war der frühеuropäischen ebenbürtig, wahrscheinlich übertraf sie diese sogar. Im Unterschied zu den Europäern waren die Aborigines jedoch so gut wie ganz von äußeren Einflüssen abgeschnitten. So erhielten sich dort zwischen den einzelnen Völkern mehr Gemeinsamkeiten als irgendwo anders auf der Erde.

Die »Traumzeit« der Aborigines

In Zehntausenden von Jahren entwickelten die Aborigines ihre enge Beziehung zur Erde, die noch immer den Kern ihrer Religion und ihrer Bräuche darstellt. Trotz der beträchtlichen kulturellen Vielfalt der zahlreichen Aborigines-Gruppen in Australien teilen sie alle den Glauben an die »Traumzeit« oder das »Träumen«, wie es bisweilen genannt wird, womit die Erschaffung der Welt gemeint ist. Es gibt bei dieser Vorstellung eine bemerkenswerte Übereinstimmung auf dem gesamten Kontinent. Ganz gleichgültig, wohin man schaut, das »Träumen« (bei den Aranda-Völkern Zentralaustraliens *altjiranga* genannt, *bugari* bei den Karadjiri-Völkern im Kimber-

Links: Felsmalereien der Aborigines von Ahnengestalten mit kunstvollen Gewändern und Kopfschmuck, der Astronautenhelmen ähnelt, haben einige populärwissenschaftliche Schriftsteller spekulieren lassen, es handle sich um Darstellungen von Außerirdischen, die vor langer Zeit die Erde besuchten und von den damaligen Menschen für Götter gehalten wurden. Eine viel wahrscheinlichere Interpretation dieser Figuren ist die, daß sie Teil eines ritualisierten Stammeszeremoniells sind und mit dem Erzählen von Geschichten über die »Traumzeit« und die Geisterwelt in Verbindung stehen.

Unten: Waffen verwendete man überwiegend zur Jagd und weniger zum Kampf. Zwar gab es Kämpfe zwischen einzelnen, aber Stammeskriege waren in Australien vor dem Kontakt mit Europäern unüblich. Es ist dennoch unwahrscheinlich, daß diese Speerschleuder (Woomerra) zur Jagd gebraucht wurde. Reichverzierte Waffen dieser Art, mit Abbildungen zur Clangeschichte, hatten totemistische Bedeutung. Gesetzesbrecher wurden durch rituelle Speerstiche, meistens in den Oberschenkel, bestraft.

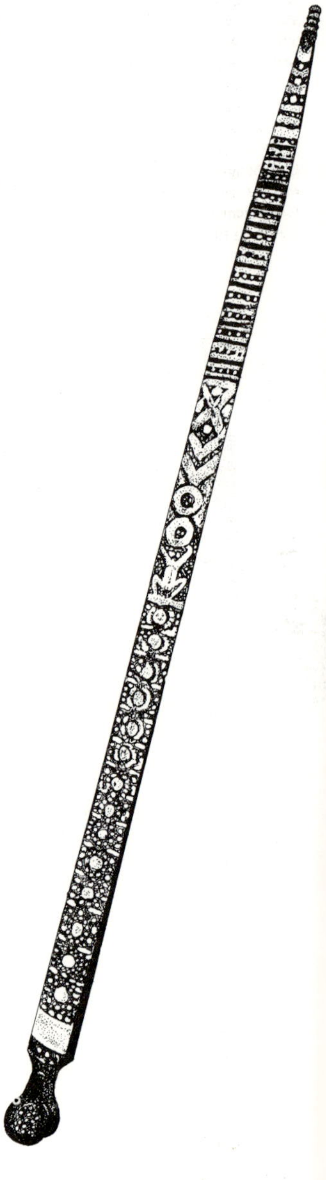

ley-Gebiet, *wongar* bei den Murgin-Völkern in Arnhem Land und *njidding* bei den Nyungar) ist die alles bestimmende Grundlage der Gesellschaft und Kultur der Aborigines.

Die »Traumzeit« verweist auf den Ursprung der Aborigines-Völker, als die Geister-Ahnen beschlossen, dem Universum Ordnung und Form zu geben. In der »Traumzeit« wurden die Gesetze der Stämme und der Gemeinschaft festgelegt. Sie war ständig auf spirituelle Weise präsent und manifestierte sich in der natürlichen Umgebung – in den Felsen, den Flüssen, dem Meer, der Wüste, den Tieren und den Pflanzen. Alle moralischen Gesetze und Sitten in der Welt der Aborigines leiten sich aus dieser Verbindung zwischen sichtbarem und spirituellem Universum ab. Die Lebenden werden von den Geistern dazu angeleitet, falsches Verhalten zu vermeiden. Die Geister existieren in der Gegenwart, die Toten sind überall präsent, und letztlich sind Lebende und Tote nicht voneinander zu trennen. Bei der rituellen Darstellung der Schöpfungszeit treten die Teilnehmer in den Geist der »Traumzeit« ein, das heißt, sie werden eins mit den Geisterwesen der Schöpfung und zu ihrer aktuellen Verkörperung.

Der Ausdruck *altjiranga* der Aranda bezieht sich auf die Erschaffung der Welt durch die Geister der Ahnen. Die Wendung *altjiranga nganbakala* bezeichnet individuelle Ewigkeit, die aus kollektiver Spiritualität hervorgeht, während das davon abgeleitete *altjira rama* die aktive Visualisierung der ewigen Welt der Geister bedeutet, gewöhnlich im Rahmen einer rituellen Darstellung. Das »Träumen« ist demzufolge kein Zustand der Phantasie oder eine Sinnestäuschung, wie es durch die westliche Bedeutung des Begriffs nahegelegt werden könnte, sondern ein Zustand, der, obwohl spirituellen Ursprungs, das physische Universum uneingeschränkt mit einbezieht. Alle Aborigines interpretieren die Landschaft als eine Reihe von komplexen Zeichensystemen, aus denen sie Sinn und geistige Wahrheit ableiten. Spiritualität manifestiert sich in jedem Teil der Natur, was bedeutet, daß die Völker der Aborigines komplizierte Stammesgeschichten und Traditionen aus ihrer unmittelbaren Umgebung heraus konstruierten.

Das Volk der Wik am Golf von Carpentaria beispielsweise assoziiert »Träume« mit dem Hai und dem Dingo, die Nyungar Südwestaustraliens mit dem Emu und dem Känguruh, und im Zentrum der »Träume« der Aranda steht der gewaltige Uluru (Ayers Rock). Diese Totems schaffen eine Kontinuität zwischen der Vergangenheit der Ahnen und der spirituellen Gegenwart. Auch die mystischen Beziehungen zwischen Stammesmitgliedern werden durch Totems angezeigt, und sie bilden das Fundament der Gesetze, die Stammesgebiete, Clans und Eheschließungen regeln. Eine Heirat ist ein hochgradig selektiver Prozeß, der auf den Ahnenreihen basiert, mit deren Hilfe Familien ihre gegenwärtige Identität definieren.

Im Gegensatz zu vielen anderen Glaubenssystemen geht die Wissenstradition der Aborigines nicht davon aus, daß vor dem Augenblick der Schöpfung eine physische Leere bestand. Die reale Welt existierte bereits, doch sie war ohne sichtbare Eigenschaften oder spirituelle Bedeutung. Die Geister der »Traumzeit« versahen die profane Welt mit spirituellen Qualitäten und schmückten das physische Universum mit Tieren, Pflanzen und Menschen. Die Ahnen haben ihren Sitz in diesen Naturerscheinungen, und die Totems sind sichtbare Zeugnisse der Schöpfung. Alle Stämme der Aborigines betrachten jedes einzelne Stammesmitglied als von der Geburt bis zum Tod mit den Ahnengeistern verbunden, die das individuelle und das Gruppenverhalten lenken. Die Kinder werden von den Geistern gezeugt – die Empfängnis ist ein spiritueller, kein körperlicher Akt –, und die Menschen leben in Übereinstimmung mit den Forderungen ihres Totems. Wenn Menschen sterben, sagt man, sie »gehen in das Land«.

Soziale Organisation

Vor dem Kontakt mit Europäern hatten die Aborigines nur sehr wenig Besitztümer. Ihre Wanderungen, wohin sie auch führten, mußten sie zu Fuß zurücklegen. Die Männer trugen ausschließlich Waffen wie Speere und Speerschleudern, die Frauen Grabstöcke und, in einigen Gegenden, Rindenkörbe oder aus *Pandanus*-Blättern geflochtene Beutel für den Nah-

Rechts: Erste europäische Siedler, die sich in Australien dem Hungertod gegenübersahen, wenn es eine Mißernte gab oder Vieh verlorenging oder starb, übersahen den Nahrungsreichtum der Wildnis, den die jagenden und sammelnden Aborigines über Zehntausende von Jahren hinweg genutzt hatten, unter anderem Insektenlarven, Schlangen, wasserspeichernde Wurzeln und Knollen sowie zahlreiche Blätter und Beeren. Die Wanderungen der Aborigines-Gruppen innerhalb ihrer Stammesgebiete berücksichtigten die jahreszeitlich bedingte Verfügbarkeit dieser Nahrungsquellen. Die mildschmeckenden roten und gelben Pflaumen des Quandong-Baums *(Fusanus acuminatus)* besitzen eine der höchsten Vitamin-C-Konzentrationen aller natürlich auftretenden Pflanzen.

Oben: Die Technik des Flechtens war den Aborigines-Völkern bekannt. Dieser geflochtene Korb dürfte zum Sammeln von Nahrung gedient haben. Fischnetze aus Fasergeflecht waren ebenfalls verbreitet.

rungstransport. Gegenstände wie Mahlsteine, Holzteller und -schalen wurden an bestimmten Lagerplätzen zurückgelassen und dienten auch dazu, Stammesgebiete zu kennzeichnen. Obwohl in wissenschaftlichen und populären Texten über die Aborigines allgemein die Bezeichnung »Stamm« *(tribe)* gebraucht wird und diese sogar Eingang in deren Englisch gefunden hat, wo sie mit dem ebenfalls aus dem Englischen stammenden Wort *mob* austauschbar ist, darf man ihre Bedeutung nicht mit den hierarchischen Strukturen verwechseln, wie man sie bei den melanesischen oder polynesischen Völkern antrifft. Die »Stämme« der Aborigines, die zwischen einigen hundert bis zu ein paar tausend Menschen umfassen können, bestanden aus Familiengruppen oder Clans, die innerhalb des größeren Kollektivs relativ unabhängig waren. Möglicherweise versammelte sich der Stamm sogar nie vollständig an einem Ort, nicht einmal zu kultischen Anlässen, während Familiengruppen innerhalb desselben Landes oder Stammesgebiets umherzogen.

Die Gesellschaftsstruktur der Aborigines sah generell vor, daß alle ihre Mitglieder einmal heiraten würden. Die Männer heirateten gewöhnlich in den Zwanzigern oder Anfang der Dreißiger, obwohl dies frühere sexuelle Beziehungen nicht ausschloß. Sie ehelichten in der Regel ein Mädchen, das sich im Pubertätsalter befand. Da es für einen Mann nicht ungewöhnlich war, mit 50 oder 60 Jahren ein zweites Mal zu heiraten, konnten seine Nachkommen eine beträchtliche Altersspanne umfassen. Die Tradition der Aborigines verlangte, daß eine Ehe nur zwischen Angehörigen von Clans gestiftet werden konnte, die aufgrund ihres Totemzeichens zusammenpaßten. Obwohl in den jeweiligen Stammesverhältnissen unterschiedliche Gesetze die Eheschließungen regelten, spielten die Verwandtschaftsbeziehungen immer eine Rolle. Die Heirat von Cousins und Cousinen war in vielen Gruppen üblich. Es gab jedoch ein gewisses Maß an Flexibilität, und Männer und Frauen konnten auch außerhalb ihres Stammesverbandes heiraten. Dennoch schrieb man jeder Heirat einen Einfluß auf die Gesellschaftsstruktur zu, weswegen die Bestimmung von Abstammungslinien ein entscheidendes Gewicht hatte und die Stammesbräuche streng eingehalten wurden.

Die Stämme der Aborigines waren entweder patrilinear oder matrilinear organisiert. Die Männer waren hauptsächlich Jäger, während die Frauen Nahrung sammelten. Bei Ritualen waren die Geschlechter getrennt, bei den gemeinschaftlichen Sing- und Tanzdarstellungen (Corroborees) führten die Männer die mimetischen Tänze auf, während die Frauen für die rhythmische Begleitung sorgten. Zusätzlich hielten Männer wie Frauen geschlechtsspezifische Zeremonien im geheimen ab. Generell gesehen, wurden Frauen mit einem gewissen Grad an Brutalität behandelt. Die Empfängnis, so glaubte man, geschehe durch die Geister, und sie wurde nicht in direkte Verbindung mit dem Geschlechtsverkehr gebracht: Entsprechend nahm man an, daß die Männer bei der Fortpflanzung keine Rolle spielten. Abtreibung wurde in weitem Umfang praktiziert, und in Zeiten des Mangels wurde durch Kindstötung die Zahl der Stammesmitglieder klein gehalten. Kinder, die zu einer Belastung wurden, setzte man zum Sterben aus. Diese brutalen Praktiken galten als notwendig für das Überleben des Stammes, werden aber bei den Darstellungen der Aborigines-Gesellschaft oft außer acht gelassen. Rituelle Verstümmelungen, wie das Beibringen von Narben und die Beschneidung, waren ebenfalls üblich. Die Beschneidung bei Männern war weit verbreitet, obwohl sie von den Nyungar nicht praktiziert wurde.

Die Existenz der Aborigines als Jäger und Sammler war durch Tauschhandel, Gegenseitigkeit (Reziprozität) und Vergeltung charakterisiert. Tauschhandel war der einfache Austausch von Gütern gleichen Werts. Die Gegenseitigkeit, von einzelnen und Gemeinschaften ausgeübt, bestand darin, Geschenke zu machen und sich in die Schuld anderer zu begeben. Diese Schulden wurden nie abgetragen, sondern als Grundlage für ein komplexes System des Austauschs benutzt. Vergeltung war das Prinzip, nach dem Übeltäter bestraft wurden; sie wurde größtenteils von Zauberpriestern ausgeübt. Diese Praktiken bildeten das Gerüst des Stammesverbandes und der Gesetze, mit denen die Menschen regiert wurden. Es gab keine formellen religiösen oder juristischen Institutionen. Beide Bereiche wurden organisch innerhalb der Stammesgemeinschaft geregelt und verbindlich durch das Stammesgebiet vorgeschrieben, dem die Stammesmitglieder angehörten. Die Geister und die Stammesautorität hatten ihren Sitz in diesem Gebiet, und wenn ein Stamm von seinem Land getrennt wurde, verkümmerten die Menschen und starben, da sie eben das verlassen mußten, was ihre Existenz sicherte.

Alle Stammesmitglieder waren Hüter des Stammes, in besonderem Maße aber die Alten und die weisen Männer und Frauen. Zusätzlich gab es die geheimen Zauberpriester und Zauberpriesterinnen (auch sie als untrennbar vom Ganzen angesehen), die verschiedene Namen und Funktionen besaßen. Sie konnten Heiler sein, wie etwa die *margidjbu* der Gunwinggu oder die *gingin* der westlichen Wüste. Diese sind wiederum zu unterscheiden von den *mangorang* und *mabanba*, geschickten Männern mit Zauberkräften. Die bekanntesten Magiergestalten sind die *kurdaitcha* (was »Federfuß« bedeutet, denn sie trugen Schuhe aus Emufedern, um alle Spuren ihrer Anwesenheit zu beseitigen). Die *kurdaitcha*, denen man geisterähnliche Fähigkeiten zuschrieb, schlichen ungesehen durch die Nacht und konnten ihre Gestalt verändern, um eine Vergeltung sicherzustellen. Sie hatten die Macht, anderen den Tod zu bringen, indem sie einfach mit einem Knochen auf sie zeigten. *Kurdaitcha* »besangen« im verborgenen diesen Knochen, um einen Fluch auf ihre Opfer herabzubeschwören. Wenn jemand erfuhr, daß er auf diese Weise verflucht worden war, versank er oft in Apathie, verweigerte die Nahrung und starb kurz darauf. *Kurdaitcha* wurden häufig als Rächer für eine Missetat eingesetzt und konnten einem Menschen, der »besungen« oder verflucht worden war, die »Stöcke« (magische Gifte) auch wieder entfernen. Die meisten *kurdaitcha* waren Männer, doch gab es auch Frauen unter ihnen.

Die Geister und die Gesetze der Völker bildeten eine Einheit und wurden in Zeremonien wie dem Corroboree in Szene gesetzt. Dies waren nichtsakrale Festivitäten, die zur Unterhaltung und Entspannung beitragen sollten. Andere Zeremonien fanden im geheimen statt und wurden nur von den initiierten Männern abgehalten. Die Stammestänze waren ein Abbild des physischen Universums und nicht nur mimetisch: Wenn beispielsweise in einer Zeremonie der Nyungar ein Känguruh dargestellt wurde, imitierten die Teilnehmer nicht das Tier, sondern beschworen in ihr den Känguruh-Geist. Die Wechselbeziehung zwischen Stamm und Totemtier Känguruh mag sogar noch stärker und lebensnaher gewesen sein – die Gesellschaft der Aborigines hat möglicherweise durch das Beobachten des Herdenverhaltens der Känguruhs Überlebensstrategien erlernt, da dieses der sozialen Organisation vieler Stämme nicht unähnlich ist, was unter anderem die Migration innerhalb klar abgegrenzter Territorien einschließt. Känguruhs versuchen sich dadurch vor Feinden zu schützen, daß sie in kleinen Gruppen umherziehen, die sogar als *mobs* bekannt sind. Im täglichen Leben hatte jedes Stammesmitglied eine persönliche Verantwortung für das Wohlergehen der Stammesgemeinschaft, und obwohl der Stamm in Untergruppen zerfiel – am augenfälligsten war die Trennung nach Geschlecht und Clan –, trug jeder direkt seinen Teil zum Ganzen bei. Gesetze und Verhaltensregeln wurden nicht überall in der Gemeinschaft der Aborigines gleichermaßen angewendet, sondern waren in einer speziellen Stammesgruppe und ihrem Stammesgebiet verwurzelt – sie unterschieden sich von Stamm zu Stamm und von Gegend zu Gegend. Haben sich Angehörige eines Stammes in ein fremdes Territorium verirrt, ist sogleich das Gesetz des anderen Stammes auf sie angewendet worden, was effektiv bedeutete, daß Einzelpersonen ihr Gebiet so gut wie nie verließen.

Innerhalb ihrer Stammesgebiete hielten sich die Aborigines an ein strenges Reglement des Eigentumsrechts. Betrachtet man die spirituelle Bedeutung von Orten allgemein, ist dies kaum verwunderlich. Die Nutzung der Natur implizierte ein komplexes Verschmelzen von Religion und Ausbeutung. Die Aranda etwa bestimmten wichtige zeremonielle Orte, *pmara kutata* genannt, an denen die Jagd verboten war. Die Gebiete wurden gewöhnlich aufgrund spezieller Geländemerkmale, wie einer Höhle oder einem Wasserloch, auserwählt, in denen die Geister aktiv waren. Diese Sonderstellung bedeutete für das Land, daß es praktisch zu einem Wildreservat wurde, was eine ungemein wichtige Nahrungsquelle des Stammes vor der Überjagung schützte. Auf diese Weise hatten die *pmara kutata* sowohl eine religiöse als auch eine ökonomische Funktion.

Fast alle Gemeinschaften der Aborigines waren nomadisch. Es ist ein weitverbreitetes Mißverständnis, daß ihre Wanderungen die Form planlosen Umherirrens über den gesamten Kontinent annahmen – ein Mißverständnis, das leider durch die unglücklich gewählte Bezeichnung *walkabout* (»Herumwandern«) noch bekräftigt wird. Tatsächlich beschränkten sich die Migrationen auf genau abgegrenzte Stammesgebiete. In den Trockenzonen Australiens wanderten die Familiengruppen entlang gut markierter Pfade von Wasserloch zu Wasserloch und errichteten selten Lagerplätze. In fruchtbareren Gegenden kannte man an bestimmten Orten Stammeslager, die sich fast immer in Wassernähe befanden. Die Gruppe pflegte dort zu festen Zeiten des Jahres ihr Lager aufzuschlagen, oft, wenn eine bestimmte Nahrungsquelle verfügbar war. Die Ngayawun im heutigen New South Wales zogen beispielsweise jedes Jahr in die Snowy Mountains, wobei sie der alljährlichen Wanderung der Bogong-Motte folgten, die sie als eine besondere Delikatesse ansahen. Dort hielten sie dann ein mehrere Tage oder auch einige Wochen dauerndes Festmahl ab und führten wichtige Zeremonien durch, bevor sie in die Ebene zurückkehrten, die ihr übliches Aufenthaltsgebiet war. Einige Gruppen, wie die Weipa der Kap-York-Halbinsel und einige Aborigines in Arnhem Land, scheinen seltener den

Oben: Dieses bekannte Aquarellbild eines Corroborees (19. Jahrhundert) verfestigte einige Mißverständnisse über das »primitive« Wesen der Aborigines. Die tanzenden Männer stehen in einer Reihe, wie für eine Art heidnisch anmutendes synchronisiertes Ritual, während ihre leuchtende Körperbemalung auf Schwarze Magie hinzuweisen scheint. Die Tänze der Aborigines sind weit weniger uniform, als die hier dargestellte Kulthandlung vermuten läßt. Sie bestehen aus zahlreichen komplexen Bewegungen, mit denen die Tänzer bestimmte Tiere imitieren und vergangene Ereignisse rituell ausdrücken – europäische Beobachter waren fasziniert, als sie Geschichten über die europäische Kolonisation in den Tanzdarstellungen erkannten.

Oben rechts: Da die Aborigines keine permanenten Behausungen errichteten und scheinbar keine Form des Ackerbaus praktizierten, konnten die Europäer sie nicht als Menschen ansehen, die das Land auf eine vernünftige Weise nutzten. Somit war das Gesetz der *terra nullius* in ihren Augen gerechtfertigt. Die Hütten der Aborigines, oder *mia mia*, waren jedoch gut an ihren nomadischen Lebensstil angepaßt. Da sie – wie hier – aus Rinde gefertigt wurden, konnte man sie schnell ohne spezielle Werkzeuge aufbauen, die beim Tragen nur eine Belastung dargestellt hätten.

Rechts: Dieses Aquarellbild eines Lagers der Aborigines (um 1830) bietet einen Einblick in die Organisationsweise des Clans oder der Familiengruppe bei ihren Wanderungen durch das Stammesgebiet. Die drei größeren Hütten könnten Großfamilien beherbergt haben. Die kleineren Hütten boten wahrscheinlich jungen Frauen und Männern sowie den Alten Schutz.

Wohnsitz gewechselt zu haben. Ihre Hütten standen an der Küste, unmittelbar am Wasser, wo sie das überreiche Nahrungsangebot der See nutzen konnten, das ihre Ernährungsgrundlage bildete. In der Regenzeit zogen sie sich auf höhergelegenes Gelände zurück, um zur Küste zurückzukehren, sobald der Regen nachließ. Am Strand häuften sie über viele Tausende von Jahren gewaltige Abfallhügel aus fortgeworfenen Kalkschalen von Meerestieren auf. Ihre Bedeutung ist unklar, doch scheinen sie das gewöhnliche Schema ihrer Wanderungen wiederzugeben und könnten die dauerhafte Nutzung und Bewahrung des Landes durch sie symbolisieren.

Viele Aborigines-Stämme bauten einfache Rindenhütten oder Unterstände, die oft als *mia mia* bezeichnet werden, um sich vor kaltem oder regnerischem Wetter zu schützen. Im Norden, wo Schutz vor den Regenfällen des Monsuns erforderlich war, errichtete man diese oft auf Stelzen. In trockenen Teilen des Landes waren Windschutzbauten aus Buschwerk üblich. Bei schönem Wetter zogen es die meisten Aborigines vor, im Freien zu schlafen. Die Kleidung beschränkte sich auf das Allernötigste, obwohl bisweilen Felle als Kälteschutz getragen wurden.

Beziehungen zwischen den Stämmen

Stammesgebiete oder Territorien orientierten sich gewöhnlich an einem Geländemerkmal in seiner Mitte, etwa einem Was-

serloch oder Billabong (stehendes Gewässer). Sie konnten aber auch durch natürliche Grenzen, wie Flüsse oder Meeresarme, definiert sein. Der natürliche Hafen, an dem heute Sydney liegt, bildete zum Beispiel die Grenze zwischen zwei Stammesgruppen. Sie scheinen nur sehr selten in Kontakt gekommen zu sein und sprachen grundverschiedene Sprachen, obwohl sie sich deutlich über das Wasser hinweg sehen konnten. Wenn auch die Grenzen zwischen den Stammesgebieten keineswegs immer derart eindeutig festgelegt waren, so kannten doch alle Stammesangehörigen ihren Verlauf und ihre Bedeutung gut. Manchmal jedoch überschnitten sich die Grenzbereiche. In diesen Kommunikationszonen trafen sich die Mitglieder beider Stämme je nach Bedarf, um Angelegenheiten von wechselseitigem Interesse zu diskutieren und wichtige Fragen zu klären. Die Jagd und die Nahrungssuche über Stammesgrenzen hinweg war auf Genehmigung hin erlaubt, und diese wurde selten verweigert – aus dem einfachen Grund, daß in mageren Zeiten dann der Anspruch auf Gegenseitigkeit geltend gemacht werden konnte. Unerlaubtes Eindringen in stammesfremde Gebiete zog augenblickliche Vergeltung nach sich, sogar die Hinrichtung durch den Speer, wie es das Gewohnheitsrecht forderte. Wurde die Grenzverletzung von Gruppen begangen, konnte es zum Krieg kommen.

Von Zeit zu Zeit brachen zwischen benachbarten Stämmen Streitigkeiten aus, und auch Kriege waren nicht selten. Meinungsverschiedenheiten wurden jedoch häufiger auf rituelle Weise aus der Welt geschafft, entweder im Rahmen eines gemeinsamen Corroborees oder eines Treffens der Ältesten beider Stämme, nachdem der Vergeltung Genüge getan war. Selten, wenn überhaupt jemals, endeten sie mit einem Sieger und einer Kapitulation. Die Stämme der Aborigines hatten nicht das geringste Interesse daran, ihre Stammesgebiete zu erweitern oder andere zu erobern. Tragischerweise brach dieses stämmeübergreifende System mit der Ankunft der Europäer zusammen, die keine Rücksicht auf die Bedeutung der Stammesgebiete als Totem oder die Komplexität der Stammesbeziehungen nahmen. Als Stammesverbände aus ihren Territorien vertrieben wurden und sich auf Dauer in Nachbargebieten niederließen, brachen die größten und gewalttätigsten Unruhen in der Geschichte der Aborigines aus. Hier gab es keine Möglichkeit mehr, durch Vergeltung zu einem Ausgleich zu kommen, und so wurden wohl in den 200 Jahren nach Ankunft der Europäer mehr Aborigines im Krieg getötet als in den vorangegangenen 60 000.

Erst seit jüngster Zeit beginnen wir die komplizierten Handelssysteme der Aborigines besser zu verstehen – früher hatte man angenommen, daß eine regelrechte Handelswirtschaft weit jenseits der Möglichkeiten ihres »primitiven« Lebensstils der Existenzsicherung läge. Die neuere archäologische und anthropologische Forschung hat jedoch Beweise für komplexe Tauschhandelsbeziehungen erbracht, die die Stämme kreuz und quer über den Kontinent miteinander verbanden. Beispielsweise wurden Perlen aus Nordwestaustralien an Ausgrabungsstätten entdeckt, die Hunderte von Kilometern entfernt lagen, während ein ausschließlich im äußersten Norden vorkommender Muscheltyp auf dem gesamten Kontinent als Tauschware gehandelt und über 3000 Kilometer von seinem Ursprungsgebiet entfernt in Südaustralien gefunden wurde. Über die genauen Routen, denen dieser frühzeitliche Handel folgte, ist wenig bekannt, doch es scheint als erwiesen, daß es keine reisende Händlerklasse gab. Statt dessen trieben die Stämme mit ihren jeweiligen Nachbarn Handel, und wertvolle Gegenstände wurden entlang dieser Kette weitergegeben. Die Existenz eines solchen Tauschhandelsnetzes würde die Geschwindigkeit erklären, mit der sich die Kunde von der Landung der Europäer im Jahr 1788 unter den Stämmen verbreitete. Als Forschungsreisende in das Landesinnere vorzudringen begannen, stellten sie fest, daß die Stämme, die ihnen begegneten und die noch nie Kontakt mit Weißen hatten, bereits das Schreckenspotential ihrer Gewehre kannten.

Oben: Dieser Stich entstand im Jahr 1798. Er zeigt Aborigines neben dem Fluß bei Parramatta (ein Wort der Aborigines, das »Kopf der Wasser« bedeutet) westlich von Sydney Cove. Flüsse wie dieser bildeten oft die Grenze zwischen Stammesgebieten. Die Menschen werden in einer paradiesischen Landschaft als Unschuldige dargestellt, die ohne Belastung durch die Güter der Zivilisation ihrem traditionellen Lebensstil folgen. Die sanft gewellten Hügel, die weichen Konturen der Vegetation und der mäandrierende Flußlauf betonen die Unschuld der Szene. Solche romantischen Darstellungen des Primitivismus waren charakteristisch für die ersten künstlerischen Reaktionen der Europäer auf die Aborigines. Sie wurden jedoch bald von härteren Bildern ersetzt, die die Aborigines als degenerierte Wilde darstellten. In der zweiten Hälfte des 19. Jahrhunderts waren die Aborigines fast vollständig aus der Kunst verschwunden; sie kamen nur noch als schmückendes Beiwerk in Szenen des Siedlerlebens vor. Sie blieben im Abseits der australischen Kunst, bis im späten 20. Jahrhundert Künstler der Aborigines selbst ihre Kultur wieder zum Thema machten.

Rechts: Der Dingo hat für viele Aborigines-Völker eine totemistische Bedeutung. Anscheinend benutzten die Aborigines keine Dingos zur Jagd, obwohl diese in freier Wildbahn großartige, in Rudeln operierende Jäger sind, sondern hielten sie als Lagerhunde, die den Clangruppen bei ihren Wanderungen auf uralten Pfaden folgten. Im 19. Jahrhundert wurden Dingos als Gefahr für Rinder und Schafe angesehen und gejagt und getötet. Man baute Zäune, um Dingos von den Weideflächen fernzuhalten. »Dingo« wurde zu einer abwertenden Bezeichnung für eine verschlagene, unzuverlässige Person, und es entstand die Legende, daß Dingos kleine Kinder töteten. Noch 1980 wurde ein Dingo für das Verschwinden der kleinen Azaria Chamberlain verantwortlich gemacht, ein Fall, der die Australier fast ein Jahrzehnt lang in Atem hielt.

Unten: Das Abbrennen der Grassteppe war ein wesentlicher Bestandteil der von den Aborigines-Völkern praktizierten Landschaftspflege. Die ersten Kolonisten glaubten, daß die Steppenbrände, die sie beobachteten, von außer Kontrolle geratenen Lagerfeuern herrührten. Erst vor kurzem hat man erkannt, daß es sich dabei um Techniken der Aborigines handelte, den Boden zu bewirtschaften. Wenn nach dem Brand das frische neue Gras wieder wuchs, kamen Känguruhs und andere Wildtiere in das Gebiet zurück; außerdem begrenzte das regelmäßige Abbrennen die Ansammlung von trockenem Brennstoff über mehrere Jahre hinweg, wodurch auch so gewaltige Buschfeuer verhindert wurden, wie sie in den letzten Jahren große Gebiete Südostaustraliens verwüsteten.

Bewahrer des Landes

Während allgemein bekannt ist, daß die Aborigines eine tiefe spirituelle Verbindung zu ihrem Land hatten, herrscht vielfach die falsche Vorstellung, daß sie ihre Umwelt nicht beeinträchtigten, da sie lediglich soviel Nahrung erjagten und sammelten, wie sie benötigten, und dann weiterzogen. Dies ist jedoch keineswegs der Fall: Ihre Jagdaktivitäten hatten über die Jahrtausende, seit denen sie den Kontinent bewohnten, weitreichende Auswirkungen auf die Landschaftsform und die Tierwelt. Obwohl beim Aussterben der riesenhaften Beuteltiere ein durch das Ende der Eiszeit hervorgerufener drastischer Klimawechsel die größte Rolle gespielt hat, können sie auch den Jagdwaffen der Aborigines zum Opfer gefallen sein.

Es war aber die Ankunft des Dingos oder Wildhunds, die die verheerendsten Auswirkungen auf die Tierwelt hatte. Der Dingo, wahrscheinlich aus Südostasien stammend, lebt erst seit 3000 bis 5000 Jahren in Australien, und sein dortiges Vorkommen könnte sich durch Handelsverbindungen zwischen nördlichen Aborigines-Stämmen und Fischern aus Indonesien erklären. Obwohl er nie zu einem wirklich zahmen Haustier wurde, lebte er in nächster Nachbarschaft zu den Lagerplätzen der Aborigines. Vor seiner Ankunft gab es in Australien keine Raubsäuger, obgleich der tasmanische Beutelwolf *(Thylacinus cynocephalus)*, ein aas- und fleischfressendes Beuteltier, eine Bedrohung für junge Beuteltiere und am Boden nistende Vögel darstellte. Zudem reißen auch Krokodile und Raubvögel wie der Keilschwanzadler Tiere. Im Konkurrenzkampf um dieselben Nahrungsquellen war der schnellere Dingo, der in Rudeln jagt, dem Beutelwolf überlegen, der vor etwa 3000 bis 4000 Jahren vom australischen Festland verschwand. In Tasmanien, wo es keine Dingos gab, überlebte er bis in das 20. Jahrhundert.

Wir erkennen erst allmählich den vollen Einfluß, den die Aborigines auf das Land hatten. Während sie es als Zentrum

ihrer spirituellen Welt mit Respekt behandelten, formten sie es auch nach ihren materiellen und kulturellen Bedürfnissen um. Sie pflügten das Land nicht, pflanzten oder ernteten auch keine Feldfrüchte, aber sie rodeten doch beträchtliche Flächen durch Brandrodung. Nun sind Brände ein wesentlicher Faktor für das Fortbestehen einiger Ökosysteme Australiens. Durch Blitzschlag entfachte Feuer verjüngen das Grasland, und Wälder wie die ausgedehnten Karri-Wälder im Südwesten sind sogar auf die Hitze des Feuers angewiesen, die die Samenkapseln der Bäume aufsprengt. Erst in jüngster Zeit erkannten fortschrittliche Farmer und Forstarbeiter die positive Funktion der Brandrodung. Durch ihre kontrollierte Anwendung können sie vielleicht noch die größte der ökologischen Krisen Australiens – die Bodenverschlechterung und überalterte Wälder – abwenden. Es scheint, daß die Aborigines durch das Abbrennen der Vegetation als Landschaftsplaner und frühe Umweltschützer wirkten, indem sie die Grassavanne, von der ihr Überleben abhing, vor der Verödung zur Wüste bewahrten.

Feuer, Werkzeuge und Waffen

Das Feuer war für die Aborigines nicht nur ein wichtiges technisches Mittel bei der Bodenbewirtschaftung, es war auch ein wirksames Jagdwerkzeug. Tiere wurden in einem Flammenring eingeschlossen. Ein schmaler Fluchtweg wurde offengelassen, bewacht von Kriegern, die mit Speeren, Speerschleudern (Woomeras), Waddis und bisweilen Bumerangs bewaffnet waren und die Tiere töteten, wenn sie durch die Lücke durchbrechen wollten. Feuer wurde auch als Wärmequelle und zum Kochen benutzt. Gekocht wurde über einfachen offenen Feuerstellen, auf denen man ganze, ungehäutete Tiere zubereitete; manchmal wurden auch primitive Öfen verwendet. Während der kalten Monate in Tasmanien schliefen die Aborigines in kleinen Gruppen, die durch Lagerfeuer getrennt waren. Wie die Aborigines des Festlands hatten sie eine rudimentäre Kochkunst entwickelt, doch im Gegensatz zu jenen scheinen sie die Fähigkeit des Feuermachens nicht besessen zu haben. Sie waren offenbar vielmehr darauf angewiesen, sich Feuer von durch Blitzschlag verursachten Bränden zu beschaffen. Dieses wurde mit Feuerstöcken oder Fackeln am Brennen gehalten, und es war für jeden Stamm von großer Wichtigkeit, stets eine brennende Fackel mit sich zu führen.

Obwohl die Aborigines keine Herstellungstechniken über die Anfertigung von Steinwerkzeugen hinaus entwickelten, war doch für einige das Feuer ein wichtiger Bestandteil des Fertigungsprozesses. Der Kopf der Kodj-Axt, die die Völker Südwestaustraliens benutzten, wurde hergestellt, indem man vorstehenden Granit dem Feuer aussetzte. Dann übergoß man den Fels mit Wasser, um ihn schlagartig abzukühlen. Die durch den Wechsel von Erhitzung und Abkühlung entstandenen Bruchstücke wurden zurechtgehauen und an beiden Seiten geschärft, um so einen Axtkopf zu bilden. Zwei Stücke derart geschliffenen Steins wurden mit dem Gummi des Grasbaums Ende an Ende fixiert und an einem Holzstiel von etwa einem Drittel Meter Länge befestigt. Axtkopf und Stiel wogen zusammen etwa ein halbes Kilogramm.

Die Kodj-Herstellungstechnik ist relativ jung, sie entstand wahrscheinlich vor ungefähr 3000 Jahren bei den Aborigines des Südwestens. Sehr viel älter und weiter verbreitet bei der Werkzeugproduktion war die Kartan-Schlagtechnik, die seit mindestens 30 000 Jahren in Gebrauch war und vielleicht von den Aborigines nach Australien mitgebracht wurde. Die Kartan-Axtköpfe bestanden aus Kieseln und kleinen bis mittelgroßen Steinen, bei denen nur eine Fläche durch Hauen, Kratzen und Abspalten mit einem anderen Stein bearbeitet war. Der fertige Kopf wurde mit aus zermahlenen Stachelkopfgrassamen gewonnenem Harz, das man in der Waffen- und Werkzeugherstellung zu vielen Zwecken gebrauchte, an einem Stiel befestigt und mit einer Faserschnur gesichert. Vor etwa 6000 Jahren kamen feiner bearbeitete Steinwerkzeuge in Gebrauch, die als Mikrolithen bezeichnet werden. Diese waren geschliffen und behauen, und sogar grobe Messer mit gezähnten Klingen wurden angefertigt.

Links: Daß die Tasmanier nicht die Fähigkeit besaßen, Feuer zu entzünden, wurde früher als Beweis für das Fehlen von zivilisatorischen Grundlagen angeführt. Statt dessen berichtete man davon, daß sie auf allen Wanderungen Feuerstöcke mit sich trugen. Diese Stöcke wurden an durch Blitzschlag entstandenen Feuern oder an den schwelenden Lagerfeuern entzündet, von denen die Landschaft gesprenkelt war – Beobachter bemerkten, daß die tasmanischen Aborigines oft mehrere Lagerfeuer entfachten und zwischen ihnen schliefen. Dieses Bild von Thomas Bock zeigt Mannalargenna, einen der »letzten Tasmanier«, die in den 30er Jahren des 19. Jahrhunderts auf Flinders Island verbannt wurden, mit einem Feuerstock. Es gehörte zu einer Serie, die der Ehefrau von Sir John Franklin (1786–1847) zum Geschenk gemacht wurde. Franklin war Unterstatthalter von Van Diemen's Land und beaufsichtigte die Zusammentreibung der tasmanischen Aborigines.

Rechts: Echte Bumerangs – geschnitzte, V-förmige Wurfhölzer, deren Aerodynamik es ihnen erlaubt, zum Werfer zurückzukehren – wurden nur selten bei der Jagd benutzt, außer um Tiere in Fallen zu treiben. Offenbar wurden sie größtenteils zum Vergnügen verwendet. Bumerang-Wettbewerbe sind noch immer beliebt bei Aborigines-Gruppen, und bei den übrigen Australiern findet der Sport immer mehr Anhänger. Die oft kunstvoll verzierten Bumerangs wurden auch zum Schneiden und Graben sowie als Klanghölzer zur Begleitung von Zeremonien benutzt. Es gab zahlreiche andere Arten von Wurfhölzern, von denen nicht alle so konstruiert waren, um zum Werfer zurückzukehren.

Abgesehen vom Bumerang, der ohnehin eher eine zeremonielle Funktion gehabt zu haben scheint, als daß er bei der Jagd oder im Krieg eingesetzt wurde, nehmen sich die Waffen und Werkzeuge der Aborigines gegenüber denen vergleichbarer Jäger-Sammler-Kulturen ungeschlacht aus. Speere wurden bei der Jagd auf Tiere und Fische eingesetzt, die einen wichtigen Teil ihrer Ernährung darstellten. In der Berrima-Region im nördlichen New South Wales und auch in Arnhem Land benutzte man komplizierte Systeme von Fallen und Reusen zum Fischfang, und an der Ostküste waren Angelhaken in Gebrauch, für die es allerdings keine Belege gibt, die weiter als 1000 Jahre in die Vergangenheit zurückreichen. In allen Küsten- und Flußgebieten benutzte man Netze. Die relative Armut an Artefakten läßt vermuten, daß der Kampf ums nackte Überleben im traditionellen Leben der Aborigines nur wenig Zeit für kulturelle Aktivitäten übrigließ. Sicherlich wurde in Australien weder Keramik noch der Gebrauch von Metall als Schmuck nachgewiesen, auch wenn es eine ganze Ansammlung von Muschel- und Knochenschmuck gibt. Jede derartige Schlußfolgerung wird jedoch durch die überwältigende Vielfalt der Kunst der Aborigines Lügen gestraft.

Schmuck und Kunst der Aborigines

Die Kunst der Aborigines hatte viele Formen. Männer und Frauen schmückten ihre Körper für Initiationszeremonien mit rituellen Mustern aus Ocker und Blut, manchmal wurde auch kunstvoller Kopfschmuck getragen. Unglücklicherweise ist das Wissen über viele der zeremoniellen Stile der Körperbemalung verlorengegangen. Zahlreiche Stämme fertigten heilige Ritualgegenstände an, wie etwa verzierte Rindenschilde, Zeremonienstäbe und geschnitzte Figuren, und andere – insbesondere die Aborigines in Arnhem Land – malten mit Ocker Bildnisse auf Rindentafeln. Doch die bei weitem am häufigsten auftretende Kunstform, die in allen Teilen des Kontinents anzutreffen ist, sind Felsgravierungen und -malereien. Viele Tausende solcher Felsgalerien sind bereits erfaßt worden, und während die Archäologen die Katalogisierung dieser gewal-

tigen Kunstansammlungen fortsetzen, werden Jahr für Jahr neue verborgene Meisterwerke entdeckt.

Jede Datierung von Felskunst muß hypothetisch und vorläufig bleiben, da durch die Berücksichtigung neuer Funde die zeitlichen Ansätze des frühesten Auftretens bestimmter Stilrichtungen ständig revidiert werden müssen. Unter den ältesten Beispielen der Kunst der Aborigines finden sich einfache Fingerzeichen, die in die weichen Kalksteinwände von Höhlen geritzt und gemeißelt wurden. Solche Formen sind mindestens 20 000 Jahre alt, doch neuere Forschungen deuten darauf hin, daß einige »geheime« Orte mit Felsgravierungen in Zentralaustralien und dem Northern Territory älter als 40 000 Jahre sein könnten. Sie dienten der Ausübung von Ritualen, an denen nur ein Teil des Stammes teilnehmen durfte. Vor etwa 15 000 Jahren tauchten zum erstenmal die Panaramittee-Gravierungen auf. Diese markierten signifikante Orte: Die Bilder ähneln Tierspuren, die mit abstrakten Mustern aus charakteristischen Kreisen und Spiralen verziert sind.

Untersuchungen des bei den Felsmalereien verwendeten Ockers lassen dank verbesserter Datierungstechniken darauf schließen, daß diese ebenfalls schon zu einem sehr frühen Zeitpunkt entstanden; es sind jedoch nur wenige von ihnen erhalten. In der Pilbra-Region in Western Australia und in Teilen des mittleren bis nördlichen Queensland existieren Felsmalereien, die zwischen 12 000 und 13 000 Jahren alt sind. Die ersten figurativen Darstellungen traten vor etwa 10 000 Jahren auf. Diese umfassen Zeichnungen von Menschen und Tieren, einige von ihnen in der Form einzigartiger »Röntgenbilder«, die das Skelett und die inneren Organe abbilden. Abstrakte Punktzeichnungen beinhalten das Wissen über einen Stamm und sein Totem.

Jede Kunst der Aborigines – seien es Körperbemalung, Felsgravierungen oder -zeichnungen – mußte auf diese Weise gelesen werden. Zeichnungen und Markierungen auf Felsen und an Bäumen enthielten verschlüsselte Mitteilungen für jene, die gelernt hatten, sie zu entziffern. Sie bildeten Orientierungspunkte in der natürlichen Umgebung der Stammesgruppe und vermittelten der Gruppe auf dem Weg durch ihr Stammesgebiet wichtiges Wissen über die Natur. Die Bilder stellten bedeutende zeremonielle Orte dar, an denen geheime Rituale abgehalten wurden, und sie enthielten Informationen über die Beziehung des Stammes zur »Traumzeit«. Sie waren eine Art Stammesgeschichte, durch die Totem-Wissen und Geschichten über die Ahnen überliefert wurden.

Die Felszeichnungen wurden von Zeit zu Zeit erneuert und ergänzt. Durch die ererbten Muster wurde die Identität eines Stammes aufrechterhalten, doch die jeweiligen Zeitumstände konnten zur Folge haben, daß Beziehungen innerhalb des Stammes und zu Nachbargruppen neu definiert wurden und sich dabei Aspekte der Geschichte und des Glaubens veränderten. Heute sind viele alte Felsgalerien in Gefahr zu verschwinden, da der Brauch der periodischen Erneuerung mit der Vertreibung der Aborigines-Völker von ihrem angestammten Land und der Zerstörung ihres traditionellen Lebensstils unterging. Das Wissen um die »geheimen« Stätten ist verloren, und es scheint, daß Hunderte von Bildwerken bereits verschwunden sind. Die übriggebliebenen erschließen uns jedoch einen Teil der Welt der alten Völker Australiens.

Musik und Gesang

Wie die Kunst ist auch die Musik der Aborigines ein wesentlicher Bestandteil ihres Glaubens an den Ahnenkult und das

Rechts: Das Tiwi-Volk der Bathurst- und Melville-Inseln vor der Nordküste Australiens schnitzt kunstvolle, Pukamini-Pfähle genannte Grabstelen, die um Friedhöfe oder in ihrer Nähe aufgestellt werden: Ihre komplexen geschnitzten und gemalten Muster erzählen Clangeschichten und bekräftigen Totems. Die Hersteller der Grabstelen werden innerhalb einer Totemgruppe erwählt. Sie tragen die Geheimnisse der Abstammung in sich und sind in ihrer Gemeinschaft hoch angesehen, wo sie eine Klasse von Kunsthandwerkern bilden. Traditionell wurden ihnen für ihre Dienste Schmuck, Nahrungsmittel und andere Güter gegeben, doch heutzutage werden sie meist mit Geld bezahlt.

Die Kunst der Aborigines

Die Felsgravierungen und -malereien der Aborigines-Völker befinden sich entweder in sogenannten Galerien, Orten, die allen zugänglich sind, oder an geheiligten Orten – markierten Bereichen religiöser und zeremonieller Bedeutung. Die Vertreibung der Stämme von ihrem Land führte dazu, daß die Bedeutung eines großen Teils der Felsmalereien in Vergessenheit geriet. Die Zerrüttung des Stammeslebens verursachte auf ähnliche Weise das Verschwinden von vergänglicheren Kunstformen wie der Verzierung von Waffen und der Körperbemalung. In den 30er Jahren des 20. Jahrhunderts begannen Archäologen und Anthropologen damit, erhalten gebliebene Kultstätten und Kunstwerke zu erfassen, doch erst seit den 60er Jahren gibt es Ansätze für eine systematische Katalogisierung und Erhaltung. Seit 1992 der Rechtsanspruch der Aborigines auf ihr Land anerkannt wurde, sind die Felskunstwerke ein wichtiges Hilfsmittel für die Ermittlung der traditionellen Bewahrer eines Landstrichs geworden. Obwohl die Bedeutung vieler Kunstwerke unwiederbringlich verlorengegangen ist, frischten Aborigines-Künstler in abgelegeneren Gebieten des Kontinents auch weiterhin die alten Felszeichnungen ihres Stammes auf, von denen einige von der Ankunft europäischer Schiffe und berittener Männer mit Feuerwaffen erzählen. Manche Aborigines-Gruppen praktizieren noch ihre traditionelle Zeremonialkunst. Es existiert auch ein florierender Markt für die Bilder moderner Aborigines-Künstler, von denen viele mit neuen Materialien wie Acrylfarben arbeiten.

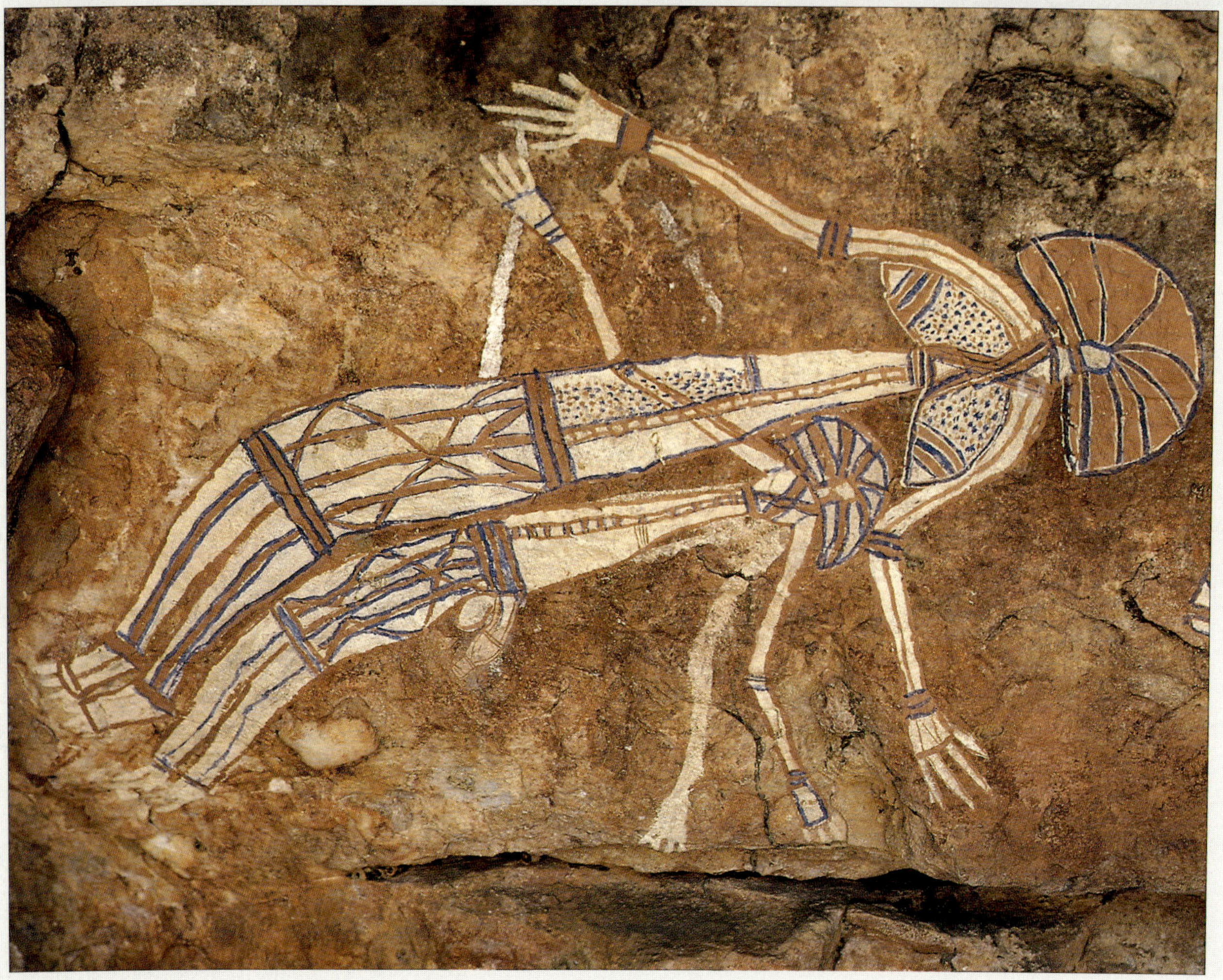

Oben: Die Kunst stand im Mittelpunkt der Aborigines-Gesellschaft. Sie vermittelte codiertes Wissen über den Ursprung, die Abstammung und den Glauben der Aborigines-Gemeinschaften und kartographierte ihre Stammesgebiete. Künstler wurden auf der Grundlage von Totemzugehörigkeit und Einführungs- oder Initiationsritualen ausgewählt. Die Felskunst ist die dauerhafteste Form der Kunst der Aborigines. Man hat das Alter einiger Felsgravierungen auf über 40 000 Jahre geschätzt. Dieses Beispiel für ein labyrinthartiges Muster befindet sich in Panaramittee in South Australia, dem ältesten bekannten Ort mit Felskunst.

Links: Auch die Felsmalerei hat sehr weit in die Vergangenheit zurückreichende Wurzeln – sie ist am häufigsten im Zentrum und im Norden des Kontinents anzutreffen. Im Gegensatz zu Gravierungen, die meist an im Freien liegenden Felswänden zu finden sind, überziehen Felsmalereien im allgemeinen Höhlen oder die Wände und Decken von Felsüberhängen, wie im Falle dieses Bildes von zwei menschlichen Figuren im »Röntgenstil« (der Knochen und innere Organe zeigt) aus Kakadu im Northern Territory National Park.

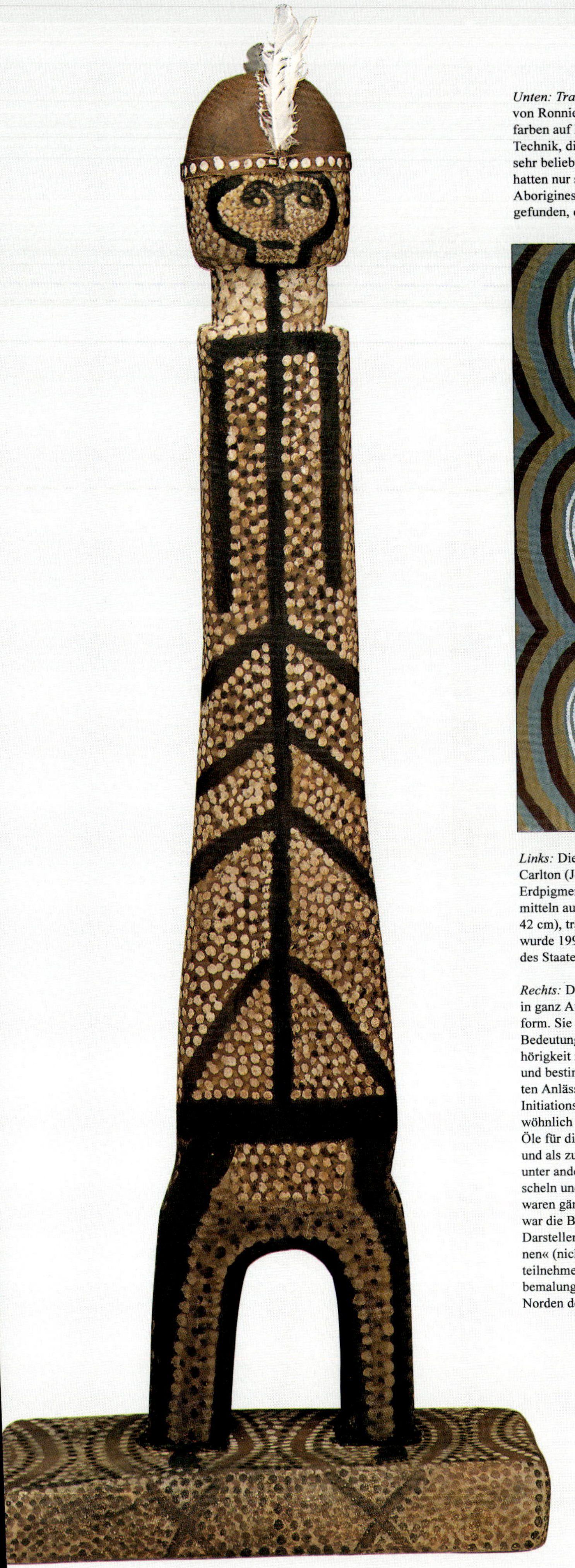

Unten: Traum zweier Frauen (1990) von Ronnie Tjampitjinpa ist mit Acrylfarben auf Leinwand gemalt, eine Technik, die bei Aborigines-Künstlern sehr beliebt ist. Noch vor kurzer Zeit hatten nur sehr wenige Werke der Aborigines ihren Weg in die Museen gefunden, doch in den frühen 80er Jahren entwickelte sich eine bemerkenswert lebendige Kunstindustrie, als Galerien und Privatsammler sich gegenseitig überboten, um sich Werke berühmter Künstler zu sichern. Die Zahl der in Australien arbeitenden Aborigines-Künstler schätzte man 1995 auf 5000.

Links: Dieses Kunstwerk von Paddy Carlton (Joolama, geb. 1936), mit Erdpigmenten und natürlichen Bindemitteln auf Holz gemalt (166 cm mal 42 cm), trägt den Titel *Bardadany*. Es wurde 1992 von der National Gallery des Staates Victoria erworben.

Rechts: Die Körperbemalung war eine in ganz Australien praktizierte Kunstform. Sie hatte eine tiefe religiöse Bedeutung. Die Motive zeigten Zugehörigkeit zu Stämmen und Totems an, und bestimmte Muster waren bestimmten Anlässen vorbehalten, wie etwa Initiations- oder Todesritualen. Gewöhnlich wurden Ocker, Lehmarten und Öle für die Körperbemalung benutzt, und als zusätzlicher Schmuck dienten unter anderem Federn, Blätter, Muscheln und Steine. Schmucknarben waren gängig, und bei einigen Stämmen war die Beschneidung üblich. Dieser Darsteller wird gleich an einer »offenen« (nicht geheimen) Zeremonie teilnehmen. Seine augenfällige Körperbemalung ist charakteristisch für den Norden des mittleren Arnhem Land.

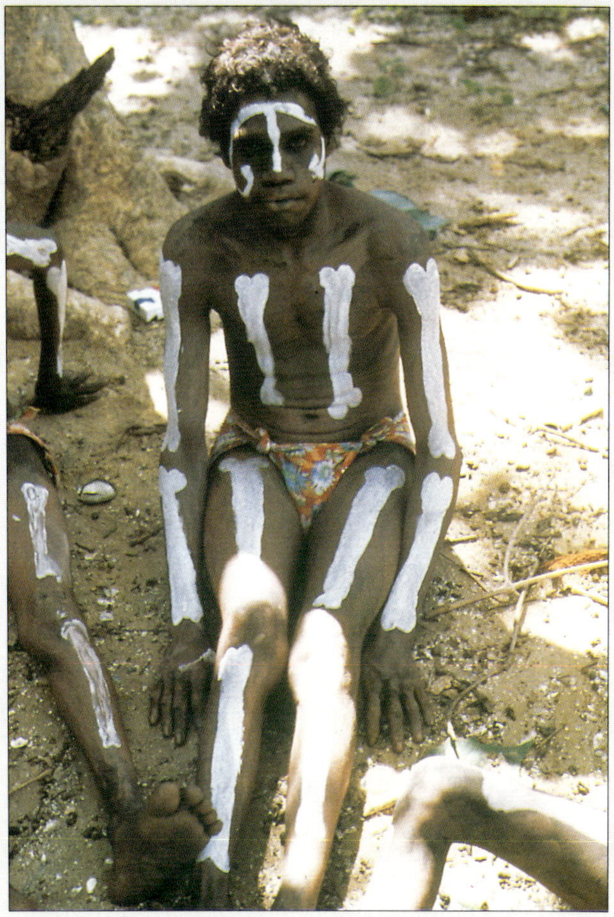

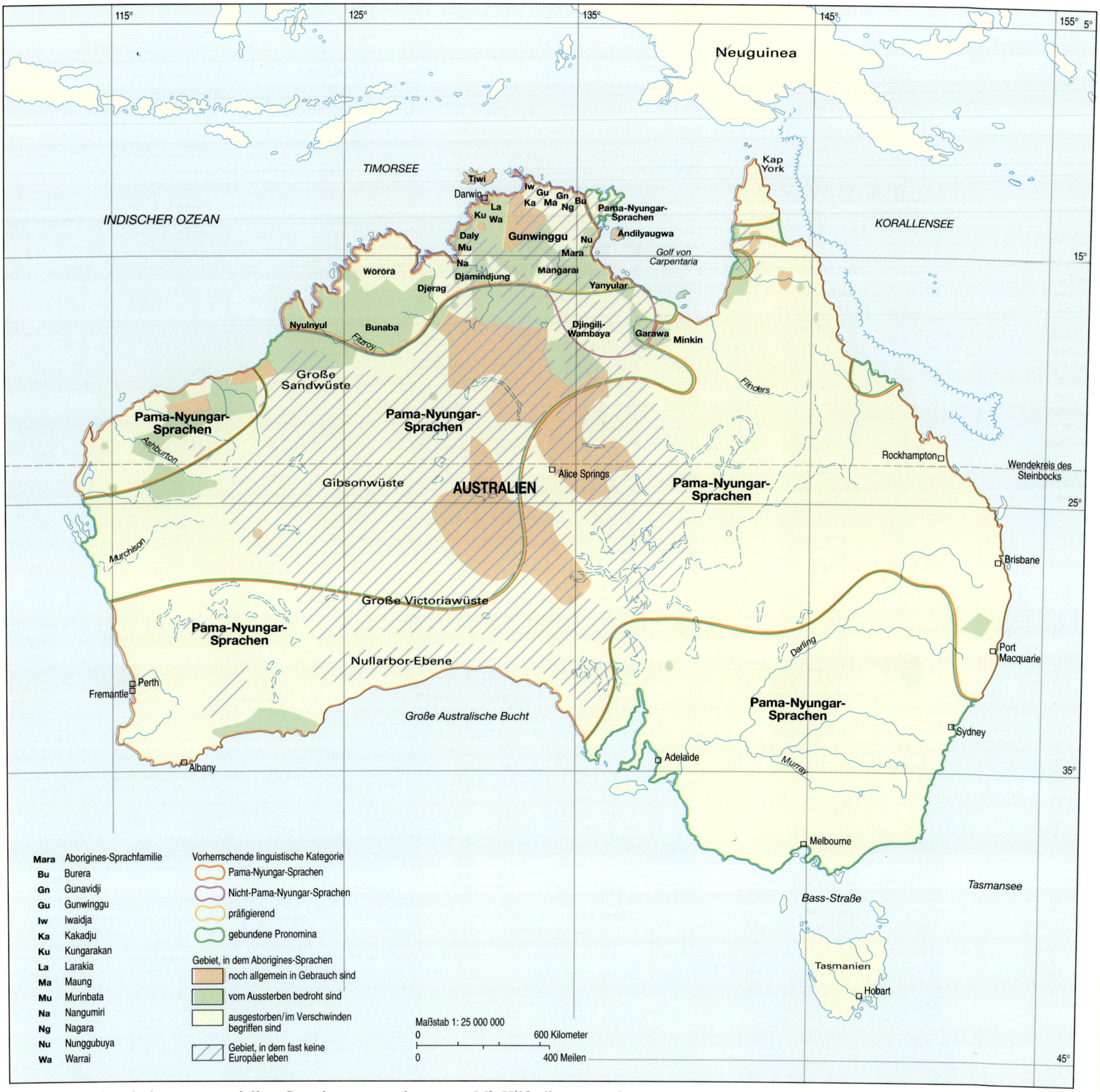

Land. Die mimetischen zeremoniellen Corroborees wurden von Gesängen begleitet, die ein Lieder-Mann zum rhythmischen Klappern von Stöcken und dem Dröhnen des Didgeridoo intonierte – einem langen Rohr aus ausgehöhltem Holz, das durch eine Kombination von Blasen und Mundbewegungen zum Tönen gebracht wird. Die Gesänge und Tänze vergegenwärtigten die Totemidentität des Stammes, unterwiesen die Mitglieder in den Stammesgesetzen und erinnerten sie an ihre gemeinsamen Verpflichtungen gegenüber der Gruppe. Einige Gesänge erzählten Mythen und trugen die Stammesgeschichte vor, andere dienten der Förderung von Heilung. Was noch wichtiger war: Die Gesänge waren eine Form von mündlicher Kartenzeichnung. Sie beschrieben das Stammesgebiet, wobei sie signifikante Orte und Geländemerkmale sowie Grenzen und Kontaktpunkte mit anderen Stämmen benannten. Mit Hilfe dieser *songlines* erneuerte ein Stamm seine Beziehung zu seinem Land.

»Offene« Gesänge waren Teil des Liederschatzes jedes Stammesmitglieds, doch einige Gesänge waren bestimmten Gruppen vorbehalten. Kinder zum Beispiel hatten spezielle Lieder, die sie über das Wissen des Stammes unterrichteten. Geheime Gesangs- und Tanzriten gehörten zur Vorbereitung auf die Initiation der Jungen und Mädchen und begleiteten auch die Initiationszeremonien selbst. Die »geschlossenen« Gesänge, die zu solchen Anlässen abgehalten wurden, vermittelten Geheimwissen über bestimmte Geister, heilige Orte und die Sexualität. Andere Gesänge markierten bestimmte Ereignisse in der Natur, wie den Wechsel der Jahreszeiten, oder innerhalb der Gruppe, zum Beispiel die Geburt eines Kindes, eine Heirat oder ein besonderes Stammesereignis. Kultge-

Aborigines-Sprachen
Zur Zeit der europäischen Kolonisation existierten in Australien annähernd 500 Aborigines-Sprachen. Es gibt eine vorsichtige Vermutung, daß sie von einer gemeinsamen linguistischen Wurzel abstammen, dem Proto-Australischen. Nur ein Bruchteil von ihnen hat überlebt, obwohl sich viele Hybridformen entwickelt haben. Diese kann man als Mischform von einst eigenständigen Sprachen, als Mischung von Aborigines-Sprachen und Englisch oder als eine Kombination von beidem klassifizieren. Man hat etwa 51 Sprachfamilien entdeckt, die sich wiederum den beiden wichtigsten Untergruppen, Pama-Nyungar und Nicht-Pama-Nyungar, zuordnen lassen.

Unten: Die Tänze der Aborigines sind im heutigen Australien eine wichtige Kulturindustrie geworden. Hier treten Tänzer und Tänzerinnen vor Touristen in Alice Springs auf, das im Zentrum des Kontinents liegt. Der moderne Tanz der Aborigines hält die Verbindung mit ihrem kulturellen Erbe aufrecht, indem er sich auf alte Traditionen und Zeremonien beruft, zeitgenössische Themen jedoch mit einbezieht. Aborigines-Künstler finden ein wachsendes Publikum für ihre Kunst, unter den Aborigines wie auch unter den übrigen Australiern. Viele Tanz- und Gesangsgruppen sind bereits auf Welttournee gegangen. David Gulpilil aus dem Northern Territory debutierte als ein junger Mann bei einer internationalen Reisetanzgruppe und ist mittlerweile als Schauspieler in zahlreichen Filmen berühmt geworden.

sänge dienten als Interpretationen der Ahnen und von Naturerscheinungen, die man sich anders schwer erklären konnte, während Clangesänge Familiengruppen vorbehalten waren.

Das Verschwinden einer Kultur

Die Gesellschaft, die Bräuche und die Religion der Aborigines wurden durch die europäische Besiedlung auf fundamentale Weise verändert. Die ersten Kolonisten glaubten, sie hätten ein uneingeschränktes Recht auf das Land: juristisch betrachtet, war Australien *terra nullius*, ein nicht beanspruchtes Niemandsland. Als sie weiter in das Landesinnere vordrangen, schien ihnen diese Interpretation freie Hand darin gelassen zu haben: Die Auslöschung der Aborigines Tasmaniens war symptomatisch für die Einstellung der Kolonisatoren. Niemand versuchte, die Wertesysteme der Aborigines zu verstehen oder sie in die westliche Welt zu integrieren. Erst als das Ziel der ethnischen Säuberung fast schon erreicht war, erkannten Wissenschaftler des 19. Jahrhunderts die Notwendigkeit eines systematischen Studiums dieser »aussterbenden Rasse«. So begann ein noch makabereres Kapitel in der Geschichte des Kontakts zwischen Europäern und Aborigines, als Menschenfänger auszogen, um die Museen Europas mit »Exemplaren« der letzten Jäger und Sammler zu füllen.

Das Wesen der australischen Ureinwohner wurde von den Invasoren zerstört, lange bevor es erforscht und gänzlich verstanden werden konnte. Die Aborigines überlebten den Völkermord, doch die Welt, in der sie lebten, hatte sich in ihren Grundzügen verändert. Selbst diejenigen, die dem schlimmsten Terror entkamen, weil sie in abgelegenen Gebieten wohnten, waren nicht länger in der Lage, mit voller Autorität Kultur und Brauchtum ihrer Stämme in ihren Liedern zu besingen – sie konnten ihre Geschichten nicht mehr erzählen, ohne sich auf die Eindringlinge zu beziehen. Infolgedessen wurde die Kultur der Aborigines studiert, als sei sie Teil einer Vergangenheit. Die Eigenschaften und Nuancen, die den Kern der Existenz der Aborigines ausmachen, sind heute durch die Erfahrung des Kontakts verzerrt, selbst wenn die Aborigines ihre eigenen Geschichten erzählen, selbst dort, wo mündliche Traditionen wie die *songlines* noch gepflegt werden. Hatte man einst Lieder gesungen, um die Geschichte der Stämme und ihres Landes zu feiern, so drücken sie nun die Trauer über die Entweihung ihres Lebensstils aus. Die Erzählungen erinnern noch immer an die vergangenen Zeiten und Stammesriten, die religiöse Bedeutung des Landes wird noch immer durch Gesang, Tanz und Kunst vermittelt, doch die Träger dieser sozialen Erinnerungen leben unter Bedingungen, die sich von denen stark unterscheiden, die ihre Vorfahren kannten. Die Geschichten, die Lieder, die Tänze und die Malereien mögen authentisch sein, doch ihre Bezugspunkte – die Orte und Landmarken, die intime Kenntnis der Pflanzen- und Tierwelt – und deren tiefere Bedeutung sind jetzt alle »in das Land gegangen«.

ÜBER DEN GROSSEN OZEAN

Die ersten Völker

Wie und von wem wurden die über den größten Ozean der Welt verstreut liegenden Inseln besiedelt? Die verschiedenen Inselgemeinschaften hatten jeweils ihre eigene Herkunftsgeschichte: Manche sprachen von einer göttlichen Abstammung oder von Urahnen, die aus der Unterwelt auf die Erde gekommen waren, andere von großen Seereisen in Kanus, die ihre Vorfahren zu den neuen Siedlungsgebieten brachten. Diese Berichte versinnbildlichten wichtige Grundwahrheiten der Gesellschaftsordnungen, die sie hervorbrachten, und trugen dazu bei, ein gemeinschaftliches Identitätsgefühl zu formen. Als europäische Seeleute später mit der Erforschung der pazifischen Inseln begannen, wurden die unterschiedlichsten Theorien entwickelt, um die Ursprünge der dort ansässigen Bevölkerungsgruppen zu erklären. Einige basierten auf Vergleichen der physischen Ähnlichkeit der Völker Polynesiens mit denen Südostasiens, andere stellten gewagte Spekulationen an, die von der Existenz eines versunkenen Kontinents ausgingen oder gar die These vorbrachten, ein ausgewanderter ägyptischer Stamm aus der Pharaonenzeit hätte Einfluß auf die kulturelle Entwicklung der Bewohner der pazifischen Inseln genommen. In den letzten Jahren ist die Besiedlungsgeschichte der Inseln um vieles klarer geworden. Die Archäologie, neueste linguistische und genetische Forschungen und eine präzisere Einschätzung der Seefahrts- und Navigationskunst der Inselbewohner haben jeweils ihren Teil zum heutigen Wissensstand beigetragen. Moderne Untersuchungen haben die erste Besiedlung Australiens mehrere zehntausend Jahre in die Vergangenheit zurückverlegt, und auch die neuesten Forschungsergebnisse weisen nun darauf hin, daß Menschen viel früher auf die pazifischen Inseln eingewandert sind, als man annahm, nämlich vor mindestens 40 000 Jahren. Dennoch ist unser Bild nicht vollständig, und es gibt viele drängende Fragen, die noch unbeantwortet sind.

Berücksichtigt man die Existenz der Landbrücke zwischen Australien und Neuguinea während der Vergletscherung im Pleistozän (Eiszeit), so muß man annehmen, daß die ersten Völker wohl ungefähr zur selben Zeit ihren Weg in das heutige Neuguinea fanden, in der sie auch nach Australien gelangten, beziehungsweise nicht viel später. In der Tat gibt es Gründe anzunehmen, daß sie mit einfachen Booten, wie etwa aus Baumrinde gebauten Kanus, Einbäumen oder Bambusflößen, über die schmalen Meerpassagen von Südostasien nach Neuguinea gelangten und von dort aus weiter nach Australien zogen. Für einige Jahre war der älteste bekannte Beleg für menschliche Aktivitäten der von der Grabung von Kosipe im Hochland des östlichen Papua-Neuguinea. Die Datierung durch eine Radiokarbonanalyse deutete darauf hin, daß einige der Fundstücke bis zu 26 000 Jahre alt sind. Da Menschen schon vor 60 000 Jahren nach Australien gelangt sein könnten und das Hochland von Neuguinea wohl von älteren Küstensiedlungen aus erreicht haben dürften, konnte man damit rechnen, in der Küstenregion Beweise für ihre frühere Anwesenheit zu finden. Neuere Ausgrabungen haben sie geliefert: Die Höhle von Matenkupkum auf der Insel Neuirland (Teil des Bismarckarchipels vor der Nordostküste Papua-Neuguineas) scheint vor ungefähr 33 000 Jahren bewohnt gewesen zu sein, während das Alter einer Siedlung auf der Huon-Halbinsel an der Nordküste von Neuguinea auf etwa 40 000 Jahre geschätzt wurde. Die Bewohner solcher Küstensiedlungen nutzten die ergiebigen Nahrungsquellen des Meeres und die der tiefergelegenen Wälder. Einige von ihnen mögen recht bald zu den

Unten: Die Felsspitzen der Vulkaninsel Bora-Bora, eine der Gesellschaftsinseln Französisch-Polynesiens, sind in Nebel gehüllt. Dieses zehn Kilometer lange Fleckchen Erde liegt in den Weiten des östlichen Pazifiks. Doch vor mehr als 1000 Jahren, in den späteren Phasen des Erforschungs- und Migrationsprozesses, der die Pazifikvölker über eine gewaltige Ausdehnung des Globus führte, entdeckten und besiedelten erfahrene Kanu-Seefahrer diese und noch viele kleinere, unauffälligere und isoliertere Inseln.

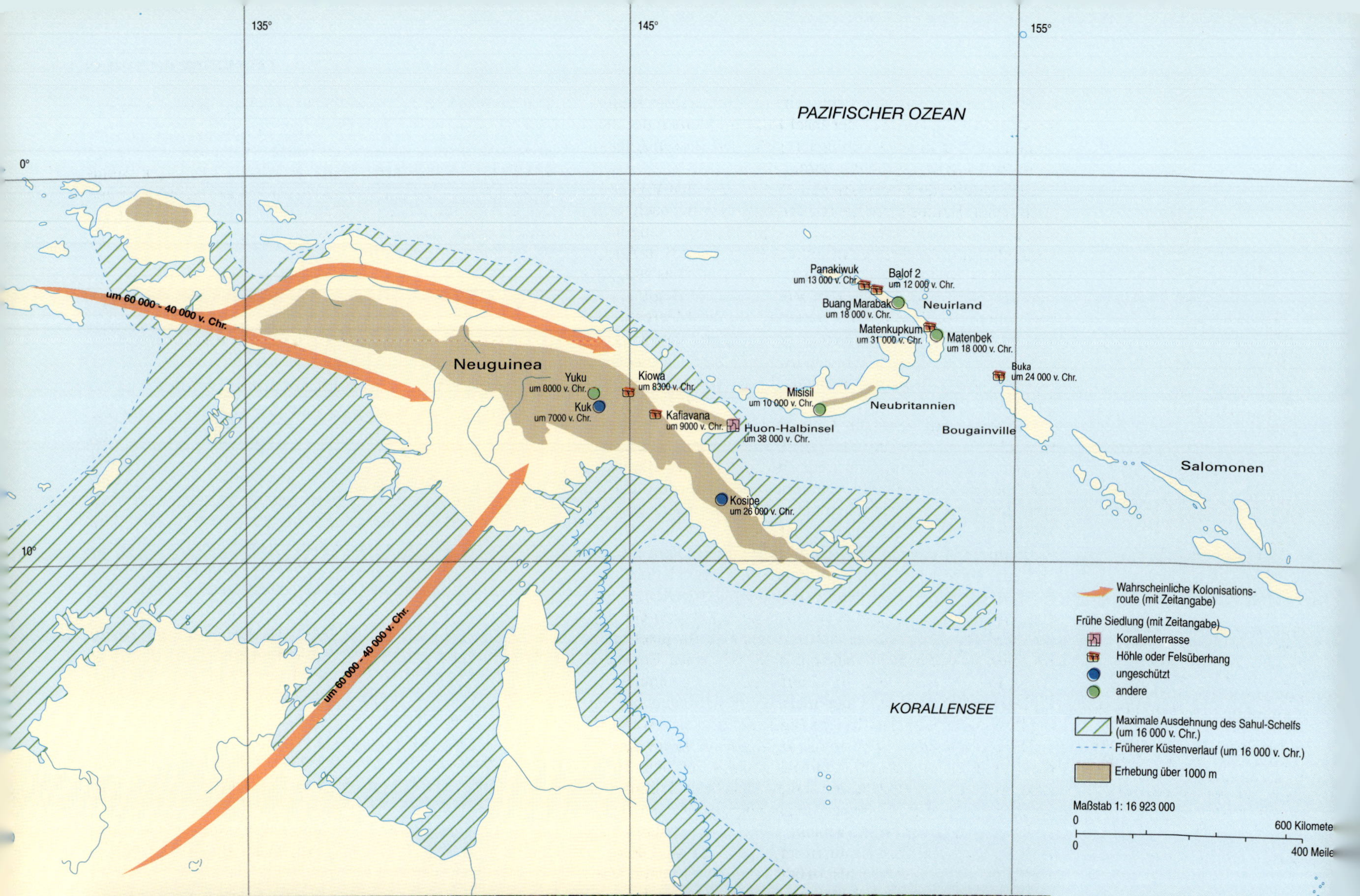

Die ersten Siedler auf Neuguinea und den nördlichen Salomonen

Vor 8000 bis 10 000 Jahren wurde Neuguinea zu einer Insel, als der steigende Meeresspiegel es vom übrigen Sahul abschnitt, doch zwischen Südostasien (Sunda) und Sahul hatte schon immer ein Meeresarm existiert. Die ersten Siedler müssen daher seetüchtige Schiffe besessen haben, obwohl die breiteste Spanne zwischen den Inseln vermutlich nur 100 Kilometer betrug, als der Meeresspiegel seinen Tiefststand erreicht hatte. Die ältesten bekannten Siedlungsstätten liegen im Norden Papua-Neuguineas und auf den benachbarten Inselketten. Vor etwa 26 000 Jahren hatten sich die Siedler bereits an eine Reihe unterschiedlicher Lebensräume angepaßt. Einige lebten als Jäger und Sammler in Kosipe im neuguineanischen Hochland, andere waren weiter nach Osten vorgestoßen, wo sie Buka im Norden der Salomonen erreichten. Diese lange Tradition eigenständiger lokaler Entwicklung spielt eine wichtige Rolle für die kulturelle Vielfalt in Neuguinea. Die Verbreitung des Obsidians aus einer Quelle in Talasea deutet auf frühe Handelsverbindungen hin: Man hat ihn an zahlreichen Fundorten im Bismarckarchipel entdeckt, die bis vor 5000 v. Chr. zurückreichen (und vielleicht sogar aus der Zeit um 18 000 v. Chr. stammen).

Links: Taro ist die Bezeichnung für eine Reihe von Pflanzenarten, die zur Familie der Aronstabgewächse *(Araceae)* gehören. In Neuguinea ist er wahrscheinlich schon seit über 6000 Jahren eine Feldfrucht: Man baut ihn wegen seiner großen, stärkereichen Wurzelknollen an.

Oben: Der Ambun-Stein aus dem Ambuntal im westlichen Hochland Papua-Neuguineas ist eine nicht zu datierende prähistorische Skulptur; sie stellt möglicherweise einen Embryo des langschnäuzigen Ameisenigels dar, der in den hohen Bergwäldern lebt. Der Ambun-Stein stammt aus dem heutigen Gebiet des Mae-Enga-Volks. Die östlichen Enga-Clans benutzen Steinobjekte, unter anderem alte Statuetten, bei Ritualen zur Beschwichtigung der Ahnengeister, doch sie wissen nicht, woher diese Figuren stammen oder zu welchem Zweck sie angefertigt wurden.

Rechts: Der dunkle Umriß eines großen Bewässerungskanals zeichnet sich an der Wand einer archäologischen Grabungsstelle auf der Kuk-Plantage in der Mount-Hagen-Region Neuguineas ab. Man hat zwei solcher Kanäle entdeckt, die etwa drei Meter tief und jeweils circa 500 Meter lang sind. Sie stammen aus der Zeit um 4000 v. Chr. und sind vielleicht zusammen mit anderen, kleineren Gräben zur Regulierung des Wasserstands im Erdboden für den Anbau von Taro benutzt worden, denn die meisten Taro-Arten brauchen sumpfige oder feuchte Bedingungen. Diese Hinweise auf ein Bewässerungssystem lassen vermuten, daß die Landwirtschaft intensiviert wurde, um eine wachsende und dichte Population im westlichen Hochland ernähren zu können.

Inseln gefahren sein, die nicht weit von der Ostküste Neuguineas entfernt liegen. Auf der Insel Buka im Norden der Salomonen hat man einen Siedlungsort gefunden, dessen Alter auf etwa 26 000 Jahre geschätzt wird.

Eine Quelle für Informationen über diese ersten Völker des pazifischen Raums sind Steinwerkzeuge. Man hat nachgewiesen, daß die frühesten behauenen Steinwerkzeuge Neuguineas Parallelen mit den im Paläolithikum (Altsteinzeit) in Australien und Südostasien entstandenen aufweisen. Dies stützt die Vermutung, daß zwischen den Völkern dieser Regionen ursprünglich eine Verbindung bestand. Als der Meeresspiegel anstieg, wurden sie voneinander getrennt, und ihre Kulturen entwickelten sich in unterschiedliche Richtungen, nachdem sie sich den grundverschiedenen klimatischen und anderen Umweltbedingungen angepaßt hatten. Die Werkzeuge selbst lassen zu einem gewissen Grad darauf schließen, wie ihre Hersteller sich ihre unmittelbare Umwelt zunutze machten. An den ältesten Fundorten treten behauene Steinbeile neben hackenartigen Steinwerkzeugen mit geschwungenen Klingen auf. Beide waren wahrscheinlich mit einem Stiel versehen. Werkzeuge dieser Art legen es nahe, daß die frühen Völker Neuguineas den Rand des Urwalds durch Rodung zurückverlegten. Einige Forscher vermuten, daß sie vielleicht sogar eine einfache Form des Gartenbaus praktizierten; in diesem Fall würden sie zu den ersten Pflanzerkulturen der Welt gehören. Da jedoch keine sicheren Beweise für einen organisierten Pflanzenanbau bekannt sind, wie etwa Entwässerungsgräben oder sich im Laufe der Zeit verändernde Pollenanalysen, nehmen die meisten Archäologen an, daß die Bewohner jener Siedlungen Jäger und Sammler waren.

Die umfassendste Serie archäologischer Funde aus der Zeit der frühen Besiedlung Neuguineas stammt aus dem Hochland. Vor etwa 15 000 Jahren lebten Jäger und Sammler im Kaironktal. Eine echte Besiedlung der hochgelegenen Gebiete im Zentrum der Insel scheint jedoch erst stattgefunden zu haben, als die Temperaturen anstiegen und die Gletscher zurückwichen. Vor mehr als 10 000 Jahren bewohnten Menschen Felsunterstände bei Kafiavana und Kiowa in der östlichen Hochlandprovinz Neuguineas. Zu dieser Zeit hatte die allgemeine Besiedlung des Hochlands möglicherweise schon begonnen. Die Steinwerkzeuge wurden mit dem Gebrauch geschliffener Beile allmählich immer fortschrittlicher. Von Archäologen an Pollenfunden festgestellte Abweichungen bieten überzeugende Beweise dafür, daß im Laufe der folgenden Jahrtausende die Wälder gerodet wurden. Um 3000 v. Chr. begannen die Hochlandbewohner, Schweine und Hunde zu halten. Die Tiere müssen von Menschen über das trennende Meer zwischen Neuguinea und Südostasien gebracht worden sein, und ihre Präsenz ist ein deutliches Anzeichen dafür, daß zu jener Zeit der Ackerbau weit genug entwickelt war, um Futter für ihre Aufzucht zu liefern.

Die Kultivierung von Feldfrüchten im westlichen Hochland hat möglicherweise vor gut 6000 Jahren begonnen. Spuren von Rinnen, Gruben und Dämmen an einem Fundort bei Kuk in der Mount-Hagen-Region des neuguineanischen Hochlands, die zwischen 5500 und 9000 Jahre alt sind, hat man als Belege eines Systems von Be- und Entwässerungsgräben für den Anbau der von Südostasien aus eingeführten Wurzelfeldfrucht Taro interpretiert. Bei Manton im Gebiet des Wahgitals im westlichen Hochland hat man ebenfalls komplizierte Systeme von 2500 Jahre alten Gräben zur Entwässerung von Sumpfland gefunden, zusammen mit hölzernen Spaten und polierten Steinbeilen, die den in jüngerer Zeit benutzten Werkzeugen sehr ähneln. Im östlichen Hochland entwickelte sich der Ackerbau wohl langsamer: Man kultivierte die Kopoubohne *(Pueraria lobata)*, eine Wurzelfeldfrucht, und das Jagen und Sammeln blieb weiterhin von Bedeutung. Die Kultivierung anderer einheimischer Pflanzen, wie Zuckerrohr und Banane, begann möglicherweise ebenfalls schon früh.

Schweine, neue Feldfrüchte und Werkzeuge gelangten vermutlich durch Tauschhandel mit den Küstenvölkern in das Hochland Neuguineas. Dieser Austausch muß eine lange Geschichte gehabt haben, wie Funde von Seemuscheln in bis zu 9000 Jahre alten Hochlandsiedlungen beweisen. Das Auftreten von Haustieren, Anzeichen für die Weiterentwicklung des Ackerbaus, die Präsenz charakteristischer polierter Steinwerkzeuge und, vor 5000 bis 6000 Jahren, die Produktion von Töpferwaren in einigen Gebieten haben Wissenschaftler annehmen lassen, daß ein neue Welle von Einwanderern in die nördlichen Küstenregionen vorstieß, von wo aus Elemente ihrer materiellen Kultur bis zu den Völkern im Hochland gelangten. Diese neuen Siedler werden oft Austronesier genannt, da man glaubt, daß sie Frühformen der Sprachen benutzten, die der austronesischen Sprachfamilie angehören.

Die Austronesier

Die austronesische Sprachfamilie ist eine große und sehr alte Gruppe miteinander verwandter Sprachen, die früher als malaio-polynesische Sprachen bezeichnet wurden. Sie umfaßt sämtliche Sprachen Polynesiens und außerdem einige Mikronesiens, Malayas, der Philippinen, Indonesiens, Taiwans, Vietnams, Kambodschas und sogar Madagaskars – insgesamt über 800. Austronesische Sprachen sind auch auf den im südwestlichen Pazifik gelegenen Inseln Melanesiens weit verbreitet, wo sie neben anderen gesprochen werden, die nicht zu dieser Familie gehören (nicht-austronesische-, NAN- oder Papua-Sprachen). Auf dem Festland Neuguineas sind austronesische Sprachen größtenteils in den Küstenregionen zu finden. Eine weithin akzeptierte Erklärung für diese Verteilung ist die, daß die Ahnen der Austronesier ursprünglich aus China oder Taiwan stammten, ihre Kultur jedoch entwickelten, nachdem sie auf die Inseln Südostasiens ausgewandert waren. Von dort aus begannen sie vor ungefähr 5000 bis 6000 Jahren damit, sich über die Inseln des Westpazifiks zu verbreiten, Gebiete, die bereits von den Nachfahren früherer Siedler bewohnt waren.

Die Austronesier führten Feldfrüchte asiatischer Herkunft ein, unter anderem Taro und Yamswurzel, sowie Tiere –

Schweine, Hunde und Geflügel. Was davon wirklich neu in dieser Region war, ist nicht zu sagen. Die früheren Völker hatten bereits eine gewisse Stufe des Pflanzertums erreicht, doch erst die Austronesier besaßen umfassende Fertigkeiten im Ackerbau und Fischfang, die sie in die kulturelle Vielfalt im westpazifischen Raum einbrachten. Sie könnten durchaus die ersten erfahrenen Seeleute der Welt gewesen sein. Rekonstruierte Wörter der proto-austronesischen Sprache (die durch den Vergleich von Wörtern abgeleitet wurden, die den weitversprengten Mitgliedern der Sprachfamilie gemeinsam sind) umfassen nicht nur Namen für bedeutende pazifische Nahrungspflanzen, wie *tales* (Taro), *qubi(s)* (Yamswurzel), *nuir* (Kokosnuß), sondern auch Wörter, die mit Segel- und Fischfangtechniken in Zusammenhang stehen, zum Beispiel *kawil* (Angelhaken), *wangka* (Kanu/Boot), *katir* (Ausleger, die benutzt wurden, um den weiterentwickelten Kanus mehr Stabilität zu geben). Die Segelkanus der Austronesier waren für längere Überfahrten geeignet und auch sicherer als die einfacheren Boote der früheren Besiedler Melanesiens: Sie trugen sie die Küsten Neuguineas entlang und zu den dahinterliegenden Inselketten.

Die Ankunft der Austronesier mag auch teilweise die Vielfalt der genetischen Merkmale und körperlichen Erscheinung der heutigen pazifischen Völker erklären. Man nimmt an, daß die Angehörigen der austronesischen Sprachfamilie von der südlichen mongoliden Rasse abstammten, was bedeutet, daß ihre Nachfahren (wie auch die Völker der amerikanischen Ureinwohner) mit den mongoliden Völkern Ostasiens verwandt sind. Sie unterschieden sich von den bereits in Australien, Neuguinea und auf den nahe gelegenen Inseln ansässigen Völkern, die von einer anderen genetischen Gruppe abstammten, die manchmal als die Australiden bezeichnet wird – obgleich die Urahnen der Australiden und Mongoliden vielleicht doch entfernt verwandt sind. Die Völker Polynesiens und Mikronesiens können als genetisch am nächsten mit austronesischen, das heißt mongoliden Vorfahren verwandt betrachtet werden, während die melanesischen Völker sich eher auf australide Urahnen oder auf eine Mischung von Australiden und Mongoliden zurückverfolgen lassen.

Das Bild einer neuen Bevölkerung mit einem anderen physischen Aussehen und fremden Sprachen, die neue Fähigkeiten und Güter mitbrachte und vor etwa 6000 Jahren damit begann, sich über die pazifischen Inseln auszubreiten, liefert einen klaren Hintergrund für das Verstehen weiterer Entwicklungen in dieser Region. Diese Vorstellung ist wahrscheinlich im wesentlichen korrekt, doch die bis jetzt gefundenen Indizien lassen noch keinen endgültigen Schluß zu. Obwohl im Westpazifik ungefähr zur gleichen Zeit neue archäologische Phänomene, neue genetisch-physische Merkmale und neue Sprachen auftauchten, ist nicht leicht zu beweisen, daß diese allesamt denselben Ursprung hatten – nämlich eine neue Gruppe eines spezifischen Volkes. Die Angehörigen der austronesischen Sprachfamilie unterscheiden sich heute erheblich in ihrer äußeren Erscheinung und in ihrer genetischen Struktur, und es gibt keine saubere Trennlinie zwischen Australiden und Mongoliden. Möglicherweise sind sie die Folge einer Vermischung der Völker. Kontakte zwischen austronesischsprachigen und den etablierten NAN-sprachigen Bewohnern der Küsten Neuguineas könnten zum Beispiel eine Bevölkerung hervorgebracht haben, die eine austronesische Sprache mit einigen NAN-Charakteristika sprach, bei der sich jedoch die genetische Struktur der früheren NAN-Sprachigen größtenteils erhielt.

Die Entstehung eines Austausch- und Handelsnetzes zwischen den Inseln des westlichen Pazifiks könnte ebenfalls zur Verbreitung der austronesischen Sprachen beigetragen haben. Die Kenntnisse über die Prozesse, durch die sich die Sprache ausbreitete und weiterentwickelte, sind jedoch noch lückenhaft. Einige Wissenschaftler haben die These aufgestellt, daß Melanesien selbst – oder vielleicht die nördlich von Neuguinea liegenden Inseln – die Urheimat der austronesischsprachigen Bewohner war. Andere vermuten, sie seien möglicherweise gar kein völlig neues Volk aus Südostasien gewesen, sondern könnten aus einem Teil der Bevölkerung hervorgegangen sein, der bereits vorher in Melanesien ansässig war. Neuere genetische Indizien scheinen die Theorie zu stützen, daß die austronesischsprachigen Vorfahren der Polynesier aus Südostasien stammten. Doch die Untersuchung von Skelettresten, welche zusammen mit Gegenständen gefunden wurden, die Archäologen mit der frühen Expansion der Austronesier in Zusammenhang bringen, hat nach wie vor nur eine schmale Basis, und neue Funde könnten diese Hypothesen widerlegen.

Lapita-Tongefäße und ihre Geschichte

Ein bestimmter Typ archäologischer Funde war beim Ermitteln der Ausbreitung einiger austronesischsprachiger Völker auf den Inseln Melanesiens und über die angrenzende Inselwelt des Pazifiks von großer Bedeutung. Es handelt sich um einen Typ von Keramikgefäßen, der Lapita genannt wird. Sie bestehen aus Ton, der meist mit Sand vermischt ist, und wurden im offenen Feuer gebrannt. Es existiert eine ganze Reihe unterschiedlicher Formen, wie zum Beispiel kugelförmiges Kochgeschirr, Töpfe in sich verjüngenden Formen, offene Schalen sowie flache Teller. Viele von ihnen sind unverziert, doch man findet auch rotgeschlämmte Exemplare, und einige sind mit markanten dekorativen Mustern versehen, die in die Oberfläche eingedrückt oder geritzt wurden. Hierzu benutzte man oft ein Werkzeug, das eine Anzahl kleiner Zähne besaß – es wird angenommen, daß es den später in Polynesien verwendeten Tätowiernadeln ähnelte. Mit dieser Technik entstanden Reihen von Schmuckmotiven oder kompliziertere geometrische Muster und sogar menschliche Gesichter. Da sie so markant sind, stellen Lapita-Tongefäße einen wertvollen Indikator für die Ausbreitung ihrer Hersteller dar – obwohl die Töpferware zumindest in Melanesien durch Handel in Gebiete gelangt sein kann, die nicht vom Lapita-Volk bewohnt waren.

Die Lapita-Keramik ist nach einer Fundstelle an der Westküste Neukaledoniens benannt, die in den 50er Jahren ausgegraben wurde, doch ihr tatsächlicher Herkunftsort ist noch immer umstritten. Einige Archäologen glauben, daß sie von den Inseln Südostasiens stammte, doch die frühesten verläßlich datierten Tongefäße, die ungefähr 1600 v. Chr. entstanden, hat man auf dem Bismarckarchipel gefunden. Manche dieser Fundorte sind als dauerhafte Siedlungen klassifiziert worden – das heißt, sie wurden über einen längeren Zeitraum hinweg bewohnt und erweitert. Einige von ihnen umfaßten eine Fläche von mehr als einem Hektar. Selbst wenn dies darauf hindeutet, daß die Lapita-Hersteller in dieser Gegend seßhaft blieben, verbreitete sich die Töpferware sehr schnell über andere Gebiete. Frühe Lapita-Tonarbeiten (vor 800 v. Chr.) mit gleichartigen Ziermotiven sind in einem großen Teil des westpazifischen Raums gefunden worden, von den Nordneuguinea vorgelagerten Inseln über die melanesischen Inseln und Fidschi bis zu den westpolynesischen Inseln – Tonga, Samoa, Uvea und Futuna. Die entlegenen Außenposten Fidschi und Tonga könnten bereits 1300 v. Chr. besiedelt worden sein. Wir besitzen keine sicheren Hinweise auf eine menschliche Besiedlung der melanesischen Inselgruppen südlich der Salomonen vor der Ankunft der lapitaherstellenden Austronesier. Dies schließt natürlich nicht die Möglichkeit aus, daß präaustronesische oder andere austronesischsprachige Völker vor dem Lapita-Volk in diese Gebiete eingewandert waren.

Alle bekannten Siedlungen der Lapita-Hersteller befanden sich an Küsten, auf küstennahen Inseln und auch auf von ihnen erstmalig kolonisierten, vorher unbewohnten Inseln. Das Auftreten von Lapita-Funden auf umliegenden Korallenriffen deutet darauf hin, daß die Angehörigen des Lapita-Volks einige ihrer Siedlungen auf Pfosten über dem Wasser errichteten. Obwohl ihnen Schweine, Hunde und Hühner sowie die wichtigsten Feldfrüchte des Pazifikraumes zur Verfügung standen, waren für sie die Rohstoffe aus dem Meer offensichtlich ebenfalls von großer Bedeutung. Neben Steinwerkzeugen gebrauchten sie Muschelbreitbeile, Schleifgeräte oder Feilen aus Korallen und Seeigelstacheln sowie Schaber,

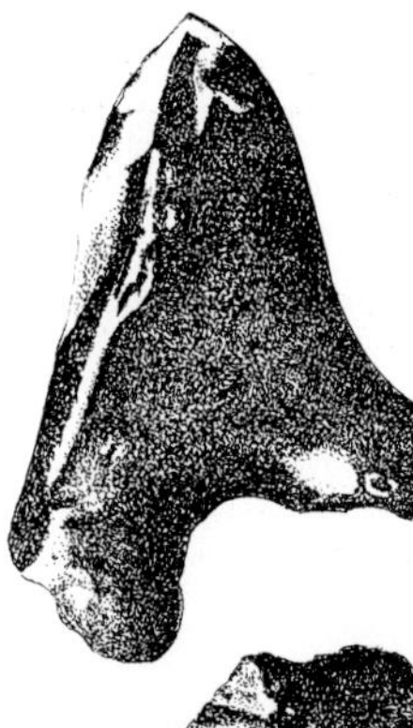

Oben: Diese Kombination abstrakter Muster mit einem menschlichen Gesicht auf Tonfragmenten aus Nenumbo Gawa auf den Santa-Cruz-Inseln ist eines der kunstvollsten Beispiele für die uns bekannten Dekorationsstile der Lapita-Keramik. Die von den Lapita-Töpfern am häufigsten angewandte Schmucktechnik war das Benutzen gezähnter Stempel – das Muster wurde mit einem Werkzeug, das mit kurzen Zähnen versehen war, in den weichen Ton gedrückt. Lapita-Fundorte können bis in die Zeit um 2000 v. Chr. zurückdatiert werden, während man in einigen Gegenden noch im 2. Jahrhundert n. Chr. lapitaähnliche Keramik herstellte. Im Regelfall wurde die Lapita-Keramik jedoch ab 500 v. Chr. allmählich von anderen Keramiktraditionen verdrängt oder durch eine ihr ähnelnde, schlichte Keramik abgelöst.

Schmuck und Angelhaken aus Muscheln. Bei Grabungen entdeckte Kochgruben belegen, daß sie mit heißen Steinen in Erdöfen kochten, wie es im gesamten Pazifikraum üblich ist.

Die Seefahrtskünste des Lapita-Volks zeigen sich nicht nur in seiner Fähigkeit, die entlegeneren Inseln des westlichen Pazifiks zu besiedeln, sondern auch darin, daß es offenbar über weite Entfernungen an einem Tauschhandel beteiligt war. Obsidian (vulkanisches Glas) war ein wertvoller Werkstoff für die Herstellung scharfer Schneidewerkzeuge. Eine wichtige Fundstelle war Talasea in Neubritannien im Bismarckarchipel. Durch spektrographische Analysen kann man den jeweiligen Herkunftsort von Obsidian feststellen und weiß, daß Talasea-Obsidian an Lapita-Siedlungen ausgegraben worden ist, die mehr als 2500 Kilometer von seinem Ursprungsort entfernt liegen; man findet ihn in Vanuatu, Neukaledonien und auf den Santa-Cruz-Inseln. Zwei Splitter hat man sogar auf Naigani in Fidschi entdeckt. Neuere Funde zeigen, daß Talasea-Obsidian schon lange vor der Ankunft des Lapita-Volkes »exportiert« wurde, vielleicht schon über 10 000 Jahre vorher. Doch die Entfernungen, über die man ihn auf dem Seewege transportierte, betrugen wahrscheinlich weniger als 30 Kilometer. Die Lapita-Seefahrer unternahmen viel längere Reisen, auf denen sie Hunderte von Kilometer offenen Ozean überquerten. Vulkanisches Glas war nicht das einzige Handelsgut, das sie mit sich führten. Töpferwaren und Rohstoffe zur Keramikherstellung, Kieselschiefer (ein flintsteinähnliches Gestein zur Herstellung von behauenen Werkzeugen), Steinbreitbeile und Kochsteine scheinen alle über geringere Entfernungen transportiert worden zu sein. Demnach gibt es zahlreiche Belege dafür, daß die Lapita-Frühgeschichte sich nicht in isolierten Siedlergemeinschaften abspielte, sondern kontinuierliche Kontakte und einen Austausch mit sich brachte, der auf Handelsreisen mit Segelkanus basierte.

Die Ausdehnung des Ozeans zwischen Fidschi und Vanuatu, der nächsten im Westen gelegenen Inselgruppe, beträgt ungefähr 850 Kilometer. Sogar für die Lapita-Seeleute, die als erste diese Route befuhren, war dies eine erhebliche Entfernung, und sie sollte einen Einfluß auf die nachfolgende Geschichte der alten Völker des pazifischen Raums haben. Es entstanden zwei getrennte Regionen der Lapita-Kultur, eine westliche und eine östliche. Innerhalb dieser Regionen fand weiterhin ein reger Kontakt statt, doch Reisen zwischen ihnen waren seltener. Die Tongefäße, die auf den Inseln Melanesiens von Neubritannien bis Santa Cruz, Vanuatu und Neukaledonien gefunden wurden, haben viele Ziermotive gemeinsam; die Ähnlichkeiten werden schwächer, sobald man Fidschi und die Inseln Westpolynesiens erreicht. Auch die Sprache scheint diese Teilung widerzuspiegeln – die zentralpazifischen Sprachen Fidschis und Polynesiens entwickelten sich in eine andere Richtung als die austronesischen des westlichen Pazifiks.

Die Besiedlung Melanesiens

Einige europäische Schriftsteller haben die Vorstellung geprägt, die Gesellschaften der Pazifikinseln wären zeitlos und hätten sich niemals geändert. Dies ist falsch; ihre Geschichte war vielmehr genauso von Veränderung und Innovation geprägt wie die aller Gesellschaften in jedem anderen Teil der Welt. Autochthone Fortentwicklung, die Anpassung an neue Umweltbedingungen, die Ankunft von Siedlergruppen und Kontakte zwischen unterschiedlichen Gesellschaften waren dem Wandel förderlich. Im gesamten pazifischen Raum ist die Identifizierung der ersten Siedler und der wahrscheinlichen Natur ihrer Gesellschaftsordnung nur der erste Schritt zu einem umfassenden Verständnis ihrer Geschichte.

Wie bereits festgestellt wurde, hatte Neuguinea zur Zeit der Ankunft der Austronesier bereits etwa 34 000 Jahre menschlicher Entwicklung hinter sich. Ihr Eintreffen mag eine Intensivierung und Fortentwicklung des Ackerbaus innerhalb eines weiten Gebiets jenseits ihrer Küstensiedlungen angeregt haben (es existieren Belege für intensive Handelsverbindungen mit dem Landesinneren), doch die Völker des Hochlands waren schon in den Entwicklungsprozeß eingetreten, der eine Reihe von Pflanzer- und Jäger-Sammler-Gesellschaften entstehen ließ, von denen jede ihre individuellen linguistischen und kulturellen Eigenarten besaß. Die Entdeckung von Konstruktionen, bei denen es sich um frühe Entwässerungssysteme für Felder zu handeln scheint, deutet darauf hin, daß die Bevölkerung in einigen Teilen des Hochlands umfangreicher

Links: Obsidiansplitter (vulkanisches Glas) lieferten rasiermesserscharfe Schneiden für vielfältige Zwecke. Die weite Verbreitung des Obsidians aus Talasea in Neubritannien, der schon um 4500 v. Chr. in das benachbarte Neuirland exportiert wurde, ist ein Beleg für sehr alte Handelsverbindungen. Später gelangte er sogar bis nach Fidschi.

Rechts: Yamswurzel *(Dioscorea)*, die hier gerade in Fidschi angepflanzt wird, ist eine weitverbreitete Gemüsepflanze im pazifischen Raum. Yamswurzel ist eine rankende Pflanze mit einer Knollenwurzel, die trockenere Böden bevorzugt als die meisten Taro-Arten und oft auf Erdhügeln angebaut wird, wobei ihre Ranken an Stangen befestigt werden. Die Knollen wiegen normalerweise zwischen zweieinhalb und fünf Kilogramm, doch sie können Längen von zwei Metern und ein Gewicht von bis zu 45 Kilogramm erreichen. Man kann sie mehrere Monate lang lagern.

gewesen sein könnte, als man bisher angenommen hatte. Einige der frühen Ackerbauern Neuguineas besaßen Gegenstände einer materiellen Kultur, die seinen späteren Bewohnern unbekannt waren. Zu den augenfälligsten unter ihnen gehören die charakteristischen Steinmörser und -stößel, die erwiesenermaßen schon vor 1000 v. Chr. auftraten, jedoch möglicherweise nicht vor der Zeit der Lapita-Keramik. Sie sind auf dem Bismarckarchipel, im nordöstlichen Neuguinea und im westlichen Hochland sowie vereinzelt auf den Salomonen gefunden worden. Bisweilen haben sie ein markantes dekoratives Element, das vogelähnliche Formen aufweisen kann. Man vermutet, daß die Mörser und Stößel benutzt wurden, um Samenkörner und Nüsse zu zerstoßen.

Die Völker des Tieflands von Neuguinea bauten Taro, Yamswurzel, Zuckerrohr, Bananen sowie Kokosnüsse an und hielten Schweine, Hunde und Hühner. Ferner ernteten sie wahrscheinlich Sago (von Sagopalmen) und beuteten die natürlichen Ressourcen der Küstengewässer aus. Die einzelnen Gemeinschaften mögen ihre eigenen Spezialitäten gehabt haben, was Gelegenheiten für den Handel schuf: Ein Dorf hat vielleicht ein bestimmtes hochgeschätztes Nahrungsmittel produziert, während etwa ein anderes günstig gelegen war, um einen bestimmten Gesteinstyp liefern zu können. Zu diesen spezialisierten Erzeugern gehörten auch die Lapita-Hersteller. Wir wissen, daß in Neubritannien noch um 500 v. Chr. Lapita-Keramik angefertigt wurde, doch die Lapita-Kultur verschmolz allmählich mit späteren Gesellschaften, die ihre Wurzeln wahrscheinlich in mehreren unterschiedlichen Traditionen hatten. Die Tradition der Lapita-Keramik lebte an bestimmten Orten jedoch noch lange fort: Auf Yule Island im Golf von Papua wurden beispielsweise noch 1200 n. Chr. Tongefäße hergestellt, die der rotgeschlämmten Lapita-Keramik ähnelten.

Die austronesischsprachigen Einwohner in Neuguinea hatten immer Seite an Seite mit anderen Völkern gelebt. Auf der Hauptinselkette Melanesiens bietet sich jedoch ein ganz anderes Bild. Die Salomonen, unmittelbarer Nachbar Neuguineas, sind diesem in bezug auf seine frühe Besiedlung am ähnlichsten. Einige der Inseln hatten bereits eine etablierte Bevölkerung, als die Austronesier eintrafen. Die Höhlenfundstätte auf der Insel Buka, die Belege für Jagd-, Sammel- und Fischfangaktivitäten vor ungefähr 26 000 Jahren lieferte, wurde bereits erwähnt, und auf der Insel Guadalcanal entdeckte Steinwerkzeuge gleichen den prähistorischen geschwungenen Steinbeilen Neuguineas. Grabungen in der Höhle von Fotoruma auf derselben Insel zeigten, daß sie 3000 Jahre lang bis in die jüngere Zeit bewohnt war. Bestimmte Objekte, Werkzeugtypen, Wertgegenstände aus Perlen und Schmuck wie Muschelarmreifen treten in vielen archäologischen Schichten auf, was auf eine beträchtliche Kontinuität der Kultur bis zu einigen heute auf der Insel lebenden Gesellschaften hinweist. An diesem Grabungsort gibt es keine Zeugnisse der Lapita-Kultur, und doch hat man Küstensiedlungen des Lapita-Volks ungefähr 390 Kilometer östlich der Salomonen auf den Santa-Cruz-Inseln identifiziert, die ebenfalls 3000 Jahre alt sind.

Lapita ist keineswegs der einzige Keramiktyp, der in Melanesien hergestellt wurde. Auf Buka wurden zum Beispiel mit Hilfe der Aufbautechnik (Lapita wird generell aus Tonklumpen geformt) Töpfe gefertigt, die man mit Ritzungen und erhabenen Reliefs verzierte. Diese Keramikgefäße traten etwa 500 v. Chr. auf und waren mehr als 1000 Jahre lang in Gebrauch. Ein ähnlicher Typ von Töpferwaren wurde sogar noch früher (vermutlich um 700 v. Chr.) auf den Zentralinseln Vanuatus hergestellt, die südöstlich der Salomonen in der melanesischen Inselkette liegen. Diese Gefäße sind als Mangaasi-Keramik bekannt. Es scheint, daß die Mangaasi-Töpfer in ein Gebiet zogen, das bereits von Gruppen des Lapita-Volkes und vielleicht sogar zusätzlich von anderen Austronesiern besiedelt war, die keine Keramikgefäße herstellten. Die Mangaasi-Tradition in Vanuatu begann um 1200 n. Chr. auszusterben. Ihr Ende könnte durch eine Intensivierung vulkanischer Aktivitäten verursacht worden sein, die in einer großen Eruption kulminierten, bei der um 1400 eine Insel auseinanderbrach.

Eine weitere Möglichkeit ist, daß die Mangaasi-Hersteller von einer neuen Siedlergruppe vertrieben wurden. Diese Theorie wird durch eine bemerkenswerte Übereinstimmung der lokalen Überlieferung mit archäologischen Funden gestützt. Es

Links: Diese vom Bankivahuhn Südostasiens abstammenden Hühner gehören neben dem Schwein und dem Hund zu den wichtigsten Haustierarten im gesamten Pazifikraum. Sie wurden mit den seefesten Kanus der Lapita-Völker und ihrer Nachfahren auf die Inseln gebracht und gelangten sogar bis auf die Osterinsel am östlichen Rand Polynesiens. Wie überall wurden sie auch dort als Nahrungsquelle geschätzt – und sie gehörten zu den Handelsgütern, die man den ersten europäischen Besuchern zum Tausch anbot.

Rechts: Auf diesem Foto der ausgegrabenen »Roy-Mata«-Fundstätte auf Eretoka ist das Hauptgrab rechts im Bildhintergrund zu sehen. Das Skelett eines Mannes, möglicherweise das des aus dem 13. Jahrhundert stammenden Häuptlings Roy Mata, liegt auf dem Rücken. Ein Knochenbündel, vielleicht die Überreste einer vor ihm verstorbenen Ehefrau, ruht zwischen seinen Beinen, und innerhalb der Grube befinden sich auch die Knochen der vier Gefolgsleute, die ihn in sein Grab begleiteten. Im Vordergrund hat man paarweise bestattete Männer und Frauen freigelegt, die offenbar ebenfalls Grabopfer waren. Ihre Körper waren sorgfältig in einer Haltung arrangiert, bei der die Frauen die Männer zu umarmen scheinen.

Links: Dieser rätselhafte Steinstößel in Vogelform aus dem Hochland Neuguineas wurde in einer Tiefe von ungefähr drei Metern in der Erde gefunden. Sein Alter ist unbekannt. Steinstößel und -mörser wurden schon nicht mehr hergestellt, als Europäer zum erstenmal in das Gebiet kamen, und wie weit sie in die prähistorische Geschichte Neuguineas zurückreichen, bleibt eine unbeantwortete Frage. Auch über ihre ursprüngliche Funktion besteht Unsicherheit.

ist ein Teil der mündlich tradierten Geschichte des Volks der Insel Efate, daß eine Gruppe von Häuptlingen nach Efate und zu den Nachbarinseln kam und eine neue soziale Ordnung etablierte. Ein wichtiger Name in dieser Erzählung ist Roy Mata, der ein mächtiger Anführer im Norden Efates wurde. Nach der Überlieferung wurde er auf der kleinen Insel Eretoka beigesetzt, umgeben von einigen seiner Gefolgsleute, die man – teilweise mit deren Einverständnis – opferte, damit sie ihm als Weggefährten auf seinem Weg ins Jenseits dienen konnten. Im Jahr 1967 auf Eretoka durchgeführte Ausgrabungen förderten eine mit Steintafeln und großen Muscheln markierte Grube zutage, in der man das Skelett eines Mannes fand, dem drei Skelette zur Seite lagen sowie ein viertes zu seinen Füßen. Um die Hauptgrube verteilt befanden sich 35 weitere Gräber, in denen unter anderem elf Paare von Männern und Frauen lagen, die man zusammen bestattet hatte. Es wurde auch persönlicher Schmuck gefunden, wie etwa Halsbänder aus Muschelperlen, ganze Muscheln, Knochen, Steine und Stücke bearbeiteter Walbarten. Es gab Armreife aus Schweinehauern und Überreste von Gewändern mit Muschelperlen. Die reichen Funde und die Komplexität der Grabungsstätte sowie die C-14-Datierung, die sie in das 13. Jahrhundert einordnet, scheinen zu der Roy-Mata-Geschichte zu passen – ein Zeugnis für die Kraft mündlicher Überlieferung.

Eine der Diskrepanzen zwischen dem mündlichen Bericht und den archäologischen Befunden bezieht sich auf die Richtung, aus der Roy Mata und seine Leute gekommen sind. Nach der lokalen Tradition stammten sie aus dem Süden, doch die Archäologen glauben, daß sie aus dem Norden kamen. Auf was man sich schließlich auch einigen wird, die Inseln Neukaledoniens im Süden Vanuatus haben ihre eigene komplexe Vorgeschichte. Eines der Rätsel der Vergangenheit Neukaledoniens betrifft die Hunderte von kleinen konischen Hügeln, die sich auf dem Festland *(Grande Terre)* und der Ile des Pins finden. Die etwa 2,5 Meter hohen Hügel sind durch Radiokarbonanalyse auf das Jahr 6000 v. Chr. oder früher datiert worden. Falls Menschen sie erbaut haben, beweisen sie, daß das südliche Ende der melanesischen Hauptkette viel eher von Menschen erreicht wurde, als andere Funde nahelegen. Da wir heute wissen, daß die Besiedlung des nördlichen Endes der Inselkette mehr als 20 000 Jahre zurückliegt, wäre dies nicht unmöglich. Neuere Untersuchungen einiger der Tumuli haben jedoch ergeben, daß es sich um Nisthügel handeln könnte, die von einem ausgestorbenen riesenhaften Großfußhuhn gebaut wurden. Sollte dies der Fall sein, dann stellte Neukaledonien im Vergleich zu dem übrigen südöstlichen Melanesien keine so große Ausnahme dar. Die Austronesier, die vielleicht schon 2000 v. Chr. eintrafen, spätestens jedoch um 1000 v. Chr., spielten wahrscheinlich eine Rolle beim Aussterben dieser gewaltigen Vögel. In Neukaledonien wurde Lapita-Keramik neben einer anderen Art von Töpferware hergestellt, in die mit geschnitzten hölzernen Stäbchenstempeln oder Grabsticheln Muster gepreßt wurden, oft in Verbindung mit Ritzungen und aufgetragenen Tonreliefs. Es ist wahrscheinlich, daß mindestens zwei oder drei verschiedene Gruppen austronesischer Siedler nach Neukaledonien kamen und so zu seiner späteren kulturellen Komplexität beitrugen.

Daß die Gesamtheit Melanesiens auf die längste Geschichte menschlicher Besiedlung der Inseln Ozeaniens zurückblicken kann, bedeutet, daß sich eine stärkere Aufsplitterung seiner Bevölkerung in eine große Anzahl verschiedener Gruppen mit enormen sprachlichen und kulturellen Unterschieden vollzogen hat. Allein in Papua-Neuguinea existieren über 700 Sprachen, und auch die anderen Inselgruppen weisen eine große sprachliche Vielfalt auf. Die Wahrscheinlichkeit, daß die erste Besiedlung der Inseln durch genetisch und sprachlich voneinander unterschiedene Völker – die Papua und die Austronesier – durchgeführt wurde, ist wichtig für das Verstehen der melanesischen Vorgeschichte. Doch die heutige Diversifikation der Kulturen ist das Resultat einer Reihe langwieriger Prozesse.

Fidschi und die Besiedlung Polynesiens

Fidschi wird gewöhnlich als ein Teil des heutigen Melanesiens angesehen, doch die kulturelle Grenzlinie zwischen Melanesien und Polynesien ist in prähistorischer Zeit von geringer Relevanz. Fidschi ist eindeutig Teil einer Region, in der die polynesische Urkultur sich aus der Kultur der lapitaher-

NORDPAZIFIK
Wendekreis des Krebses
Hawaii-Inseln
von den Philippinen um 1500 v. Chr.
Marianen
um 400 n. Chr.
Marshall-Inseln
Yap-Inseln
Karolinen
um 1000 v. Chr. – 1 n. Chr.
um 1000 v. Chr. – 1 n. Chr.
um 1 n. Chr. – 500 n. Chr.
Gilbert-Inseln
Elouae
Admiralitäts-inseln
Neu-irland
Duke-of-York-Inseln
Feni-Inseln
Watom
Green-Inseln
Talasea
Sohano
Neu-guinea
Arawe-Inseln
Neu-britannien
Salomonen
Line-Inseln
Phönix-Inseln
Tuvalu
Yule
Kandrian
Normanby
Guadalcanal
Santa-Cruz-Inseln
Anuta
Bellona
Rennell
um 1500 – 1000 v. Chr.
um 1500 – 1000 v. Chr.
Vanuatu
Samoa-inseln
Uvéa
Futuna
um 1500 – 1000 v.Chr.
Fidschi-Inseln
Niuatoputapu
Malo
um 1500 – 1000 v. Chr.
KORALLENSEE
Tonga-Inseln
um 200 v. Chr.
um 200 v. Chr.
Tahiti
Gesellschafts-inseln
Eretoka
Efate
Viti Levu
Lau-Gruppe
Vava'u-Gruppe
Ha'apai-Gruppe
um 200 v. Chr.
Cook-Inseln
Lapita
Neu-kaledonien
Ile des Pins
Tongatapu-Gruppe
Tubuai-Inseln
Wendekreis des Steinbocks
AUSTRALIEN
um 1000 n. Chr.
Kermadec-Inseln
Darling
Murray
um 1000 n. Chr.
SÜDPAZIFIK
TASMANSEE
NEU-SEELAND
Tasmanien
nach 1000 n. Chr.
Chatham-Inseln
30°
20°
10°
0°
10°
20°
30°
40°
50°
140°
150°
160°
170°
180°
170°
160°
150°

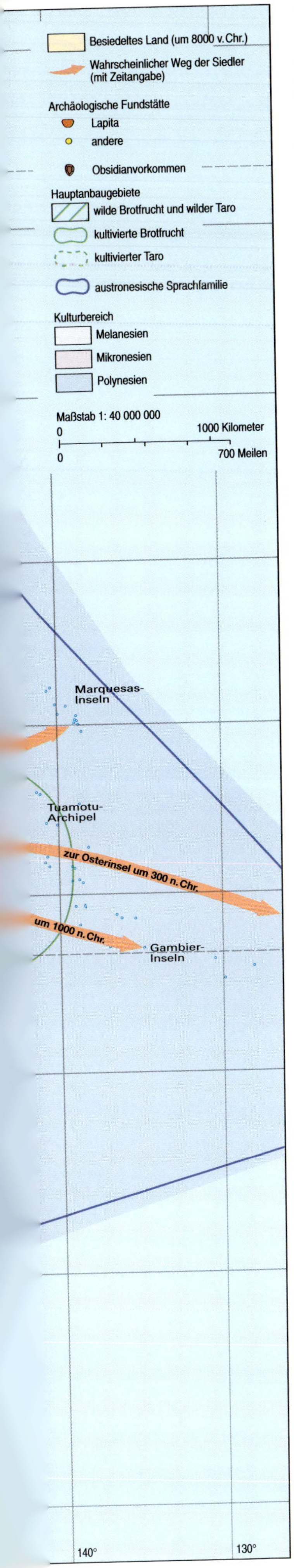

Siedler im entfernteren Pazifikraum Die Ursprünge der polynesischen Gesellschaft liegen etwa im Dreieck Fidschi-Tonga-Samoa, wo Austronesisch gesprochen wurde. Von dort aus trugen polynesische Seefahrer ihre Kultur in das mittlere Ostpolynesien. Weitere Reisen führten in die Ecken des polynesischen Dreiecks. Die Pfeile auf der Karte sollten nicht als präzise Angaben des jeweiligen Ausgangspunktes gelesen werden. Innerhalb Melanesiens ist ein polynesischer »Außenposten« eingezeichnet, der nach Mikronesien hineinragt. In einer Region von vornehmlich melanesischen Inselgruppen deutet dies auf die Präsenz polynesischer Inselbevölkerungen hin, deren engste linguistische Verwandte auf Samoa und den Inseln im Westen zu finden sind. (So ist Anuta zum Beispiel eine polynesische Insel, während die Santa-Cruz-Gruppe melanesisch ist.) Die Besiedlung Mikronesiens ist weniger durchsichtig, doch möglicherweise haben austronesischsprachige Menschen aus anderen Gegenden einen Einfluß ausgeübt. Die Wanderungen der Völker spiegeln sich in der Verbreitung der Pflanzen wider, die sie von Südostasien und Neuguinea in den entfernteren Pazifikraum mitnahmen – wie etwa Taro und Brotfrucht. Auf der Karte sind ihre Hauptanbaugebiete dargestellt.

Rechts: Ein Brotfruchtbaum trägt jedes Jahr ungefähr 150 stärkereiche Früchte. Die Pflanze ist besonders in Ostpolynesien eine wichtige Nahrungsquelle.

stellenden Austronesier entwickelte. Von den späteren Bewohnern Fidschis als einer »Mischung« aus Melanesiern und Polynesiern zu sprechen ist irreführend, da dies ein Verschmelzen von Gruppen implizierte, die ihre Entwicklung bereits abgeschlossen hatten. Tatsächlich bildeten sich die Hauptzüge der Fidschi-Insulaner und ihrer Gesellschaftsstruktur während derselben historischen Entwicklung heraus, die auch zur Unterscheidung von melanesisch und polynesisch führte. Dieser Prozeß stattete die Bewohner Fidschis mit Charakteristika aus, die zu beiden angrenzenden Gebieten zu gehören scheinen.

Die Lapita-Hersteller hatten sich bis etwa 1000 v. Chr. im Inseldreieck Fidschi, Samoa und Tonga etabliert. (Die frühesten Siedlungen auf Fidschi könnten 300 Jahre früher oder sogar noch eher gegründet worden sein, doch die Radiokarbondatierungen sind zweifelhaft.) Die Geschichte der Lapita-Keramik des Ostens ist die einer fortschreitenden Vereinfachung und schließlich des Verschwindens. In der folgenden Periode bis 500 v. Chr. wurde die Verzierung allmählich reduziert, bis sie fast vollständig verschwand, während die Anzahl der verschiedenen Gefäßformen ebenfalls abnahm. In Samoa folgten auf die Lapita-Keramik schlichte Schüsseln, die Einfache polynesische Keramik genannt werden. Im frühen 1. Jahrhundert n. Chr. scheint in Tonga und Samoa die Keramikherstellung völlig verschwunden zu sein – die Spur der Lapita-Keramik, die so wichtig für das Verfolgen der Wanderungen früher Pazifikkulturen nach Osten ist, verliert sich an diesem Punkt beinahe ganz. Obwohl sie fast mit Sicherheit die Nachfahren der Lapita-Hersteller waren, besaßen die späteren Polynesier selbst keine Töpferfertigkeiten. Der Grund für das Aussterben dieser Tradition ist unbekannt, obgleich viele mögliche Erklärungen vorgeschlagen worden sind: das Versiegen der Tonvorkommen und Veränderungen in den Techniken der Nahrungszubereitung oder der Bedeutung der Keramik für Handel und Tauschhandel.

Das Auftreten anderer, späterer Keramiktypen in Fidschi legt weitere Einwanderungswellen von Melanesien aus nahe. Mit Stempeln verzierte Töpferwaren, die denen in Neukaledonien ähneln, wurden von ungefähr 700 v. Chr. an in Fidschi angefertigt. Ab 1100 n. Chr. wird eine weitere Tradition der Keramikherstellung greifbar, die möglicherweise mit der Mangaasi-Keramik Vanuatus in Verbindung steht. Es ist nicht leicht, die Größe der späteren Siedlergruppen oder ihren Beitrag zur distinktiven genetischen und kulturellen Mischung Fidschis abzuschätzen. Doch die späteren Siedlerschübe aus Melanesien könnten Unterschiede verstärkt haben, die sich bereits zwischen den Völkern Fidschis und den Polynesiern benachbarter Inselgruppen zu bilden begonnen hatten. Archäologische Funde lassen erkennen, daß nach 1100 zunehmend Erdbefestigungen auf den Inseln Fidschis errichtet wurden (Viti Levu, Vanua Levu und Taveuni). Die Spätankömmlinge mögen auch Rivalitäten und den Rohstoffwettbewerb unter den wachsenden Populationen ackerbaubetreibender Völker verschärft haben. Die traditionelle Überlieferung berichtet von heftigen Konflikten zwischen einzelnen Gruppierungen, die sich bis in das 19. Jahrhundert fortsetzten.

Der Versuch, ein bestimmtes Gebiet – sei es Tonga, Samoa, die östlichen Inseln Fidschis oder eine andere Insel im westlichen Polynesien – als den Ort festzumachen, an dem die polynesische Kultur ihren Anfang nahm, ist von der Wissenschaft aufgegeben worden. Es erscheint heute als viel wahrscheinlicher, daß die Ursprünge der polynesischen Kultur in der gesamten Region liegen – eine Ansicht, die nicht nur durch die Verbreitung der Lapita-Keramik unterstützt wird, sondern auch durch die jüngere linguistische Forschung, die sich von der Vorstellung entfernt hat, daß die Sprache der frühen Siedler sich einfach zweiteilte und so die Ursprachen Fidschis und Polynesiens hervorbrachte. Zwischen Fidschi und den westpolynesischen Inselgruppen scheint es in dieser frühen Periode stärkere Wechselbeziehungen gegeben zu haben, als man bisher angenommen hatte, und es ist wahrscheinlicher, daß sich eine Kette verwandter Dialekte von Fidschi aus auf die Inseln verbreitete, von denen einer später die Basis für das Proto-Polynesische bildete.

Heute ist erwiesen, daß sich ungefähr bis 500 v. Chr. eine eigenständige archaische polynesische Gesellschaftsform herausgebildet hatte. Die Archäologie und die Rekonstruktion proto-polynesischer Wörter sind gleichermaßen zu Versuchen herangezogen worden, um ein Bild dieser Gesellschaft zu entwerfen. Die Urpolynesier bestritten ihren Lebensunterhalt durch eine Kombination von Ackerbau und dem Sammeln von Nahrung. Sie bauten Taro und Yamswurzel an, ernteten Baumfrüchte wie Brotfrucht, Kokosnuß und Kastanien, hielten Tiere, wie Schweine, Hunde und Hühner, und sie nutzten die Fische und Schalentiere des Meeres. Man hat proto-polynesische Wörter für eine Reihe von Techniken des Fischfangs rekonstruiert, wie etwa für den Gebrauch von Netzen und Fischfallen sowie das Fischen bei Nacht mit Fackelbeleuchtung. Diese Menschen stellten wahrscheinlich schon Rindentuch aus dem geschlagenen inneren Bast des Maulbeerbaums her und hatten mindestens eine Methode der längerfristigen Nahrungskonservierung entwickelt, den Gebrauch von Erdgruben zur Lagerung von fermentierter Brotfrucht, die in Zeiten des Mangels genutzt werden konnte. Sie lebten meist nahe der Küste in kleinen Dörfern von mehreren Haushalten. Sprachrekonstruktionen und Vergleiche mit späteren polynesischen Gesellschaftstypen deuten darauf hin, daß Land das Eigentum von Gruppen war, die von einem gemeinsamen Urahn abstammten und von Häuptlingen mit erblichem Titel angeführt wurden. Während es keine eindeutigen archäologischen Belege für Standesunterschiede gibt, scheint es doch wahrscheinlich, daß die Fundamente der späteren hierarchischen Strukturen in den Gesellschaftsordnungen Polynesiens bereits vorhanden waren.

Im Laufe der nächsten 1500 Jahre dehnten die Polynesier ihr Siedlungsgebiet ostwärts bis auf die abgelegeneren Inseln des Pazifiks aus. Es gab auch einige Wanderungen zurück nach Westen, wobei sich polynesische Bevölkerungen auf einer Reihe von kleinen Inseln innerhalb Melanesiens, wie etwa Tikopia und Bellona, sowie Mikronesiens (Nukuoro und Kapingamarangi) etablierten. Ihre bedeutenderen Reisen, der größten auf Booten durchgeführten Völkerwanderung der Welt, trugen die Polynesier jedoch über die ungeheuren Weiten des östlichen Pazifiks.

Das große Dreieck

Bis 1000 n. Chr. hatten die Polynesier eine ausgedehnte, dreieckförmige Region im Zentral- und Ostpazifik besiedelt, deren drei Eckpunkte bei Neuseeland (Aotearoa), Hawaii und der Osterinsel lagen. Im Zentrum dieses Dreiecks befanden sich die vulkanischen südlichen Cook-Inseln, die Gesellschaftsinseln, die Tubuai-Inseln (Australinseln) und die Marquesas-Inseln sowie die zahlreichen Atolle des Tuamotu-Archipels und der Gambier-Inseln. Es ist eine überkommene Sichtweise, daß zwischen dem Entstehen der urpolynesischen Kultur in der Fidschi-Tonga-Samoa-Region und der polynesischen Expansion in den Ostpazifik eine beträchtliche Zeitspanne lag. Die Vertreter dieser These führen an, daß die frühesten sicheren Belege für eine Besiedlung des Ostens, die man auf den zerklüfteten Vulkaninseln der Marquesas gefunden hat, auf etwa 300 n. Chr. datiert worden sind. Einige Wissenschaftler glauben jedoch heute, daß der Zeitabstand nicht so groß war wie bisher angenommen. Es existieren einige nicht gesicherte Radiokarbondatierungen von den Marquesas-Inseln, die in die Richtung weisen, daß die Polynesier sie schon vor 200 v. Chr. erreicht haben könnten, und die archäologische Erforschung von Inselgruppen wie den Cook- und Gesellschaftsinseln (die näher bei Tonga und Samoa liegen als die Marquesas-Inseln) ist nicht umfassend genug, um dort die Existenz noch früherer Siedlungen ausschließen zu können. Im Fall der Gesellschaftsinseln – die Tahiti einschließen – könnten frühe Küstensiedlungen im Meer versunken sein, als tektonische Prozesse die Vulkaninseln absinken ließen. Wann genau die frühesten Siedlungen Ostpolynesiens auch entstanden sein mögen, es scheint doch, daß die Polynesier sich von den zentraler gelegenen Inselgruppen ausgehend, insbesondere den Marquesas- und den Gesellschaftsinseln, in die Ecken des großen Dreiecks hinein ausbreiteten. Hawaii wurde zwischen 300 und 500 n. Chr. wahrscheinlich von den Marquesas-Inseln aus zuerst besiedelt. Die Osterinsel (den Polynesiern als Rapa Nui bekannt) wurde ebenfalls im ersten Teil dieses Zeitraums besiedelt.

Oben: Unter den neuen Materialien, die von den polynesischen Siedlern auf Aotearoa entdeckt wurden, befand sich auch Grünstein (Nephrit). Diese Form der Jade wurde zu Schmuck, Waffen und anderen Objekten von hohem Wert und großer Schönheit verarbeitet. Te Wahi Pounamu (»der Ort des Grünsteins«) ist einer der Maori-Namen für die Südinsel, da an ihrer Westküste die reichsten Vorkommen dieses kostbaren Rohstoffs auftreten. Die Abbildung zeigt ein Zeremonienbreitbeil mit einer sorgfältig gearbeiteten Grünsteinklinge. Ein solches *toki pou tangata* (»Breitbeil, das die Autorität eines Mannes begründet«) war ein Statussymbol für Häuptlinge und ein begehrtes Erbstück.

Die letzten Randgebiete Polynesiens waren die Inseln im Süden. Um 1000 n. Chr. gelangten Menschen zu den felsigen und relativ isolierten Kermadec-Inseln. Sie verwendeten Steinbreitbeile und trugen Walbartenschmuckstücke, die typisch für das zentrale Ostpolynesien waren. Diese Siedlungen wurden schließlich wieder aufgegeben. Ungefähr 1000 Kilometer im Südwesten lag jedoch Neuseeland. Die Vorväter des Maori-Volks etablierten sich dort zwischen 800 und 1000 n. Chr. Sie nannten es Aotearoa (»lange weiße Wolke«), und eine berühmte Maori-Legende über seine Entdeckung berichtet von der Ankunft Kupes, eines Häuptlings von Hawaiki (ein Name, mit dem häufig das legendäre Heimatland der Polynesier bezeichnet wird), der angeblich Aotearoa erreichte, als er zum Fischen ausfuhr und von einem Tintenfisch verfolgt wurde, der wiederholt seinen Köder stahl. Die Geschichte von Kupe ist jedoch keineswegs der einzige Mythos über Aotearoas Entdeckung, und es besteht Unklarheit darüber, wie weit sie unter den Maori verbreitet war.

Aotearoa stellte die bei weitem größte Landmasse dar, die von den Polynesiern kolonisiert wurde – es ist größer als das gesamte übrige Polynesien zusammengenommen (über 250 000 Quadratkilometer). Sie trafen dort auf eine Welt, die sich von den tropischen Inseln, auf denen sich ihre Gesellschaft entwickelt hatte, sehr stark unterschied. Doch obwohl sich die Maori auf unterschiedliche Weise an die neue Umwelt mit ihrem ungewohnten Klima, ihren fremden Tieren und Pflanzen sowie ihrer sehr verschiedenartigen Topographie anpaßten, beriefen sie sich weiterhin auf die Traditionen ihrer inselbewohnenden polynesischen Vorfahren. Die ungewöhnlichsten Geschöpfe, die sie antrafen, waren die gewaltigen, flugunfähigen Vögel, die sie *moa* nannten – ein Wort, das auf den tropischen Inseln für Hühner gebraucht wird und bis auf seine austronesischen Wurzeln zurückverfolgt werden kann. Die *moa* lebten in den Wäldern der gemäßigten Zone, die die Nordinsel und die östliche Seite der Südinsel bedeckten. Es existierten mehrere unterschiedliche Arten, einige nur etwa von der Größe eines Huhns, doch die größte erreichte eine Höhe von über 3,7 Metern. Diese riesigen, flugunfähigen Vögel, die keine natürlichen Freßfeinde hatten, stellten eine leicht zu erjagende Fleischquelle für die ersten Siedler dar und wurden sehr schnell ausgerottet.

Die Besiedlung dehnte sich bald auf beide Inseln aus, hauptsächlich beschränkt auf die Küstenregionen, vor allem an der östlichen, geschützteren Seite. Meeressäuger wie Wale, Robben und Delphine sowie Seevögel und Schalentiere aller Art wurden in großen Mengen verzehrt. Das kühle Klima beschränkte die Kultivierung von Feldfrüchten auf die Nord-

Rechts: Nach einigen Maori-Legenden über die Entdeckung Aotearoas wurde Kupe in einem Traum befohlen, von Rarotonga (Cook-Inseln) aus mit dem Kanu nach Südwesten zu segeln. Nach einer langen Seereise wurden die ersten Anzeichen für das neue Land sichtbar. Kupes Frau rief: »He ao!« (»Eine Wolke!«). Den Namen Aotea (»weiße Wolke«) gab man der Great-Barrier-Insel im Nordosten des Haurakigolfs, und das Festland wurde Aotearoa (»lange weiße Wolke«) genannt.

Die Kolonisation Aotearoas
Bis 1000 n. Chr. hatten sich polynesische Siedler auf Aotearoa etabliert. Das kühlere Klima beschränkte die für den Anbau traditioneller polynesischer Feldfrüchte geeigneten Gebiete, begünstigte jedoch die widerstandsfähigere Süßkartoffel. Archäologische Fundstätten weisen auf eine Reihe von Aktivitäten von Jägern und Sammlern sowie Ackerbau hin. Mount Camel im äußersten Norden war ein Sommerlager, wo Robben und Delphine gejagt wurden. In Wairau Bar im Norden der Südinsel hat man sehr viele *moa*-Eier in Gräbern gefunden. Anderswo gibt es Belege für den Gartenbau, manchmal in von Mauern eingefaßten Gärten. Bald entdeckte man Steinvorkommen für die Werkzeugherstellung, und auf beiden Inseln finden sich künstlerisch verzierte Felsunterstände. Die archäologischen Zeugnisse der ersten Besiedlung werden ergänzt durch die verschiedenen Kanu-Geschichten der Maori, die von der Ankunft der Ahnen erzählen und sie mit unterschiedlichen Landungsstellen in Verbindung bringen.

insel und den Norden der Südinsel. Die ersten Siedler brachten Yamswurzel, Taro und andere tropische Pflanzen mit sich, doch es war die von Südamerika aus in Ostpolynesien eingeführte Süßkartoffel oder *kumara*, die sich zur erfolgreichsten Speisepflanze entwickelte. Die Wurzeln des einheimischen Farns *Pteridium esculentum* und der neuseeländischen Keulenlilie *(Cordyline australis)* wurden ebenfalls gegessen. Anstelle des im übrigen Polynesien verwendeten Rindenbaststoffs wurden Fasern des einheimischen Flachses *(Phormium tenax)*, der zur Familie der Agaven gehört, zur Herstellung von Kleidung benutzt. Auch Gesteinsvorkommen wurden ausgebeutet, insbesondere Grünstein oder Nephrit, der auf der Südinsel vorkam und zu Schmuck und anderen Zierobjekten wie etwa Zeremonienbreitbeilen verarbeitet wurde.

Die Kultivierung der Süßkartoffel – einer Pflanze, die in den Anden zu Hause ist – durch die Ostpolynesier und die Maori wirft die Frage auf, ob die Einwanderungswellen nach Polynesien nicht in Amerika ihren Ursprung gehabt haben könnten. Der überzeugendste Befürworter dieser Theorie war der norwegische Ethnologe und Forschungsreisende Thor Heyerdahl, der die Phantasie der Weltöffentlichkeit anregte, als er Ende der 40er Jahre mit seinem Floß *Kon-Tiki* von Peru aus zu einem Atoll im Tuamotu-Archipel segelte. In den folgenden Jahrzehnten scheint jedoch die überwältigende Beweiskraft der linguistischen Verbindungen, der Lapita-Spur und der genetischen Verwandtschaft den westlichen Ursprung der polynesischen Völker zu bestätigen. Wenn aber die Vorstellung, daß die Polynesier aus Amerika stammten, nicht län-

Oben: Der Haurakigolf im Nordosten der Nordinsel wird in der mündlichen Überlieferung mit der Ankunft von Kanus aus dem Norden in Verbindung gebracht. Samuel Marsden, einem der ersten Missionare in Neuseeland, wurde 1819 von einem Maori-Priester erzählt, daß der Halbgott und Held Maui der erste Mensch gewesen sei, der Aotearoa erreichte. Er sei vom Gott Tawhaki nach Hauraki geführt worden. Die Landungsplätze der großen Kanus, mit denen man die Ursprünge der einzelnen Maori-Stämme assoziiert, befinden sich je nach Überlieferung an unterschiedlichen Orten, doch die Halbinsel Whangaparaoa im Nordwesten des Haurakigolfs ist die legendäre Landungsstelle der Kanus der Tainui, Arawa und Maataatua.

Folgende Doppelseite: Diese Rekonstruktion eines polynesischen Doppelrumpf-Segelkanus ist eher klein verglichen mit Kanus, die von frühen europäischen Besuchern gesehen wurden und bis zu 30 Meter Länge gehabt haben sollen. Aus den zur Verfügung stehenden Anhaltspunkten läßt sich schließen, daß die meisten Langstrekkenkanus zwischen 15 und 22 Metern lang waren; die bekannteste Rekonstruktion, das mit zwei Segeln ausgestattete hawaiianische Kanu *Hokule'a*, fällt in diese Kategorie und hat bewiesen, daß sie für eine Seereise von 3000 Kilometern tauglich ist. Solche Kanus, durch Segel und Steuerruder gelenkt, konnten wahrscheinlich 100 bis 150 Seemeilen in 24 Stunden zurücklegen.

ger haltbar ist, bedeutet dies nicht, daß es keine Kontakte gegeben hat. Die Präsenz der Süßkartoffel kann nur durch einen wie auch immer gearteten begrenzten frühen Kontakt in der Vorgeschichte Ostpolynesiens erklärt werden. Ob sich dieser durch ein von Strömungen angetriebenes südamerikanisches Floß oder eine Entdeckungsreise von polynesischen Kanufahrern ereignete, ist unklar. Doch jüngere Studien der pazifischen Seefahrt haben zu einem tieferen Verständnis der Fähigkeiten früher polynesischer Navigatoren geführt.

Pazifische Seefahrer

Im pazifischen Raum wurden für Seereisen Kanus benutzt. Diese waren oft von beträchtlicher Größe und kunstvoller Gestaltung. In historischen Zeiten bevorzugten die Mikronesier Auslegerkanus mit aufmontierten Reiseplattformen sowie Segeln, die von einem Ende des Bootes zum anderen geschwenkt werden konnten und es ermöglichten, den Bug zum Heck zu machen und auf diese Weise zu wenden. Auf einigen Inseln war der Schiffsrumpf absichtlich asymmetrisch gehalten, um die Seitendrift des Auslegers zu kompensieren. Die späteren Kanus in Fidschi und Westpolynesien hatten Zwillingsrümpfe, obwohl in Fidschi die Rümpfe der gewaltigen, möglicherweise 24 Meter langen *drua* von ungleicher Größe waren, ein Merkmal, das sich auch bei den Auslegerkanus auf Tonga und Samoa findet. Die Ostpolynesier hatten Segelkanus mit gleichgroßen Rümpfen. Es erscheint wahrscheinlich, daß die von den ersten europäischen Besuchern dieses Teils des Pazifiks beobachteten und in den Aquarellbildern des 18. Jahrhunderts festgehaltenen Kanus denen glichen, die auch bei seiner Besiedlung benutzt wurden. Man nimmt an, daß auf der zu den Gesellschaftsinseln gehörenden Insel Huahine gefundene Holzplanken und ein Steuerruder einmal Teil eines 24 Meter langen Doppelrumpfkanus gewesen sind; die C-14-Analyse ergab eine Datierung zwischen 850 und 1200. Solche Kanus hatten genug Stauraum für umfangreiche Vorräte, einschließlich der Haustiere und Feldfrüchte, die für eine Kolonisation benötigt wurden, und auch für zwei Dutzend oder noch mehr Siedler. Sie waren in der Lage, die gewaltigen Entfernungen zu überwinden, die zurückgelegt werden mußten, um die entlegensten Ecken des großen Dreiecks zu erreichen.

Einige Pazifikexperten vertraten lange die These, daß die Besiedlung der weit versprengten Inseln Polynesiens das Resultat zufälligen Treibens entlang der vorherrschenden Strömungen war – wenn man einmal eine Insel erreicht hatte, gab es wenig Hoffnung auf eine Rückkehr zu den Heimatinseln. Andere hielten dagegen, daß die Navigationskenntnisse und die Kanus der Polynesier dazu geeignet waren, ihnen auf ihren Entdeckungsreisen sowohl die Hin- als auch die Rückfahrt zu ermöglichen, denen dann Kolonisationsexpeditionen folgten; neuere Forschungen unterstützen diese Ansicht. Das schließt natürlich nicht die Möglichkeit aus, daß einige Siedlungen durch Zufallsreisen entstanden: Eine Rückkehr von den Randgebieten Polynesiens wie Aotearoa zu den im Zentrum gelegenen Inseln wäre mit beträchtlichen Schwierigkeiten verbunden gewesen. Computersimulationen von Kanufahrten, die Wind- und Strömungsdaten, einen versetzten Beginn der Jahreszeiten sowie weitere Informationen berücksichtigten, weisen stark darauf hin, daß die Vorfahren der Polynesier das Fidschi-Tonga-Samoa-Gebiet, ganz zu schweigen von den entlegenen Ecken des polynesischen Dreiecks, wohl kaum erreicht hätten, wenn sie nicht bewußt den Kurs in diese Richtung eingeschlagen hätten.

Wir können nicht genau sagen, welche Segel- und Navigationstechniken die ersten Siedler besaßen. Eine Reihe von Untersuchungen der heute auf den Inseln praktizierten Fertigkeiten – insbesondere die von David Lewis in Mikronesien und auf den Salomonen durchgeführten – haben eine Fülle von präzisem Wissen über die Seefahrt ans Tageslicht gebracht. Diese Inselnavigatoren können entlang in eine Linie gebrachter markanter Küstenpunkte eine Peilung vornehmen, um so eine erste Kursrichtung zu erhalten. Die Peilung an Deck wird dann vom Aufgangspunkt und der beschriebenen Bahn einer großen Anzahl bekannter Sterne abgeleitet – dieses Navigieren nach »Sternenbahnen« erlaubt es dem erfahrenen Navigator, die von Wind und Strömung verursachte Abdrift zu berücksichtigen. Manche Navigatoren besitzen komplexe Methoden, um die räumlichen Beziehungen zwischen dem Kanu, dem Zielpunkt, bekannten (oder sogar imaginären) Positionen und den Auf- und Untergangspunkten bestimmter Sterne zu visualisieren. Das Wissen um die von entfernten Winden hervorgerufenen Wellenmuster und ihre Interpretation erlaubt eine Kurskorrektur. Ein Navigator studiert Phänomene aller Art – den Vogelflug, die Bewegung von Wolkenformationen, die Reflexionen von Lagunen auf der Unterseite der Wolkenschicht und die Richtung, in der Treibholz und schwimmender Seetang abgetrieben werden. Er ist auch in der Lage, die von unterschiedlichen Inseln abgelenkten Wellen zu identifizieren. Alle diese Hinweise helfen ihm dabei, sein angepeiltes Ziel anzusteuern.

Man hat eine Reihe von Experimenten durchgeführt, bei denen die traditionellen Navigationstechniken der Inselbewohner auf langen Seereisen angewandt wurden. Das bemerkenswerteste von ihnen wurde 1976 unternommen, als die *Hokule'a*, eine Rekonstruktion eines doppelrümpfigen polynesischen Kanus, auf einer Reise von Maui, einer Hawaii-Insel, bis nach Tahiti erfolgreich mehr als 2000 Seemeilen zurücklegte, wobei ohne Instrumente, aber unter Zuhilfenahme der Fähigkeiten eines mikronesischen Navigators gesegelt wurde. Später segelte die *Hokule'a* von Zentralpolynesien nach Neuseeland. Es wäre falsch anzunehmen, daß sämtliche Segel- und Navigationsfertigkeiten der heutigen Bewohner der pazifischen Inseln schon seit der frühesten Periode der Expansion in den östlichen Pazifik vorhanden waren, doch die Vermutung erscheint plausibel, daß ein derartiges Wissen sich im Laufe des Jahrhunderte währenden Prozesses von Entdeckungen und Kolonisation beständig weiterentwickelt hat.

Eine Frage in bezug auf die polynesischen Forschungsreisen und die Besiedlung des Pazifiks, die wohl niemals völlig zufriedenstellend beantwortet werden wird, ist die nach dem Warum. Was brachte die Kolonisatoren des Ostpazifiks dazu, diese Risiken auf sich zu nehmen? Natürlich können wir eine Anzahl bestimmter Gründe vermuten: Überbevölkerung auf einigen Inseln, Umweltprobleme und eine ständig wiederkehrende Dürre auf anderen mögen die Fähigkeit des Landes, die gesamte Gemeinschaft zu ernähren, beeinträchtigt und viele Menschen an den Rand des Hungertodes gebracht haben. In bestimmten Fällen haben vielleicht Konflikte zwischen Gruppen und Rivalitäten um Standesprivilegien eine Emigration wünschenswert erscheinen lassen. Doch dies sind nur Teilantworten. Es scheint eine weitergefaßte, allgemeingültige Möglichkeit zu geben: die Inselbewohner haben offenbar schon in der Zeit der ersten Expansion der austronesischsprachigen Völker in den Pazifikraum ein enges Verhältnis zum Meer entwickelt. Es wäre demnach möglich, daß der Drang, Seereisen und Entdeckungsfahrten zu unternehmen, ein integraler Bestandteil ihrer kulturellen Tradition wurde.

Die »kleinen Inseln« des Westens

Nördlich der melanesischen Inseln und westlich von Polynesien liegen Ketten kleiner Inseln, die gewöhnlich als Mikronesien bezeichnet werden. Das archäologische Wissen über einen Großteil dieser Region ist noch jünger und bruchstückhafter als das über die anderen Teile des Pazifiks, und im Gesamtbild seiner Vorgeschichte klaffen noch viele Lücken. Die meisten Mikronesier ähneln in ihrer Erscheinung den mongoliden polynesischen Völkern, und sie sprechen austronesische Sprachen. Vor der Entdeckung der Verbreitung der Lapita-Kultur über Melanesien nach Polynesien wurde oft vermutet, daß die Vorfahren der Polynesier auf einer Wanderung nach Osten den mikronesischen Inseln folgten.

Neuere Funde deuten darauf hin, daß verschiedene Siedlergruppen Mikronesien sowohl von Westen als auch von Osten her erreichten. Die Sprachen von Palau und den Marianen sind mit den westlichen austronesischen Sprachen Indo-

Links: Als die Spanier die Marianen 1565 in Besitz nahmen, stützten die *latte*-Pfeiler wahrscheinlich noch wichtige Häuser und Kanuschuppen. Doch wie dieser Stich zeigt, hatten sie ihre Funktion bereits verloren, als der englische Navigator George Anson im Jahr 1742 Tinian erreichte.

nesiens und der Philippinen verwandt, während die Sprachen der meisten anderen mikronesischen Inseln in engerer Verbindung mit denen Ostmelanesiens (den Salomonen und Vanuatu) stehen. Die ältesten bis heute in Mikronesien entdeckten archäologischen Funde sind mehr als 3000 Jahre alt und stammen von den Vulkaninseln des Westens, Saipan und Guam, die zu den Marianen gehören. Auf diesen Inseln wurden Tongefäße hergestellt, von denen die ältesten größtenteils zu der schlichten rotgeschlämmten Keramik zu rechnen sind, die Marianen-Rot genannt wird. Sie ist selten verziert, und die größten Ähnlichkeiten mit ihr findet man in den alten Töpfertraditionen der Philippinen; es ist daher wahrscheinlich, daß die Besiedlung der Marianen von dort ausging, obwohl es einige Archäologen vorziehen, sich weniger genau festzulegen, und den Ursprung irgendwo in Südostasien vermuten.

Offenbar gab es in der frühen Kultur der Bevölkerung auf den Marianen einen hohen Grad an Kontinuität. Vor ungefähr 1100 Jahren ging sie jedoch in die sogenannte *latte*-Phase über. Die *latte*, aufgerichtet wie zwei Reihen riesiger steinerner Pilze mit umgekehrten Hüten, einige von ihnen über fünf Meter hoch, dienten als Stützpfeiler für die Hausböden, die größeren von ihnen möglicherweise für Gemeinschaftshäuser der Männer. Wir haben es bei ihnen mit einer bemerkenswerten Verwendung von Stein bei der Hauskonstruktion zu tun, die im gesamten Pazifikraum einzigartig ist. Die *latte* könnten eher den Übergang von Holz zu Stein beim Gebrauch als Baumaterial markieren, also eine örtlich begrenzte kulturelle Entwicklung sein, als auf die Ankunft einer neuen Siedlergruppe hinweisen. Sie waren wahrscheinlich so lange in Gebrauch, bis im 17. Jahrhundert die dortigen Bevölkerungsstrukturen durch die Spanier zerstört wurden. In den *latte*-Siedlungen wurden Angelgerät, Haken und Netzbeschwerer, sowie Stampfer hergestellt, ähnlich denen, die in vielen pazifischen Regionen zum Zerstampfen von Taro verwendet werden.

Die Kulturen der anderen bedeutenden Inselgruppen Westmikronesiens, Palau und Yap (die westlichste Gruppe der Karolinen), scheinen sich von 500 v. Chr. an über einen Zeitraum von etwa 2000 Jahren relativ unabhängig voneinander entwickelt zu haben, denn jede von ihnen weist eine spezifische Kombination möglicher kultureller und genetischer Einflüsse von außen auf. Im Falle Palaus erscheinen frühe indonesische und philippinische Einflüsse plausibel. Auf Palau entstanden große Hügelfestungen mit Terrassen, die wahrscheinlich neben ihrer Verteidigungsfunktion für die Kultivierung von Ta-

Links: Zwei Reihen von *latte*-Steinen sind in Agaña, der Hauptstadt von Guam, wieder aufgerichtet worden. Je nach Gegend benutzte man für *latte*-Konstruktionen entweder Korallenkalkstein oder Vulkangestein.

Unten: Einige Tongefäße der Marianen-Rot-Keramik sind mit eingedrückten Linien und Kreisen verziert, die mit weißem Kalk aufgefüllt sind. Dieser von Grabungsorten auf den südlichen Marianen her bekannte Typ ist das Hauptstreitobjekt der ergebnislosen Debatte, die eine Verbindung der Marianen-Rot-Keramik mit den Töpfertraditionen auf den Philippinen zu beweisen versucht.

ro genutzt wurden. Es existierten steingepflasterte Gehwege und Plattformen für Häuser. Man weiß, daß die späteren Bewohner Yaps nach Palau gesegelt sind, um in den Besitz einer bestimmten Gesteinsart zu gelangen, die bei der Anfertigung der wertvollen großen Steinscheiben benutzt wurde, die manchmal »Steingeld von Yap« genannt werden. Bisher gibt es jedoch nur sehr wenige klare Hinweise auf frühere Verbindungen zwischen den beiden Inselgruppen.

Die ältesten bekannten Siedlungsorte Ostmikronesiens befinden sich auf den Marshall-Inseln und stammen ungefähr aus dem Jahre 50 v. Chr. Im Bikini-Atoll wurden zwar einige Radiokarbondatierungen registriert, die 1000 Jahre weiter zurückreichen, es bestehen aber starke Zweifel an ihrer Aussagekraft – die jüngere Vergangenheit des Bikini-Atolls als Schauplatz atomarer Versuche macht die C-14-Daten nicht nutzlos, aber doch weit schwerer zu interpretieren. Linguistische Untersuchungen deuten auf eine Herkunft der frühesten ostmikronesischen Völker aus Melanesien hin, dagegen kommt die Auswertung der archäologischen Zeugnisse zu keinem eindeutigen Ergebnis. Auf der Vulkaninsel Pohnpei (Karolinen) gefundene Tongefäße könnten eine Fortentwicklung der späten Lapita-Keramik gewesen sein, doch wurden in Mikronesien niemals wirkliche Lapita-Verzierungen entdeckt. Dennoch ist es wahrscheinlich, daß die ersten Siedler dem Lapita-Volk angehörten oder ihnen ähnliche Austronesier waren. Es sind die Vulkaninseln der Karolinen, die die spektakulärsten Zeugnisse späterer Kulturentwicklungen aufweisen. Die großen Steinkonstruktionen auf Pohnpei und Kosrae sind offenbar Schöpfungen von Gemeinschaften mit einer hohen Bevölkerungsdichte und differenzierten Sozialstruktur. Man vermutet, daß die vom 9. Jahrhundert an auf Pohnpei errichteten Plattformen und Grabmäler, die sich innerhalb ummauerter Friedhöfe befinden, an einen bestimmten Status gebunden waren. Ihre Formen wurden immer kunstvoller, bis sie in Mikronesiens berühmtester archäologischer Fundstätte ihren Höhepunkt erreichten – den Ruinen von Nan Madol, das anscheinend schon nicht mehr in Gebrauch war, als Europäer im 16. Jahrhundert zum erstenmal den Fuß auf die Insel setzten. In der Vergangenheit deutete man diese imposanten Gebäude als das Werk von Einwanderern, doch die derzeitige Ansicht der Archäologen ist, daß Nan Madol und ähnliche Steinbauten auf Kosrae von den ansässigen Inselvölkern errichtet wurden.

Unser Bild von der Frühzeit Mikronesiens ist sehr bruchstückhaft. Es kann sich durch neue Entdeckungen noch verändern. So sind die tiefliegenden Atolle archäologisch noch weniger erschlossen als die Vulkaninseln, und hier liegt noch viel Forschungsarbeit vor uns. Die bisherigen Ergebnisse passen aber gut zu dem Bild, das wir von anderen Gebieten des Pazifiks haben. Austronesische Völker nutzten ihre Seefahrtskünste, um die zahlreichen Inseln der Region zu besiedeln, wobei sie sich den vorgefundenen Bedingungen anpaßten und mit der Zeit eigenständige lokale Kulturen entwickelten.

en: Ein Teil der massiven, aus altblöcken errichteten Außenmauer umfriedeten Begräbnisstätte von Douwas, die zur Siedlung und dem tzentrum von Nan Madol im Osten npeis gehört. Nan Madol wurde auf a 100 künstlichen kleinen Inseln erhalb einer seichten Lagune erbaut, shalb man es »das Venedig des zifiks« genannt hat. Nach mündlichen erlieferungen regierte die Häuptgsdynastie der Saudeleur, der Herren n Teleur, Pohnpei von hier aus über hrere hundert Jahre. Die Stadt ereckt sich über ein Areal von etwa 55 Quadratkilometer. Nach der Überferung befand sich das administrative ntrum der Häuptlinge im Süden, wo e Herren von Teleur auf der L-förmin Insel Pankatira residiert haben llen; der Bezirk der Priester und der iedhof lagen angeblich im Norden. bwohl mehrere Berichte darauf hineuten, daß Nan Madol seine Funktion ch bis in das 18. Jahrhundert beibeelt, unterstützen einige Argumente die nsicht, daß es bereits vor dem Kontakt it den Europäern aufgegeben wurde.

INSELWELTEN IM WANDEL

Als die ersten Europäer in den pazifischen Raum vorstießen, hatte sich auf den Inseln bereits eine enorme Vielfalt von Gesellschaftsformen etabliert. Um uns ein Bild von ihren unterschiedlichen sozialen Welten zu machen, können wir auf mündliche Überlieferungen, die Berichte der frühen europäischen Forschungsreisenden und auf moderne Schriftsteller dieser Region zurückgreifen. Das bedeutet aber nicht, daß die Inselgesellschaften keinen Änderungen unterworfen waren. Doch die Kontinuität von Brauchtum und Tradition war und ist ein wichtiger Bestandteil ihrer Sozialstrukturen. Jede Insel hat ihre eigene Geschichte – erst in jüngster Zeit sind diese Geschichten jedoch schriftlich festgehalten worden. Was wir den uns zugänglichen Quellen entnehmen können, ist nur ein flüchtiger Blick auf eine Reihe von Momentaufnahmen in einem langen Prozeß des Wandels.

Aus der Besiedlungsgeschichte, die im vorigen Kapitel behandelt wurde, ist deutlich geworden, daß die Kulturregionen im pazifischen Raum und ihre Geschichte nicht so klar umrissen sind, wie es die Einteilung seiner Inseln in die Untergruppen Melanesien, Polynesien und Mikronesien nahelegt. Diese Namen sind Vereinfachungen, die von europäischen Forschern im 19. Jahrhundert eingeführt wurden. In Ermangelung von zutreffenderen Bezeichnungen sind sie jedoch noch heute in Gebrauch, sogar in den politischen Beziehungen der modernen pazifischen Nationen. Hier sollen sie lediglich als praktikable Ausgangspunkte verwendet werden, um mit ihrer Hilfe einige kulturelle Verbindungen zu verfolgen und die verschiedenen Richtungen aufzuzeigen, in die sich die pazifischen Gesellschaften entwickelt haben.

Unter den genannten drei Regionen ist Polynesien – obgleich es in geographischer Hinsicht bei weitem die größte ist – linguistisch und kulturell am homogensten. Die Völker seiner verschiedenen Inselgruppen, einschließlich der Maori Aotearoas (Neuseeland), sprechen eng verwandte Sprachen, wobei die Sprachen Ostpolynesiens eine eigene Untergruppe bilden. Im Gegensatz dazu weist Melanesien eine gewaltige Anzahl von Sprachen (nach einigen Schätzungen über 1000) und eigenständigen Kulturgruppen auf. Obwohl die melanesischen Gesellschaften einige Grundzüge gemeinsam haben, ist diese Region vielfältiger als Polynesien. Auch in Mikronesien gibt es eine Reihe eigenständiger Kulturen, und seine austronesischen Sprachen gliedern sich in viele Untergruppen. Es lassen sich drei kulturelle Hauptgebiete festmachen: Westmikronesien, wozu die Chamorro der Marianen sowie die Bewohner der Yap- und der Palau-Inseln zählen; Zentralmikronesien, das die versprengten Atolle und Riffe der Karolinen, die polynesischen Außenposten Nukuoro und Kapingamarangi im Süden und die eigenständigen Kulturen von Pohnpei und Kosrae im äußersten Osten umfaßt; und schließlich Ostmikronesien, bevölkert von den Bewohnern der Marshall-Inseln, Naurus und der Gilbert-Inseln (der Hauptinselgruppe Kiribatis). Unabhängig von den sozialen und kulturellen Eigenheiten war jedoch die traditionelle materielle Lebensbasis in den drei großen Regionen des Pazifiks sehr ähnlich.

Land und Meer als Lebensgrundlage

Die Ökonomie der Inseln basierte schon sehr früh auf der Landwirtschaft für den Eigenbedarf und den Rohstoffen aus dem Meer, in einigen Gegenden ergänzt durch die Jagd. Auf vielen Inseln wurde eine Form der Wechselwirtschaft praktiziert. Ein Stück Land wurde von Bäumen und Unterholz befreit, dann baute man zwei oder drei Jahre lang Feldfrüchte darauf an, bevor man es 15 bis 20 Jahre lang wieder von Gebüsch überwuchern ließ. Pflüge waren unbekannt, und die Knollen oder Setzlinge der Pflanzen wurden in einzelne, mit Grabstöcken vorbereitete Löcher gesetzt. In Aotearoa (Neuseeland) hat man Reste von Feldanlagen entdeckt, die von Steinmauern umgeben waren. Dort verfolgte man vermutlich in einem Langzeitzyklus den Wechsel von Anbau und Brache, um die Fruchtbarkeit des Bodens zu bewahren.

Links: Für die Bewohner der Trobriand-Inseln Neuguineas ist die Yamswurzel *(Dioscorea)* nicht einfach ein Nahrungsmittel, sondern eine Form des Reichtums, dessen Besitz Status und Macht repräsentiert. Ein Großteil der Knollen wird für die Zurschaustellung oder für den zeremoniellen Austausch angepflanzt. Ihr Anbau ist Sache der Frauen, und die Yamswurzeln, die aus dem Garten eines Haushalts stammen, werden als das Eigentum einer bestimmten Frau angesehen. Nach der Ernte werden diese Knollen vor dem Yamshaus des Ehemanns der Eigentümerin zu konischen Haufen aufgeschichtet und einige Tage darauf in das Yamshaus gebracht, wie es hier zu sehen ist. Für einen Mann ist ein volles Yamshaus wie ein wohlgefülltes Bankkonto, auf das man zurückgreifen kann, um andere Güter oder Dienste zu bezahlen – solange die Yamswurzeln nicht verzehrt werden oder verrotten.

Hauptsächlich wurden Feldfrüchte wie Taro, Yamswurzel und Süßkartoffel kultiviert; das einzige Beispiel einer Tradition des Getreideanbaus auf den Pazifikinseln findet sich auf den fruchtbareren Inseln der Marianen an der Grenze Mikronesiens zu Asien, wo die Chamorro etwas Reis kultivierten. Taro wurde im ganzen tropischen Pazifikraum angebaut. Außer den stärkehaltigen Knollen wurden auch die grünen Blätter einiger Taro-Arten verzehrt. Diese Pflanze benötigt viel Feuchtigkeit, und sie wurde mit großem Erfolg in Sümpfen oder auf gefluteten Feldern kultiviert. Auf einigen gebirgigen Inseln entwickelte man ausgeklügelte Terrassen- und Teichfeldersysteme, die durch eine geregelte Wasserzufuhr bewässert wurden – Kapitän Cook beobachtete ein derartiges System in Neukaledonien, und es wurde auch auf den Cook-Inseln und auf Hawaii angewandt. Die Größe dieser Anlagen wuchs mit der Bevölkerung, und ihre Konstruktion und Wartung erforderte intensive Arbeit und eine beträchtliche Organisation, die die Möglichkeiten eines Haushalts oder einer Großfamilie überstieg. Auf den Korallenatollen Mikronesiens fand der Anbau von Taro generell in einem einfacheren und kleineren Rahmen statt: Eine verwandte Art, der »Atoll-Taro« *(Cyrtosperma chamissonis)*, war für die dort vorherrschenden sandigen und durchlässigen Böden geeignet. Manchmal wurden Gruben ausgehoben, um den Wurzeln den Zugang zum Grundwasserspiegel zu ermöglichen.

Der Anbau der Yamswurzel, die trockene, gut durchlässige Böden bevorzugt, war in Teilen Melanesiens und Westpoly-

Rechts: Das große, Ha'amonga 'a Maui (»die Last des Maui«) genannte Trilithon auf der tonganischen Insel Tongatapu ist über fünf Meter hoch und das beeindruckendste Steinmonument Polynesiens. Ein Mythos berichtet davon, daß der Held und Halbgott Maui die drei massiven Steine von den Wallis-Inseln geholt habe, doch das Trilithon scheint aus dem lokalen Korallenkalkstein und Strandkonglomerat erbaut worden zu sein. Trotzdem muß dieses Bauvorhaben eine enorm schwierige Aufgabe dargestellt haben. Das Bauwerk, bei dem es sich möglicherweise um einen Torbau handelt, gehört zu einer Gruppe von Monumenten bei Heketa im Nordosten der Insel, die den Ort einer ehemaligen Hauptstadt der Häuptlinge bezeichnen könnte. Eine andere lokale Überlieferung erzählt, daß der Ha'amonga um 1200 auf die Anordnung des Oberhäuptlings Tu'itatui, des elften Trägers des Titels Tu'i Tonga, errichtet wurde, um das Band der Brüderschaft zwischen seinen beiden Söhnen zu symbolisieren.

nesiens von größter Bedeutung. In Tonga war sie einst der Hauptbestandteil des Tributs, der dem heiligen Oberhäuptling, dem Tu'i Tonga, in der alljährlichen Zeremonie der ersten Früchte überreicht wurde. Auf den Trobriand-Inseln Papua-Neuguineas ist der Besitz eines gefüllten Yamshauses noch immer ein wichtiges Symbol für Reichtum. Die Süßkartoffel, die auch kühlere Bedingungen verträgt, war die bedeutendste Feldfrucht der polynesischen Maori auf Aotearoa (Neuseeland), wo die Knollen während des Winters in überdachten Lagergruben aufbewahrt wurden. Sie ist für das Hochland Neuguineas gut geeignet und dort seit ihrer Einführung vor weniger als 400 Jahren zur wichtigsten Feldfrucht geworden. Vielleicht hat erst ihre Kultivierung eine Ausdehnung der Bevölkerung auf Teile des Hochlands ermöglicht.

Andere Nutzpflanzen wie Kokosnuß, Brotfrucht und Banane wurden in Plantagen angebaut, die oft Gärten und Felder umsäumten. Die Kokospalme war der wichtigste Fruchtbaum der tropischen Tiefebenen. Sie wies zahlreiche Verwertungsmöglichkeiten auf: Das weiche Fruchtfleisch und die Milch der Nuß waren Nahrung und Getränk, die Nußschale lieferte robuste Fasern und konnte als Trinkgefäß dienen, und die Palmwedel wurden zum Dachdecken benutzt oder zu Körben verflochten. Die kernlosen Früchte des Brotfruchtbaums waren in Teilen Mikronesiens und Ostpolynesiens von großer Bedeutung, insbesondere auf den Gesellschaftsinseln und den Marquesas-Inseln, wo sie in Gruben fermentiert und gelagert wurden. Auf vielen Atollen baute man jedoch häufiger den *Pandanus* (Schraubenbaum) an, da er salzige Böden verträgt, während sich die Sagopalme besser für die sumpfigen Tiefebenen Neuguineas eignete. Die tahitianische Kastanie, Kürbisse und viele wildwachsende Pflanzen dienten ebenfalls als Nahrungsquelle; je größer die Insel, desto größer war auch die Vielfalt der vorhandenen Pflanzen.

Wie das Beispiel der Kokospalme vermuten läßt, machte man sich pflanzliche Produkte auf jede erdenkliche Weise

Links: Rindenbaststoff, von den Polynesiern *tapa* genannt, wird aus der Innenseite (Bast) von Baumrindenstreifen hergestellt, meistens aus denen des Papiermaulbeerbaums *(Broussonetia papyrifera)*. Die Streifen werden mit Holzschlegeln auf einem hölzernen Amboß zu dünnen, papierartigen Blättern breitgeklopft, die in mehreren übereinandergelegten Schichten den dickeren Stoff ergeben. Die *tapa* hatte viele Funktionen, sowohl praktische als auch symbolische. Sie war das Material, aus dem die alltägliche Kleidung gefertigt wurde, ein wichtiges Element beim rituellen Austausch von Geschenken, und sie wurde benutzt, um die heiligen Götterstatuen einzuhüllen. Die Verzierung mit Mustern wurde auf den einzelnen Inselgruppen auf unterschiedliche Weise erreicht. Das hier gezeigte Muster einer *tapa* aus West-Samoa (dort *siapo* genannt) wurde vermutlich folgendermaßen erzeugt: Ein Holzbrett, in dem ein Muster eingeschnitzt wurde, diente als Matritze. Das Basttuch wurde darüber gelegt und mit Farbpigmenten eingerieben, so daß sich das Muster durchdrückt.

Rechts: Die Samen oder Nüsse der Betelpalme *(Areca)* werden zusammen mit Limonen und den Blättern der Betelpflanze *(Piper methysticum)* in vielen Teilen Südostasiens und des westlichen Pazifiks gekaut. Sie sind ein mildes Stimulans, das Wohlbehagen erzeugt und Hungergefühle abschwächt. Ihr Effekt wird wahrscheinlich durch freigesetzte Alkaloide hervorgerufen, die wie Nikotin wirken. Das häufige Kauen von Betelnüssen färbt Zähne und Lippen rot, wie bei diesem Mann aus der Sepik-Region Neuguineas.

Ganz rechts: *Kava* ist in Fidschi als *yaqona* bekannt, wo sie schon von sehr früher Zeit an bei religiösen Ritualen zur Anwendung kam. Doch die sozialere Form der *kava*-Zeremonie könnte durch den tonganischen Einfluß im 18. Jahrhundert in Fidschi entstanden sein. Hier wird *yaqona* in einer *tanoa* gemischt, der tonganischen und samoanischen Form der *kava*-Schüssel, die heute auch typisch für Fidschi ist. Das formale Trinken von *yaqona* brachte eine auf Status und Respekt basierende Etikette mit sich, die in der Sitzposition der Trinker in Relation zur Schüssel, in der Reihenfolge des Trinkens aus der Kokosnußschale und bestimmten Handlungen, wie das In-die-Hände-Klatschen beim Zurückreichen der geleerten Schale, zum Ausdruck kam. Sogar bei weniger formalen Anlässen wird ein Teil der Etikette des zeremoniellen *yaqona*-Trinkens gewahrt.

Ganz links: In der Sepik-Region Neuguineas wird ein Baumstamm ausgehöhlt und zu einem Einbaum-Kanu verarbeitet. Der Einbaum ist auf vielen Pazifikinseln das übliche Transportmittel für das Befahren von Flüssen und Küstengewässern gewesen. Wo es die vorhandenen Holzbestände erlaubten, wurden große, ausgehöhlte Baumstämme sogar für Kanus verwendet, die für längere Seereisen bestimmt waren. Früher hat man zum Aushöhlen der Bäume anstelle von Metallwerkzeugen Äxte oder Beile aus Stein benutzt.

Links: Auf den Salomonen werden dekorative Kämme aus den mittleren Rippen von Palmblättern angefertigt, die man mit sorgfältig verflochtenen Blattstreifen zusammenbindet und verziert. Sie lassen die Webkunst erahnen, die man auf vielen Pazifikinseln antrifft – und dies ist nur einer der vielen Verwendungszwecke, für die sich die Palme eignet.

nutzbar – sie waren ein äußerst wichtiger Bestandteil der Wirtschaft und der Kultur des pazifischen Raumes. Die Form der Gebäude variierte, doch gewöhnlich bestanden sie aus Holz, das manchmal mit Schnitzereien reich verziert wurde. Einige Kanus fertigte man aus ausgehöhlten Baumstämmen, die Auslegerkanus für längere Reisen hingegen aus Planken, die mit Fasern zusammengebunden wurden. Die Holzknappheit auf manchen Inseln konnte zu bemerkenswerten Konstruktionsweisen führen, bei denen jedes Stückchen Holz verwendet wurde: Die verschiedenen Stücke wurden zusammengebunden und mit Brotfruchtsaft und Kokosnußfasern abgedichtet, um das Boot seetüchtig zu machen. Segel wurden aus Rindenbaststoff gefertigt, den man durch das Klopfen der Fasern der inneren Rinde (Bast) von Bäumen, wie dem Papiermaulbeerbaum oder dem Brotfruchtbaum, herstellte. In Polynesien und Melanesien wurde Rindenbaststoff zur Herstellung von ponchoähnlichen Kleidungsstücken, Überwürfen und Lendentüchern verwendet; Röcke fertigte man aus Blatt- oder Rindenbaststreifen oder Faserschnüren. Feine Matten flocht man aus Baumblättern (zum Beispiel aus *Pandanus*), während auf den Karolinen gewebte Lendentücher aus Hibiskus- oder Bananenfasern hergestellt wurden. Die Maori fertigten Mäntel und Röcke aus der einheimischen Flachspflanze.

Vor der Ankunft der Europäer waren den Völkern der Pazifikinseln Alkohol und Tabak unbekannt (eine mögliche Ausnahme ist der Kokosnuß-Toddy, der in Teilen Mikronesiens hergestellt wird, obwohl dieser Brauch vielleicht durch frühen Kontakt mit den Spaniern entstand). Zwei pflanzliche Erzeugnisse jedoch – Betel und *kava* – waren aufgrund ihrer anregenden Wirkung geschätzt; wo man Betel gebrauchte, verwendete man gewöhnlich kein *kava*. Betel besteht aus den mit pulverisierten Limonen vermischten und in die Blätter einer adstringierenden Pfefferart gewickelten Nüssen der Betelpalme und wurde in mehreren Gegenden Melanesiens und auf den westlichen Inseln Mikronesiens gekaut: Der Genuß von Betel ist in Südostasien weit verbreitet und hatte wahrscheinlich dort auch seinen Ursprung. Teile von Betelbestecken, insbesondere die geschnitzten Spatel zum Hinzufügen der Limonen, gehören zu den schönsten Kunstgegenständen Neuguineas. *Kava* ist ein Getränk, das in ausreichender Quantität eine leichte Euphorie und schließlich Schläfrigkeit hervorruft und durch das Mischen der zerkauten oder zerstampften Wurzeln einer anderen Pfefferart mit Wasser zubereitet wurde. *Kava* ist ein polynesisches Wort, und das Getränk wurde in ganz Polynesien mit Ausnahme der Osterinsel und Aotearoas getrunken. Das Zeremoniell, das den Genuß von *kava* begleitete und bei dem die Reihenfolge des Trinkens den gesellschaftlichen Rang widerspiegelte, war in Fidschi (wo das Getränk *yaqona* genannt wird) und auf den Inseln Westpolynesiens am weitesten entwickelt. Auch auf Pohnpei und Kosrae in der Karolinen-Inselgruppe Mikronesiens wurde *kava* getrunken, wo es als *sakau* bekannt war, und es war auch in Melanesien relativ weit verbreitet.

Es ist bereits erwähnt worden, daß die frühen Einwanderer im gesamten Pazifikraum Schweine, Hunde und Hühner einführten. Das Fleisch domestizierter Tiere diente selten als Alltagsnahrung, sondern war in der Regel Festmählern vorbehalten. Dies galt auch für Hundefleisch – der englische Botaniker Sir Joseph Banks, der 1769 mit Kapitän Cook Tahiti besuchte, berichtet davon, daß ein von den Inselbewohnern zubereiteter und gekochter Hund ein ausgezeichnetes Gericht ergab. Auf einigen Inseln wurde auch eine polynesische Rattenart *(Rattus exulans)* gegessen, doch es ist wahrscheinlicher, daß sie als blinder Passagier auf den Seereisen der Kanus dorthin gelangte, als daß man sie absichtlich mitgenommen hätte. Nach archäologischen Funden zu urteilen, scheinen nicht alle diese Tiere auf jeder der Inseln eingeführt worden zu sein. Auf Neuseeland hat man weder Schweine- noch Hühnerknochen gefunden, obwohl Hunde und Ratten verzehrt wurden, während auf den Marquesas-Inseln die von den frühen Siedlern mitgebrachten Hunde später ausstarben. Auf der Osterinsel hatte man lediglich Hühner, und auf vielen der kleineren Inseln gab es überhaupt keine Haustiere. Im Hochland Neuguineas war der Aufbau großer Schweineherden eine wichtige Form der Ansammlung von Reichtum, und dieser Besitz demonstrierte den Status des einzelnen und der Gruppe.

Für alle in Küstennähe lebenden Völker des pazifischen Raumes war das Meer von Natur aus ein wichtiger Lieferant von Protein und anderen Ressourcen. Fischerkanus erlaubten es den Inselbewohnern, zum Fangen von Hochseefischen – man benutzte dazu ausgeklügelte Haken und Köder – in das Gebiet jenseits der Riffe vorzudringen. Auch die Riffe selbst waren im allgemeinen reich an maritimem Leben: Auf dem Speiseplan der Inselvölker standen Schalentiere, Seeigel, Seegurken, Meeresschnecken und Seetang. Seevögel und Schildkröten wurden ebenfalls verzehrt. Muschelschalen und auch Schildpatt wurden zu Schmuckgegenständen verarbeitet, und in Teilen Melanesiens sowie Mikronesiens hat man Muschelgeld gefunden, das oft aus kleinen, auf Schnüre gezogenen Muschelscheiben bestand. Muscheln sind mitunter auch als Schaber oder Messer benutzt worden. Auf Atollinseln, wo Materialien für Werkzeuge nur schwer zu finden waren, nahmen große Muscheln, die zu Beilen und anderen Werkzeugen geschliffen wurden, den Platz der polierten Steinwerkzeuge ein, die anderswo im Pazifikraum in Gebrauch waren.

Die für den Lebensunterhalt notwendigen Aufgaben der Produktion und Zubereitung von Nahrung waren meistens innerhalb eines Haushalts oder einer Großfamilie organisiert. In einigen der Gesellschaften mit starken Rangunterschieden nahmen Häuptlinge und Adlige nicht an diesen Aktivitäten teil, sondern wurden von anderen mit Nahrung versorgt. Anderswo gab es zwischen der Arbeit der Anführer und der von Gemeinschaftsmitgliedern keine großen Unterschiede. Die Anführer zeichneten sich dadurch aus, Nahrungsüberschüsse anzusammeln, die aufgrund der Arbeit ihrer Familie und von Gefolgsleuten oder durch Geschenke oder Tribute entstanden waren. Die Arbeitsteilung zwischen Frauen und Männern war ebenfalls unterschiedlich geregelt, doch war es nicht ungewöhnlich, daß die Männer für das erstmalige Roden von Land zuständig waren, während die fortdauernde Arbeit auf den Feldern den Frauen zufiel. Das Fischen auf dem offenen Meer wurde meist als eine männliche Tätigkeit betrachtet, während Frauen Schalentiere und andere Meeresfrüchte von Riffen und Stränden sammelten.

Die pazifischen Völker paßten sich erfolgreich ihrem insularen Lebensraum an. Es wäre jedoch ein Irrtum, daraus zu folgern, daß sie in vollkommener Harmonie mit ihrer natürlichen Umwelt lebten. Zum einen hatte die Einführung fremder Tierarten massive ökologische Auswirkungen – Ratten und Hunde stellten am Boden lebenden Vögeln nach, die bis dahin keine natürlichen Freßfeinde hatten. Zusätzlich zerstörten auch die Menschen ihre Umwelt: Mehrere einheimische Vogelarten wurden durch die Jagd nach Nahrung und Federn ausgerottet, und Wälder wurden gerodet, um Ackerland zu schaffen oder um Brennstoff und Baumaterial zu liefern. Neuere Studien kommen zu dem Ergebnis, daß die Osterinsel vor der Ankunft der Polynesier eine üppige Vegetation besaß. Erst die Zerstörung des natürlichen Baumbestandes durch die Einwanderer führte zu Erosionsschäden, die den Zusammenbruch der Population im 18. Jahrhundert bewirkten. Im gesamten Pazifikraum beeinflußte die Verfügbarkeit und Verteilung natürlicher Rohstoffe die Entwicklung der menschlichen Gesellschaften. Die knappen Ressourcen der kleineren Inseln begrenzten die Bevölkerungszahl und behinderten so die Entstehung von komplexeren sozialen Organisationsformen. Dies gilt insbesondere für die weit verstreut liegenden Atolle Mikronesiens und Polynesiens. Auf den größeren Inseln und einigen der größeren Inselgruppen begünstigte die ungleiche Verteilung von Rohstoffen das Entstehen von Tauschhandelsbeziehungen zwischen den verschiedenen Gruppen und bot Anlaß zu Wettbewerb und sogar Krieg.

Abstammung und gesellschaftlicher Rang in Polynesien

Auf allen pazifischen Inseln war Verwandtschaft die Grundlage der Gesellschaftsordnung. In Polynesien waren die Inselgesellschaften in benannte Gruppen unterteilt, die man als Clans oder Stämme beschreiben kann und die sich über die Abstammung von gemeinsamen Ahnen definierten. Die Ältesten und angesehene Traditionsträger besaßen ein umfassendes genealogisches Wissen, das Dutzende von Generationen zurückreichte, manchmal sogar bis zu den göttlichen Urahnen in mythischer Zeit. Obwohl es eine Tendenz zu patrilinearer Abstammung gab, war dies nicht die einzige Grundlage für die Zugehörigkeit zu einer Gruppe: Matrilineare Beziehungen konnten dazu dienen (und taten es gewöhnlich auch), Rechte innerhalb eines bestimmten Clans zu festigen. Ländereien wurden zwischen den Untergruppen des Clans aufgeteilt, und ein einzelner konnte seine Zugehörigkeit zu einer Abstammungsgruppe wählen, je nachdem, wo er leben wollte. Das Recht auf die Ländereien einer Gruppe wurde dadurch aufrechterhalten, daß man auf ihnen lebte und arbeitete. Diese Wahlfreiheit und Flexibilität erwiesen sich als wertvoll, wenn einige Gruppen, deren Mitgliederzahl angewachsen war, mit Land- und Rohstoffknappheit zu kämpfen hatten, während andere dies nicht mußten. Auf den Vulkaninseln war das Land in keilförmige Segmente aufgeteilt, die von der Inselmitte bis hinunter zu dem die Insel säumenden Riff verliefen, wodurch den Clan-Untergruppen eine Reihe von verschiedenen Rohstoffzonen zur Nutzung offenstanden. Auf den Atollen kontrollierten Familiengruppen oft unterschiedliche Inseln.

Rangfragen konnten ebenfalls die Entscheidung des einzelnen für die Zugehörigkeit zu einer bestimmten Gruppe beeinflussen – die Berufung auf mütterliche statt väterliche Verwandtschaft konnte eine engere Verbindung zu höhergestellten Personen bedeuten. Der gesellschaftliche Status leitete sich von dem Grad der Verwandtschaft mit einem gemeinsamen Urahn ab, die in Abhängigkeit von der Reihenfolge der Geburt festgestellt wurde. Demnach stand der höchste Rang und der Titel des Häuptlings innerhalb eines Clans dem ältesten Sohn der bedeutendsten männlichen Abstammungslinie zu, der Linie der ältesten Söhne. Nachfahren jüngerer Söhne und Töchter nahmen eine geringere Rangstellung ein. Als die Bevölkerung sich ausbreitete, teilten Clans sich in lokale Untergruppen auf, von denen jede ihr männliches Oberhaupt besaß und die untereinander wiederum eine Rangordnung hat-

Links: Auf Malaita (Salomonen) ist der Besitz von Muschelgeld eine bedeutende traditionelle Form des Reichtums. Sein Wert spiegelt den großen Arbeitsaufwand wider, der zur Herstellung der einzelnen Muschelperlen, die zu langen Schnüren aufgereiht werden, erforderlich ist. Sie sind nach wie vor ein wichtiger Teil des zeremoniellen Austauschs von Geschenken, der die Beziehungen zwischen Einzelpersonen und Gruppen aufrechterhält. Hier wird Muschelgeld bei einer Hochzeit zur Schau gestellt, eine Brautgabe, die der Bräutigam der Familie seiner Braut überreicht.

Das Dreieck Fidschi-Tonga-Samoa
Die Lapita-Töpfer des Fidschi-Tonga-Samoa-Dreiecks waren die Urväter der alten polynesischen Gesellschaft. Die Töpfertraditionen starben in Tonga und Samoa aus, als sie ihre eigenen charakteristischen polynesischen Kulturen herauszubilden begannen. Diese spiegeln sich in ihren jüngeren archäologischen Fundstätten wider, zu denen die rätselhaften sternförmigen Hügel Samoas (möglicherweise Plattformen für Götterhäuser) und die steinverkleideten terrassierten Häuptlingsgräber von Lapaha auf Tonga zählen. In Fidschi entstanden neue Keramiktraditionen, als es sich kulturell von seinen polynesischen Nachbarn entfernte, deren Stile und Techniken auf einen neuen melanesischen Einfluß hindeuten. Doch obwohl jede Gruppe ihren kulturellen Eigencharakter behielt, gibt es auch zahlreiche Belege für spätere Verbindungen zwischen ihnen. Es scheint eine Reihe tonganischer Einfälle nach Fidschi gegeben zu haben. Der tonganische Einfluß war besonders stark auf den Lau-Inseln in Fidschi zu spüren. Zu diesen gehören Karaba und Fulaga, die im 18. Jahrhundert für die Schnitzkünste der dort ansässigen tonganischen und samoanischen Handwerker bekannt waren. Die Pfeile »Weg der Handelsgüter« auf der Karte zeigen das allgemeine Muster des Austauschs von Prestigeobjekten, aus der Perspektive Tongas gesehen. Die Bande zwischen den Gruppen umfaßten auch die der Heirat in den jeweiligen Häuptlingsfamilien.

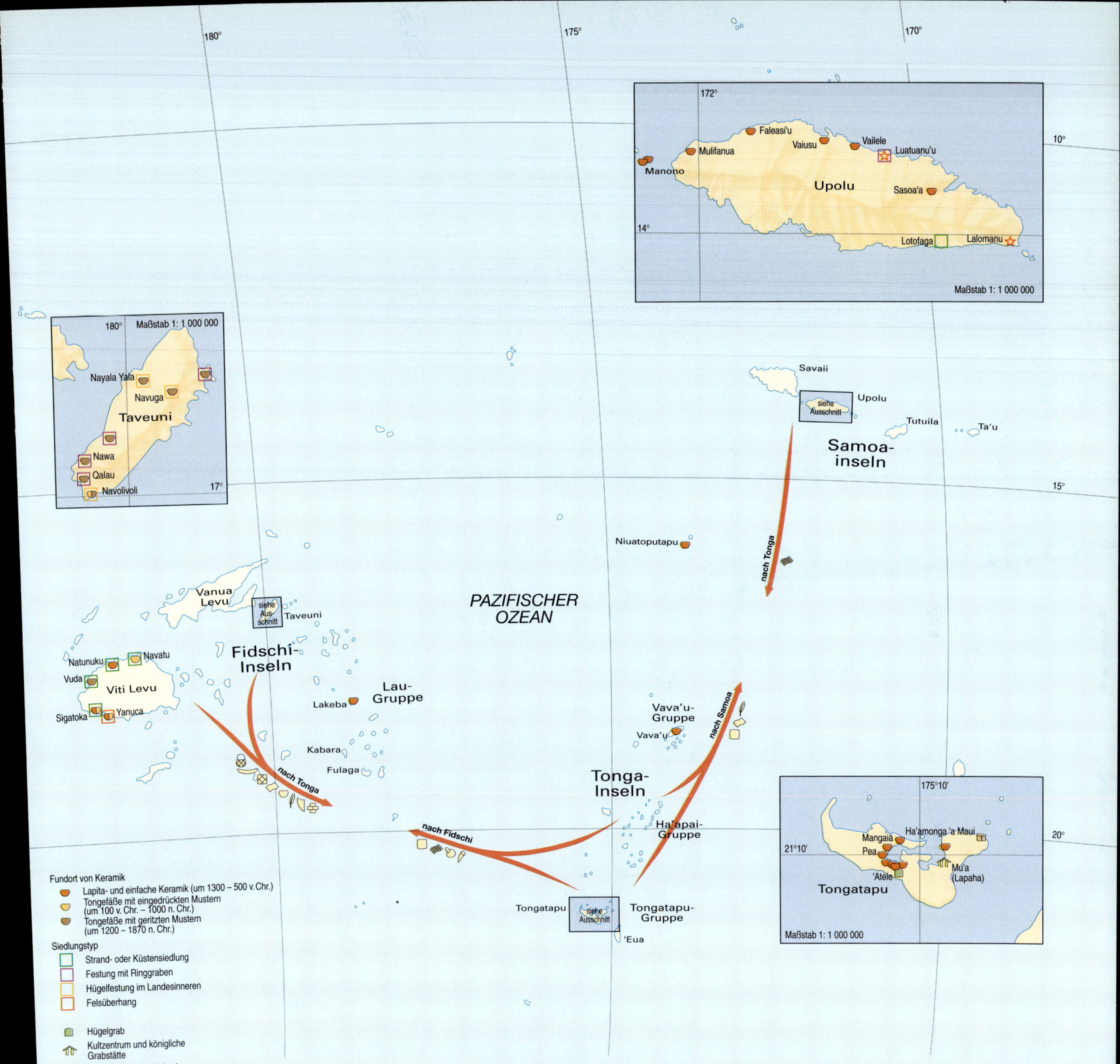

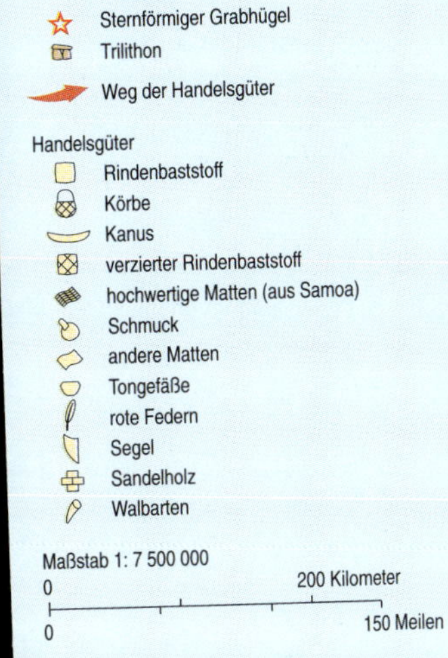

ten. Das Oberhaupt der bedeutendsten Gruppe war der Oberhäuptling, der über rituelle und politische Macht verfügte. Dies war das Grundmuster der polynesischen Gesellschaften, doch es gab viele Varianten. Polynesische Mythen beziehen sich oft auf Zwistigkeiten zwischen Brüdern. Historische Überlieferungen berichten von einzelnen und Gruppen niedrigeren Ranges, die nach Macht und Status trachteten. In der Geschichte Hawaiis etwa wurde die Position des Oberhäuptlings wiederholt von Angehörigen der Linien jüngerer Geschwister usurpiert. Obwohl meistens Männer die formellen politischen Titel innehatten, waren auch Frauen oft an wichtigen politischen Prozessen beteiligt, und in manchen Fällen bekleideten sie sogar das höchste Amt.

In einigen polynesischen Gesellschaftssystemen konnte man zwischen ritueller Autorität und tatsächlicher politischer Macht unterscheiden. In Westpolynesien zum Beispiel entwickelte sich zwischen männlichen und weiblichen Abstammungslinien ein Verhältnis gegenseitiger Ergänzung: Die weibliche Linie hatte ihre eigenen Titelämter, obwohl diese gewöhnlich eher Ehrenämter waren als wirkliche Macht beinhalteten. In Tonga besaßen Schwestern im Hinblick auf formelle Ehre und rituelle Autorität einen höheren Status als ihre Brüder. Der Schwester eines Vaters wurde großer Respekt gezollt, während die Kinder einer Schwester ein besonderes Verhältnis ritueller Macht über die Brüder ihrer Mutter besaßen, unter anderem das Recht, einige ihrer Besitztümer für sich zu beanspruchen. Diese Beziehung zwischen Geschlecht und Status hatte eine entsprechende Auswirkung auf die höchste Ebene der Politik Tongas, denn der Oberhäuptling Tongas, der Tu'i Tonga, hatte formell einen niedrigeren Status als sei-

ne Schwester und ihre Söhne. Um die sich daraus ergebende Gefährdung der Thronfolge abzuwenden, wurde die Schwester des Tu'i Tonga traditionell mit einem Außenstehenden verheiratet, meist mit einem Häuptling der Fidschi-Inseln.

Die Machtfülle des Tu'i Tonga war im Laufe der Zeit offenbar einem Wandel unterworfen. Mündliche Überlieferungen deuten darauf hin, daß die ersten Träger des Titels religiöse Macht mit weltlicher vereinten. Das imposante Trilithon (Torbau), das Ha'amonga 'a Maui genannt wird und zu einem unbekannten Zweck erbaut wurde, sowie das im 13. Jahrhundert entstandene Kultzentrum von Lapaha, das die gewaltigen Grabhügel der Oberhäuptlinge einschließt, geben uns einige Hinweise auf die Mittel, die diesen frühen Anführern zur Verfügung standen. Das Reich des Oberhäuptlings wurde jedoch später in Machtkämpfe gestürzt. Die Überlieferung berichtet, daß im 15. Jahrhundert der 23. Tu'i Tonga ermordet wurde. Seine Söhne sollen die Mörder verfolgt und dabei andere Inseln der Tonga-Gruppe erobert haben. Daraufhin wurde ein neuer Titel eingeführt, der des Tu'i Ha'atakalaua. Seinem Träger wurde die Kontrolle des alltäglichen Regierungsgeschäfts übergeben, während der Tu'i Tonga weiterhin seine rituellen Funktionen als religiöses Oberhaupt ausübte, im Rahmen derer er Tribute erhielt und sich bei den Göttern für die Fruchtbarkeit und das Wohlergehen des Stammes verwendete. Einige Generationen später entstand ein dritter Titel, der des Tu'i Kanokupolu, dessen Träger als *hau* oder Herrscher auf Zeit die Macht übernahm. Die Linie der Ha'atakalaua-Häuptlinge setzte sich fort, doch nicht mit der gleichen staatlichen Machtbefugnis. Der letzte Tu'i Ha'atakalaua starb 1799 auf dem Schlachtfeld. Der heutige König von Tonga stammt von den Kanokupolu- und Ha'atakalaua-Linien ab.

Die Kriegsführung scheint schon sehr früh ein wesentlicher Teil polynesischer Kultur gewesen zu sein: *toa* (Krieger) ist ein rekonstruiertes proto-polynesisches Wort, und mündliche Überlieferungen weisen darauf hin, daß der Rivalitätskampf um Ländereien und Status zwischen den Gruppen sehr heftig gewesen war. Europäische Quellen aus dem 18. Jahrhundert berichten ebenfalls davon, daß Kämpfe auf vielen der Inselgruppen häufig vorkamen. James Cook beobachtete 1774, wie sich vor Tahiti eine Kriegsflotte versammelte, um die Nachbarinsel Moorea anzugreifen. Auf einigen polynesischen Inseln wurde mehr Gewicht auf die Rolle des Kriegshäuptlings gelegt als auf anderen. Auf Mangaia (Cook-Inseln) gab es zum Beispiel zwei *ariki*, Häuptlinge mit rituellen Aufgaben. Doch die politische Macht, insbesondere in Hinsicht auf die Verteilung von Land, lag bei dem Anführer, der aufgrund der militärischen und politischen Vorherrschaft des Clans oder der Clanallianz, deren Oberhaupt er war, die *mangaia* innehatte

Links: Ein Teil der imposanten tahitianischen Kriegsflotte, die sich im April des Jahres 1774 zu einem Angriff gegen Mahine, den Oberhäuptling Mooreas, sammelte, in der Darstellung des Malers William Hodges. Die Flotte bestand aus etwa 160 Kriegskanus sowie weiteren 170 kleineren Segelkanus, und James Cook schätzte, daß sie von beinahe 8000 Kriegern bemannt waren.

Unten links: Im Oktober 1769 traf Cooks Schiff *Endeavour* vor der Ostküste Aotearoas auf sechs Kanus mit ungefähr 50 Männern. Obwohl sie zunächst mißtrauisch waren, stimmten die Maori schließlich einem Tausch von Gütern zu. Unter den Waren befanden sich kunstvoll verzierte Kanupaddel, von denen einige dieser Zeichnung von Sydney Parkinson als Vorlage gedient haben mögen.

Die spätere Maori-Gesellschaft

Bis zum 15. Jahrhundert war der leicht zu erjagende *moa* – eine wertvolle Nahrungsquelle – auf der Nordinsel praktisch ausgerottet und auf der Südinsel sehr selten geworden. Daher verlegte man sich stärker auf Meeresfrüchte und Farnwurzeln. Das Entstehen befestigter Siedlungen *(pa)* ab etwa 1500 deutet auf wachsenden Bevölkerungsdruck und Spannungen in den Gebieten des Feldfruchtanbaus aufgrund des Wettkampfes um die Ressourcen hin. Zur Zeit von Cooks Besuch existierten Maori-Gesellschaften vom hohen Norden bis zum äußersten Süden, obwohl der bei weitem größte Teil der Bevölkerung und der Stämme auf der Nordinsel lebte. Dort waren die Küstengebiete gewöhnlich am dichtesten besiedelt. Von der Frühzeit der Besiedlung an hatte man Handelsnetze aufgebaut, von denen einige weite Entfernungen überbrückten. Diese erlaubten den Austausch von ungleich verteilten Rohstoffen wie Grünstein, der nur auf der Südinsel zu finden war.

(ein Begriff, der Herrschaft auf Zeit impliziert). Die geschichtliche Überlieferung Mangaias führt viele Schlachten an, bei denen die *mangaia* von einer Gruppe auf eine andere überging. In der Spätphase der Geschichte der Osterinsel vor dem Kontakt mit den Europäern scheint es ebenso eine Zeit intensiver Auseinandersetzungen zwischen Kriegsherren gegeben zu haben, während die *ariki*, die den Titel erbten, sich auf religiöse Angelegenheiten beschränkten.

Auf Aotearoa (Neuseeland) war die wichtigste Einheit der Sozialstruktur der *hapu* oder Unterstamm, dessen Mitglieder gemeinsam in *kainga* (Dörfern) lebten. Stämme und Unterstämme bildeten gelegentlich Bündnisse unter einem *ariki* oder höherrangigen Häuptling. Gegen Ende der sogenannten »klassischen« Periode der Besiedlung durch die Maori vor dem Kontakt mit Europäern waren die Rivalitäten und kriegerischen Auseinandersetzungen sehr heftig geworden. In einer Phase des Klimawechsels wurden die Winter kälter, was in Verbindung mit Überjagung und durch Waldrodungen verursachten Umweltproblemen zu einer Intensivierung des Wettbewerbs um Rohstoffe zwischen benachbarten *hapu* führte. Man begann, die Siedlungen mit Erdwällen, Gräben und hölzernen Palisaden zu befestigen – auf der Nordinsel hat man

über 5500 dieser *pa* genannten Anlagen gefunden. Von einem *hapu* wurden Überfälle auf andere unternommen, um *utu* zu üben – die Vergeltung vorangegangenen Unrechts. Gefangengenommene Feinde wurden manchmal verspeist, obwohl man die Rolle des Kannibalismus nicht überbewerten sollte.

Macht, Heiligkeit und Tabus

Im Hinblick auf den Klassencharakter der polynesischen Gesellschaften gab es beträchtliche Unterschiede. Auf den Atollen Pukapuka und Tokelau bestanden Klassenunterschiede nur zwischen einer kleinen Gruppe von Häuptlingen und Priestern und dem Rest der Bevölkerung. Land wurde von Familiengruppen kontrolliert, und die Produktion wurde von den Familienoberhäuptern beaufsichtigt. Man hielt Dorf- oder Ratsversammlungen ab, um die die gesamte Gemeinschaft betreffenden Angelegenheiten zu besprechen, wie zum Beispiel die Landnutzung, und die Beschlüsse wurden einvernehmlich getroffen. Häuptlinge sah man als heilig an, doch nur wenige Zeichen ihres Ranges unterschieden sie vom Rest der Gemeinschaft. Die Gesellschaft der Maori war ebenfalls nicht in viele soziale Schichten aufgeteilt, sondern unterschied lediglich zwischen denjenigen, die den Häuptlingsfamilien angehörten, den *rangatira*, und den *tuatua* oder Gewöhnlichen. Viele hatten jedoch eine verwandtschaftliche Verbindung zu den Häuptlingsgruppen. Es existierte eine Form der Sklaverei, der Kriegsgefangene unterworfen wurden.

Die kompliziertesten sozialen Hierarchien waren die von Tonga, Tahiti und Hawaii. Auf Hawaii war die herrschende Gruppe von Aristokraten gegenüber Personen niederen Ranges fast völlig abgeschottet. Oberhäuptlinge führten politische Einheiten von bis zu 30 000 Menschen an. Auf dieser höchsten gesellschaftlichen Ebene wurden Ehen zwischen Bruder und Schwester sowie Bruder und Halbschwester geschlossen, um Status und Privilegien auf eine einzige Abstammungslinie zu beschränken. Neue Oberhäuptlinge führten eine Umverteilung der Ländereien durch und übergaben sie an ihre Gefolgsleute. Diese Häuptlinge setzten Verwalter ein, die die Bestellung der Ländereien, die Organisation der Instandhaltung von Bewässerungssystemen sowie die Ablieferung von Tributen beaufsichtigten. Den Gewöhnlichen oblag die produktive Arbeit, und sie konnten durch Personen höheren Ranges von dem Land vertrieben werden, das sie bebauten.

Als Landbesitzer übten die hawaiianischen Häuptlinge massiv wirtschaftliche Kontrolle aus. Die Produktion war auf Überschüsse ausgerichtet, die als Tribut an die Häuptlinge gegeben wurden, deren Vermittlung zwischen der Welt der Menschen und der übernatürlichen Welt diese erst möglich gemacht hatte. Die Tribute wanderten über die unterschiedlichen Häuptlingsränge nach oben, und ein beträchtlicher Teil der Naturalien und anderer Güter wurde – insbesondere bei Festmählern – wieder ausgeteilt. Man sagte, daß ein weiser Oberhäuptling allen zu essen geben sollte, die ihm Geschenke gebracht hatten. Doch ein Großteil der auf höchster Ebene eingetriebenen Tribute, darunter Prestigeobjekte wie Schmuckfedern, wurde wahrscheinlich innerhalb der Häuptlingsgruppe verteilt, wodurch die Verbindung zum Oberhäuptling gefestigt wurde. Polynesische Häuptlinge waren generell die Hauptempfänger der Tributzahlungen und auch für ihre Wiederver-

Oben: Die befestigte Maori-Siedlung oder *pa* von One Tree Hill in einem Vorort südlich von Auckland befindet sich auf den Hängen eines Vulkankegels. Die Umrisse von wuchtigen Erdwällen, Terrassen, Häusern und Vorratsgruben sind klar erkennbar. Um den letzten Widerstandskern auf dem Gipfel des Vulkans zu erreichen, mußte eine Streitmacht von Angreifern zunächst die Terrassen an den unteren Hängen überwinden und sich dann durch eine Reihe von Gräben und Palisaden kämpfen, wobei sie den Nahkampf mit den Verteidigern aufnahm. Keulen und Stoßspeere stellten die wichtigsten Waffen dar, und das Überraschungsmoment wäre für eine erfolgreiche Erstürmung die erste Voraussetzung gewesen. Die Maori scheinen mit der Entwicklung ihrer wehrhaften militärischen Verteidigungsanlagen etwa im 14. oder 15. Jahrhundert begonnen zu haben. Das *pa* von One Tree Hill könnte einmal von bis zu 5000 Menschen bewohnt gewesen sein. Heute wird der Gipfel von einem Obelisken gekrönt, der im frühen 20. Jahrhundert als ein Denkmal für das Maori-Volk errichtet wurde.

Oben: In der von einem Rangsystem dominierten Gesellschaft Hawaiis war der Besitz von Helmen, die mit einem Federkranz besetzt sind, und *'ahu'ula* genannten Federumhängen ein Zeichen der Würde von Oberhäuptlingen. Um einen Umhang wie diesen herzustellen, benötigte man Tausende von Federn der außergewöhnlichen einheimischen Vogelarten Hawaiis wie die des roten *'i'iwi* und des goldfarbenen *o'o*. Umhänge derselben Art wurden früher benutzt, um Darstellungen von Göttern zu kleiden; von einem Häuptling getragen, symbolisierten sie seine Heiligkeit und Macht.

teilung zuständig. Wie weit diese Verteilung jedoch alle Gesellschaftsschichten betraf, scheint von der Anzahl der vorhandenen Häuptlingsschichten abhängig gewesen zu sein.

Der Häuptling und die hochrangigen Personen besaßen einen höheren Grad an *mana* oder effektiver Macht als andere. Die Quelle von *mana* waren letztlich die Götter, doch obwohl seine Herkunft im Übernatürlichen lag, konnte es sich im sichtbaren Erfolg praktischer Handlungen zeigen. Der Besitz von *mana* konnte sich also in der Fähigkeit, Gefolgsleute zu beeinflussen, in einer reichen Ernte oder einer siegreichen Kriegsführung manifestieren. Der Häuptling war ein Medium, durch das *mana* zum Wohlergehen seines Volkes wirken konnte. Doch göttliche Macht durfte nicht durch die Berührung mit unreinen Dingen gefährdet werden, und für jemanden mit wenig *mana* bedeutete der Kontakt mit Mächtigeren eine potentielle Bedrohung. Deshalb umgab man Häuptlinge und ihre Besitztümer mit Zonen ritueller Restriktionen – sie waren *tapu* (wovon sich das deutsche Wort tabu herleitet). Es war gefährlich, derartige Verbote zu übertreten: Man konnte sich eine Krankheit oder den Tod zuziehen. *Tapu* konnte bewußt über Land oder andere Dinge verhängt werden, die Häuptlinge zu erhalten und zu schützen wünschten. Es konnte jedoch auch durch einen Zufall entstehen: Eine Erzählung der Maori berichtet von der Furcht, daß Nahrungsmittel in einem Lagerhaus für alle anderen ungenießbar werden könnten, wenn der Schatten eines bedeutenden Häuptlings auf das Gebäude fällt. Der Grad an Heiligkeit, die einem Häuptling zugesprochen wurde, variierte von Gesellschaft zu Gesellschaft; je zahlreicher die sozialen Schichten, desto komplizierter die *tapu*-Regelung. In den klassenorientierten Staaten Hawaiis war Oberhäuptlingen und Göttern das *kapu moe* gemeinsam, ein Tabu, das in ihrer Gegenwart ein Niederwerfen auf den Boden verlangte. Eine Verletzung ihrer Heiligkeit konnte mit dem Tod bestraft werden – vollstreckt durch ihre Gefolgsleute und nicht durch übernatürliche Intervention.

Mythen und Kunst in Polynesien

Die enge Verwandtschaft der Kulturen der polynesischen Inseln spiegelt sich in ihrer gemeinsamen Mythologie wider. Geschichten über den schlitzohrigen Helden Maui sind weit verbreitet: Er brachte den Menschen das Feuer und soll in seinem Kanu sitzend mehrere polynesische Inseln mit seinem Angelhaken aus dem Meer gezogen haben, unter anderem die beiden Inseln Aotearoas. Viele Ostpolynesier führten die Ursprünge der bekannten Welt einschließlich der Menschen auf einen Himmelsvater und eine Erdmutter zurück, Avatea und Papa, wie sie auf den Cook-Inseln heißen. Sie wurden oft als Eltern einer Reihe von Hauptgöttern dargestellt, wie etwa Rongo, unter welchem Namen er den Maori und Ostpolynesiern geläufig war (den Hawaiianern als Lono), Tangaroa (Kanaloa), Tu (Ku) und Tane (Kane) – auf Tonga und Samoa waren jedoch nur die beiden ersten bekannt.

Die Götter wurden im allgemeinen mit bestimmten Bereichen menschlichen Interesses und menschlicher Aktivität in Verbindung gebracht. Die Maori assoziierten Rongo mit Feld-

Rechts: Die *marae* auf Tahiti und den anderen Inseln des mittleren Ostpolynesiens waren Orte der Verehrung, heilige Plätze unter freiem Himmel, die für Versammlungen und Rituale benutzt wurden. Der eindrucksvolle rekonstruierte Arahurahu-*marae* im Westen Tahitis erinnert an den größeren Typ von rituellen Anlagen, der in den Küstenregionen zu finden ist. An einem Ende befindet sich die abgestufte *ahu*-Plattform, auf der die Götterbilder aufgestellt wurden und von der aus von Göttern inspirierte Priester gesprochen haben könnten. Die größeren *marae* wurden wahrscheinlich für Stammesrituale genutzt, während die zahlreichen kleineren möglicherweise Orte gewesen sind, an denen einzelne Familien ihre Ahnen anrufen konnten. Alle erdenklichen Anlässe wurden vom *marae*-Zeremoniell begleitet, unter anderem jahreszeitliche Feste, Begräbnisse, die Investitur der Häuptlinge und Kriegszeremonien. Im letzteren Fall brachte man zusätzlich zu den in den *marae* geopferten Tieren Menschenopfer dar.

Die Religion in der polynesischen Kunst

In ganz Polynesien bediente man sich der Künste, insbesondere der Schnitzkunst, um bildliche Darstellungen von Gottheiten und Ahnen sowie gegenständliche Träger für ihr *mana* beziehungsweise ihre Zauberkraft herzustellen. Die Kunst vermittelte Vorstellungen von der Mythenwelt und lieferte die Kultobjekte, die im Zentrum ritueller Praktiken standen. Obwohl Polynesien ein einheitlicheres Gebiet ist als die anderen Kulturregionen des Pazifikraums, variierten die religiösen Überzeugungen von Inselgruppe zu Inselgruppe, und es gab unterschiedliche Regionalkulte. Dennoch konnte man bestimmte mythische Gestalten in einem sehr ausgedehnten Gebiet antreffen, unter ihnen den Helden Maui, der Land aus dem Meer fischte, Feuer stahl und den Tod überwinden wollte. Auf ähnliche Weise war Tangaroa (auch als Tagaloa, Ta'aroa und Kanaloa bekannt) eine der bedeutendsten Gottheiten sowohl in West- wie auch in Ostpolynesien. Als Angehörigen einer Götterfamilie, deren Mitglieder unterschiedlichen Einflußbereichen zugeordnet und oft als Urahnen betrachtet wurden, assoziierte man ihn im Osten hauptsächlich mit allem, was mit dem Ozean in Verbindung stand. Gottheiten wurden durch menschliche oder menschenähnliche Figuren repräsentiert. Es gab aber auch abstrakte Darstellungen, bei denen bestimmte Materialien, Techniken oder Farben zur Symbolisierung der Gottheit eine Rolle spielten.

Unten: Der Kult des Vogelmenschen auf der Osterinsel spiegelt sich in die kleinen Schnitzarbeit in Holz wider. Bei der Ernennung religiöser und politischer Führer war ein alljährliche Wettstreit um das Erlangen eines Seevogeleis von Bedeutung. Der als Anführer der siegreichen Gruppe fungierende Krieger wurde zum *tangata manu* (Vogelmensch) des jeweiligen Jahres. Er lebte in einer abgeschiedenen Hütte wahrscheinlich als ein Repräsentant des Schöpfergottes Makemake.

Unten: Diese geschnitzte Darstellung des Gottes A'a von der Insel Rurutu (Australinseln, Französisch-Polynesien) ist das bekannteste von den *ti-i*, Bildnissen von Ahnen oder Gottheiten. Sie wurde 1821 von Missionaren aus Rurutu mitgebracht. Eine abnehmbare Rückenplatte gibt den Zugang zu einem ausgehöhlten Innenraum frei, in dem einst kleinere Figuren aufbewahrt wurden.

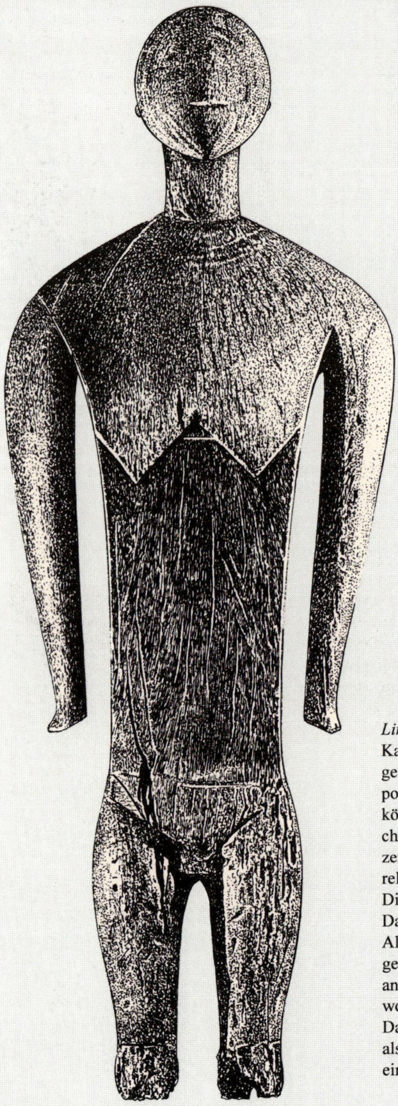

Links: Die Insel Nukuoro, ein Atoll der Karolinen, ist einer der in Mikronesien gelegenen polynesischen »Außenposten«. Nichtpolynesische Einflüsse könnten dazu beigetragen haben, den charakteristischen Stil der Holzschnitzerei und die durch ihn ausgedrückte religiöse Tradition Nukuoros zu formen. Die hier abgebildete Figur ist eine Darstellung der Göttin Kave de Hine Aligia, eines mächtigen und potentiell gefährlichen Wesens, das Nukuoro angeblich in der Abwesenheit eines wohlwollenderen Gottes beherrschte. Das Bildnis befand sich wahrscheinlich als Mittelpunkt von Opferhandlungen in einem Götterhaus.

Links: Diese Tempelfigur aus Kona auf der Insel Hawaii stellt Ku dar, einen der vier Hauptgötter. Er wurde vor allem mit dem Krieg, dem Fischfang, dem Kanubau und der Zauberei in Verbindung gebracht und besaß viele Aspekte und Namen, zum Beispiel Ku-olono-wao (Ku des tiefen Waldes), Ku-mauna (Ku der Berge) und Ku-waha-ilo (Ku Maden-Mund, Gott der Zauberkunst). Die berühmteste Darstellung von Ku als Kriegsgott war Ku-ka'ili-moku (Der das Land an sich reißende Ku), die sich im Besitz von Kamehameha befand. Die Eroberungszüge dieses Häuptlings schufen das hawaiianische Königreich.

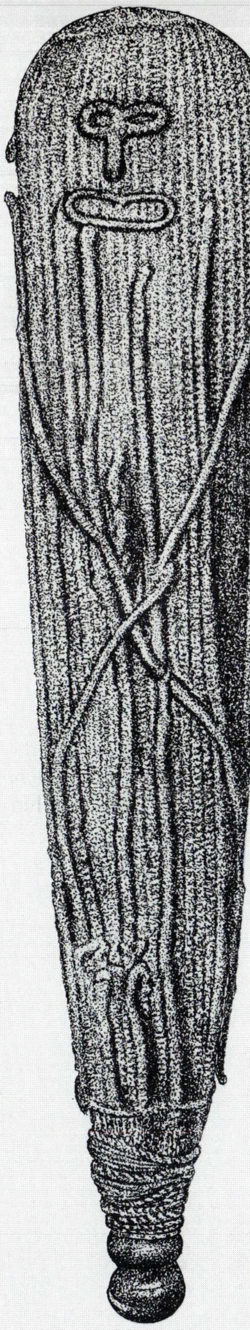

Rechts: In Tahiti und auf seinen Nachbarinseln war die Verehrung der vier großen ostpolynesischen Götter (die dort als Tane, Ta'aroa, Ro'o und Tu bekannt waren) im mittleren 18. Jahrhundert durch die Verehrung von 'Oro an den Rand gedrängt worden. 'Oro war der Sohn Ta'aroas, und sein Kult verbreitete sich von der Insel Raiatea aus. Tahitianische Darstellungen von 'Oro wurden durch das Überziehen eines hölzernen Kernes mit verflochtenen Kokosfasern hergestellt. Sie waren ursprünglich mit roten Federn verziert, ein Zeichen für die Heiligkeit 'Oros.

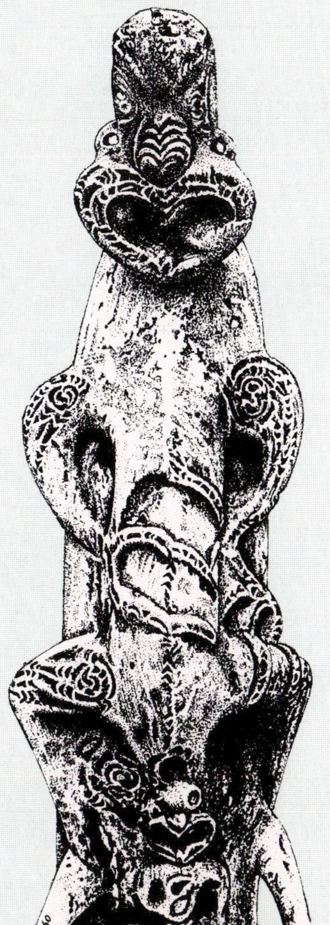

Links: Im traditionellen Glauben der Maori ist Hine-Nui-Te-Po (Große Frau der Nacht/Unterwelt) zugleich Urahnin der Menschheit und Göttin des Todes. Mythen berichten davon, wie der listige Heros Maui für alle Menschen das ewige Leben gewinnen wollte, indem er den Geburtsvorgang umzukehren versuchte. Auf dieser Knochentruhe, einem Behältnis für die Knochen einer ranghohen Person, ist Maui zwischen den Beinen der Göttin dargestellt – er will gerade in sie hineinkriechen. Einer der Vögel, die Maui begleiten, weckt sie jedoch durch sein Gelächter auf, und Maui wird von ihr zermalmt.

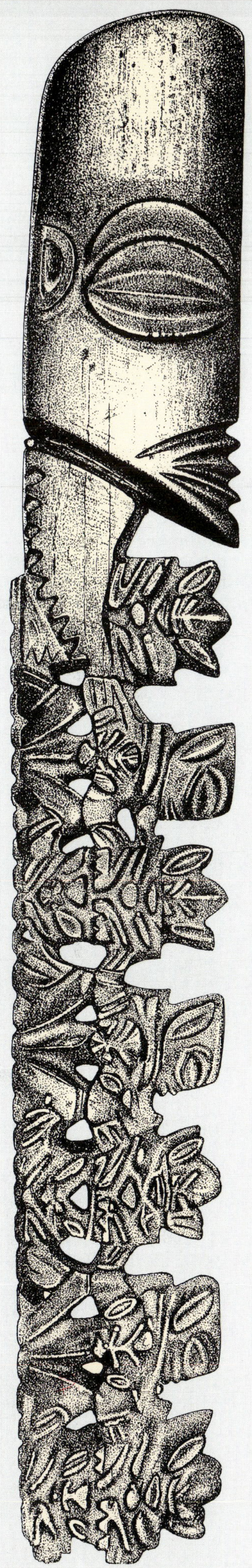

Rechts: Es ist nicht mit Sicherheit zu bestimmen, welche Gottheiten die Pfahlfiguren von Rarotonga (Cook-Inseln) repräsentieren, doch dieser obere Teil eines Götterpfahls könnte den Schöpfergott Tangaroa mit aufeinanderfolgenden Generationen von Ahnen unter ihm darstellen. Der gesamte Pfahl war über drei Meter lang, und um seine Mitte war ein Bündel von Rindenbasttuch gewickelt, in dem sich rote Federn und Muschelstückchen befanden. Diese symbolisierten die Seele des Gottes.

Die Osterinsel – Rapa Nui

Die Osterinsel oder Rapa Nui wurde um 400 n. Chr. – möglicherweise von den Marquesas-Inseln aus – besiedelt. Da sie an der abgeschiedenen Ostecke des polynesischen Dreiecks liegt, entwickelte sie ihre eigene charakteristische Kultur. Die expandierende Inselbevölkerung ernährte sich von Süßkartoffel, Taro, Yamswurzel, Zuckerrohr, Kürbis, Fisch und Geflügel und spaltete sich in zwei Stammesverbände auf. Eine lange Periode architektonischen und künstlerischen Schaffens hatte um 1000 n. Chr. begonnen; in den folgenden 500 Jahren wetteiferten die verschiedenen Familiengruppen in der Herstellung der berühmten Steinstatuen der Insel miteinander. Zur Zeit der Ankunft der ersten Europäer im Jahr 1722 war diese Phase schon längst vorüber. Auf sie war eine Periode des Krieges zwischen den einzelnen Clans gefolgt, während der die älteren Bauwerke der Insel einschließlich der Statuen umgestoßen wurden. Speerspitzen aus vulkanischem Glas wurden in großer Zahl angefertigt, und der Poike Ditch im Osten der Insel könnte eine Verteidigungskonstruktion aus jener Zeit sein. Jüngere Studien legen es nahe, daß diese späteren Veränderungen innerhalb der Gesellschaft mit einer Verschlechterung der Umweltbedingungen in Verbindung standen, die den Wettbewerb um die begrenzten Ressourcen verschärfte und zu einem Bevölkerungsschwund führte. Die polynesischen Siedler scheinen durch ein fortschreitendes Abholzen der Wälder selbst zu dieser Umweltkrise beigetragen zu haben. Von den Europäern eingeführte Krankheiten versetzten der schwindenden Population den entscheidenden Schlag, und 1862 verschleppten Sklavenhändler einen Großteil der restlichen Bevölkerung nach Peru. Nur wenige kehrten später zurück. Die Insel wurde 1888 von Chile annektiert.

Rechts: Eine von Rapa Nuis großen Steinfiguren *(moai maea)* mit einer neuen roten Kopfbedeckung und rekonstruierten eingelegten Augen. Viele der umgestürzten Statuen hat man wieder auf ihre zeremoniellen Podeste *(ahu)* gestellt. Sie waren ein zentraler Bestandteil der Zeremonialkomplexe, die den rituellen Bedürfnissen ansässiger Familiengruppen dienten und eine auf der Osterinsel entstandene Fortentwicklung der an anderen Orten in Ostpolynesien anzutreffenden *marae* darstellten. Die größte der Statuen wog über 80 Tonnen. Wie auch die anderen hat man sie mit Steinhämmern oder Keilen aus dem Fels gehauen, dann auf einem Holzschlitten oder auf Walzen vom Steinbruch fortbewegt und mittels Rampen und Hebeln aufgestellt, was eine gewaltige Kraftanstrengung gewesen sein mußte.

Unten links: Von den Felsen Orongos aus blicken gemeißelte Vogelmenschen-Figuren auf die Insel Motu Nui. Der *manutara* oder Kult des Vogelmenschen war ein Teil der Spätgeschichte der Osterinsel. Das um 1500 gegründete Dorf Orongo wurde zu einem Kultzentrum, an dem jeden September ein Wettstreit zwischen Gruppen stattfand, die von den mächtigsten *matatoa* angeführt wurden, den Kriegern, die in der kriegerischen Inselgesellschaft die weltliche Macht innehatten. Ihre Vertreter schwammen nach Motu Nui, um zu ermitteln, wer zuerst mit einem Ei der Rußseeschwalbe zurückkehren würde. Der Anführer der siegreichen Gruppe wurde der »Vogelmensch«, ein religiöser Führer und – vielleicht – für ein Jahr der nominelle Herrscher der Insel.

Links: Die Karte zeigt die Verteilung der *ahu*, die sich größtenteils auf die Küste beschränken. Priester und hochrangige Mitglieder der Familiengruppen, die sie erbaut hatten, lebten in ihrer Nähe, während das einfache Volk sich über die Clanterritorien im Inneren der Insel verteilte. Der Steinbruch von Rano Raraku lieferte die Rümpfe der Statuen, der von Puna Pau die Kopfbedeckungen. Einige von ihnen mußten über weite Entfernungen geschleppt werden, um den jeweiligen Standort der *ahu* zu erreichen. Der spätere Kult des Vogelmenschen hatte sein Zentrum in Orongo, das im Südwesten liegt.

Oben: Das Zeitalter der Statuen näherte sich seinem Ende, als die sich zuspitzende Umweltkrise den Wettbewerb um Land und Ressourcen verschärfte, was zu Kriegen zwischen den Clans führte. Behauene Köpfe und Rümpfe wie dieser hier wurden in verschiedenen Stadien der Fertigstellung am Rano-Raraku-Steinbruch zurückgelassen. Anderswo stürzte man die Statuen von ihren Sockeln.

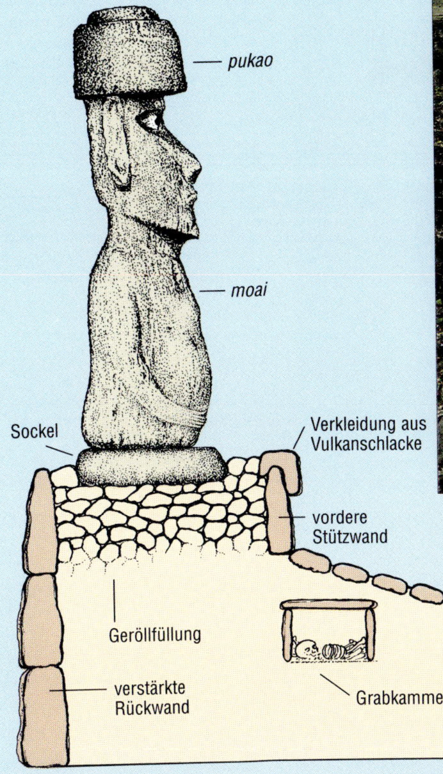

Oben: Der Querschnitt eines *ahu*. Von den etwa 300 *ahu* der Osterinsel war weniger als die Hälfte mit Statuen versehen. Die Statuen stellten vermutlich bedeutende Ahnen dar. Eine rückwärtige Mauer ist dem Meer zugewandt, und die Statuen blicken über einen rechteckigen Zeremonienplatz in das Inselinnere. Die *ahu* dienten auch als Ruhestätten von Verstorbenen einer Familiengruppe, und innerhalb der Plattformen befanden sich Grabkammern. Manchmal finden sich in ihrer Nähe Gruben für die Einäscherung.

Unten: Eines der ungelösten Rätsel der Osterinsel sind die hölzernen *rongorongo*-Täfelchen – Reihen von Symbolen, mehr als hundert an der Zahl, die vielleicht die Texte traditioneller Gesänge beinhalten. In welchem Maße die *rongorongo*-Symbole ein echtes Schriftsystem darstellen und wie alt sie sind (die ersten eindeutigen Berichte über sie stammen aus dem Jahr 1770), ist heftig umstritten.

Tätowierung

Die Bezeichnung »Tätowierung« wurde in Europa erst im späten 18. Jahrhundert durch die Schriften Kapitän Cooks bekannt, der die polynesische Kunst der Hautverzierung, *tatau*, auf seinen Reisen über den Pazifik beobachtet hatte. Das Tätowieren war auf den Inseln Polynesiens weit verbreitet – dies deutet darauf hin, daß seine Ursprünge weit in der Vergangenheit zu finden sind, wahrscheinlich bei den Lapita-Keramik herstellenden austronesischen Vorvätern. Auch auf den Karolinen und den Marshall-Inseln Mikronesiens praktizierte man das Tätowieren; innerhalb Melanesiens war es von Papua bis Fidschi verbreitet.

Die typischen polynesischen Tätowierungswerkzeuge waren feine Knochenmeißel mit Zähnen, die wie kleine Beile an Stielen befestigt wurden. Nachdem man sie in die Farbe getaucht hatte, klopfte man sie mit einem kleinen Schlegel in die Haut, wobei die Pigmente in den Löchern zurückblieben. Dies war ein sehr schmerzhafter Vorgang, und umfangreiche Tätowierungen erforderten zahlreiche, sich über Monate oder gar Jahre erstreckende Sitzungen. Die Arbeit wurde von Meistern dieser Kunst und ihren Assistenten durchgeführt und war oft von Ritualen begleitet. Männer und Frauen hatten Tätowierungen, wobei die der Männer eine größere Hautfläche bedeckten. Auf den Marquesas-Inseln, wo es eine der kunstvollsten Tätowierungstraditionen gab, konnten Frauen Muster auf Händen und Armen, an Bauch und unterem Rücken tragen, während eine komplette Tätowierung der Männer fast jeden Körperteil einschließlich des Gesichts betraf. Das Tragen einer Tätowierung war nicht notwendigerweise ein Zeichen hohen Ranges, doch ihre Qualität konnte den Status widerspiegeln. Die Praxis des Tätowierens wurde von europäischen Missionaren verurteilt und starb in vielen Gegenden aus. Es gab jedoch Ausnahmen, und in den letzten Jahren hat an einigen Orten eine Renaissance dieser Kunst stattgefunden, etwa unter urbanen Maori-Gemeinschaften. Es werden alte und modernere Tätowierungstechniken benutzt, wobei Aspekte traditioneller Gestaltung heutiger Identität Ausdruck geben.

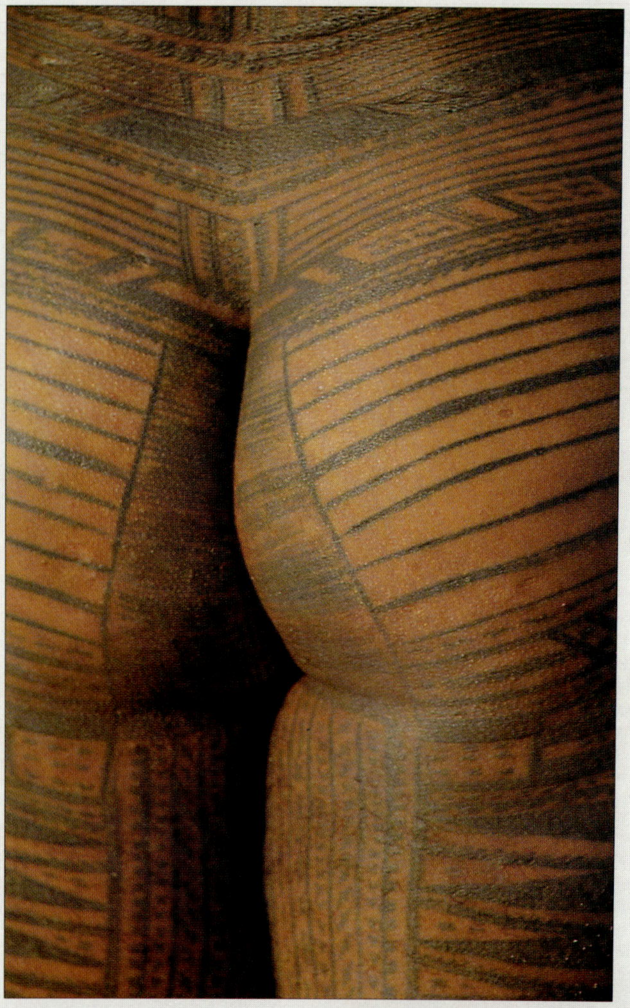

Rechts: Diese Zeichnung von Sydney Parkinson zeigt einen Stil der Gesichtstätowierung, den die Besatzung der von Kapitän Cook befehligten *Endeavour* 1769 im Norden Aotearoas (Neuseelands) bei männlichen Maori beobachtete. Die Mythen der Maori erzählen davon, daß die Kunst der Tätowierung *(moko)* ursprünglich von einem Besucher der von Geistern bevölkerten Unterwelt auf die Erde gebracht wurde. Die an archäologischen Fundstätten der Frühzeit entdeckten Tätowierungsutensilien deuten darauf hin, daß die Kunst des Tätowierens durch die ersten Siedler von den polynesischen Inseln her eingeführt wurde. Doch das *moko* der Maori entwickelte eigene Charakteristika. Die Zähne der Tätowierstichel wurden kürzer oder verschwanden ganz. So entstand ein Werkzeug, das tiefer in die Haut schnitt, und rillenförmige Narben bildeten die Hauptlinien eines Musters. Die krummlinigen Muster, die sich am weitesten ausbreiteten, können mit Stilrichtungen der Holzplastik und den gemalten Mustern auf den Dachsparren der Häuser in Verbindung gebracht werden. Die jeweils von Tätowierungen bedeckten Körperregionen variierten von Gegend zu Gegend. Frauen-*moko* waren oft auf die Lippen und das Kinn beschränkt, doch Männer konnten im gesamten Gesicht, am Unterkörper, an Gesäß und Oberschenkeln tätowiert sein. Die Gestaltung des *moko* gründete sich auf individuelle Variationen gängiger Schmuckmuster, wobei ein Muster als eine Quelle der Identität eng mit seinem Träger assoziiert wurde. Während andere Dinge, die einem wertvoll waren, durch Unglücksfälle verlorengehen konnten, so sagte man, konnte nur der Tod einem sein *moko* rauben.

Oben: Trotz eines Niedergangs während der Kolonialzeit gibt es auf Samoa nach wie vor eine starke Tätowierungstradition, wo Tätowierungen für beide Geschlechter von alters her ein Zeichen des Erwachsenseins waren. Die umfangreichere Tätowierung der Männer umfaßte komplizierte Muster, die sich von der Mitte des Rückens bis etwas unterhalb der Knie über einen großen Teil des Körpers ausdehnen konnten. Diese Tätowierung des Gesäßes und der Oberschenkel wurde mit gezähnten Sticheln oder »Tätowierungskämmen« in einem ausgeprägt geradlinigen Muster ausgeführt.

Links: Nach einer Tätowierungssitzung wird der Körper des Jungen abgewaschen. Ein wichtiger Grund für junge Männer, sich tätowieren zu lassen, ist die Möglichkeit zu demonstrieren, daß sie den damit verbundenen Schmerz ertragen können. Die starken Schmerzen einer umfangreichen Männertätowierung vergleicht man mit dem Schmerz der Frauen im Kindbett. Auch der Stolz auf die samoanische Kultur, der Stolz einer Familie, die Zeremonie ausrichten zu können, und die Attraktivität für das andere Geschlecht spielen bei Tätowierungen eine Rolle.

Links: In einigen Gegenden Melanesiens traten Dornen, Muschel- und Steinsplitter an die Stelle der knöchernen Tätowierungsstichel. Hier tätowiert eine alte Frau in Ostpapua ein Muster in die Haut ihrer Enkelin. Dabei gebraucht sie ein Werkzeug, das aus einem Limonellenzweig mit einem Dorn besteht. Eine Mischung aus Öl und Holzkohle wird als Farbpigment benutzt. Die in Fidschi gebrauchten Utensilien ähnelten denen ihrer polynesischen Nachbarn sehr. Es gab jedoch wesentliche Unterschiede darin, wer tätowiert wurde. In Fidschi waren Tätowierungen auf Frauen beschränkt, und ausschließlich Frauen durften diese Kunst ausüben. Es scheint sich dabei um einen Aspekt der Initiation in das Erwachsenenalter gehandelt zu haben, bei der Tätowierungen in der Schamgegend ausgeführt wurden, die manchmal von der Taille bis zum oberen Teil der Oberschenkel reichen konnten. Diese Tätowierungen wurden mit den *liku*-Röcken der erwachsenen Frauen bedeckt, doch um den Mund herum und bisweilen an den Händen brachte man für das Auge leichter sichtbare Muster an.

früchten und Ernte, Tangaroa mit Meer und Fischfang, Tu mit Krieg und Tane mit dem Wald und dem Gebrauch seiner Produkte. Bevor eine Person oder eine Gruppe zum Fischen ausfuhr, das Land zum Anpflanzen von Süßkartoffeln vorbereitete, ein Kriegsunternehmen begann oder Bäume zum Bau eines Hauses fällte, wurden der entsprechenden Gottheit Opfer dargebracht. Es existierten auch einige lokale Götter und Göttinnen, wie zum Beispiel die Göttin Pele, die mit der Vulkantätigkeit Hawaiis in Verbindung gebracht wurde. Familiengruppen besaßen meist ihre eigenen besonderen Objekte der Verehrung, oftmals mächtige Urahnen, die in die Geisterwelt eingegangen waren. Die Bewohner Tongas und Samoas hatten wahrscheinlich hölzerne Tempel für ihre Kulte, doch in Zentral- und Ostpolynesien fanden rituelle Handlungen (unter anderem Menschenopfer) unter freiem Himmel statt. Die heiligen Orte bestanden aus ummauerten offenen Flächen oder Innenhöfen, *marae* genannt. An ihrem einen Ende pflegte eine Steinplattform *(ahu)* den Wohnsitz der Geister oder Götter anzuzeigen. Auf den Gesellschaftsinseln errichtete man mit der Zeit kunstvolle Steintempel mit mehrschichtigen Plattformen; auf Aotearoa waren die *marae* dagegen einfach ebene offene Plätze innerhalb einer Siedlung.

Polynesische Kunst spiegelt oft die Beziehungen zwischen den Lebenden, den Ahnen und den Göttern und die Beziehungen innerhalb der Gesellschaft wider. Viele von Polynesiens schönsten Bildwerken sind Darstellungen von Göttern und Göttinnen oder von Ahnen. Die großen Steinfiguren (um 1100 bis 1680 entstanden), die an den Berghängen der Osterinsel emporragen oder auf Steinsockeln stehen, repräsentieren Ahnen. Die Bewohner der Cook-Inseln besaßen kunstvoll geschnitzte Holzfiguren, die im Ritual die Götter symbolisierten. Die in ein Gemeinschaftshaus der Maori geschnitzten Bildwerke konnten die gesamte Geschichte der Gruppe beinhalten, der es gehörte. Der Besitz eines besonders schönen Objektes vergrößerte unter Umständen das *mana*, und bestimmte Gegenstände wurden als Statussymbole betrachtet. Diese unterschieden sich von Insel zu Insel. Gegenstände mit Federn waren unter den Hawaiianern besonders geschätzt, und mit Tausenden roter und gelber Federn bedeckte Mäntel wurden von Häuptlingen als Zeichen ihres Ranges getragen. Unter den Erbstücken der Maori-Häuptlinge waren wunderschön gearbeitete und polierte Schmuckstücke, zeremonielle Beile und Keulen aus Grünstein (Nephritjade).

Das Tätowieren von Gesicht und Körper war in ganz Polynesien verbreitet (»Tätowierung« ist ein weiteres Wort polynesischer Herkunft). Die Tätowierungen wurden in komplexen Mustern ausgeführt, und die Größe sowie Qualität der Tätowierung war oft ein Zeichen für den Rang einer Person. Der Besitz spezieller künstlerischer und handwerklicher Fähigkeiten wurde von den Polynesiern meist hoch geachtet. Fertigkeiten wie Holzschnitzen und Kanubauen wurden in Verbindung mit religiösen Ritualen ausgeübt. Die Maori verwendeten den Begriff *tohunga* (»Spezialist«, »Experte«) sowohl für diejenigen, die in bestimmten Künsten, wie dem Tätowieren oder der Schnitzkunst, begabt waren, als auch für jene, die sich der Religion widmeten. Es gab Schulen, in denen Priester-*tohunga* heiliges Wissen erlernten, während andere in Ritual und Gesang unterwiesen wurden, um bei zeremoniellen Anlässen den Vorsitz führen zu können, oder in Geschichte und Genealogie ausgebildet wurden. Zeremonien spielten eine wichtige Rolle im Leben der Polynesier, und die Ausführung ritueller Tänze, Gesänge und Reden wurde hoch geschätzt.

Sozialstrukturen und Herrschaft in Melanesien

Wissenschaftler sehen oft einen Gegensatz zwischen den großen, hierarchischen Staaten Polynesiens und den kleinen Gemeinschaften Melanesiens, in denen dem sozialen Rang nur wenig Bedeutung beigemessen wurde – der einzelne erwarb sich Status und Führerqualität durch seine eigenen Fähigkeiten, insbesondere durch sein Talent, Reichtum anzusammeln und mit ihm umzugehen. Obwohl diese Aufzählung einige wichtige Unterschiede zwischen den Gesellschaften

Polynesiens und Melanesiens erfaßt, vereinfacht sie doch die Fakten. Melanesien war in historischer Hinsicht eine Region kultureller Vielfalt. Politische Gruppierungen konnten von ein paar Dutzend Menschen bis zu mehreren Tausend im Hochland Neuguineas oder in Fidschi umfassen, und Siedlungen variierten zwischen Höfen und organisierten Dörfern.

Auch die politische Führerschaft war nicht auf eine einzige Form beschränkt, obwohl der am häufigsten beschriebene Typ der »große Mann« *(»big man«)* ist, jemand, der durch seine Fähigkeiten aktiv Gefolgsleute anzieht, insbesondere durch Festveranstaltungen und zeremoniellen Austausch, und sich im Wettbewerb mit anderen auszeichnet. Die Macht der großen Männer hing jedoch sehr stark von der Gesellschaftsordnung und den ihnen zur Verfügung stehenden Hilfsquellen ab. Manchmal waren sie nicht mehr als einflußreiche Personen bei den gemeinschaftlichen Entscheidungsprozessen eines Männerhauses oder Ältestenrates. In anderen Fällen war ihre Rolle als Führer stärker ausgeprägt. Unter den Kwaio der Salomonen beispielsweise erlangen heute große Männer ihre Anführerposition durch den erfolgreichen Umgang mit Besitz in Form von Schweinen und Muschelperlenketten. Familiengruppen (größtenteils, doch nicht ausschließlich patrilinear) erwerben durch die Organisation imponierender Beerdigungsfeiern Prestige. Rivalisierende Clans, die an dem Begräbnis teilnehmen, übergeben den Verwandten des Verstorbenen wertvolle Geschenke. Wenn diese ihre eigenen Begräbnisfeierlichkeiten abhalten, erwartet man von Empfängern vorangegangener Geschenke, sich mit Gaben von mindestens gleichem Wert zu revanchieren. Dieser Austausch bildete einen Teil des Wettbewerbs um Prestige. Ein großer Mann verwendet besondere Anstrengungen darauf, die Reichtümer anzusammeln, die seine Gruppe für derartige Anlässe braucht,

Oben: Eine Gruppe von Hewa-Männern aus der Hochlandregion Neuguineas ist für eine Festlichkeit geschmückt. In den melanesischen Gesellschaften stehen die Männer gewöhnlich im Mittelpunkt des öffentlichen Lebens, und sie spielen die bedeutendste Rolle bei den wichtigen Zeremonien. Frauen hingegen haben oft ihre eigenen Vorstellungen von Ansehen oder Status und eigene Methoden, um ihre Ziele zu erreichen. Diese unterscheiden sich deutlich von denen der Männer.

Rechts: In der Kunst der Salomonen tauchen oft Fregattvögel auf, die häufig Ahnengeister symbolisieren. Die Schnitzereien auf diesem Holzpaddel von Santa Isabel stellen angeblich die Geister der Ertrunkenen dar, die zurückkehren, um den lebenden Fischern mit ihrem Rat zur Seite zu stehen. Eine Gestalt, halb Mensch und halb Vogel, ist oben rechts zu sehen.

Körperschmuck in Papua-Neuguinea

Im Hochland von Papua-Neuguinea leben mehr als 1,25 Millionen Menschen. Sie lassen sich verschiedenen Sprachfamilien zuordnen, von denen manche nur ein paar hundert Menschen umfassen, andere hingegen mehr als 100 000. Gemeinsamkeiten und kulturelle Unterschiede lassen sich anhand ihrer reichen Traditionen des Körperschmucks festmachen. Die kunstvollsten Formen der Körperdekoration standen mit dem zeremoniellen Austausch von Geschenken im Rahmen von Festlichkeiten und religiösen Kulthandlungen im Zusammenhang. Körperschmuck ist ein wichtiger Bestandteil von Tanzdarbietungen und wird heutzutage zur Schau gestellt, wenn Tänzer zu regionalen Kulturveranstaltungen reisen, um an einem Wettbewerb teilzunehmen.

Viele Elemente tragen zum Gesamteindruck des Schmucks bei. Besonders augenfällig ist der Gebrauch von Federn, die aus der überwältigenden Vielfalt der papua-neuguineanischen Vogelwelt stammen und hauptsächlich beim Kopfschmuck zum Einsatz kommen. Einige der als besonders wertvoll erachteten Federn sind die der einzigartigen Paradiesvogelarten des Landes. Neben diesen werden jedoch auch Federn von Papageien, Adlern, Kasuaren und vielen anderen Vögel benutzt. Muscheln unterschiedlicher Art und Größe, einige von ihnen zu Halbmonden oder Scheiben geschliffen, sind ein weiteres wichtiges Element. Hinzu kommt Schmuck, der aus Schweinehauern oder aus dem Fell von Beuteltieren wie dem Kuskus oder dem Baumkänguruh gefertigt wird. Menschliches Haar wird für die skulpturartigen Perücken verwendet, die oft von den Männern des Hochlands getragen werden. Blumen, Fäden von Samenkapseln, verflochtene Fasern, gefärbte und duftende Blätter werden mit dem Schmuck verwebt und heutzutage mit Glasperlen, Plastikteilen und anderen importierten Materialien ergänzt. Eine Reihe von unterschiedlichen Stilen der Gesichtsbemalung und – seltener – der Körperbemalung trägt zum Gesamteindruck bei. Obwohl Kulturgruppen durch bestimmte Arten des Schmucks unterschieden werden können, gibt es manchmal innerhalb eines Lokalstils subtilere Variationen dekorativer Elemente, die über die soziale Rolle ihrer Träger Aufschluß geben. Frauen und Männer haben unterschiedliche Dekorationsstile, wobei der Männerschmuck im allgemeinen der kunstvollere ist. Bei zeremoniellen Tauschhandlungen im Mount-Hagen-Gebiet können die einzelnen Kategorien von Teilnehmern – Schenkende, Helfer und Empfänger – sich in einer bestimmten Weise schmücken, um sich von den anderen abzuheben.

Links: Diese beiden Männer aus dem Mount-Hagen-Gebiet des Westlichen Hochlands tragen einen langen Perückenkopfschmuck, der von weiteren Dekorationen gekrönt wird, sowie ein aus Beuteltierfell gefertigtes Stirnband zur Schau; der rechte Mann hat die graziösen Kopffedern des Wimpelträgers und die langen, dunklen Schwanzfedern der Stephanieparadieselster hinzugefügt. Die Bambusrohre auf seiner Brust geben die Zahl der Muschelschmuckstücke an, die er im Rahmen des zeremoniellen Austauschs verschenkt hat.

Oben: Ein Mann der Huli aus dem Tari-Gebiet des Südlichen Hochlands trägt eine umgewendete Perücke *(manda tene)*. Die Perücken werden aus Menschenhaar gefertigt und mit Federn und Trockenblumen verziert.

Ganz links: Eine Frau der Hewa trägt eine Muschelscheibe um den Hals, einen Schmuck, der im Hochland weit verbreitet ist. Kaurimuscheln bilden eine Halskette und zieren ihren Kopfputz. Der von der Küste in das Hochland reichende Handel mit Muschelschmuck läßt sich bis in die ferne Vergangenheit zurückverfolgen.

Mitte: Beim Körperschmuck der Huli sind Gelb und Rot die vorherrschenden Farben. Hier bedient sich ein junger Mann beim Bemalen eines Autorückspiegels, um sich das Auftragen der Gesichtsfarbe zu erleichtern. Die Farben werden heute oft nicht mehr vor Ort hergestellt, sondern gekauft.

Links: Die Verzierung des Körpers wird als eine Aktivität angesehen, die im Grunde eher den Männern zusteht. Wenn Frauen sich jedoch – wie hier – für einen bestimmten Anlaß schmücken, kann ihre Verwendung von Federn verschwenderischer sein als bei den Männern.

wobei er teilweise für Feste und die für Heiraten benötigten Güter aufkommt. Auf diese Weise baut er ein Netz von Verpflichtungen ihm gegenüber auf, die sich in der Form politischer Unterstützung manifestieren. Seine Führerschaft gründet sich nicht auf einen formellen Titel, sondern basiert auf der Entscheidung von Mitgliedern seiner Verwandtschaft, ihm zu folgen und seine Ratschläge zu akzeptieren.

Viele melanesische Gesellschaftstypen hatten Varianten dieser Art von Führerschaft gemeinsam. Die mit großen Männern in Verbindung gebrachten Qualitäten waren vielfältig. Zu ihnen gehörten Ehrgeiz und organisatorisches Talent, aber auch Großzügigkeit bei der Verteilung von Reichtümern. Es war wichtig für einen großen Mann, sich auf die Unterstützung seiner näheren Verwandten verlassen zu können, die ihm ihre Mittel zur Verfügung stellten, sowie auf die Arbeitskraft mehrerer Ehefrauen, die Feldfrüchte anbauten und Schweine züchteten, welche bei Austauschzeremonien verteilt werden konnten. In einigen Fällen war bewiesenes Geschick in der Kriegsführung vonnöten, um dem Herrschaftsanspruch Nachdruck zu verleihen, und auch die Fähigkeit, Gefolgsleute durch die Redekunst zu beeinflussen, konnte erforderlich sein. Bei den Kwaio hatten erstgeborene Söhne den größten Erfolg als große Männer. Doch obwohl der älteste Sohn eines amtierenden großen Mannes einige Vorteile haben mochte, gab es keine Garantie dafür, daß der Status als großer Mann in der Familie bleiben würde. Es scheint jedoch, daß große Männer sich bisweilen einen nahen Verwandten oder anderen auserwählten Kandidaten als Nachfolger heranzogen. Die großen Männer der Hochland-Gemeinschaften Neuguineas, wie etwa der Melpa, stammten wenigstens zeitweilig aus einer geschlossenen dominanten Gruppe, die die bedeutenden Tauschhandlungen für sich monopolisierte. Zumindest in dieser Hinsicht war ihr Status teilweise ererbt und nicht durch persönliche Verdienste erworben.

Auch echte vererbte Häuptlingswürde konnte man in Melanesien finden. Auf den Trobriand-Inseln basierte die Führerschaft über hochrangige Unterclans auf der Abstammung von einem gemeinsamen weiblichen Urahn; in Neukaledonien war patrilineare Nachfolge über die älteste männliche Stammlinie häufiger, wobei Clans sich zu Allianzen unter Oberhäuptlingen zusammenschlossen. Fidschi, Polynesien am nächsten liegend, entwickelte ein komplexes hierarchisches Staatengebilde, das den Systemen Westpolynesiens ähnelte. In Papua-Neuguinea hatten die Purari der Südküste erbliche Häuptlingstitel und ein soziales Rangsystem. Dies wurde jedoch von einem kompetitiven Güteraustausch begleitet, und der Einfluß des Häuptlings in der Gemeinschaft stand in Relation zu seinen Fähigkeiten, einen umfangreichen Bestand an Muschelschmuck anzusammeln und durch das Verteilen von Nahrungsmitteln ein Netz von Verpflichtungen aufzubauen.

Eine der interessantesten Formen von erblicher Häuptlingswürde existierte bei den Mekeo, die weiter im Osten lebten. Der Häuptlingstitel ging vom Vater auf den ältesten Sohn über, aber sie entwickelten ein System der dualen Häuptlingswürde, bei dem jeder Unterclan zivile und militärische Führer besaß. Der ältere und der jüngere Zivilhäuptling waren »Häuptlinge des Dorfes«, Männer des Friedens, deren Aufgabe es war, die Harmonie innerhalb der Gemeinschaft sicherzustellen. Zusätzlich gab es den »Häuptling des Speeres«, einen Kriegsführer, der als potentiell gefährlich galt, auf dessen Aggression man sich jedoch berufen konnte, wenn es nötig wurde, einen äußeren Feind zu bekämpfen. Es ist möglich, daß in gewissen Fällen jüngere Mitglieder des Unterclans die militärische Befehlsgewalt übernahmen, die ihre Vorfahren innegehabt hatten. Hier scheint Reichtum eine begrenzte Bedeutung für die Machtausübung gehabt zu haben; die Autorität der Häuptlinge wurde durch Abstammung vererbt, im Hintergrund spielten übernatürlichen Zauberkräfte eine Rolle.

Handel, Warentausch und Kriegsführung

Unverzichtbarer Bestandteil der Rolle eines melanesischen Führers war seine Fähigkeit, Kontrolle über die Prestigeobjekte zu erlangen, die die Region über Handel und Warentausch erreichten. Dieser Handel nahm unterschiedliche Formen an, vom einfachen Tauschhandel bis hin zum komplizierten zeremoniellen Austausch, und es entstanden Handelsnetze. Auf den Salomonen und einer Reihe anderer großer Inseln tauschten die Völker des Inlands Gemüse gegen die von den Küstenvölkern gefangenen Fische. In Neuguinea gelangten Gegenstände wie Muscheln bis in das Hochland, während Federn des Paradiesvogels, die als Schmuckgegenstände geschätzt waren, ihren Weg bis zur Küste fanden. Das Volk des Mount-Hagen-Gebiets im Hochland kam so in den Besitz der Muscheln, die zentraler Bestandteil seines hochentwickelten lokalen Systems zeremonieller Geschenke und Gegengeschenke wurden, im Austausch gegen Güter, die selbst durch Austausch in ihr Gebiet gelangt waren, wie etwa Bambusröhren mit Öl zum Einreiben und Pakete mit Salz. Dieses

Oben: Im Hochland Neuguineas werden Schweine für einen größeren zeremoniellen Austausch von Geschenken ausgewählt. Schweine sind in Melanesien von alters her eine wichtige Form des Besitztums, und sie gehören zu den wertvollsten Gütern im *tee*-Austauschsystem des Tombema-Enga-Volks im westlichen Hochland. Die Männer mit der längsten Reihe von Schweinen werden zu »großen Männern« (*»big men«*) ausgerufen.

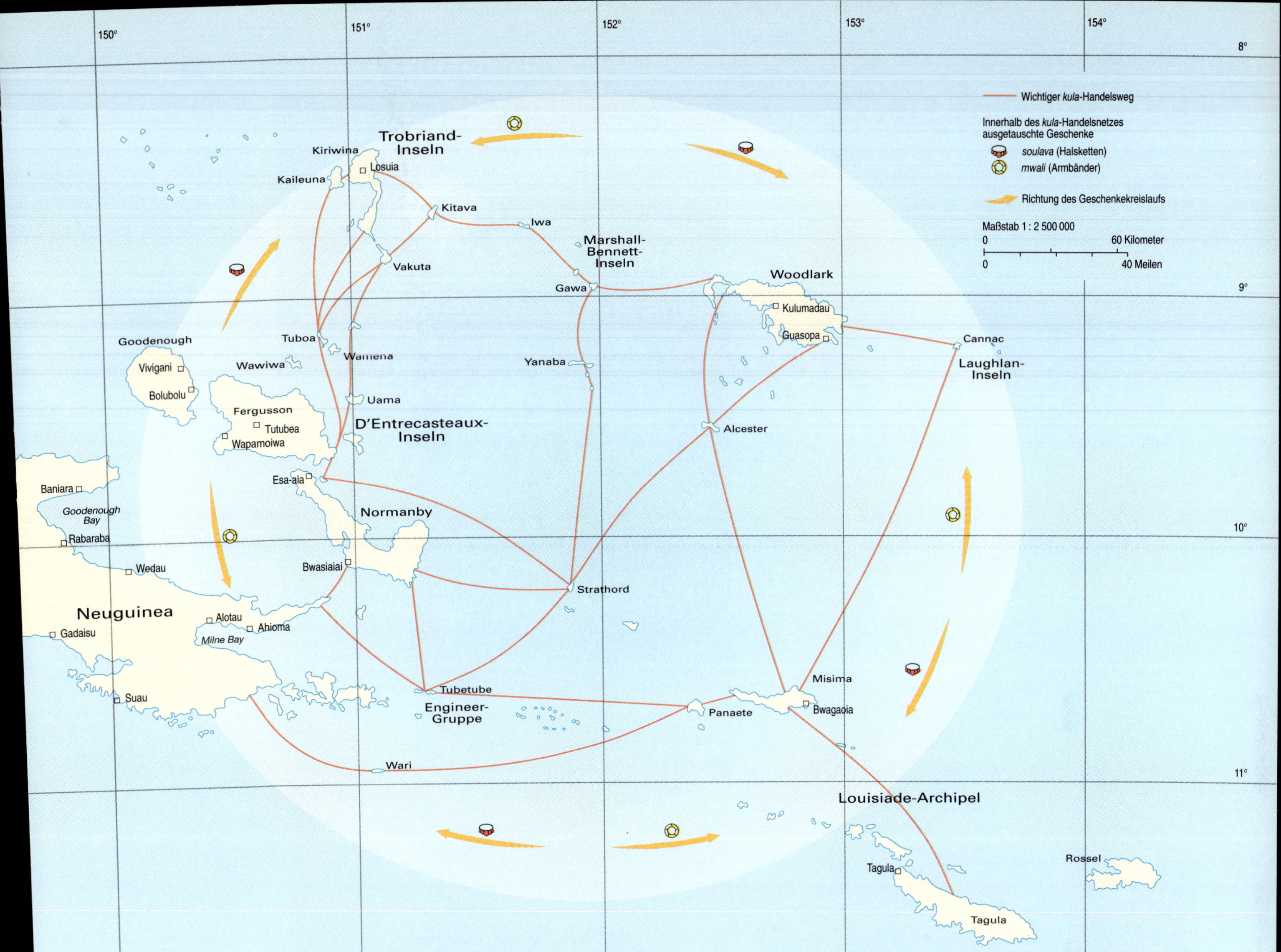

Das Netz des zeremoniellen *kula*-Tauschhandels *(oben)*
In der Massim-Region im südöstlichen Papua-Neuguinea verbindet das *kula*-Netz Völker mit verwandten, doch eigenständigen Sprachen und Bräuchen. Zwei Arten von Wertgegenständen werden innerhalb dieses Kreislaufs des rituellen Geschenketauschs von Insel zu Insel weitergegeben: Muschelhalsketten *(soulava)* im Uhrzeigersinn und »Armmuscheln« oder Muschelarmbänder *(mwali)* gegen den Uhrzeigersinn. Männer haben auf ihrer Heimatinsel wie auch auf den anderen Inseln des *kula*-Rings lebenslange Tauschpartner. Nach der Tradition fanden sich die Männer eines oder mehrerer Dörfer unter der Führerschaft eines Häuptlings zusammen, um ihre Handelspartner auf anderen Inseln zu besuchen. Die Partner statteten ihnen dann später einen Gegenbesuch ab.

Rechts: Obwohl heutzutage andere Arten des Transportes eine Rolle spielen können, werden noch immer traditionelle, kunstvoll verzierte Auslegerkanus gebaut und beim *kula*-Tauschhandel eingesetzt. Dieser Mann, der neben einem mit Schnitzereien und Kaurimuscheln verzierten und bemalten *kula*-Kanu steht, trägt eine *soulava*-Halskette.

Handelsnetz war durch Einheiten aus zwei Personen aufgebaut, die ein Paar von »Handelsfreunden« bildeten.

Die meisten melanesischen Gesellschaften waren autark in der Nahrungserzeugung, doch einige stellten spezielle Produkte her, die sie gegen bestimmte Lebensmittel tauschten. Die Motu, die im Gebiet des heutigen Port Moresby leben, produzierten beispielsweise Töpferwaren, die sie in mehrrümpfigen Handelsbooten die Küste entlang transportierten, um sie gegen Sago einzutauschen. An der Nordostküste erlaubten ihre Segelkünste den Siassi, seefahrende Mittelsmänner zu werden, indem sie ein weitreichendes Handelsnetz zwischen dem neuguineanischen Festland und den Inseln Neubritanniens aufbauten und mit verschiedenen Waren, wie etwa Keramik, Hunde und Schweine, Handel trieben. Das bekannteste aller melanesischen Systeme des zeremoniellen Tausches ist der *kula*-Ring, der zahlreiche dem südöstlichen Vorgebirge Papua-Neuguineas vorgelagerte Inseln der Salomonsee miteinander verband. Er könnte ungefähr 500 Jahre alt sein. Zwei Kategorien von Wertgegenständen wanderten im *kula*-Ring: Halsketten aus roten Muschelscheiben im Uhrzeigersinn, weiße »Armmuscheln« in umgekehrter Richtung. Erhielt jemand einen dieser Wertgegenstände als Geschenk, so war er verpflichtet, sich zu einem späteren Zeitpunkt mit einem Schmuckstück des anderen Typs im gleichen Wert zu revanchieren. Die Verbindungen, die man zu seinen *kula*-Tauschpartnern hatte, bestanden für das ganze Leben. Teils wohnten diese in der näheren Umgebung, manchmal aber auch jenseits des Meeres, und man organisierte *kula*-Seereisen, reich an Zeremoniell und Magie, um es Männern zu ermöglichen, ihre Partner zu Austauschzeremonien zu besuchen. Prestige wurde durch die Zahl und Qualität der *kula*-Muscheln erworben, die durch die Hand eines einzelnen gingen, wobei den schönsten und berühmtesten Muscheln ein besonderer Wert beigemessen wurde. Parallel zu diesem Geschenketausch vollzog sich der Handel mit anderen Gütern.

Der zeremonielle Austausch spiegelt die positive Seite der Beziehungen zwischen Gruppen in Melanesien wider. Nach den Beobachtungen der jüngeren Vergangenheit zu urteilen, waren Fehden und Kriege weit verbreitet. Manchmal erlaubten es formelle Bindungen mit Handelspartnern oder spezielle Austausch-Arrangements, daß Güter zwischen Gruppen getauscht wurden, die sich ansonsten im Zustand der Feindschaft befanden. Der Gütertausch konnte auch dazu beitragen, daß Allianzen gefestigt und gute Beziehungen zwischen Gruppen wiederhergestellt wurden, die sich im Konflikt befanden. Die kriegerischen Auseinandersetzungen nahmen gewöhnlich die Form von kleineren Scharmützeln oder von Überraschungsangriffen an; in einigen Fällen wurden formelle Konfrontationen auf anerkannten Kampfplätzen ausgetragen, bei denen nur wenige Krieger in der Schlacht fielen. Feindliche Auseinandersetzungen konnten jedoch auch weitreichender sein, wie etwa bei dem politisch-militärischen Streit zwischen den Häuptlingen Fidschis um die Vorherrschaft, in dem die verfeindeten Führer durch eine Kombination von Waffengewalt und Diplomatie die Unterstützung verschiedenster Gruppen zu gewinnen suchten. Auf Neuguinea, insbesondere im Westen und in Teilen der Sepik-Region, sowie auf einigen Inseln der Salomonen war das Erbeuten von Köpfen ein wesentlicher Bestandteil des Krieges und manchmal ein Motiv für ihn. Bei den Asmat in Westneuguinea hing die Männlichkeit der Gruppen und des einzelnen vom Erfolg auf der Kopfjagd ab. Mochte eine Kopfjäger-Expedition auch vordergründig aus Rache für vorangegangene Tötungen, Raubzüge oder Beleidigungen unternommen worden sein, so war das eigentliche Motiv doch, daß Köpfe der Gemeinschaft spirituelle Energie brachten und für die Rituale der männlichen Initiation benötigt wurden.

Rituale und Unterschiede

Obwohl sich Männer oft auf die Arbeit der Frauen verließen und die meisten öffentlichen Positionen bekleideten, ist es schwierig, eine allgemeingültige Aussage über die Stellung

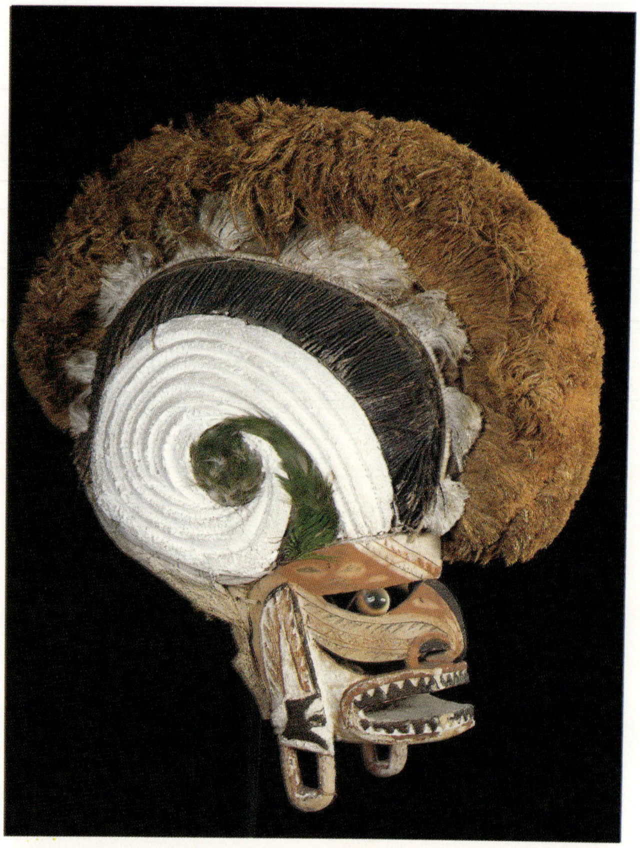

Links: Diese einen Ahnen darstellende *tanua*- oder *tatanua*-Maske ist eine der kunstvollen bemalten Schnitzarbeiten, die bei den *malanggan*-Zeremonien auf Neuirland benutzt wurden, das im Bismarckarchipel Papua-Neuguineas liegt. *Malanggan*-Feste ehrten die Ahnen, die die Seelen der vor kurzem Verstorbenen fortgeleiteten. Die Initiation der Jungen fand manchmal zur gleichen Zeit statt. Die Gestaltungsweise jeder *malanggan*-Maske war das geistige Eigentum des Schnitzkünstlers, der sie angefertigt hatte, und seine spezielle Kombination von Elementen konnte nicht von Angehörigen anderer Familien reproduziert werden.

Unten: Der geschnitzte Stopfen wurde in das eine Ende einer Querflöte aus der östlichen Sepik-Region Papua-Neuguineas gesteckt. Heilige Flöten wurden gewöhnlich paarweise von initiierten Männern gespielt und vor den Frauen verborgen gehalten.

Links: Diese neuguineanische Haustür ist mit dem Bild einer schwangeren Frau im »Röntgenstil« verziert. Während Kinder um ihrer selbst willen und als neue Mitglieder von Familiengruppen geschätzt wurden, betrachteten einige melanesische Gesellschaftstypen den Geburtsvorgang als potentiell verunreinigend. Nur Frauen waren zugegen, und manchmal gab es eine spezielle Hütte für Geburten.

Oben: Große, aufrechtstehende Schlitztrommeln oder *tam tam* sind charakteristisch für Zentral- und Südvanuatu, insbesondere für die Inseln Ambrym und Malekula. Man benutzte sie als Kommunikationsmittel und auch zur Begleitung von zeremoniellen Gesängen und Tänzen. Solche Trommeln konnten als Gruppe auf einem Tanzplatz angeordnet werden, der mit dem Zeremoniell einer Klassengesellschaft in Verbindung stand. Jedesmal wenn ein Mann zu einem neuen Rang aufstieg, wurde neben dem Tanzplatz eine Baumfarnskulptur aufgestellt, deren Gestaltung den betreffenden Rang symbolisierte. Die Schnitzereien auf den Trommeln ähnelten manchmal denen der Skulpturen.

der melanesischen Frauen zu machen. Auf den Trobriand-Inseln im Norden des *kula*-Gebiets sah man Dinge wie Röcke und Bananenblattbündel als Teil des Reichtums einer Frau an und verteilte sie als Geschenke bei Begräbniszeremonien, bei denen Frauen untereinander um Prestige wetteiferten. Man erwartete von den Ehemännern, die Ansammlung von Reichtum zu unterstützen, der für solche Schenkaktionen erforderlich war. Doch in vielen melanesischen Gesellschaften wurde das Verhältnis zwischen Männern und Frauen auf rituelle Weise durch die Überzeugung geregelt, daß Frauen die männliche Kraft schwächten und es ihnen nicht erlaubt sein sollte, mit heiligen Dingen in Kontakt zu kommen. Bei den Kwara'ae auf den Salomonen glaubte man, daß Frauen während der Menstruation oder der Geburt einen verunreinigenden Einfluß ausübten, und man erwartete, daß sie während dieser Zeit in einem speziellen Haus blieben, das außerhalb der Siedlung an einem tiefergelegenen Ort stand. Da es ihnen nicht gestattet war, sich auf einem höheren Bodenniveau als dem von Männern oder heiligen Gegenständen aufzuhalten, mußten sie unterhalb der Häuser bleiben, in denen die Männer zusammentrafen oder Ahnenreliquien aufbewahrt wurden, und sie durften auch nicht über einen Mann hinwegsteigen oder weiter stromaufwärts baden als ein Mann.

Besondere Männerhäuser, in denen heilige Objekte, wie etwa Geistermasken, aufbewahrt wurden und initiierte Männer sich unterhielten, arbeiteten und schliefen, waren in Melanesien üblich. Die Initiation brachte es oft mit sich, daß man mit rituellen Geheimnissen und Gegenständen wie den heiligen Flöten des nordöstlichen Neuguineas vertraut gemacht wurde – langen Bambusflöten, die paarweise aus jeweils einer längeren männlichen und einer kürzeren weiblichen Röhre zusammengefügt waren. Frauen und Kindern erzählte man, es handele sich bei ihrem Klang um die Stimmen von Geistern. In einigen Gruppen gab es in Ränge gegliederte Männerbünde oder Gesellschaften: Der einzelne stieg über unterschiedliche Rangstufen auf, indem er sich einer Reihe von Initiationen unterzog und auf jeder Stufe mehr Geheimwissen erlangte. Auf South Pentecost in Vanuatu beispielsweise durchliefen Männer die aufeinanderfolgenden Ränge des *warsangul* durch Zahlungen und Opfergaben sowie die Teilnahme an immer komplexeren Ritualen. In jüngerer Zeit gab es zehn Rangstufen, von denen jede schwieriger zu erreichen war als die vorangegangene. Dieser Männerbund hatte seine Entsprechung in einer Frauengesellschaft mit drei Haupträngen.

Rituale inspirierten das künstlerische Schaffen außerordentlich. Kulthäuser waren oft sehr kunstvoll verziert. Bei den Abelam der Sepik-Region Neuguineas bemalte man die hohen Frontseiten der Häuser, die mit dem *tambaran*-Kult in Verbindung standen, mit Bildnissen der Clangeister. Masken, Kostüme, Schlitztrommeln und andere Instrumente spielten eine rituelle Rolle bei Musik und Tanz. Die Zerstörung und Neuherstellung ritueller Objekte war während dieser Ereignisse nicht ungewöhnlich – die komplexen Schnitzarbeiten der *malanggan*-Zeremonien auf Neuirland wurden zum Beispiel für jede Feier neu geschaffen, und die Muster waren das Eigentum von einzelnen Personen. Obwohl man Ähnlichkeiten in den künstlerischen Stilformen mehrerer Sprachgruppen feststellen kann, die eine ganze Insel oder Teile einer Region wie die des mittleren Sepiks charakterisieren, die sich durch ihre lebhafte Erfindungsgabe und ihren intensiven Gebrauch unterschiedlicher Materialien wie Holz, geflochtenem Rattan und verziertem Rindenbastgewebe auszeichnet, waren doch viele Stilrichtungen auf ein kleines Gebiet beschränkt – ein weiterer Beweis für die kulturelle Vielfalt Melanesiens.

Verwandtschaftsgruppen in Mikronesien

Die Sozialstruktur Mikronesiens unterschied sich von der Polynesiens und der Melanesiens. Hier gründeten sich lokale Gruppen von Landeignern oft auf einer verwandtschaftlichen Basis, die über die weibliche Linie erfolgte. Diese Gruppen

Traditionelle Baustile des Pazifikraums

Unten links: Ein Gerüst aus Holz u Bambus bietet bei der Dachkonstru eines traditionellen fidschianischen Hauses den Träger für das Deckma rial. In den meisten Teilen Fidschis gab es früher auf diese Weise gebau rechteckige Häuser *(vale, bure)*. Be den abgerundeten Gebäuden der La Inseln lassen sich jedoch Einflüsse Samoa oder Tonga erkennen.

Die kulturelle Vielfalt im pazifischen Raum spiegelt sich in der dort anzutreffenden Architektur wider, denn unterschiedliche Gesellschaftssysteme und Aspekte des Soziallebens führen fast zwangsläufig zur Entwicklung unterschiedlicher Gebäudearten. So gibt es Versammlungshäuser für ganze Dorfgemeinschaften, aber auch für einzelne Häuptlinge gebaute Häuser, kleine Familienhäuser oder größere Häuser, die sich unverheiratete Männer oder sogar alle Familien eines Dorfes teilen, wie bei den Kiwai auf Papua-Neuguinea.

In einem Sozialwesen kann sich die Bedeutung des Kulthauses in seiner besonderen Bauweise widerspiegeln, in einem anderen kann ein Lagerhaus für Yamswurzeln zu einem kunstvollen Gebäude werden. Sogar innerhalb einer einzigen Kulturgruppe sind etliche Variationen möglich. Eine Studie der Berg-Arapesh Papua-Neuguineas in den 30er Jahren läßt vermuten, daß sie zu jener Zeit sieben verschiedenartige Haustypen kannten.

Trotzdem gibt es weitreichende Parallelen bei den im traditionellen Hausbau verwendeten Materialien, den Konstruktionstechniken und der Art und Weise, in der die Baumeister auf ihre Umgebung auf der Insel reagierten. Dauerhafte Steinbauten sind selten und wurden eher im kultischen als im profanen Kontext errichtet – wie etwa im Kultzentrum von Nan Madol auf Pohnpei oder auf den Tanzplätzen der Marquesas-Inseln. Die großen, senkrechtstehenden *latte*-Steine auf den Inseln der Marianen hatten die Funktion von Stützpfeilern wichtiger Gebäude.

Etwas bescheidenere, steinverkleidete Hausplattformen finden sich in einigen Teilen Polynesiens wie beispielsweise den Cook-Inseln und den Marquesas-Inseln. Dennoch sind Holz und Stroh, mit Pflanzenmaterial zusammengebunden, die Grundbestandteile fast jeglicher traditioneller Bautätigkeit im Pazifikraum.

Eine häufige Form ist das rechteckige Haus mit einer von zwei oder mehr Pfosten getragenen Firststange. Von ihr führen Dachsparren nach unten zu horizontalen Seitenbalken, die von Wandpfosten gestützt werden. An die Dachsparren gebundene waagerechte Latten bilden schließlich Befestigungspunkte für das Dachmaterial, das oft aus Palm- oder *Pandanus*-Blättern besteht.

Das Errichten von Häusern auf Pfählen in Teilen Melanesiens ist nicht ungewöhnlich. Dies bietet in gefährdeten Gebieten Schutz vor Überflutungen und erlaubt es, Häuser in flachem Wasser zu bauen. Für Gebäude auf dem trockenen Land hat es andere Vorzüge: unter anderen eine geschützte Zone unterhalb des Hauses und eine bessere Belüftung. Die zwei- oder dreistöckigen Pfahlbauten der Mekeo Papua-Neuguineas bieten einen hochgelegenen, geschlossenen Schlafbereich und tagsüber ein luftiges Untergeschoß. Auf vielen tropischen Inseln wird für die Durchlüftung gesorgt, indem man Gebäude mit offenen Seiten baut, entweder direkt auf dem Erdboden oder auf erhöhten Plattformen.

Links: Auf den südlichen Inseln Tongas sind mit traditionellen Baumethoden und -materialien errichtete Häuser *(fale)* verhältnismäßig selten geworden, obwohl sie manchmal außerhalb größerer Wohnhäuser als Nebengebäude zu finden sind. Das hier abgebildete Beispiel zeigt ein mit Blättern gedecktes Dach mit Wänden aus verflochtenen Palmwedeln. Berichte früher Besucher Tongas erwähnen größere ovale Häuser mit eleganten Strohdächern, die auf vier Innenpfosten ruhten. Gewebte Wandschirme waren an Wandpfosten befestigt und konnten entfernt werden, um einen leichten Luftzug durch das Gebäude entstehen zu lassen.

Rechts: Dieses hochgiebelige Geisterhaus steht im Dorf Govermas in der mittleren Sepik-Region des nördlichen Papua-Neuguinea. Solche »Kulthäuser«, auch unter der Pidgin-Bezeichnung *haus tambaran* bekannt, bilden die religiösen Zentren der Dörfer. Die Erhöhung der Stirnseite wird bei den *tambaran*-Häusern der Abelam ins Extrem gesteigert: Die reich bemalte Fassade kann bis zu 20 Meter hoch aufragen, während der Dachfirst dahinter steil nach unten abfällt.

Unten: Mitglieder einer Gemeinde der Gilbert-Inseln sitzen in einer modernen Version des *maneaba*, des großen, an den Seiten offenen Versammlungshauses, das jahrhundertelang als Mittelpunkt für das soziale Dorfleben Kiribatis gedient hat. Obwohl es noch immer ein Gebäude ist, in dem verschiedene Respektsbezeugungen vorgenommen werden, sind die zeremoniellen Regeln, die einst jegliche Aktivität in den *maneaba* bestimmten, verschwunden, teilweise aufgrund eines religiösen Wandels. Das *maneaba* war traditionell ein Gebäude mit hohem Symbolcharakter, das schon an sich Respekt verlangte. Die Fertigstellung solcher Häuser mit der Bedeckung der Firststange wurde von Ritualen begleitet. In einigen Gegenden deutete man das Zerbrechen der zum Dachdecken verwendeten Ahle als ein Zeichen für baldiges Unglück. Schlug jemand gegen einen der Steinpfosten, auf denen der Rand des Daches ruhte, so betrachtete man dies als ein schweres Vergehen. Verschiedene Familiengruppen hatten ihren eigenen Sitzbereich innerhalb der *maneaba.*

waren wiederum Teil einer weitergefaßten Einheit, dem Matriclan. Heiraten wurden zwischen Mitgliedern unterschiedlicher Matriclans geschlossen. Die frühe Gesellschaft der Yap-Inseln könnte dieser ähnlich gewesen sein, entwickelte sich jedoch später zu einem System, bei dem Höfe mit ihren Ländereien in den Händen der Männer blieben, indem sie sie ihren Söhnen weitervererbten, während die Clanzugehörigkeit matrilinear bestimmt wurde. Da man außerhalb des Matriclans heiratete, gehörten die Söhne eines Mannes nicht zu seinem eigenen Clan, sondern zu dem seiner Frau, was dazu führte, daß Grundbesitz häufig vom Besitz eines Matriclans in den eines anderen überging.

Einige Ländereien besaßen einen höheren Status als andere. Vom Standpunkt des Clans aus gesehen, war es deshalb erstrebenswert, daß weibliche Mitglieder in eine Familie mit Landbesitz von höherem Status einheirateten. Junge Frauen sah man als rituell unrein an, doch durch die Geburt von Kindern und mit zunehmendem Alter wurden sie allmählich reiner und einflußreicher, so daß ältere Frauen in Vermögensangelegenheiten ein erhebliches Mitspracherecht besaßen. Doch sogar in den strengsten matrilinearen Systemen Mikronesiens, die den Frauen Einfluß auf Gruppenangelegenheiten zugestanden, waren Familien- und Clananführer männlich.

Am anderen Ende Mikronesiens, in Kiribati, ähnelten die Verwandtschaftsgruppen auf den Gilbert-Inseln eher denen Polynesiens. Die Abstammung wurde über männliche und weibliche Linien verfolgt, und das Besitzrecht auf die Ländereien eines bestimmten Dorfes konnte von beiden herrühren. Die Menschen zogen es jedoch meist vor, auf dem Grundbesitz der Familie ihrer Väter zu leben. Der Besitz von Ländereien war mit dem Recht auf bestimmte traditionelle Sitzplätze in den *maneaba* gekoppelt – den charakteristischen großen Versammlungshäusern der Gilbert-Inseln. Die südlichen Gilbert-Inseln (Süd-Tungaru) waren in verschiedene *maneaba*-Bezirke unterteilt, und das *maneaba*-System war die Grundlage politischer Autorität. Die einzelnen Familiengruppen mit Grundbesitz wurden innerhalb der Versammlungshäuser von den Ältesten vertreten, die Gemeinschaftsangelegenheiten diskutierten und versuchten, interne Konflikte beizulegen. Das *maneaba* war auch Zentrum für andere gesellschaftliche Aktivitäten wie Feste und Zeremonien.

Im Gegensatz zur relativen sozialen Gleichberechtigung des Südens existierte im Norden Kiribatis ein System sozialer Rangordnung, in der Häuptlinge und Adlige über die Angehörigen eines niedrigeren Status Autorität ausübten. In einigen Gegenden gingen Oberhäuptlinge aus Machtkämpfen hervor. Eine Invasion der nördlicheren Inseln vom Süden aus führte vermutlich im 17. Jahrhundert das *maneaba*-System auf den meisten der nördlichen Gilbert-Inseln ein, doch die Häuptlingstradition des Nordens setzte sich fort, und Auseinandersetzungen um Macht und Land dauerten dort bis in das 19. Jahrhundert an. Kriege zwischen den zentralen Inseln scheinen häufig gewesen zu sein, und das *maneaba*-System war offenbar erfolgreicher darin, Streitigkeiten innerhalb von Bezirken zu lösen, als Konflikte zwischen ihnen beizulegen. Es existieren noch viele Exemplare der bemerkenswerten Rüstungen aus Kokosnußfasern, die Krieger auf den Gilbert-Inseln trugen, um sich vor den furchtbaren Waffen zu schützen, deren Schneiden mit Haifischzähnen besetzt waren.

Die ererbte Häuptlingswürde war die häufigste Herrschaftsform in Mikronesien, wobei sich auf den größeren Inseln wie etwa Palau, Yap und Pohnpei komplexe Rangsysteme herausbildeten. Pohnpei erlebte den Aufstieg der Saudeleur-Häuptlingsdynastie, die versuchte, die Insel von ihrem steinernen Stadtkomplex Nan Madol aus zu kontrollieren, bis dieser durch eine Invasion aus Kosrae erobert wurde. Später wurde Pohnpei in fünf eigenständige Distrikte aufgeteilt, von denen jeder zwei parallele Linien von Rangtiteln besaß, die sich über Matriclans vererbten. Das Oberhaupt der einen war der Oberhäuptling, der *Nanmariki*. Er war heilig, und jeglicher Kontakt mit ihm hatte mit Rücksicht darauf zu geschehen. Das Oberhaupt der anderen Linie war der *Nani-*

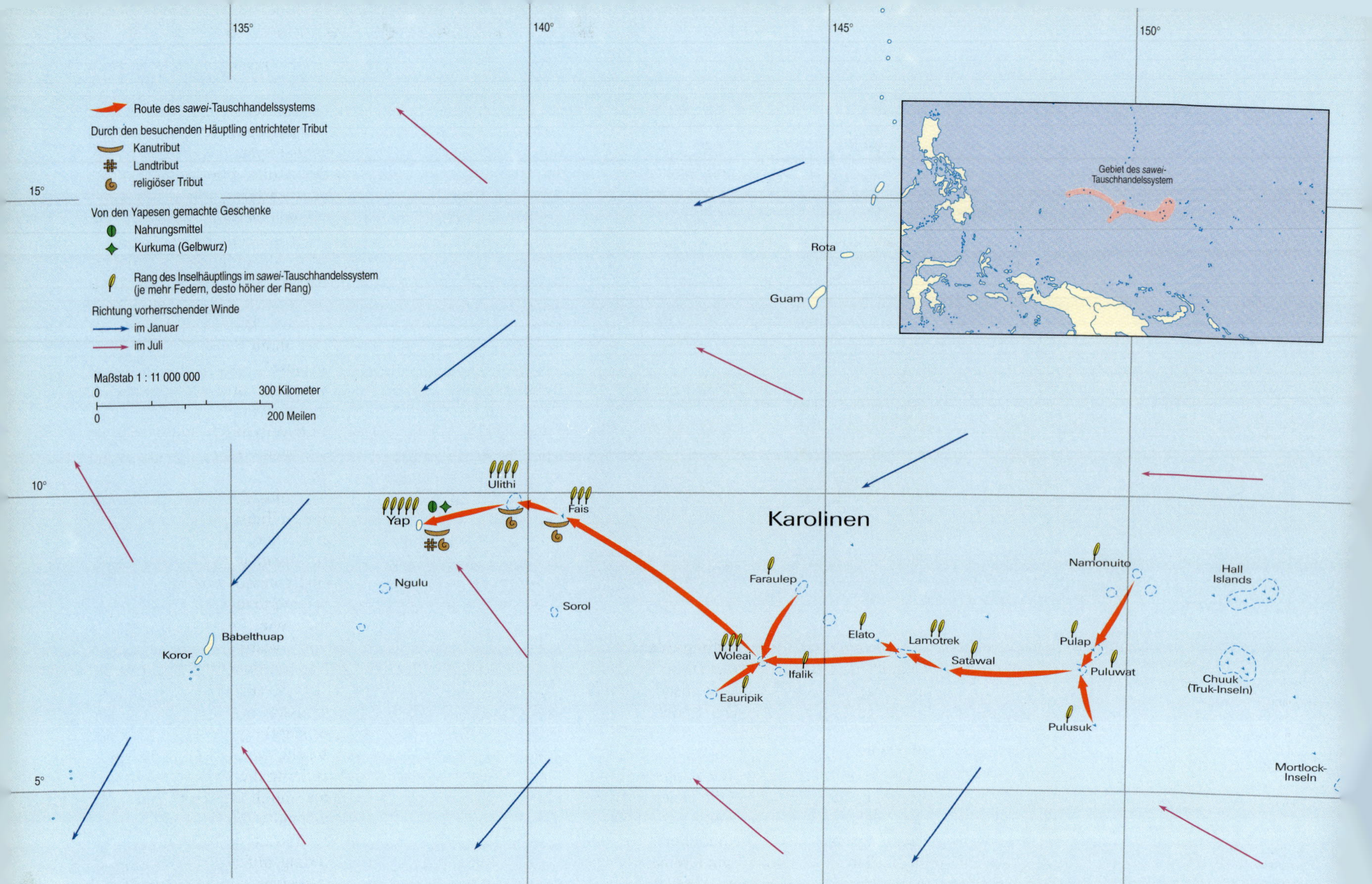

Das *sawei*-Tauschhandelssystem
Eine Tributgesandtschaft von vielen Inseln der Karolinen reiste bis ins frühe 20. Jahrhundert alljährlich in zwei Dörfer des Gagil-Bezirks auf Yap. Diese Gruppe von Inseln, die durch das weitreichende System des *sawei* genannten Tauschhandels verbunden war, wird manchmal etwas ungenau als das »yapesische Reich« bezeichnet. Die zunächst wenigen Kanus der *sawei*-Flotte begannen ihre Reise im Osten, und an den Zwischenstationen schlossen sich ihnen unterwegs weitere an. An den wichtigsten Haltepunkten übernahm der ranghöchste Häuptling jeweils die Führung der Flotte, wobei die bedeutendsten Häuptlinge die von Lamotrek, Woleai und Ulithi waren. Drei unterschiedliche Arten des Tributs wurden mitgeführt. Ein Teil des Kanutributs und des religiösen Tributs wurde dem Häuptling von Fais übergeben, ein weiterer Teil blieb auf Ulithi, und der Rest wurde vom endgültigen Anführer der Gesandtschaft, dem Häuptling von Mogmog auf Ulithi, an den Häuptling des Dorfes Gatchepar auf Yap übergeben. Anschließend überreichten die Vertreter der einzelnen Inseln ihren *sawei*-Partnern auf Yap den Landtribut. Dadurch wurde der yapesische Anspruch auf ihre Ländereien symbolisch anerkannt und die Gefahr abgewendet, daß sich ein yapesischer Zauber gegen sie wenden könnte.

Oben: Das Perlengeld von Palau besteht aus Glasstücken und Keramikperlen. Woher diese Glassplitter ursprünglich stammten, ist ungeklärt, doch sie deuten auf Verbindungen hin, die von Asien bis nach Mikronesien reichten. Vielleicht sind sie sogar über das Handelsnetz, das sich in der Antike von Rom bis nach China erstreckte, auf die Palau-Inseln gelangt.

Links: Scheiben des Steingeldes oder *fae* von Yap lehnen an einer Hausplattform. Mit Ausnahme der allergrößten Scheiben konnte man sie transportieren, indem man einen Holzstab durch das Loch in ihrer Mitte steckte. Doch die *fae* blieben gewöhnlich auf dem Grundbesitz eines Clans – sie konnten als Symbole für Reichtum und Prestige zum Beispiel rund um ein Männerhaus aufgestellt werden oder die Pfade säumen, die zu den Männerhäusern führten. Während der Aragonitstein für die *fae* jahrhundertelang mit Kanus von Palau nach Yap transportiert wurde, sind einige der größten Scheiben vielleicht im 19. Jahrhundert von einem Spekulanten namens O'Keefe nach Yap gebracht worden, der sie gegen Kokosnüsse eintauschte.

Folgende Seite: Ein Tänzer aus dem Asarotal im östlichen Hochland Neuguineas nimmt seine Schlamm-Maske ab. Die blaßgraue Farbe des Lehms, aus dem diese Masken angefertigt werden und der die Körper der sogenannten Schlamm-Männer bedeckt, wird mit dem Tod und der Geisterwelt assoziiert. Die traditionelle Aufgabe der Schlamm-Männer war es, andere Tänzer zu beschützen, die Kampfmoral der ansässigen Krieger zu stärken und Feinden Angst einzujagen.

ken, der Berater und Sprecher des Oberhäuptlings, der für die alltäglichen Angelegenheiten zuständig war. Diese Entwicklung ist mit der Trennung von ritueller und politischer Macht zu vergleichen, die sich in Teilen Polynesiens findet.

Warentausch und Tribut

Während Mikronesien in seiner Betonung der Rangvererbung Polynesien ähnelte, war es im Hinblick auf die Gelegenheiten zum Statuswettstreit Melanesien näher. Wenn ein einzelner in Pohnpei ein Häuptlingsamt anstrebte, mußte er nicht nur Mitglied des richtigen Clans sein, sondern auch seinen Reichtum und seine Ressourcen zur Schau stellen. Gewöhnlich geschah dies auf Festen, bei denen er oder seine Verwandten sehr große Mengen an hochwertigen Nahrungsmitteln und andere Güter für den zeremoniellen Austausch bereitstellen mußten. In extremen Fällen wurden Status und Macht durch Kriegsführung erlangt. Bisweilen machte der Konkurrenzkampf den Einsatz bestimmter Wertgegenstände nötig. Dies scheint auf den Inseln von Palau der Fall gewesen zu sein, wo Reichtum eine Art von Perlengeld mit einschloß, das unter anderem aus Glas und Keramikfragmenten wie Glasperlen und Stücken von Armreifen bestand. Sie stammten nicht aus der örtlichen Produktion – man hat vermutet, daß die Glasstücke von den Philippinen kamen, doch ihr Ursprung könnte auch in China oder sogar im Römischen Reich liegen. Die beeindruckendsten solcher wertvollen Tauschgegenstände waren die gewaltigen Steinscheiben, einige von bis zu vier Meter Durchmesser, die als *fae* bekannt sind und auf Yap bei Tauschhandlungen in Verbindung mit Hochzeiten als Geld verwendet wurden. Sie wurden dem Bräutigam von seiner Braut übergeben, der als Gegengabe Muschelgeld schenkte. Der Stein für diese Scheiben stammte aus Steinbrüchen auf den Inseln der Palau-Gruppe, von denen aus er mit dem Kanu transportiert werden mußte, eine Reise von 250 Kilometern.

Wie in Melanesien verbanden Tauschhandelsnetze bestimmte Inselgruppen miteinander. Auf der untersten regionalen Stufe beschlossen vermutlich mehrere Inseln eines Atolls, ihre zeitweiligen Nahrungsüberschüsse miteinander zu teilen, aber die Mikronesier, die den Polynesiern im Kanubau und in der Navigation in jeder Hinsicht an Geschicklichkeit gleichkamen, unterhielten auch Handelssysteme über ausgedehnte Ozeanräume. Auf den zentralen Karolinen beispielsweise verband ein lokales Warentauschnetz die Inseln Lamotrek, Elato und Satawal: Der Häuptling von Lamotrek erhielt einen aus Kokosnüssen, Brotfrüchten und Seeschildkröten bestehenden Tribut von den anderen, wofür er ihnen das Recht gewährte, die Naturreichtümer bestimmter kleinerer Inseln und Riffe zu nutzen, die Lamotrek für sich beanspruchte, und seine Unterstützung in Zeiten der Nahrungsknappheit zusagte. Doch ein viel weitreichenderes Tauschhandelssystem, das *sawei* genannt wurde, verband einige der Atolle, manche von ihnen nicht weniger als 1100 Kilometer entfernt, mit bestimmten Dörfern auf Yap am westlichen Ende des Handelsnetzes. Einmal jährlich versammelte jede der äußeren Inseln eine Kanuflotte, um Tributgaben in Form von geflochtenen Matten und Röcken, Muschelgeld, Kokosöl und Platting-Stricken (gedrehte Kokosfaserseile, die man beim Häuser- und Kanubau schätzte) nach Yap zu bringen. Die Überbringer des Tributs lebten für einige Zeit bei ihren *sawei*-Partnern und erhielten bei der Abreise im Austausch dafür Geschenke, die auf den Atollen knapp waren, wie etwa Kurkuma (Gelbwurz), Flintstein, Holz zum Kanubau und Nahrungsmittel. Die hochrangigen Bewohner Yaps sahen ihr Verhältnis zu den Völkern der äußeren Inseln wie das von Vätern zu ihren Kindern, die das väterliche Land nutzen dürfen.

Über das Konzept des Tributs hinausgehend, verbanden die lokalen wie auch die überregionalen Tauschhandelsnetze der Karolinen eine große Zahl von kleinen, verstreut liegenden Inseln aus eigenem Antrieb zu einem gemeinsamen Wirtschaftssystem, was den Transport von Rohstoffen und Nahrungsmitteln zwischen ihnen erleichterte und ihre riskante Bedarfswirtschaft Naturkatastrophen wie Taifunen gegenüber unempfindlicher machte. Auf der westlichen (Ralik-)Kette der Marshall-Inseln scheint größerer politischer Nachdruck an der Entstehung eines Systems des Wohlstands und des Ansammelns von Nahrungsüberschüssen beteiligt gewesen zu sein. Dort unternahmen der Oberhäuptling und seine Gefolgsleute Seereisen zu abhängigen Inseln, um Tribut einzutreiben. Man vermutet, daß eine Umverteilung dieser Nahrungsreserven dabei geholfen haben könnte, durch Dürreperioden oder Sturmschäden verursachte Hungersnöte abzuwenden.

Diese Formen von Tribut und Tausch deuten auf die Entwicklung regionaler Spezialisierung auf einigen der Inseln hin, und es gab innerhalb Mikronesiens sicher eine beträchtliche Vielfalt bei den Handwerkskünsten. In einer Reihe von Gegenden war der Kanubau hoch entwickelt – etwa zwölf verschiedene Kanutypen sind auf Woleai (Karolinen) belegt, von denen jeder für einen bestimmten Zweck ausgerichtet war: einer für Zeremonien, zwei für Reisen auf dem offenen Meer, zwei für die Hochseefischerei, zwei für das Fischen in der Lagune; die übrigen waren unterschiedliche Formen des Paddelkanus. Charakteristische Dekorationsstile – manchmal war etwa der Bug kunstvoll mit komplexen Mustern verziert – machten es möglich, den Herkunftsort bestimmter Kanus zu identifizieren. Palau war für die Herstellung hölzerner Gegenstände, wie etwa Schalen und mit Muscheleinlegearbeiten verzierte Kästchen, bekannt. Auf Pohnpei und Kosrae webte man aus Bananen- und Hibiskusfasern Stoffe. Körperverzierung in Form kunstvoller Tätowierungen fand sich auf den Karolinen und den Marshall-Inseln.

Auf diese Weise fügt Mikronesien dem kulturellen Reichtum der Pazifikregion noch seine eigene charakteristische Dimension hinzu. Über den weiten Ozean verstreut existierten Inselgesellschaften, die reich an Traditionen waren; diese reichten bis zu den Stammvätern oder zu mythischen Ursprüngen zurück. Das Gefühl der Kontinuität, das von diesen Verbindungen zur Urvergangenheit ausging, wurde sehr geschätzt, dennoch war dies nie eine Welt, in der die kulturelle Entwicklung stagnierte. Alle Inselgesellschaften waren Veränderungsprozessen unterworfen, als sie neue Länder kolonisierten und sich neuen Bedingungen anpaßten, neue Methoden der Nahrungsproduktion erfanden, wirtschaftliche und politische Kontakte mit benachbarten Gruppen aufbauten und Bevölkerungswachstum sowie interne soziale Entwicklungen erlebten. Diese mannigfaltigen Inselkulturen sollten bald der kumulativen Schockwirkung, die vom Kontakt mit den Europäern ausging, unterworfen werden, als ab dem 16. Jahrhundert Seeleute von der anderen Seite der Welt wachsendes Interesse an den Völkern und Inseln des Pazifikraumes zeigten.

DRITTER TEIL

DIE ZEIT NACH DEM KONTAKT MIT EUROPÄERN

DER PAZIFIK IN DER EUROPÄISCHEN VORSTELLUNGSWELT

Jenseits des göttlichen Gesichtskreises

Schon lange bevor sich ihre ersten zerbrechlichen Schiffe aus dem Bereich der »bekannten Welt« in den Pazifik hinauswagten, hatten die Europäer Spekulationen über einen mythischen Südkontinent angestellt. Als sie schließlich den Pazifik erreichten, wurde ihre Wahrnehmung durch diese Berichte beeinflußt. Da die Europäer zu Beherrschern der Ureinwohner Australiens, Neuseelands und der Pazifikinseln wurden, haben ihre Mythen möglicherweise die beständigsten Vorstellungen von dieser Region und ihren Völkern geschaffen. Und in den Siedlergemeinschaften Australiens und Neuseelands, wo Menschen europäischer Herkunft schließlich sowohl zahlenmäßig als auch politisch dominierten, bildeten ihre Erzählungen von Entdeckung, Eroberung und Besiedlung die Grundlage für Literatur, Geschichtsschreibung und Kunst.

Diese phantasievollen Umdeutungen der pazifischen Region sind tief in der europäischen Kultur und Geschichte verwurzelt. Für die mediterranen Völker des Altertums bestand die Welt aus drei Kontinenten: Europa, Asien und Afrika. Griechische und römische Geographen waren überzeugt, daß die Erde eine Kugel war und die Landmasse des Nordens durch gleichgroße Landflächen im Süden in der Balance gehalten werden müsse. Bereits im 5. Jahrhundert v. Chr. hielt der griechische Geschichtsschreiber Herodot in seinen *Historries apodexis (Historien)* eine Begebenheit fest, die ihm von einem Seemann berichtet worden war: »Der ägyptische König Nekos ... sandte eine Flotte mit einer phönizischen Besatzung aus, mit dem Befehl, durch die Säulen des Herkules in das Mittelmeer und nach Ägypten zurückzukehren ... Die Phönizier segelten vom Roten Meer in den südlichen Ozean und ankerten in jedem Herbst an einem günstigen Platz an der ... Küste, säten Getreide auf einem Stück Land und warteten auf die Ernte des folgenden Jahres.« Indem sie auf diese Weise den Reiseproviant aufstockten, segelten die Phönizier noch zwei Jahre lang weiter. Im dritten Jahr passierten sie die Säulen des Herkules (die Straße von Gibraltar) und erreichten so wieder das Mittelmeer. Herodot notierte über die Fahrt der Phönizier nach Westen: »Die Sonne stand rechter Hand bis nördlich von ihnen.« Dies deutet stark auf die Authentizität der Geschichte hin, denn es ist ein Detail, das Seeleute wohl nicht erdichtet hätten, und zeigt, daß die Phönizier den Äqua-

Die Erforschung des Pazifiks durch die Spanier
Die Spanier waren die ersten europäischen Seeleute, die den Pazifik erforschten. Fernão de Magalhães gelangte 1520 durch die später nach ihm benannte Magellanstraße in den Pazifik. Er segelte unter spanischer Flagge mit dem Ziel, eine westliche Route zu den Gewürzinseln (Indonesien) zu finden. Er umging alle wichtigen Inselgruppen außer Guam, bevor er die Philippinen erreichte. Doch seine bahnbrechende Seereise gab Aufschluß über die Ausdehnung des Ozeans. Spätere Expeditionen suchten nach dem legendären Land Orphir, wo die Minen König Salomons liegen sollten (nach dem die Salomonen benannt sind), und nach den anderen im Süden vermuteten Schätzen. Luís Vaéz de Torres war der erste, der die Inselgestalt Neuguineas bestätigte, indem er 1606 durch den Meeresarm zwischen Neuguinea und Australien segelte.

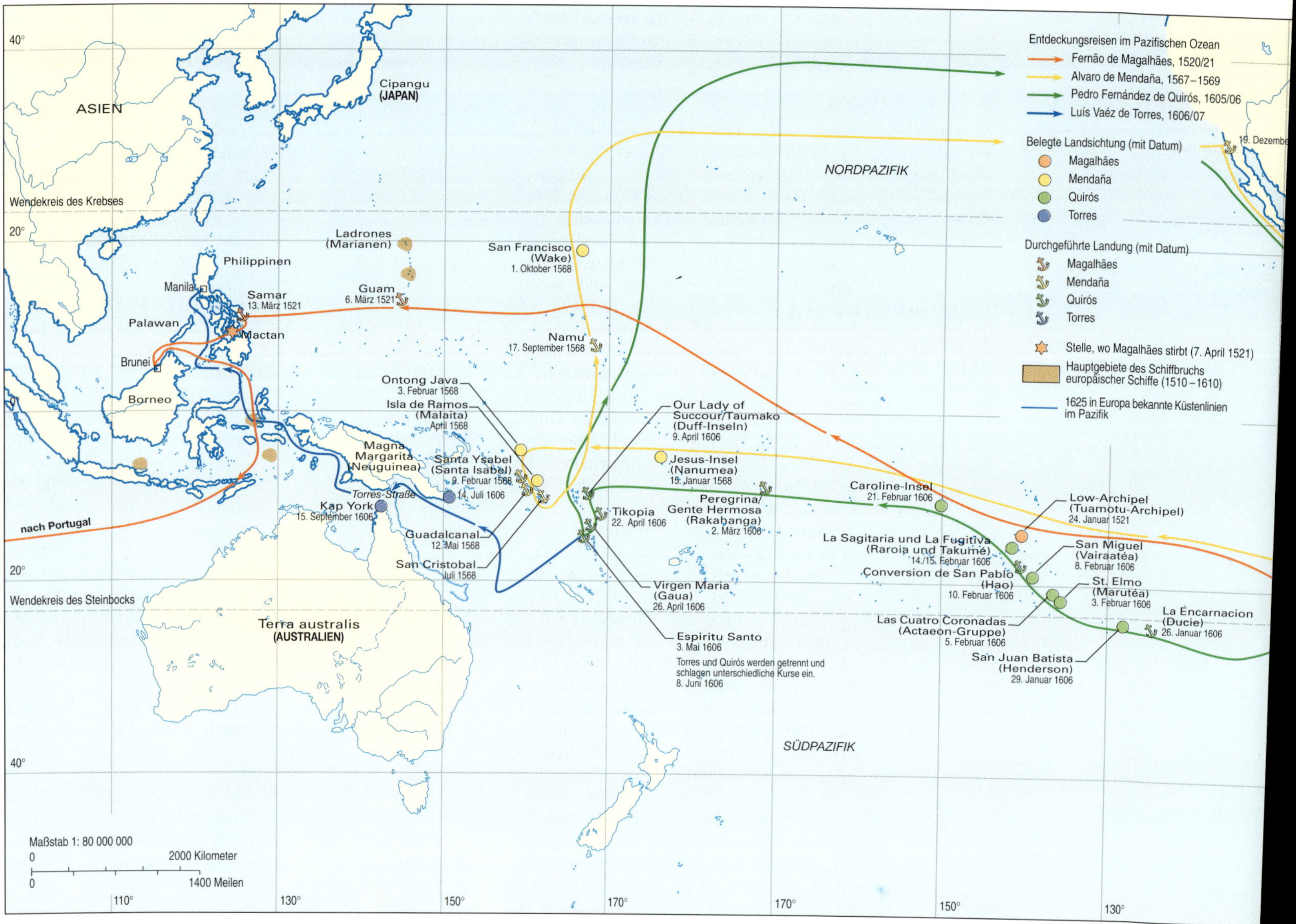

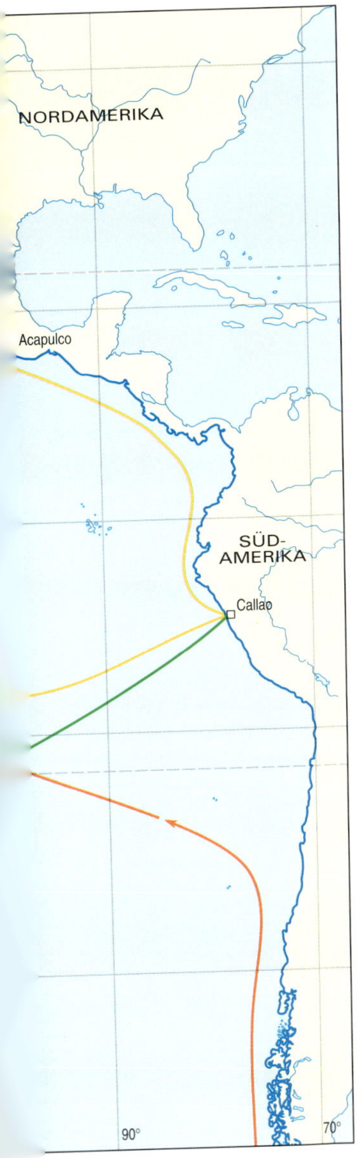

tor überquert und Afrika umsegelt haben müssen. Die wagemutige Seereise der Phönizier ließ es somit als möglich erscheinen, daß die Welt eine Kugel war und unbekanntes Land auf der Südhalbkugel existierte. Herodot selbst glaubte nicht an diese Geschichte, andere jedoch waren weniger skeptisch: Plato und Aristoteles hielten die Existenz eines Südlandes für möglich, doch es war der in der Mitte des 2. Jahrhunderts n. Chr. in Alexandria wirkende Astronom, Mathematiker und Geograph Ptolemäus, der zum bekanntesten antiken Verfechter dieser Theorie wurde. Er argumentierte, daß der gesunde Menschenverstand für die Existenz eines großen Südlandes spräche, da die Welt so auf beiden Seiten des Äquators im Gleichgewicht gehalten würde. Die Karten des Ptolemäus stellten den *Indicus Oceanus* (Indischen Ozean) als von einem großen Land umgeben dar, das sich ungefähr ab dem zehnten Grad südlich des Äquators über die gesamte Breite von Ost nach West erstreckte.

Auch die Araber, Chinesen und Inder vermuteten, daß die Erde eine Kugel und im Süden unbekanntes Land zu finden sei. Der venezianische Entdeckungsreisende Marco Polo (1254–1324) brachte von seiner Reise nach China sagenhafte Geschichten über einen gewaltigen Südkontinent mit phantastischen Reichtümern mit. Doch die Vorstellung, daß Menschen in einer unbekannten Hemisphäre lebten, fern dem Auge Gottes, war zu viel für die mittelalterliche Geistlichkeit. Das Christentum erwies sich der geographischen und astronomischen Forschung gegenüber als unversöhnlicher Feind, und der europäische Geist suchte seine Zuflucht in der Überzeugung, daß die Erde flach sei. Nichts von Bedeutung konnte jenseits dessen existieren, was Gott bereits über seine Schöpfung enthüllt hatte – und falls es doch existierte, so konnte es nur ein von gottlosen Kreaturen bewohntes irdisches Fegefeuer sein, das hinter den gewaltigen Feuersbrünsten lag, von denen man glaubte, daß sie am Äquator brannten.

Wege in den Pazifik

Die Expansion Europas in den Pazifikraum wird oft als Teil des Aufklärungsprozesses gesehen, durch den die Vernunft den Aberglauben bezwang. Denn die Männer, die über die Grenzen der bekannten Welt hinaussegeln wollten, benötigten nicht nur individuelle Charakterstärke, sondern auch wissenschaftliche und technische Kenntnisse. Einhergehend mit Verbesserungen in der Schiffsbautechnik, insbesondere der Takelage, gab die Entwicklung des Kompasses und anderer Navigationshilfen den europäischen Seeleuten das Selbstvertrauen, sich in unbekannte Gewässer vorzuwagen. Sie begannen, ihren Weg durch ein Labyrinth intellektueller und theologischer Zweifel in jene Regionen zu finden, die zuvor nur in der Vorstellung exzentrischer und häretischer Männer, Verrückter und Gotteslästerer existiert hatten. Im Namen Gottes, der Monarchen und des Handels stachen sie mit einem neuen Schicksalsglauben und angefeuert von missionarischem Eifer von Europa aus in See. Neue Welten galt es zu entdecken, zu »zivilisieren« und auszubeuten.

Im Jahr 1492 überquerte Christoph Kolumbus (1451 bis 1506) den Atlantik und »entdeckte« Amerika, im Glauben, er sei nach Indien und Japan gesegelt. Bei dem Versuch, seinen Irrtum zu berichtigen, unterlief ihm ein zweiter Fehler: Er vermutete, daß der Indische Ozean an die südwestliche Küste Nord- und Südamerikas grenzte und Asien im Norden mit Amerika verbunden sei. Bevor man deren eigene Reichtümer erkannte, betrachtete man die amerikanischen Kontinente als ein Hindernis auf dem Weg zu den Schätzen des Fernen Ostens und den auf dem großen Südkontinent vermuteten Kostbarkeiten. Der Spanier Vasco Nuñez de Balboa (um 1475–1519) überquerte 1513 die Landenge von Panama, um als erster Europäer den Pazifik in Augenschein zu nehmen – obwohl er sich gar nicht bewußt war, daß er den größten Ozean vor sich hatte. Überzeugt davon, daß eine Westpassage zum Pazifik und somit zu den Reichtümern Asiens gefunden werden könne, überredete der portugiesische Navigator Fernão de Magalhães (auch Magellan, um 1480–1521) den König von Spanien, Kaiser Karl V., eine Expedition auszurüsten. Im September 1519 segelte Magalhães mit fünf Schiffen unter seinem Kommando nach Westen über den Atlantik und gelangte durch die nach ihm benannte Meerenge zwischen der Südspitze Südamerikas und der Insel Feuerland in den Pazifik. Als Magalhães den Ozean erreichte, veranlaßte dessen trügerische Ruhe ihn dazu, ihm den Namen Stiller Ozean *(mar pacifico)* zu geben.

Wie auch Kolumbus hielt Magalhães die Erde für viel kleiner, als sie tatsächlich ist; hätte er auch nur eine vage Vorstellung von den Dimensionen des Pazifiks besessen, wäre er das Wagnis der Überfahrt wahrscheinlich nicht eingegangen. Obwohl ihren Vorläufern deutlich überlegen, waren doch die europäischen Schiffe des 16. Jahrhunderts für eine Überquerung des größten Ozeans nicht konstruiert und konnten nur ein Minimum an Proviant mitführen. Der größte Teil von Magalhães' Besatzung verhungerte; die Überlebenden ernährten sich von Sägemehl und Ratten. Im Verlauf dieser schrecklichen Reise landeten sie auf Guam (Marianen) und auf den Philippinen, wo Magalhães von den Inselbewohnern getötet wurde. Das einzige übriggebliebene Schiff der Expedition schleppte sich im September 1522 nach Spanien zurück, nachdem es die ganze Welt umsegelt hatte.

Terra australis incognita

Die mögliche Existenz eines unbekannten Landes mit unermeßlichen Reichtümern im Süden – *terra australis incognita* – hatte sich tief in der europäischen Vorstellungswelt verwurzelt. Der spanische Vizekönig von Peru stattete Alvaro de Mendaña de Neira im Jahr 1567 mit zwei Schiffen aus, um nach diesem sagenhaften Ort suchen zu lassen. Als erster Spanier, der in den Südpazifik vordrang, stieß er schließlich auf die Salomonen. In der Überzeugung, er habe das Große Südland gefunden, blieb er dort sechs Monate lang und besuchte vor seiner Heimreise die Inseln Guadalcanal, San Cristobal und Malaita. Fast 30 Jahre mußte er Gesuche an den spanischen Hof richten, bevor er 1595 eine zweite Expedition organisieren konnte. Doch seine Aufzeichnungen von der ersten waren so ungenau, daß er diesmal auf den Marquesas-Inseln landete. Trotz der gewaltigen Entfernung zwischen den beiden Inselketten glaubte er, wieder seinen ursprünglichen Landungsplatz erreicht zu haben. Mendaña wurde von Inselbewohnern getötet, und die Überlebenden fanden über die Philippinen ihren Weg zurück nach Peru.

Der Steuermann der zweiten Reise Mendañas', Pedro Fernández de Quirós (1560–1614), ließ sich durch diesen Fehlschlag nicht entmutigen und kehrte 1605 in den Südpazifik zurück. Nachdem er den Tuamotu-Archipel durchquert hatte und weiter nach Westen gesegelt war, erreichte er eine Insel, die er in dem Glauben, auf die Ostküste des Großen Südlands gestoßen zu sein, Austrialia de Espiritu Santo nannte (heute verkürzt zu Espiritu Santo, der Hauptinsel Vanuatus). Meutereien innerhalb der Mannschaft und Konflikte mit den Inselbewohnern zwangen ihn bald zur Rückkehr, doch noch im frühen 20. Jahrhundert schrieben einige römisch-katholische Geschichtswerke Quirós die Entdeckung Australiens zu. Quirós' Schiff wurde von den übrigen Schiffen der Flotte abgetrieben und kehrte nach Acapulco zurück. Luís Vaéz de Torres übernahm das Kommando über die beiden anderen Schiffe und segelte durch die nach ihm benannte Meerenge zwischen Neuguinea und der Nordspitze der Kap-York-Halbinsel des australischen Festlands, wodurch bewiesen war, daß Neuguinea eine Insel ist. Die Spanier hielten die Nachricht von dieser Entdeckung jedoch geheim, und es sollte niemand Vaéz de Torres durch diese Straße folgen, bis es Kapitän James Cook 1770 tat.

Etwas früher im selben Jahr war der Holländer Willem Jansz (um 1570– um 1629) mit der *Duyfken* von der holländischen Handelsniederlassung Batavia (dem heutigen Jakarta) auf den Gewürzinseln (Indonesien) gestartet, um die Südküste von Neuguinea zu erforschen. Er erreichte die Torres-Straße, doch anstatt sie zu durchfahren, drehte er nach Süden in Rich-

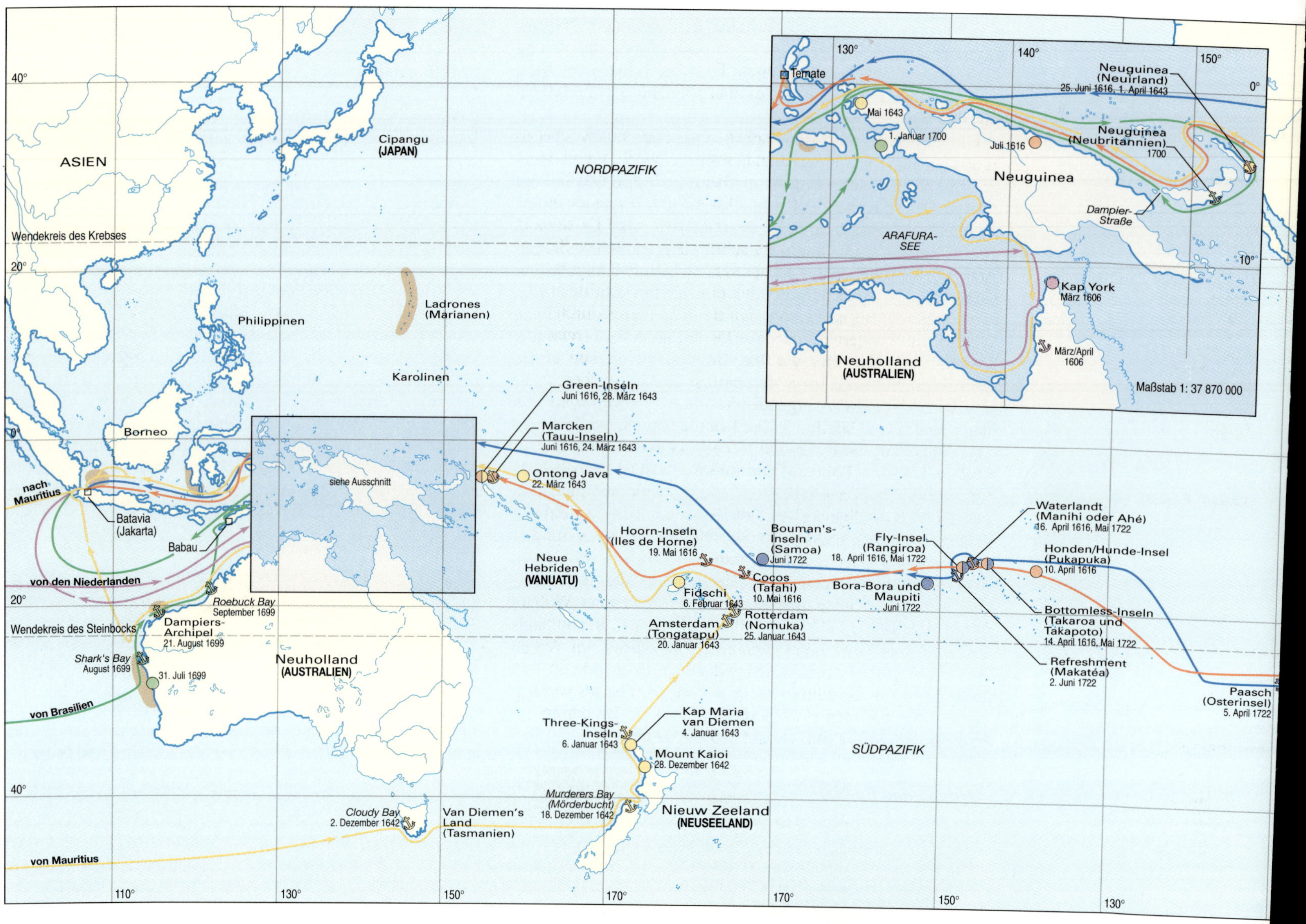

tung Nordküste der Kap-York-Halbinsel auf dem australischen Festland ab und folgte dann dem Küstenverlauf bis in den Golf von Carpentaria. Seine Seekarten zeigen jedoch, daß er glaubte, die Halbinsel sei mit Neuguinea verbunden. Zehn Jahre später gelangte sein Landsmann Dirk Hartog zufälligerweise an die Westküste Australiens, weil er sich auf dem Weg von den Niederlanden nach Batavia zu weit südlich vom Kap der Guten Hoffnung gehalten hatte. Er und seine Männer landeten an der Stelle, die heute Dirk Hartog Island heißt, und hinterließen einen Zinnteller, in den die Namen des Schiffs und der Schiffsoffiziere eingraviert waren.

Die Holländer übernahmen nun die führende Rolle bei der Durchforschung des Südpazifiks nach dem legendären Südland. Willem Cornelisz Schouten und Isaac Le Maire hatten 1615 zum erstenmal Kap Hoorn umrundet und den Pazifik überquert, wobei sie die nördlichen Ausläufer der Tonga-Inseln, Futuna und Alofi (die sie die Hoorn-Inseln nannten) und auch einige der neuguineanischen Inseln entdeckten. In den Jahren 1626 und 1627 erkundete Pieter Nuyts fast 1600 Kilometer der Südküste des von Jansz entdeckten Kontinents (von den Holländern nun Neuholland genannt), und andere niederländische Seeleute trugen zur Erforschung seiner Nord- und Westküste bei. Am bedeutendsten war die Reise Abel Janszoon Tasmans (1603–1659), der im Jahr 1642 vom holländischen Generalgouverneur Batavias, Anthony van Diemen, ausgesandt wurde, um den Südkontinent zu finden. Von Westen kommend, segelte Tasman an der Südküste Australiens entlang, bis er zu der Insel gelangte, die heute seinen Namen trägt: Tasmanien. Er benannte sie jedoch nach van Diemen. Tasman segelte weiter nach Osten und war der erste

Europäer, der das nach einer Provinz der Niederlande benannte Neuseeland erblickte, und er gab dem Meer, das es von Australien trennt, seinen Namen. Er setzte seine Reise nach Tonga und Fidschi fort, bevor er über Neuguinea nach Batavia zurückkehrte.

Die von den niederländischen Seeleuten beschriebenen öden Küstengebiete Neuhollands waren so wenig vielversprechend, daß man sich weigerte zu glauben, sie könnten Teil des sagenhaften Südkontinents sein. Tatsächlich begannen einige Zweifler ab der Mitte des 17. Jahrhunderts seine Existenz in Frage zu stellen. Im Jahr 1670 schrieb ein englischer Skeptiker: »Ich habe mich oft darüber verwundert, daß man bei der Erkundung dieses Landes überhaupt keine Fortschritte macht, obwohl es so groß, so frei von den Behinderungen durch Frost und Eis und ewigen Winter ist.« Doch Entdeckungsreisende, Gelehrte und Künstler wollten die Vorstellung von einem großen reichen Land im Süden einfach nicht aufgeben. Peter Heylyn notierte 1657 folgendes in seiner *Cosmography*: »Es ist wohlbekannt, daß die beiden Kontinente, die das Land auf der Nordseite [des Äquators] bilden, mindestens viermal so groß sind wie das Land auf der Südseite, und da sich die Erde auf beiden Seiten der Mitte im Gleichgewicht befindet, muß sie sich notwendigerweise südlich dieser Linie an einigen Stellen in einem ebenso ausgeglichenen und proportionalen Verhältnis über den Meeresspiegel erheben, wie sie es an anderen im Norden tut.« Die Berichte des englischen Entdeckungsreisenden und vormaligen Freibeuters William Dampier (1651–1715), der 1688 die Nordküste Neuhollands besuchte und 1699 noch einmal zurückkehrte, um dessen Westküste zu erkunden, waren jedoch so abschreckend, daß keine weiteren Expeditionen mehr dorthin entsandt wurden. Seereisende machten einfach einen großen Bogen darum, indem sie sich weiter südlich und östlich hielten.

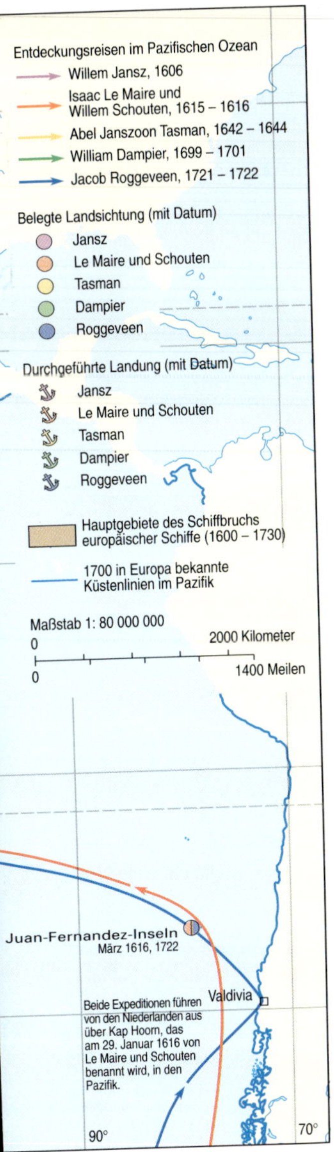

Die Niederländer im Pazifikraum
Die Erforschung des Pazifiks im 17. Jahrhundert war das Metier der Niederländer. Abel Janszoon Tasman unternahm seine große Seereise der Jahre 1642 bis 1644 von Batavia auf den Gewürzinseln aus, dem wichtigsten Handelsstützpunkt der Niederländischen Ostindischen Handelsgesellschaft. Der englische Forschungsreisende William Dampier kartographierte 1699 die Westküste Australiens.

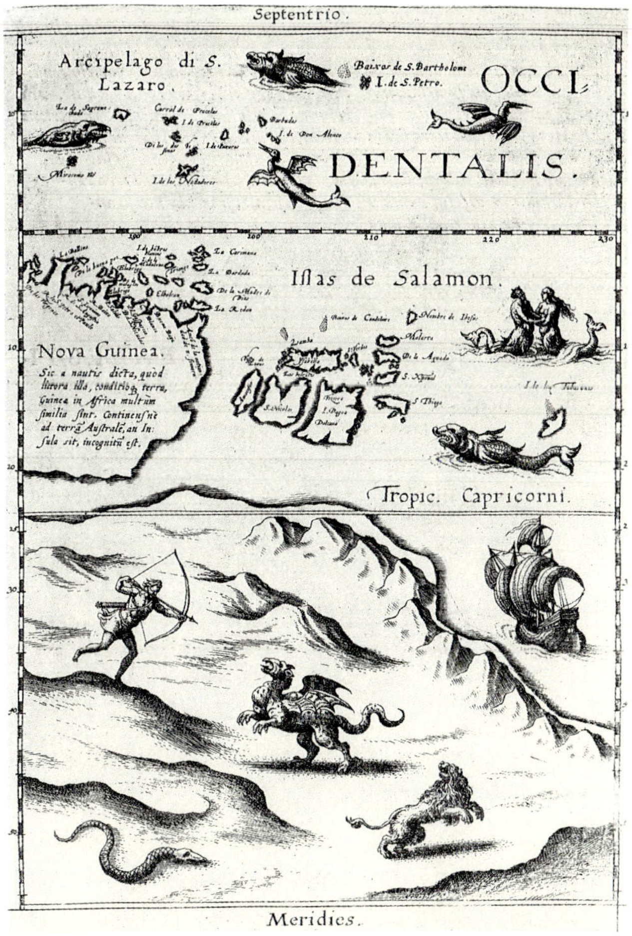

Oben rechts: Im 16. Jahrhundert waren Kartographen in der Lage, die Salomonen und die Nordküste Neuguineas mit einiger Genauigkeit abzubilden. Doch obwohl Cornelius und Gerard de Jodes Atlas von 1593 Neuguinea als eine Insel zeigt, sind dessen Südküste und der Südkontinent darunter der Phantasie der Kartenzeichner entsprungen.

Rechts: Hessel Gerritsz war der offizielle Kartograph der Niederländischen Ostindischen Handelsgesellschaft. Seine Karte des Pazifischen Ozeans von 1622 (hier ein Ausschnitt) berücksichtigt neben früheren spanischen Entdeckungen auch die neuen Erkenntnisse von den Reisen Jansz', Hartogs, Schoutens und Le Maires.

Links: Willem de Vlamingh ersetzte 1697 den Zinnteller, den Dirk Hartog 1616 auf einer der Westküste Australiens vorgelagerten Insel zur Erinnerung an seine Landung zurückließ, durch den hier abgebildeten, der sich jetzt in der australischen Nationalbibliothek befindet.

Die Kartographierung des Großen Südlands

Bereits Jahrhunderte bevor die Europäer die Südhalbkugel erkundeten, hatten sie sich ein detailliertes Bild von den Welten jenseits ihrer eigenen gemacht. Karten aus der Zeit des Geographen Ptolemäus um 150 n. Chr. zeigen einen gewaltigen südlichen Kontinent als Gegengewicht für die Landmasse Europas und Asiens in der nördlichen Hemisphäre. Auf mittelalterlichen Karten, die Jerusalem in der Mitte der Welt lokalisieren, waren die Gebiete jenseits der bekannten Grenzen von furchterregenden Dämonen und anderen phantastischen Wesen bevölkert.

Als Christoph Kolumbus auf seiner Suche nach einer Westpassage nach China die amerikanischen Kontinente für eine europäische Erkundung erschlossen hatte, begannen Gerüchte von einer sagenhaften goldenen Stadt oder einem goldenen Land – Eldorado – die Phantasie der Europäer zu beschäftigen. Die Vorstellung von einem unbekannten Südkontinent, *terra australis incognita*, setzte sich im europäischen Denken fest, und als man Eldorado in Südamerika nicht finden konnte, glaubte man allgemein, daß seine Reichtümer statt dessen im Großen Südland lägen. Im Jahr 1520 umrundete Fernão de Magalhães die Südspitze Südamerikas und drang in die ungeheuren Weiten des Pazifischen Ozeans vor. Doch er und spä-

Oben: Diese Weltkarte aus dem frühen 13. Jahrhundert zeigt die im Umkreis des Mittelmeers miteinander verbundenen Kontinente Asien, Europa und Afrika. Asien nimmt die obere Hälfte ein, Europa das untere linke und Afrika das untere rechte Viertel. Afrika endet in Libyen, und jenseits davon liegt ein durch eine schmale Wasserstraße getrennter vierter Kontinent. Die Legende auf ihm lautet: »Der vierte Kontinent ist uns unbekannt und wegen der lodernden Flammen der Sonne unbewohnbar. Dort sollen die Skiapoden leben, einbeinige Wesen von unglaublicher Geschwindigkeit, die … im Schatten ihres riesigen Fußes auf dem Rücken liegen.«

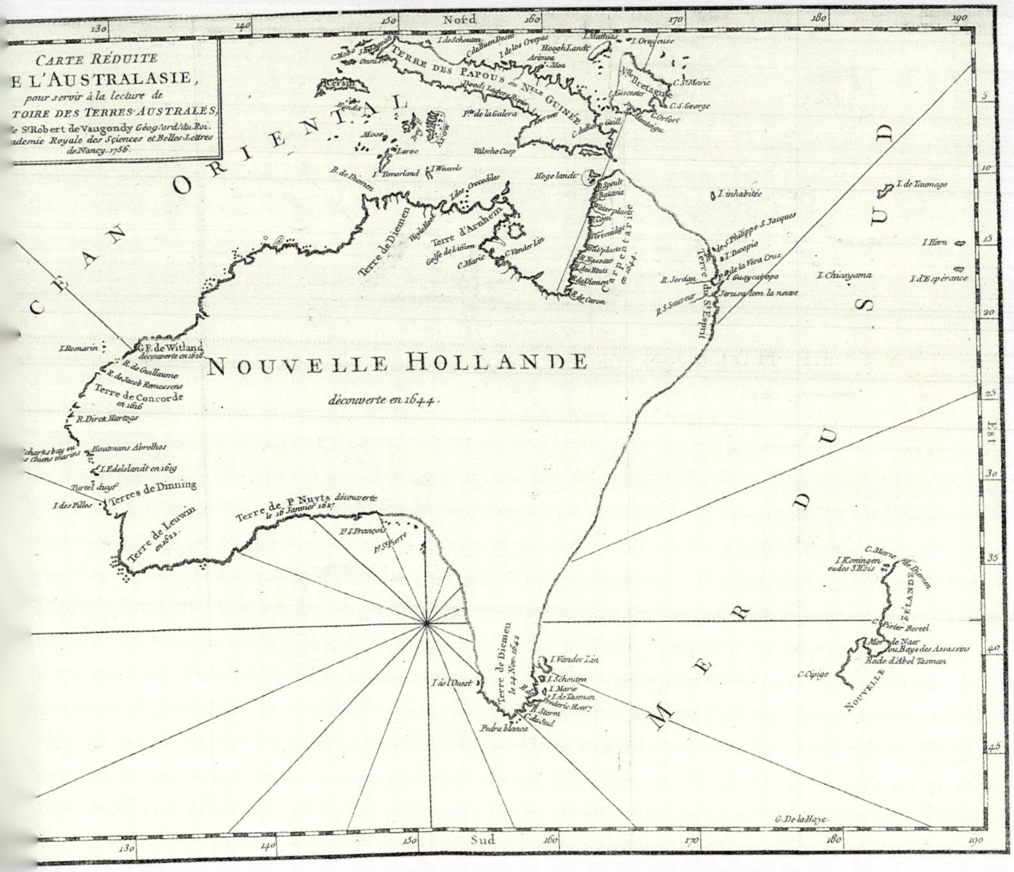

tere Seereisende konnten keinen einzigen Hinweis auf den Südkontinent entdecken. Erst als niederländische Ostindienfahrer in der Hoffnung, ihre Handelsreisen von Europa aus abkürzen zu können, vom Kap der Guten Hoffnung aus südwärts segelten, um so die vorherrschenden Westwinde der niederen Breiten auszunutzen, wurde in der Südsee eine längere Küstenlinie entdeckt.

Die Holländer gaben dem öden und eintönigen Land, das ihre Seeleute besuchten, den Namen Neuholland. In dieser Gestalt fand Australien nun seinen Weg auf die europäischen Karten. Doch nur wenige glaubten, daß es ein Teil des legendären Südkontinents der populären Vorstellung war. Tasmanien (Van Diemen's Land) wurde von Abel Janszoon Tasman vermessen, doch das letzte fehlende Puzzlestück fügte sich erst in das Gesamtbild, als Kapitän James Cook im Jahr 1770 die australische Ostküste in ihrer ganzen Länge entlangsegelte. Seine späteren Expeditionen in den Pazifischen Ozean bestätigten, daß mit Ausnahme der Antarktis kein weiterer Südkontinent existiert, und der Mythos vom Großen Südland voller unermeßlicher Schätze geriet schließlich in Vergessenheit.

Links: Im Jahr 1570 schuf der holländische Kartograph Abraham Ortelius etwas, das einige den ersten modernen Atlas genannt haben. Im unteren Teil seiner hier abgebildeten Weltkarte hat er eine gewaltige Landmasse eingezeichnet, die die Legende TERRA AVSTRALIS NONDVM COGNITA (das noch unbekannte Südland) trägt. Das südlich der Magellanstraße gelegene Feuerland wird als Teil dieser Landmasse dargestellt, doch Neuguinea (am linken Rand der Karte) ist eine Insel, obwohl der Kartograph anmerkt: »Ob [es] eine Insel ist oder Teil des südlichen Kontinents, bleibt ungewiß.« Zwar sollte Luís Vaéz de Torres 1606 durch die gefährlichen Gewässer der Straße segeln, die Australien von Neuguinea trennt und heute seinen Namen trägt, doch die Nachricht von seiner Leistung wurde nicht verbreitet, und europäische Kartenzeichner blieben im unklaren darüber, ob Neuguinea eine Insel war oder nicht – bis Kapitän James Cook mehr als 150 Jahre später mit der *Endeavour* durch die Torres-Straße segelte.

Oben: Gegen Mitte des 17. Jahrhunderts hatten niederländische Seefahrer große Strecken der Nord- und Westküste Australiens (das sie Neuholland nannten) kartographiert, und Tasmans Reise im Jahr 1642 hatte die europäischen Karten um Tasmanien und einen Teil Neuseelands erweitert (Tasman selbst glaubte, der von ihm entdeckte neuseeländische Küstenabschnitt sei ein Teil des Südkontinents). Robert de Vaugondys 1756 in Paris veröffentlichte Karte von Neuholland war eine von denen, die Cook auf seiner ersten Pazifikreise mitführte. Sie berücksichtigt das gesamte zu jener Zeit bekannte Wissen über Australien, zieht jedoch eine hypothetische Küstenlinie zwischen Nuyt's Land im Westen und Tasmanien sowie entlang der gesamten Ostküste. Quirós' Entdeckungen in Vanuatu (Terre du St. Esprit) sind an der Nordostecke des Kontinents angefügt worden, doch Neuguinea wird durch einen breiten Meeresarm abgetrennt gezeigt.

Oben: Nachdem Cook die Ostküste kartographiert hatte, dauerte es noch über 30 Jahre, bis Australien umsegelt wurde. Matthew Flinders (1774–1814) und George Bass passierten 1798 die Bass-Straße und bewiesen somit, daß Tasmanien eine eigenständige Insel ist. Flinders vollendete zwischen 1801 und 1803 die erste vollständige Umrundung des Kontinents, wobei er große Teile der Küste kartographierte. Die auf seinen Erkenntnissen beruhende *General Chart of Terra Australis oder Australia* (wie der Kontinent nun genannt wurde) ist die erste Karte, die die wahre Gestalt des Kontinents zeigt.

T'Eijlant Drie Coninghen
Cabo Marija Van Diemens
Abel Tasmans Passagie
Zee Haens bocht
Abel Tasmans Reede
Moordenaers Baij
1642

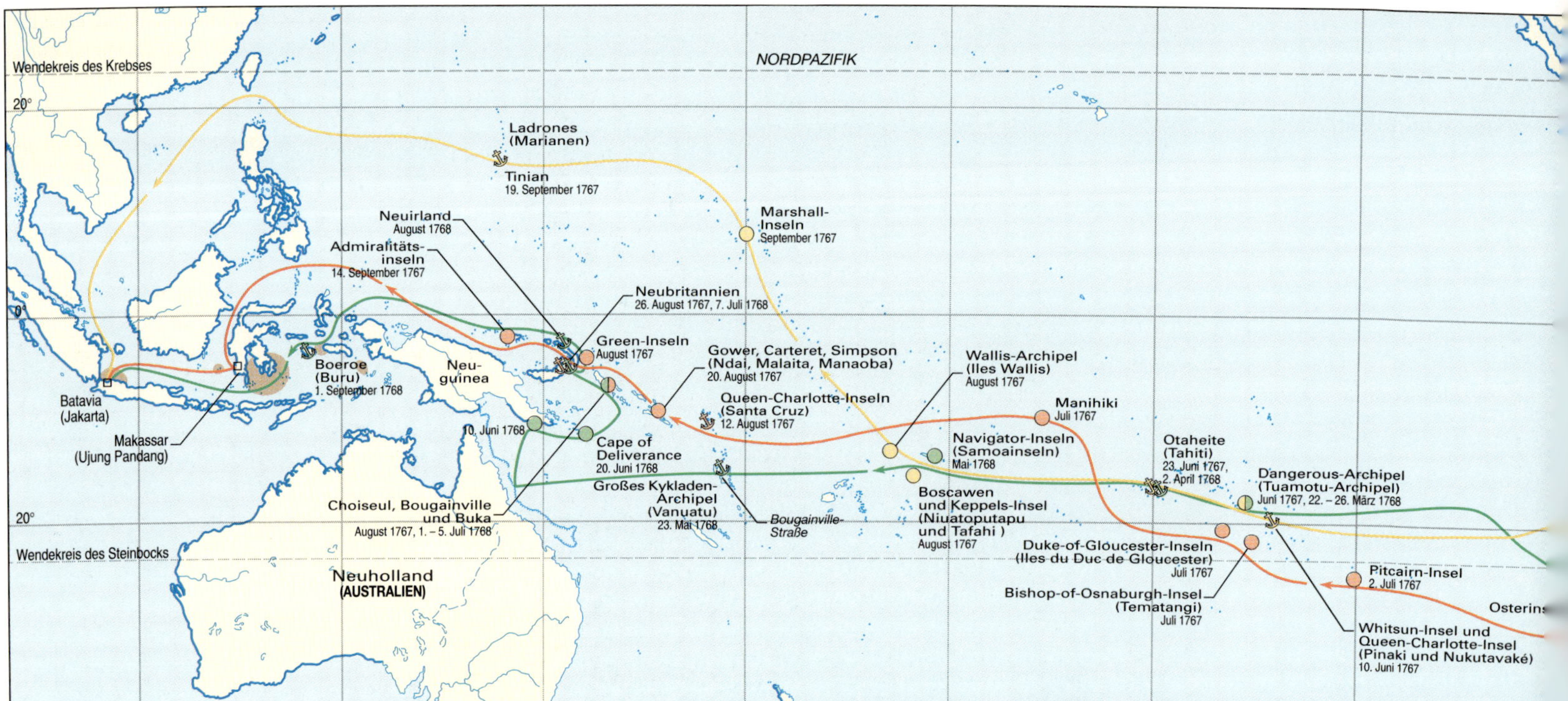
NORDPAZIFIK
Wendekreis des Krebses
Ladrones
(Marianen)
Tinian
19. September 1767
Marshall-
Inseln
September 1767
Neuirland
August 1768
Admiralitäts-
inseln
14. September 1767
Neubritannien
26. August 1767, 7. Juli 1768
Green-Inseln
August 1767
Gower, Carteret, Simpson
(Ndai, Malaita, Manaoba)
20. August 1767
Wallis-Archipel
(Iles Wallis)
August 1767
Queen-Charlotte-Inseln
(Santa Cruz)
12. August 1767
Manihiki
Juli 1767
Navigator-Inseln
(Samoainseln)
Mai 1768
Otaheite
(Tahiti)
23. Juni 1767,
2. April 1768
Dangerous-Archipel
(Tuamotu-Archipel)
Juni 1767, 22. – 26. März 1768
Batavia
(Jakarta)
Boeroe
(Buru)
1. September 1768
Neu-
guinea
Makassar
(Ujung Pandang)
10. Juni 1768
Cape of
Deliverance
20. Juni 1768
Großes Kykladen-
Archipel
(Vanuatu)
23. Mai 1768
Bougainville-
Straße
Boscawen
und Keppels-Insel
(Niuatoputapu
und Tafahi)
August 1767
Choiseul, Bougainville
und Buka
August 1767, 1. – 5. Juli 1768
Duke-of-Gloucester-Inseln
(Iles du Duc de Gloucester)
Juli 1767
Bishop-of-Osnaburgh-Insel
(Tematangi)
Juli 1767
Pitcairn-Insel
2. Juli 1767
Osterins
Whitsun-Insel und
Queen-Charlotte-Insel
(Pinaki und Nukutavaké)
10. Juni 1767
Wendekreis des Steinbocks
Neuholland
(AUSTRALIEN)
SÜDPAZIFIK
Van Diemen's Land
(Tasmanien)
Nieuw Zeeland
(NEUSEELAND)
20°
0°
20°
40°
110
130°
150°
170°
170°
150°
130°

Rechts: William Dampier, der 1688 als erster Engländer an der Küste Australiens landete, schrieb Unvorteilhaftes über den Kontinent und seine Bewohner, die er als »bloße Tiere« darstellte.

Links: Tasman kartographierte einen beträchtlichen Teil der Küste Neuseelands (das er zunächst Staete Landt genannte hatte). Hier sind der nördliche Teil der Südinsel und die Westküste der Nordinsel mit der Route seines Schiffs, der *Heemskerck*, abgebildet. Die Holländer versuchten nicht, Tasmans Entdeckungen weiterzuführen, und Neuseeland wurde vor Cooks erster Reise 1769 nicht mehr angelaufen.

Unten rechts: Dieses von Jacob Gerritsz Cuyp gemalte Porträt Abel Janszoon Tasmans mit seiner zweiten Frau Joanna Tiercz und ihrer gemeinsamen Tochter entstand um 1640, kurz bevor die Niederländische Ostindische Handelsgesellschaft ihn mit der Suche nach dem Südkontinent beauftragte.

Pazifikexpeditionen im 18. Jahrhundert vor den Forschungsreisen von James Cook
Der Konkurrenzkampf auf See zwischen Franzosen und Briten im 18. Jahrhundert erreichte mit dem Siebenjährigen Krieg (1756 – 1763) seinen Höhepunkt. In seinem Verlauf wurden bessere und schnellere Schiffe sowie fortschrittlichere Navigationstechniken entwickelt. In dem darauffolgenden unsicheren Frieden ließen sich Frankreich und Großbritannien auf ein Wettrennen um den Einfluß im Südpazifik ein, dem letzten Teil der Welt, der noch nicht erforscht war. Die Expedition von Wallis und Carteret wurde von den Briten mit dem speziellen Ziel unternommen, den Südkontinent zu finden. Dicht auf dem Fuße folgte ihnen der französische Seefahrer Bougainville, der berühmteste Vorgänger Cooks.

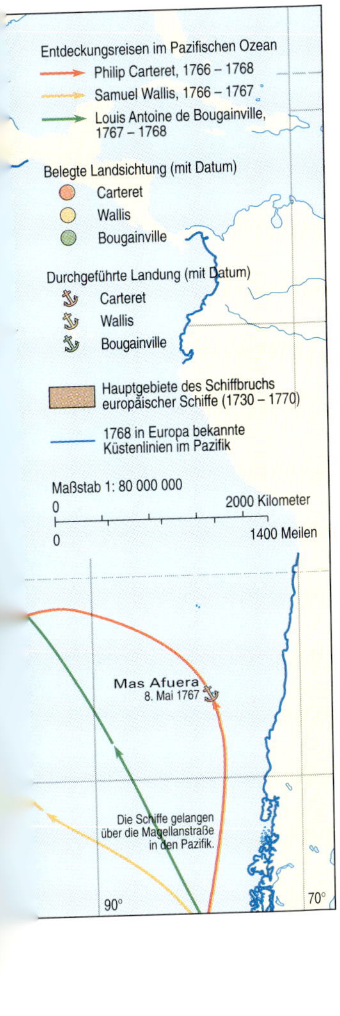

Seit Mitte des 18. Jahrhunderts versuchten Briten und Franzosen, sich in einem Wettrennen um die weiteren Entdeckungen in den südlichen Ozeanen gegenseitig auszustechen. Im Jahr 1767 wurde eine britische Expedition unter dem Befehl von Kapitän Philip Carteret auf der *HMS Swallow* und Kapitän Samuel Wallis auf der *HMS Dolphin* in den Südpazifik entsandt. Sie trennten sich nahe der Magellanstraße, und Carteret entdeckte die Pitcairn-Insel, bevor er den Pazifik überquerte und auf Neubritannien landete, während Wallis der erste Europäer war, der Tahiti (Gesellschaftsinseln) besuchte. Wenige Monate später folgte ihm der französische Navigator Louis de Bougainville (1729 – 1811) dorthin nach. Er verbrachte einige Zeit auf der Insel, bevor er in nördlicher Richtung am Great-Barrier-Riff entlangsegelte und zu dem Schluß kam, daß sich nicht weit jenseits davon Land befinden mußte. Fast unmittelbar nach ihm kam Kapitän James Cook (1728 – 1779) im Auftrag der Royal Navy nach Tahiti. Nach der offiziellen Version sollte er eine vom Planeten Venus verursachte Sonnenfinsternis beobachten. Doch er führte Geheimbefehle mit sich, die ihn anwiesen, die Existenz des Südkontinents zu bestätigen und seine Eignung für eine Besiedlung zu prüfen.

Nachdem er Tahiti im Juni 1769 verlassen hatte, segelte Cook um Neuseeland herum und kartographierte die Küste, bevor er weitersegelte, um eine genaue Vermessung der Ostküste Australiens durchzuführen. Nach 250 Jahren europäischer Entdeckungsreisen in den Pazifik bestätigte Cook schließlich, daß Neuholland tatsächlich das Große Südland war. Mit dieser Gewißheit endete der europäische Traum, »blühende Königreiche« im Süden zu finden. Cook milderte die Enttäuschung jedoch ein wenig durch seinen Bericht darüber, daß der Südosten des Kontinents, den er New South Wales nannte, zumindest geeignet war, einer dorthin versetzten Zivilisation Lebensraum zu bieten: »Die Küste dieses Landstrichs … besitzt eine große Zahl von Buchten und Häfen«, schrieb er 1770 in sein Logbuch. »Das Land selbst bringt unseres Wissens kein einziges Naturprodukt hervor, das zu einem Handelsgut werden und so die Europäer verlocken

könnte, dort eine permanente Siedlung zu gründen. Diese östliche Seite ist jedoch nicht so öde und armselig, wie Dampier und andere die Westküste beschrieben haben.«

Trauminseln

Neben dem Mythos vom Großen Südland hatte die Vorstellung von paradiesischen Inseln schon lange einen starken Einfluß auf die europäische Phantasie ausgeübt; zumindest reichte er bis zu den Mythen des klassischen Griechenlands zurück,

Kapitän James Cook

James Cook, geboren in der englischen Grafschaft Yorkshire, begann mit 18 Jahren in Whitby eine Ausbildung in der Frachtschiffahrt. Das Leben auf den robusten Kohlenbarken der Nordsee war für Cook eine harte Schule in den praktischen Fähigkeiten der Seefahrtskunst, und im Alter von 27 bot man ihm das Kommando über ein Schiff an. Cook lehnte jedoch ab. Er hatte in seiner Freizeit das Studium der Mathematik begonnen und zog es als fähiger Seemann vor, der Royal Navy beizutreten. Innerhalb von zwei Jahren hatte man ihn zum Kommandanten der *HMS Pembroke* ernannt. Auf diese Weise kam er nach Kanada, wo er während des Siebenjährigen Krieges (1756–1763) gegen die Franzosen kämpfte.

Als der Krieg beendet war, beauftragte man Cook, der als ein Mann mit exzellenten Fähigkeiten galt, die Küste Neufundlands zu vermessen. Im Jahr 1766 schickte er Einzelheiten über seine Beobachtung einer Sonnenfinsternis an die Royal Society, der obersten wissenschaftlichen Gesellschaft Großbritanniens. Als die Gesellschaft zwei Jahre später gemeinsam mit der Admiralität Vorbereitungen für die erste wissenschaftliche Erforschung des Pazifiks durch die Briten traf, entschlossen sich ihre Mitglieder dazu, Cook als Leiter der Expedition zu bestimmen, obwohl er nur ein unbekannter Unteroffizier war. Man beförderte ihn zum Leutnant und gab ihm das Kommando über die *HMS Endeavour*, eine Kohlenbark des Typs, den er von seinen Fahrten auf der Nordsee kannte. Der vorgebliche Zweck der Expedition war die Beobachtung, wie die Venus die Sonne passiert. Doch Cook hatte Instruktionen, nach dem »Großen Südland« zu suchen und »geeignete Orte in diesem Land im Namen des Königs von Großbritannien in Besitz zu nehmen«.

Am 13. April 1769 erreichte die Expedition Tahiti, fast zwei volle Monate vor der für den 3. Juni vorausgesagten partiellen Sonnenfinsternis. Cook nutzte den Zeitraum für die Kartographierung der Inseln und das Sammeln von Tier- und Pflanzenexemplaren. Als die Finsternis vorbei war, konnte er seine Aufmerksamkeit ungehindert der Suche nach dem Südkontinent zuwenden. Die Seefahrer vor ihm hatten sich von Tahiti aus westwärts gehalten und waren den Passatwinden über den Pazifik gefolgt. Cook schlug einen anderen Kurs ein – er segelte in südlicher und südwestlicher Richtung. Am 7. Oktober kam die Ostküste Neuseelands in Sicht, und Cook verbrachte die nächsten sechs Monate damit, die gesamte 3860 Kilometer lange Küstenlinie akribisch zu vermessen. Die Expedition verließ Neuseeland am 31. März 1770, segelte direkt nach Westen und stieß zweieinhalb Wochen später auf die Südostküste Australiens. Cook wandte sich nach Nor-

Unten: Cooks Fähigkeiten als Küstenvermesser trugen dazu bei, den Lords der Admiralität als Führer der *Endeavour*-Expedition geeignet zu erscheinen. Es zeugt von Cooks unübertroffener Vermessungskunst, daß er seine akkuraten Karten von fast 4000 Kilometer neuseeländischer und 5000 Kilometer ostaustralischer Küstenlinie ohne die Hilfe eines Chronometers anfertigte, der zur Bestimmung der geographischen Breite notwendig ist. Den hier abgebildeten Chronometer führte er auf seinen späteren Reisen mit.

Links: Unter den Künstlern, die Cook auf seinen Fahrten begleiteten, war William Hodges (1744–1797) der am besten ausgebildete. In diesem um 1775 entstandenen Porträt hat der Maler die Intensität von Cooks Persönlichkeit gekonnter eingefangen, als es Porträtmaler vermochten, die damals in Mode waren. Die prüfenden und doch gütigen Augen sowie sein aufrichtiger Gesichtsausdruck weisen Cook als Mann der Aufklärung und der Wissenschaft aus. Trotz alledem wurde er auch als brüsker und praktisch veranlagter Kapitän dargestellt.

Rechts: Cook unternahm seine zweite und dritte Reise mit der *HMS Resolution.* Wie die kleinere *Endeavour* war sie eine ehemalige Kohlenbark aus Whitby. Diese für die oft trügerischen Gewässer der Nordsee gebauten Schiffe waren langsam und schlingerten stark. Doch ihre Robustheit machte sie äußerst seetüchtig, und da sie gerade Seiten und einen flachen Boden hatten, verfügten sie über einen großen Laderaum. Cooks zweite Expedition war vielleicht die großartigste Reise, die je mit einem Segelschiff unternommen wurde. Drei Jahre lang wurde das Schiff bis an die Grenzen seiner Belastbarkeit vorangetrieben, indem es von den eisigen Wassern der Antarktis bis zu den Kalmen des Äquators jeder Art von Wetter ausgesetzt war.

Unten: Auf Cooks letzter Reise traf man wiederum auf Eisberge, diesmal in der Arktis. Die Expedition endete jedoch mit einer Tragödie, als Cook nach seiner vergeblichen Suche nach einer Nordpassage in den Atlantik zu den Hawaii-Inseln zurückkehrte. Auf Kealakekua entbrannte wegen des Diebstahls eines Beiboots ein gewalttätiger Streit. Nachdem Cook auf die erzürnten Inselbewohner gefeuert hatte, wurde er am Strand niedergeprügelt und schließlich erstochen.

den und segelte die gesamten 5000 Kilometer der Ostküste entlang. Dabei kartographierte er die passierte Küstenlinie und legte einen kurzen Zwischenaufenthalt bei seiner Landung in der Botany Bay ein. Am 11. Juni lief die *Endeavour* auf einen Ausläufer des Great-Barrier-Riffs, und man war gezwungen, sie für die Reparatur in der Endeavour Bay auflaufen zu lassen. Anschließend folgte Cook weiter der Küste und segelte durch die Torres-Straße, um Batavia zu erreichen, wo 31 Männer – ein Drittel der Mannschaft – dem Küstenfieber zum Opfer fielen. Der Rest kehrte am 13. Juli 1771 nach England zurück, nach einer Reise von beinahe drei Jahren.

Cook unternahm in den Jahren 1772 bis 1775 und 1776 bis 1779 zwei weitere Expeditionen in den Pazifik. Auf seiner zweiten Reise segelte er weiter nach Süden als irgend jemand zuvor, um in antarktische Gewässer vorzudringen und die erste Umsegelung der Antarktis durchzuführen. Auf seiner dritten Reise wurde Cook damit beauftragt zu erkunden, ob eine arktische Passage zwischen Atlantischem und Pazifischem Ozean existierte. Er segelte von Tahiti aus nach Norden, entdeckte Anfang 1778 die Hawaii-Inselgruppe, die er Sandwich Islands nannte, und setzte seinen Weg nach Norden fort, um die Küsten Nordamerikas und Alaskas zu erforschen. Seine Suche stellte sich jedoch als ergebnislos heraus, und er kehrte Anfang 1779 nach Hawaii zurück, wo er bei einer unerwartet gewalttätigen Auseinandersetzung mit einer Gruppe von Inselbewohnern getötet wurde.

Links: Diese Illustration stammt aus einer 1805 erschienenen Ausgabe von Luís Vaz de Camões' Epos *Os Lusíadas* (*Die Lusiaden*, 1572). Sie zeigt Vasco da Gamas Männer, die lustvoll den nackten Nymphen der »Liebesinsel« nachstellen, während verspielte Amoretten Blumen über der Szene verstreuen. Dieser kunstvolle Text, der die Taten des portugiesischen Navigators rühmt und mit zahlreichen klassischen Anspielungen angereichert ist, begründete die Mode, paradiesische Inseln in den südlichen Ozeanen anzusiedeln. Das von Venus regierte Reich der Liebe, in dem die Freuden des Fleisches allen Männern frei zur Verfügung stehen, hat in der europäischen Literatur eine lange Tradition, wurde jedoch mit besonderem Eifer auf die pazifischen Inseln angewendet.

Rechts: Die Vorstellung von pazifischen Inseln hat in der Literatur viele unterschiedliche Formen angenommen. Der erstmalig 1812/13 in zwei Teilen erschienene Roman *Der Schweizerische Robinson* von Johann Rudolf Wyß wurde von Charles Nodier, einem frühen Kritiker, als »Robinson Crusoe im Schoße seiner Familie« beschrieben. Das Buch erzählt die Geschichte einer schiffbrüchigen Familie, die sich auf ihrer Insel mit nur wenigen an den Strand gespülten Habseligkeiten behauptet, und demonstriert die Stärken der europäischen Zivilisation in einem Paradies. Die von der Außenwelt abgeschnittene Familie triumphiert durch rechtschaffene Arbeit, frommen Glauben und gemeinsame Anstrengungen über die widrigen Umstände.

Rechts: Daniel Defoes *Robinson Crusoe* (1719) ist die Geschichte eines aller Zivilisationsgüter beraubten Europäers, der nach einem Schiffbruch mit dem Leben davonkommt und sich erfolgreich auf einer einsamen Insel behauptet. Sie ist zugleich eine Abenteuergeschichte und eine Allegorie der Kolonisation. Der Roman wurde in ganz Europa äußerst populär und in zahlreiche Sprachen übersetzt. Dieser Stich aus dem Frontispiz einer 1745 erschienenen italienischen Ausgabe zeigt den in der Isolation lebenden Crusoe als Wegbereiter für die erfolgreiche Übertragung europäischer Zivilisationswerte.

die von Atlantis, den Hesperiden und den verschiedenen in Homers *Ilias* beschriebenen Inselreichen erzählen. In einer anderen Tradition berichten keltische Legenden seit alters von der Insel Avalon. Die heutigen Reiseprospekte, die die Vorzüge des Lebens auf exotischen Inseln anpreisen, sind ihr modernes Äquivalent.

Eines der ersten literarischen Porträts einer »Trauminsel« im Pazifik wurde von dem portugiesischen Reisenden und Dichter Luís Vaz de Camões (1524–1580) verfaßt. In Camões' Epos *Os Lusíadas* (*Die Lusiaden*, 1572), das die Seereisen des großen portugiesischen Navigators Vasco da Gama nacherzählt, werden da Gama und seine Mannschaft zur Belohnung für ihre Entdeckung eines Seewegs nach Indien von Venus auf eine »Liebesinsel« in der Südsee versetzt. Die Männer tollen in den üppigen Wäldern mit den Nymphen herum und vergessen »in der Ekstase der Liebe« alles andere. In einer Vision wird da Gama von einer Zeit berichtet, in der die Europäer ihren Einfluß über den gesamten riesigen Südozean ausdehnen werden.

Auf diese Weise bahnte Camões dem europäischen Traum von der Kolonisation des Pazifikraums den Weg. Die Kraft dieses Gedankens war bisweilen so überwältigend, daß der einheimischen Bevölkerung des Pazifikgebiets – seien es Inselbewohner oder australische Aborigines – wenig Raum blieb, ihre eigenen Vorstellungen von Heimat und Zugehörigkeit zu Gehör zu bringen. Für die Europäer stellte der Pazifik je nach Belieben das verlorene oder das wiedergewonnene Paradies dar.

Der englische Schriftsteller Daniel Defoe (1660–1731) veröffentlichte im Jahr 1719 seinen Roman *The Life and Strange Surprizing Adventures of Robinson Crusoe ... (Das Leben und die seltsamen Abenteuer des Robinson Crusoe ...)*, der auf den wahren Erlebnissen Alexander Selkirks basiert. Selkirk hatte als Seemann an einer von Dampiers Expeditionen um die Welt teilgenommen. 1704 wurde er auf seinen

eigenen Wunsch hin auf der Insel Juan Fernandez ausgesetzt und fünf Jahre später gerettet. In Defoes Geschichte ist der schiffbrüchige Crusoe in der Lage, 27 Jahre lang unabhängig von der europäischen Zivilisation auf seiner »einsamen Insel« zu leben. Es gelingt ihm freilich nur dadurch, daß er die von ihm zurückgelassene soziale und ökonomische Ordnung im kleinen nachbildet. Das Buch berichtet in allen Einzelheiten, wie Crusoe mit Hilfe von ein paar Werkzeugen und Vorräten, die er vom Wrack seines Schiffes geborgen hat, darangeht, ein Haus zu bauen, Getreide anzusäen und eine Ziege zu zähmen. Je mehr Crusoe die Tugenden der Beharrlichkeit, der Sparsamkeit und der Selbstbeherrschung praktiziert, desto reicher wird er von Gott dafür belohnt.

Das Buch ist in vielerlei Hinsicht ein Anschauungsunterricht für erfolgreiche Kolonisatoren. Tatsächlich sagt Robinson Crusoe nach der Ankunft des Eingeborenen Freitag und eines Spaniers: »Meine Insel war nun bevölkert, ich glaubte mich sehr reich an Untertanen, und der ergötzliche Gedanke kam mir oft, wie sehr ich einem König ähnelte. Zum ersten war das ganze Land allein mein Besitz, so daß ich ein unzweifelhaftes Herrschaftsrecht besaß. Zweitens war mein Volk vollständig von mir abhängig: Ich war der absolute Herrscher und Gesetzgeber ...«

Daniel Defoe erlangte eine ungeheure Popularität mit seiner Geschichte, die zum Stereotyp des Abenteuers auf der »einsamen Insel« wurde. Innerhalb weniger Jahre war sie in zahlreiche europäische Sprachen übersetzt worden, und im Laufe der Zeit gab es viele Imitationen. Unter den bekanntesten und erfolgreichsten war *Der Schweizerische Robinson* (1812/13) von Johann Rudolf Wyß (1782–1830). Das Buch erzählt die Geschichte einer Schweizer Familie, die auf einer unbewohnten Pazifikinsel strandet, wo sie eine glückliche Gemeinschaft aufbaut, sich die zur Verfügung stehenden Rohstoffe nutzbar macht und dabei alle Schicksalsschläge mit großer Fassung erträgt.

Die Antipoden

Seit der Antike war »Antipoden« (wörtlich »Gegenfüßler«) die allgemein gebräuchliche Bezeichnung für die Menschen, die auf der entgegengesetzten Seite der Erdkugel lebten. In der gängigen Vorstellung waren die Dinge dort verkehrt herum, und die Menschen liefen mit dem Kopf nach unten. Der heilige Augustinus (354–430), frühchristlicher Theologe und Autor von *De civitate Dei (Über den Gottesstaat)*, bekämpfte diese Vorstellung, indem er die »legendenhafte Hypothese« lächerlich machte, die behauptete, daß Menschen, »deren Füße an einer uns entgegengesetzten Position sitzen, auf einem uns gegenüberliegenden Teil der Welt einhergingen, wo die Sonne aufgeht, wenn sie bei uns untergeht«. Dennoch eröffneten solche Spekulationen einen immensen Gedankenspielraum für »verkehrte« Länder, und auf mittelalterlichen Karten war die *terra australis incognita* mit exotischen, auf dem Kopf laufenden Fabelwesen oder mit grotesken Dämonen und anderen Monstren bevölkert. Solche Vorstellungen von den Antipoden verspottete im 17. Jahrhundert der englische Dichter Andrew Marvell:

> Doch nun die Fischer treten vor
> Und heben Boote hoch empor,
> Wie Antipoden ihren Schuh
> Sie tragen oben ihr Kanu.

Für Schriftsteller, die für ihre Zeit keine Sympathie hegten, war es von hier aus nur noch ein kleiner Schritt, auf die Vorstellung von den als Antithese zu den europäischen Verhältnissen geltenden Antipoden zurückzugreifen, um die bestehende Gesellschaftsordnung zu kritisieren. Die am längsten fortwirkende und zugleich vernichtendste Kritik dieser Art ist *Gulliver's Travels* (*Gullivers Reisen*, 1726) des Satirikers Jonathan Swift (1667–1745). Im ersten der vier Abschnitte des Buchs strandet Gulliver auf Lilliput, einem Land, das von winzigen Menschen bewohnt wird, die sich im Krieg mit ihren Nachbarn auf der Insel Blefuscu befinden. Die Anmaßungen der zwergenhaften Lilliputaner und ihr Streit darüber, ob man Eier am breiten oder am schmalen Ende aufschlagen solle, werden dazu benutzt, die damaligen politischen Parteien und religiösen Zwistigkeiten Englands zu karikieren. Swift siedelt Lilliput »im Nordwesten von Van Diemen's Land« auf einer »südlichen Breite von 30 Grad und zwei Minuten« an – dies entspricht einem fast genau im Norden von Adelaide gelegenen Ort im heutigen South Australia. Der Schauplatz des vierten Teils, das Land der Houyhnhnms – vernunftbegabter Pferde, die mit den Yahoos, Tieren in Menschengestalt, kontrastiert werden – liegt in der Großen Australischen Bucht südlich des Nuyt-Archipels.

Im 19. Jahrhundert wurde es im europäischen Bürgertum zu einem populären Zeitvertreib, seine individuellen Antipodenphantasien in Weltkarten einzuzeichnen, und der Mythos von den Antipoden dauert noch immer in dem Scherz fort, den man Kindern in Europa erzählt: Sie träfen beim Graben eines Tunnels durch die Erde auf kopfstehende Australier. Ironischerweise wird die Bezeichnung Antipoden im Sinne von »auf der gegenüberliegenden Seite der Welt befindlich« heutzutage ausschließlich für die Beschreibung Australiens und Neuseelands benutzt, der beiden Pazifikgemeinschaften, die in sozialer und kultureller Hinsicht der europäischen Gesellschaft am nächsten stehen. Der australische Dichter James McAuley (1917–1976) ließ sich jedoch von der früheren Bedeutung des Wortes inspirieren, als er 1946 in *Terra Australis* schrieb:

> Mach eine Reise im Geist, auf dem Fabel-Meer,
> So wirst du finden den Süd-Kontinent,
> Quirós' Vision – sein Hidalgo-Herz,
> den Mythos Australien, wo jedes Ding
> erscheint im erdachten Spiegelbild.

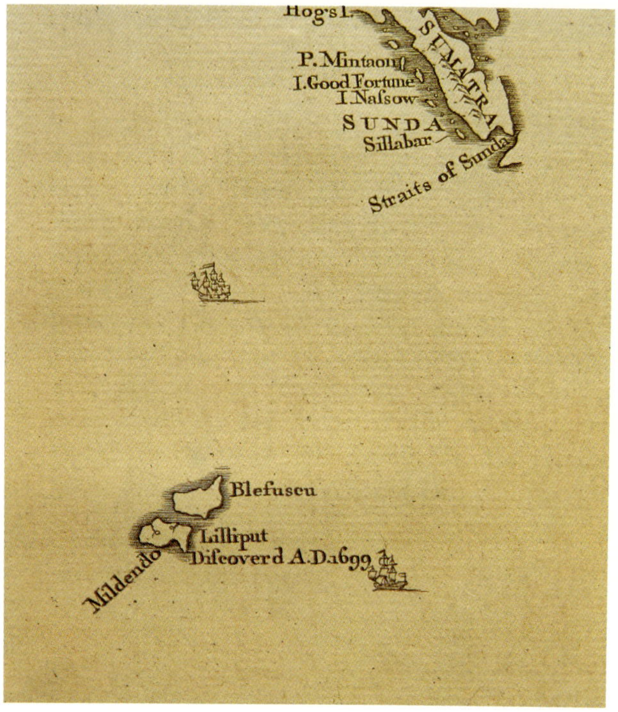

Links: Wie Daniel Defoe, dessen *Robinson Crusoe* auf den Erlebnissen Alexander Selkirks beruht, eines Seemanns, der bei einer von Dampiers Expeditionen gestrandet war, nutzte auch Jonathan Swift den publizierten Bericht von Dampiers Erkundungsfahrten als Inspiration für seine noch immer aktuelle Satireschrift *Gulliver's Travels (Gullivers Reisen)*. Gulliver wird beim ersten seiner vielen Schiffbrüche an den Strand der Insel Lilliput gespült. Diese ist von aufrichtigen, doch ziemlich mißtrauischen kleinen Leuten bevölkert, die sich im Konflikt mit den Bewohnern der Nachbarinsel Blefuscu befinden. Für die Position der Inseln werden präzise Kompaßangaben geliefert, die Swift im insellosen Ozean zwischen Sumatra und Van Diemen's Land ansiedelt. In Wirklichkeit würden sie etwas nördlich von Adelaide auf dem australischen Kontinent liegen.

Links: Gulliver unter den Yahoos im Land der Houyhnhnms, aus einer Gesamtausgabe von Jonathan Swifts Werken aus dem 18. Jahrhundert. Diese Episode auf Gullivers Reisen eröffnet einen Dialog zwischen Vernunft und Barbarei. Die Houyhnhnms sind Pferde, die als idealisierte, vernunftbegabte Wesen dargestellt werden, während den menschlichen Yahoos jede Form von kulturellen Werten fehlt. Sie waren einst zivilisiert, degenerierten jedoch und kehrten zu einer primitiveren Existenzform zurück. Heute ist »Yahoo« eine verächtliche Bezeichnung, die von Australiern und anderen für jemanden gebraucht wird, der höfliche Umgangsformen und Geschmack vermissen läßt.

Rohe Wilde

Die Völker des pazifischen Raums stellten die christliche Theologie vor ein Rätsel. Obwohl sie nicht die grotesken, auf dem Kopf stehenden Kreaturen der mittelalterlichen Vorstellung waren, stellten sie doch die europäische Auffassung vom Wesen der Schöpfung Gottes und der Stellung des Menschen in ihr in Frage. Seit Aristoteles hatten Denker das Leben als eine »große Kette des Daseins« verstanden, die von den unbelebten Pflanzen über die verschiedenen Arten tierischen Lebens bis zu den Menschen an der Spitze hinaufreichte. Die Lehre der Kirche, die den Menschen niedriger als die Engel, aber höher als die Tiere einstufte, machte sich diese hierarchische Rangordnung zu eigen und erweiterte sie noch. Man fand es schwer zu akzeptieren, daß die primitiven Völker des Pazifikraums, die in ihrem Zustand des Analphabetismus, ohne Sozialwesen, ohne die Künste und Fertigkeiten der Zivilisation nicht weit vom tierischen Leben entfernt waren, auf derselben Stufe dieser Ordnung stehen sollten wie der europäische Mensch. Der im 17. Jahrhundert wirkende Rationalist Thomas Hobbes (1588–1679) vertrat die Ansicht, diese Primitivität bedeute, daß »jeder Mensch des anderen Feind« sei. Im Zustand der Sklaverei »ist für Produktivität kein Raum ... und infolgedessen gibt es keinen Ackerbau ... kein Wissen um die Gestalt der Erde, keine Zeitrechnung, keine Künste, keine Schriftkultur, keine Gesellschaft«. So fingen die Europäer an, die Kolonisation als notwendig für die Verbreitung der Zivilisation zu erachten, die die Barbarei ausrotten sollte.

Willem Jansz, der erste Europäer, der unseres Wissens den Fuß auf das australische Festland setzte, beschrieb die Kap-York-Aborigines, denen er 1606 in der Nähe von Weipa begegnete, als die »elendsten und armseligsten Kreaturen«. Ein Mannschaftsmitglied wurde von ihnen getötet, was den zukünftigen Kontakt zwischen Europäern und den Pazifikvölkern andeuten sollte: Gegenseitige Neugier, die erst in Mißtrauen, dann in Verdächtigungen und schließlich in offene Feindschaft überging. William Dampiers Meinung von den australischen Ureinwohnern war um nichts besser: »Die Bewohner dieses Landstrichs sind das erbärmlichste Volk der Welt ... [sie] besitzen keine Behausungen oder Fellkleidung, Schafe, Geflügel oder Feldfrüchte ... bis auf ihre menschliche Gestalt unterscheiden sie sich wenig von wilden Tieren ... Sie haben keinerlei Kleidung, nur ein Stück Baumrinde wie einen Gürtel um ihre Hüften gebunden und eine Handvoll langes Gras oder drei, vier kleine grüne Blätterzweige unter den Gürtel geschoben ... Ob sie als Mann und Frau in festen Partnerschaften oder in Promiskuität leben, weiß ich nicht, jedenfalls leben sie in Gruppen von 20 oder 30, Männer, Frauen und Kinder zusammen ... Ich konnte nicht feststellen, daß sie irgendeine Form von Religion ausübten ...«

Fast 100 Jahre später ordnete auch James Cook die Aborigines, auf die er an der Ostküste Australiens stieß, am unteren Ende der Daseinskette ein. Doch da er von den romantischen Vorstellungen des 18. Jahrhunderts erfüllt war, sah er ihren »wilden Zustand« sehr viel positiver: »In Wirklichkeit«, schrieb er, »sind sie viel glücklicher als wir Europäer, denn ihnen sind nicht nur die überflüssigen, sondern auch die notwendigen Annehmlichkeiten, die in Europa so begehrt sind, völlig unbekannt ... Sie leben in einer Gelassenheit, die nicht durch ungerechte Verhältnisse gestört wird: Die Erde und das Meer versorgen sie von selbst mit allem, was sie zum Leben brauchen, sie verlangt es nicht nach großartigen Häusern, Hausrat und dergleichen ... Kurz, sie schienen keinen Wert auf irgend etwas zu legen, das wir ihnen gaben, und sie wollten sich auch von nichts trennen, was sie besaßen, gleich was wir ihnen zum Tausch dafür anboten. Meiner Meinung nach bedeutet dies, daß sie glauben, mit allem Lebensnotwendigen ausgestattet zu sein und nichts Überflüssiges zu besitzen.«

Das fehlende Bindeglied

Dampiers Berichte von seinen vier Seereisen um die Welt erlangten ungeheure Popularität und trugen – gemeinsam mit den Geschichten anderer Weltreisender – dazu bei, daß die

Unten: Diese Zeichnung des schottischen Sträflingskünstlers Thomas Watling (1762 – ?) mit dem Titel *A Group on the North Shore of Port Jackson New South Wales* (Eine Gruppe an der Küste im Norden von Port Jackson, New South Wales) wurde 1794 vollendet, nur sechs Jahre nach der Ankunft der Ersten Flotte in Australien. Die unbekleidete Aborigines-Familie mit so gut wie keinen Besitztümern entspricht Dampiers Beschreibung wilden Barbarentums, doch die zeichnerische Darstellung der Personen läßt vermuten, daß der Künstler unter dem Einfluß der romantischen Vorstellungen der Philosophen des 18. Jahrhunderts stand, die Wildheit als den Naturzustand ansahen, der frei von den Zwängen und Widersprüchen der degenerierten zivilisierten Gesellschaft war.

Die wissenschaftliche Erforschung

Die europäischen Schiffe, die im späten 18. Jahrhundert den Pazifik erforschten, waren kleine schwimmende Laboratorien, die mit den modernsten wissenschaftlichen und nautischen Instrumenten ausgestattet waren, um die Bewegungen der Planeten am südlichen Himmel zu beobachten, die Strömungen des Pazifiks zu studieren, die Wassertiefe auszuloten, die Inseln zu kartographieren und Exemplare der Flora und Fauna zu sammeln. Als die *Endeavour* 1768 England verließ, befand sich nicht nur Sir Joseph Banks an Bord, damals 23 Jahre alt und neugewähltes Mitglied der Royal Society, sondern auch der Botaniker Daniel Carl Solander. Der 1733 in Schweden geborene Solander war ein Schüler und Kollege von Carl von Linné (1707–1778), dem bedeutendsten Naturwissenschaftler seiner Zeit, der die erste systematische Klassifizierung der Tier- und Pflanzenarten aufstellte. Solander war seit 1760 in England ansässig und hatte eine enge Freundschaft zu Banks entwickelt. Es war Banks, der den Vorschlag machte, man solle zu zweit die von der Royal Society gesponserte Expedition in den Pazifik begleiten, und er steuerte 10 000 Pfund aus seinem Privatvermögen zur Finanzierung bei. Ein Zeitgenosse bemerkte: »Keine Gruppe von Menschen, die besser zur Erforschung der Naturgeschichte ausgerüstet gewesen wäre, ist jemals in See gestochen. Sie haben eine ausgezeichnete Bibliothek der Naturgeschichte, alle möglichen Apparaturen zum Fangen und Präparieren von Insekten, Netze aller Art, Schleppnetze, Haken zum Korallenfischen, sogar die bemerkenswerte Erfindung eines Teleskops, mit dem man, hält man es unter Wasser, den Meeresgrund in großer Tiefe sehen kann.« Diese *»experimental gentlemen«*, wie die Schiffsbesatzung die Wissenschaftler an Bord nannte, waren auch bei den beiden darauffolgenden Reisen James Cooks dabei. Französische Expeditionen in den Pazifischen Ozean waren ähnlich gut für ernsthafte wissenschaftliche Forschungsarbeiten ausgerüstet.

Rechts: William Dampiers 1703 veröffentlichter Bericht von seiner Reise nach Neuholland enthielt einige der ersten in Europa gesehenen Zeichnungen australischer Tiere, wodurch der Grundstein für die naturgetreue Darstellung der einzigartigen Tierwelt der Antipodenländer gelegt wurde. Seine Skizzen und rudimentären Erläuterungen (»Der Kopf und der Großteil des Halses dieses Vogels sind rot, und darin unterscheidet er sich vom Säbelschnäbler Italiens«) unterscheiden sich von den detaillierten Kommentaren, die Sydney Parkinson, einer der professionellen Künstler auf der *Endeavour*, auf der Rückseite eines Bildes der in Neu-

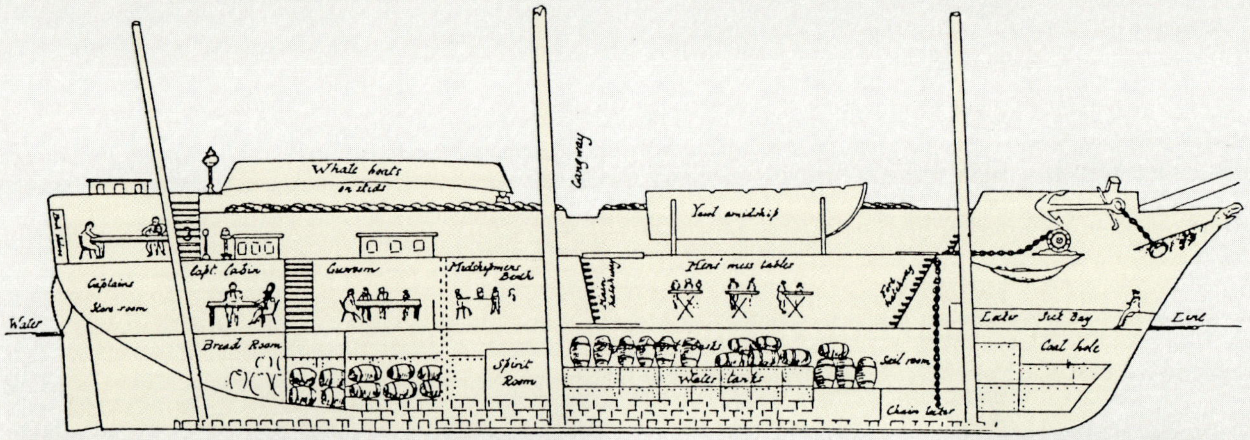

Oben: 1831 wurde Charles Darwin (1809–1882) mit nur 22 Jahren zum offiziellen Naturwissenschaftler auf der *HMS Beagle* ernannt, während sie unterwegs war, die Küstenlinien Südamerikas und im Südpazifik zu kartographieren. Seine Beobachtungen auf dieser fünfjährigen Reise stellten später die Grundlage für seine Evolutionstheorie dar. Die beengten Verhältnisse, in denen die Wissenschaftler arbeiten und ihre Proben unterbringen mußten, kann man anhand dieses Querschnitts der *Beagle* abschätzen. Trotzdem war sie größer als die beiden Schiffe Cooks.

Links: Joseph Banks, hier auf einem Gemälde Sir Joshua Reynolds' dargestellt, war zunächst ein Amateur, der sein Privatvermögen nutzte, um seine Unternehmen im Dienste der wissenschaftlichen Forschung zu finanzieren. Er wurde zum führenden Botaniker und bewahrte zeit seines Lebens sein Interesse am Pazifik und an Australien, obwohl er diese Region nach 1770 nie wieder besuchte.

Rechts: Der in Deutschland geborene Johann Reinhold Forster (1729–1798) und sein Sohn Georg (1754–1794) begleiteten Cook als Naturwissenschaftler auf seiner zweiten Reise. Ihnen fehlten das Flair von Banks und die Reputation von Solander; sie lieferten aber dennoch eine Reihe von wichtigen Beiträgen zum Wissen über den Pazifik.

seeland gefundenen Baumfuchsie niederschrieb: »Der Kelch ist auf der Innenseite tief karmesinrot, wie auch die Staubfäden und der Griffel, dessen Spitze gelb ist. Die Blütenblätter ein dunkles Purpur, die Außenseite des Kelchs heller und leicht ins Grüne spielend, Staubbeutel gelb mit Rotstich, der obere Teil der Blätter dunkles Grasgrün, der untere Teil weiß mit einem Anflug von Grün und grünen Adern, die Sporenkapseln grün, der Stiel graugrün.« Parkinson starb auf dem Weg zurück nach England in Batavia, doch James Miller fertigte nach seiner Skizze und der Beschreibung dieses Bild *(ganz rechts)* an.

Oben: Georg Forster war 18 Jahre alt, als er diese Zeichnung eines neuseeländischen Tuis anfertigte, wobei er ein gutes Auge für Details erkennen läßt. Später sollte er sich einen Ruf als Ornithologe erwerben. Seine Schrift *A Voyage round the World* (1777; *Reise um die Welt*, 1779/80) ist einer der lebendigsten Berichte über Cooks Reisen.

Rechts: Louis XVI. erteilte den Auftrag für La Pérouses Reise von 1785 bis 1788 und finanzierte sie auch. Im Rahmen dieser Reise wurde mehr vom Pazifik erforscht als durch irgendeine vorangegangene Expedition. Auf diesem Gemälde von Nicolas-André Monsiau ist dargestellt, wie der König La Pérouse seine Instruktionen gibt. Die beiden Schiffe La Pérouses wurden zuletzt im März 1788 in der Botany Bay gesichtet, wo sie von Passagieren der eingetroffenen Ersten Flotte beobachtet wurden. Sie verschwanden spurlos, und 1791 wurde D'Entrecasteaux ausgeschickt, um nach La Pérouse zu suchen. Ihn begleitete der Naturwissenschaftler Labillardière, ein Freund und Briefpartner von Banks. Als Labillardières botanische Sammlung, die ungefähr 10 000 Exemplare umfaßte, von der Royal Navy erbeutet wurde, arrangierte Banks ihre Rückführung nach Frankreich – eine Erinnerung daran, daß gemeinsame wissenschaftliche Interessen manchmal stärker waren als die Feindseligkeiten des Krieges.

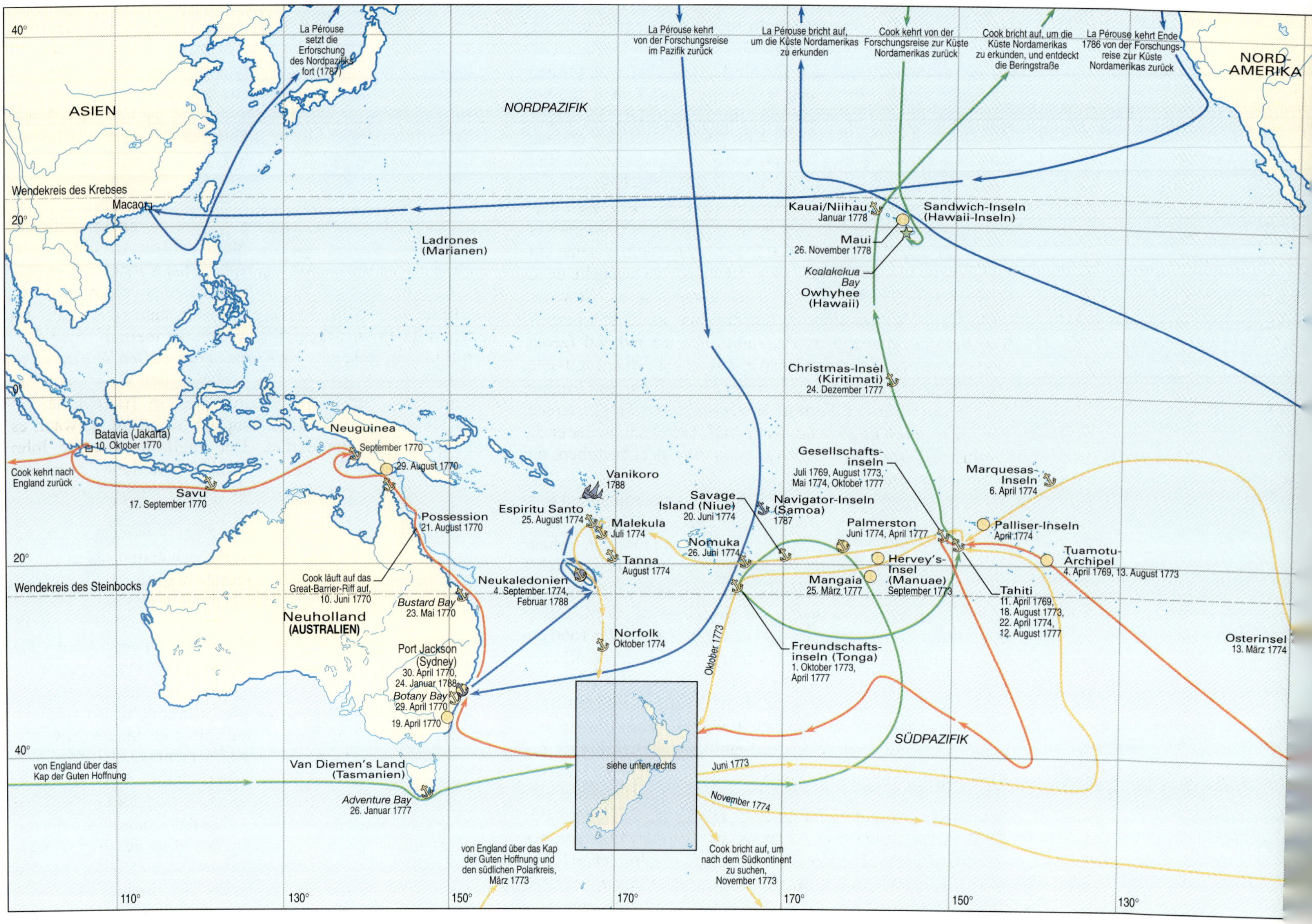

Vorstellung vom pazifischen »Wilden« sich im europäischen Denken festsetzte. Wenn aber der Mensch des Pazifikraums auf einer wilden und tierähnlichen Stufe stand, dann schien es nicht ausgeschlossen, daß dort auch ein Wesen lebte, welches das *»missing link«*, das fehlende Bindeglied zwischen Mensch und Tier, darstellen könnte. Solche Ideen wurden in der fiktionalen Literatur durch die Schriften James Burnetts, Lord Monboddo (1714–1799), angeregt. Er war ein schottischer Rechtsanwalt und Amateuranthropologe, der das Wissen und die Bräuche primitiver Völker studierte (obwohl er selbst niemals den Pazifik bereiste) und in seinem Monumentalwerk *Of the Origin and Progress of Language* (*Von dem Ursprunge und Fortgange der Sprache*, 1773–1792) die Ursprünge von Sprache und Gesellschaft erforschte. Monboddos Theorien brachten ihm Ruhm und allgemeine Bekanntheit ein. In einigen seiner Schlußfolgerungen nahm er die Prinzipien der Darwinschen Evolutionslehre vorweg. Über manche seiner Ansichten machte man sich weit und breit lustig, vor allem über seinen Glauben, der Mensch sei mit dem Orang-Utan verwandt und Kinder würden mit Schwänzen geboren.

Monboddos Ideen werden deutlich erkennbar in dem fiktiven Bericht einer Pazifikreise verspottet, der im gleichen Jahr wie der erste Band seines Werks publiziert und unter dem Pseudonym Hildebrand Bowman verfaßt wurde. Bowman beschreibt, wie er auf seinen Reisen in der Südsee eine Kreatur entdeckt, die er Taupinieran nennt: Sie stellt sich als das Bindeglied zwischen Mensch und Affen heraus, hat ein schweineähnliches Tiergesicht, den Körper eines Menschen und – einen Schwanz. »Ich untersuchte es wieder und wieder«, schreibt Bowman, und »beide Geschlechter waren mit diesen kleinen Anhängseln ausgestattet.« Die Veröffentlichung des bekannten Werks *The Descent of Man and Selection in Relation to Sex* (*Die Abstammung des Menschen und die Zuchtwahl in geschlechtlicher Beziehung*, 1871) des englischen Naturforschers Charles Darwin (1809–1882) beeinflußte ein Jahrhundert später eine ähnliche Parodie. Darwin schrieb: »[Die frühen Vorfahren des Menschen] waren ohne Zweifel einst mit Haaren bedeckt, und beide Geschlechter hatten Bärte; ihre Augen waren schlitzartig und beweglich, und ihre Körper waren mit einem Schwanz ausgestattet, der richtige Muskeln besaß.« Bald darauf erschien eine satirische Phantasiegeschichte von E. W. Cole (1832–1918), in der er behauptet, daß ein Reisender namens Jones in Neuguinea das fehlende Bindeglied in der menschlichen Evolution gefunden habe. Der Elocwe (ein Anagramm des Namens des Autors) könne »im Umkreis von ein paar hundert Meilen von bedeutenden englischen, spanischen und niederländischen Siedlungen auf dem östlichen Archipel« angetroffen werden. Die Gestalt, Verhaltensweise und Bewegungsart des Elocwe seien erkennbar die »einer Gorilla-Art, die sich auf bemerkenswerte Weise der menschlichen Gestalt annähert«, und Jones sei sehr verwundert gewesen, als er diese Wesen ganz eindeutig in menschlicher Sprache reden hörte.

Wissenschaftliche Forschungsreisen

Bis zum späten 18. Jahrhundert wußten die Europäer mehr über die Himmelskörper als über die andere Seite der Welt, denn den Himmel konnten sie zumindest beobachten. Im Laufe jenes Jahrhunderts nahmen französische und britische Expeditionen in den Pazifik die Form wissenschaftlicher For-

Die Reisen von Cook und La Pérouse
James Cook war ohne Zweifel der großartigste europäische Seefahrer im Pazifik. Seine drei Forschungsreisen bewiesen sein Navigationstalent und seine Befähigung für genaue Vermessung. Auf seiner Suche nach der Nordwestpassage, der auch Cooks letzte Reise galt, überquerte Jean-François de Galaup, Comte de La Pérouse (1741 – 1788) noch größere Entfernungen im Ozean. Er besuchte die Küsten Chiles, Alaskas, Kaliforniens, Chinas, der Insel Sachalin und der Halbinsel Kamtschatka (von der aus sein Logbuch und seine Karten auf dem Landweg nach Frankreich geschickt wurden) und begann anschließend, den Südpazifik zu erforschen. Mehrere Expeditionen wurden entsandt, um nach seinen Schiffen zu suchen, die zuletzt im März 1788 in der Botany Bay gesichtet wurden. Erst 1828 stellte der französische Forschungsreisende Dumont d'Urville die Theorie auf, sie seien vor Vanikoro, einer der Santa-Cruz-Inseln, gesunken.

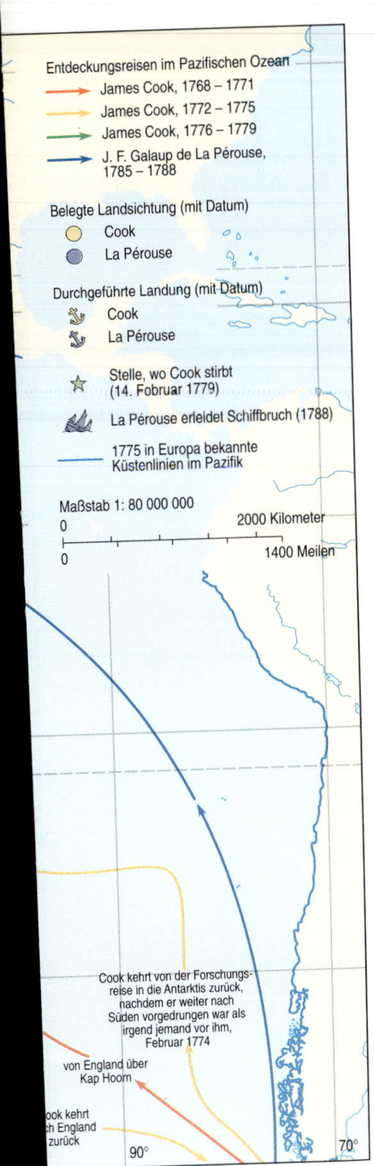

schungsreisen an, und innerhalb sehr kurzer Zeit wurde der Pazifik zu einer der am intensivsten erforschten Regionen der Welt. Der Pazifikraum war für die Wissenschaft von großem Interesse, weil er dazu beitrug, das Bild vom Leben und von den Kulturen der Erde zu vervollständigen. Die geographische Lage des Pazifiks, von Europa aus »auf der anderen Seite der Welt« gelegen, wirkte als Sinnspender für die »bekannte Welt«, da die letzten Lücken im Wissen über die Welt und ihre Völker ausgefüllt wurden – die »andere« Welt definierte die eigene. Es ist signifikant, daß Charles Darwins Reisen in den Pazifik das Material lieferten, aus dem er seine einflußreichen Ideen schöpfte. Von 1831 bis 1836 segelte er als Naturwissenschaftler auf der *HMS Beagle*, die die Gewässer vor Südamerika wissenschaftlich erfassen sollte, und besuchte später die Galapagosinseln, Tahiti, Neuseeland und Tasmanien. Die Kenntnisse, die Darwin auf seiner Reise sammelte, stellten später die Grundlage für seine Schrift *On the Origin of Species by Means of Natural Selection* (*Über die Entstehung der Arten durch natürliche Zuchtwahl*, 1859) dar, in der er die Evolutionstheorie des *»survival of the fittest«* (Überlebens des Bestangepaßten) formulierte.

Die von den Franzosen und Briten zur Erkundung und Kartographierung des Pazifiks ausgeschickten Seeleute waren verpflichtet, Logbücher zu führen, in die sie täglich genaue und umfassende Einträge machten. Louis de Bougainville (1729 – 1811), der selbst ein bekannter Mathematiker war, hatte einen Astronomen und einen Botaniker an Bord. Cooks Expeditionen standen unter der Schirmherrschaft der 1660 gegründeten Royal Society, der wichtigsten wissenschaftlichen Gesellschaft Großbritanniens. Der Gebrauch des Sextanten, der etwas früher im selben Jahrhundert das weit ungenauere Astrolabium als Navigationsinstrument abgelöst hatte, und später auch der Einsatz des Chronometers halfen ihm in hohem Maße bei seiner akribischen Vermessung des Pazifiks. Der Botaniker Joseph Banks (1743 – 1827), der bei jeder sich bietenden Gelegenheit Pflanzen sammelte, begleitete ihn. Cook nannte seine erste Landungsstelle an der Ostküste Australiens Botany Bay, zur Erinnerung an die zahlreichen Pflanzenproben, die Banks dort nahm. Von 1733 an bekamen Künstler an der Naval Academy von Portsmouth eine Spezialausbildung, um die entdeckten Pflanzen und Tiere, aber auch die Inseln und ihre menschlichen Bewohner zeichnerisch dokumentieren zu können. Johann Reinhold Forster, der Cook auf seiner zweiten Reise begleitete, schrieb: »Mein Gegenstand war die Natur im weitesten Sinne – die Erde, das Meer, die Luft, die organische und belebte Schöpfung und insbesondere jene Klasse von Lebewesen, der wir selbst angehören.«

Cook in Neuseeland *(rechts)*
Cook besuchte auf jeder seiner drei Pazifikreisen Neuseeland. Beim ersten Mal in den Jahren 1769/70 verbrachte er sechs Monate dort, während der er akribisch die Küstenlinie kartographierte. Viele geographische Besonderheiten wurden nach Schiffsoffizieren oder Mitgliedern der Admiralität benannt, die die Expedition finanziell unterstützte.

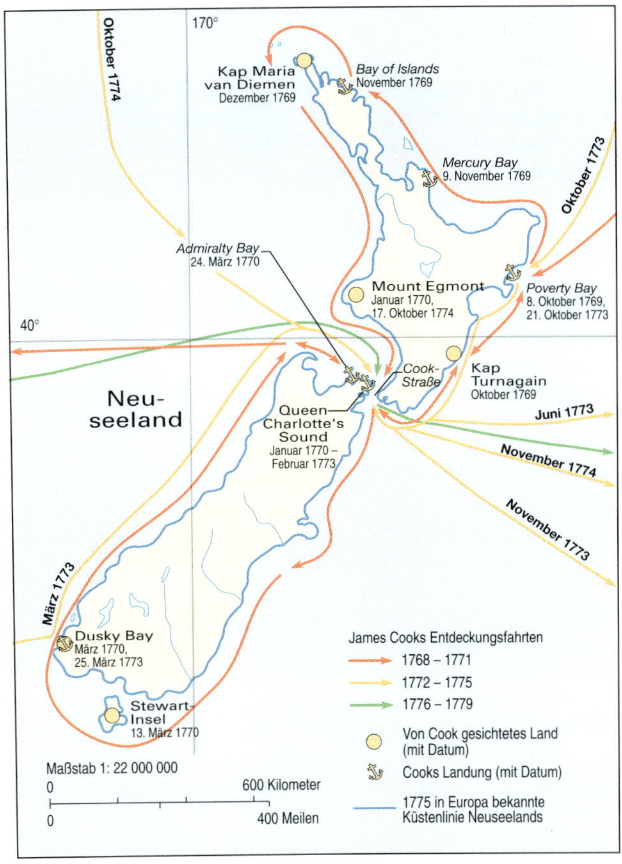

Das Arkadien des Südens

In der europäischen Vorstellungswelt boten die »primitiven« Pazifikvölker stets ein ambivalentes Bild. Der Ansicht, sie seien »bloße Tiere« ohne Vernunft, stand die Vorstellung gegenüber, sie seien Naturvölker, unbelastet und unverdorben durch die Bürde der Zivilisation, die in einem naturnahen Zustand lebten, mit dem ursprünglichen Guten der menschlichen Seele in Einklang stehend. Das Konzept des »edlen Wilden« hatte seine Wurzeln im Goldenen Zeitalter des klassischen Altertums, doch durch die Schriften des im 16. Jahrhundert wirkenden französischen Philosophen Montaigne gewann es neue Kraft und Popularität. Der englische Dichter John Dryden (1631 – 1700) brachte diese Vorstellung in seinem Drama *The Conquest of Granada* (*Die Eroberung Granadas*, 1672) zum Ausdruck:

> Ich bin so frei, wie Gott erschuf den ersten Mann,
> noch eh das bittre Knechtsgesetz begann,
> als frei die edlen Wilden zogen durch den Tann.

Daniel Defoe griff das Thema in *A New Voyage Round the World* (Eine neue Reise um die Welt, 1724) auf, worin er Dampiers »Tiere« in Wesen ungezähmter Unschuld verwandelte, die – Männer wie Frauen – trotz ihrer völligen Nacktheit »etwas einmalig Aufrichtiges und Ehrliches in ihren Gesichtern hatten«, und er fand »keinerlei Verschlagenheit oder Verrat unter ihnen«. Als Europa in das Zeitalter der Aufklärung eintrat, veränderte der französisch-schweizerische Philosoph Jean-Jacques Rousseau (1712 – 1778) das Konzept des »edlen Wilden« nochmals, indem er es in der Mitte des 18. Jahrhunderts zum modischen Gesprächsthema der literarischen und politischen Salons Europas machte. In seiner Schrift von 1754, *Discours sur l'origine et les fondements de l'inégalité parmi les hommes (Abhandlung über den Ursprung und die Gründe der Ungleichheit unter den Menschen)*, argumentierte er: »Der Mensch ist von Natur aus gut und wird nur durch Institutionen schlechtgemacht.« Gebildete und privilegierte Männer wie Banks und Bougainville verinnerlichten diese Ideen. Bereitwillig identifizierten sie die Polynesier mit den »edlen Wilden« und verglichen sie mit Persönlichkeiten aus der Klassik. Banks schrieb über die Tahitianer: »Diese *gentlemen* müssen, wie einst Homer, Dichter und Musiker sein.« Bougainville beschrieb sie noch enthusiastischer: »Nie sah ich wohlgeformtere Menschen«, verkündete er, »oder Menschen, deren Gliedmaßen ebenmäßiger gewesen wären.« Und wenn sich die Männer leicht mit Mars oder Herkules vergleichen ließen, so waren die Frauen dementsprechend lebende Verkörperungen der Venus und besaßen die »himmlische Gestalt jener Göttin«. In Anlehnung an Camões' Liebesinsel nannte Bougainville Tahiti das »neue Kythera«, nach der griechischen Insel, die in der Antike der Liebesgöttin geweiht war. Für ihn war Tahiti das Paradies vor dem Sündenfall. In *Voyage autour du monde* ... (Weltumsegelung ...) schrieb er 1771: »Oft glaubte ich, im Garten Eden zu wandeln«, und er verglich Tahiti mit den elysischen Inseln der griechischen Mythologie, auf denen nur die Seelen der Unbefleckten lebten.

Die ersten Berichte über die Bewohner Tahitis stellten diese also als freundlich und intelligent dar. Nach seinen Reiseaufzeichnungen entlockte James Cook den Polynesiern oft Ratschläge für die Kursberechnung: Er notiert, daß Kartenzeichner der Maori ihm auf dem Deck seines Schiffs *Endeavour* mit Holzkohle die beiden Hauptinseln Neuseelands skizzierten. Die Vorstellung vom »edlen Wilden« wurde un-

Der »edle Wilde«

Die europäische Erforschung des Pazifiks fand in einer Zeit intensiver philosophischer Auseinandersetzungen um die Stellung des Menschen statt. Angeregt von der wissenschaftlichen Aufklärung und der Romantik, deren literarischer und künstlerischer Gegenströmung, hinterfragte man zunehmend die Vorstellung von der Bildungsfähigkeit des Menschen und der zivilisierenden Wirkung der Gesellschaft. Die Romantiker standen den Mächten, die das sich industrialisierende Europa formten, kritisch gegenüber und versuchten statt dessen, den »Naturzustand« zu betonen und zu verherrlichen, in dem der unschuldige Mensch vor dem Sündenfall ein tugendhaftes und glückliches Leben führte, das nicht von der künstlichen Gesellschaft verdorben und erniedrigt war. Die Vorstellung vom »edlen Wilden« kann auf antike Schriftsteller wie Homer, Plinius und Xenophon zurückgeführt werden, die die Arkadier und andere urtümliche Gruppen, reale wie erfundene, idealisierten. Im 18. Jahrhundert war Jean-Jacques Rousseau (1712–1778) ihr größter Verfechter, der sich in *Emile ou De l'éducation* (*Emil oder Über die Erziehung*, 1762) und in den autobiographischen *Les confessions* (*Die Bekenntnisse*, 1765–1770) für die angeborene Gutheit des Menschen aussprach. Die romantische Einstellung gegenüber dem Primitivismus hatte einen großen Einfluß auf die europäische Begriffsbildung im Hinblick auf den Pazifik. Cook und Banks rühmten die »primitiven« Tugenden der Polynesier. Die sie begleitenden Künstler stellten die Männer auf heroische Art und Weise dar und die Frauen als die Nymphen der klassischen Mythologie. Solche Bilder hatten lange ihren Platz in der populären Vorstellung von der pazifischen Inselwelt.

Unten: William Hodges begleitete Cook auf seiner zweiten Reise in den Pazifik. Nach seiner Rückkehr wurde er vom Marineministerium für ein jährliches Honorar von 250 Pfund angestellt, seine Eindrücke vom Pazifikraum niederzulegen. Er war besonders wegen seiner genauen Schilderungen der Wetterbedingungen auf See geschätzt, die von den Stürmen der Antarktis bis zu den ruhigen Gewässern des Kalmengürtels reichten. Seine Bilder von Tahiti verdanken trotz ihrer topographischen Korrektheit eine ganze Menge der romantischen Phantasie. Auf *Oaitepeha Bay, Tahiti* (1776) sind unschuldige Nymphen zu sehen, die im und am Wasser herumtollen. Solche Gemälde, die aus der Tradition der Liebesinsel der Venus schöpfen, trugen entscheidend zur neoklassizistischen Vorstellung vom Pazifik bei. Derselbe Einfluß ist noch deutlicher in John Webbers Bild *Poedooa (unten rechts)* sichtbar. Sein Porträt einer Häuptlingstochter von Raiatea (Gesellschaftsinseln) verkörpert die sinnliche polynesische Frau der romantischen Vorstellung.

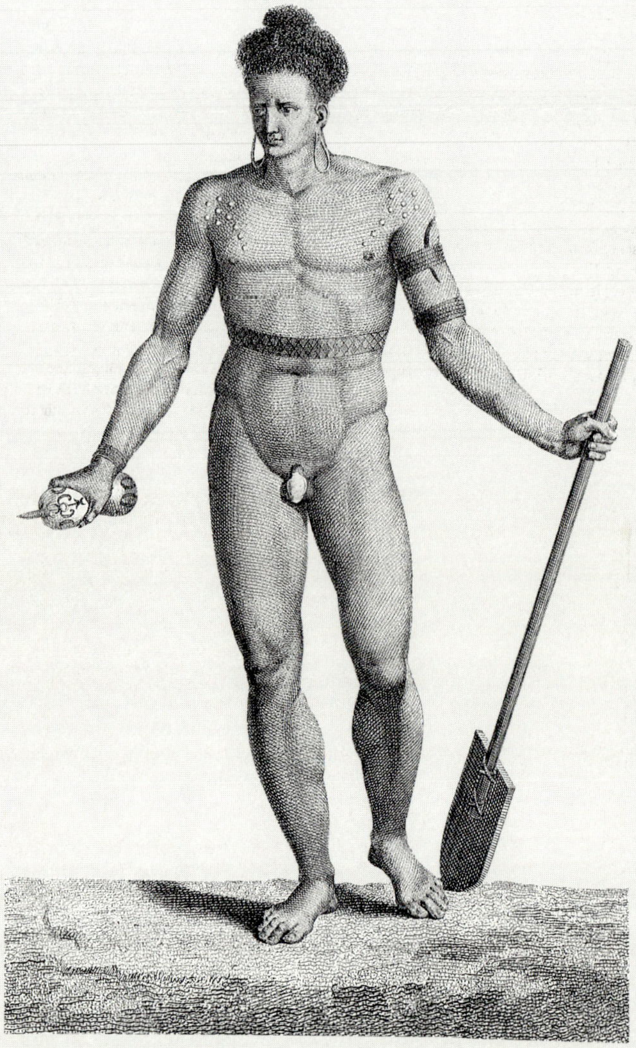

Links: Dieser Stich eines Eingeborenen der Admiralitätsinseln (Teil des Bismarckarchipels Papua-Neuguineas) erschien in Labillardières *Relation du voyage à la recherche de La Pérouse* (*Bericht von der Reise auf der Suche nach La Pérouse*, 1797). Im Gegensatz zum sanften, sinnlichen Bild polynesischer Frauen ist der »edle Wilde« (dessen Pose sich eng an antike griechische Statuen anlehnt) hier auf unsentimentale Weise dargestellt. Sein heroischer Stoizismus spiegelt die Werte des republikanischen Frankreichs wider, wie sie in den Gemälden Jacques Louis Davids zu finden sind – ein Beispiel dafür, wie europäische Künstler ihre eigenen Gedanken auf ihre Darstellungen der Pazifikbewohner übertrugen.

Rechts: Europäische Graveure setzten die gemalten Bilder von Künstlern, die die Pazifikregion bereist hatten, um und popularisierten sie für die lesende Öffentlichkeit. Dieser Stich von T. Chambers mit dem Titel *Two of the natives of New Holland advancing to Combat* (Zwei Eingeborene von Neuholland rücken zum Kampf vor, 1773) basiert auf Sydney Parkinsons Zeichnungen von Aborigines, die Cook die Landung in der Botany Bay verwehren wollten. In ihren Gesichtszügen und der Körpergestalt erinnern uns diese Krieger mit ihren ungenau dargestellten Schwertern, Speeren und Schilden an Statuen griechischer und römischer Soldaten. Auch ihre Körperbemalung ist falsch wiedergegeben. Die Darstellung der Gestalten impliziert den europäischen Wunsch, aus dem Zustand der Wildheit die antike Tugend zu erschaffen.

Oben: Im Jahr 1774 brachte Tobias Furneaux, der Kapitän des Schiffs, das die *Resolution* auf Cooks zweiter Pazifikreise begleitet hatte, einen jungen Polynesier namens Omai mit sich nach England. Er wurde George III. vorgestellt, der ihm ein Schwert schenkte, und von der vornehmen Gesellschaft hofiert und gefeiert. Dieses Gemälde von William Parry (1776) zeigt Omai mit Joseph Banks und seinem Botanikerkollegen Daniel Carl Solander, der hier zur Linken sitzt, an Bord der *Endeavour*. Obwohl Omai für sein königliches Publikum europäische Kleidung trug, wird er in einem togaähnlichen Gewand als »edler Wilder« dargestellt. Omai war nicht der erste pazifische Besucher Europas dieser Art – Bougainville hatte den Tahitianer Aotourou in Paris eingeführt und wurde von einigen dafür kritisiert, daß er ihn von seiner glücklichen Insel zu den verderbten Einflüssen der französischen Gesellschaft entführt hatte. Auch Cook war sich nicht sicher, ob es sehr weise gewesen war, Omai nach England zu bringen.

terstützt durch den Tahitianer Aotourou, der von Bougainville nach Paris mitgebracht worden war, um ihn der Philosophischen Gesellschaft vorzustellen. Einen ähnlichen Effekt hatte einige Jahre später der Besuch Omais, eines anderen Polynesiers, der zur Unterhaltung der mondänen Kreise Londons beitrug. Doch nicht jeder hatte eine so hohe Meinung von der edlen Ursprünglichkeit. Der französische Seefahrer La Pérouse (1741–1788) war einer derjenigen, die sich gegenüber der Vergötterung des »edlen Wilden« durch die europäischen Philosophen kritisch ausgesprochen hatten. Auf einer seiner ausgedehnten Forschungsreisen in den Pazifik erreichte er 1787 die Navigator-Inseln (heute Samoa), wo eine Gruppe von Insulanern den Kommandanten der *Astrolabe* und eine Anzahl seiner Männer tötete. Dieser brutale Vorfall veranlaßte ihn zu der verbitterten Bemerkung: »Trotz der Akademien, die die Paradoxien von Philosophen mit Lorbeer krönen, ist der fast wilde, in Anarchie lebende Mensch ein bösartigeres Geschöpf als die Wölfe und Tiger des Waldes.«

Watkin Tench (um 1758–1833), der Befehlshaber der Abteilung britischer Marinesoldaten, die die Erste Flotte begleiteten – jene elf Schiffe, die 1788 die erste Gruppe weißer Siedler nach Australien brachten –, warnte gleichfalls vor der romantischen Gefühlshaltung, die den »edlen Wilden« hervorgebracht hatte: »Ich wünschte, daß diese europäischen Philosophen, deren subtile Überlegungen den Zustand der Natur über den der Zivilisation erheben, das Phantasiegebilde einmal mit eigenen Augen sehen könnten, das ihre hitzigen Spekulationen heraufbeschworen haben«, schrieb er. Dann könnten sie erfahren, daß der Wilde, »der in seinen angestammten Wüsten auf Beutejagd umherstreift, ein Geschöpf ist, das von sämtlichen Leidenschaften, die unser Wesen beeinflussen und erniedrigen, deformiert ist, ohne den mildernden Einfluß von Religion, Philosophie und gesetzlichen Beschränkungen«. Tench war der Meinung, daß die Aborigines das primitivste und daher roheste und minderwertigste aller Völker der Erde seien.

Die Ansichten anderer Besucher des Pazifikraums waren differenzierter. William Lockerby, der 1809 Fidschi besuchte, sagte folgendes über seine Bewohner: »Im Krieg sind sie äußerst furchtlos und grausam, doch im Frieden ist ihr Wesen mild und großzügig gegenüber Freunden, und eine solche Liebe, wie sie sie ihren Verwandten entgegenbringen, findet sich unter Europäern selten.« Demnach waren die Pazifikvölker zugleich Kannibalen und eine traute Gemeinschaft liebevoller Menschen – diese beiden Vorstellungen von ihrer rohen Wildheit und ihrer edlen Ursprünglichkeit, die die Meinungen und Vorurteile über sie bestimmten, existierten im europäischen Denken nebeneinander. Am unteren Ende der Skala waren die als »bloße Tiere« angesehenen Aborigines und die melanesischen Kopfjägerstämme Neuguineas angesiedelt. Man beschrieb sie oft als die letzten Steinzeitmenschen, die in die zivilisierte Welt eintraten. Allgemein gesehen, kam den Polynesiern eher die Rolle der »edlen Wilden« zu, obwohl etwa die kriegerischen Maori Neuseelands bald als »edle Wilde«, bald als grausame Kannibalen dargestellt wurden.

Das gefundene und wieder verlorene Paradies

Polynesien und seine Völker, und besonders die Insel Tahiti, übten noch lange ihren unschuldigen Zauber auf die europäischen Besucher aus. So schrieb ein französischer Seemann über die Insel: »Wenn Glück im Überfluß aller lebensnotwendigen Dinge besteht, darin, in einem hervorragenden Land mit dem angenehmsten Klima zu leben, sich bester Gesundheit zu erfreuen, die reinste und zuträglichste Luft zu atmen, ein einfaches, geruhsames, stilles Leben ohne jede Leidenschaft, sogar ohne Eifersucht zu führen, obwohl man von Frauen umgeben ist, wenn von diesen Frauen selbst Glück verbreitet wird, dann sage ich, daß es auf der Welt kein glücklicheres Land gibt als Tahiti.« Es war sprichwörtlich, daß polynesische Frauen sich scheinbar ohne Hemmungen Seeleuten hingaben, die oft monatelang ohne weibliche Gesellschaft auf See gewesen waren. (In jüngerer Zeit durchgeführte kritische Untersuchungen lassen jedoch vermuten, daß die Inselherrscher den Frauen einer »Unterkaste« befohlen hatten, die Seeleute zu empfangen und ihnen zu Willen zu sein, um so einen möglichen Konflikt zu entschärfen.)

Tahiti wurde als Raststation berühmt, auf der die Männer sich von den Auswirkungen des Skorbuts und den anderen Entbehrungen des Bordlebens erholen konnten, während sie

Oben: Die Vorstellung von den pazifischen Inseln als Paradies erfaßte das europäische Denken und wurde den überfüllten und verrußten Städten des sich industrialisierenden Europas kontrastierend gegenübergestellt. Hier ist das Arkadien der Südsee auf einer bemalten französischen Tapete des frühen 19. Jahrhunderts wiedergegeben, die den Titel *Völker des Pazifischen Ozeans* trägt. Sie zeigt in hohem Grade romantisierte Polynesier, wie sie die Früchte der Natur genießen. Der links im Hintergrund angedeutete Tod Kapitän Cooks weist auf Konflikte hin.

Unten: Der amerikanische Romanautor Herman Melville gehört zu einer Reihe von Schriftstellern, die zu dem populären romantischen Bild von den Pazifikinseln beitrugen, insbesondere zur Charakterisierung polynesischer Frauen als Liebesobjekte. Diese Illustration aus einer Edition des frühen 20. Jahrhunderts seines Romans *Typee (Taipi)* ist dafür bezeichnend. Fayaway, Melvilles polynesische Nymphengestalt, inspirierte viele Abenteurer und Schriftsteller, wie etwa Jack London, dazu, auf der Suche nach dem Paradies in die Südsee zu reisen.

den Überfluß tropischer Früchte und die Freuden des Fleisches genossen. Mitte des 19. Jahrhunderts schrieb der amerikanische Romanautor Herman Melville (1819–1891): »Es mutet wie ein Märchenland an, taufrisch und blühend aus der Hand des Schöpfers.« Einige Zeit später schilderte der französische Schriftsteller Julien Marie Viaud (1850–1923) unter dem Pseudonym Pierre Loti sehr plastisch die Verführungen auf den Inseln, »wo Trübsal unbekannt und Arbeit nicht von Nutzen ist, wo jeder seinen Platz in der Sonne und im Schatten hat, seinen Platz im Wasser und seine Speise in den Wäldern«. Es waren jedoch die Bilder Paul Gauguins (1848–1903), in denen die sinnliche Schönheit Polynesiens und insbesondere die seiner Frauen auf die ausdrucksvollste und nachhaltigste Weise Gestalt annahm. Der Maler ließ das künstlerische Leben in Paris hinter sich, um »wie ein Wilder« im »primitiven Paradies« Tahitis und später der Marquesas-Inseln zu leben.

Herman Melville, der in New York geborene Sohn eines erfolglosen Geschäftsmanns, war einer von denen, die am stärksten zu der phantasiereichen Vorstellung des Pazifiks als Paradies vor dem Sündenfall beitrugen. Mit 16 Jahren heuerte er als Schiffsjunge an und segelte mehrere Jahre lang auf Walfängern durch die Südsee. Seine Erlebnisse bildeten die Grundlage für drei seiner einflußreichsten Schriften: *Typee* (*Taipi*, 1846), *Omoo* (*Omu*, 1847) und *Moby Dick* (1851). Die erste von ihnen trägt den Untertitel *A Peep at Polynesian Life (Ein Blick auf polynesisches Leben)* und berichtet von seinen Abenteuern im Tal der Taipi auf den Marquesas-Inseln, wo er einen Monat als Gefangener dieses Kannibalenstamms verbrachte. Er glaubte, unter dem Taipi-Volk wahre Unschuld gefunden zu haben, und war der Ansicht, daß es in einem Zustand wie vor dem Sündenfall lebte. Melville kritisierte den Materialismus der sogenannten abendländischen Zivilisation und pries die in seiner Sicht reine Einfachheit des Lebens der Wilden: »Es gibt keine der tausend Quellen des Ärgers, die der Einfallsreichtum des zivilisierten Menschen erschaffen hat, um sein eigenes Glück zu trüben.« Im Einklang mit den klassischen Motiven vom »edlen Wilden« tanzen die Inselbewohner Melvilles als Nymphen im Wasser, »federnd in die Luft springend und bis zur Hüfte ihre nackten Körper enthüllend«. Die Figur der Fayaway – die zum literarischen Modell der westlichen Vorstellung von polynesischen Frauen wurde – war schön, aber auch amoralisch: «Die leichte, ungekünstelte Grazie eines solchen Kindes der Natur, von Kindesbeinen an die Luft ewigen Sommers atmend, sich von den einfachen Früchten der Erde nährend und praktisch ganz von allen schädlichen Einflüssen geschützt ...«

Im Jahr 1907 kam der amerikanische Romanschriftsteller Jack London (1876–1916), der wie Melville in jungen Jahren zur See gefahren war, auf der Suche nach Taipi auf die Marquesas-Inseln. Als er Melvilles Paradies nicht finden konnte, hielt er seine Enttäuschung schriftlich fest. Das Tal der Taipi war verkommen zu einer »Wohnstatt einiger Dutzend elender Gestalten, die von Lepra, Elefantasis und Tuberkulose heimgesucht waren«: Das Leben im Paradies war in Fäulnis übergegangen, was London wie Melville zu der Erkenntnis zwang, »daß die weiße Rasse auf Schlechtigkeit und Verderbtheit gedeiht«. London konnte den pazifischen Inseln offensichtlich wenig abgewinnen. Auf den Salomonen schrieb er: »Fieber und Ruhr sind ständige Begleiter ... überall gibt es ekelerregende Hautkrankheiten ... die Luft ist mit einem Gift angereichert, das sich in jede Pore, jede Schnitt- oder Schürfwunde frißt und bösartige Geschwüre sät, und viele kräftige Männer, die dem Tod dort entgehen, kehren als Wracks in ihre Heimatländer zurück ... Das Schlimmste, was ich meinen Feinden antun könnte, wäre, sie auf die Salomonen zu verbannen.« Und wenn auch der weiße Mann das südliche Paradies der edlen Polynesier korrumpiert haben mochte, so war – laut London – der stärkste Instinkt bei den Melanesiern, »einen Mann von hinten zu überraschen und ihn mit einem heimtückischen Tomahawkschlag zu treffen, der das Rückenmark direkt unterhalb des Gehirns durchtrennt«. Und er fügte hinzu, daß auf einigen Inseln »der gesellschaftliche Umgang auf Morden« basierte. »Köpfe sind die Tauschwährung, und die Köpfe von Weißen sind besonders wertvoll.«

Ein Schriftsteller, der die europäischen Pazifikmythen entzaubern und einen ausgewogenen Realismus an ihre Stelle setzen wollte, war Robert Louis Stevenson (1850–1894), der Autor von *Treasure Island* (*Die Schatzinsel*, 1883) und anderen Abenteuergeschichten. Nach seiner Tuberkuloseerkrankung versuchte er 1888 durch eine Reise in den Südpazifik seine Gesundheit wiederherzustellen. Mit einer gecharterten Yacht besuchte er die Marquesas-Inseln, das Fakarava-Atoll, Honolulu und die Gilbert-Inseln, bevor er sich in Samoa niederließ, wo er für sich und seine Familie ein Haus mit dem Namen Vailima baute und die letzten Jahre seines Lebens als Familienvater verbrachte. Auf seinen Reisen im Pazifikraum studierte er die Inseln und ihre Bewohner sorgfältig und schrieb einfühlsam in *A Footnote to History* (*Eine Fußnote zur Geschichte*, 1892) und *In the South Seas* (*In der Südsee*, 1896) über sie. Auf seinem Grabstein ließ er eine Widmung einmeißeln, die folgende Zeilen enthält: »Here he lies where he want to be; / Home is the sailor, home from the sea.« (Hier liegt er, wo er liegen will; / Zu Haus ist der Seemann, zurück von der See.)

Trotz größter Bemühungen vieler, den Mythos vom Pazifik als Paradies zu zerstören, erwies sich dieser dennoch als bemerkenswert hartnäckig. Der amerikanische Verfasser James Michener (geb. 1907) begann mit dem Schreiben seines Buches *Tales of the South Pacific* (*Im Korallenmeer*, 1947), als er während des Zweiten Weltkriegs bei den amerikanischen Streitkräften im Pazifik diente. In einem Interview erzählte er: »Ich war bei der Marine, auf Espiritu Santo in der Südsee. Die Moskitos machten mich wahnsinnig, und die Feuchtigkeit war schrecklich.« Doch er war sich sicher, daß die über die Zustände murrenden Männer die Inseln nicht so in Erinnerung behalten würden. Daher plante er die Geschichten als einen Bericht über die Dinge, wie sie wirklich waren. Seine Erzählung sollte später zur Vorlage des bezaubernden Musicals *South Pacific* von Oscar Hammerstein und Richard Rodgers werden, das 1949 auf dem Broadway seine Uraufführung erlebte und später in einer Filmversion zu einem Kassenerfolg wurde. Michener erklärte später, daß er nichts mit dem Musical zu tun gehabt und keine der Proben besucht habe. Es scheint, daß Rodgers und Hammerstein mit Micheners Interpretation des Lebens auf einer Pazifikinsel ähnlich verfahren sind, wie über zwei Jahrhunderte zuvor auch Defoe mit Dampiers Wilden umgegangen war.

Ein Kontinent für sich

Im Jahr 1788, 18 Jahre nachdem James Cook von der Existenz des Südkontinents berichtet hatte, wurde Kapitän Arthur Phillip (1738–1814) beauftragt, die erste Kolonie in New South Wales zu gründen. Er erklärte im Namen Georges III. Australien zu britischem Hoheitsgebiet und zog eine imaginäre Linie durch seine Mitte, um die ungeliebten Gebiete im Westen auszugrenzen. Das Ziel war nun, trotz der enttäuschten Erwartungen eine Zivilisation aufzubauen. Cook selbst gab eine Einstimmung: »Wir müssen uns darüber im klaren sein, daß wir dieses Land in einem reinen Naturzustand vorfinden«, schrieb er. »Kein einziger Teil von ihm ist von Menschenhand beeinflußt worden, und doch finden wir alle Dinge, mit denen die Natur es ausgestattet hat, in blühendem Zustand vor.«

Um kulturelle Dinge konnten sich die ersten Siedler Australiens anfangs weniger kümmern, denn zunächst waren sie sehr damit beschäftigt, die Richtigkeit der folgenden Bemerkung Cooks zu beweisen: »Es gibt nicht den geringsten Zweifel, daß die meisten Arten von Getreide, Obst, Gemüse usw. hier gedeihen würden ... wenn fleißige Hände sie pflanzten und kultivierten.« Die Besiedlung Australiens war zuerst und vor allem eine praktische Angelegenheit, die Künstler wenig oder überhaupt nicht interessierte. Anders als Cooks wissenschaftliche Expeditionen wurde die Erste Flotte nicht von einem offiziellen Maler begleitet. Die ersten europäischen

Gauguin im Paradies

Gegen Ende des 19. Jahrhunderts suchte eine Reihe von Künstlern als Reaktion auf die Erscheinungen, die sie als Dekadenz und Verfall der zivilisierten Gesellschaft ansahen, im Primitiven nach Inspiration, wobei sie auf der Suche nach neuen Formen und Gestaltungsweisen künstlerischen Ausdrucks nach Afrika, dem Mittleren Osten und in den Pazifik reisten. Einer von ihnen war der französische Maler Paul Gauguin (1848–1903). Er hatte zunächst eine Karriere als Bankier gemacht, doch der finanzielle Zusammenbruch Frankreichs im Jahr 1883 bot den Anlaß für den Ausstieg aus dem bürgerlichen Leben, das er zunehmend verachtete, und für den Beginn der Malerei, seiner Leidenschaft. Er zog zuerst in die Bretagne und gab nach seiner Trennung von Frau und Familie seinen Entschluß bekannt, Europa für immer zu verlassen.

Als er 1891 in Tahiti ankam, arbeitete er seine ästhetische Theorie des *synthèsisme* aus, die er ursprünglich in der Bretagne mit Emile Bernard entwickelt hatte. In dieser Theorie, seinem Hauptbeitrag zur europäischen Kunst, versuchte er, naturalistische und symbolische Formen durch den Gebrauch einfacher Techniken und kräftiger Farben miteinander zu verbinden. Nach zwei Jahren kehrte er nach Paris zurück, doch 1895 unterlag er erneut der Verlockung und reiste wieder in den Pazifik, wo er die letzten acht Jahre seines Lebens verbrachte. Obwohl er das Großstadtleben verachtete, blieb der im Ausland lebende Gauguin im Grunde seines Herzens ein Franzose. Er setzte seine Theorie der primitiven Kunst auch in seiner neuen Heimat um, und seine Werke haben die Tendenz, das polynesische Leben auf das Wesentliche zu reduzieren. Er fuhr fort, in seinen Gemälden den Mythos von der Liebesinsel darzustellen, auch nachdem ihn das Glück verlassen hatte und er aufgrund seiner sich verschlechternden Gesundheit depressiv geworden war. Er starb 1903 auf den Marquesas-Inseln.

Gauguins *Selbstporträt mit Götterbild (unten links)*, gemalt um 1893, zeigt den Künstler in nachdenklicher Stimmung, hingezogen zum Primitiven, das sich in jedem Menschen versteckt, veredelt hinter der Fassade oberflächlicher Zivilisationswerte. Er sollte im Schwebezustand zwischen seinen beiden Vorstellungswelten verweilen. Auf Tahiti lebte er meist in der Hauptstadt Papeete, damals eine schlichte Barackensiedlung und Hafenstadt, und wagte sich nicht zu weit in das ursprüngliche Landesinnere vor. In *Merahi Metua No Tehamana (Tehamana hat viele Ahnen; rechts)* stellt Gauguin das Porträt Tehamanas, einer jungen Polynesierin, die seine Geliebte war und hier europäische Kleidung trägt, vor ihre im Hintergrund stehenden Ahnen. Nach seiner Rückkehr nach Frankreich erntete er für seine Bilder wenig Beifall, und er wurde den europäischen Sitten und der europäischen Gesellschaft gegenüber immer sarkastischer. Er entschloß sich, in den Pazifik zurückzukehren, und dieses Mal drang er tiefer in das Herz der Vorstellungswelt ein, für die er sich entschieden hatte.

Rechts: Hina Tefatou (Mond und Erde) zeigt eine neben einem Teich stehende junge Frau. Die Komposition ist von charakteristischer Einfachheit und die Maltechnik in Reaktion auf den komplexen und anspruchsvollen europäischen Stil ungekünstelt. Gauguins Polynesier bleiben in Harmonie mit der Natur und der natürlichen Ordnung der Dinge.

Unten: Te Raau Rahi (Der große Baum) ist eines der zwei Gemälde Gauguins mit diesem Titel. Es wird ein Idyll des einfachen Lebens dargestellt. Gauguin zeichnet in seinen Bildern die Polynesier nicht wie in frühen europäischen Darstellungen als »edle Wilde« – neoklassizistische Gestalten, die eine mythische Vergangenheit des in Europa erdachten Goldenen Zeitalters in Erinnerung rufen –, sondern in kindlicher Unschuld. Dies entsprach der neuen Strömung des Paternalismus, die zunehmend das europäische Verhältnis zu seinen pazifischen Kolonien charakterisierte, und Gauguins Bilder fanden immer größeren Anklang. Er starb, ohne zu wissen, daß die Kritiker und Sammler, die seine Werke zuvor zurückgewiesen hatten, nun seine Leistungen zu rühmen begannen, und sein letztes Bild zeigte eine bretonische Landschaft.

Maler in Australien waren keine Avantgardisten, sondern als Zeichner angestellte Amateure, die einfach für praktische Zwecke die Landschaften und die Topographie des neuen Kontinents im Bild festhalten sollten. Obwohl die Erste Flotte eine Druckerpresse mitgebracht hatte, wußte keiner der Kolonisten sie zu bedienen. Jegliche Hoffnung auf eine aufblühende koloniale Literatur mußte sieben Jahre lang auf das Eintreffen der Buchdrucker warten.

Die ersten künstlerischen Reaktionen auf Australien fangen etwas von der Verwirrung der Kolonisten ein, die sich in einer so eigentümlichen Umgebung mit unbekannten Bäumen und Pflanzen wiederfanden und in der es Tiere gab, die auf zwei Beinen umhersprangen. Die Siedler versuchten, diesem exotischen Ort soviel wie möglich abzugewinnen, und ihre erste Reaktion war, alles Vorgefundene in bereits existente europäische Denkmuster zu pressen. Daher entstanden bis in die 80er Jahre des 19. Jahrhunderts nur sehr wenig Kunst und Literatur von Bedeutung. Die Reaktion der Kolonisten, das Unbekannte zum Bekannten zu machen, spiegelte sich in der frühkolonialen Architektur wider, die – ob beim Bau von kleinen Bauernhäusern, Verwaltungsblöcken oder standardisierten Regierungsgebäuden – generell den Stil der Alten Welt kopierte. Kunst und Literatur begannen nur allmählich, sich mit der neuen Umgebung auseinanderzusetzen.

Sogar die Namen, die die Kolonisten den neuen Siedlungen gaben, hielten am Bekannten fest: Mit dem Namen Adelaide ehrte man eine britische Königin, mit Victoria und Queensland eine andere, Sydney und Hobart nannte man nach Kolonialministern, Melbourne nach einem britischen Premierminister. Andere Namen, wie etwa Perth, wählte man nur, um an Orte zu erinnern, die man in der Alten Welt für immer zurückgelassen hatte. Vergleichsweise wenigen Orten wurden Namen zugedacht, die aus der Sprache der Aborigines stammten. Auf diese Weise zähmte man die »melancholische Seltsamkeit« der australischen Landschaft und fand sich mit der Entfremdung im Exil ab. Manche Namen waren auf scherzhafte Weise optimistisch (oder ironisch), wie zum Beispiel Utopia, Eden und eine Fülle von Hopes und Hopetowns die Küste herauf und herunter. Namen wie Mount Misery, Broken Hill, Mount Mistake, Lake Disappointment, Useless Loop, Cape Tribulation und Anxious Bay reflektieren die Gefühle der Siedler, die sie der unbarmherzigen Umwelt gegenüber empfanden und in der sie um ihren Lebensunterhalt kämpften. Man kann diesen Namen jene der bewaldeten und fruchtbaren Inseln Neuseelands gegenüberstellen, auf denen die wenigen Bezeichnungen mit einem Unterton der Warnung oder des Bedauerns, etwa Doubtful Sound auf der Südinsel und Poverty Bay auf der Nordinsel, mehr als aufgewogen werden durch Namen wie Doubtless Bay, Bay of Plenty, Golden Harbour und Preservation Inlet.

Australien erwies sich letztlich als eine Enttäuschung für diejenigen, die sich mehr erhofft hatten: Es gab kein Großes Südland mit unermeßlichen Reichtümern, kein Eldorado. Es dauerte einige Zeit, bis die Desillusionierung deutlich ausgesprochen wurde, doch ihre Anfänge sind unübersehbar. Die erste Enttäuschung für diejenigen, die gehofft hatten, in den Antipodenländern ein neoklassizistisches Paradies aufzubauen, waren die Aborigines. Gouverneur Phillip erkannte bald, daß sie keinerlei Interesse daran hatten, dem europäischen Mythos vom »edlen Wilden« zu entsprechen – wie Cook schon bemerkt hatte, hielten sie alles, was die Europäer ihnen geben konnten, für wertlos. So verlagerte sich sein Enthusiasmus auf die Landschaft selbst und auf das Kontingent der neuangekommenen Sträflinge, Seesoldaten und Verwaltungsbeamten mit ihren Frauen, die mit der Ersten Flotte unter seinem Kommando gesegelt waren. »Es gibt wenige Dinge, die erfreulicher sind als das Betrachten der Ordnung und des sinnvollen Arrangements, die sich allmählich aus dem Tumult und dem Chaos herausschälen«, schrieb er, »und vielleicht kann man diese Befriedigung nirgendwo anders vollständiger genießen als dort, wo sich eine Siedlung zivilisierter Menschen an einer neuentdeckten wilden Küste etabliert.«

Australien sollte schließlich zu einer Gesellschaft von wohlhabenden, über ihre Auswanderung in die Neue Welt glücklichen Europäern werden, eine Zivilisation, die mit der Arbeitskraft von Sklaven, den Sträflingen, aufgebaut wurde. Die Aborigines und ihre Kultur verkamen in der europäischen Meinung von »edlen Wilden« zu einem bloßen Ärgernis – es blieb dem in Australien geborenen Dichter Henry Kendall (1839–1882) überlassen, das Verschwinden des Volkes, das dem Fortschritt weichen mußte, in dem treffend benannten Gedicht *The Last of his Tribe* (Der Letzte seines Stammes) zu beklagen:

> Er kniet sich hin, vergräbt im Schoße sein Gesicht,
> verbirgt es in den Armen, seinem Haar;
> die sturmgebeugten Bäume oben sieht er nicht,
> noch wird er ihrer Einsamkeit gewahr,
> verloren, einsam auf immerdar.
>
> Wird er im Schlaf verlassen dies öde Land,
> wie ein Häuptling zum Rest seines Volkes gehn,
> mit der Frau, die ihm zärtlich winkt mit der Hand
> und wie ein Traum ihm verklärt das Gesicht –
> wie ein glücklicher Traum verklärt sein Gesicht?

Literatur und Kunst überließen die Aborigines ihrem Schicksal des Aussterbens, und es gab keine Aufzeichnungen über sie – höchstens als ein Problem im Grenzland. Das Schweigen der Dichtung war ein Anzeichen dafür, wie wenig sie der Gesellschaft bedeuteten. Die Aborigines paßten nicht in die neuen Geschichten von öffentlicher Regsamkeit und vom Aufbau einer Nation. Sie entsprachen nicht dem Bild von den neuen Helden des Hinterlands – den edlen Pionieren, den weißen Wanderarbeitern – und wurden deshalb ignoriert. Im Gegensatz dazu trieb die Phantasie kräftige Blüten, wenn es darum ging, die Leistungen der Siedler zu feiern.

Mit den Augen anderer gesehen

Als der amerikanische Schriftsteller Mark Twain (Samuel Langhorne Clemens, 1835–1910) im letzten Jahrzehnt des 19. Jahrhunderts Australien besuchte, schrieb er: »Die Geschichte Australiens ist fast immer pittoresk, ja, es ist eigentümlich und befremdlich, daß sie selbst das Interessanteste ist, was das Land zu bieten hat, und so verdrängt sie die anderen ungewöhnlichen Dinge auf den zweiten und dritten Platz. Sie liest sich nicht wie Geschichtsschreibung, sondern wie die allerschönsten Lügen. Und diese sind alle von einer frischen und neuen Sorte, nicht abgeschmackte, alte, schon verstaubte. Sie sind voll von Überraschungen und Abenteuern und Ungereimtheiten und Widersprüchen und Unglaubwürdigkeiten, doch sie sind alle wahr und haben sich wirklich ereignet.« Viele andere Besucher, die sich über die Widersprüche Australiens äußerten, trugen dazu bei, den Mythos von den Antipoden zu festigen. Wieder andere taten dies, ohne Europa jemals zu verlassen. Einer der außergewöhnlichsten von denen, die Australien nur in der Phantasie besuchten, war der englische Visionär, Dichter, Maler und Graveur William Blake (1757–1827), der einmal seinen Lebensunterhalt dadurch bestritt, daß er als Auftragsarbeiten zum Ergötzen der Londoner Salons Aquarelle von Aborigines malte.

Der Romanautor Charles Dickens (1812–1870) spielte von Zeit zu Zeit mit der Idee, nach Australien auszuwandern, setzte diese aber nie in die Tat um. Zwei seiner Söhne wurden jedoch zu erfolgreichen Auswanderern und widmeten sich der australischen Politik – offenbar hatten sie die Rednergabe ihres Vaters geerbt. In einigen von Dickens' Romanen – zum Beispiel *The Pickwick Papers* (*Die nachgelassenen Aufzeichnungen des Pickwick-Klubs*, 1837), *Nicholas Nickleby* (*Leben und Abenteuer Nikolas Nicklebys*, 1839), *David Copperfield* (1850) und *Great Expectations* (*Große Erwartungen*, 1860) – werden Figuren nach Australien versetzt, wo sie im Gegensatz zu den Zurückgelassenen überleben und zu Wohlstand kommen: Seine optimistische Darstellung Australiens als eines

Unten: Reiseprospekte leisten der sinnlichen Vorstellung von den Pazifikinseln weiterhin Vorschub. In dieser Werbeanzeige für die Cook-Inseln – »Ein besonderer Ort, ein besonderes Volk, ein besonderer Zauber« – ersetzt ein einladend winkendes polynesisches Mädchen die verführerische Nymphengestalt aus der Vorstellungswelt des 19. Jahrhunderts. Der Mann am Strand aalt sich in der Sonne und wartet darauf, daß die Faszination der pazifischen Inseln ihren nie versiegenden Zauber auf ihn ausübt.

Ortes der Hoffnung für freie Siedler und Sträflinge gleichermaßen stand in starkem Kontrast zu seinen düsteren Beschreibungen der Zustände, die die verarmten Industriearbeiter Großbritanniens erdulden mußten. Dickens zeichnete das Amerika der Immigranten nicht in denselben hoffnungsvollen Farben – beispielsweise nahm man an seinem Porträt amerikanischen Auftretens und Verhaltens in *Martin Chuzzlewit* (1844) in Amerika zur Zeit der Veröffentlichung großen Anstoß. Sein Bild von Australien scheint von Caroline Chisholm (1818–1877) beeinflußt worden zu sein, die von 1838 bis 1846 dort gelebt hatte. Nach ihrer Rückkehr nach England gründete sie die Family Colonization Society, die Schiffe charterte und Siedler nach Australien bringen sollte und insbesondere die Emigration von Frauen unterstützte. Ein anderer Literat, der Australien im Geiste besuchte, war Charles Reade (1814–1884), dessen *It is Never too Late to Mend* (Zur Besserung ist es nie zu spät, 1856), ein Roman über das Gefängnis und das Sträflingsleben, einen großen Einfluß auf Marcus Clarke (1846–1881) hatte. Clarkes *For the Term of His Natural Life* (*Lebenslänglich*, 1874) erzählt die Geschichte eines Sträflings, der für ein Verbrechen, das er nicht begangen hat, deportiert wird, und war im 19. Jahrhundert eines der bedeutendsten literarischen Werke Australiens.

Unter den europäischen Autoren, die Australien tatsächlich besuchten, war Henry Kingsley (1830–1876), jüngerer Bruder des besser bekannten Charles Kingsley, der während des Goldrauschs in den 50er Jahren des 19. Jahrhunderts nach Australien auswanderte und dort einige Jahre blieb, bevor er nach England zurückkehrte. Er schrieb mehrere Romane über das australische Leben, von denen der bekannteste *The Recollections of Geoffry Hamlyn* (*Die Erinnerungen Geoffry Hamlyns*, 1859) ist. Der Romanautor Samuel Butler (1835–1902) verbrachte fünf Jahre, von 1859 bis 1864, als Schafzüchter in Neuseeland. In *Erewhon* (*Ergindwon oder jenseits der Berge*, 1872) und *Erewhon Revisited* (1901) plazierte er das sagenhafte Land Erewhon (*nowhere*, englisch für »nirgendwo«, rückwärts gelesen) in einem abgelegenen Tal dieses Landes und benutzte es, um die Heuchelei der viktorianischen Gesellschaft zu verspotten – eine neue Abwandlung der Antipoden-Thematik. In den 70er Jahren des 19. Jahrhunderts besuchte Anthony Trollope (1815–1882), der zu diesem Zeitpunkt gerade auf dem Höhepunkt seines Ruhms als Chronist des kirchlichen und politischen Lebens Englands stand, seinen emigrierten Sohn in Australien und setzte anschließend seine Reise nach Neuseeland fort. Seine Impressionen wurden in einer Reihe von Reiseberichten, *Australia and New Zealand* (1873), veröffentlicht – einer damals beim britischen Lesepublikum sehr populären Literaturform. Die Tagebücher weiblicher Reisender waren besonders begehrt: Die wichtigste australische Vertreterin dieses Genres war May Vivienne (gest. 1917), die »Poetin des Pastoralen«.

Als der englische Historiker James Anthony Froude (1818–1894) um 1885 Australien und Neuseeland besuchte, legte er seine Eindrücke nach seiner Rückkehr in *Oceania* nieder. Die Schrift enthielt viele sachliche Fehler über die beschriebenen Siedlergemeinschaften und provozierte heftige Reaktionen. Unter den Kritikern Froudes, die sich am deutlichsten Gehör verschafften, war auch Edward Jermingham Wakefield, der Sohn Edward Gibbon Wakefields (1796 bis 1862), Hauptorganisator der systematischen Kolonisation der britischen Überseegebiete. Als Antwort auf Froudes abfällige Bemerkungen pries Wakefield Australien und Neuseeland als »wundervolle neue Länder, in denen der Zivilisationsprozeß, der in England zwölf Jahrhunderte in Anspruch nahm, in 50 Jahren gänzlich vollendet wurde«. Die weiße Siedlergemeinschaft Australiens und Neuseelands war mittlerweile selbstbewußt genug, die Mißverständnisse und Mißdeutungen derjenigen zurückzuweisen, die sie von außen zu beschreiben suchten. Im Gegensatz dazu konnten die Eingeborenenvölker des pazifischen Raums, die nicht denselben Zugang zu Bildung und kein Zeitungs- und Buchwesen hatten, weder die falschen Vorstellungen berichtigen, die von der Literatur der Kolonisatoren geschaffen wurden, noch die auf Europa konzentrierte Sichtweise ihres Landes und ihrer Gesellschaften in Frage stellen. Dieses Defizit in der Vorstellung setzt sich in einem großen Ausmaß bis heute fort, denn die Inselgemeinschaften werden in der Reise- und Trivialliteratur, in Reiseprospekten, in den bildenden Künsten, im Kino und im Fernsehen noch immer vereinfacht und klischeehaft dargestellt. Inzwischen hat die Herausbildung einer eigenständigen Literatur und Kunst begonnen, die dem Kolonisationsprozeß entgegenwirken und eine authentische einheimische Sicht der Dinge liefern sollen. Doch sie sehen sich der monumentalen Aufgabe gegenüber, dem europäischen Blickwinkel, der über so lange Zeit das Bild vom Pazifikraum und seinen Völkern bestimmte, eine alternative Sichtweise entgegenzusetzen.

GRENZEN UND WIDERSTAND

Die Geschichte der europäischen »Entdeckung« und späteren Kolonisation des Pazifikraums läßt sich in einzelne Zeitabschnitte einteilen: Das 16. Jahrhundert prägten dic Portugiesen und Spanier, das 17. und die erste Hälfte des 18. Jahrhunderts die Niederländer, die zweite Hälfte des 18. und das 19. Jahrhundert die Briten und Franzosen. Im 19. Jahrhundert befand sich Europa auf dem Höhepunkt seiner kolonialimperialistischen Macht, als Frankreich und Großbritannien Protektorate einrichteten und Territorien annektierten (Frankreich: Französisch-Polynesien, Neukaledonien, Wallis und Futuna; Großbritannien: Fidschi, die Salomonen, Papua-Neuguinea, die Gilbert- und Ellice-Inseln, Tonga). Deutschland war die letzte europäische Nation, die sich an der Beutejagd im Südpazifik beteiligte: Das Deutsche Reich machte Interessen in Samoa und Mikronesien geltend und annektierte 1884 den Nordosten Neuguineas, während die weißen Siedlerkolonien Australiens und Neuseelands sich an der Verwaltung der britischen Inselbesitztümer beteiligten (und später die vollständige Kontrolle übernahmen). Im Jahr 1888 wurde die Osterinsel von Chile annektiert, 1898 beanspruchten die USA Hawaii und brachten im Spanisch-amerikanischen Krieg Guam an sich. Im folgenden Jahr kauften die Vereinigten Staaten durch einen Vertrag alle ehemals spanischen Territorien Mikronesiens auf und aquirierten mit deutschem und britischem Einverständnis Amerikanisch-Samoa.

Die europäische Intervention im Pazifik war oft schlecht geplant und plump ausgeführt. Sie stellte jedoch für alle Beteiligten eine wesentliche Erweiterung ihres Horizonts dar. Die Europäer zeichneten Karten, schrieben ihre übertriebenen Entdeckergeschichten auf, brachten lebende und tote Exemplare der exotischen Fauna und Flora des pazifischen Raums mit, einschließlich seiner menschlichen Bewohner, und machten sich dadurch nach und nach mit Welten vertraut, die ihnen zuvor unbekannt gewesen waren. Auf diese Weise

Europäischer Kolonialismus im pazifischen Raum
Die Geschichte der europäischen Intervention im Südpazifik teilt sich in drei Phasen: Im 16. und 17. Jahrhundert trieben die Spanier und Niederländer, die von den Handelsstützpunkten auf den Gewürzinseln aus operierten, die Suche nach Profit und Gewinn voran. Ende des 18. Jahrhunderts organisierten Briten und Franzosen die Erforschung der Inseln des Ostpazifiks und füllten die letzten weißen Flecken auf der Karte aus. In Australien und Neuseeland war der Grundstein für die weißen Siedlergemeinschaften gelegt worden. Der Höhepunkt des kolonialen Einflusses auf die Region wurde in der zweiten Hälfte des 19. Jahrhunderts erreicht, als eine europäische Macht nach der anderen zum eigenen wirtschaftlichen und politischen Vorteil Territorien annektierte.

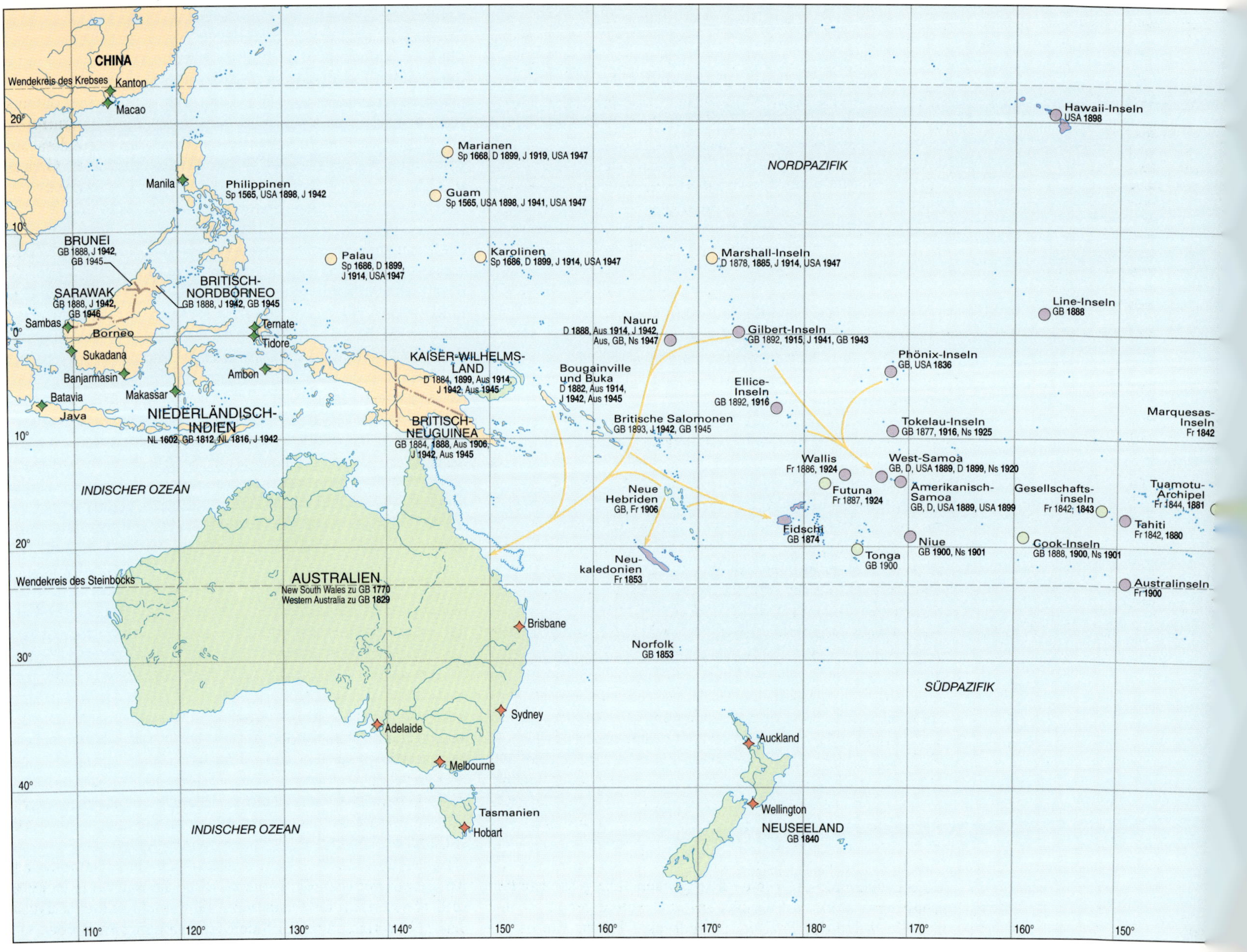

Rechts: Obwohl Fernão de Magalhães (um 1480–1521) gebürtiger Portugiese war, segelte er auf seiner folgenschweren Reise über den Pazifischen Ozean in den Jahren 1520 und 1521 unter spanischer Flagge. Seine frühen Jahre als Seefahrer hatte er in portugiesischen Diensten im Indischen Ozean verbracht, doch 1517 bot er seine Dienste der spanischen Krone an, nachdem er wegen der Bezahlung eine Meinungsverschiedenheit mit dem portugiesischen König gehabt hatte. Seine Pazifikreise sollte den Beweis liefern, daß die gewürzreichen Molukken (die ihm von seinen früheren Reisen her bekannt waren, auch wenn er sie wahrscheinlich nicht besucht hatte) sich westlich von der durch den Vertrag von Tordesillas festgelegten Demarkationslinie befanden und daher in der Hemisphäre lagen, die durch den päpstlichen Erlaß Spanien zugesprochen worden war.

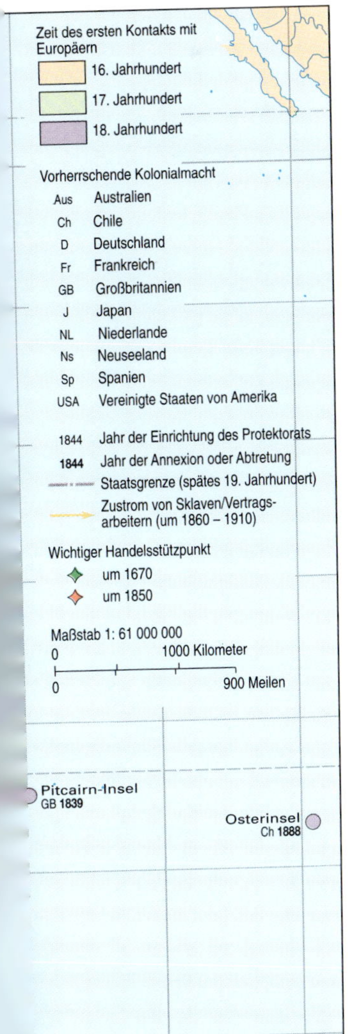

eröffneten die Entdeckungsreisen den Pazifik und seine Völker dem europäischen Blickfeld und integrierten sie in die europäischen Wissenssysteme. Die einheimischen Völker besaßen eine Kosmologie, die ursprünglich nicht mit der Möglichkeit rechnete, daß Menschen aus »anderen Welten« eintreffen könnten. Daher deuteten sie die bleichhäutigen Seeleute als wiederkehrende Geister von Ahnen – eine unter den pazifischen Inselbewohnern und den australischen Aborigines beinahe überall anzutreffende Reaktion. Auch wenn es ironisch klingt, so war es letztlich doch die europäische Entdeckung und Kolonisierung des Pazifikraums, die es den einheimischen Völkern ermöglichte, die Größe ihrer eigenen Zivilisation zu erkennen.

Es gab selbstverständlich viele andere weniger positive Nebenerscheinungen, unter anderem Krankheiten, die ganze Bevölkerungen auslöschten. Zu ihnen zählte auch die Selbstgefälligkeit der Europäer, ihre eigenen Errungenschaften höher einzuschätzen als die der einheimischen Kulturen. Aufgrund dieser Überheblichkeit zwangen sie diesen Kulturen ihre eigenen Glaubenssysteme und Wirtschaftsstrukturen auf, vorausgesetzt, sie marginalisierten oder ignorierten die Ureinwohner nicht völlig. Mit der Muskete in der einen und der Bibel in der anderen Hand zogen die Kolonisatoren des 19. Jahrhunderts aus, um den pazifischen Raum mit ihresgleichen zu bevölkern, wobei sie versuchten, die von ihnen ausfindig gemachte neue Welt zu einem Spiegelbild der zurückgelassenen alten zu machen. Wo es zweckdienlich erschien, verpflichteten sie die einheimischen Völker zur Sklavenarbeit, sonst drängten sie sie kurzerhand beiseite.

Die Ethnozentrizität der Europäer zeigt sich schon in ihrem Anspruch, den Pazifik »entdeckt« zu haben. Die Hervorhebung der großen Entdeckungsfahrten europäischer Seefahrer stellt die Errungenschaften der Polynesier, der eigentlichen Entdecker, Erforscher und Kolonisatoren des Pazifiks, in den Hintergrund. Magalhães' Seereise in den Jahren 1520 und 1521 war insofern bemerkenswert, als er der erste Europäer war, der den Pazifik überquerte; es ist jedoch bezeichnend, daß er an den zahlreichen Inseln, die bereits von den Polynesiern erkundet und besiedelt worden waren, vorbeisegelte, ohne sie überhaupt zu bemerken. Später, als die berühmt gewordenen Reisen des 18. Jahrhunderts Klarheit über die Zahl und die Ausdehnung der verstreut liegenden Inselgesellschaften schafften, waren die Europäer so durch ihre eigenen Erfolge und die Weite des Pazifiks beeindruckt, daß sie die pazifischen Zivilisationen nicht in einer angemessenen Perspektive sehen konnten. Man erfand die unterschiedlichsten Theorien, die die Besiedlung der Inseln erklären sollten, um sich nicht eingestehen zu müssen, daß die Navigationskünste der polynesischen Kanufahrer sich mit denen von Männern wie Wallis, Bougainville, Cook und La Pérouse messen konnten.

Pazifische *conquistadores*

Der erste bezeugte Kontakt zwischen Europäern und pazifischen Inselbewohnern fand statt, als Magalhães' Flotte im März 1521 die Insel Guam in Mikronesien erreichte. Er sollte einen verhängnisvollen Präzedenzfall für den Verlauf weiterer Begegnungen schaffen. Beide Seiten waren zunächst neugierig, doch als die Inselbewohner versuchten, ein Ruderboot der Europäer an sich zu bringen, war die an ihnen geübte Vergeltung selbst für die damaligen Verhältnisse blutig und unangemessen. Magalhães setzte eine Streitmacht von 40 Mann an Land, um die für diese Kränkung verantwortlichen Inselbewohner zu töten. Zwischen 40 und 50 ihrer Häuser wurden niedergebrannt und eine Reihe von Kanus zerstört.

Als die bedeutendsten Seemächte Europas wurden Spanien und Portugal im Laufe des Zeitalters der Entdeckungen schnell zu Rivalen im Wettbewerb um Handel und Besitztümer in der sich ausbreitenden Weltwirtschaft. Im Jahr 1494 teilte Papst Alexander VI. durch den Vertrag von Tordesillas die bekannte und die unbekannte Welt in zwei gleiche Hälften auf. Die imaginäre Demarkationslinie verlief ungefähr entlang des 46. Längengrads, 2000 Kilometer westlich der Kapverdischen Inseln in der Mitte des Atlantiks: Alle östlich von ihr gelegenen Gebiete gehörten Portugal, alle westlich von ihr gelegenen Spanien. Der Vertrag von Zaragoza (1529) dehnte dieses Kriterium auf den Pazifik aus, so daß die östliche Hälfte den Spaniern und der westliche Bereich den Portugiesen zufiel. Da aber der Pazifik noch nicht erforscht war und niemand die Größe der Erdkugel kannte, war der tatsächliche Verlauf der Grenzlinie unklar. Magalhães' Seereise sollte beweisen, daß die reichen Gewürzinseln (das heutige Indonesien), die am Seeweg zwischen dem Indischem Ozean und China liegen und von Portugal beansprucht wurden, in den spanischen Einflußbereich fielen. Obwohl sich diese Theorie später als falsch herausstellte, sprachen nachfolgende Verträge Spanien die Kontrolle über die 1565 besiedelten Philippinen zu, die sich nominell in der portugiesischen Hemisphäre befanden. Zwischen Spanien und den Inseln wurden über die Besitzungen in Mexiko Handelsverbindungen aufgebaut.

Die spätere spanische Erkundung des Pazifiks war durch das Verlangen motiviert, die vermuteten unermeßlichen Reichtümer des Südkontinents zu finden, sowie durch den missionarischen Eifer, den katholischen Glauben zu verbreiten. Mendañas fehlgeschlagener Versuch, auf seinen Expeditionen von 1567 und 1595 Niederlassungen zu gründen, machte es sehr deutlich, daß die Kolonisation der Pazifikinseln kein leichtes Unterfangen sein würde. Quirós, der die nächste Pazifikexpedition organisierte, hatte jedoch den brennenden Ehrgeiz eines *conquistadors*, die vermuteten Millionen Einwohner des Kontinents zum Christentum zu bekehren, während er sich dessen Schätze zum Ruhme Spaniens und des katholischen Glaubens aneignen wollte. Nach seinem Rückzug vor feindseligen Bewohnern der Insel Espiritu Santo im Jahr 1606 sah er sich nicht mehr imstande, weitere Unterstützung für eine Kolonie in der Südsee zu gewinnen. Sein Tod im Jahr 1614 beendete den spanischen Traum von der Errichtung eines katholischen Imperiums im Süden, und Spanien konzentrierte von diesem Zeitpunkt an seine kolonisatorischen Anstrengungen auf die beiden amerikanischen Kontinente.

Dennoch erhielten sich die Spanier einigen Einfluß im Pazifikraum. Die Galeonen, die den Handelsweg zwischen Mexiko und den Philippinen befuhren, pflegten auf Guam haltzumachen, um Wasser und Proviant aufzunehmen. Gegen 1600 war es zu einer regulären Zwischenstation geworden, und 1668 trafen dort Jesuitenmissionare ein, um eine dauerhafte Niederlassung zu gründen. Nach ihrer eigenen Einschät-

zung lebten auf den Marianen etwa 70 000 einheimische Chamorro, fast die Hälfte von ihnen auf Guam. Nur wenig später als ein Jahrhundert nach dem ersten Kontakt mit den Europäern war ihre Zahl auf 1318 gesunken – eine der dramatischsten Bevölkerungsabnahmen der Weltgeschichte. Die Chamorro wurden entweder bei Massakern umgebracht, starben an eingeschleppten Krankheiten oder wurden als Sklaven und Vertragsarbeiter auf die Philippinen verschifft. Obwohl die Bevölkerung der Chamorro im späten 20. Jahrhundert wieder auf ungefähr 10 000 angestiegen ist, wurde ihre ursprüngliche Kultur durch ein striktes Festhalten am römisch-katholischen Glauben fast völlig verdrängt. Die Bevölkerung der Marianen ist heute größtenteils gemischter europäischer, asiatischer und polynesischer Abstammung.

Niederländische Entdecker

Im Jahr 1609 gewannen die Niederländer den Portugiesen die Kontrolle über die Gewürzinseln ab: Sie gaben ihnen den neuen Namen Niederländisch-Indien. Die Ostindische Handelsgesellschaft der Holländer wurde gegründet, um niederländische Handelsinteressen durch die Vergabe von Monopollizenzen zu schützen. Es war holländischen Kaufleuten verboten, innerhalb des Monopolgebiets der Ostindischen Handelsgesellschaft Privathandel zu treiben. Dieses Gebiet schloß die gesamte Pazifikregion ein, und der Kontakt zwischen niederländischen Kauffahrern und pazifischen Inselbewohnern war nur unter den Auspizien der Gesellschaft gestattet. Isaac Le Maire und Willem Cornelisz Schouten – von den Niederlanden ausgesandt, um im Pazifik nach Handelsmöglichkeiten zu suchen – wurden von den Beamten der Handelsgesellschaft mit Mißtrauen betrachtet, als sie 1616 in Batavia eintrafen und von der erfolgreichen Umrundung Kap Hoorns und der Entdeckung Tongas berichteten. 1622 wurde Jacob Roggeveen schwer bestraft und des Kommandos über seine Schiffe enthoben, nachdem er den Pazifik über die Osterinsel, Samoa, Bora-Bora und Maupiti in Ost-West-Richtung überquert hatte und wieder in die von der Handelsgesellschaft kontrollierten Seewege gelangt war. Abel Janszoon Tasman unternahm seine Expedition von 1642 im Dienste der Handelsgesellschaft. Als er vor seiner Rückkehr nach Batavia die Südküste Australiens erforscht und als erster Europäer Tasmanien und Neuseeland gesichtet hatte, tadelte man ihn dafür, daß er »keine Reichtümer oder gewinnbringende Handelsgüter« mitbrachte, sondern lediglich »die genannten Länder und die offenbar günstige Passage« entdeckt hatte.

Die Holländer waren alles andere als begierig, irgendwo im Südpazifik Handelskolonien zu gründen, und schon gar nicht entlang der öden und armseligen Küste Nord- und Westaustraliens – ihr Interesse war vielmehr auf die Verteidigung und Ausweitung ihres blühenden Handelsimperiums in Niederländisch-Indien gerichtet. Der Kontakt zu den angestammten Völkern des Pazifiks beschränkte sich größtenteils auf gelegentliche Scharmützel zwischen den Seeleuten eines Landungstrupps und sich verteidigenden Kriegergruppen. Die Erfahrung, die Schouten und Le Maire auf den Tonga-Inseln machten, war typisch für solche Begegnungen. Während sie noch auf See waren, trafen sie auf ein getakeltes Doppelkanu oder *tongiaki* mit einer Gruppe von Tonganern, die sich offenbar auf einer Handelsreise nach Samoa befand. Die Holländer hielten das *tongiaki* zunächst für eine Bark, ein europäisches Schiff vergleichbarer Größe, und feuerten ihm zwei Warnschüsse vor den Bug, bevor sie ein bewaffnetes Beiboot aussandten, um wen auch immer aufzugreifen, der sich in diesen Gewässern aufhielt. Als die bewaffneten Niederländer längsseits gingen, wurden die Tonganer von Panik ergriffen. Mehrere schwärzten sich ihre Gesichter mit Holzkohle und sprangen ins Wasser, während die übrigen auf die Knie fielen und begannen, die Füße und Arme der holländischen Seeleute zu küssen. Diejenigen, die noch nicht ertrunken waren, zog man aus dem Wasser, und als die Niederländer den Inselbewohnern billigen Schmuck und Messer anboten, konnte die Situation wieder unter Kontrolle gebracht werden. Die bleiche Hautfarbe der Europäer und ihre Kleidung muß sehr verwirrend auf die Tonganer gewirkt haben, die möglicherweise glaubten, sie hätten Meeresungeheuer oder vielleicht wiederkehrende Ahnen vor sich, die Geister der großen polynesischen Seefahrer. (Die Tonganer gaben den Europäern später den Namen *palangi*, was »Männer vom Himmel« bedeutet. Dies scheint darauf hinzudeuten, daß man sie zunächst für zurückgekehrte Geister der verstorbenen Vorfahren hielt,

Oben: Die erste Begegnung zwischen Europäern und Maori wurde wie in vielen Teilen des Pazifikraums von Gewalt bestimmt. Diese Zeichnung eines holländischen Künstlers zeigt eine Gruppe feindlicher Maori-Kanus, die beide Schiffe Abel Janszoon Tasmans – die *Heemskerck* und die *Zeehaen* – einkesselte, nachdem sie am 17. Dezember 1642 in einer Bucht geankert hatten. Möglicherweise waren die europäischen Schiffe in ein *tapu*, einen geschützten Fischgrund des Stammes, eingedrungen: Die Maori scheinen einen Austausch von Trompetensignalen als eine Herausforderung zum Kampf aufgefaßt zu haben. Die Mannschaft eines der Beiboote wurde angegriffen, und in dem anschließenden Kampf fanden vier holländische Seeleute den Tod.

oder zumindest für Geister.) Was auch immer passiert sein mag, die Menschen an Bord des *tongiaki* waren offenbar desorientiert: Als sie von den Holländern auf freien Fuß gesetzt wurden, schlugen sie einen südöstlichen Kurs ein, der sie von ihrer Route abbrachte und auf offene See führte.

Am nächsten Tag stießen Schouten und Le Maire auf die Insel Tafahi im Tonga-Archipel, wo sich ihnen viele weitere *tongiaki* näherten. Die Tonganer schienen keine kriegerischen Absichten zu hegen, und so kam es zu einem lebhaften Warentausch. Als die Niederländer jedoch ein Boot ausschickten, um nach einem günstigeren Ankerplatz zu suchen, wurde es sofort von etwa 14 Kanus bedrängt. Sie zerstreuten sich, als die Holländer ihre Musketen abfeuerten und mindestens einen Mann in die Brust trafen. Am folgenden Tag wurde der Handel wieder aufgenommen, und bald traf der Häuptling mit 35 Kanus von der Nachbarinsel Niuatoputapu ein. Er machte Le Maire ein Schwein zum Geschenk, aber als das offerierte *kava* aus Angst, es könnte giftig sein, abgelehnt wurde, zeigte es sich, daß man die Eingeborenen schwer beleidigt hatte. Ein Heer von etwa tausend Kriegern griff am nächsten Morgen die holländische Streitmacht an, und es kam zu einer blutigen Schlacht. Wiederum warf der Einsatz von Feuerwaffen die Tonganer zurück, doch die Niederländer kamen zu dem Schluß, daß den Inselbewohnern nicht zu trauen sei. Als sie ihre Reise fortsetzten, wurde der Name »Verräter-Insel« auf der Karte eingetragen.

Eine ähnliche Auseinandersetzung ereignete sich in Neuseeland, als Tasman gegen Ende Dezember 1642 mit seinen zwei Schiffen, der *Heemskerck* und der *Zeehaen*, in die Golden Bay an der Nordküste der Südinsel segelte. Krieger des ansässigen Hgati-Timata-kokiri-Stammes kamen ihnen entgegen und ließen eine »maurisch anmutende Trompete« erklingen. Ein Mannschaftsmitglied an Bord der *Heemskerck* wurde beordert, in ähnlicher Weise zu antworten. Die Hgati Timata-kokiri scheinen diesen Austausch von Trompetenstößen als eine Herausforderung zum Kampf gedeutet zu haben, und die Kanus griffen an, wobei vier holländische Besatzungsmitglieder den Tod fanden. Tasman zog sich zurück, ohne zu landen, und nannte den Ort anschließend die »Mörderbucht«. Die Holländer machten ihre Entdeckung Neuseelands nicht publik. Es scheint, daß Tasmans Beschreibung des Handelspotentials der Inseln seine Vorgesetzten in der Handelsgesellschaft so beeindruckte, daß sie sich entschlossen, sie geheimzuhalten. Sie taten jedoch nichts, um ihre Entdeckung auszunutzen, und bis zu Cooks erster Reise 1769/70 fand über ein Jahrhundert lang kein Kontakt mit den Maori statt.

Unten: Bei mehreren Gelegenheiten stieß James Cook mit den pazifischen Inselbewohnern und den Maori zusammen, doch durch die Organisation eines Tauschhandelssystems wurden sehr bald friedliche Beziehungen aufgebaut. Im Tausch gegen Wasser und Lebensmittel verteilte seine Mannschaft Nägel und andere kleinere Waren. Dieses Bild, das üblicherweise Joseph Banks zugeschrieben wird und von dem man weiß, daß er kein begnadeter Künstler gewesen ist, zeigt einen englischen Offizier, der einen kleinen Stoffetzen gegen eine Languste tauscht.

Briten und Franzosen in Polynesien

In der zweiten Hälfte des 18. Jahrhunderts hatte die Rivalität zwischen den sich über den Globus ausdehnenden Seemächten Frankreich und Großbritannien auch den Südpazifik erreicht, wo es zu einem Ringen um Handelsmöglichkeiten und Einfluß kam – auf Tahiti und den Gesellschaftsinseln fand ein scharfer Konkurrenzkampf statt. Der erste uns bekannte Kontakt zwischen Europäern und Tahitianern ereignete sich, als Samuel Wallis im Juni 1767 mit der *HMS Dolphin* in die Matavai Bay segelte. Auf der *Dolphin* waren Lebensmittel und Wasser beängstigend knapp geworden, und so schickte man Landungsboote aus. Diese wurden sofort von einer Anzahl mit Kriegern bemannter Kanus zum Kampf herausgefordert; die Tahitianer waren offenbar begierig, den Fremden alles Wertvolle abzunehmen. Sie schienen weniger über das Aussehen der hellhäutigen Wesen verwundert zu sein als viele andere pazifische Inselvölker, und auch der Anblick des Schiffs und seiner kleineren Boote beunruhigte sie nicht weiter. Es ist möglich, daß die Tahitianer auf ihren Seereisen zu den benachbarten Inselgruppen Geschichten über das holländische Schiff *Afrikaanishe Galei* gehört hatten, das 1722 vor Takapoto im Tuamotu-Archipel Schiffbruch erlitten hatte. Die Bewohner Takapotos hatten Gegenstände vom Schiff geborgen, die sie entweder selbst behielten oder als Tauschware an die umliegenden Inseln weiterreichten. Die pazifischen Inselvölker erkannten schnell, daß die Nägel, Messer und Äxte der Europäer aus Eisen oder Stahl weit effizientere Werkzeuge waren als ihre eigenen aus Stein oder Muscheln. Vielleicht waren solche Gegenstände ja auch schon in die Hände der Tahitianer gelangt, die sowohl eifrige Händler als auch erfahrene Seeleute und Navigatoren waren.

Wallis' Bericht gab jedenfalls an, daß die Kanus, die längsseits der *Dolphin* und ihrer Boote gingen, sich »sehr unverschämt« aufführten. Die Tahitianer verlangten Nägel und Schmuck, bevor sie irgendwelche Handelsgüter liefern wollten. Sie drängten sich um die Boote, und Handgemenge brachen aus, in denen mehrere britische Seeleute von Schlägen getroffen wurden. Möglicherweise hatten die tahitianischen Kanubesatzungen vor, die Boote zu versenken, um sich das Bergungsgut anzueignen. Eine Gruppe am Strand erschien besonders bedrohlich, und Wallis befahl seinen Männern, ihre Musketen auf sie abzufeuern: Ein Inselbewohner wurde getötet, ein weiterer verletzt. Wie es so oft in dieser Region der Fall war, wurde der Handel durch Waffengewalt erzwungen. Die *Dolphin* versuchte daraufhin, in der Bucht einen Ankerplatz zu finden, strandete jedoch auf einer Sandbank. Ihre mißliche Lage ermunterte die Inselbewohner, ihre Angriffe wieder aufzunehmen, und nochmals fühlte Wallis sich genötigt, seine überlegene Feuerkraft unter Beweis zu stellen. Die Schiffskanonen wurden mit Kartätschen und Beuteln voller Musketenkugeln geladen. Als die Männer in den Kanus ihren Angriff begannen und »Steine wie Hagel« warfen, feuerte man die Geschosse mit großer Streuwirkung ab und tötete dadurch mehrere Angreifer. Der Handel wurde daraufhin wieder aufgenommen, doch die britischen Seeleute waren außerstande, die Inselbewohner daran zu hindern, viele der von ihnen begehrten Gegenstände heimlich zu entwenden.

Auch Bougainville und Cook, die bald nach Wallis' Abreise dieselbe Insel besuchten, wurden durch ständige Diebstähle geplagt – als Bougainville zum erstenmal an Land ging und mit einem Häuptling speiste, wurden einem seiner Offiziere die Taschen ausgeleert. Unter den Tahitianern selbst waren Diebstähle ungewöhnlich. Ihre Häuser waren offen, und sie hatten nur sehr wenige persönliche Besitztümer, die man hätte stehlen können. Sie konnten jedoch den verlockenden, für sie exotischen und nützlichen Dingen nicht widerstehen, die die europäischen Schiffe mitführten: Näh- und Stecknadeln, Nägel, Metallknöpfe, Perlen, Papier und Glasgefäße, ganz zu schweigen von noch wertvolleren Gegenständen wie Werkzeugen. Daher rührt die europäische Legende, die Polynesier seien geschickte und unverbesserliche Diebe. Die Macht der Feuerwaffen erwies sich jedoch als ein geeignetes Mittel, Disziplin zu erzwingen und den Handel zu erleichtern. Einer von Cooks Männern notierte auf seinem zweiten Tahitibesuch im Jahr 1773, sechs Jahre nach dem Aufenthalt der *Dolphin*: »Keiner von uns wurde jemals von irgendeinem von ihnen durch Unhöflichkeit beleidigt, und sie kamen auch nicht ohne Erlaubnis in unsere Linien: Einen solchen Schrecken flößte den Einwohnern Otahitees [Tahiti war in Europa zunächst unter diesem Namen bekannt] schließlich der Anblick von Kapitän Wallis' Feuerwaffen ein.«

Vor seiner Abreise aus Tahiti im Juni 1767 hatte Wallis die Insel durch das einfache Zeremoniell des Hissens einer englischen Flagge und des Abfeuerns einer Salve für die britische Krone annektiert. Im folgenden Jahr beanspruchte Bougainville Tahiti im Namen Louis' XV. für Frankreich. Die Briten und Franzosen beäugten die Aktivitäten des jeweils anderen im Pazifik mit Mißtrauen, doch niemand war mächtig genug, eine unangefochtene Vorherrschaft zu etablieren. Die Französische Revolution und die Kriege, die Europa in ihrer Folge überzogen, hinderten die Franzosen jedoch ohnehin daran, ihren Anspruch auf Tahiti weiterzuverfolgen. Zu dieser Zeit waren Handel und Einfluß wichtiger als der Besitz. Erst 1842 wurde Tahiti offiziell zu einem französischen Protektorat. 1880 wurde es eine französische Kolonie, die größte Insel des heutigen Überseeterritoriums Französisch-Polynesien.

Die »Freundschaftsinseln«

Auf seiner zweiten Pazifikreise setzte Cook seinen Weg von Tahiti aus westwärts fort, um im September 1773 die Tonga-Inseln zu erreichen. Im folgenden Juni kehrte er nach Nomuka, in derselben Inselgruppe gelegen, zurück. Cook wurde von den Tonganern freundlich willkommen geheißen – er hatte die Inseln »Freundschaftsinseln« genannt –, doch in seinen Aufzeichnungen berichtet er von der Plage ständiger »Diebereien«. Ähnliches bemerkte auch der Spanier Francisco Anto-

Oben: Fast alle frühen europäischen Seereisenden äußerten sich kritisch über die ständigen Diebstähle der polynesischen Inselbewohner, die Gegenstände von den Schiffen und von Personen entwendeten. Dieser Stich aus der englischen Ausgabe von *Voyage de La Pérouse autour du monde 1785–1788* (*La Pérousen's Entdeckungsreise in den Jahren 1785–1788,* 1798) trägt den Titel *A Devilish Propensity to Theiving* (Ein teuflischer Hang zum Diebstahl) und zeigt polynesische Schönheiten, die damit beschäftigt sind, französische Offiziere von ihrer wissenschaftlichen Beobachtung der Osterinsel abzulenken, während andere ihnen die Taschen leeren.

Links: Die London Missionary Society war eine der ersten religiösen Organisationen, die aktiv im Pazifikraum missionierten. Nach einigen Rückschlägen gelang es den Missionaren, Pomare II., den Häuptling des Gebiets um die tahitianische Matavai Bay, zu bekehren. Hier ist sein Hoherpriester zu sehen, wie er vor einem britischen Offizier kniet, dem eine Gruppe von LMS-Missionaren und ihren Ehefrauen zur Seite steht. Die Unterstützung durch die Missionare war ein machtvolles Instrument für die ansässigen Häuptlinge, die Zugang zu europäischen Waffen und zu europäischem Einfluß finden konnten.

Oben: Boxen und Ringen waren ein beliebter Zeitvertreib der Inselbewohner, und für die ersten europäischen Besucher wurden eigens Wettkampfdarbietungen veranstaltet. John Webber, ein Künstler, der Cooks spätere Pazifikreisen begleitete, hat einen solchen Kampf im Bild festgehalten.

nio Mourelle, der 1781 auf die zuvor unbekannte Insel Vava'u stieß. Während ihres zweiwöchigen Aufenthalts wurde seine Mannschaft durch Ringkampfdarbietungen unterhalten, an denen zum Teil auch Frauen beteiligt waren. Mourelle schrieb in sein Logbuch: »[Die Inselbewohner] gaben uns niemals einen Anlaß zu Klagen, es sei denn durch ihren Hang zum Diebstahl, den Indianer unmöglich unterdrücken können.«

Als Tasman mehr als ein Jahrhundert früher Nomuka besuchte, staunte auch er über die Freundlichkeit seiner Bewohner, vor allem die seiner Frauen, die scheinbar begierig waren, die Genitalregion der holländischen Seeleute zu berühren, und offenbar eine »fleischliche Vereinigung« wünschten. Dies ist ein frühes Beispiel dafür, daß Europäer polynesischen Frauen eine außergewöhnliche sexuelle Zügellosigkeit zuschrieben. Doch es ist wahrscheinlicher, daß diese nur herausfinden wollten, ob jene seltsamen, in weite Kniebundhosen und Hemden gekleideten Wesen tatsächlich Männer waren. Schließlich hatten tonganische Frauen, da sie sich nicht so stark der Sonne aussetzten, eine hellere Haut als die tonganischen Männer, die bis auf ein Penisfutteral nackt umherliefen. Cook beschrieb die Tonganer als »sehr unterwürfig und zuvorkommend« und wurde offenbar beschimpft, als er sich weigerte, ein Mädchen anzunehmen, das ihm von dessen Eltern angeboten wurde. Der französische Seefahrer Bruni d'Entrecasteaux besuchte 1793 Tonga in der Hoffnung, mehr über das Schicksal der Expedition La Pérouses zu erfahren, die nach dem Verlassen der Botany Bay im Jahr 1788 verschwunden war. (Man nimmt heute an, daß sie vor Vanikoro in der Santa-Cruz-Inselgruppe Schiffbruch erlitten hat.) Er berichtete, daß es »Männern der zuvorkommendsten Gesinnung ein Vergnügen« gewesen sei, »Besuchern mitzuteilen, daß sie beim zarten Geschlecht geneigte Aufnahme finden könnten«.

Händler und Missionare

Die Bewohner der polynesischen Inseln versorgten die ersten europäischen Schiffe, von denen sie besucht wurden, bereitwillig mit den von diesen so dringend benötigten Nahrungsmitteln – Obst, Gemüse und Fleisch. Cook notierte, daß man in Tahiti für den Preis eines Beiles ein Schwein kaufen könne. Es war seine Gewohnheit, einige der an Bord mitgeführten Tiere auf den von ihm besuchten Inseln auszusetzen und ein paar Pflanzen auszusäen. Auf Tahiti lebten bald eine beträchtliche Anzahl der größeren europäischen Schweine sowie Ziegen, und innerhalb kurzer Zeit wurden auch Rinder und Schafe auf den polynesischen Inseln heimisch. Unter den Pflanzen, die die europäischen Besucher mitbrachten, waren Zitrusbäume, Wein, Papaya, Ananas, Wurzelgemüse und Getreide. Dadurch trugen sie dazu bei, eine nie versiegende Quelle von Gütern für den Handel mit europäischen Schiffen zu schaffen. Im Laufe des 19. Jahrhunderts wuchs Tahitis Bedeutung als Handelsstützpunkt: Immer mehr Handelsschiffe, die den Pazifik befuhren, machten dort halt und nahmen Lebensmittel an Bord, und immer häufiger kamen Walfänger an Land, um ihre Schiffe auszubessern. Bei ihren Geschäften mit den Europäern erkannten die Inselbewohner schnell die Beziehungen zwischen Angebot, Nachfrage und Preis. Von Anfang an waren Frauen ein Teil dieses Handels. Wallis berichtete, daß seinen Männern mehrere hübsche junge Mädchen zu einem festen Preis von »einem 30-Penny-Nagel für jedes Mal« angeboten worden seien, und Cook notierte, daß sie »Hakennägel als sehr wertvoll« ansahen, »doch da dies ein Artikel war, mit dem viele an Bord ausgestattet waren, fanden die Frauen bald einen weit einfacheren Weg als die Lieferung von Lebensmitteln, ihrer habhaft zu werden.«

Die Tahitianer maßen roten Federn einen besonders hohen Wert bei. Diese wurden aus Samoa und Tonga importiert, und man benutzte sie bald als eine primitive Form von Währung. Ab den 90er Jahren des 18. Jahrhunderts wurde auch Alkohol als Zahlungsmittel benutzt. Zu dieser Zeit begann Tahiti, die damals Hunger leidende Siedlung von Port Jackson in New South Wales mit Schweinen zu versorgen, und es entwickelte sich ein blühender Exporthandel: In den Jahren 1801 bis 1826 wurden über drei Millionen Pfund Schweinefleisch nach New South Wales eingeführt. Ein Resultat dieses Handels war, daß die Tahitianer in den Besitz von Feuerwaffen gelangten. Doch anders als in Neuseeland führte dies nicht zu einem Rüstungswettlauf unter rivalisierenden Stammesgruppen: Die Tahitianer waren stärker daran interessiert, Metallwaren und andere Gebrauchsgegenstände zu erwerben, die sie für den Eigengebrauch behielten, unter sich weiterverkauften oder in ihren traditionellen Handelszonen auf die anderen Gesellschaftsinseln weiterreichten. Gegen Mitte des Jahrhunderts war getrocknetes Kokosnußfleisch oder Kopra die wichtigste Handelsware der Inseln geworden.

Den ersten europäischen Seereisenden und Händlern in Polynesien folgten bald Missionare. Im Jahr 1797 sandte die London Missionary Society (Londoner Missionsgesellschaft, LMS) eine Gruppe von Missionaren nach Tahiti. Sie blieben zunächst eher erfolglos, und diese erste Mission wurde 1809 aufgegeben. Der tahitianische Häuptling Pomare II., der das Gebiet um die Matavai Bay beherrschte, wurde jedoch schließlich zum Christentum bekehrt. Gestützt von seinen missionarischen Beratern, war Pomare imstande, seine Autorität über die Häuptlinge der anderen Inseln auszuweiten und sich als »König« zu etablieren, woraufhin er 1819 einen Gesetzeskodex für die Insel aufstellte. Der britische Händler John Russell berichtete von einer vorangegangenen philosophischen Diskussion mit Pomare, in der er sich den christlichen Vorstellungen gegenüber als sehr skeptisch gezeigt hatte. »Er fragte mich, wo Jehovah lebe«, schrieb Russell.

»Ich deutete auf den Himmel. Er sagte, er glaube das nicht. Sein Bruder war, wenn es überhaupt möglich ist, noch viel schlimmer ... mit einer arroganten und verächtlichen Gleichgültigkeit ... und bemerkte, wenn wir mittels unseres Quadranten die Sonne und den Mond herunterbringen können, wieso könnten wir nicht auf ähnliche Weise unseren Heiland auf die Erde bringen?« Europäische Besucher gaben sich keine besondere Mühe, die angestammten Religionen und Rituale, die sie als bloße Hexerei ansahen, zu verstehen, und bekamen die Vorstellung, daß die Polynesier stärker am Handel als an der Seele interessiert waren und eher an ihr leibliches als an ihr geistiges Wohlergehen dachten. Das Christentum erlitt viele Rückschläge. Die Häuptlinge, die den christlichen Glauben annahmen, beraubten sich dadurch ihres traditionellen *mana*, und 1830 erhoben sich die Befürworter einer Rückkehr zu den alten Bräuchen gegen die christlichen Missionen.

Die frühe Missionierung im Tonga-Archipel – der von 1790 bis 1852 in einen Bürgerkrieg zwischen den Häuptlingsfamilien der Inseln verwickelt war – stieß ebenfalls auf schroffe Ablehnung. Die ersten Missionare trafen 1797 ein, doch erst 1831 gelang es methodistischen Missionaren, den Häuptling Taufa'ahau zu bekehren. Mit ihrer Hilfe war er schließlich in der Lage, die lange Zeit der Fehden zu beenden, und 1845 nahm er den Titel König George Tupou an; seine Regentschaft sollte bis 1893 andauern. Zu diesem Zeitpunkt hatte der Großteil der Inselbewohner das Christentum angenommen, und es wurden in Tonga viele Institutionen von den europäischen Staaten übernommen – wie etwa ein Gesetzeskodex, eine Verfassung und eine Verwaltungsstruktur. Eine ähnliche Partnerschaft entwickelte sich in den 30er Jahren des 19. Jahrhunderts auf Samoa zwischen John Williams, einem Mitglied der LMS, und dem Inhaber des Titels Malietoa (Unterhäuptling), den er bekehrte. Das hatte zur Folge, daß sich in ganz Samoa das Christentum sehr schnell verbreitete. Doch es entstand auch eine Reihe häretischer Bewegungen, was die Unverwüstlichkeit des traditionellen Glaubens widerspiegelte. Als im späten 19. Jahrhundert das Deutsche Reich, Großbritannien und die USA begannen, sich die politische Kontrolle über die Inseln gegenseitig streitig zu machen, führten rivalisierende Häuptlinge den samoanischen Widerstand gegen die ausländische Einmischung an. Im gesamten Pazifikraum hatte die europäische Missionierung der Inselvölker verheerendere Auswirkungen, als selbst der glühendste Christ hätte wünschen können. Da die Inselbewohner keine natürlichen Abwehrkräfte besaßen, erwiesen sich die von den Europäern eingeschleppten Krankheiten für sie als tödlich, wodurch ganze Bevölkerungen ausgelöscht wurden. Masern und Grippe, beide beim Husten durch Tröpfcheninfektion übertragen, waren die tödlichsten Krankheiten. Die für sich lebenden Familiengruppen der Inselgesellschaften hätten vielleicht eine Ausbreitung der Krankheiten verhindern können, doch die Missionare aller Konfessionen ermutigten die Menschen, sich zu Gottesdiensten zu versammeln. Als Masern und Grippe bereits um sich griffen, intensivierten die Inselbewohner ironischer- und tragischerweise ihre gemeinschaftlichen Gebete. Auch Geschlechtskrankheiten verbreiteten sich als Resultat des Kontakts mit Europäern über die pazifischen Gesellschaften und führten zu Unfruchtbarkeit, Geisteskrankheit, frühzeitigem Tod und der Geburt mißgebildeter Kinder, die schließlich ausgesetzt oder getötet wurden.

Besiedlung und Widerstand: Neuseeland

Bei seinem ersten Besuch in Neuseeland verbrachte James Cook sechs Monate damit, den Küstenverlauf zu kartographieren, während Joseph Banks und die anderen Wissenschaftler und Künstler, die die Expedition begleiteten, detaillierte Aufzeichnungen über das Land und seine Tier- und Pflanzenwelt machten. Cooks erste Begegnung mit den ansässigen Völkern war um nichts freundlicher, als es die Tasmans gewesen war. Doch mit der Hilfe Tupaias, des Polynesiers, der sich Cooks Expedition in Raiatea angeschlossen hatte und als Dolmetscher diente, begann die englische Besatzung, Güter gegen Lebensmittel und Wasser einzutauschen, woraufhin sich ein besseres Verhältnis entwickelte. Von Zeit zu Zeit gab es Mißverständnisse und feindliche Auseinandersetzungen, als Cook nicht zögerte, die überlegene Feuerkraft der Muskete zu demonstrieren. Doch im Laufe dieses und zweier folgender Besuche bildete er sich schließlich eine hohe Meinung von der Intelligenz und den Fertigkeiten der Maori – wie sie sich selbst nannten (der Name ist von dem Ausdruck *tangata maori* – »einheimisches Volk« – abgeleitet).

Cooks Logbücher, die 1773 und 1777 veröffentlicht wurden, betonten die natürlichen Vorzüge des Landes, und andere europäische Entdeckungsreisende, insbesondere französi-

Links: Die Überfischung der atlantischen Walfanggründe und die wachsende Nachfrage nach Pottwalöl, das bis zur Entdeckung des Petroleums in den 50er Jahren des 19. Jahrhunderts die wertvollste Quelle für Lampenöl und industrielle Schmierstoffe darstellte, lockten zu Beginn des 19. Jahrhunderts Walfangflotten aus Westeuropa und von der Ostküste der USA in die walreichen Gewässer des Südpazifiks. Fahrten, die vier Jahre dauerten, waren nicht selten, und die Walfänger gründeten entlang der Küste Neuseelands Stützpunkte, wo sie ihre Schiffe ausbesserten und den Walspeck verarbeiteten, indem sie ihn zu Öl raffinierten. Wie auf diesem Stich gezeigt wird, wurden die Wale von kleinen Ruderbooten mit sechs Mann Besatzung aus gejagt. Die Männer waren mit Handharpune und Taurolle bewaffnet, um den Wal zu ermüden. War der Wal endlich erschöpft, wurde er mit einem Handspieß getötet. Auf diese Weise schlachtete man eine gewaltige Anzahl von ihnen ab. Herman Melvilles *Moby Dick* (1851) ist die bekannteste belletristische Darstellung vom Leben der Walfänger. In dem Roman wird Kapitän Ahabs Jagd auf den großen weißen Wal zur Metapher für den menschlichen Trieb nach Eroberung und Rache.

Erste europäische Einflußnahme in Neuseeland

Die Gründung europäischer Stützpunkte für Wal- und Robbenfänger entlang der Nordküste der Nordinsel hatte weitreichende Auswirkungen für die Maori-Stämme der Gegend, insbesondere die im Bereich der Bay of Islands. Die in der Nähe der Stützpunkte lebenden Maori belieferten diese mit Lebensmitteln, indem sie von den Europäern eingeführte Feldfrüchte wie Kartoffeln, Weizen und Mais anbauten. Im Gegenzug erhielten sie Musketen, mit denen sie ihre südlichen Nachbarn einschüchterten. Dies löste eine Serie von Migrationsbewegungen aus, die über die ganze Nordinsel bis auf die bis dahin nur dünn besiedelte Südinsel reichten. Man schätzt, daß beinahe ein Viertel der männlichen Maori-Bevölkerung in dieser Zeit der Stammeskriege getötet wurde.

Das Versammlungshaus der Maori

Das Versammlungshaus oder »geschnitzte« Haus *(whare whakairo)* war – und ist nach wie vor – ein wichtiger Bestandteil des *marae*, des Zeremonialplatzes, der im Mittelpunkt einer Maori-Gemeinschaft steht und für Familienfeiern wie Hochzeiten und Begräbnisse sowie für religiöse und weltliche Versammlungen benutzt wird. Die *marae* und auch die Versammlungshäuser veränderten sich nach der Ankunft der Europäer in Neuseeland. Sie schöpften jedoch weiterhin aus der traditionellen Symbolik, der Kunst und den alten Ritualen, die für die Identität des Stammes, des Unterstammes oder der Gemeinschaft von zentraler Bedeutung waren. Die Häuser bieten Schutz und dienen als Unterkunft für Besucher. Obwohl einige relativ klein und schlicht sind, sah man in manchen Gegenden das Ausmaß und die Qualität der Verzierungen als ein Spiegelbild des Stolzes und Prestiges der Stammesgruppe an. Die elegantesten Versammlungshäuser stellen den Höhepunkt der Bautechnik und künstlerischen Fähigkeiten der Maori dar. Sie repräsentieren die jeweilige Stammesgruppe und deren Geschichte auf eine sehr direkte Weise. Das Haus trägt oft den Namen eines bestimmten, meist männlichen Ahnen, dessen Körper es symbolisiert. Die Firststange des Daches ist das Rückgrat des Urahns, die Dachsparren sind seine Rippen. Gleichzeitig stellen sie Stammbäume dar. Die Firststange ist die Hauptlinie, während die Nebenlinien – die Sparren – bis zu den Ahnenfiguren der jüngeren Vergangenheit entlang der Wände hinabreichen. Auf diese Weise versammeln sich im Haus die Generationen von toten und lebenden Nachfahren innerhalb des »Bauches« ihres gemeinsamen Urahns. Das älteste bis heute fast vollständig erhaltene und mit Schnitzereien verzierte Versammlungshaus ist das prächtige Te Hau ki Turanga (der Geist des Turanga), das sich heute im Nationalmuseum von Wellington befindet. Es wurde innerhalb von sechs Monaten 1842/43 in Manutuke an der Poverty Bay im Osten der Nordinsel errichtet, wobei man für die Schnitzarbeiten Metallwerkzeuge benutzte.

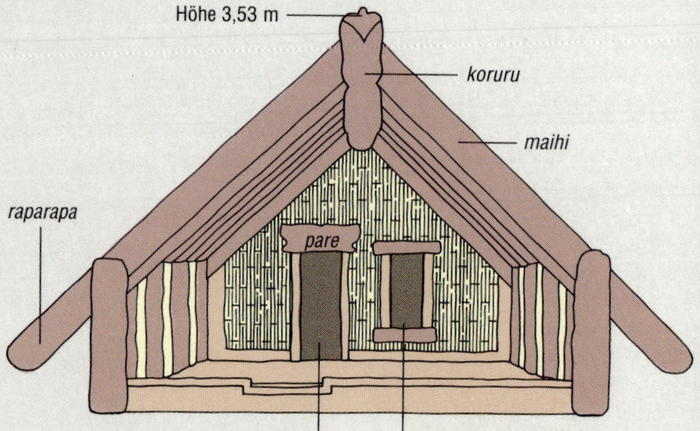

Rechts und oben: Anhand dieses Grundrisses von Te Hau ki Turanga werden die Hauptbestandteile eines Versammlungshauses verdeutlicht. Blickt man vom Inneren des Hauses nach draußen, so ist die linke Seite eher »heilig« oder *tapu*; man bringt sie mit Männern in Verbindung, und es ist die Seite, auf der Besucher Platz nehmen dürfen. Die rechte Seite ist eher »profan« *(noa)* und wird mit Frauen und Einheimischen assoziiert. Die Fassade spiegelt die Ahnensymbolik des Versammlungshauses wider. Das *koruru* an ihrer Spitze ist der Kopf des Ahnen, die Giebelschutzbretter *(maihi)* sind seine Arme und die geschnitzten *raparapa* seine Finger. Das Fenster (wenn man hinausschaut links) ist *tapu*, während die Tür *noa* ist.

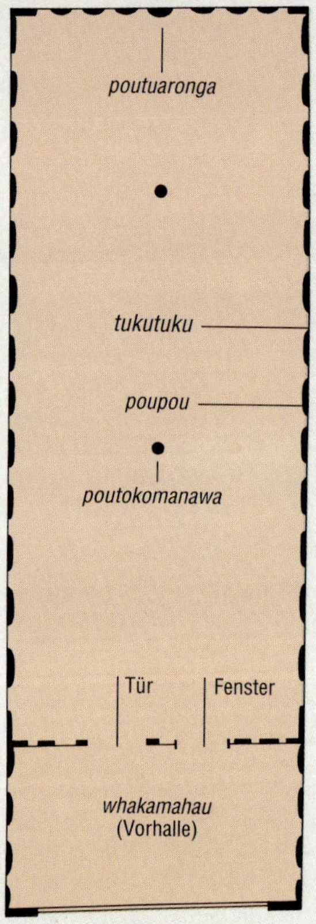

Rechts: Te Hau ki Turanga verdeutlicht die Entwicklung eines kraftvollen und einflußreichen Regionalstils. Eine Arbeitsgruppe von 18 Schnitzern wurde vom Meisterhandwerker Raharui Rukupo angeführt, dessen Selbstporträt rechts neben der Eingangstür steht.

Links: Firststange und Dachsparren von Te Hau ki Turanga sind großzügig in den traditionellen Farben Schwarz, Weiß und Rot bemalt. Die Firststange ruht am entfernten Ende auf einem mit eleganten Schnitzereien verzierten halben Baumstamm, dem *poutuaronga*. Im Vordergrund steht ein *poutokomanawa*, eine schlankere Stütze für den First. Die Ahnenskulptur, auf der er ruht, ist in einem naturalistischeren Stil gehalten als die Reliefschnitzereien an den *poupou*-Paneelen der Wände. Zwischen ihnen stehen die gemusterten Gitterwerkpaneele *(tukutuku)* aus gebleichtem oder gefärbtem Flachs.

sche, folgten ihm sehr bald nach Neuseeland. Im Jahr 1772 hatte eine von Marion du Fresne geführte Expedition eine gewalttätige Auseinandersetzung mit einem Maori-Stamm in der Bay of Islands. Du Fresne und 15 seiner Mannschaftsmitglieder wurden getötet, und als Vergeltung zerstörten die Franzosen drei Dörfer, wobei es viele Opfer gab. Die ersten Europäer, die von etwa 1802 an permanente Siedlungen in Neuseeland errichteten, waren in den südlichen Gewässern des Pazifiks operierende Robben- und Walfänger, die an sicheren Ankerplätzen entlang der Küste Stützpunkte gründeten. Dort reparierten sie ihre Schiffe und verarbeiteten ihre Ladung von Robbenpelzen und Walöl für die Weiterverfrachtung zum wachsenden Handelshafen Sydney in New South Wales, wo sich ein aufkeimender Neuseelandhandel etablierte. Reichliche Vorkommen an Bauholz und neuseeländischem Flachs bildeten die Grundlage für eine sich entwickelnde Schiffbauindustrie auf der Nordinsel, insbesondere im Gebiet der Bay of Islands, und wurden auch in großen Mengen exportiert. Mit der Zeit wurde Kororareka (später als Russell bekannt) zu einer blühenden Hafenstadt: An einem Tag in den 30er Jahren des 19. Jahrhunderts zählte man über 30 Schiffe im Hafen mit einer Besatzung von mehr als 1000 Mann.

Die Maori nannten die weißen Männer *pakeha* (der Ursprung des Wortes ist unklar, doch es könnte sich auf die einheimische Weiße Rübe beziehen). Es gab eine Anzahl von Streitigkeiten und auf beiden Seiten einige als Racheakte verübte Morde. Doch im großen und ganzen war das Verhältnis zwischen den Wal- und Robbenfängern und den Maori stabil. Die Maori tolerierten die Anwesenheit der Europäer, weil sie wertvolle Güter besaßen – Angelhaken, Äxte, andere Eisenwerkzeuge und Musketen –, die sie gegen Nahrungsmittel, andere lebenswichtige Dinge und Frauen eintauschten. Die den Zentren europäischer Besiedlung an der Nordküste am nächsten lebenden Maori wurden am stärksten von der europäischen Präsenz beeinflußt. Mit dem Gebrauch eiserner Werkzeuge erlernten sie neue landwirtschaftliche Fertigkeiten, und – was noch bedeutsamer war – sie gewannen durch den Besitz europäischer Güter an *mana*. Schon sehr bald begannen einzelne Führer damit, sich Musketen zu verschaffen, die sie benutzten, um ihre südlichen Nachbarn einzuschüchtern. Dies vertrieb die Nachbarn aus ihrem Land und gab den Anstoß für eine Migrationswelle, die zu einer Bevölkerungsverschiebung großen Ausmaßes führen sollte. Bald war der Besitz von Waffen weit verbreitet, und eine Phase örtlich begrenzter Stammeskriege war die Folge – die sogenannten Musketenkriege, die von 1818 bis in die 30er Jahre desselben Jahrhunderts andauerten. Man schätzt, daß 20 bis 30 Prozent der wehrfähigen männlichen Bevölkerung in den Kriegen umkamen. Doch die starke Abnahme der Bevölkerungszahl bei den Maori in diesen Jahren wurde in noch stärkerem Maße durch die Ausbreitung europäischer Krankheiten verursacht.

Wie in anderen Teilen des pazifischen Raums kamen im Gefolge europäischer Händler Missionare nach Neuseeland. Samuel Marsden (1764–1838), der Seelsorger der Strafkolonie von New South Wales, lobte bereitwillig die hohe Stufe der Zivilisation, die die Maori erreicht hatten (im Vergleich zu den Aborigines, wie er meinte). Im Jahr 1814 half er dabei, eine von der Church Missionary Society geleitete Mission in der Bay of Islands zu gründen. Die Bekehrung kam zunächst nur langsam voran, doch es trafen immer mehr anglikanische, methodistische und römisch-katholische Missionare ein, und in den späten 20er Jahren des 19. Jahrhunderts etablierten sie sich als Vermittler in den Maori-Kriegen. Gleichzeitig boten sie ihre Dienste als Ärzte und Lehrer an. Eine geschriebene Form der Maori-Sprache wurde entwickelt, und die Fähigkeit des Lesens brachte den Maori *mana* ein. Der missionarische Erfolg bei den Maori zwischen 1830 und 1850 schien durch die Verurteilung von Kannibalismus, Kriegen unter den Stämmen und der Macht des *tapu* die traditionellen Werte und die althergebrachte Autorität in Frage zu stellen und die Vormachtstellung der europäischen Kultur zu signalisieren. Man begann, europäische Kleidungsstücke zu tragen und andere

Aspekte europäischer Kultur, wie den Gebrauch von Geld, Tabak und Alkohol, zu übernehmen, vor allem bei den Stämmen, die den längsten Kontakt mit den Europäern gehabt hatten. Die in abgelegeneren Gegenden lebenden Maori waren jedoch von diesem Wandel nicht betroffen, und für eine große Anzahl »konvertierter« Maori war der christliche Glaube lediglich eine Ergänzung ihrer traditionellen Kultur und Religion. Prophetische Kulte, die Gestalten des Alten Testaments mit der Stammesgeschichte vermengten, waren nicht selten.

Zwischen 1830 und 1840 begann sich die Art der europäischen Besiedlung Neuseelands zu verändern. Am Anfang des Jahrzehnts gab es etwa 200 ständig dort lebende Europäer, die meisten von ihnen auf der Nordinsel. 1840 war diese Zahl auf 2000 Menschen angestiegen, von denen bis auf 50 Amerikaner und 20 Franzosen alle Briten waren. Nach 1840 trafen noch weitere Siedler unter der Regie der New Zealand Company (Neuseelandgesellschaft) ein, die 1837 gegründet worden war, um mit einem von Edward Gibbon Wakefield (1796–1862) erdachten Programm des Landverkaufs eine britische Kolonie zu schaffen. Nach seinem Plan, den er 1827 als Gefangener im Londoner Gefängnis von Newgate entwickelte, sollte eine »systematische Wanderung« in die Kolonien begünstigt werden, indem man Land über Wert verkaufte und die Überschüsse in einen Fonds legte. Dieser war für Zuschüsse zur Senkung der Reisekosten derjenigen gedacht, die ein neues Leben in den Kolonien anfangen wollten. Der höhere Preis des Landes bedeutete, daß sich die mit den subventionierten Schiffspassagen angekommenen Siedler ein paar Jahre als Lohnarbeiter verdingen mußten, bis sie genug Geld ansammeln konnten, um selbst Landbesitzer zu werden. Auf diese Weise herrschte in der Kolonie zu keiner Zeit ein Mangel an Arbeitern, und das Geld für weitere subventionierte Überfahrten war so lange gesichert, wie es noch Land zum Verkaufen gab. Dieses System wurde zuerst 1836 in Adelaide in South Australia erprobt. Doch seinen größten Erfolg sollte es in Neuseeland haben, wo in Wellington, Wanganui und New Plymouth auf der Nordinsel und in Nelson auf der Südinsel auf Wakefields Ideen basierende Siedlungsprojekte gegründet wurden, die auf rund um die Cook-Straße erworbenen Ländereien lagen.

Die Aktivitäten der New Zealand Company trugen zweifelsfrei dazu bei, daß die britische Regierung sich entschloß, durch eine offizielle Annexion die Oberhoheit über ganz Neuseeland zu erwerben – eine Maßnahme, die jeglichen Verkauf von Grundbesitz zu einem Monopol der Krone machte. Das wachsende Interesse, das den Inseln von Frankreich entgegengebracht wurde, war ein weiterer Ansporn für die Annexion. Zu dieser Zeit übte die Regierung von New South Wales eine de-facto-Herrschaft über die europäischen Siedler in Neuseeland aus. Es gab dort keinen offiziellen britischen Repräsentanten, bis James Busby 1833 zum britischen *Resident* (Regierungsvertreter in einer Kolonie) ernannt wurde. Busby war ein vernehmlicher Befürworter der Annexion und der inoffizielle Sprecher der Siedler. Im Januar 1840 begann der vom Londoner Kolonialministerium nach Neuseeland beorderte William Hobson, Verhandlungen mit den Maori-Häuptlingen aufzunehmen, durch die sie ihren Anspruch auf die Nordinsel an Großbritannien abtreten sollten. Die Tatsache, daß die Briten so sehr bemüht waren, eine rechtliche Grundlage für diesen Akt der Annexion zu finden, verdeutlicht den gewaltigen Gegensatz zwischen der Art der Besiedlung in Neuseeland und Australien, wo die Doktrin der *terra nullius* den Aborigines überhaupt keine Rechte zuerkannte.

Am 5. Februar 1840 wurde bei Waitangi einer großen Abordnung der Maori ein Vertrag unterbreitet. Nach seinem Wortlaut garantierte man den Maori das Eigentums- und Nutzungsrecht auf ihre Ländereien im Tausch für den Verzicht auf die Landeshoheit. Der Verkauf des Landes sollte den ursprünglichen Herrschaftsanspruch und jegliche zukünftigen Besitzansprüche aufheben, und die Häuptlinge mußten zusagen, ihr Land nur an Vertreter der Krone zu verkaufen. Im Gegenzug wurden den Maori Schutz und die gleichen Rechte

Oben: Ein *heitiki*, gewöhnlich aus Nephrit geschnitzt, aber manchmal auch aus anderem Stein oder Holz gefertigt, ist eines der am höchsten geschätzten Schmuckstücke der Maori und wird als Anhänger getragen. Seine Ursprünge sind umstritten, möglicherweise stellt er aber einen menschlichen Embryo dar, vielleicht ein totgeborenes Kind. Der *heitiki* verlieh seinem Träger *mana*, das mit Fruchtbarkeit und Schöpfung assoziiert wurde. Dieser *heitiki* aus dem 19. Jahrhundert ist vermutlich einem Missionar zum Geschenk gemacht worden.

Links: Dieses im Jahr 1949 gemalte Bild der Unterzeichnung des Vertrages von Waitangi diente als Titelbild für eine neuseeländische landwirtschaftliche Zeitschrift. Sie stellt den Vertragsschluß noch aus der Sicht des Kolonialherrn dar: Zu sehen ist, wie die »rohe Wildheit« der Maori-Stämme durch die zivilisierenden Tugenden europäischer Herrschaft gezähmt wird. Es entsteht der Eindruck von Ordnung und ehrenvollem Austausch. Doch schon bevor alle Unterzeichnungszeremonien an den unterschiedlichen Vertragsorten durchgeführt worden waren, begannen viele Maori an der Weisheit des Entschlusses zu zweifeln, die britische Herrschaft anzuerkennen. Die ungleichen Bedingungen des Vertrags hinterließen ein dauerhaftes Ressentiment und sind eine der Ursachen für den bis heute anhaltenden Widerstand der Maori.

Die europäische Inbesitznahme Neuseelands
Trotz der scheinbaren Garantien des Vertrags von Waitangi mißachteten die weißen Siedler bei ihrer eiligen Landaquisition oft die Eigentumsrechte der Maori – vor allem im Bereich der Cook-Straße, wo die New Zealand Company am aktivsten war. Es gab häufig Streitigkeiten um Landbesitz, die zu bewaffnetem Widerstand führten, und in den späten 50er Jahren des 19. Jahrhunderts entstand auf der Nordinsel die Königsbewegung, die sich gegen weitere Landverkäufe wehrte. Die Briten bezeichneten in den darauffolgenden Kriegen die Maori als Aggressoren und übten durch Konfiszierung von Grundbesitz in großem Stil Vergeltung. Auf der Südinsel (die bereits für die Viehzucht erschlossen war und bald Schauplatz eines spekulativen Goldrauschs werden sollte) wurde das Stammesgebiet der Ngai Tahu zwischen 1856 und 1860 durch zehn offizielle Käufe der englischen Krone erworben. Das Native Land Act von 1862 legalisierte private Übertragungen von Grundbesitz zwischen Siedlern und Maori, und als der Widerstand der Maori ab etwa 1870 zusammenbrach, hatten sie die meisten Ländereien bereits verkauft.

und Privilegien wie den britischen Untertanen zugesichert. Man hatte zwei Versionen des Vertrages vorbereitet – eine in Englisch, die andere in Maori. Es gab jedoch entscheidende Unterschiede. In der Maori-Version wurde den Häuptlingen *»te tino rangatiratanga«* garantiert, die volle Autorität eines Häuptlings über seine Gebiete. Sie glaubten daher, sie würden das Recht auf die traditionelle Rechtsprechung über ihr Volk nicht verlieren. In der englischen Fassung traten die Maori jedoch jedes Recht auf Rechtsprechung und Regierungsgewalt ab. Die Verhandlungen von Waitangi hielten diesen Unterschied verborgen, und 45 Häuptlinge unterzeichneten das Abkommen, ohne sich gänzlich über die Folgen ihres Tuns im klaren zu sein. Später wurden zusätzliche Versammlungen abgehalten, damit weitere Häuptlinge ihre Unterschrift leisten konnten, was die Gesamtzahl der unterzeichnenden Maori auf über 500 anwachsen ließ: Doch trotz alledem hatten nicht alle Unterstämme *(hapu)* der Maori dem Abkommen zugestimmt. Im Mai 1840 schritt Hobson schnell zur Tat und erklärte die britische Oberhoheit über die Nordinsel kraft Abtretung und über die Südinsel kraft des Rechts des Entdeckers, um so die französischen Pläne, dasselbe zu tun, zu vereiteln. Zuerst gehörte Neuseeland von Rechts wegen zu New South Wales, doch 1841 wurde es eine eigenständige Kronkolonie, mit Hobson als ihrem ersten Gouverneur.

Die Maori-Kriege

Der Vertrag von Waitangi wurde von den Briten als neuseeländische Magna Charta gerühmt, doch von Anfang an gab es Meinungsverschiedenheiten über seine Auslegung. Nur zu oft wurde der Vertrag von den Siedlern mißbraucht – im Gebiet um die Cook-Straße zum Beispiel versäumte es die New Zealand Company häufig zu überprüfen, wer tatsächlich das Eigentumsrecht der von ihr gekauften Ländereien innehatte oder ob diese Rechte umstritten waren. Te Rauparaha, ein ortsansässiger Häuptling, führte den Widerstand der Maori gegen die Siedlungsvorhaben der *pakeha*, und Auseinandersetzungen mit den Siedlern kamen öfter vor. Doch nicht alle Kriege standen mit der Enteignung im Zusammenhang. Die Ziele der Maori im Nördlichen Krieg von 1845 bis 1846 – der praktisch eine Rebellion der Häuptlinge Hone Heke und Kawiti des Stamms der Ngapuhi war – hatten weniger mit dem umstrittenen Land als mit dem Niedergang des Handels im Gebiet der Bay of Islands zu tun, nachdem die Briten nun anstelle von Russell das südlicher gelegene Auckland zu ihrer Verwaltungshauptstadt wählten. Die Maori hatten den *pakeha* Lebensmittel und Flachs im Austausch gegen Kleidung, Gewehre, Zucker und Rum geliefert und waren auch an der Walfang- und Holzindustrie beteiligt gewesen.

In einem Akt der Rebellion hieb Hone Heke das Symbol britischer Autorität, den Flaggenmast von Russell, nieder. Möglicherweise glaubte er, die Macht würde durch eine solche Handlung auf ihn übergehen, der Symbolcharakter zur Realität werden – doch die Tat stand auch im Einklang mit *utu* (Vergeltung) und dem Gewinn von *mana* durch das Beleidigen eines anderen. Die Briten stellten ihr Machtsymbol pflichtbewußt wieder auf, und Hone Heke hieb es noch zwei weitere Male um. Beim vierten Mal plünderten Hekes Krieger die Stadt Russell und töteten 19 *pakeha*. Die Briten reagierten mit einem Angriff auf Hekes und Kawitis *pa* – mit Pfählen befestigte Einfriedungen – bei Puketu und Ohaeawai. Die *pa* erwiesen sich jedoch als sehr effektiv gegen Musketenfeuer, und die Briten wurden zurückgeschlagen. Obwohl die Briten sich später den militärischen Sieg über Hone Heke zuschrieben, wurde er 1846 durch eine eigennützige Allianz von Ngapuhi-Häuptlingen besiegt. Während der Maori-Kriege waren Konflikte zwischen den Stämmen örtlich begrenzt, und die Briten – die eine militärische Strategie verfolgten, die sie schon in Indien erfolgreich angewendet hatten – sollten sich als geschickt darin erweisen, Meinungsverschiedenheiten zwischen rivalisierenden *hapu* für sich auszunutzen.

Obwohl es vergleichsweise ruhige und stabile Phasen gab – zum Beispiel in der Amtszeit des Gouverneurs George Grey von 1845 bis 1853 –, war das Verhältnis zwischen den Maori und den *pakeha* oft gespannt, und ein Konflikt war nie weit entfernt. In den 50er Jahren des 19. Jahrhunderts vergrößerte sich die Nachfrage der Siedler nach Grundbesitz. Unter den Maori der Provinz Taranaki, wo die größte Landknappheit herrschte, entstand eine Bewegung, die sich gegen weitere Landverkäufe wehrte. Nach 1858 ging sie in der Königsbewegung *(King Movement)* auf, die zunächst vom Waikato-Häuptling »König« Te Wherowhero und dann von seinem Sohn Tawhiao angeführt wurde. Die Königsbewegung versuchte, die Unabhängigkeit der Maori zu bewahren. Sie fand überall in Neuseeland weitreichende Unterstützung, und um 1860 ließ die Unfähigkeit der Regierung, mit dem Zorn der Maori umzugehen, eine Wiederaufnahme des Krieges unvermeidlich werden.

Trotz ihrer technologischen Unterlegenheit hinsichtlich der Bewaffnung waren die Maori äußerst geschickt darin, ihre *pa* gegen Artilleriebeschuß verteidigungsfähig zu machen, indem sie hölzerne Barrikaden durch Erdwälle ersetzten und Bunker bauten. Ihre Niederlage war jedoch unabwendbar. In den Jahren 1850 bis 1860 vervierfachte sich die *pakeha*-Bevölkerung auf etwa 100 000 und war damit größer geworden als die der Maori, deren Zahl sich immer weiter verringerte. Doch die Art der sozialen Organisation der Maori selbst arbeitete gegen sie. Der Kampfgeist stand im Mittelpunkt des Stammeslebens, aber es gab keine eigenständige Armee oder Kriegerkaste in der Gesellschaft der Maori: Jeder übte sich als Kämpfer, und wenn es erforderlich war, standen Männer wie Frauen zum Kampf bereit. In letzter Konsequenz war dies ein strategischer Nachteil für sie. Die Maori konnten den Kampf immer nur für ein paar Tage aufrechterhalten, bis sie eine Kampfpause für das Sammeln von Nahrung und Wasser benötigten. Es existierte innerhalb des Stammes keine Struktur, die den Aufbau von Nachschublinien von den Dörfern zu den an der Front verbleibenden Kriegern erlaubt hätte, und so hatten die Briten mehr als genug Gelegenheiten für vernichtende Gegenoffensiven. Der Widerstand der Maori war gegen

Rechts: William Bradleys Aquarell von 1788 zeigt einen Teil der Ersten Flotte beim Einlaufen in die Botany Bay, wo bereits eine Gruppe von Schiffen ankert. Den Aborigines, die das Schauspiel vom Strand aus beobachteten, erschien die Flottille europäischer Segelschiffe wie »geflügelte Inseln«.

Unten: Diese Lithographie aus dem 19. Jahrhundert zeigt ein Maori-Dorf innerhalb der Palisade eines *pa*; die Szene vermittelt einen Eindruck der Demoralisierung. Bei ihrem Widerstand gegen die *pakeha* sahen sich die Maori mit einer überwältigenden Übermacht konfrontiert. Ab Mitte der 60er Jahre des 19. Jahrhunderts umfaßte die britische Armee in Neuseeland 14 000 Mann, die mit gepanzerten Dampfschiffen, schwerer Artillerie und Telegraphenkommunikation ausgerüstet waren – eine moderne Streitmacht. Im besten Falle konnten die Maori dennoch zu keiner Zeit mehr als 2000 Krieger aufstellen. Da sie sich aber hinter ihre immer raffinierteren Verteidigungslinien der *pa*, befestigter Schanzwerke, zurückzogen und sich nicht in offene Feldschlachten verwickeln ließen, machten sie es den Briten fast unmöglich, ihnen eine einzige entscheidende Niederlage beizubringen, und der Krieg deeskalierte zu sporadischen Scharmützeln.

1865 praktisch gebrochen, wenn auch sporadische, örtlich beschränkte Konflikte sich bis zum Ende des Jahrzehnts fortsetzten. Das letzte formelle Friedensabkommen mit Te Kooti, einem Guerillaführer und Gründer eines religiösen Kultes an der Ostküste der Nordinsel, wurde erst 1881 geschlossen.

Im Jahr 1890 befanden sich etwa 22 Millionen Hektar der gesamten Landfläche von 26 Millionen Hektar im Besitz der *pakeha*, die das Land durch privaten Kauf oder über die britische Regierung erworben hatten; die Ländereien, die noch im Besitz der Maori waren, lagen in abgeschiedenen Teilen der Nordinsel. Die grundbesitzlosen Maori hielten sich durch Getreideanbau, das Sammeln von Nahrung und als Lohnarbeiter der *pakeha* am Leben. Da sie in behelfsmäßigen Unterkünften wohnen mußten, waren ihre Lebensbedingungen schlecht, und ihre Zahl nahm weiter ab, bis sie gegen Ende des Jahrhunderts einen Tiefstand von ungefähr 45 000 erreichte. Die Gesellschaft und Kultur der Maori erwies sich jedoch dem Assimilationsdruck gegenüber als unverwüstlich. Passiver Widerstand machte sich auf zweierlei Weise bemerkbar: durch politische Aktivität (ein inoffizielles Maori-Parlament trat von 1892 bis 1907 zusammen) und durch das Entstehen populärer religiöser Endzeitkulte, die den Sturz der Briten und ihre Vertreibung voraussagten. Um die Jahrhundertwende war die Initiative in die Hände einer neuen Führergeneration übergegangen, der Young Maori Party, einer westlich erzogenen Elite, die von Apirana Ngata, dem ersten Maori mit Universitätsabschluß, angeführt wurde. Die Führer der Young Maori waren imstande, die *pakeha*-Maschinerie für sich arbeiten zu lassen, und trugen dazu bei, ein gewisses Maß ökonomischer und sozialer Verbesserungen durchzusetzen, woraufhin die Bevölkerungszahl wieder anzusteigen begann. Gleichzeitig gelang es ihnen, die Unterstützung der Stammesführer zu gewinnen. Im 20. Jahrhundert verlegte sich der Kampf für die Rechte der Maori zunehmend auf die Beteiligung am politischen Prozeß und die Stärkung ihrer kulturellen Identität.

Besiedlung und Widerstand: Australien

Trotz Cooks vielversprechendem Bericht über die Eignung New South Wales' für eine Besiedlung nutzten die Briten die sich dadurch bietenden Möglichkeiten nicht sofort aus: Die Regierung Lord Norths, die seit 1775 in einen Kolonialkrieg in Nordamerika verwickelt war, hatte andere Sorgen. Nachdem man den Amerikanischen Unabhängigkeitskrieg 1783 verloren hatte, war es unmöglich geworden, die Absprachen zu erneuern, in deren Rahmen jährlich etwa 1000 Sträflinge nach Amerika deportiert wurden, vor allem nach Maryland und Virginia. So begann der Plan Gestalt anzunehmen, auf dem Südkontinent eine Strafkolonie zu gründen. Am 13. Mai 1787 verließ die elf Schiffe umfassende Erste Flotte Portsmouth mit Kurs auf New South Wales. An Bord befanden sich 568 Männer, 191 Frauen und 19 Kinder, mehr als 750 Menschen waren Strafgefangene. Viele hatten Bagatelldelikte begangen, andere waren unverbesserliche Wiederholungstäter. Sie sollten die Arbeitskräfte sein, die Australien zu einer britischen Kolonie machen würden. Begleitet wurden sie von 250 Seeleuten, Soldaten und Marinesoldaten, unter ihnen 27 Ehefrauen und 13 Kinder.

Die Flotte traf im Januar 1788 in Australien ein. Die traditionellen Hüter des Landes im Gebiet der Botany Bay, der ersten Landungsstelle, und von Port Jackson, dem Ort der ersten Niederlassung, waren die Eora und die Dharuk. Als die Flottille kleiner Schiffe am blassen Horizont auftauchte und in die eigentliche Bucht einlief, erschien sie den Beobachtern am Strand wie »geflügelte Inseln«, und die Ältesten der Stämme erinnerten sich ohne Zweifel an die Geschichten von Cooks Besuch, der eine Generation zurücklag und Teil der mündli-

Links: Massaker an den Aborigines waren an der Tagesordnung, und die Autoritäten begannen nur allmählich, die Gewalttätigkeiten der Siedler einzudämmen. 1816 veröffentlichte Thomas Davey, der Vizegouverneur von Van Diemen's Land, eine Bekanntmachung, die erneut verkündete, daß rassistischer Gewaltverbrechen Schuldige auf beiden Seiten durch das Gesetz bestraft würden. Die Überschrift einer piktographischen Version der Proklamation weist mit plumper Ironie darauf hin, daß – da die *»blackfellows«* ja nicht lesen konnten – ihnen Bilder genügen müßten, um die Aussage zu begreifen: Es wurde impliziert, daß die Aborigines für die Vorzüge der Zivilisation nicht geeignet wären. Der Raub von Grundbesitz und die Überfälle auf die Aborigines setzten sich fort, woraufhin diese mit Vergeltungsangriffen reagierten. In den 20er Jahren des 19. Jahrhunderts gelangte die Regierung zu der Ansicht, daß der Konflikt nur durch die völlige Ausrottung der Aborigines in den besiedelten Gebieten von Van Diemen's Land beendet werden könnte.

chen Überlieferung beider Stämme geworden war. Damals hatten einige Männer die Neuankömmlinge mit ihren Speeren bedroht, waren aber durch Musketenschüsse zurückgeschlagen worden, wonach sie sich auf eine sichere Entfernung zurückzogen und alle weiteren Versuche zurückwiesen, engere Kontakte herzustellen. Obwohl einige zurückblieben und beobachteten, wie Männer und Versorgungsgüter aus den »geflügelten Inseln« ausgeladen wurden, war der Rest diesmal klug genug, das Weite zu suchen, als eine Muskete abgefeuert wurde. Später nahmen die Eora im Umkreis von Port Jackson jedoch Geschenke wie Glasperlen und bunte Bänder von den britischen Offizieren an, wobei sie sich sehr für deren Kleidung zu interessieren schienen. Doch sie taten recht daran, diese Invasion bleichhäutiger Eindringlinge zu fürchten. Wie für alle anderen Völker der Aborigines hatte der Kontakt mit Europäern auch für die Eora und Dharuk katastrophale Konsequenzen. Zunächst wurden sie durch verheerende europäische Krankheiten heimgesucht, und als die europäische Besiedlung zunahm, wurden ihnen schließlich ihr Land, ihre Sprache und ein Großteil ihres kulturellen Erbes genommen.

Innerhalb der nächsten drei Jahre trafen zwei weitere Deportiertenflotten ein, die weitere Sträflinge in Ketten und Männer für ihre Bewachung mitbrachten. Die soziale Organisation unter den frühen Kolonisten – entweder im Dienste der Krone oder als Gefangene zur Auswanderung gezwungen – war streng: Sie gründete sich auf das Prinzip von Gefängnisaufsehern und Gefangenen. Die harte Anwendung des britischen Rechtssystems bot diesen Immigranten wenig Spielraum für das Experimentieren mit alternativen Formen der Sozialordnung nach dem Muster der amerikanischen Kolonisten. Grenzhändler hatten schon immer einen anrüchigen Ruf in Siedlergemeinschaften gehabt. Um ihre Geschäfte abwickeln zu können, mußten sie sich an gewisse Formen der einheimischen Kultur anpassen – und sie in einigen Fällen sogar selbst annehmen: In Nordamerika wurden beispielsweise Händler, wie die französischen *coureurs du bois* (Waldläufer), zu Mittlern, durch die einige Elemente des einheimischen Lebensstils in die Kolonistengemeinschaft Eingang fanden. In ähnlicher Weise trafen auf vielen Pazifikinseln die Grenzhändler vor der Regierung ein, wie wir es am Beispiel Tahitis und Neuseelands gesehen haben. In New South Wales jedoch war die Regierung zuerst da, und als die »Zivilisation« sich von den ersten Niederlassungen an der Küste in das Land der Aborigines ausbreitete, unterdrückte man energisch dic Annäherung an die Wertsysteme der Aborigines. Es gab keine Versuche, die Sprachen der Aborigines schriftlich festzuhalten oder ihre Zivilisation und Geschichte vor dem Kontakt mit Europäern zu untersuchen. Trotzdem ist es verführerisch, im Lebensstil der Wanderarbeiter in den für sie neuen Gebieten des 19. Jahrhunderts eine gewisse Angleichung an das Nomadentum der Aborigines zu sehen. Diese Helden der australischen Legende fanden ihre Arbeit im Rhythmus der Jahreszeiten, lasen hier und dort auf, was immer sie zum Überleben brauchten, und besaßen selten mehr, als sie in ihrem Reisebündel mitführen konnten. Wie die Erforscher des Landesinneren verließen sie sich weitgehend auf die Überlebensstrategien der Aborigines, und im Laufe des 19. Jahrhunderts organisierten sie sich in einfachen Verbänden, die von den Banden des *»mateship«*, der Gruppensolidarität, zusammengehalten wurden – auf eine Weise, die sich vielleicht mit den Familiengruppen der Stammesorganisation bei den Aborigines vergleichen läßt.

Die tatsächliche Zahl der Aborigines, die zur Zeit der europäischen Besiedlung in Australien lebten, ist nicht bekannt: Schätzungen reichen von 500 000 bis drei Millionen. Die Menschen der Ersten Flotte waren der Ansicht, daß der Kontinent nicht einfach besiedelt werden konnte, sondern gewaltsam erobert werden mußte. Die Gefangenen, ihre Bewacher und die Freien vereinten ihre Kräfte – freiwillig oder unfreiwillig –, um die Aborigines im Namen des Empire aus

Rechts: Die letzte uns bekannte Strafexpedition und das damit verbundene Massaker an den Aborigines fand in den 20er Jahren des 20. Jahrhunderts statt. Eine gängige Polizeipraxis war es, männlichen Aborigines Halsfesseln anzulegen, ein Vorgehen, das gegenüber weißen Sträflingen zu keiner Zeit angewendet wurde und das nur langsam verschwand.

Links: In der landläufigen Vorstellung war Truganini (1803–1876) die letzte reinblütige tasmanische Ureinwohnerin. Um 1831 malte Thomas Bock dieses Porträt von ihr für George Augustus Robinson, den »Schirmherrn der Aborigines«, dessen Geliebte sie angeblich war. Truganini wird wahlweise als Patriotin oder Verräterin angesehen. Nach ihrem Tod wurde sie als das letzte übriggebliebene »Exemplar« der tasmanischen Aborigines zu einer wissenschaftlichen Kuriosität: Man untersuchte sie detailliert und zeichnete ihre physischen Proportionen systematisch auf. Nach ihrer Beerdigung 1876 exhumierte man ihr Skelett, das anschließend im Museum der Royal Society of Tasmania aufbewahrt wurde. Es wurde 1888 in Melbourne als Teil der Hundertjahrfeier der europäischen Besiedlung ausgestellt und war von 1904 bis 1947 im Ausstellungsraum des Museums zu sehen. Im Jahr 1976 wurden ihre sterblichen Überreste an die Nachkommen der früheren Tasmanier übergeben und im Rahmen einer privaten Zeremonie eingeäschert. Ihre Asche verstreute man über dem D'Entrecasteaux Channel.

ihrem Land zu vertreiben, und die Siedler plünderten, raubten und vergewaltigten im Namen der Werte ihrer Zivilisation. An den Aborigines beging man viel schlimmere Greueltaten, als man den Sträflingen auf den Transporten jemals zufügte. Berichte von diesen Kriegen wurden jedoch niemals schriftlich festgehalten, und sie fanden keinen Eingang in die Mythologie des Kolonialismus, wie es die Maori-Kriege in Neuseeland taten. Geschichtsbücher verbreiteten die Lüge, daß die Aneignung Australiens eine friedliche Angelegenheit gewesen sei. Es ist zwar richtig, daß sich vergleichsweise wenige Aufstände der Art ereigneten, wie sie in Melanesien auftraten, und es gab keine Kolonialkriege wie in Neuseeland. Trotzdem scheint es glaubhaft, daß in den Kämpfen zwischen Aborigines und Siedlern mehr Menschen getötet wurden als in allen anderen Widerstandskriegen des Pazifikraums im 19. Jahrhundert zusammen. Das Muster des Widerstands der Aborigines gegen die Gubbers und Miglews (wie die im Osten und Norden ansässigen die Europäer nannten) und gegen die Wadjellas (der von den Aborigines Western Australias für weiße Siedler gebrauchte Name) nahm die Form organisierter Überfälle an, auf die ein rascher Rückzug folgte. Diese liefen auf eine Form des Guerillakrieges hinaus, der sechs Monate dauern oder sich sogar über eine Reihe von Jahren erstrecken konnte, wobei es auf beiden Seiten erhebliche Verluste gab.

Eine der Befürchtungen der ersten Gouverneure und Kolonialbeamten war, daß Sträflinge und Aborigines den Autoritäten gemeinsam die Stirn bieten könnten. Sie erwies sich jedoch als unbegründet – nur wenigen entflohenen Strafgefangenen gelang es, sich mit den Aborigines zusammenzutun, und William Buckley (1780–1856), der nach seiner Flucht aus Port Jackson 1803 bis zum Jahr 1835 unter den ansässigen Aborigines lebte, stellt einen Ausnahmefall dar. Ein anderer war der ehemalige Sträfling oder Freigelassene John Wilson, dem die Aufnahme in den Stamm der Eora, die im Gebiet von Hawksbury nördlich von Sydney lebten, gestattet wurde. Dieses Gebiet mit gutem Ackerland war der Schauplatz eines ausgedehnten Konflikts zwischen den Kolonisten und den von Pemulwuy angeführten Eora. Pemulwuy gelang es, von 1795, dem Jahr seines ersten Angriffs, bis 1802, als er von einem Siedler erschossen wurde, einer Gefangennahme zu entgehen. Seine Überfälle gegen die Bauern bereiteten dem Gouverneur große Sorgen, aber er zögerte, den zu Siedlern gewordenen ehemaligen Häftlingen freie Hand zu geben, da er fürchtete, sie könnten selbst eine Rebellion anfangen. Trotzdem wurde eine Belohnung von fünf Gallonen Rum (später auf 20 erhöht) für die Gefangennahme Pemulwuys, ob tot oder lebendig, ausgesetzt. Nach seiner Ergreifung und seinem Tod wurde sein Kopf dem Gouverneur überreicht, der ihn konservieren ließ und ihn an Joseph Banks in London schickte. Yagan, ein Angehöriger des Wajuk-Stammes, führte in Western Australia von 1829 bis 1833 einen ähnlichen Krieg, bevor auch er getötet wurde; wie Pemulwuy wurde er enthauptet. Sein Kopf wurde mehrere Monate lang einer »Rauchbehandlung« unterzogen, bevor man ihn nach London verschiffte, wo er von Phrenologen untersucht wurde.

Dies sind nur zwei Beispiele für das übliche Schema von Widerstand und Gegenoffensive in ganz Australien. Überfälle von weißen Siedlern führten zum Tod vieler Tausender von Aborigines (einige Schätzungen liegen im Bereich von 20 000). Die ethnische Säuberung der Aborigines von Van Diemen's Land (unter welchem Namen Tasmanien bis 1855 bekannt war) war symptomatisch für die Einstellung der Kolonisten. Vizegouverneur Sir George Arthur (1784–1854) war so fest entschlossen, die Insel von den Aborigines zu be-

Die Meuterei auf der Bounty

Ein Jahr nach der Ankunft der Ersten Flotte in Australien gründeten Mitglieder der meuternden Mannschaft der *HMS Bounty* eine zweite britische Niederlassung im Pazifik – diesmal auf der Pitcairn-Insel und ohne den Segen der britischen Regierung. Diese berühmte Geschichtsepisode hat man immer wieder als literarisches Thema aufgegriffen und mythologisiert. In der populären Legende (sowie in mindestens drei Hollywood-Produktionen) wird Kapitän William Bligh (1754–1817) als ein grausamer Tyrann dämonisiert, der seine Mannschaft bis zur Grenze des Erträglichen trieb.

Die Fahrt der *Bounty* im Jahr 1787 war eine der ersten von den Briten im Pazifik durchgeführten kommerziellen Unternehmungen: Sie sollte auf Tahiti Brotfruchtsetzlinge an Bord nehmen und sie auf die Inseln Mittelamerikas bringen; man hoffte, die Früchte würden sich dort als Grundnahrungsmittel für Sklaven eignen. Bligh war zwar für seinen herben Charakter und seine unflätigen Beschimpfungen bekannt, doch er war auch ein fähiger Schiffskommandant. Im Alter von 22 Jahren hatte er auf Cooks dritter und letzter Reise das Kommando über die *Resolution* gehabt, und er war peinlich darauf bedacht, sein Schiff in gutem Zustand und seine Mannschaft gesund und skorbutfrei zu halten. Die 46 Besatzungsmitglieder der *Bounty* verbrachten fünf Monate in Tahiti, während Bligh darauf wartete, daß seine Setzlinge groß genug für den Transport geworden waren. In dieser Zeit entwickelten einige Mannschaftsmitglieder Liebesbeziehungen zu tahitianischen Frauen. Die *Bounty* war auf ihrem nächsten Reiseabschnitt und seit 24 Tagen mit westlichem Kurs auf See, als sich der Erste Offizier Fletcher Christian am 28. April 1789 plötzlich ihrer bemächtigte. Nach einiger Verwirrung wurden Bligh und 18 Männer im Beiboot der *Bounty* ausgesetzt.

Die Meuterer kehrten nach Tahiti zurück und ließen sich für kurze Zeit auf Tubuai nieder, bevor sie sich in zwei Gruppen aufteilten. Christian und acht weitere segelten gemeinsam mit 19 tahitianischen Frauen und sechs Männern in der *Bounty* zur Pitcairn-Insel. Dort bildeten sie eine kleine Gemeinschaft, die bis 1808 von den britischen Behörden nicht entdeckt wurde. Die übrigen Meuterer blieben in Tahiti, wo sie 1791 von einer britischen Fregatte festgenommen und nach England zurückgebracht wurden: Drei von ihnen hängte man später. Die populäre Version der Geschichte besteht darauf, daß Blighs tyrannisches Verhalten die Meuterei verursachte, doch er war mit der Peitsche offenbar nicht so schnell bei der Hand wie die Kapitäne vieler anderer Schiffe jener Zeit, Cook eingeschlossen. Bligh selbst schob den Unmut der Mannschaft auf die Verlockungen Tahitis. Hinzu kommen noch einige weitere Gründe. Die *Bounty* war ein kleines Schiff von nur 215 Tonnen. Sie war mit übereinandergeschichteten Regalen für die eingetopften Setzlinge ausgestattet worden, was die Verhältnisse an Bord noch beengter werden ließ. Es gab keine höheren Offiziere und keine Marinesoldaten an Bord, die zur Aufrechterhaltung der Ordnung hätten beitragen können, und Blighs persönliches Verhältnis zu seinen Unteroffizieren, besonders zu Christian, war fatalerweise zerrüttet.

Oben: Der vom Pech verfolgte William Bligh (hier ein Porträt von 1803) erlebte in seiner Laufbahn zwei Meutereien: im Jahr 1789 an Bord der *Bounty* und 20 Jahre später erneut, als er als Gouverneur von New South Wales den frühen Land- und Rumschiebern der Kolonie die Stirn bot. Die Rädelsführer wurden später der Verschwörung für schuldig befunden, und Bligh wurde im Anschluß daran zum Konteradmiral (1811) und zum Vizeadmiral (1814) befördert.

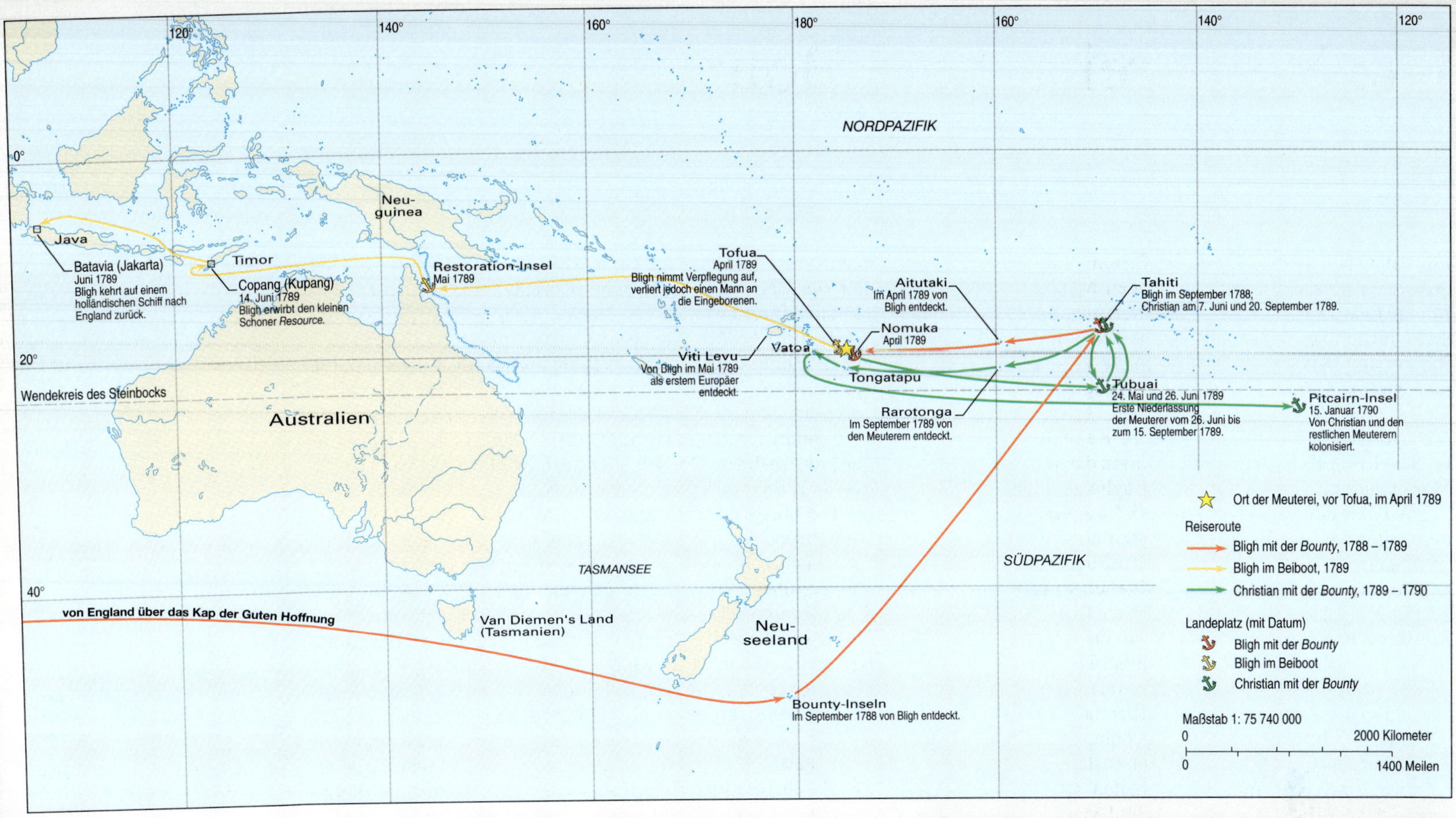

Links: Robert Dodds Gemälde aus dem Jahr 1790 zeigt Bligh, wie er in dem Beiboot der *Bounty* ausgesetzt wird. Er hat einen Sextanten mit Kompaß und einige nautische Tabellen bei sich, doch keine Seekarten. Es zeugt von Blighs Seefahrerkünsten, daß es ihm gelang, sieben Wochen später nach einer Reise von 5800 Kilometern Timor in Niederländisch-Indien zu erreichen. Nur einer der 18 Männer, die mit ihm an Bord des Bootes waren, starb – er wurde von feindseligen Eingeborenen getötet, als sie an einer Insel anlegten, um Nahrung und Wasser aufzunehmen.

Die Seereise der Bounty *(oben)*
Bligh hatte Order, um Kap Hoorn in den Südpazifik zu segeln, aber da sich sein Aufbruch aus England bis zum Dezember verzögerte, zwangen ihn Stürme, statt dessen Kurs auf das Kap der Guten Hoffnung zu nehmen. Er hielt sich südlich von Neuseeland und entdeckte als erster Europäer die Bounty-Inseln. Nachdem die *Bounty* Tahiti im April verlassen hatte, wurde Bligh vor Tofua (Tonga-Inseln) auf dem Meer ausgesetzt. Die Meuterer kehrten nach Tahiti zurück, bevor sie zur Pitcairn-Insel weitersegelten.

Unten: Der Süden der Pitcairn-Insel. Es erwies sich als richtig, daß Christian diese Insel als Zufluchtsort gewählt hatte. Der Boden war fruchtbar, und die winzige Siedlung konnte gedeihen. Es drang keine Nachricht von ihr an die Außenwelt, bis 1808 die *Topaz*, ein amerikanischer Robbenfänger, die Insel anlief. Wegen der Napoleonischen Kriege versäumten es die britischen Behörden, eine Untersuchung einzuleiten. Der nächste Bericht über die Kolonie erreichte sie 1814, als der Kapitän einer britischen Fregatte einen der Meuterer, John Adams, noch am Leben fand.

Oben: Da die Meuterer wußten, daß sie nie wieder nach England zurückkehren konnten – es sei denn, um gehängt zu werden –, versenkten sie die *Bounty* bald nach ihrer Ankunft auf Pitcairn. Sie schafften alles Brauchbare an Land, unter anderem die Schiffsglocke, die heute als Pflanzkübel zu sehen ist.

Unten: Thursday October Christian, Fletchers Sohn, war das erste Kind, das auf der Insel geboren wurde. Sein teilweise aus den Balken der *Bounty* gebautes Haus steht noch heute. In den 30er Jahren des 19. Jahrhunderts war die Bevölkerung für die Ressourcen der Insel zu groß geworden. Die Bewohner wurden erst nach Tahiti und 1855 nach Norfolk umgesiedelt, wo noch heute Nachfahren der Meuterer leben.

freien, daß er einen Kordon von etwa 2000 Männern und Soldaten bildete (die *Black Line*), der alle Aborigines der östlichen Hälfte der Insel zusammentreiben und sie in ihren letzten Zufluchtsort auf der Tasman-Halbinsel abschieben sollte. Dieses Unternehmen kostete über 35 000 Pfund, aber nur zwei Aborigines – eine Frau und ein Junge – wurden aufgegriffen. Im Jahr 1835 wurde George Augustus Robinson zum »Schirmherr der Aborigines« ernannt. Sein Auftrag war es, alle übriggebliebenen tasmanischen Aborigines nach Flinders Island umzusiedeln, wo sie in beengten und primitiven Verhältnissen leben mußten.

Dennoch hatten die Guerillakriege gegen die weißen Siedler wahrscheinlich weniger Tote unter der Aborigines-Bevölkerung zur Folge als die Stammeskriege. Die Ausbreitung der europäischen Besiedlung, vor allem das Wachstum der australischen Wollindustrie mit ihrem großen Bedarf an Weideland, verdrängte die Stammesgruppen und zwang sie, auf Kosten anderer Stämme in fremde Gebiete abzuwandern. Gewalt und Krieg waren die Folgen, doch wegen der Zerrüttung des traditionellen Stammeslebens gab es keine Möglichkeiten mehr, die Streitigkeiten wie früher auf zeremoniellem Wege beizulegen. Die Blutrache währte viele Jahre, und sogar heute noch findet sich eine tiefe Feindseligkeit zwischen enteigneten Gruppen, die sich auf ihre ursprüngliche Stammeszugehörigkeit gründet. Andere Aborigines kamen durch Krankheiten ums Leben. Es ist sehr umstritten, auf welchem Wege die Pocken nach Australien gelangten – manche halten es für möglich, daß sie von indonesischen Händlern eingeschleppt

Auswirkungen der europäischen Besiedlung auf die Aborigines
Die Besiedlung Australiens durch die Briten verursachte einen unmittelbaren Konflikt mit seinen angestammten Bewohnern. Die Kolonisatoren erklärten es zu einem unbewohnten Land, *terra nullius*, aber mehr als 3000 Siedler starben bei dem Versuch, ihren eigenen Anspruch geltend zu machen. Die Zahl der Opfer unter den Aborigines war um vieles größer, doch es existieren keine Aufzeichnungen darüber. In den ersten 50 Jahren der Besiedlung waren der Umkreis der dichtbesiedelten Gebiete Südostaustraliens, Tasmanien, wo die Aborigines systematisch ausgerottet wurden, und die Region um Perth und Fremantle in Western Australia die Schauplätze des erbittertsten Widerstands. Als die Viehzüchter ihre Gebiete in das Landesinnere ausweiteten, rief die gewaltsame Enteignung und Vertreibung von Stammesgruppen in Nachbargebiete Konflikte zwischen den Stämmen hervor. In diesem Jahrhundert haben die Aktivitäten von Bergbaugesellschaften, die in traditionelle Kultstätten eindrangen, im Northern Territory heftige Gegenwehr provoziert.

Unten: John Williams, ein Geistlicher der London Missionary Society, wurde 1839 auf den Neuen Hebriden von Inselbewohnern getötet. Sein Tod führte in England zu einer starken Emotionalisierung der Öffentlichkeit, in der Gerüchte kursierten, sein Körper sei gekocht und gegessen worden. Hier wird er als sterbender Märtyrer dargestellt. Auf den Cook-Inseln und Samoa hatte er bereits beachtliche missionarische Erfolge erzielt.

wurden und schon vor dem Kontakt mit Europäern im Norden grassierten. Andere Darstellungen deuten darauf hin, daß das Pockenvirus zu Impfzwecken an Bord der Ersten Flotte mitgeführt wurde. Als 1789 die Pocken ausbrachen, verbreiteten sie sich sehr schnell unter den an der Ostküste lebenden Aborigines, die keine natürlichen Abwehrkräfte gegen die Krankheit und keinen Zugang zu Impfstoffen hatten. Die Auswirkungen der Pockenepidemie waren unter den weißen Siedlern weit weniger verheerend.

Christliche Wanderprediger aller Konfessionen wirkten unter den Aborigines. Missionen und »Reservate«, die den Aborigines-Gruppen als Lebensraum zur Verfügung gestellt wurden, waren fast Synonyme, und bis zur Mitte des 19. Jahrhunderts förderten die Kolonialverwalter den Aufbau der Missionen. Eines der bekanntesten Klöster ist das heute noch existierende Benediktinerkloster von New Norcia, etwa 130 Kilometer nördlich von Perth in Western Australia gelegen, das 1846 von zwei spanischen Mönchen, Dom Salvado und Dom Serra, gegründet wurde, um die Aborigines im katholischen Glauben sowie in landwirtschaftlichen und anderen Fertigkeiten zu unterweisen. Die Bedeutung der Missionen nahm ab, als die Zahl der staatlichen Reservate – nur zu oft Orte brutaler Inhaftierung und Beengtheit – zunahm. Die christliche Missionarstätigkeit setzt sich bis heute fort, vor allem durch evangelische Vereinigungen, die unter den Eingeborenen des Nordens eine Erneuerung des Glaubens predigen.

Fidschi und die Inseln Melanesiens

Nach Quirós' vom Unglück verfolgten Versuch, 1606 eine Niederlassung auf Espiritu Santo zu gründen, sollten über anderthalb Jahrhunderte vergehen, bevor französische und britische Seefahrer im späten 18. Jahrhundert damit begannen, die Inseln Melanesiens wieder in die europäische Interessensphäre zurückzuholen. Die frühen europäischen Kontakte mit Melanesien waren nicht vielversprechend. Cook, der 1774 auf seiner zweiten Reise Fidschi, die Neuen Hebriden (Vanuatu) und Neukaledonien besuchte, verachtete die Eingeborenen und bemerkte über die Bewohner der Neuen Hebriden: »Diese Menschen befinden sich in einem Zustand der Roheit, und wenn wir nach den Umständen und dem Anschein urteilen können, befinden sie sich häufig nicht mit ihren Nachbarn, sondern untereinander im Krieg.« Sie widerstanden den Versuchen, sie mit den üblichen billigen Geschenken zu gewinnen, und schienen sich davor zu fürchten, die Neuankömmlinge könnten die Absicht haben, bei ihnen einzufallen. James Calvert, ein feuriger Methodist, der 1835 Fidschi besuchte, äußerte sich sogar noch weniger schmeichelhaft. Er beschrieb die Fidschianer als »unverbesserliche Kannibalen, die schiere Verkörperung des Bösen«, und urteilte: »Der Wilde von Fidschi überschreitet das gewöhnliche Maß an Raub und Blutvergießen, und da er jeden Grundinstinkt der Menschlichkeit verletzt, steht er als beispiellose Schande der Menschheit da.«

Berichte wie dieser warfen ein sehr negatives Licht auf die Inseln Melanesiens, und sie waren der Teil des pazifischen Raums, der als letzter für europäische Aktivitäten erschlossen wurde. Eine größere Zahl von Fremden wurde zum erstenmal durch die Entdeckung von Sandelholzbäumen in den Inselwäldern angezogen. Dieses in der Kunstschnitzerei und bei der Möbelherstellung benutzte Holz war in Indien und Asien eine wertvolle Handelsware. Nach ihrer Ankunft in Fidschi 1804 hatten die Holzfäller aus Australien innerhalb von zehn Jahren sämtliche Sandelholzbestände der Inseln abgeholzt und zogen in den 30er Jahren des Jahrhunderts auf die Neuen Hebriden weiter, ein weiteres Jahrzehnt später nach Neukaledonien. Diese frühen Händler waren zähe, häufig auch verrufene Leute. Sie machten keine Anstalten, ihre Herrschaft auf

Wendekreis des Krebses
Ankunft katholischer Missionare im Pazifikraum
vor 1800
1800 – 1840
1841 – 1880
1881 – 1910
Ankunft anglikanischer oder evangelischer Missionare im Pazifikraum
vor 1800
1800 – 1840
1841 – 1880
1881 – 1910
Maßstab 1: 67 625 000
Hawaii-Inseln
Marianen
NORDPAZIFIK
Karolinen
Marshall-Inseln
Gilbert-Inseln
Nauru
Bismarck-archipel
Neuguinea
Ellice-Inseln
Salomonen
Tokelau-Inseln
Marquesas-Inseln
KORALLENSEE
Wallis und Futuna
Samoa-Inseln
Vanuatu (Neue Hebriden)
Fidschi-Inseln
Tonga-Inseln
Niue
Cook-Inseln
Gesellschafts-inseln
Tuamotu-Archipel
Neu-kaledonien
Wendekreis des Steinbocks
Tubuai-Inseln (Australinseln)
Gambier-Inseln
Pitcairn-Insel
Isla de Pascua (Osterinsel)
Norfolk
SÜDPAZIFIK
Kerikeri
Waimate
Whangaroa
Kaitaia
Kororareka
Newark
Kaikohe
Kaipara
Waima
Auckland
Hauraki
Thames
Papakura
Puriri
Waikato Heads
Kaitotehe
Tauranga
Hicks Bay
Nord-insel
Whaingaroa
Maketu
Waiapu
Kawhia
Opotiki
Rotorua
Whakatane
Tolaga Bay
Whakatumutumu
Rangiaowhia
Mokau
Otawhao
Turanga
Waipa
Wairoa
TASMANSEE
Waimate
Patea
Ahuriri (Napier)
Wanganui
Otaki
SÜDPAZIFIK
Waikanae
Süd-insel
Wellington
Nelson
Maßstab 1: 10 500 000
ARAFURASEE
TIMORSEE
Torres Strait Islands
Port Essington
INDISCHER OZEAN
Darwin
Mapoon
Weipa
Daly River
KORALLENSEE
Aurukun
Kalumburu
Roper River
Mitchell River
Hopevale
Lombadina
Bloomfield River
Beagle Bay
Broome
Bowen
Mackay
Wendekreis des Steinbocks
Hermannsburg
Gascoyne
Barambah
Fraser Island
AUSTRALIEN
Somerset
Moreton Bay
Brisbane
Stradbroke Island
New Norcia
Wanneroo
Guildford
Perth
Swan River (Fremantle)
Koonibba
Wellington Valley
Lake Macquarie
Bathurst
Parramatta
Poonindie
Kadina
Port Lincoln
Adelaide
Koonibba
Point Pearce
Bomaderry
Albany
Point Mcleay
Lake Hindmarsh
Melbourne
Lake Tyers
Lake Condah
Buntingdale
Framlingham
Lake Wellington
siehe oben
In Australien und Neuseeland gegründete katholische Mission
vor 1840
1840 – 1880
1881 – 1910
TASMANSEE
In Australien und Neuseeland gegründete anglikanische oder evangelische Mission
vor 1840
1840 – 1880
1881 – 1910
INDISCHER OZEAN
Tasmanien
Südinsel
NEU-SEELAND
Moeraki
Waikouaiti
Dunedin
Karitane
Ruapuke
Maßstab 1: 37 870 000
0
1000 Kilometer
0
800 Meilen

Oben: Der illegale Sklavenhandel *(blackbirding)* war für die Verschleppung Tausender von Melanesiern auf die Zuckerrohrplantagen Queenslands im späten 19. Jahrhundert verantwortlich. Diese Zeichnung aus der *Illustrated Melbourne Post* von 1872 zeigt, wie Schüsse abgefeuert werden, um die entführten Männer unter Deck einzuschüchtern. Der Sklavenhandel wurde von den Kolonien im Süden Australiens stark kritisiert.

Das Christentum im südpazifischen Raum *(links)*
Das Christentum hatte tiefgreifende Auswirkungen auf die Kulturen des Pazifikraums. Die ersten Missionen wurden im 17. Jahrhundert von den Spaniern in Mikronesien gegründet, und vom Ende des 18. Jahrhunderts an verbreiteten katholische (meist französische) und protestantische Missionare aktiv den christlichen Glauben in ganz Polynesien. Missionare übersetzten die Bibel in die verschiedenen polynesischen Sprachen, wodurch sie diesen gleichzeitig eine schriftliche Form gaben, und die Unterstützung der Häuptlinge durch die Missionare trug zur Verbreitung der europäischen kulturellen Einflüsse bei. Das Christentum rückte in das Zentrum des Lebens auf den Inseln: In Fidschi ist zum Beispiel der Methodismus fast eine Staatsreligion. Im ganzen Pazifikgebiet – besonders in Neuseeland und Melanesien – fanden Aspekte traditioneller Religion und Kultur Eingang in das Christentum, wodurch neue prophetische Sekten entstanden. In Australien veranlaßte die Vielfalt der einheimischen Sprachen die Missionare, die Heilige Schrift auf englisch zu lehren. Gleichzeitig betrachteten sie die Kulturvarianten der Aborigines mit Geringschätzung. Es sollte sich herausstellen, daß sie einen der wichtigsten Faktoren bei der Zerstörung der einheimischen Kultur darstellten.

die Gebiete außerhalb ihrer Küstenniederlassungen auszudehnen, und wurden von den Melanesiern toleriert, da sie sie mit eisernen Äxten und anderen nützlichen Dingen ausstatten konnten, obwohl es den Inselbewohnern ein leichtes gewesen wäre, sie zu vertreiben.

Die Melanesier erwiesen sich Missionaren gegenüber oft als gewalttätig. John Williams, ein Geistlicher der London Missionary Society, wurde kurz nach seiner Ankunft auf der Insel Tanna im Jahr 1839 getötet, als er nach seinen Erfolgen in Samoa auf die Neuen Hebriden weiterreisen wollte. James Calvert schreckte nicht vor der gewaltigen Aufgabe zurück, die kriegerischen Fidschianer zu zivilisieren. Ihre »gottlosen Sitten« waren ihnen jedoch so sehr in Fleisch und Blut übergegangen, daß er sich im Hinblick auf ihre Erlösung wenig Hoffnung machte. Die Vertrautheit der Bewohner Fidschis mit weltlichem Besitz und Macht bedeutete, daß sie die Vorteile des Handels schneller begriffen als die des Seelenheils, und obwohl Missionare mit Höllenfeuer und ewiger Verdammnis drohten, war die Übernahme des Christentums durch die Inselbewohner oftmals nichts anderes als ein pragmatischer Schritt des Eigennutzes. Ratu Tui Levuka, ein Stammeshäuptling, soll folgendes gesagt haben: »Meine rechte Hand ist methodistisch und unterstützt Mr. Calvert, meine linke Hand hat die Religion des Papstes und unterstützt die Priester, doch der Rest meines Körpers ist *vakatevoro* – heidnisch.«

Die ersten missionarischen Feldzüge nach Fidschi waren langfristig wenig erfolgreich, und das Christentum breitete sich erst in der Mitte des 19. Jahrhunderts allgemein aus. Als die Aktivitäten europäischer Händler intensiver wurden, erschlossen sich den Häuptlingsfamilien im Zuge der Verbreitung von Musketen neue Möglichkeiten, Reichtum und Macht zu erwerben, was eine Zeit heftiger politischer Konkurrenzkämpfe auslöste. Cakobau, der Häuptling, der aus diesem Prozeß als Sieger hervorging, wurde 1854 von methodistischen Missionaren bekehrt, und die meisten Fidschianer folgten bald darauf seinem Beispiel. Im übrigen Melanesien hatten europäische Missionare mit zahlreichen Rückschlägen zu kämpfen. Die katholische Vereinigung der Maristen, die in den 40er Jahren des 19. Jahrhunderts versuchte, auf den Neuen Hebriden und den Salomonen Missionen aufzubauen, wurde von beiden Inselgruppen vertrieben und kehrte erst sehr viel später im selben Jahrhundert wieder zurück. In der Zeit von 1850 bis 1870 machten presbyterianische und anglikanische Missionare größere Fortschritte, und von der Mitte des Jahrhunderts an waren Protestanten und Katholiken in Neukaledonien präsent.

Die Neuerung, die die größten Veränderungen und Umwälzungen in Melanesien zur Folge hatte, war der Plantagenbau. Dies trifft besonders auf Fidschi zu, wo Kokosnüsse, Baumwolle und später auch Zuckerrohr als Exportprodukte angebaut wurden. Der Begriff des Grundbesitzes war den Fidschianern völlig fremd, und der Verkauf von Land an die hauptsächlich in amerikanischem und australischem Besitz befindlichen Gesellschaften hatte oft Spannungen zur Folge, während die Rekrutierung von Arbeitskräften aus anderen Gebieten des Pazifikraumes zu Konfrontationen mit der einheimischen Bevölkerung führte und zur Zerrüttung der traditionellen fidschianischen Gesellschaft beitrug. Als Fidschi 1874 zu einer britischen Kronkolonie wurde, brachte man Wanderarbeiter für die Zuckerrohrplantagen aus Indien dorthin und ermutigte sie nach der Erfüllung ihrer Arbeitsverträge, sich dauerhaft niederzulassen – eine Entwicklung, die weitreichende politische Konsequenzen für die Inseln haben sollte.

Von der Mitte des 19. Jahrhunderts an stellte man zusätzlich – oft durch aufgezwungene Arbeitsverträge – eine große Zahl von Bewohnern der Neuen Hebriden und der Salomonen für die Arbeit auf den Plantagen Nordaustraliens ein, nachdem man die Idee verworfen hatte, Aborigines dafür einzusetzen. Innerhalb weniger Jahre arbeiteten fast 2000 Melanesier (oder Kanaken, wie sie damals gewöhnlich genannt wurden) auf den Zuckerrohrfeldern. Einige brachte man auf der Grundlage von Arbeitsverträgen dorthin, die ihnen einen Lohn von zehn Schilling pro Monat versprachen. Doch sehr viele von ihnen wurden entführt und als Sklaven nach Australien gebracht – ein schändlicher Handel, der als *blackbirding* bekannt war. Bis 1895 waren mehr als 50 000 Kanaken auf die Zuckerrohrfelder Queenslands und des nördlichen New South Wales verschleppt worden. Da die Arbeiter unter entsetzlichen Bedingungen leben mußten, war die Sterblichkeitsrate sehr hoch. Die Regierung von Queensland verabschiedete mehrere Verordnungen, um den Handel einzudämmen, doch erst als er 1904 durch die australische Bundesregierung verboten wurde, fand die Verschleppung der pazifischen Inselbewohner ein Ende. Ab 1907 mußten diejenigen, die bereits in Australien waren, außer Landes gebracht werden. Die meisten verschiffte man einfach zur nächsten Insel und ließ sie dort zurück; sehr viele von ihnen starben unterwegs.

Zwischen 1864 und 1897 wurden über 22 000 französische Strafgefangene *(bagnards)* nach Neukaledonien gesandt, das 1854 von den Franzosen als Strafkolonie annektiert worden war. Wie die Strafarbeiter in Australien wurden die *bagnards* zum größten Teil bei öffentlichen Bauvorhaben eingesetzt: Sie errichteten Straßen, Hafenanlagen und Verwaltungsgebäude. Man zog sie auch zur Rodung von Wäldern, zu Bergbauarbeiten und zum Einsatz in der Landwirtschaft heran. Mit dem Wachstum der Plantagenwirtschaft Neukaledoniens und der Entwicklung des Bergbaus bediente sich die französische Kolonialregierung einer großen Zahl von Vertragsarbeitern aus anderen Pazifikregionen, vor allem von den Neuen Hebriden und den Salomonen, um die Arbeitskraft der Sträflinge zu ergänzen. Zur gleichen Zeit machte sie sich daran, freie weiße Siedler zur Einwanderung auf die Inseln zu ermutigen, hauptsächlich aus Frankreich, Australien und Neuseeland. Nach 1872 traf eine neue Gruppe von *bagnards* ein – politische Gefangene, unter ihnen 4000 *communards* vom Aufstand des Jahres 1871 in Paris. Politische Gefangene waren nicht zu Zwangsarbeit verpflichtet, doch sie konnten eine bezahlte Beschäftigung annehmen. Unter den Kommunarden befanden sich viele Intellektuelle und Akademiker, deren Fähigkeiten bei den Verwaltern der Kolonie sehr gefragt waren. Etliche arbeiteten als Lehrer, und die sozialistische Botschaft, die sie zu verbreiten halfen, wurde als eine der Ursachen der sozialen Unruhen angeführt, die 1878 den ersten von mehreren Aufständen unter der melanesischen Bevölkerung zur Folge hatten. Die Konfiszierung von Land und die Zerstörung der Gärten der Inselbewohner zur Erweiterung des Ackerlands der Siedler waren eine Hauptquelle der Unzufriedenheit. Die Kolonialregierung reagierte sehr hart auf die Proteste der Eingeborenen, und gegen Ende des Jahrhunderts war die Mehrheit der Melanesier in Reservate umgesiedelt.

In den 70er Jahren des 19. Jahrhunderts wurden auf den Inseln Efate, Epi und Ambrym der Neuen Hebriden von den Briten Plantagen gegründet, doch französische Pflanzer und Händler, vor allem die der Neukaledonischen Gesellschaft, spielten schließlich eine immer bedeutendere Rolle bei der wirtschaftlichen Entwicklung der Gegend. 1887 wurden die Inseln der gemeinsamen Kontrolle der britischen und französischen Marine überantwortet und 1906 in ein anglo-französisches Kondominium umgewandelt. Die Salomonen wurden 1893 britisches Protektorat, unter anderem, um einer Annexion durch die Franzosen zuvorzukommen.

Neuguinea

Neuguinea ist die zweitgrößte Insel der Welt (Australien ausgenommen). Bevor es auf europäischen Karten verzeichnet wurde, war es über Jahrhunderte von malaiischen Händlern besucht worden, die es als eine Quelle von Sklaven und Federn schätzten. Der erste Europäer, der bereits 1511 die Insel erblickte, war der portugiesische Seefahrer Antonío de Abrea. Neuguinea war aber die letzte Region des Pazifiks, die für den europäischen Handel und die Besiedlung erschlossen wurde, und in einige seiner unzugänglichsten Hochlandgebiete drang die Außenwelt nicht vor Mitte dieses Jahrhunderts vor. Als in den 30er Jahren Leichtflugzeuge die Erkundung des zerklüfteten Terrains sehr vereinfachten, fand man in abgelegenen Gebieten des Östlichen Hochlands etwa eine Million Menschen, von denen die Europäer zuvor nichts geahnt hatten. Selbst heute noch gibt es eine große Anzahl von Hochlandbewohnern in Neuguinea, die noch nie einen Europäer gesehen haben.

Obwohl die Holländer 1828 den westlichen Teil der Insel (das heutige Irian Jaya) als Teil des Territoriums Niederländisch-Indiens beanspruchten, versuchten sie nicht vor Ende des 19. Jahrhunderts, dort irgendeine administrative Kontrolle auszuüben. Noch als die wachsende landwirtschaftliche und kommerzielle Bedeutung Ostaustraliens die Torres-Straße zu einer wichtigen Wasserstraße für die europäische Schiffahrt werden ließ, zeigte man wenig Interesse, den Südosten Neuguineas zu kolonisieren. Die berüchtigte Grausamkeit der Bewohner der Inseln in der Torres-Straße und der Küstenbewohner Neuguineas wirkte zweifellos sogar auf die Allermutigsten abschreckend, und auch die sumpfigen Tiefebenen im Süden der Insel und die zerklüfteten Berge an der Nordseite boten sich nicht für eine Erforschung und Besiedlung an. Laut eines Berichts, der 1848 in den *Illustrated London News* erschien, zwei Jahre nachdem eine feindliche Gruppe von Inselbewohnern einen britischen Landungstrupp zurückgeschlagen hatte, war die neuguineanische Küste »bisher nur von weitem gesehen und nicht von Seefahrern besucht worden, aufgrund der Gefahren, von denen sie heimgesucht ist«.

Im letzten Viertel des 19. Jahrhunderts verstärkte sich das britische Interesse an der Insel. Kapitän John Moresby führte in den 70er Jahren eine Vermessung der Südostküste durch, und britische Pflanzer begannen, auf die Inseln Neubritannien und Neuirland einzuwandern. Erst als die in deutschem Besitz befindliche Neuguinea-Kompanie 1884 im Nordosten der Insel aktiv wurde, annektierte Großbritannien auf Veranlassung der Regierung von Queensland hin Papua (den südöstlichen Teil der Insel). Die Verwaltungskosten teilten sich Großbritannien und die Regierungen von Victoria, New South Wales und Queensland. Ab 1906 war Australien der alleinige Verwalter Papuas, und 1921 wurde ihm vom Völkerbund offiziell das Mandat über das Kaiser-Wilhelms-Land übertragen (das seit 1884 von Deutschland eingenommen war).

Eine Reaktion der Neuguineaner auf die Ankunft der Europäer war das Entstehen von Kulten, die später als Cargo-Kulte (*cargo*: englisch für »Fracht«) bekannt wurden. Es entstand der Glaube, daß die Macht der Europäer in den hölzernen Kisten liege, in denen Kolonialbeamte ihre Versorgungsgüter erhielten. Die Stammesmitglieder nahmen an, daß sie sich durch das Tragen dieser Kisten und durch das Nachahmen marschierender europäischer Soldaten oder das Ausführen von Tätigkeiten im Haushalt wie das Tischdecken die Quelle europäischer Macht erschließen könnten. Die nicht nur auf Neuguinea begrenzten, sondern auch auf den Salomonen und in anderen Teilen Melanesiens aufkommenden Cargo-Kulte nahmen einen endzeitlichen, antieuropäischen Charakter an, wobei Aspekte des Christentums und des einheimischen Glaubens verschmolzen. Überall wurde das Ende der Welt vorhergesagt, und ein neues glückliches Zeitalter sollte durch das Eintreffen einer besonderen Warenlieferung eingeleitet werden. Diese sollte von Stammesgottheiten oder Ahnen gesandt werden, von denen man erwartete, sie würden zusammen mit der *cargo*-Fracht zurückkehren. Oder man glaubte, die Güter würden von den Europäern gebracht werden, die man manchmal beschuldigte, sie hätten verhindert, daß die Fracht ihre rechtmäßigen Adressaten erreichte. Cargo-Kulte breiteten sich besonders in den 30er Jahren des 20. Jahrhunderts aus. Man erwartete sowohl von Flugzeugen als auch von Schiffen, daß sie die Frachtgüter bringen würden, und als Vorbereitung für ihr Kommen wurden symbolische Landebahnen angelegt.

Auch wenn die Cargo-Kulte aufsehenerregend waren, so hatte doch die Ablösung der Steinwerkzeuge durch die geschätzten Metalläxte die größeren Auswirkungen auf die einheimische Kultur und Gesellschaft. Die neuen Werkzeuge verbreiteten sich schnell unter den Stämmen und gelangten noch vor dem Kontakt mit den Europäern in die Hochlandgebiete. Da sie die Abholzung von Waldgebieten für die Kultivierung beschleunigten, unterstützten sie die Umwandlung der für den Eigenbedarf produzierenden Wirtschaftssysteme der Jäger und Sammler in Geldwirtschaften. So spielte die eiserne Axt eine Hauptrolle bei der Umverteilung von Stammesautorität und -gesetzen, die eine Folge des Kontakts mit Europäern war, und trug unmittelbar zum Verschwinden des alten Lebensstils bei.

Oben: Cargo-Kulte gewannen im gesamten Pazifikraum zahlreiche Anhänger, vor allem jedoch in Neuguinea, wo die Vermischung christlicher Lehren mit den materialistischen melanesischen Kulturen eine explosive Mixtur darstellte. Die Anhänger der Kulte deuteten die von den Europäern mitgeführten Frachtgüter als die Quelle ihrer Macht. Auch die diese Fracht transportierenden Fahrzeuge – Schiffe und später auch Flugzeuge – standen im Mittelpunkt ihres Interesses. Die Abbildung zeigt die Skulptur eines weißen »Messias« mit einem Kreuz und der Darstellung eines Flugzeugs.

Links: Mit dem Hissen der britischen Flagge am 6. November 1884 in Port Moresby wird Papua zu einem britischen Protektorat. Australische Interessen, insbesondere die von Queensland, das eine fortschreitende deutsche Einflußnahme auf Neuguinea befürchtete, drängten auf eine vollständige Annexion Papuas. Großbritannien lag nicht viel daran, der Last seines Imperiums noch etwas hinzuzufügen, und als vier Jahre später die Annexion vollzogen wurde, teilte es die Kosten für die Verwaltung der Ländereien mit den östlichen Kolonien Australiens. Beim Ausbruch des Ersten Weltkriegs im Jahr 1914 übernahm Australien die Verwaltung des deutschen Territoriums in Neuguinea, und 1921 wurde Papua-Neuguinea zu einem australischen Protektorat. Seine Unabhängigkeit erlangte es 1975.

Rechts: Kaipel, ein Wahgi aus dem neuguineanischen Hochland, mit seinem Schild. Der Schild ist mit einem Muster verziert, das auf einer Werbung für eine südpazifische Biermarke basiert. Hierbei handelt es sich jedoch nicht einfach um eine Verfälschung der Wahgi-Traditionen, wie es vielleicht scheinen könnte: Elemente des Markenemblems wurden auf geschickte Weise verändert, so daß sie sich nun auf traditionelle Stammesrivalitäten beziehen.

ANFÄNGE DER EUROPÄISCHEN BESIEDLUNG AUSTRALIENS

Ein aussichtsloser Beginn

Nicht viele Gemeinwesen hatten einen weniger hoffnungsvollen Anfang als das europäische in Australien. Seine ersten Kolonisten waren verurteilte Verbrecher – ein zusammengewürfelter Haufen von Mördern, Vergewaltigern, Prostituierten und Zuhältern, Bagatellverbrechern, politischen Gefangenen und Wiederholungstätern. Nach allen zeitgenössischen Einschätzungen und nach jeder sozialen Kategorisierung, der wir uns heute bedienen mögen, stammten die Passagiere der Ersten Flotte aus der Unterschicht der britischen und irischen Gesellschaft. In der Zeit um 1788 war die Deportation von Strafgefangenen in weit abgelegene Haftorte kein neues Phänomen (die Briten hatten Sträflinge bereits nach Nordamerika, auf die Bermudas und nach Gibraltar verschifft). Doch es war Australiens Schicksal, zur einzigen modernen Nation der Welt zu werden, die sich darauf gründen sollte.

Im späten 18. Jahrhundert erwiesen sich die zwei Jahrhunderte zuvor in der Regierungszeit Königin Elizabeths I. eingerichteten *»houses of correction«* (»Besserungsanstalten«) als völlig unzureichend, die wachsende Zahl verurteilter Verbrecher aufzunehmen, die mit dem immer drakonischer werdenden englischen Eigentumsrecht in Konflikt gerieten, oder politischer Gefangener, von einer Regierung inhaftiert, die die um sich greifenden Unruhen zu fürchten begann. Ab 1776, als die Deportation in die amerikanischen Kolonien endete, wurden immer mehr Verbrecher in Gefängnisschiffe gezwängt – fest verankerte, verrottende Schiffsrümpfe, die tief im graubraunen Wasser der Themse oder in Hafenstädten entlang der Küste lagen. Viele sanken schon beim kleinsten Anzeichen eines Sturms, alle stanken nach Exkrementen und den Leichen verstorbener Insassen. Diese Schiffe beunruhigten die Stadtbevölkerung, die fürchtete, sie könnten das Gift der Rebellion oder der Seuchen – »Gefängnisfieber« war der Name für Typhus – bis vor ihre Haustür bringen.

Es herrschte allgemeiner Konsens, daß eine Alternative zu den Gefängnisschiffen gefunden werden mußte. Die Frage, wo man die überzähligen Kriminellen Großbritanniens unterbringen sollte, initiierte eine Debatte, in der lang und breit die politischen, praktischen und philosophischen Aspekte von Verbrechen und Strafe diskutiert wurden. Der Bau von Zuchthäusern, eine Lösung, die unter anderem von dem Philosophen Jeremy Bentham (1748–1832) befürwortet wurde, schied wegen zu hoher Kosten aus: Benthams detaillierter Entwurf für ein »Panoptikon«, das auf einem ausgeklügelten Überwachungssystem beruhte, mußte auf die elektronische Überwachung des 20. Jahrhunderts warten, bis es in die Praxis umgesetzt werden konnte. Seine Vorstellung von einer zentralisierten Gefängnisverwaltung brachte ihn in Konflikt mit den lokalen Autoritäten, die für die Besserungsanstalten zuständig waren. Also blieb die Deportation als die vermeintlich beste Lösung übrig. Man diskutierte die Möglichkeit, Verbrecher in bereits bestehende Kolonien zu schicken. Doch nach der amerikanischen Revolution wollte es die Regierung vermeiden, in den Kolonien Unzufriedenheit zu schüren, und so wurde der Vorschlag fallengelassen. Verschiedene Orte an der Westküste Afrikas wurden in Erwägung gezogen – ein allen Ernstes vorgebrachter Vorschlag war, die Sträflinge an den Stränden der Elfenbeinküste auszusetzen, wo sie vermutlich umgekommen wären. Eine weitere exzentrische Idee war es, Verbrecher in Algerien und Tunesien gegen christliche Sklaven einzutauschen. Ein Bericht über Südafrika wurde in Auftrag gegeben, und eine Zeitlang sah diese Möglichkeit vielversprechend aus. Aber das Ergebnis war negativ: der Gegend fehlte es an Wasser. Wäre der Bericht etwas positiver ausgefallen (und wäre Cook nicht zufällig an einer wasserreichen Stelle an der Ostküste gelandet), hätte auch die Kolonisation Australiens, des trockensten Kontinents der Welt, später eingesetzt. Einer der ersten, der sich öffentlich für die Gründung

Rechts: Thomas Rowlandsons *Convicts Embarking for Botany Bay* (um 1787/88) zeigt Verurteilte, die für die Deportation nach Australien zu den Schiffen der Ersten Flotte übergesetzt werden. Botany Bay war von den Organisatoren des Deportationssystems als der Ort ausgewählt worden, an dem die erste Strafkolonie Australiens gegründet werden sollte. Obwohl dieser Plan schon nach wenigen Tagen aufgegeben wurde, blieb der Name Botany Bay in der populären Vorstellung lange als Ziel der Sträflingstransporte erhalten. Im Hintergrund zeigt Rowlandson einen Galgen, an dem Delinquenten hängen – eine Erinnerung daran, daß den für die Deportation Bestimmten ein noch schlimmeres Schicksal erspart geblieben war.

Unten: Um etwas gegen die Überfüllung der unzureichenden britischen Gefängnisse am Ende des 18. Jahrhunderts zu tun, sperrte man verurteilte Verbrecher in Gefängnisschiffe – ausgemusterte Kriegsschiffe, die auf Flüssen und in Flußmündungen ankerten. Die Angst, daß Krankheiten auf den Schiffen die ehrbare Gesellschaft erreichen könnten, übte Druck auf die Regierung aus, nach einer alternativen Lösung für das Gefängnisproblem zu suchen. Doch auch nach der Einführung der Deportation als Mittel, Kriminelle nach Australien abzuschieben, benutzte man einige der Schiffsrümpfe weiterhin für die Unterbringung der Sträflinge bis zu ihrer Ausschiffung: Während der Revolutionskriege mit Frankreich wurden sie auch als Kerker für französische Kriegsgefangene genutzt. Dieses Gemälde von Louis Garneray (um 1814) zeigt verrottende Gefängnisschiffe im Hafen von Portsmouth.

Oben: Kapitän Arthur Phillip (1738 bis 1814) war ein Marineoffizier, der im Siebenjährigen Krieg an Kampfhandlungen teilgenommen hatte, bevor er 1786 zum ersten Gouverneur von New South Wales ernannt wurde. Er kommandierte die Erste Flotte und wählte Port Jackson als Standort der neuen Kolonie, als sie im Januar 1788 Australien erreichte. Seine Bevollmächtigungsschreiben verliehen Phillip eine fast unbegrenzte Macht, doch er hatte Schwierigkeiten, seine Autorität durchzusetzen: Seine fortschrittlichen Ansichten in bezug auf das Strafwesen führten zu einem Konflikt mit den Marineoffizieren, die für die Überwachung der Kolonie zuständig waren, und auch unter den Sträflingen machte er sich wenig Freunde. Aus gesundheitlichen Gründen kehrte Phillip 1792 nach England zurück und legte ein Jahr später sein Amt nieder. Er nahm jedoch seine militärische Laufbahn bei der Marine wieder auf und wurde kurz vor seinem Tod im Jahr 1814 zum Admiral befördert.

einer Strafkolonie in New South Wales stark machte, war Joseph Banks, mittlerweile Präsident der Royal Society. Er teilte 1779 einem Parlamentskomitee mit, daß New South Wales als Ziel für die Deportation von Straftätern dienen könne, indem er sein günstiges Klima, die Vielfalt der Bodentypen, die Eignung für den Ackerbau, das Fehlen feindlicher Eingeborener und Raubtiere sowie den Reichtum an Bauholz und Wasser hervorhob.

Die Regierung William Pitts, der sein Amt 1784 antrat, war fest entschlossen, das Gefängnisproblem ein für allemal zu lösen. Dementsprechend verkündete der Premierminister dem Unterhaus, daß »keine billigere Methode für die Abschiebung der Sträflinge gefunden werden konnte«, als sie nach Australien zu schicken, und im August 1786 wurde die Admiralität angewiesen, eine Flotte von Sträflingsschiffen unter dem Kommando von Kapitän Arthur Phillip zusammenzustellen, die in die Botany Bay entsandt werden sollte. Da der Pazifik ein Gebiet intensiver und wachsender kolonialer Rivalitäten zwischen den europäischen Mächten war, steckte wohl mehr hinter diesem Regierungsbeschluß, als Pitts lapidare Aussage ahnen läßt. Cook und Banks hatten berichtet, daß New South Wales und die Insel Norfolk geeignete Versorgungsquellen für wichtige Schiffsgüter werden könnten, und die Befürworter ihrer Kolonisation wurden von der Möglichkeit gelockt, einen Stützpunkt zu gründen, der Großbritanniens Handelsinteressen im Südpazifik schützen und erweitern konnte. Was die britische Regierung jedoch letztlich zum Handeln veranlaßte, waren die damals in London kursierenden Gerüchte, die Franzosen würden die Ostküste Australiens erforschen. (Das Kolonialministerium war auch durch holländische Aktivitäten in der Region beunruhigt.) Daß diese Sorgen berechtigt waren, bestätigte sich in den ersten Tagen nach der Ankunft der Ersten Flotte in Australien, als zwei europäische Schiffe in der Nähe der Botany Bay gesichtet wurden. Sie gehörten La Pérouses Expedition an, die Frankreich zweieinhalb Jahre zuvor verlassen hatte. Der französische Kommandant blieb mehrere Wochen lang in der Botany Bay, führte Experimente durch und studierte die Flora und Fauna, bevor er am 19. März 1788 die Segel in Richtung Pazifik setzte – an diesem Tag sah man seine Schiffe zum letztenmal. Als Abschiedsgeste gab La Pérouse einer Gegend am nördlichen Küstenvorland der Botany Bay seinen Namen.

Die Zeit des Hungers

Die Botany Bay war weit davon entfernt, die von Cook in Aussicht gestellte »liebliche Wiese« zu sein, sondern erwies sich als eine von Gestrüpp bewachsene Ebene, die nur ungünstige, ungeschützte Ankerplätze bot. Ein paar Tage nach seiner Ankunft hatte Phillip sie als Standort der geplanten Niederlassung verworfen. Statt dessen entschied er sich für die etwa acht Kilometer weiter nördlich gelegene schmale Bucht von Port Jackson (Sydney Harbour), die er den besten natürlichen Hafen der Welt nannte. Sie war durch eine Süßwasserquelle ausreichend versorgt, die heute unter dem zentralen Geschäftsviertel Sydneys liegt, der ältesten und bedeutendsten Stadt Australiens. Hier hißte Phillip am 26. Januar 1788 (jedes Jahr als Australia Day gefeiert) die englische Flagge und verkündete im Namen König Georges III. die Besiedlung der Kolonie von New South Wales. Ein Augenzeuge dieser Zeremonie beschrieb sie so: »[Eine] Fahnenstange war für den Anlaß aufgestellt und eine englische Fahne gehißt worden, als die Seesoldaten mehrere Salven abfeuerten; zwischen diesen tranken der Gouverneur und die ihn begleitenden Offiziere auf die Gesundheit seiner Majestät und der königlichen Familie und auf den Erfolg der neuen Kolonie.«

Bereits vor dem Aufbruch der Ersten Flotte nach Australien war Botany Bay im Volksmund zu einem Synonym für New South Wales geworden. Im Jahr 1779 berichtete die Zeitung *The Times*: »Männer mit verwerflichen Prinzipien, die ermächtigt sind, die Geschworenen auszuwählen, dürfen das Leben jedes aufrichtigen Engländers fortwerfen und die Leute zum Neuen Galgen oder zur Botany Bay bringen, die lieber an einen anderen Ort gehen sollten.« Der Name blieb im Gedächtnis, obwohl man die Strafkolonie nach Port Jackson verlegt hatte, und bald wurde er zur Kurzformel für das gesamte Deportationssystem. Im Jahr 1828 wurde Botany Bay als ein »riesiges Loch, sozusagen eine allgemeine Kloake, in die von Zeit zu Zeit der Abfall der englischen Gefängnisse abfließt«, beschrieben. Der Ausdruck fand Eingang in die Sträflingsliteratur und setzte sich im britischen, irischen und australischen Volksgedächtnis fest: »Botany Bay« ist der Titel eines der bekanntesten Volkslieder aus der Zeit der Deportationen, das noch heute oft zu hören ist. Es liegt eine gewisse Ironie darin, daß James Cook die Bucht zunächst Stingray Bay (»Stachelrochenbucht«) nennen wollte, nach zwei großen Fischen, die seine Mannschaft dort fing, es dann aber vorzog, an die Masse der von Banks gesammelten Pflanzenproben zu erinnern. Der erste Name wäre vielleicht angemessener gewesen, wenn man an den »Stachel« der Peitsche denkt, den die Gefangenen oft zu spüren bekommen sollten.

Als die Zweite Flotte 1790 Port Jackson erreichte, stand die winzige Kolonie am Rande des Hungertods. Das Land hatte sich als weit weniger fruchtbar erwiesen, als man es sich erhofft hatte, und den Kolonisten fehlten Kenntnisse im Ackerbau. Ihre ersten Versuche, Feldfrüchte anzubauen, blieben erfolglos: Die magere Getreideernte mußte als Saatgut für die Aussaat im nächsten Jahr aufbewahrt werden, und das Gemüse ging ein. Obwohl die Kolonisten Tiere mitgebracht hatten, starben viele von ihnen oder liefen fort, und jagdbares Wild war knapp. Gegen Ende des Jahres 1788 war Phillip gezwungen, ein Schiff nach Kapstadt zu schicken, um Verpflegung einzukaufen. Es kehrte im Mai 1789 zwar mit Weizen, Gerste und Mehl zurück, aber es mußte trotzdem eine strenge Rationierung eingeführt werden. Da die Zweite Flotte alles andere als die erhoffte Rettung gewesen war, verschlimmerte sie die Probleme der Kolonie noch. Als sie sich vom Kap der Guten Hoffnung aus südlich wandte, um mit den Westwinden zu segeln, lief das Versorgungsschiff auf einen Eisberg. Die Nahrungsvorräte wurden über Bord geworfen, um das Schiff vor dem Sinken zu retten, und als die Besatzung der Zweiten Flotte eintraf, war sie nicht in der Lage, sich selbst zu versorgen, geschweige denn die mageren Vorräte der Siedlung zu ergänzen. Diese Periode blieb im Volksmund nicht umsonst als »die Zeit des Hungers« in Erinnerung.

Der Zustand der Zweiten Flotte war ein unheilvolles Anzeichen für das ganze Ausmaß der Schrecken, die das Deportationssystem beinhaltete. Mehr als 1000 Strafgefangene waren in Portsmouth an Bord der Schiffe gegangen. Doch elf starben schon, als die Schiffe sich noch für ihren Aufbruch aus England vorbereiteten, weitere 267 kamen auf See um, bei der Ankunft fand man mehrere Tote, und noch einmal 100 starben beim oder kurz nach dem Anlegen – insgesamt über ein Drittel der ursprünglichen Passagierliste des Transports. Als die Schiffe festmachten, um ihre Fracht auszuladen, wurden die verwesenden Leichen einfach in das Hafenbecken geworfen, und es wurde allen, die sich zum Empfang der Flotte versammelt hatten, nur zu deutlich vor Augen geführt, daß dies »Höllenschiffe« waren, genauso schrecklich wie die Gefängnisschiffe, die sie ersetzen sollten. Einige waren der Meinung, daß die Bedingungen sogar noch schlimmer waren als auf den afrikanischen Sklavenschiffen, wo der finanzielle Anreiz die Kapitäne veranlaßte, ihre menschliche Fracht zumindest mit einem Minimum zum Überleben auszustatten. Einer der Offiziere an Bord der Zweiten Flotte notierte: »Im Vergleich zu dem, was ich gesehen habe, ist der Sklavenhandel geradezu gnädig.«

Der Geistliche Richard Johnson, der 86 von denjenigen beerdigte, die in der Zeit kurz nach dem Eintreffen der Flotte starben, beschrieb den Anblick unter Deck als »einen wahren Schock für jedes menschliche Empfinden. Eine große Zahl von ihnen lag da ohne Bett oder Bettzeug, einige halbnackt und andere so gut wie ganz nackt, unfähig, sich umzuwenden oder sich selbst zu helfen ... Der Gestank war so widerwärtig, daß ich ihn kaum ertragen konnte.« Seine Aufzeichnungen beschreiben den erbärmlichen Zustand der Überlebenden, von denen viele zu schwach zum Gehen waren oder nur auf Händen und Knien an die frische Luft kriechen konnten. Die überwältigende Mehrheit derjenigen, die durchkamen, war für eine sehr lange Zeit außerstande, irgendeine Arbeit zu verrichten. Andere waren zu unheilbaren Invaliden geworden oder verloren aufgrund der Strapazen den Verstand.

Die Todesrate an Bord der Dritten Flotte, die 1791 eintraf, war mit etwa eins zu zehn nicht ganz so hoch wie die der Zweiten Flotte, doch wieder waren viele der Neuankömmlinge zu krank oder geschwächt, um etwas zur Kolonie beitragen zu können. Bis zum Jahr 1801 waren inzwischen 43 Deportationsschiffe mit insgesamt 7486 Sträflingen in Australien angekommen, von denen 756 bei der Ankunft bereits tot waren. Korrupte Beamte, sadistische Kapitäne und Mannschaftsmitglieder sowie trunksüchtige oder unfähige Schiffsärzte trugen zu diesem erschreckenden Rekord bei. Von den Männern starb durchschnittlich jeder achte; den Frauen erging es etwas besser – die Todesrate von eins zu 28 war dennoch beklagenswert hoch. 1802 übernahm die Kolonialverwaltung vom Sklavenhandel das System der Prämienzahlung und begann, den Schiffsärzten eine Prämie für jeden bei Ankunft arbeitsfähigen Gefangenen zu zahlen, während Kapitäne eine Sonderzulage von 50 Pfund erhielten, wenn ihr Schiff in einem guten Zustand eintraf. Für einige Zeit verbesserten sich die Verhältnisse auf den Transporten merklich, und die Todesrate sank.

Den Überlebenden der Fahrt wurde durch die zweifache Schreckensherrschaft von harter Arbeit und Peitsche sittliche Disziplin aufgezwungen. Zu Beginn der Besiedlung waren die Autoritäten so wenig am geistlichen Wohlergehen der Verurteilten interessiert (genauso wenig, wie ihnen das der Aborigines am Herzen lag), daß Gouverneur Phillip sich weigerte, den Bau eines Gotteshauses auf irgendeine Weise zu unterstützen. Seine Priorität galt der Durchsetzung von Gesetzen, der Aufrechterhaltung der Ordnung und öffentlichen Bauvorhaben. Man hat oft vermutet, daß diese Entscheidung den Grundstein für den Säkularismus legte, für den die australische Gesellschaft bekannt wurde. Trotz der wachsenden Zahl irischer Gefangener war das Abhalten der katholischen Messe bis 1821 strengstens verboten. Das Infragestellen jeder geistlichen und weltlichen Autorität wurde bei den nachfolgenden Generationen von Australiern immer mehr zu einem festen Charakterzug, da man von den früheren Verhältnissen auf die gegenwärtigen schloß. Im späten 19. Jahrhundert begannen agnostische Australier Gott mit dem Namen »Hughie« anzusprechen, und wenn sie diesen beispielsweise um Regen baten, konnte das mit der respektlosen Beschwörungsformel »Schick ihn 'runter, Hughie!« geschehen.

Links: Dieses Bild von Sträflingen an Bord eines Deportationsschiffes zeigt relativ geordnete Verhältnisse: Obwohl die Gefangenen in Käfige eingesperrt sind, herrschen unter Deck, das sogar Tageslicht hat, offenbar hygienische Zustände – dies war während der ersten Jahre der Deportation keineswegs der Fall. Die Schiffsärzte an Bord der überfüllten »Höllenschiffe« waren unfähige Trunkenbolde, die Offiziere korrupt und brutal, und die Todesquote unter den Gefangenen, die zusammengekauert auf den finsteren unteren Decks in Ketten gehalten wurden, war erschreckend hoch: Viele, die die Strapazen der Seereise überstanden, waren nach ihrer Ankunft monate- oder gar jahrelang nicht zu schwerer Arbeit fähig, was die Kolonie wirtschaftlich belastete. Als die Kapitäne schließlich eine Prämie für jeden arbeitsfähigen Gefangenen, den sie an Land setzten, erhielten, besserten sich die Zustände auf den Deportationsschiffen.

Oben: Kurz nach seiner Ankunft in New South Wales ordnete Gouverneur Phillip die Besiedlung der Insel Norfolk an, die etwa 1500 Kilometer östlich der australischen Küste im Pazifik liegt. Man hoffte, daß die einheimischen Kiefern, die Kapitän Cook 1774 beim Passieren der Insel aufgefallen waren, die Grundlage eines pazifischen Holzhandels bilden würden. Die Kiefern wuchsen zwar gerade und hoch genug, aber ihre Stämme brachen zu leicht unter Belastung, als daß sie für Schiffsmasten oder Spanten in Frage gekommen wären. So wurden diese Pläne aufgegeben. Der Flachsanbau auf der Insel war nur wenig erfolgreicher.

Da es von der Heimat aus gesehen am anderen Ende der Welt und weitab allen häufig befahrenen Schiffahrtswegen lag, war Port Jackson ein perfektes Gefängnis – der »Gulag der Südsee«, wie einige Historiker und Kommentatoren es nannten. Obwohl eine Handvoll Gefangener versuchte, als blinde Passagiere oder durch das Kapern eines Schiffes zu entkommen, war die Zahl derer, denen die Flucht aus der Kolonie gelang, gering. Um die *bolters* am Fortlaufen in den Busch zu hindern, wurden ihnen Ketten angelegt, doch war dies eigentlich überflüssig. Nur die Listigsten und die Dümmsten riskierten es, die Grenzen der Siedlung zu überschreiten, wo sie der fast sichere Tod erwartete – entweder durch Verhungern und Verdursten, da sie nicht wußten, welche Pflanzen eßbar oder wo Wasserlöcher zu finden waren, oder durch die Hände feindlich gesonnener Aborigines. Im Jahr 1791 versuchte eine Gruppe verzweifelter Iren, zu Fuß auf dem Landwege China zu erreichen, von dem sie glaubten, es läge nicht allzuweit in nördlicher Richtung (eine zählebige Vorstellung unter den ersten Sträflingen). Doch sie fanden nur wenige Kilometer von Sydney entfernt den Tod. Man brachte an den Fenstern der Kolonialgebäude Gitterstäbe an, aber nicht, um die Gefangenen einzusperren, sondern um die Aborigines auszusperren und ihrer »diebischen Natur« Herr zu werden. Erst ab den 20er Jahren des 19. Jahrhunderts begannen Banden entlaufener Gefangener als *bushrangers* in der Wildnis zu leben, indem sie Känguruhs jagten, um ihre Felle zu verkaufen (vor allem in Van Diemen's Land), Rinder stahlen und Schafe raubten.

Verbrecher, Märtyrer und Sklaven

Zwischen 1788 und 1868 wurden etwa 160 000 Strafgefangene zwangsweise nach Australien verschifft. In den ersten Jahren fuhren alle Transporte direkt nach New South Wales. Im Jahr 1788 sandte Phillip, der hoffte, auf diese Weise der Kolonie von Port Jackson eine Atempause zu verschaffen, eine Schiffsladung von Sträflingen und Aufsehern weiter auf die Insel Norfolk, eine fast 1500 Kilometer nordöstlich von Sydney gelegene Vulkanspitze im Pazifik. Vielleicht wollte er auch einer Beanspruchung der Insel durch die Franzosen zuvorkommen. Als Cook sie 1774 entdeckte, bemerkte er ihre ausgezeichneten Kiefernbestände, die seiner Einschätzung nach erstklassige Schiffsmasten abgeben würden (er irrte sich). Man fand auf der Insel auch Flachs, doch der Versuch, eine Flachsindustrie aufzubauen, scheiterte, und die Niederlassung wurde 1814 aufgegeben (von 1825 bis 1856 wurde die Insel erneut als Gefängnis für rückfällig gewordene Sträflinge genutzt). Die Weiterverschiffung von Strafgefangenen von New South Wales nach Van Diemen's Land begann 1803; ab 1817 wurden die Gefangenen direkt von Großbritannien und Irland dorthin gebracht. Während der Kriege gegen Frankreich zur Zeit der Revolution und der Regentschaft Napoleons (1793–1802 und 1803–1815) trafen die Transporte in unregelmäßigen Abständen ein, und es gab längere Phasen, in denen überhaupt keine kamen. Man hielt den Transport von Straftätern um die halbe Welt in Kriegszeiten für eine unangemessene Verschwendung von Mitteln, zumal man Sträflinge in der Heimat Kriegsschiffe auf den Werften bauen oder als

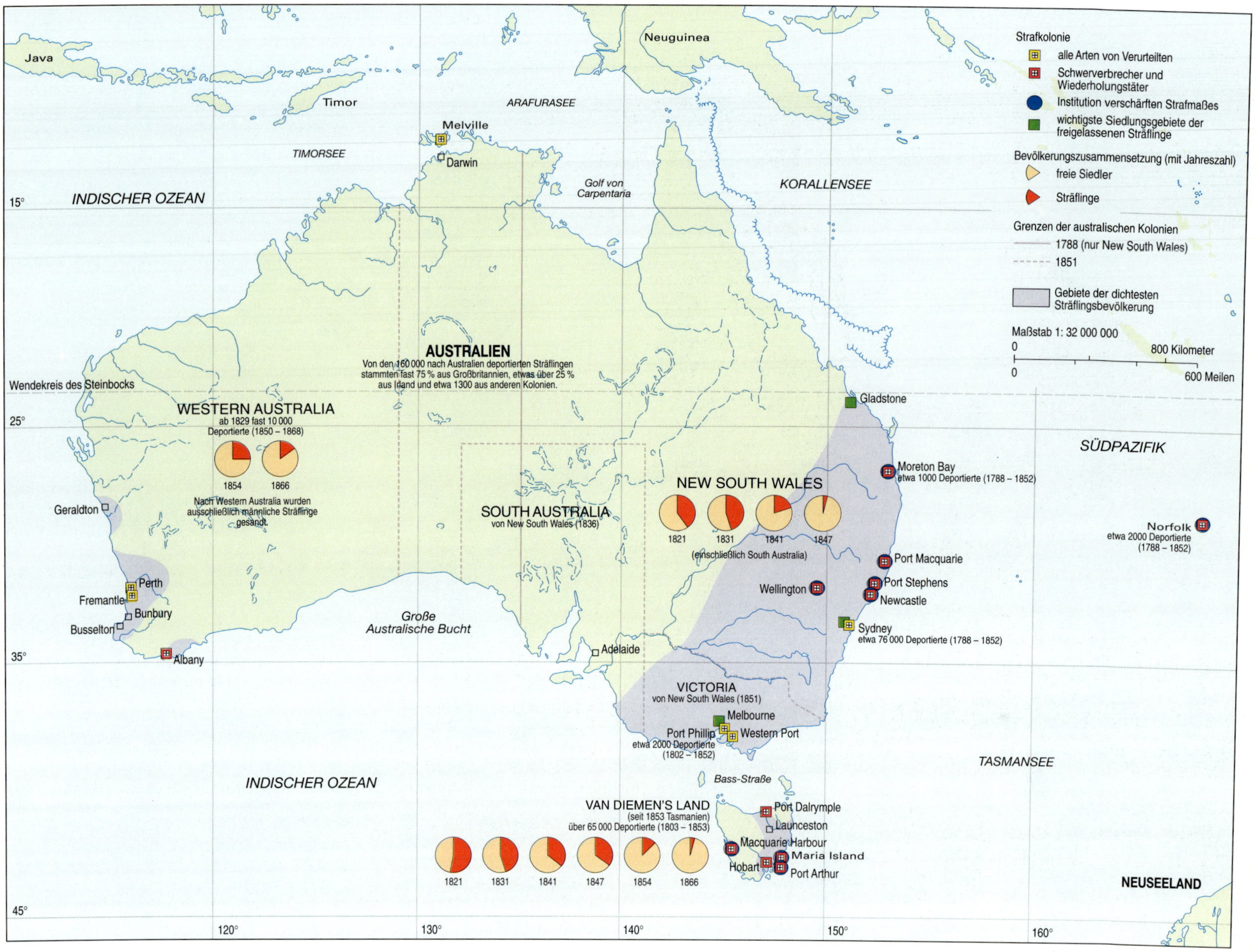

Kanonenfutter auf den europäischen Schlachtfeldern kämpfen lassen konnte. Als wieder Frieden geschlossen wurde, organisierte man die Transporte auf eine weit systematischere Weise – zwischen 1820 und 1840 trafen über 50 000 Sträflinge ein. Als die Deportationen nach New South Wales 1840 eingestellt wurden, waren dort mehr als 80 000 Gefangene angekommen. Van Diemen's Land, das ab 1852 keine Strafgefangenen mehr aufnahm, beherbergte weitere 65 000.

Ein weniger groß angelegtes, kurzlebigeres Programm der Deportation nach Western Australia begann 1850. Das westliche Drittel des Kontinents war 1829 von Großbritannien annektiert worden, und man hatte eine freie Kolonie am Swan River mit der Hauptniederlassung Perth und dem Hafen Fremantle gegründet. Das Land erwies sich als schwer zu bestellen, und es herrschte stets ein Mangel an Arbeitskräften. In den 40er Jahren des 19. Jahrhunderts wurde die Forderung nach Zwangsarbeitern laut, die die dahinsiechende Wirtschaft ankurbeln sollten, und 1850 erlaubte die britische Regierung widerstrebend die Wiederaufnahme der Deportationen. Etwas mehr als 500 Sträflinge kamen im Laufe der nächsten 18 Jahre alljährlich nach Fremantle. Das letzte Sträflingsschiff, das Australien anlief, die *Hougoumont*, ging 1868 im Hafen von Fremantle vor Anker.

Was waren das für Männer und Frauen, die dieses Heer unfreiwilliger Auswanderer bildeten? Es wurde oft behauptet, daß man mehr gegen die Deportierten gesündigt hätte als diese selbst, daß sie vielmehr Opfer eines ungerechten britischen Rechtssystems geworden seien, das gegen Ende des 18. Jahrhunderts mehr als 200 Vergehen kannte, die mit dem Galgen bestraft wurden. Sie waren vielleicht nur deshalb zur Verbannung verurteilt worden, weil sie einen Laib Brot gestohlen oder ein Kaninchen auf den Ländereien eines Landedelmanns gewildert hatten, um ihre verhungernden Familien ernähren zu können. Andere wurden wegen ihres Protestes gegen das englische Staatssystem deportiert, wie etwa irische Nationalisten und Agitatoren, unter ihnen einige, die aufgrund ihrer Verwicklung in die United-Irish-Rebellion von 1798 verbannt wurden. Darüber hinaus zählten zu ihnen Radikale wie die »Schottischen Märtyrer«, von den Ideen der Französischen Revolution durchdrungene Jakobiner, die 1793 und 1794 in Edinburgh wegen Volksverhetzung verurteilt wurden, sowie Dissidenten aus der Arbeiterklasse – Maschinen zerstörende Ludditen, ländliche Aufwiegler, wie die Beteiligten des »Swing«-Aufruhrs und die Heuhaufenverbrenner der 30er Jahre des 19. Jahrhunderts, und frühe Gewerkschaftler, unter anderem die »Tolpuddle-Märtyrer«, sechs Landarbeiter, die 1834 für das Vergehen der »gesetzwidrigen Verschwörung« deportiert wurden. Dennoch waren unter ihnen auch Wiederholungstäter, Mörder und andere Straftäter, die vor ihrer Verurteilung zur Zwangsarbeit in Australien schon viele Male vor Gericht gestanden hatten.

Der typische nach Australien verschiffte Strafgefangene war männlich, zwischen 16 und 25 Jahren alt, von durchschnittlicher Größe und durchschnittlichem Gewicht. Er hatte oft ein Handwerk erlernt oder war ein angelernter Arbeiter; etwa 60 Prozent konnten lesen und schreiben – eine nie-

Die Strafkolonien Australiens
Etwas weniger als die Hälfte aller 160 000 nach Australien verschifften Sträflinge wurde nach New South Wales gebracht; viele von ihnen auch nach Van Diemen's Land. New South Wales weigerte sich 1840, weitere Sträflinge aufzunehmen, doch die Deportationen nach Van Diemen's Land wurden noch 13 Jahre lang fortgesetzt. Nach South Australia wurden keine Strafgefangenen geschickt, und in Victoria richtete man nur wenige Gefängnisse ein. Western Australia nahm zwischen 1850 und 1868 Sträflinge auf. Auch als die Deportationen bereits eingestellt waren, mußten viele Sträflinge ihre Strafe noch bis zum Ende absitzen.

Oben rechts: Die Sträflinge trugen eine charakteristische gelb-schwarze Uniform, die als »Elsternkleidung« bekannt war. Wenn sie als Straßenbaukolonnen oder an öffentlichen Bauprojekten arbeiteten, trugen sie Ketten.

Rechts: Die freien Siedlern als Arbeitskräfte zugewiesenen Sträflinge wurden nicht viel besser als Sklaven behandelt. Da den Siedlern eine billige Masse an Arbeitern zur Verfügung stand, nahmen sie bald den Habitus lokaler Aristokraten an. Hier schieben Zwangsarbeiter einen flachen Eisenbahnwagen mit Würdenträgern.

drigere Analphabetenquote als unter den zurückgelassenen Engländern. Solche Statistiken brachten Historiker zu dem Schluß, daß die Sträflinge – insbesondere von 1820 bis 1840 – gerade wegen ihrer Intelligenz und ihrer Befähigung zu harter Arbeit für die Transporte ausgewählt wurden. Man hat darauf hingewiesen, daß im 20. Jahrhundert von den für die Auswahl von Einwanderern nach Australien Verantwortlichen in etwa die gleichen physischen Maßstäbe angelegt wurden. Welche Verbrechen sie auch begangen hatten, es scheint, daß der Hauptzweck des Deportationssystems die Bereitstellung einer Gruppe von Arbeitern war, die den Grundstein für eine neue Gesellschaft im Pazifikraum legen sollte. Von diesem Blickwinkel aus gesehen, waren die Strafgefangenen nur ein Teil des größeren Stroms von Sklaven und Vertragsarbeitern, der im 19. Jahrhundert etwa fünf Millionen Menschen von einem Teil des Globus an einen anderen brachte – ungefähr dieselbe Zahl von Menschen, die zur selben Zeit aus freien Stücken in die neuerschlossenen Kontinente auswanderten.

Mehrere Kolonialverwalter während dieser Zeit erklärten öffentlich, daß das Deportationssystem eine Form der Sklaverei sei – zu nennen sind Lachlan Macquarie (1762–1824), von 1810 bis 1821 Gouverneur von New South Wales, Sir George Arthur (1784–1854), von 1824 bis 1836 Vizegouverneur von Van Diemen's Land, Sir Richard Bourke (1777 bis 1855), von 1830 bis 1837 Gouverneur von New South Wales, und Sir George Gipps (1791–1847), von 1838 bis 1846 Gouverneur von New South Wales. Eine 1838 beendete einflußreiche Untersuchung des Deportationssystems kam zu dem Schluß: »[Es] ist weit mehr als nur Verbannung, es ist auch Sklaverei.« Zwischen den Deportationen und dem afrikanisch-amerikanischen Sklavenhandel lassen sich mehrere Gemeinsamkeiten finden. Für Sträflinge und Sklaven waren die Umstände der Gefangenschaft oft gleichermaßen unmenschlich. Beide wurden in Ketten gelegt und gegen ihren Willen übers Meer verfrachtet, was tiefgreifende psychische

Entfremdungseffekte zur Folge hatte. Beide litten unter Peitschenschlägen und Stockhieben. Beide suchten den geringen Trost, den sie finden konnten, indem sie sich unter ihresgleichen beistanden.

Es gab aber auch entscheidende Unterschiede. Afrikanische Sklaven wurden entführt und nach Nordamerika oder in die Karibik verschifft, ohne daß man auch nur versuchte, den Anschein zu erwecken, sie hätten ein Verbrechen begangen: Allein ihre Hautfarbe und Rasse reichten aus, um sie zur Knechtschaft zu verdammen. Außerdem konnte ein Strafgefangener, der nicht ausdrücklich »für die Dauer seines irdischen Lebens« verurteilt worden war, nach 7, 14 oder 21 Jahren seine Freilassung erwarten. Als ihre Strafe verbüßt war, wurden einige Sträflinge (wie James Ruse, der erste Freigelassene mit Landbesitz) zu wohlhabenden Kolonisten. Die Kinder von Sträflingen in Australien waren nicht von Geburt an Sklaven. Im Gegensatz dazu konnten die afro-amerikanischen Sklaven ihre Freiheit erst gewinnen, nachdem sie als Klasse befreit wurden. Der einzige echte Sklavenhandel im Australien des 19. Jahrhunderts betraf die Kanaken-Arbeiter, die gewaltsam von ihren melanesischen Inseln auf die Zuckerrohrfelder von Queensland verschleppt wurden.

Irische Rebellen

Die ersten Iren, die nach New South Wales kamen, trafen 1791 mit der Dritten Flotte ein. Von diesem Jahr an bis zur Ankunft des letzten Gefangenenschiffes 1868 war annähernd jeder dritte Sträfling ein Ire. Etwa 40 000 kamen direkt aus Irland, während weitere 8000 von England aus deportiert wurden. In ihrer Wesensart und von ihrem Hintergrund her unterschieden sich die irischen Sträflinge sehr von denen, die aus anderen Teilen Großbritanniens stammten. Eine Auswertung der Gerichtsakten und der Schiffsdokumente zeigt, daß die meisten englischen Verurteilten aus der kriminellen Unterwelt der sich rasch industrialisierenden Städte stammten – mehr als 45 Prozent von ihnen kamen aus London und seiner Umgebung, den Midlands und dem Nordwesten. (Es gab natürlich bedeutende Ausnahmen, wie die landwirtschaftlichen Aufrührer.) Sträflinge aus Schottland waren meist gefährliche Wiederholungstäter, die man zur Deportation verurteilte, anstatt sie an den Galgen zu bringen. Im Gegensatz dazu waren die Iren sehr oft Landarbeiter und Kleinbauern, größtenteils aus Dublin und den Bezirken Donegal, Leitrim und Sligo.

Viele der Iren waren wegen Diebstahls verurteilt. Die Umstände waren bei jedem einzelnen unterschiedlich, und jeder hatte seine eigene Geschichte, doch die der Mary Talbot ist wahrscheinlich nicht untypisch. Nachdem ihr Mann bei seiner Arbeit als Steinmetz verunglückte und zum Invaliden wurde, fuhr sie über die Irische See nach England, um den Lebensunterhalt für ihre beiden Kinder zu verdienen. Dort wurde sie des Diebstahls angeklagt, den sie gestand. Sie sagte, sie habe stehlen müssen, um ihre Kinder ernähren zu können. Daraufhin wurde sie zum Tode verurteilt. Man bot ihr eine Begnadigung in Form der Deportation an, doch als sie erfuhr, daß ihre Kinder sie nicht nach Australien begleiten durften, wählte sie statt dessen den Galgen. Wiederum wurde ihr die Deportation angeboten, und dieses Mal nahm sie unter der Bedingung an, daß ihre Kinder sie begleiten dürften. Mehrere Jahre später waren sie ihr immer noch nicht nach Australien gefolgt. Ihr Gesuch an den Gouverneur hat sich erhalten. In ihm bittet sie ihn, sie »um ihrer mutterlosen Kinder willen« zu begnadigen, die »der einzige Grund ihrer Sorge und Trauer« seien. Wir wissen nicht, wie ihre Geschichte ausging, doch es ist wahrscheinlich, daß Mary Talbot in Australien starb, ohne ihre Kinder jemals wiedergesehen zu haben.

Die Behörden sandten auch einen unablässigen Strom politischer Agitatoren in die Verbannung, die gegen die englische Kolonialherrschaft protestierten – die Iren machten den Großteil aller nach Australien geschickten politischen Gefangenen aus, obwohl nicht alle als solche anerkannt wurden, und vom ersten bis zum letzten Schiff, das Iren nach Australien brachte, konnte sich jedes rühmen, Rebellen an Bord gehabt zu haben. Unter den Iren, die 1791 auf der *Queen* deportiert wurden, waren Mitglieder der Break o' Day Boys, einer der zahlreichen bäuerlichen Protestgruppen, die sich mit Gewalt gegen englische Landbesitzer im Nordwesten zur Wehr setzten, während die *Hougoumont* im Jahr 1868 eine Reihe fenischer Rebellen an Bord hatte, die wegen des als umstürzlerisch empfundenen Singens irischer Nationallieder zur Deportation verurteilt worden waren.

Die Iren waren zum größten Teil römisch-katholisch, so daß – obwohl nicht alle Katholiken in Australien Iren waren – der katholische Glaube und das Irentum in der gängigen Vorstellung zu einer Einheit verschmolzen. Ihr Nationalbewußtsein und ihr religiöses Engagement ließ die Iren oft in Konflikt mit den Kolonialbehörden geraten, was ihnen den Ruf einbrachte, für die radikale Dynamik in der australischen Geschichte verantwortlich zu sein. Die Iren waren entschlossen, in Australien keine perfekte Kopie englischer Sitten und Gesetze zuzulassen, und wollten verhindern, daß das Land zu einem neuen Großbritannien der Südsee wurde. Dies war entscheidend für die Entstehung des australischen Nationalismus, da es dessen Entwicklung aus einem gewissen emotionalen Widerwillen gegenüber der Autorität heraus begünstigte. Mit ihrer gefühlsstarken und hochentwickelten antibritischen Rhetorik waren die Iren in der Lage, die Klagen vieler Sträflinge in politischer Weise zu artikulieren. Sie übernahmen bereitwillig die Führerrolle bei Protestbewegungen. Obwohl bewaffnete Aufstände in Australien überraschenderweise selten waren, konnte man doch immer einen Iren als Rädelsführer dingfest machen. Einer der legendären Helden des irischen Australiens ist John Boyle O'Reilly, der als fenischer Rebell an Bord der *Hougoumont* eintraf. Innerhalb eines Jahres hatte er es fertiggebracht, nach Amerika zu fliehen, wo er sich in Boston als Redakteur und Schriftsteller niederließ. Mit den Mitgliedern einer irischen Nationalistengruppierung

Oben: Der Kleriker Samuel Marsden (1784–1838) kam 1794 nach New South Wales, um die Anstrengungen der einflußreichen London Missionary Society im gesamten Pazifikraum zu koordinieren. Er war ein sadistischer Richter, berüchtigt für seinen Haß auf die Iren, und wurde deshalb der »Peitschenpfaffe« genannt. Bei den Sträflingen war er Zielscheibe von Spott und Haß.

namens Clan na Gael segelte er 1875 mit der Yacht *Catalpa* nach Western Australia und befreite die restlichen Fenier aus der Gefangenschaft. Es begann eine Verfolgungsjagd über den Indischen Ozean, doch O'Reilly entkam den Behörden. Als er sicher nach Boston zurückkehrte, feierte man ihn als Helden. Die Befreiungsaktion wird seitdem in australischen Volksliedern und in der australischen Literatur verherrlicht.

Der Aufstand von Castle Hill

Es waren irische Nationalisten der Rebellion von 1798, die den ersten und berühmtesten bewaffneten Aufstand gegen die Kolonialregierung in Australien anführten. Dieser ereignete sich im Jahr 1804 in Castle Hill, einer bäuerlichen Siedlung im Nordwesten Sydneys. Die Iren waren durch die Aktivitäten Samuel Marsdens ganz besonders in Rage versetzt worden – Marsden war Hilfsgeistlicher der Kolonie, außerdem Verwaltungsbeamter und einer der reichsten Männer von New South Wales in jener Zeit. Er war berüchtigt wegen seines Hasses auf den Katholizismus und die irischen Nationalisten, die er beim geringsten Verdacht auf politische oder religiöse Umtriebe züchtigen ließ. Sein willkürlicher Gebrauch der Peitsche schmälerte aber in Wirklichkeit seine Wirkung, da er die Iren, die sich seiner autoritären Machtausübung nicht beugten, zu vergötterten Helden machte.

Im Jahr 1800 hatte Marsden die beiden Iren Maurice Fitzgerald und Paddy Galvin unter fadenscheinigster Beweisführung auspeitschen lassen. Jeder von ihnen sollte 300 Schläge mit der Neunschwänzigen Katze erhalten, und zwei Männer, von denen einer Linkshänder, der andere Rechtshänder war, sollten die Strafe gleichzeitig vollstrecken. Ein Augenzeuge berichtete: »Während Fitzgerald ausgepeitscht wurde, kam kein Laut über seine Lippen; die einzigen Worte, die er von sich gab, waren: ›Peitsche mich anständig; schlage nicht auf den Hals.‹« Galvin »wimmerte oder zuckte nicht einmal«, und als man ihn aufforderte, die Namen anderer an seinem Verbrechen Beteiligter zu nennen, antwortete er: »Ihr könnt mich hängen ... wenn ihr wollt; aber ihr werdet keine Musik aus meinem Mund hören, die andere unschuldig im Nichts tanzen läßt.« Die unangemessene Brutalität der Strafe verhärtete die irische Einstellung gegenüber Marsden im besonderen und den Engländern im allgemeinen. Das Verhältnis zwischen ihnen hatte den Siedepunkt erreicht, als sich im Jahr 1804 eine Gruppe von 300 Rebellen in Castle Hill versammelte, um eine allgemeine Revolution in der Kolonie auszulösen. Nachdem die Soldaten von der Erhebung in Kenntnis gesetzt waren, marschierten sie sofort gegen die lediglich mit ein paar Flinten, Stöcken, Steinen und Mistgabeln bewaffneten Widerständler. Als die Truppen das Feuer eröffneten, wurden mehrere Rebellen auf der Stelle getötet. Andere wurden im Busch aufgestöbert und niedergestreckt. Sechs »Rädelsführer« wurden gehängt und die anderen Aufständischen in besondere Straflager geschickt. Die Rebellen von Castle Hill gingen als Verteidiger der Freiheit und Kämpfer gegen die Tyrannei in die australische Legende ein. Doch Marsden hatte nichts dazugelernt. Etwa 18 Jahre später machte ihn eine Untersuchung der Kolonieführung zur Zielscheibe der Kritik. »Ohne aber das Moralverständnis von Mr. Marsden anzufechten und ohne zu sagen, daß er meiner Meinung nach mit unangemessener Härte verfahren sei«, schrieb John Thomas Bigge (1780–1843), der Bevollmächtigte der Untersuchung, »ist es erwiesen, daß seine verhängten Strafen nicht nur in der Tat härter sind als die anderer Richter, sondern daß in der Kolonie allgemein die Meinung herrscht, sein Charakter, wie er sich bei der Anwendung des Strafgesetzes in New South Wales gezeigt hat, sei von Strenge geprägt.«

Nach dem Aufstand von Castle Hill und anderen Rebellionen überrascht es nicht, daß die Iren in den Ruf von Unruhestiftern kamen, den sie später in der zweiten Hälfte des 19. Jahrhunderts in ihrer Rolle als aktive Gewerkschaftler bestätigten. In anderer Hinsicht jedoch erwiesen sie sich als vorbildliche Untertanen. Zwar sind sie in den Annalen des radikalen australischen Nationalismus stark vertreten, doch

Oben: Irische Sträflinge – von denen viele als politische Gefangene deportiert wurden – hatten bald den Ruf, sich rebellisch zu verhalten. Es waren Dissidenten, die den Aufstand von Castle Hill im Jahr 1804 anzettelten, den ersten organisierten Protest gegen die Obrigkeit in Australien. Sie waren für ihre Teilnahme an der irischen Rebellion von 1798 deportiert worden, wo sie mit der Losung »Tod oder Freiheit« der irischen Radikalen marschierten. Der Aufstand von Castle Hill wurde schnell von einer Abteilung des New-South-Wales-Korps niedergeschlagen. Viele Aufständische wurden getötet, die überlebenden Anführer wurden hingerichtet.

Rechts: Dieses Aquarell von Augustus Earle zeigt die neue »Frauenfabrik« von Parramatta, die um 1820 von dem ehemaligen Strafgefangenen Francis Greenway entworfen wurde. In ihr wurden die weiblichen Strafgefangenen untergebracht, die keinem Siedler anvertraut waren. Sie diente jedoch auch als Zuchthaus für Frauen, die in der Kolonie Straftaten begangen hatten. An Sonntagen ließ man die Insassinnen der Fabrik von Parramatta antreten, damit sie von männlichen Siedlern begutachtet werden konnten, die nach einer Geschlechtspartnerin suchten. Obwohl man diese Praxis als »Werben« bezeichnete, war sie wenig mehr als eine Form des Konkubinats: Die Frauen erkauften sich die Entlassung aus den harten Bedingungen ihrer Gefangenschaft durch ein Tauschgeschäft von Geschlechtsverkehr gegen Kost und Logis.

bauten sie auch Kirchen und Schulen und orientierten sich an einem strengen Moralkodex, der auf den Lehren der katholischen Kirche beruhte. Hinzu kam, daß die Familie im Zentrum ihres sozialen Wertsystems stand. Zur Zeit der Deportationen war fast die Hälfte aller nach Australien geschickten weiblichen Gefangenen irisch. Das hieß, daß das Verhältnis von irischen Männern zu irischen Frauen nur zwei zu eins betrug, während es bei der Gesamtheit der Sträflinge zehn zu eins erreichte. Ehen und Partnerschaften waren demzufolge bei den Iren häufiger anzutreffen als bei den anderen Sträflingen, mit einer verhältnismäßig größeren Zahl von Familien. Im Zentrum der Familie stand die Gestalt der »kleinen irischen Mutter«. Die Iren mögen wilde Rebellen und Verteidiger der Grundrechte gewesen sein, sie schufen aber auch das Fundament für die Klasse der respektablen Armen Australiens.

Weibliche Strafgefangene

Ungeachtet des Bildes der »kleinen irischen Mutter« war das der Prostituierten die Vorstellung, die am häufigsten mit weiblichen Strafgefangenen in Australien verbunden wurde. Ohne Zweifel gab es tatsächlich Prostituierte unter ihnen, aber da Prostitution kein Verbrechen war, auf das Deportation stand, muß man sie wegen eines anderen Vergehens nach Australien geschickt haben. Das hielt eine Untersuchungskommission, die 1838 das Strafgefangenensystem untersuchte, nicht davon ab zu berichten, daß die Frauen unter den Sträflingen »allesamt, mit kaum einer Ausnahme, trunksüchtige und verlassene Prostituierte« seien. Viele weibliche Gefangene wurden nur deshalb Huren genannt, weil sie mit Männern zusammenlebten. Unter den Männern und Frauen der Arbeiterschicht waren in Großbritannien zu jener Zeit »gewohnheitsrechtliche« Ehen gang und gäbe, doch diese Praxis fing an, das Empfinden der Mittelklasse zu verletzen. Als mehr und mehr freie Siedler, die meist aus der Mittelschicht stammten oder diese anstrebten, ihren Weg nach Australien fanden, hatte ihr Protest gegen die vermutete sexuelle Promiskuität und moralische Laxheit der Kolonie einen großen Einfluß auf die sittliche Einstellung.

Offiziere und Seeleute an Bord der Gefangenenschiffe gingen davon aus, daß sie das Recht hätten, bei den weiblichen Sträflingen »ihren Willen zu bekommen«. Heute würden wir das Vergewaltigung nennen oder allerwenigstens sexuelle Belästigung. Die praktischen Auswirkungen waren, daß einige Frauen bei ihrer Ankunft schwanger waren und sofort in die »Frauenfabrik« von Parramatta, heute ein Vorort Sydneys, geschickt wurden, um dort zu gebären. Sie wurden dort eingesetzt, um Bettlaken herzustellen. Ohne den Zugang zu Verhütungsmitteln waren Abtreibung und Kindestötung gängige Methoden, um sich ungewollter Kinder zu entledigen. Zum Alltag des Fabriklebens gehörte es, daß die Frauen sich den Sonntag für das »Werben« freihalten mußten – eine Art Parade, zu der freie Siedler kamen, um sich eine Geschlechtspartnerin zu suchen. Die erwählte Frau wurde dann in die schützende Obhut des Mannes freigegeben. Obwohl er nun für sie verantwortlich war, blieb das Etikett »Hure« stets an ihr haften. Es war allgemein akzeptiert, daß Männer mit den weiblichen Sträflingen in ihrer Obhut verfahren konnten, wie sie wollten, denn die Frauen lebten in der ständigen Furcht, wieder in die Fabrik oder in ein anderes Gefängnis zurückgeschickt zu werden. Manchmal warf man ihnen vor, Männer durch die Drohung zu erpressen, sie würden den Partner wechseln, wenn sie mit ihrer Situation nicht zufrieden wären, doch ihre Abhängigkeit ließ sie am Ende den kürzeren ziehen.

In einer Gesellschaft, in der Männer kaum Gelegenheit zu heterosexueller Aktivität hatten, war der Bedarf an Frauen groß; Männer vergewaltigten auch Frauen und Mädchen der Aborigines oder nahmen sie als Konkubinen. Bei der Ankunft weiblicher Sträflinge spielten sich gewöhnlich wilde Szenen ab, und am Kai wurden inoffizielle Auktionen veranstaltet, auf denen man für die neu Eingetroffenen bieten konnte. Als er die Passagiere an Bord der *Lady Juliana* erblickte, die im Jahr 1790 etwa 200 Frauen nach New South Wales brachte, hörte man einen Offizier ausrufen: »Nein, nein – das doch wohl nicht! Mein Gott – nicht noch mehr von diesen verfluchten Huren! Noch nie habe ich schlimmere Frauen kennengelernt.« Obwohl auf Homosexualität die Todesstrafe stand, war sie unter den Gefangenen üblich; es gab den normalen Anteil von heterosexuellen Männern, aber auch Heterosexuelle suchten in homosexuellen Beziehungen nach ein wenig Zuneigung in einer Welt, in der Brutalität Routine und Zärtlichkeit die seltenste aller menschlichen Qualitäten war.

Frauen hatten damals wenig Rechte in der britischen Gesellschaft, doch die weiblichen Sträflinge in Australien besaßen noch weniger – ihnen fehlten die Macht und der Druck der Masse, um ihre Situation zu verbessern oder irgendeine Veränderung in der generellen Einstellung zu bewirken. Vielleicht ist dies ein Grund dafür, daß Australien heute den Ruf hat, ein »Männerland« zu sein. Während der Zeit der Deportationen machten Frauen etwa 16 Prozent der gesamten Sträflingspopulation aus, ein Verhältnis von eins zu sechs. Doch dieses Verhältnis unterlag stets Schwankungen. In den ersten 27 Jahren der Siedlung bis 1815 bildeten Frauen etwa ein Drittel der Sträflinge. Dieses Verhältnis verringerte sich, als in Friedenszeiten mehr Männer zur Deportation verurteilt wurden, und zwischen 1820 und 1840 waren die Frauen mit eins zu zehn deutlich in der Minderheit.

In der Literatur zur Geschichte der Deportationsphase hat das Schicksal der Mary Wade und ihrer noch unglücklicheren Gefährtin Jane Whiting, zwei Mädchen im Alter von elf und 14 Jahren, die 1789 in Londons Old Bailey dem Gericht zur Hauptverhandlung überstellt wurden, einen Ikonen-Status erlangt. Ihr Verbrechen war es, die achtjährige Mary Phillips bestohlen zu haben, wobei die beiden »diese in Schrecken versetzten und ihr in verbrecherischer Weise und gegen ihren Willen ein Baumwollkleid, Wert drei Schilling, ein Stoffband, Wert zwei Pence, und eine Leinenhaube, Wert zwei Pence, raubten«. In seinem Plädoyer bat Lordoberrichter Barron die Geschworenen, die zwei Mädchen für schuldig zu befinden und ein Exempel an ihnen zu statuieren. Die Jury nahm sich seine Anweisungen zu Herzen: Beide Mädchen wurden der Nötigung und des Raubes von Gütern im Werte von drei Schilling und vier Pence für schuldig befunden und zum Tode verurteilt. Jane Whiting wurde ordnungsgemäß gehängt, Mary Wades Strafe wurde in Verbannung »für die Zeit ihres natürlichen Lebens an die Ostküste von New South Wales oder einer benachbarten Insel« abgemildert.

Mary Wade war eine von mehr als 24 000 Frauen, die zwischen 1788 und 1850 nach New South Wales und Van Diemen's Land deportiert wurden (auf den späteren Transporten nach Western Australia befanden sich keine Frauen). Über 96 Prozent waren aufgrund von Eigentumsdelikten verurteilt worden – meistens Diebstahl als Hausgehilfin –, bei denen der Wert der gestohlenen Güter oder des gestohlenen Geldes gewöhnlich unbedeutend war. Gewalt war in weniger als zwei Prozent der Fälle im Spiel, und mehr als 60 Prozent der nach New South Wales verbannten Frauen waren Ersttäterinnen. Doch wenn das System, das Mary Wade und ihre Gefährtinnen verurteilte, auch über die Maßen drakonisch und die Bedingungen der Gefangenschaft unerträglich brutal waren, so boten die Gin-Gassen Londons oder Liverpools, wo auf die meisten von ihnen ein früher Tod durch Gewalt, Kindbett oder Krankheit wartete, und das Leben als Dienstmädchen, das damals im Grunde eine Form zeitlich unbegrenzter Knechtschaft war, doch kaum eine bessere Alternative.

Gefangenenarbeit

Eines der Hauptargumente für die Deportation von Strafgefangenen nach Australien war, daß diese letztlich durch die von ihnen verrichtete Arbeit für sich selbst aufkommen würden. Unter den größten Befürwortern des New-South-Wales-Vorschlags war der damalige britische Innenminister, Viscount Sydney, nach dem 1788 Sydney Cove benannt wurde. Er war der Ansicht, daß »die enormen Ausgaben, die der Regierung jedes Jahr für die Deportation und anderweitige

Oben: John Thomas Bigge (1780–1843) wurde 1819 beauftragt, eine Untersuchung des Sträflingssystems in New South Wales und Van Diemen's Land durchzuführen. In seinem dreibändigen Bericht kam er zu dem Ergebnis, daß die Sträflinge zu milde behandelt würden, daß die Reformen nicht funktionierten und härtere Strafen angewendet werden sollten. Seine Kritik rief eine Reihe von Veränderungen hervor, unter anderem die Einrichtung einer Legislative und die Etablierung von Van Diemen's Land als eigenständiger Kolonie.

Oben: Bigges Kritik richtete sich vor allem gegen die Reformen Lachlan Macquaries (1762–1824), der William Bligh 1810 als Gouverneur von New South Wales abgelöst hatte. Er führte viele Neuerungen ein, um die Härte des Sträflingssystems abzumildern, unter anderem die Freilassung von Sträflingen wegen guter Führung. Auch seine Behandlung der Aborigines war etwas wohlwollender als die seiner Vorgänger. Macquarie kehrte 1822 aufgrund des Bigge-Reports nach England zurück. Zu den konkreten Verfehlungen, die man ihm vorwarf, gehörte die Vergeudung von Gefängnisgeldern für öffentliche Bauprojekte.

Oben: In den 30er Jahren des 19. Jahrhunderts stellte man ein Unterstützungsprogramm für Immigranten auf, um die Zahl der freien Siedler zu erhöhen. Damit ein zahlenmäßiges Gleichgewicht zwischen den Geschlechtern wiederhergestellt werden konnte, bemühte man sich besonders, weibliche Immigranten anzuziehen. Diese allegorische Zeichnung von 1832 zeigt Frauen als einen Schwarm Schmetterlinge, die von am Strand mit Fangnetzen bereitstehenden Männern über den Ozean nach Australien gelockt werden – ein Frauenbild, das im starken Kontrast zu demjenigen steht, das man gewöhnlich weiblichen Sträflingen zuerkannte. Caroline Chisholm (1808–1877), die Frau eines Beamten der Ostindischen Handelsgesellschaft, setzte sich aktiv für die Rolle der Frauen als Vermittlerinnen der Zivilisation in der jungen Kolonie ein. Sie gründete in Sydney 1841 ein Heim für Immigrantinnen, und in der Absicht, das einsame Leben der Buscharbeiter zu mildern, begleitete sie die Mädchen in entlegene Landgebiete, wo sie ihnen Arbeitsplätze vermittelte.

Bestrafung von Verbrechern abverlangt werden, zusammen mit der Möglichkeit ihrer Rückkehr seit langem viel beklagte Mißstände« seien. »Hier steht nun ein Asyl offen, das ersteres beträchtlich verkleinern und letzteres für immer beseitigen wird.« Es kostete das Kolonialministerium jährlich 120 Pfund, einen Sträfling in Australien zu unterhalten. Zahlreiche Gefangenen wurde direkt bei öffentlichen Bauarbeiten als Arbeiter, Techniker und Architekten eingesetzt. Indem man gestattete, daß Sträflinge für freie Siedler arbeiteten, konnte man jedoch bei den Unterhaltskosten sehr viel einsparen.

Das konnte auf zweierlei Art geschehen. Ein Sträfling konnte im Austausch gegen Kost und Logis direkt einem freien Siedler, in der Regel einem Grundbesitzer, zugewiesen werden, was praktisch bedeutete, daß er in dessen Eigentum überging. Solche Arbeitgeber kümmerten sich wenig um das Wohlergehen der ihnen zugewiesenen Sträflinge, deren Versorgung nur als ein zusätzlicher Kostenpunkt in ihren Kontobüchern gesehen wurde. Die Unterbringung war immer unterhalb der herrschenden Norm, und die zugewiesenen Gefangenen wurden oft verprügelt. Gesetzliche Richtlinien für die erlaubten Formen der Bestrafung wurden wenig beachtet, da dic australische Richterschaft hauptsächlich aus Landbesitzern bestand und Klagen aufgrund von Mißhandlung in den Gerichten nur selten Unterstützung fanden. Viele Grundbesitzer errichteten kleine Gefängnisse, in denen Strafarbeiter, die Vergehen begangen hatten, in Einzelhaft gehalten werden konnten. Aufsässigen Sträflingen konnte auch mit der Verlegung an Orte mit verschärften Strafbedingungen gedroht werden: Wenn ein Arbeiter sich nicht völlig dem Landbesitzer unterordnete, stand es in der Macht der ansässigen Richter, bis zu drei Jahre Haft in einer dieser berüchtigten Strafkolonien anzuordnen. Höhere Gerichtsinstanzen konnten schwerere Strafen verfügen, doch schon die Aussicht auf drei Jahre Haft in Port Macquarie, auf der Insel Norfolk oder in Moreton Bay reichte aus, um selbst den widerspenstigsten Sträfling zweimal nachdenken zu lassen, ob er die Autorität seines Grundherrn oder Aufsehers herausfordern sollte.

Freie Siedler konnten auch Sträflinge einstellen, denen ein Entlassungsschreiben ausgehändigt worden war. Das waren für gute Führung zuerkannte Bescheinigungen, die ihren Inhabern unter dem Vorbehalt, daß sie nicht rückfällig wurden, eine vorzeitige Entlassung ermöglichten sowie die Erlaubnis gaben, gegen Entlohnung für einen Arbeitgeber ihrer Wahl zu arbeiten – was einer vollständigen Begnadigung am nächsten kam. Dieses von Gouverneur King 1801 eingeführte System erwies sich als effektiv. Die schweren Strafen, denen man Rückfällige unterzog, garantierten ein dauerhaft gutes Betragen vieler vorzeitig Entlassener. In Zeiten der Geldknappheit waren die Entlassungsscheine ein weitverbreitetes Mittel, die Kosten für den Lebensunterhalt der Sträflinge zu reduzieren.

Zu den ersten Gouverneuren, die für ihre liberale Haltung gegenüber Sträflingen und Freigelassenen bekannt waren, zählte auch Lachlan Macquarie. Er richtete es ein, daß die Familien von Verbannten nach Australien gebracht wurden, in der Hoffnung, dies würde deren Rehabilitation dienlich sein. Doch das führte zu Auseinandersetzungen mit denen, die – wie Samuel Marsden – der Meinung waren, daß der Zweck der Inhaftierung nicht die Rehabilitation Krimineller sei, sondern deren Bestrafung. Die Ergebnisse der Untersuchung der Kolonialverwaltung durch Bigge wurden 1822 veröffentlicht, ein Jahr nach Macquaries Rücktritt; in ihnen wurde die Nachsichtigkeit seiner Reformen kritisiert und darauf bestanden, daß Sträflinge sich keine Privilegien erhoffen dürften, die ihre Rückkehr in die Zivilgesellschaft erleichtern könnten.

Verschärfte Strafmaßnahmen

Die Nachfolger Macquaries in den 20er Jahren des 19. Jahrhunderts, vor allem Sir Ralph Darling (1775–1858), von 1825 bis 1831 Gouverneur von New South Wales, und Sir George Arthur in Van Diemen's Land, widmeten sich der Verwirklichung der in Bigges Bericht gemachten Empfehlungen. Durch ihre Anstrengungen, die darauf zielten, daß den Sträflingen das Leben nicht zu leicht gemacht wurde, wandelten sich Orte verschärfter Bestrafung zu Strafinseln, auf denen Auspeitschungen an der Tagesordnung waren. Die berüchtigtsten waren Port Macquarie an der nördlich von Sydney gelegenen Küste (1821–1830), Macquarie Harbor in Van Diemen's Land (1822–1833), Moreton Bay in der Nähe des heutigen Brisbane (1824–1839), die Insel Norfolk (1825–1856) und Port Arthur, das Macquarie Harbor ersetzte und nach den Deportationen weiterhin als Gefängnis genutzt wurde, bis man es 1877 aufgab. Die Befehlshaber dieser Strafsiedlungen, insbesondere Kapitän Patrick Logan von Moreton Bay und Oberstleutnant James Morisset von der Insel Norfolk, erwarben sich den Ruf pathologischer Sadisten, die sich an den hohen Sterblichkeitsraten der ihnen Anvertrauten ergötzten.

Viele der brutalsten Schilderungen des Sträflingslebens in der Literatur und den Volksliedern Australiens stammen von diesen Orten. Die Gefangenen wurden ständig in Eisenfesseln gehalten und zu Straßenbauarbeiten herangezogen, wobei sie die mit Rädern versehenen Hütten hinter sich herzogen, in denen sie nachts in Gruppen von 16 oder 24, den berüchtigten

D. 17.

TICKET OF LEAVE PASSPORT.

No. 45 492

The Bearer Thomas Griffiths
Convict by the Ship Asia (11) 1837 holding a
Ticket of Leave No. 44/355 for the District of Paterson
which is deposited in the Police Office at do
and whose personal Description and Signature are on the other side, has obtained the permission of His Excellency the Governor to proceed to the Barwon River in the service of Mr David Ryan
for twelve months, from the date hereof, conforming himself in every respect, according to the regulations laid down for the guidance of Convicts of his class.

Given at the Office of the Principal Superintendent of Convicts, Sydney, this Thirtieth *Day of* May *One Thousand Eight Hundred and* forty five

Registered
Thomas Ryan
Chief Clerk.

Oben: Diese Fotografien von Strafgefangenen wurden 1874 in Port Arthur aufgenommen. Obwohl man die Deportationen bereits zwölf Jahre zuvor eingestellt hatte, waren einige der hier porträtierten Männer Deportierte: Wiederholungstäter, die für Verbrechen wie Einbruch oder den Diebstahl von Schafen eine verschärfte Strafe verbüßten. Mancher war auch wegen einer Sexualstraftat verurteilt worden.

Oben links: Im Jahr 1801 führte Gouverneur King (1758–1808) das System von Entlassungsschreiben ein, das es Sträflingen mit guter Führung ermöglichte, die Trupps aneinandergeketteter Zwangsarbeiter zu verlassen und als freie Arbeiter eine entlohnte Anstellung zu suchen. Die Entlassungsschreiben wurden nur unter ganz bestimmten Bedingungen ausgehändigt und konnten jederzeit widerrufen werden. Dieses System bot ein weit flexibleres Potential von Arbeitskräften für die junge Kolonie und ersparte der zentralen Verwaltung die Kosten für den Lebensunterhalt der Sträflinge.

Links: Sträflinge schufen die Grundlage für das Straßennetz und andere öffentliche Bauprojekte in Australien. Diese dreibogige Brücke über den Ross River in Tasmanien wurde 1836 von Strafgefangenen errichtet. Sie wurde aus fein bearbeiteten Quadersteinen gebaut und mit bossierten Steinblöcken verziert und stellt ein typisches Produkt der Sträflingsarbeit dar.

»Eisenrotten«, eingesperrt wurden. Es kursierten Gerüchte, daß die Zustände so schrecklich waren, daß abgestumpfte Sträflinge einen gegenseitigen Todespakt abschlossen – der eine erklärte sich bereit, den anderen von der unablässigen Auspeitschung und der eintönigen Arbeit zu erlösen, indem er ihn umbrachte und dadurch für sich selbst das Todesurteil erwirkte. Mehrfach hörten Untersuchungsausschüsse, die das Sträflingssystem begutachten sollten, Zeugenaussagen über Männer, die bitterlich weinten, als sie erfuhren, sie seien von der Todesstrafe begnadigt worden, während andere, die zum Tode verurteilt wurden, »mit trockenen Augen auf die Knie fielen und Gott dankten«. Sir Francis Forbes (1813–1851), der zum Ersten Gerichtsvorsitzenden von New South Wales ernannt wurde, erklärte, nachdem er die Zustände auf Norfolk gesehen hatte, daß auch er lieber »auf jede vorstellbare Weise« sterben würde, als dort als Gefangener zu leben.

So ist es nicht verwunderlich, daß Sträflinge dazu getrieben wurden, verzweifelte Versuche zu unternehmen, diesen fürchterlichen Kerkern zu entkommen. Da es fast unmöglich war, allein im Busch zu überleben, brachen die Männer zu mehreren aus. In den Legenden um das Sträflingsleben, die gegen Ende des 19. Jahrhunderts aufkamen, hieß es, daß eine Flucht zu dritt organisiert wurde, damit die beiden Stärksten den Schwächsten umbringen konnten, wenn die Nahrung knapp wurde, um sich von seiner Leiche zu ernähren. Doch die Einzelheiten solcher Begebenheiten sind unklar, und es ist wahrscheinlich, daß die Gerüchte von Kannibalismus übertrieben sind und sich zum größten Teil auf die berüchtigten Taten des Alexander Pearce berufen, der 1822 mit sieben anderen Sträflingen aus Macquarie Harbor entkam. Als er mehrere Monate später aufgegriffen wurde, bekannte er sich dazu, alle seine Gefährten verspeist zu haben, und prahlte, das Fleisch sei süßer als Schweinefleisch oder Fisch. Man glaubte ihm nicht, und so entging er dem Galgen. Er brach jedoch erneut mit einem einzelnen Kameraden aus, den er ebenfalls tötete und aufaß. Als man den geständigen Kannibalen dieses Mal einfing, fand man den verstümmelten Körper seines Weggefährten, und Pearce wurde ordnungsgemäß aufgehängt.

Das entsetzlichste Bild menschlicher Erniedrigung, das aus den finsteren Archiven australischer Strafgefangenschaft zum Vorschein kommt, betrifft Charles Anderson, einen hirnverletzten ehemaligen Soldaten, der zunächst wegen Einbruchs deportiert worden war und sich als unkontrollierbar erwies. Man brachte ihn nach Goat Island, einem Felsen im Hafen von Sydney. Nach wiederholten Versuchen, schwimmend an Land zu fliehen, kettete man ihn an, und nachts wurde er in eine kleine, grabähnliche Grube gezwängt, die in den Sandstein gehauen war. Über ihr war eine Holztür angebracht, die kein Licht hineinließ, außer durch kleine Atemlöcher. Seine Mahlzeiten wurden ihm an einem Stock gereicht. Die durch wiederholtes Auspeitschen entstandenen offenen Wunden an seinem Körper waren von Maden befallen, und er lag bewegungsunfähig in seinem eigenen Schmutz. Andere Gefangene konnten seine Schreie hören, besonders bei Regen, wenn sich seine Grube mit Wasser füllte. Nachdem er zu einem öffentlichen Spektakel für die Bürger Sydneys geworden war, zwang diese Peinlichkeit schließlich den Gouverneur von New South Wales dazu, ihn freizulassen, worauf er schließlich auf der Insel Norfolk landete.

Er war noch immer dort, als Alexander Maconochie (1787–1860) im Jahr 1840 zum Leiter der Niederlassung ernannt wurde. Maconochie war ein Gefängnisreformator. Er war ursprünglich nach Australien gekommen, um eine Berufung zum Sekretär Sir John Franklins anzunehmen, des Vizegouverneurs von Van Diemen's Land, und er sah Chancen, dessen Nachfolger zu werden. Die beiden hatten sich jedoch wegen Maconochies Ansichten entzweit, insbesondere darüber, daß der Zweck der Bestrafung Rehabilitation statt Vergeltung sei und daß verurteilte Verbrecher freigelassen werden sollten, wenn man glaubte, sie hätten sich gebessert. Als eine Gefälligkeit sandte man ihn als Leiter nach Norfolk, wo er unverzagt seine Vorstellungen in die Praxis umsetzte. Er war der Ansicht, daß die Gefängnisdisziplin sich besser durch das Schaffen eines Anreizes sichern ließe als durch drakonische Strafen, und führte ein System ein, das Punkte für Arbeit und gutes Betragen verteilte. Durch das Sammeln einer bestimmten Anzahl von Punkten konnten sich die Sträflinge ihre Freiheit erkaufen. Maconochie ließ den Galgen demontieren, warf die Neunschwänzige Katze fort, gestattete das Aufstellen von Grabsteinen auf Sträflingsgräbern und führte Unterricht in Gemüse- und Obstanbau ein. Seine Methoden waren ihrer Zeit weit voraus und hatten eine Reihe vielversprechender Resultate (unter anderem wurde Anderson, den man die Signalstation der Siedlung betreuen ließ, teilweise rehabilitiert), doch sie wurden nach seinem Rückruf nach Großbritannien 1844 wieder aufgehoben. Er wurde 1849 Leiter des Gefängnisses von Birmingham, doch 1851 entließ man ihn, nachdem seine Reformen bei den Vorgesetzten wiederum keinen Beifall gefunden hatten.

Die Überwachung des Staates

Nicht nur die Gefangenen, sondern auch die Gefangenenwärter übten eine starke Wirkung auf die Phantasie der Australier aus. Von Anfang an verlieh die vom Militär ausgeübte strenge Kontrolle der Siedlung viele Aspekte eines Polizeistaats. Die Abteilung von Marinesoldaten, die unter dem Kommando von Major Robert Ross (Phillips Vizegouverneur oder Vertreter) stand und die Erste Flotte begleitete, hatte den Auftrag, die Sträflinge zu bewachen, sowie Verwaltungs- und Polizeiaufgaben. Ross war ein geltungsbedürftiger Mann, der Schwierigkeiten damit hatte, in einer Untergebenenfunktion zu arbeiten; ein höherer Offizier der Marinesoldaten beschrieb

Inseln der Strafe

Als direkte Reaktion auf den von John Bigge verfaßten dreibändigen offiziellen Bericht über die *Judicial Establishments in New South Wales and Van Diemen's Land* (Gerichtsvollzugsanstalten in New South Wales und Van Diemen's Land, 1823), in dem er die Nachlässigkeit des Strafsystems unter Gouverneur Macquarie schwer kritisierte, wurden Einrichtungen mit verschärftem Strafmaß geschaffen – Inseln der Strafe innerhalb der Sträflingskolonie für die Verwahrung der verstocktesten Kriminellen. Einige dieser Orte waren tatsächlich Inseln. Die entlegenste von ihnen war die Insel Norfolk. Sie liegt etwa 1500 Kilometer entfernt im Pazifik und hatte die anfängliche Hoffnung enttäuscht, sie könne Holz und Flachs für die Kolonie liefern. Die erste Niederlassung wurde 1814 aufgegeben. Im Jahr 1825 wurde auf der Insel eine Strafkolonie für Rückfällige eingerichtet. Die grünen Wiesen und bewaldeten Hügel von Norfolk, dessen Basaltkliffs sich senkrecht aus dem Pazifik erheben, gaben der Insel den Anschein eines Paradieses, doch unter der Herrschaft von James Morisset (1780–1852), von 1829 bis 1834 Leiter, wurde sie bald als Ort sadistischer Bestrafung berüchtigt.

Auch Van Diemen's Land war eine potentiell idyllische Umgebung, aber trotz des offensichtlichen Charmes der Insel wurde sie bald zu einem Abladeplatz für Verbrecher: Man gründete 1804 in Hobart und 1806 in Launceston eine Strafkolonie. Die nach Van Diemen's Land geschickten Sträflinge galten als »Unverbesserliche«, und die Insel erwarb sich sehr schnell einen unangenehmen Ruf. 1822 wurde in Macquarie Harbor eine Anstalt verschärften Strafmaßes gegründet. Sie wurde später durch Port Arthur ersetzt, das berüchtigtste Gefängnis von allen. Man erzählte schreckliche Geschichten über die Strafen und Auspeitschungen, die man den Gefangenen dort zufügte, und durch die Schriften Marcus Clarkes, Price Warungs und anderer sollte Port Arthur einen finsteren Platz in den australischen Erzählungen vom Sträflingsleben einnehmen. Als sich die Bewohner 1855 entschlossen, der Insel den neuen Namen Tasmanien zu geben, geschah dies, um sie vom Makel der Strafkolonie zu befreien.

Unten: Diese Zeichnung des Sträflingskünstlers William Buelow Gould zeigt die Strafkolonie von Macquarie Harbor, die erste der Anstalten verschärften Strafmaßes, die als Reaktion auf Bigges Kritik eingerichtet wurden. Man zog die Sträflinge zum Fällen von Bäumen und zum Schiffbau heran, und das Gefängnis erwarb sich bald einen schlimmen Ruf; es wurde 1833 aufgegeben.

Oben: Die Bewohner der Pitcairn-Insel, Nachfahren der Meuterer auf der *Bounty*, wurden nach der Aufgabe des Gefängnisses 1856 auf die Insel Norfolk umgesiedelt. Sie rissen viele der Gefängnisbauten nieder und verwerteten die Steine als Baumaterial. Unter den Gräbern auf dem kleinen Friedhof der Insel sind auch einige von Sträflingen – Erinnerungen an die Reformen Alexander Maconochies, dessen Maßnahmen viel dazu beitrugen, die schlimmsten Exzesse von Morissets Regime abzumildern. Er war der einzige unter den Gefängnisleitern, der den Sträflingen die Würde eines behauenen Grabsteins zuerkannte, der nach ihrem Tod an sie erinnerte.

Links: Die verlassenen Gebäude von Port Arthur bieten heute einen friedlichen Anblick, was im starken Gegensatz zur gewalttätigen Vergangenheit des Gefängnisses steht. Port Arthur wurde 1832 eröffnet, nachdem ein Abschlußbericht der Bigge-Kommission bemängelt hatte, das Sträflingssystem sei noch immer zu milde. Brutale Strafen und strenge Disziplin scheinen die Kriminalitätsrate jedoch nicht eingedämmt zu haben: 1835 berichtete man, daß sie in New South Wales achtmal so hoch war wie in Großbritannien.

Oben: Als die Franzosen 1853 die Inseln Neukaledoniens annektierten, dachten sie an eine mögliche Verwendung als Strafkolonie, und in den 60er Jahren des 19. Jahrhunderts begann man, die Ile des Pins als Gefängnis für französische Verbrecher zu nutzen. Dieses Denkmal erinnert an die 4000 *déportés* von 1871, politische Dissidenten, die für ihre Rolle im Pariser Kommunarden-Aufstand ins Exil geschickt wurden.

Links: Schlichte Kapellen wie diese in Port Arthur wurden innerhalb der Gefängnismauern errichtet, da man hoffte, daß selbst den verderbtesten Seelen die Erlösung zuteil werden könne. Die Seelsorge für die Gefangenen lag in der Hand von bigotten protestantischen Geistlichen wie Samuel Marsden, der für die Härte seiner Urteile bekannt war, die er in seiner Funktion als Richter fällte. Obwohl die meisten irischen Sträflinge katholisch waren, unter ihnen eine Reihe von Priestern, war das öffentliche Abhalten der Messe bis 1821 verboten.

ihn als den »allerunangenehmsten Kommandeur, den ich kenne«. Ross kam nur sehr schlecht mit Phillip aus und war nicht zur Zusammenarbeit mit ihm bereit, so daß die Polizeimacht effektiv unabhängig vom Gouverneur operierte. Nachdem die Siedlung ein Jahr lang bestand, bekamen einzelne Offiziere und Soldaten Grundstücke zugesprochen, wodurch der Grundstein für das System der gegenseitigen Gefälligkeiten und Protektionen gelegt wurde, das sich innerhalb der australischen Verwaltung ausbreiten sollte.

Im Jahr 1789 brachte die Zweite Flotte die ersten Einheiten des New-South-Wales-Korps, das in Großbritannien speziell dafür aufgestellt wurde, um die Polizeifunktion in der Siedlung zu übernehmen und sie im Falle eines französischen Angriffs zu verteidigen. Viele von denen, die zu dieser neuen Truppe rekrutiert wurden, unterschieden sich nur geringfügig von den Verbrechern, die sie bewachen sollten, und ihre Offiziere waren nur um weniges besser. Einem Großteil unter ihnen – Unteroffizieren wie Offizieren – hatte man angeboten, in das Korps einzutreten, statt Haftstrafen zu verbüßen, die ihnen das Militärgericht auferlegt hatte. Phillip mußte 1792 wegen seines Gesundheitszustandes nach Großbritannien zurückkehren, was Francis Grose, den Korpskommandeur und Vizegouverneur, zum wichtigsten Offizier der Kolonie machte. Phillips Nachfolger wurde erst 1795 ernannt, und das Korps nutzte dieses Interregnum dazu, um noch mehr Macht an sich zu reißen. Im Jahr 1794 schrieb Grose – erbost über einen Zwischenfall, bei dem der zur Marine gehörende Gefängnisleiter auf der Insel Norfolk eine meuternde Gruppe von Korpssoldaten durch bewaffnete Zivilisten unterwerfen ließ –, daß zivile Polizisten und Richter »begreifen müssen, daß sie nicht befugt sind, unter welchem Vorwand auch immer, einen Soldaten an etwas zu hindern oder ihn festzunehmen, selbst wenn er bei einer ungesetzlichen Handlung ertappt wird«. Mit anderen Worten: die Offiziere und Soldaten des Korps (dessen Reihen nicht selten durch ehemalige Sträflinge aufgestockt wurden) waren keiner Autorität außer ihren eigenen Militärgerichten Rechenschaft schuldig. Sie hatten praktisch völlig freie Hand, ihre Angelegenheiten ohne alle Beschränkungen durch den Gouverneur zu regeln. Aufgebracht über diese Situation, beschwerte sich im Jahr 1803 Gouverneur Philip Gidley King (1758 – 1808) folgendermaßen: »Wie könnte ich Unparteilichkeit erwarten, wenn diese Offiziere [nach einer Gesetzesübertretung] von anderen Offizieren ihres eigenen Korps abgeurteilt werden?«

Es gab mehr als genug Gelegenheiten für Korruption und eigene Bereicherung. Die Frau Kapitän John Macarthurs (1767 – 1834), eines einflußreichen Offiziers des New-South-Wales-Korps, schrieb 1798: »Dieses Land bietet Personen in Regierungspositionen zahlreiche Begünstigungen.« Sie erwähnte, daß ihr Ehemann, der die Position eines Inspektors der öffentlichen Bauarbeiten in der Kolonie bekleidete, eine »schöne Ergänzung seines Einkommens« erhielt, indem er sich von einer Kompanie für »die Übernahme des Zahlmeisteramts für das Regiment« bezahlen ließ. Die Offiziere hatten ein lukratives Monopol über die meisten Importgüter der Kolonie. Das wichtigste von diesen war Rum, der als Hauptartikel für den Tauschhandel fungierte. Durch die Kontrolle des Rumimports sowie der örtlichen Herstellung und Verteilung

Oben: Diese 1825 entstandene Aquatinta von Joseph Lycett zeigt die Elizabeth Farm in Parramatta, ein Anwesen im Besitz von John Macarthur. Nachdem er als Leutnant des New-South-Wales-Korps in New South Wales eingetroffen war, gehörte Macarthur zu denen, die sich durch korrupte Machenschaften bei den Kolonialgeschäften sehr schnell bereicherten. Als er von 1808 bis 1817 gezwungen war, New South Wales zu verlassen, blieb seine Frau Elizabeth zurück, um seine Farm zu beaufsichtigen. Man schreibt ihnen beiden das Verdienst zu, den Grund für die australische Feinwollindustrie gelegt zu haben, indem sie Merinoschafe auf ihrer 2025 Hektar großen Farm in Parramatta einführten.

des Rums konnte das New-South-Wales-Korps (das deswegen auch Rum-Korps genannt wurde) einen ungeheuren Einfluß auf die Wirtschaft der Kolonie ausüben.

Obwohl er sich sehr bemühte, die Macht des Korps zu brechen und der Korruption ein Ende zu setzen, erkannte King am Ende, daß es einfacher war, die Exzesse zu dulden. Wie bereits Phillip vor ihm bat King schließlich um seine Rückberufung. Im Jahr 1806 wurde William Bligh, der autoritäre Kapitän der *HMS Bounty*, zum Gouverneur ernannt – ein Anzeichen für die Entschlossenheit des Kolonialministeriums, drastische Maßnahmen gegen das Korps einzuleiten. Seine Versuche, den Einfluß der Rumhändler einzuschränken, provozierten jedoch die zweite Meuterei während seiner Laufbahn, und 1808 führten Offiziere des Korps eine Rebellion an, die seine Regierung stürzte. (Der Legende nach soll Bligh sich bei dem Versuch, der Verhaftung zu entgehen, unter seinem Bett versteckt haben. Obwohl das wahrscheinlich nicht stimmt, wurde diese Begebenheit im australischen Volksmund bewahrt und in einem berühmten Gemälde Sidney Nolans thematisiert.) Bligh kehrte schließlich 1810 nach England zurück, nachdem es ihm nicht gelungen war, seine Autorität in New South Wales wiederherzustellen; sein Nachfolger wurde Macquarie. Das Korps wurde nach England zurückbeordert, und die Rädelsführer wurden vor ein Kriegsgericht gestellt, das Bligh so gut wie völlig von Schuld freisprach.

Unter denen, die in die Rebellion verwickelt waren, befand sich auch John Macarthur. Er war 1801 von Gouverneur King nach England zurückgeschickt worden, nachdem er den damaligen Vizegouverneur in einem Duell verwundet hatte. Doch Macarthur trat 1805 aus der Armee aus und kehrte nach New South Wales zurück, um seinen kaufmännischen und landwirtschaftlichen Ambitionen nachzugehen. Seine Aktionen gegen Bligh zwangen ihn erneut ins englische Exil, wo er bis 1817 blieb. Dann gestattete man ihm die Rückkehr unter der Bedingung, daß er sich nicht in die öffentlichen Angelegenheiten einmischte. Seine Frau Elizabeth war in New South Wales geblieben, wo sie durch den Wollhandel mit ihrer Farm in Parramatta ein Vermögen erwirtschaftete. Macarthur konzentrierte sich nun auf seine landwirtschaftlichen Besitzungen und übernahm 1827 die Führung der Australian Agricultural Company (Australischen Landwirtschaftsgesellschaft).

Macarthur ist ein typischer Vertreter der neuen Landbesitzerklasse der Kolonie, die sich aus aktiven und ehemaligen Offizieren zusammensetzte. Diese nutzten ihre Position und ihre Kontakte, um ihren Besitz aufzubauen – mit Hilfe der ihnen zugewiesenen Sträflinge, Werkzeuge, des Saatguts und der Haustiere. Ihre Kontrolle über die Richterschaft nahm sie gleichsam von den Gesetzen aus und ließ das System aus Korruption und Protektion entstehen, das später als *cronyism*, Vetternwirtschaft, bekannt wurde. Als in den 30er Jahren des 19. Jahrhunderts die freien Siedler erstmalig in größerer Zahl eintrafen, hatte diese Offiziersklasse sich als örtliche Aristokratie etabliert, die Macht, Rang und Privilegien skrupellos dazu einsetzte, ihre Interessen zu verteidigen und durchzusetzen. Nach den Napoleonischen Kriegen war sie durch außerplanmäßige Offiziere aus Großbritannien ergänzt worden, die ihre Offizierspatente verkauft hatten, um ihren Neuanfang in Australien finanzieren zu können. Viele bestanden darauf, ihren vormaligen militärischen Titel in der neuen Welt beizubehalten, obwohl er ihnen nicht zustand. Zwar signalisierten sie dadurch eindeutig ihre Zugehörigkeit zur Grundbesitzerschicht, doch dieses Festhalten an den Resten des militärischen Ranges wurde im Volksmund bei Sträflingen und Arbeitern zur Zielscheibe der Verachtung und des ironischen Spottes. Die alte Grundbesitzerklasse Australiens war zugleich mächtig und verachtet. Dies ließ die Skepsis gegenüber sozialen Privilegien und angemaßtem Status entstehen, die bis zum heutigen Tag charakteristisch für die Australier ist.

Akzeptanz einer Vergangenheit als Strafkolonie

In den späten 30er Jahren des 19. Jahrhunderts war die Bevölkerung von New South Wales – ohne die Aborigines – auf 75 000 angewachsen. Die Sträflinge waren im Verhältnis von eins zu zwei in der Minderheit, doch von der 50 000 Menschen umfassenden freien Bevölkerung waren etwa 17 000 ehemalige Sträflinge, und eine unbekannte, aber beträchtliche Zahl waren Kinder von Sträflingen. Nichtsdestotrotz stellten nun die freien Siedler die Mehrheit in der Kolonie. Die Bevölkerung Sydneys lag bei 60 000, wobei dort die Zahl von Sträflingen und Freien ungefähr gleich war. Jedes Jahr trafen etwa 3500 neue Sträflinge ein. Einige blieben zwar in der Stadt, aber Sydney fungierte auch als Verteilerstation, von der aus

Rechts: Macarthur spielte eine führende Rolle beim Rum-Aufstand von 1808, als das New-South-Wales-Korps Gouverneur Bligh verhaftete und einsperrte. Zum zweitenmal in seinem Leben sah sich Bligh mit einer Meuterei konfrontiert, und nach populärer Vorstellung soll er versucht haben, sich unter dem Bett zu verstecken, um der Entdeckung zu entgehen – diese Begebenheit wird in dieser zeitgenössischen Zeichnung eines unbekannten Künstlers dargestellt. Bligh hatte den Versuch unternommen, die ausufernde Macht und Korruption des Korps einzudämmen, doch durch seine autoritäre Art hatte er sich Spott und Verachtung zugezogen.

Strafgefangene an Grundbesitzer in ländlichen Gebieten vermittelt wurden, und andere Sträflinge wurden an Orte verschärfter Strafmaßnahmen weitergeschickt. In dieser Zeit setzten die freien Siedler die Kolonialverwaltung zunehmend unter Druck, die Deportationen zu beenden, denn sie glaubten, daß sich diese ungünstig auf den Ruf der Kolonie auswirkten, und ab 1840 wurden keine Sträflinge mehr nach Sydney entsandt.

Eine weite, unüberwindbare Kluft trennte Sträflinge und freie Siedler. Im ersten Jahrzehnt der Geschichte der Kolonie, als die Zahl unfreiwilliger Auswanderer die der freiwilligen deutlich übertraf, wurde folgendes offiziell verkündet: »Personen, die einmal Sträflinge waren, können niemals wieder der Rechte und Privilegien eines freien britischen Untertans teilhaftig werden.« Seitdem wurde immer wieder betont: »Es existierte schon immer eine Barriere zwischen freien Personen und Sträflingen, die durch eine spätere Freilassung niemals in die Lage versetzt wurden, diese zu übersteigen.« Ein Strafgefangener oder der Nachfahre eines Strafgefangenen zu sein bedeutete, für immer ein Bürger zweiter Klasse zu bleiben. »Die Gesellschaft setzt sich aus drei Klassen zusammen«, schrieb die *Colonial Times* 1844, »den Freien, den Freigelassenen und den Unfreien.«

Während des gesamten 19. und eines ansehnlichen Teils des 20. Jahrhunderts versuchte Australien, seine Vergangenheit als Strafkolonie zu verleugnen. Die Geschichtsbücher hoben die Gründerrolle der freien Pioniere beim Entstehungsprozeß der respektablen Kolonialgesellschaft Australiens hervor, während die Zeit der Deportationen als eine bedauerliche Verirrung abgetan wurde. Die Sträflinge selbst wurden kaum einmal erwähnt. Die Regierung mißtraute allem, was die Vergangenheit des Landes als Strafkolonie zur Sprache brachte, da sie fürchtete, die Autorität des Gesetzes und der Gesetzeshüter könnte untergraben werden, und Anfang des 20. Jahrhunderts wurden Kinofilme, in denen Sträflinge und *bushrangers* auftauchten, häufig zensiert. Doch trotz ihrer offiziellen Ignorierung blieben die Strafgefangenen fest im kollektiven Volksgedächtnis der weißen Australier verwurzelt. In der mündlichen Überlieferung, in Volksliedern und in der Literatur wurden sie als die Helden des australischen Nationalismus gefeiert, die dem britischen Imperialismus die Stirn boten.

Die Erlebnisse der Sträflinge lieferten der australischen Belletristik von Anfang an eine reiche Inspirationsquelle. Im Gegensatz dazu interessierten sich die bildenden Künstler tendenziell eher für die Darstellung von Szenen aus dem Leben der Pioniere und Arbeiter. Der erste in Australien veröffentlichte Roman – das zum Teil autobiographische Werk *Quintus Servinton* (1831) – wurde von einem Sträfling verfaßt, dem 1825 wegen Fälscherei lebenslang nach Van Diemen's Land verbannten Henry Savery (1791–1842). Da es Gefangenen nicht erlaubt war, ihre Werke zu veröffentlichen (obwohl sie die Druckerpresse der Regierung bedienten), erschien der Roman anonym. Ein weiterer früher Roman über das Sträflingsleben, *Ralph Rashleigh, or The Life of an Exile (Ralph Rashleigh oder Das Leben eines Verbannten)*, wurde in den 40er Jahren des 19. Jahrhunderts verfaßt, blieb aber bis in die späten 20er Jahre des 20. Jahrhunderts unveröffentlicht. Die Identität seines Autors wurde erst in den 50er Jahren enthüllt, als die Analyse der Handschrift ergab, daß der Roman das Werk eines Sträflings namens James Tucker war. (Man fand heraus, daß die Handschrift des Manuskripts zu Tuckers Unterschrift auf einem Dokument paßte.) Die Hauptfigur des Romans war ein Mann, der aufgrund skrupelloser Machenschaften anderer »heruntergeschickt« wurde – ein Thema, das ständig in der australischen Sträflingsliteratur wiederkehren sollte.

In der Tat war dies das Strickmuster, das auch Marcus Clarkes *For the Term of His Natural Life (Lebenslänglich)* aufgriff, die bekannteste Erzählung über das Sträflingsleben, die zwischen 1870 und 1872 als Serie erschien, 1874 dann aber als dreibändiger Roman veröffentlicht (und später zu einem Band zusammengefaßt) wurde. Es ist ein eindrucksvolles, dramatisches Buch, das die Unmenschlichkeit der Strafkolonien und die pathologischen Männer, die sie leiteten, in

blutrünstigen Details festhält. Clarke war ein 1863 nach Australien ausgewanderter Journalist, und sein Roman basierte auf den Dokumenten und Aufzeichnungen des Sträflingssystems. Trotz der melodramatischen Effekte gibt Clarke einen ehrlichen Bericht über viele Aspekte des Sträflingslebens, wie etwa die unter den Gefangenen praktizierte Homosexualität, die damals ein Tabuthema war. Die ungeheure Popularität seines Werks führte dazu, daß viele seiner fiktionalen Erzählungen als »wahre« Begebenheiten in den allgemeinen Kanon der Sträflingsgeschichte aufgenommen wurden. *For the Term of His Natural Life* trug dazu bei, daß Port Jackson in den späten 70er und den 80er Jahren des 19. Jahrhunderts zu einer Touristenattraktion für Ausflügler aus Hobart wurde, und Clarke hatte viele Nachahmer. Sein Roman war seit seiner Erstveröffentlichung selten einmal nicht lieferbar, und er diente als Vorlage für ein Bühnenstück, ein Musical, mehrere Kinofilme und mindestens eine kleinere Fernsehserie.

Einer der produktivsten Schriftsteller des späten 19. Jahrhunderts war William Astley (1855–1911), der unter dem Pseudonym Price Warung schrieb. Seine zahlreichen Geschichten über das Sträflingsleben waren nach dem Muster Marcus Clarkes gestaltet, und er behauptete, mehr als zwei Jahrzehnte damit verbracht zu haben, Sträflingslisten zu sichten und »alte Knastbrüder« zu interviewen. Durch seine offen gezeigte Sympathie mit den Gefangenen und seine scharfe Kritik an der Ungerechtigkeit des Sträflingssystems zog er sich den Zorn der Zensoren zu. Astley war ein starker Verfechter der Arbeiterrechte und des Republikanismus, und viele seiner Geschichten erschienen im republikanisch eingestellten *Bulletin*. Der Dichter und Verfasser von Kurzgeschichten Henry Lawson (1867–1922) schrieb während des letzten Jahrzehnts des 19. Jahrhunderts im selben Magazin und begann, die Sträflinge als Volkshelden der australischen Geschichte zu entdecken, als Repräsentanten einer unterdrückten Klasse. Auf diese Weise hielten die Romanschriftsteller und Journalisten die Erinnerung an die Strafgefangenen lebendig, obwohl ernsthafte historische Studien fehlten.

Allmählich betraten auch die Akademiker das Feld. In den 20er Jahren des 20. Jahrhunderts sagte der Historiker Professor George Arnold Wood (1865–1928) in einer berühmten Formulierung, daß »die wahren Verbrecher« – womit er den Landadel, die Gesetzgeber und die Richter meinte – in Großbritannien geblieben wären, wodurch er der nationalistischen Betrachtungsweise des Sträflingssystems wissenschaftliches Gewicht verlieh. 1958 veröffentlichte Professor Russel Ward (geb. 1914) *The Australian Legend* (Die australische Legende), vielleicht die wichtigste und einflußreichste Abhandlung über das australische Wesen, die sich aus der Tradition des

Links: Der bekannteste Roman über das Sträflingsleben ist Marcus Clarkes *For the Term of His Natural Life (Lebenslänglich)*. Er spielt in den berüchtigten Gefängnissen von Van Diemen's Land und war für viele der hartnäckigsten Legenden über das unterdrückerische Sträflingssystem verantwortlich. Dieses Plakat wirbt für eine Kinoversion der Geschichte, die 1908 entstand.

Unten: Aus dem Sträflingsleben erwuchs das, was Kommentatoren als die »australische Legende« bezeichnet haben, charakterisiert durch die Ideale von Kameradschaft *(mateship)* und Gleichheit *(egalitarianism)*. Man glaubte, daß die unbeschwerte Kameradschaft unter den Wanderarbeitern, die das Hinterland auf der Suche nach Saisonarbeit durchstreiften, von der Sträflingstradition der Brüderlichkeit herrührte. Ihre Verherrlichung erlebte die Legende Ende des 19. Jahrhunderts, als diese Wanderarbeiter bei der Tabakernte in New South Wales fotografiert wurden.

radikalen Nationalismus herleitete. In seinem Werk stellt er die These auf, daß Australien seinen egalitären Geist den Sträflingen verdankt und daß der Geist des *»mateship«* in der heutigen Gesellschaft sich direkt auf die Strafgefangenen zurückführen lasse. Ward beschrieb den australischen Mann als einen Rohdiamanten, einen Arbeiter und Sozialisten, praktisch veranlagt und geschickt in der Wildnis des Buschs – kein Denker, sondern ein Mann der Tat, der akzeptiert, daß fast genug auch gut genug ist. Er ist im Notfall zu großen Anstrengungen fähig, teilt sich aber seine Arbeit ein und überanstrengt sich nicht. Seine Haltung ist, daß der Jack [des Sprichworts *Jack is only as good as his master*] nicht nur ebenso gut ist wie sein Herr, sondern, in mancher Hinsicht, sogar erheblich besser. In der Geschichte des 20. Jahrhunderts sollte dieser typische Australier bei seinen Arbeitgebern für Gewerkschaftsrechte eintreten, als einfacher Soldat couragiert in zwei Weltkriegen kämpfen, sich gegen die Schicksalsschläge der Wirtschaftskrise stemmen und von der Nation für seine Taten im Sportstadion zum Idol erhoben werden. Der Abhandlung liegt die Annahme zugrunde, daß die Sträflinge das Produkt eines ungerechten Systems waren. Volkskultur und Literatur gleichermaßen haben die besonderen australischen Tugenden gefeiert, die angeblich mit den Sträflingen ihren Anfang nahmen. Les Murray (geb. 1938), einer der höchstgeschätzten Dichter Australiens im späten 20. Jahrhundert, beschrieb die Strafgefangenen als »die Arbeiterklasse, die davonkam«, um in Australien ein neues Leben anzufangen. Der Romanautor Patrick White (1912–1990), dem 1973 der Nobelpreis für Literatur verliehen wurde, schrieb in *A Fringe of Leaves* (Ein Blätterrand, 1976) über das Sträflingssystem. Die australischen Romane Thomas Keneallys (geb. 1935) sind in ähnlicher Weise vom Bewußtsein der Sträflingserfahrung durchdrungen. So entdeckte man nach und nach die Strafgefangenen wieder, und mittlerweile haben die Australier die Zeit der Strafkolonie als Teil der Vergangenheit Australiens akzeptiert und entwickeln sogar einen gewissen Stolz darauf. In den 80er Jahren – insbesondere im Vorfeld der australischen Zweihundertjahrfeier von 1988 – wurde die Erforschung der Familiengeschichte so etwas wie ein nationales Hobby. Doch viele wollen sich noch nicht eingestehen, daß ihre deportierten Vorfahren möglicherweise nicht nur Opfer eines ungerechten Strafsystems gewesen sein könnten, das Menschen für das bloße Stehlen eines Brotes für die Ernährung der Familie unterdrückte.

DIE WEISSEN STÄMME DER ANTIPODEN

Fragen der Identität

Die meisten Gesellschaften haben hin und wieder das Bedürfnis, ein gemeinschaftliches Gefühl der Zusammengehörigkeit zu entwickeln und zu formulieren. Häufiger als in schon länger bestehenden Nationen und Gemeinwesen treten vor allem in relativ jungen Gesellschaften Phasen langwieriger und oft intensiver Selbstvergewisserung auf, in denen immer wieder die Fragen »Wer sind wir?« und »Was sind wir?« gestellt werden und sich ein übergreifendes Verlangen bemerkbar macht, Individuum und Gemeinschaft mit dem Lebensraum in Einklang zu bringen. Dies war sowohl in Australien als auch in Neuseeland der Fall. Ihre Siedlergemeinschaften und Kulturen wurden in sehr kurzer Zeit aufgebaut. Es waren zwar fast von Anfang an auch andere europäische Nationalitäten beteiligt, später auch Asiaten und andere ethnische Gruppen, doch waren es die Briten und Iren, die diese neuen Gesellschaften dominierten, als sie sich von Siedlergemeinschaften zu Nationen wandelten. Man entwickelte Mythen und Legenden, um die Ursprünge der Gesellschaften zu erklären, Gemeinsamkeiten zu finden und ein Heimatgefühl aufzubauen. Diese haben sogar in den multikulturellen Gesellschaften von heute noch einen starken Einfluß darauf, wie die Australier und Neuseeländer sich selbst und ihre Umwelt betrachten.

Eine Folge des Status einer Kolonialgesellschaft war, daß die Siedler ständig über ihre Schultern auf die »Heimat« zurückblickten: Man verstand Australien und Neuseeland als Randgesellschaften, und die Unzulänglichkeiten der Peripherie wurden ständig mit den Errungenschaften des Zentrums verglichen. Dieses Gefühl kultureller Unsicherheit, das sich von einem Gefühl kolonialer Abhängigkeit von Großbritannien herleitete, manifestierte sich auf zweifache Weise. Einerseits gab es eine Tendenz, die positive Seite der australischen und neuseeländischen Verhältnisse hervorzuheben. Diese sogenannte *»God's Own«*- oder *»God's Zone«*-Mentalität (man glaubte sich im gelobten Land) artikulierte sich unter anderem in der gewohnheitsmäßigen Verunglimpfung der kolonisierenden Nation: Die für die Engländer gebrauchte abfällige Bezeichnung *Pom* oder *Pommy* (deren Etymologie unklar ist) war zu Beginn des 20. Jahrhunderts bereits weit verbreitet. Andererseits gab es eine gewisse Verlegenheit wegen der Lebensverhältnisse der Antipoden, da diese nicht von städtischer Kultur geprägt waren. Diese Reaktionen wurden in den 50er Jahren in einem berühmten Aufsatz von dem australischen Kritiker A. A. Phillips (1900–1985) die »kulturelle Katzbuckelei« der Kolonien genannt.

Die weißen Stämme, aus denen sich die neuen Siedlergemeinschaften zusammensetzten, waren zugleich Angeber und Kriecher. Sie brüsteten sich stolz ihrer Unterschiede zur restlichen Welt, insbesondere zu Großbritannien, litten aber zugleich sehr an der Unsicherheit, die von ihnen aufgebauten Zivilisationen könnten bedeutungslos sein. Aus diesem Grund gingen bis in die 60er Jahre dieses Jahrhunderts viele Künstler, Schriftsteller und Intellektuelle von Australien und Neuseeland nach Europa oder in die USA, weil sie glaubten, nur dort ihre Talente entwickeln und sich einen internationalen Ruf erwerben zu können. Unter denen, die die meiste Zeit ihres Schaffens im Ausland verbrachten, waren Schriftstellerinnen wie die gebürtige Neuseeländerin Katherine Mansfield (1888–1923), Henry Handel Richardson (das Pseudonym Ethel Florence Robertsons, 1870–1946), Christina Stead (1902–1983), Künstler wie Sidney Nolan (1917–1991), Arthur Boyd (geb. 1920) und die neuseeländische Malerin Frances Hodgkins (1869–1947), der Komponist Percy Grainger (1882–1961), der Ballettänzer und Choreograph Robert Helpmann (1909–1986) und die Opernsängerinnen Nellie Melba (1861–1931), Joan Sutherland (geb. 1926) und Kiri Te Kanawa (geb. 1944) sowie Dutzende von Schauspielern, Journalisten, Akademikern, Wissenschaftlern und Ärzten. Die Bequemlichkeit von Flugreisen seit den 60er Jahren bedeutet, daß die Schriftsteller jetzt den Kontakt mit dem Publikum im eigenen Land und auf der ganzen Welt halten können: Eine Reise nach Übersee ist nicht mehr zwangsläufig mit einem längeren Auslandsaufenthalt verbunden. Zur Vielzahl der Globetrotter unter den zeitgenössischen Schriftstellern der Antipoden gehören Peter Carey (geb. 1943), Shirley Hazzard (geb. 1931) und Janet Turner-Hospital (geb. 1942).

Obwohl Australien und Neuseeland Siedlergemeinschaften waren und viele kulturelle Ähnlichkeiten aufweisen, unterscheiden sie sich im Hinblick auf ihre Geschichte doch wesentlich voneinander, und beide Staaten entwickelten sich auf sehr unterschiedliche Weise. Dies beeinflußt spürbar die Art, in der sie ihre nationale Identität in Begriffe fassen. Nur zu oft aber betrachten Außenstehende sie als eine Einheit – mit der fragwürdigen Begründung, sie müßten sich nahe sein, weil sie von allem anderen so weit entfernt sind. Heutige Besucher aus Europa und den USA können sich in bezug auf die Entfernung und die Unterschiede zwischen ihnen genauso verschätzen, wie es vor 100 Jahren Mark Twain tat. »Alle glauben, Neuseeland liege in der Nähe von Australien oder Asien oder irgendwo in dieser Gegend und daß man auf einer Brücke hinübergelange«, schrieb er 1897. »Es ist Australiens nächster Nachbar, aber es liegt nicht in seiner Nähe. Die Kluft zwischen ihnen ist sehr breit. Es wird den Leser genauso wie mich überraschen, daß die Entfernung zwischen Australien und Neuseeland in Wirklichkeit zwölf- oder dreizehnhundert Meilen beträgt und daß es keine Brücke gibt.« Diese Fehleinschätzung verärgert besonders die Neuseeländer, die sich nicht gern von ihrem größeren Nachbarn in den Schatten stellen lassen, wie ja auch die Kanadier sich gegen den übermächtigen kulturellen Einfluß der USA zur Wehr setzen.

Die freien Siedler

In den ersten Jahrzehnten des 19. Jahrhunderts entstand ein wachsendes Bestreben, Niederlassungen in Australien zu gründen, die nicht auf Sträflingsarbeit angewiesen waren. Zur selben Zeit wurde Neuseeland rapide für die Kolonisation erschlossen. Damit beide Unternehmungen Erfolg haben konnten, war es offensichtlich notwendig, einen Anreiz für den Strom freier Emigranten zu schaffen, die bereit waren, sich der Herausforderung zu stellen, bei den Antipoden ein neues Leben aufzubauen. Nur wenige wären zu jener Zeit freiwillig um die halbe Welt gereist, als die Europa viel näher gelegenen Wälder und Ebenen Nordamerikas eine stärkere Anziehungskraft auf Abenteuerlustige ausübten. Daher entwickelten Australien und Neuseeland Formen der Migrationsförderung.

Der erste systematische Versuch, eine Gemeinschaft ohne Sträflinge in Australien zu gründen, fand unter den Auspizien des Swan-River-Colony-Programms statt. Die Befürchtung, die Franzosen stünden kurz davor, das westliche Drittel Australiens für sich zu beanspruchen, hatte 1829 den Annexionsbeschluß der Briten zur Folge. Sogleich wurden Pläne entworfen, die Swan River Colony an der Westküste als eine freie Gemeinschaft zu gründen, die ohne den Makel einer Sträflingskolonie gedeihen sollte. Das System war einfach und

Oben: Die Auswanderung aus der Alten Welt war selbst für diejenigen eine traumatische Erfahrung, die als freie Siedler in die Fremde gingen. Dieses Gemälde von Edward Hopley aus dem Jahr 1856 zeigt das Eintreffen einer englischen Primel in Australien – eine treffende Metapher für die Verpflanzung. Die Gesichter der Frauen sind durch eine fast religiöse Inbrunst verklärt, als sie dieses vertraute Objekt ihrer Vergangenheit betrachten, das in der Erde der Neuen Welt als greifbare Erinnerung an die Heimat gedeihen wird.

Links: Katherine Mansfield ist eine der geachtetsten Autorinnen Neuseelands. Sie wurde in Wellington geboren, schloß ihre Schulausbildung in London ab und kehrte 1908 nach Großbritannien zurück, wo sie in der literarischen Bewegung des Modernismus zu einer Schlüsselfigur wurde. Sie lebte im Ausland, siedelte aber viele ihrer feinfühligen und impressionistischen Kurzgeschichten wie *Prelude* und *The Garden Party* ... (*Das Gartenfest* ..., 1922) im Neuseeland ihrer Kindheit an. Sie starb im Alter von 35 in Paris an Tuberkulose.

effektiv. Das Land wurde großzügig im Verhältnis zum eingebrachten Kapital an die Immigranten verteilt. Die Kolonisten *in spe* kamen für ihre Überfahrt selbst auf, wofür man ihnen bei ihrer Ankunft kostenlosen Grundbesitz in Aussicht stellte. Dieses System hatte anfangs in ganz Großbritannien eine wohlwollende Presse, doch das für die Besiedlung vorgesehene Gebiet war nicht korrekt vermessen worden, und bald beeinträchtigten korrupte Londoner Spekulanten sein Ansehen. Die großartigen Pläne für Swan River scheiterten schon nach kurzer Zeit, und man nahm Abstand von dem System freier Landvergabe. Western Australia sollte mehr als ein halbes Jahrhundert gegen den Ruf zu kämpfen haben, es sei eine Siedlung, die kein Vertrauen verdiene. Unter den gescheiterten Programmen war auch das einer Modellsiedlung in Australind, etwa 145 Kilometer südlich von Perth, das 1840 von der Western Australia Company eingerichtet wurde. Die Niederlassung brach innerhalb von drei oder vier Jahren zusammen, nachdem sich ihre Hoffnungen durch Mangel an Arbeitskräften, unzureichende Erfahrung in der Landwirtschaft und finanzielle Mißwirtschaft zerschlagen hatten.

Der Mißerfolg der Swan River Colony stellte einen Gewinn für South Australia und Neuseeland dar. Edward Gibbon Wakefield berücksichtigte die aus ihrem Scheitern gezogenen Lehren, um sein Programm der direkt unterstützten oder systematischen Migration zu entwickeln, das erstmals in den späten 30er Jahren des 19. Jahrhunderts bei der Besiedlung Adelaides in South Australia in die Praxis umgesetzt wurde, und anschließend bei der Besiedlung von Wellington, Wanganui, New Plymouth und Nelson in Neuseeland. In Neuseeland kam es vor, daß sich Emigranten aus einer bestimmten Gegend Großbritanniens zusammentaten, um so ganze Gemeinwesen in der neuen Welt aufzubauen. Bei einem Besuch in New Plymouth im Jahr 1850 bemerkte Lady Grey, die Frau des Gouverneurs Sir George Grey: »Dies ist ein wunderschönes Land, das beste Ackerland, das man sich vorstellen kann, mit der freundlichsten, friedlichsten und schlichtesten Landbevölkerung aus dem lieben alten England, die man sich vorstellen kann, und fast alle von ihnen stammen aus meiner Heimat, dem Südwesten, und es ist ein Vergnügen, die alten Bauern aus Dorsetshire von meinem geliebten Vater sprechen zu hören.« Die neuen Gemeinden erhielten auf diese Weise einen individuellen, dauerhaften Charakter, der in ihrer Architektur und ihrem Sozialwesen Ausdruck fand: So unterschied sich das von schottischen Presbyterianern gegründete

Sportlernationen

Die weißen Stämme der Antipoden wandten sich begeistert dem Sport zu. Erfolge im sportlichen Wettkampf bewiesen, daß die Söhne der Kolonien in ihrem neuen Lebensraum gedeihen konnten. Der Sportler war der gleiche Menschenschlag, dem auch die ersten Siedler angehörten, und er wurde später mit dem sich herausbildenden Nationalgefühl Australiens und Neuseelands identifiziert. Der Sport vermittelte die männlichen Tugenden der Disziplin, des Teamgeists und der Loyalität. Die erste organisierte Sportart der beiden Länder war Cricket. Die ersten internationalen Vergleichsspiele fanden 1876/77 zwischen Australien und England statt, und der Kampf um die *»Ashes«* (wie die Meisterschaft genannt wird) stand bald im Mittelpunkt erbitterter internationaler Rivalitäten: Während der in Australien ausgetragenen Spiele von 1932/33 erhitzten sich die Gemüter wie nie zuvor gegen die Engländer, als die englische Mannschaft den für seine Aggressivität berüchtigten *»bodyline«*-Wurfstil anwendete. In Neuseeland ist seit 1870 der Football der Rugby Union ein Nationalsport, und die Begeisterung für ihn nimmt fast religiöse Züge an. Beide Länder beteiligen sich rege am olympischen Wettstreit – Australien ist eines der vier Länder der Welt, die seit 1896 zu jeder Olympiade Sportler entsandt haben. Australiens erfolgreichster Olympionike aller Zeiten ist die Schwimmerin Dawn Fraser (geb. 1937), doch das Land verbindet, ebenso wie Neuseeland, den Sport nach wie vor mit einer Aura des Männlichen. Obwohl die Sportlerinnen dieser Länder zahlreiche internationale Erfolge feiern, macht der Frauensport in der Sportberichterstattung der australischen und neuseeländischen Zeitungen lediglich zwei Prozent aus.

Links: Donald Bradman (geb. 1908) ist wahrscheinlich die bekannteste Sportlerpersönlichkeit, die Australien je hervorgebracht hat. Er ist hier rechts zu sehen, wie er gerade im Spiel gegen England im Jahr 1934 zum Dreistab marschiert. Bradman dominierte über zwei Jahrzehnte lang das internationale Cricket, und viele seiner Rekorde sind bis heute ungebrochen.

Rechts: Mehr als eine halbe Million Menschen spielen jeden Sommer vereinsmäßiges Cricket, was es noch immer zum beliebtesten Sport australischer Männer macht. Weitere Millionen verfolgen die professionellen Spiele. Hier fordern die australischen Schlagmänner in einem internationalen eintägigen Worldcup-Turnier auf dem Sydney Cricket Ground Spieler aus Südafrika heraus. Die Einführung eintägiger Turniere in den 70er Jahren, die abends bei Flutlicht ausgetragen und speziell für das Fernsehen inszeniert werden, verwandelte den traditionellen Sport in ein modernes Medienereignis. In Australien und Neuseeland werden alle Sportarten mit Leidenschaft verfolgt. Als Australien (1983) und Neuseeland (1995) den von Seglern heiß begehrten America's Cup erstritten, waren massive Gefühlsausbrüche nationalen Stolzes die Folge. Die Verkündung, daß Sydney der Gastgeber für die Olympischen Spiele 2000 sein werde, wurde im September 1993 von schätzungsweise einer Million Menschen erwartet, die sich im Hafen versammelt hatten, um die Nachricht auf eigens dafür errichteten Fernsehbildwänden mitzuerleben.

Oben links: Der berühmte Kriegstanz der Maori, Haka, wird vor jedem internationalen Turnier von der neuseeländischen Mannschaft der All Black Rugby Union aufgeführt. Hier sind die Australier ihre Gegner. Mit seinem Gesang »Ka mate! Ka mate! (Es ist der Tod! Es ist der Tod!)« ist der Haka eine Geste der Aggression und der Herausforderung. Die rhythmischen Sprechchöre werden von Händeklatschen und dem Aufstampfen der Füße begleitet. Heute sind viele Spieler der All Blacks Polynesier, vor allem Samoaner. Neuseeland ist weltweit das erfolgreichste Mitglied der Rugby Union.

Oben: Die Spieler versuchen, sich in der Luft gegenseitig den Ball abzujagen, wenn sie nach *Australian* (oder *Aussie*) *Rules* spielen, dem populärsten Regelset unter den drei Varianten von in Australien gespieltem Football – die anderen heißen *Rugby Union* und *Rugby League*. Der Sport entwickelte sich in den 50er Jahren des 19. Jahrhunderts auf den Goldfeldern von Victoria und könnte auf einem ähnlichen Spiel der Aborigines basieren, wobei auch der Einfluß des gälischen Fußballs der Iren eine Rolle spielte. Es ist ein dynamischer Kontaktsport, der auf einem großen ovalen Spielfeld ausgetragen wird. Auf jeder Seite gibt es 20 Spieler.

Dunedin auf der Südinsel deutlich von dem 300 Kilometer weiter nördlich gelegenen Christchurch, das im wesentlichen englisch und anglikanisch war. Dies galt nicht für Australien, wo die Immigranten zunächst zusammenblieben, um Selbstvertrauen zu gewinnen, sich jedoch zerstreuten, sobald sie sich zurechtgefunden hatten. Sie waren gezwungen, dorthin zu gehen, wo Arbeit zu finden war, und da die Voraussetzungen für dichtbesiedelte landwirtschaftliche Niederlassungen schlechter waren als in Neuseeland, war die Bevölkerung mobiler. Dennoch gab es beständige Gemeinschaften. Der Südwesten von New South Wales wurde zum Beispiel von Bauern aus Tipperary in Westirland dominiert.

Nur Bruchstücke aus der Alten Welt gelangten in die Neue; die ganze Spannbreite der britischen Gesellschaft war nie vollständig in Australien und Neuseeland repräsentiert. Diese Fragmente bildeten die kulturelle und soziale Basis ihrer neuen kolonialen Gesellschaften. Während Australien seine Prägung durch den ständigen Einfluß der Sträflinge erhielt, konstituierte sich Neuseeland bewußt als eine Gesellschaft von ehrbaren Armen und Angehörigen der Mittelschicht. Zu diesem Zweck waren Immigrationsbeauftragte angewiesen, unerwünschte Personen auszusondern. Mitte des 19. Jahrhunderts teilte ein Kommentator diese in vier Kategorien auf: Die »Zuspätgekommenen«, denen die finanzielle Unabhängigkeit fehlte; die »anspruchsvollen Vornehmtuer mit schwachem Verstand«, bekannt als die »De Smythes«; die »Meckerer«; sowie die *fast gents* oder Tunichtgute. Die neuseeländischen Einwanderungsbehörden bevorzugten bewußt Familien; sie waren die Grundlage der Besiedlung. Dies stand im krassen Gegensatz zu Australien, das während des gesamten 19. Jahrhunderts eine von Männern dominierte Gesellschaft war.

Ländliche Mythen

Obwohl Neuseeland – Großbritannien fast genau gegenüberliegend – unter den britischen Kolonien die am weitesten von der Heimat entfernte war, bot es seinen ersten eingewanderten Siedlern vielleicht das ähnlichste Abbild der Alten Welt. Wie Großbritannien war Neuseeland ein Inselstaat, und obwohl seine einheimische Fauna und Flora ungewohnt waren, hatte es doch ein gemäßigtes Klima und anmutige Landschaften mit schneebedeckten Bergen, grasbewachsenen Vorgebirgen, schnellfließenden Flüssen und majestätischen Häfen. William Mathew Hodgkins (1839–1898), ein einflußreicher Künstler und Kritiker des späten 19. Jahrhunderts, behauptete, Neuseeland besäße alle »besonderen Merkmale jedes für seine Landschaft berühmten Landes, die englischen Seen, die schottischen Berge und Schluchten, die Schneegipfel der Schweiz, die Fjorde Norwegens«. Neuseeland wurde in der Folge als Arkadien der Südsee angesehen, als ein Ort, an dem die traditionellen Werte des britischen Landlebens Fuß fassen konnten. Man ermutigte Bauern, nach Neuseeland auszuwandern, und die meisten Siedler hatten eine ländliche Herkunft. Im Hinterland der Küstengemeinden gediehen landwirtschaftliche Gemeinschaften. »Der Himmel sieht mit Wohlwollen auf es herab«, schrieb ein Besucher 1876, »durch allgemeine Übereinkunft nennt man [es] den ›Garten Neuseeland‹.«

In Wirklichkeit war das Pionierleben natürlich um vieles härter, als diese Eindrücke nahelegen. In den ersten Jahren litten die Siedlungen der New Zealand Company unter chronischem Kapitalmangel, Unregelmäßigkeit der Versorgung und administrativer Inkompetenz. Die von der Kompanie und anderen Einwanderungsgremien verbreitete Propagandaliteratur gab nur geringen Aufschluß über die körperlichen Herausforderungen, denen sich die Pioniere gegenübersehen würden – dichtes Buschwerk, zerklüftetes Terrain, häufige schwere Regenfälle und stürmische Winde. Sie mußten sich an das Leben in einer geologisch instabilen Landschaft anpassen, indem sie lernten, Holz statt Stein als Baumaterial zu verwenden, das Erdbewegungen besser widerstand (die Region um die Cook-Straße erlebte 1848 ein heftiges Erdbeben). Außerdem mußten sie mit Dürreperioden, Überschwemmungen und Erdrutschen fertig werden. Die Einführung euro-

Francis Greenway: Der erste Architekt Australiens

Das Bestreben der Kolonisten, das Unbekannte zum Bekannten zu machen, spiegelt sich in der frühen Architektur Australiens wider: Von Anfang an wurden Kasernen, Gefängnisse und andere Regierungsgebäude im neoklassizistischen Stil der Alten Welt gestaltet. Francis Greenway (1777–1837), der erste in Australien tätige Architekt, war wie die ersten australischen Schriftsteller und Künstler ein Strafgefangener – er war ein Architekt aus Bristol, den man wegen Urkundenfälschung zu einer 14jährigen Verbannung verurteilt hatte. Seine Stellung verdankte er dem Reformer Lachlan Macquarie, der Gouverneur von New South Wales war und infolge der von Bigge geleiteten Untersuchungskommission wegen Vergeudung von Steuergeldern kritisiert wurde, weil er versuchte, eine bürgerliche Gesellschaft mit angemessenen Straßen und geeigneten öffentlichen Gebäuden aufzubauen. Macquarie gewährte Greenway zwei Jahre nach seiner Ankunft in der Kolonie 1814 die vorzeitige Entlassung. Er machte Greenway zu seinem Berater bei öffentlichen Bauvorhaben und ernannte ihn später zum staatlichen Architekten und Bauassistenten. Greenway war ein fähiger, doch kein außergewöhnlicher Architekt. Aufgrund der großen Arbeiterschaft konnte er zusehen, wie die von ihm entworfenen Gebäude Gestalt annahmen und die öffentliche Architektur des nächsten halben Jahrhunderts bestimmten. Unter ihnen waren zahlreiche Kirchen, die »Frauenfabrik« von Parramatta, die Sträflingsbaracken in Sydney, das Krankenhaus von Liverpool und der Oberste Gerichtshof. Viele Gebäude stehen noch heute, obwohl sie nun anderen Zwecken dienen.

Links: Einer der ersten Aufträge, die Greenway nach seiner Ernennung zum Regierungsarchitekten im Jahr 1816 erhielt, war die Beaufsichtigung von Macquaries Ausbau des Regierungsgebäudes in Parramatta. Das ursprünglich von Gouverneur Phillip errichtete Fachwerkhaus war 1800 mit Ziegeln wiederaufgebaut worden, und nun wünschte Macquarie ein geräumigeres und eleganteres Haus, in dem man Empfänge geben konnte. Greenway war für den Bau der eleganten Säulenhalle vor dem Eingang verantwortlich.

Unten links: Das beeindruckendste Gebäude Greenways ist ohne Zweifel die St. Matthew's Church in Windsor, die in dem damals in England modernen neoklassizistischen Stil gehalten ist. Die wohlproportionierten Fenster und der von klassischen Urnen und einer achteckigen Laterne gekrönte Turm erinnern an die »Waterloo-Kirchen«, die in Auftrag gegeben wurden, um Wellingtons Sieg zu feiern und Gotteshäuser für die sich entwickelnden Industriestädte Englands zu liefern. Der Grundstein wurde am 11. Oktober 1816 gelegt, doch die Zeremonie mußte zwei Tage später wiederholt werden, als man bemerkte, daß der von Macquarie unter dem Stein niedergelegte Silberdollar gestohlen worden war.

Oben: Dieses Porträt deutet den arroganten Charakter Francis Greenways an – der große Bedarf der Kolonie an Gebäuden bot seinen eher durchschnittlichen Fähigkeiten ein enormes Betätigungsfeld, und er nahm selbstgefällige Züge an. Als ineffizienter Verwalter war er für seinen Jähzorn bekannt, und er machte sich viele Feinde. Er erhielt nur wenige Privataufträge, und nach Macquaries Ablösung durch Gouverneur Brisbane im Jahr 1822 versiegte die Unterstützung durch die Regierung. Greenway schuf über 40 Regierungsgebäude, doch er starb in relativer Armut.

Oben: Seit 1834 die erste Herde mit etwa 100 Tieren eingeführt wurde, dominiert die Schafzucht die neuseeländische Wirtschaft. Das Roden der Wälder für das Weideland einer intensiven Viehwirtschaft hatte dramatische Auswirkungen auf die Landschaft.

Rechts: Die rauhe australische Landschaft eignete sich nicht für eine dichte landwirtschaftliche Besiedlung, wie sie in Neuseeland gedieh. Während mächtige Viehzüchter ihre ausgedehnten Weiden noch vergrößerten, mußten die *»cockies«* genannten Kleinbauern auf ihrem minderwertigen Land mit einem kargen Lebensunterhalt auskommen und in primitiven Hütten leben.

päischer Tierarten – vor allem Vögel und Kaninchen, die Feldfrüchte und Weideland dezimierten – brachte andere Gefahren für die Umwelt mit sich, während durch die Rodung bewaldeter Hänge für die Landwirtschaft die fruchtbaren Böden des Landes weggeschwemmt wurden. Bauernhöfe und Waldgebiete wurden oft durch Feuer zerstört, wenn das Abbrennen von Buschwerk außer Kontrolle geriet. Die tägliche Arbeit des Pionierlebens war ein hartes Brot für die Männer und Frauen, die Bauern und gleichzeitig Grenzbewohner waren und zu Helden und Heldinnen des nationalen Mythos Neuseelands wurden.

Doch wenn das Leben in Neuseeland schon hart war, so war es in Australien noch härter. Die neuseeländische Landschaft war zwar voller Gefahren, doch von beherrschbaren Dimensionen. New South Wales dagegen dehnte sich über unvorstellbare Entfernungen aus und war eine Landschaft, die man eher ertragen mußte, als daß man sie kultivieren konnte. Manche australische Siedler mögen sich selbst eingeredet haben, daß der schmale südöstliche Küstenstreifen ein neues Arkadien sei, doch unmittelbar jenseits davon breiteten sich die trockenen Wüsten des inneren Australiens aus. Seine Umwelt war so völlig anders, daß sie das Gefühl der Siedler, im Exil zu leben, noch verstärkte und den britischen Lebensstil irrelevant erscheinen ließ.

Die Landschaft selbst war eine Antriebskraft für radikalen Nationalismus. Bis zu den 50er Jahren des 19. Jahrhunderts war der Großteil des Landes in die Hände von Großgrundbesitzern und *squatters* gelangt (dieser Begriff wurde ursprünglich in New South Wales für ehemalige Strafgefangene gebraucht, die sich ohne Berechtigung Land aneigneten; er wurde aber später zur Bezeichnung für die Viehzüchter, die sich das Weiderecht über große Landstriche sicherten). Das Land Act von 1861 versuchte eine dichtere Besiedlung zu begünstigen, indem es Kleinbauern Land zugänglich machte, die sich ein Gebiet zwischen 16 und 129 Hektar auswählen und für ein Viertel des Preises kaufen konnten; daher nannte man diese *selectors* (»Auswähler«). Das Unternehmen war kein Erfolg. Die *squatters* nahmen das Angebot zum Schein an, um das beste Land für sich zu behalten, und zwangen die *selectors* so auf minderwertiges Land, auf dem Trockengebiete mit Bodenerosionserscheinungen entstanden und der Boden versalzte. In der Zeit nach diesem Programm vergrößerte sich die Feindschaft zwischen der großen Interessengemeinschaft der Grundbesitzer und den Landarbeitern. Für viele personifizierten Ned Kelly (1855–1880) und seine Bande einfacher Rebellen, die die Regierung an der Nase herumführten und sich im ländlichen New South Wales zwei Jahre lang der Verhaftung entziehen konnten, den Kampf der Landarbeiter gegen die ausbeuterischen Grundbesitzer. Der bissige Humor der *»Dad and Dave«*-Geschichten des unter dem Pseudonym Steele Rudd schreibenden Arthur Hoey Davis (1868–1935) hingegen trug die Erinnerung an das Selbstbewußtsein und die Plackerei der *selectors* in das 20. Jahrhundert. Der Mythos von Arkadien konnte sich nicht halten – statt dessen konzentrierten sich die australischen Mythen auf die Gegensätze zwischen Stadt und Land, wobei sie die Tugend körperlicher Arbeit im Hinterland betonten.

In ihrer gemeinschaftlichen Neigung, hart zu arbeiten, um die Umwelt durch die Kultivation zu »zivilisieren«, stellten die australischen und neuseeländischen Pioniere sich weit größere Reichtümer vor, als ihre Länder ihnen bieten konnten. Beide Gesellschaften schätzten die Qualitäten des Arbeiters hoch ein, und der Männlichkeitskult spielt in ihrem Nationalmythos noch eine große Rolle. Doch während Neuseeland zu einem Land von Kleinbauern und kleinen Landgemeinden und Städten wurde, dominierten die australische Landschaft schließlich Großgrundbesitzer, deren gewaltige Besitzungen durch Heere von Saisonarbeitern bestellt wurden – den Viehhütern, Schafscherern, Zuckerrohrschneidern und *swagmen* (Wanderarbeitern), die in der Literatur, der Kunst und im Film Australiens wiederkehren. Ironischerweise war Australien im Gegensatz zu Neuseeland eine überwiegend urbane Gesell-

Ned Kelly

Die *bushrangers* sind Australiens Entsprechung für Straßenräuber und Gesetzlose. Viele sind in Balladen und Geschichten zum Mythos geworden, doch keiner ist so berühmt wie Ned Kelly (1855–1880). Die ersten *bushrangers* waren entlaufene Sträflinge *(bolters)*, die in den Busch flohen und dadurch überlebten, daß sie Siedlungen terrorisierten und ausraubten – Anfang des 19. Jahrhunderts gab es in Van Diemen's Land besonders viele von ihnen. Ein zweiter Typ des *bushranger*, im engeren Sinne ein Straßenräuber, ging aus der ersten Phase des Goldfiebers hervor. Die Bauernunruhen um die gerechte Verteilung des Landes in den 60er und 70er Jahren des Jahrhunderts, die aus Spannungen zwischen den reichen Großgrundbesitzern *(squatters)* und den Kleinbauern *(selectors)* resultierten, brachten nochmals den *bushranger* hervor, der in der allgemeinen Vorstellung zu einer Art Robin Hood wurde, einem sozial eingestellten Banditen. Dieser Periode gehört auch die Kelly-Bande an. Die *bushrangers* konnten sich lange Zeit dem Arm des Gesetzes entziehen, da sie es verstanden, auf die Hilfe der Kleinbauern zurückzugreifen, die mit ihrem Kampf gegen die Großgrundbesitzer sympathisierten. Viele haben die Taten der Kelly-Bande und anderer Gleichgesinnter als politischen Protest gegen die Regierung der Kolonie betrachtet. Ned Kelly selbst behauptete in seinem berühmten *Jerilderie Letter*, daß der »Kelly-Ausbruch« eine Reaktion auf die Korruption der Polizei gewesen sei.

Ned Kelly und sein Bruder Dan hatten sich ein paar Jahre im Nordosten Victorias als Rinderdiebe betätigt, bevor sie zusammen mit Joe Byrne und Steve Hart die Kelly-Bande gründeten. Der erste von ihren zahlreichen Raubzügen fand im April 1878 statt. In den nächsten zwei Jahren folgte eine Reihe von Raubüberfällen, und im Juni 1880 eroberten sie die Kleinstadt Glenrowan. In dem Feuergefecht mit der Polizei wurden die übrigen Bandenmitglieder getötet (Dan soll nach Queensland entkommen sein) und Ned am Bein verwundet und gefangengenommen. Er wurde noch im selben Jahr vor Gericht gestellt und am 11. November in Melbourne gehängt.

Unten links: Die Geschichte von Ned Kelly ist unzählige Male in Lyrik und Prosa, Theater und Film nacherzählt worden. *The Trial* (*Die Verhandlung*, 1947) ist ein Bild aus einer berühmten Gemäldereihe von Sidney Nolan, das Kelly als einen geborenen Rebellen darstellt, der die Obrigkeit verachtet. Noch im Gerichtssaal trägt er seine Rüstung und seinen berühmten Eisenhelm mit dem schmalen Augenschlitz. Auf einigen seiner abstrakten Gemälde hat Nolan den Schlitz leer gelassen, doch hier mustern zwei starrende Augen das Gericht, als Richter Redmond Kelly zum Tode verurteilt.

Ganz links: Ned Kelly, hier mit einem langen Bart, wurde nach seiner Festnahme im Gefängnis fotografiert. Er ist mit Ketten gefesselt, und es scheint, als hätte er sein Schicksal akzeptiert. Seine Hände hat er an die Hüfte gelegt, und in dieser Pose kommt eine Selbstsicherheit zum Ausdruck, die im Einklang mit der Bemerkung steht, die er angeblich vor seiner Hinrichtung an den Henker gerichtet haben soll: »So ist das Leben ...«

Links: Ein Magazin bildet Kelly bei seinem letzten Gefecht in Glenrowan im nordöstlichen Victoria ab. Ned und Dan Kelly erbten ihr feuriges Temperament von ihrem Vater John »Red« Kelly, einem irischen Patrioten und ehemaligen Strafgefangenen. Als er 1866 starb, zog ihre Mutter auf ein Stück *selector*-Land zwischen Greta und Glenrowan, ein Gebiet, das heute im Volksmund als »Kelly-Land« bekannt ist. Hier verdienten sie sich ein karges Brot als Kleinbauern und Viehdiebe. Die Legende erzählt, daß die Brüder sich für ihre Schwester Kate und ihre Mutter aufopferten. Die Brüder behaupteten, die Bande gegründet zu haben, um sich an der korrupten Polizei zu rächen, nachdem ihre Mutter wegen versuchten Mordes verhaftet und Kate von einem Beamten sexuell belästigt worden war.

Unten: Die Kellys haben im Volksgedächtnis als die letzten *bushrangers* Australiens überlebt – zum Teil wegen ihrer Erfindungsgabe, durch die sie immer wieder der polizeilichen Verhaftung entgingen, und zum Teil auch wegen ihrer selbstgemachten Rüstung aus Pflugscharen (hier nach Ned Kellys Verhaftung ausgestellt).

Oben: Ein Siedler in seiner Rindenhütte. Das Roden des Landes war eine wahre Knochenarbeit: Man gab den unnachgiebigen Harthölzern des australischen Buschs nicht umsonst Namen wie *ironbark* (Eisenholzbaum).

schaft. Wie die Sträflinge stammten die freien Siedler größtenteils aus den britischen Städten und Großstädten. Nur wenige waren landwirtschaftliche Naturtalente. Bis zur Mitte des 19. Jahrhunderts waren sechs australische Staaten (damals Kolonien genannt) gegründet worden: New South Wales, Tasmanien (1825), Western Australia (1829), South Australia (1836), Victoria (1851) und Queensland (1859). In jeder von ihnen wuchs der Ort der ersten Besiedlung sehr schnell – Sydney in New South Wales, Hobart in Tasmanien, Perth in Western Australia, Adelaide in South Australia, Melbourne in Victoria und Brisbane in Queensland –, denn er war das wichtigste Zentrum der Kolonie für kommerzielle, wirtschaftliche und politische Aktivitäten und bot den Migranten zahlreiche Betätigungsfelder. Wolle, Getreide, Bodenschätze und andere Güter strömten aus dem Küstenhinterland in die Städte, um weiterverschifft zu werden, und jede von ihnen unterhielt eigene Verkehrsverbindungen mit Großbritannien und der Außenwelt. Ende des 19. Jahrhunderts bemerkte ein Beobachter bereits folgendes: »Die unnatürliche Zusammenballung der Bevölkerung in ihren Hauptstädten ist ein äußerst unglückliches Element in der Entwicklung der Kolonien.«

Entstehung des Nationalgefühls

Die Menschen der ersten Besiedlungsphase Australiens und Neuseelands hatten wenig Zweifel an ihrer Identität – sie waren Briten. Die Vorstellung, ein Australier oder Neuseeländer zu sein, existierte noch nicht, und die Kinder dieser Siedler wurden als in Übersee geborene Briten oder Kolonisten angesehen, zumindest von ihren Eltern. Der Begriff »Heimat« – der sich auf Großbritannien bezog – überdauerte in der Sprache und im Empfinden der Australier und Neuseeländer bis weit in das 20. Jahrhundert. Noch in den 30er Jahren beschrieb der australische Historiker William Keith Hancock (1898–1988) die weißen Siedler Australiens als »unabhängige australische Briten«, ein zweideutiges Etikett, das die geteilte Loyalität verkörperte, die viele sowohl für die Nation als auch für das Empire fühlten. Und doch paßten bedeutende Minderheiten in beiden Gesellschaften – die australischen Aborigines, die Maori Neuseelands, andere ethnische Gruppen wie etwa die Chinesen – nicht zu diesen Beschreibungen.

Irgendwann im 19. Jahrhundert vollzog sich ein wichtiger Bedeutungswandel: Neuankömmlinge waren plötzlich keine Emigranten mehr, sondern Immigranten. Anders ausgedrückt, war nun das neue Land stärker in den Vordergrund gerückt, obwohl die Verbindung zu dem alten immer auch impliziert war. Es setzte sich der Ausdruck »Migrant« durch. Er betonte weder den Ursprungsort noch das Ziel, deutete nach allgemeiner Auffassung aber immer noch den Ortswechsel an. Von den Sträflingen abgesehen, denen nichts anderes übrigblieb, als dort zu bleiben, wohin man sie geschickt hatte, kamen die anderen mit der Hoffnung in die Kolonien, sich dort ein Vermögen zu erwerben, das ihnen zu Hause einen wohlhabenden Lebensstil erlauben sollte. Obwohl eine ansehnliche Zahl erfolgreicher Kolonisten tatsächlich nach Großbritannien zurückkehrte, blieben weit mehr im Ausland, meist, weil es für sie keine andere Möglichkeit gab. Das Leben in Australien und Neuseeland wurde daher oft als Exil empfunden, das auf Versagen beruhte, und Spuren dieser Einstellung, die in kolonialen Romanen und Kunstwerken Ausdruck findet, kann man noch immer in einigen Facetten der heutigen australischen und neuseeländischen Gesellschaft antreffen.

Nur allmählich begannen die Menschen zu erkennen, daß es gute Gründe dafür gab, ein Australier oder Neuseeländer zu werden, daß es etwas Besonderes oder anderes gab, das die »in den Boden« geborenen Generationen, wie der Ausdruck lautete, von den Briten unterschied. Nachdem sie einmal in Australien oder Neuseeland angekommen waren, sollte die überwältigende Mehrheit der Einwanderer diese Länder nie mehr verlassen, außer in der Phantasie. Die Kraft dieser Phantasie ließ südliche Gefilde die Gestalt der Alten Welt anneh-

Die Erforschung Australiens

Nachdem Arthur Phillip 1788 New South Wales zum britischen Hoheitsgebiet erklärt hatte, beanspruchte er sämtliches Land, das zwischen 40°49' und 10°37' südlicher Breite lag und sich bis 135° östlicher Breite nach Westen erstreckte – ein gewaltiges Gebiet, das fast den halben Kontinent ausmachte. Die europäische Besiedlung drang jedoch nur nach und nach von dem schmalen Küstenstreifen um Sydney in das Landesinnere vor. Als die Bevölkerung wuchs, gab es das dringende Bedürfnis nach weiterem Ackerland, doch die zur Great Dividing Range gehörenden Blue Mountains stellten für die Expansion nach Westen eine ernst zu nehmende Barriere dar, bis 1813 eine Route für die Überquerung gefunden wurde. Im nächsten Vierteljahrhundert erschlossen die von John Oxley, John Mitchell und anderen geführten Expeditionen den Südosten des Kontinents mit seinem Potential für die Acker- und Weidewirtschaft. In den späten 20er Jahren des 19. Jahrhunderts begann Charles Sturt (1795–1869), die Flüsse des Murray-Darling-Systems zu erkunden.

Bis in die 40er Jahre des gleichen Jahrhunderts waren die Küstenniederlassungen Perth, Moreton Bay (das spätere Brisbane), Melbourne und Adelaide gegründet worden. Nun begann ein zweiter Abschnitt der Erforschung, als man in das unwirtliche Innere Australiens vorstieß. Diese oft privat finanzierten Expeditionen wurden von Wissenschaftlern und Abenteurern unternommen, die es sich zum Ziel gemacht hatten, das geographische Wissen zu mehren und die weißen Flecken auf der Karte auszufüllen.

Nach zwei erfolglosen Versuchen, eine Route nördlich von Adelaide zu finden, überquerte Edward John Eyre (1815 bis 1901) als erster Europäer im Jahr 1841 die Nullarbor-Ebene. Sturt zog 1844 in das Zentrum Australiens, wo er ein großes Binnenmeer vermutete. Im gleichen Jahr führte Ludwig Leichhardt (1813–1848) eine Expedition von Moreton Bay in das Gebiet am Golf von Carpentaria im Norden; er verscholl bei seinem zweiten Versuch einer Durchquerung des Kontinents. Die erste Durchquerung Australiens in Süd-Nord-Richtung wurde von Robert Burke und William John Wills 1860/61 durchgeführt. Es war die bis dahin größte und bestausgerüstete Expedition, doch beide kamen zusammen mit fünf anderen Mitgliedern auf der Rückreise ums Leben.

Oben: Charles Sturts bahnbrechende Expedition von 1829/30 entlang der Flüsse Murrumbidgee und Murray war ausschlaggebend für die Wahl South Australias als Ort einer neuen Kolonie.

Links: John King, der einzige Überlebende der Gruppe, die die erste Nord-Süd-Durchquerung Australiens unternahm, weint an der Seite des toten Robert Burke. Diese sentimentale Zeichnung ist typisch für die Reaktion der Öffentlichkeit auf die Tragödie, doch eine Untersuchungskommission machte Burke für sie verantwortlich.

Unten: Es war eher Ausdauer als Heldenmut, die den »unversöhnlichen Kontinent« eroberte. Dies verhinderte nicht das Entstehen von Mythen über Begegnungen mit riesigen Tieren und feindlichen »Eingeborenen«. Hier ist Thomas Baines in heroischer Pose abgebildet, wie er ein Krokodilungeheuer im Norden Australiens bezwingt.

Links: John McDouall Stuart (1815–1866) durchquerte 1862 den Kontinent von Adelaide nach Darwin. Als Folge davon wurde das Northern Territory 1863 von South Australia annektiert. Die Überland-Telegraphenlinie, die 1872 fertiggestellt und von der Regierung South Australias bezahlt wurde, folgte der Route von Stuarts Entdeckungsreise.

Rechts: Gegen Ende des 19. Jahrhunderts waren die Expeditionen größere, mit ausreichenden Mitteln ausgestattete Unternehmen geworden. Ernest Giles (1835–1897) ist hier abgebildet, wie er einer Kamelkarawane (mit afghanischem Führer) voranschreitet, als er von dem im Norden Port Augustas in South Australia gelegenen Beltana aus aufbricht, um 1875 durch die Nullarbor-Ebene nach Perth zu gelangen.

Die Erforschung Australiens *(unten)* Flinders' Umsegelung von 1802/03 lieferte Gewißheit über die Ausdehnung und die Gestalt Australiens, aber die Erforschung des Landesinneren kam nur langsam voran. Neben anderen erschlossen Oxley und Mitchell den Südosten. Sturt war einer der ersten, die in das Zentrum des Kontinents vorstießen, doch wie Eyre, dem die erste Ost-West-Durchquerung gelang, fand er dort nicht viel Einladendes. Leichhardt und später auch Gregory unternahmen Expeditionen in den Nordosten und Norden. Nach der Süd-Nord-Durchquerung durch Burke und Wills (1861) und Stuart (1862) wandte sich das Interesse von Forschern wie Warburton, Forrest und Giles dem Zentrum und der westlichen Hälfte des Kontinents zu.

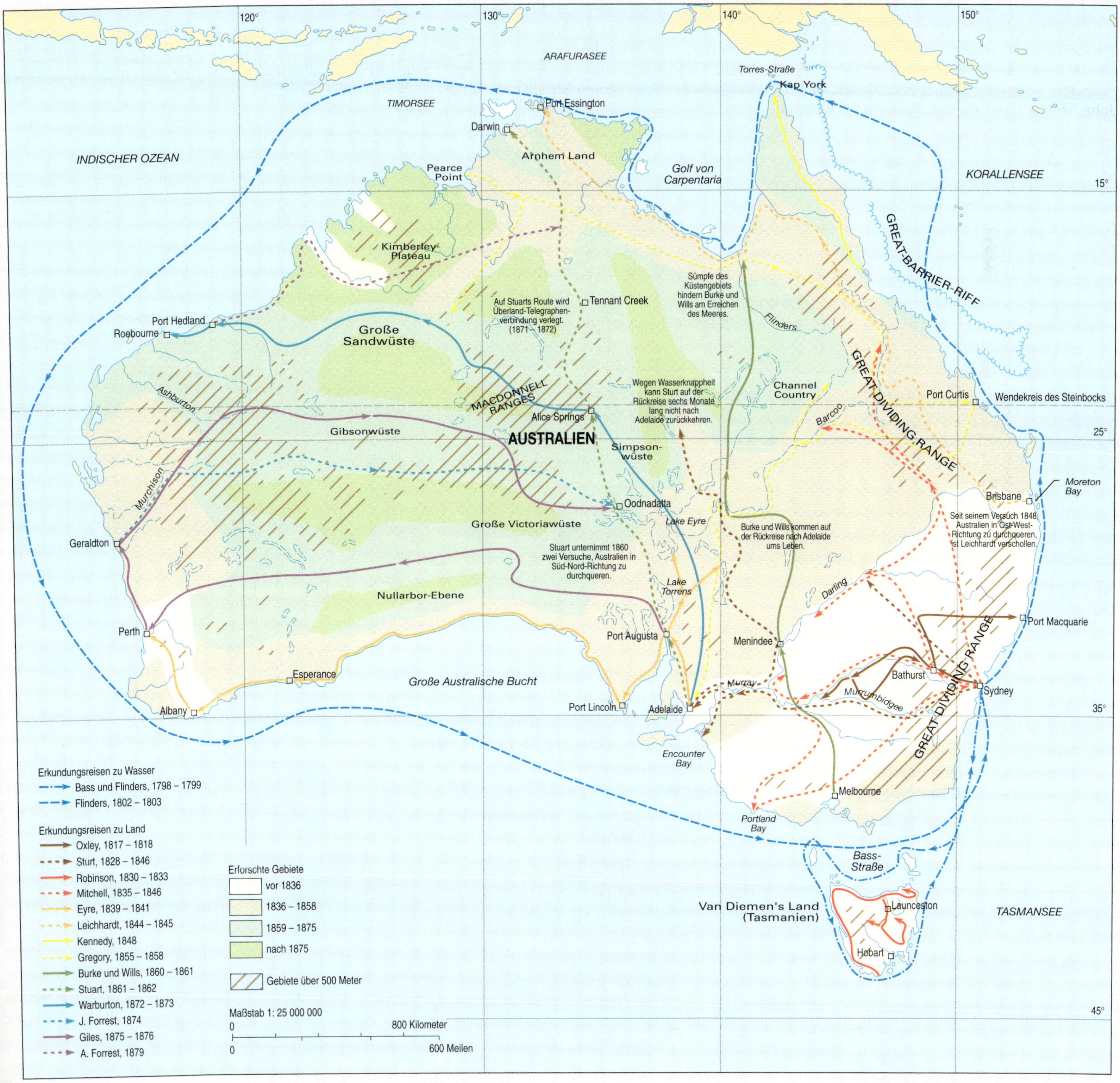

men, verwandelte sie in englische Städte mit englischen Gärten, kleine walisische Weiler, schottische Dörfer und irische Kleinstädte. Ackerbau und Viehzucht folgten zunächst den Mustern der Alten Welt, auch wenn diese für die australischen und neuseeländischen Verhältnisse alles andere als angemessen waren. Nur allmählich wichen steinerne *cottages* (kleine Landhäuser) Bungalows und Veranden, erst nach und nach wurden Felder und Wiesen zu Koppeln und Weiden, und nur langsam änderte man die Gewohnheiten der Alten Welt mit Rücksicht auf die neuen landwirtschaftlichen Bedingungen.

Diese Sehnsucht nach der alten Heimat war ein starkes und allgemein geteiltes Gefühl. Doch es erwies sich letztlich als eine vorübergehende Phase in der Entwicklung neuer nationaler Identitäten. Obwohl die Sprache und das Geschichtenerzählen die Australier und Neuseeländer noch mit der Welt ihrer Vorväter verbanden, sorgte die physische Empfindung des Lebens unter dem südlichen Himmel für neue und andere kulturelle Erfahrungen. Mit jeder Generation identifizierten sich die Diggers (ein Name, der zuerst den Schürfern des australischen Goldrausches gegeben wurde) und die Kiwis, wie Australier und Neuseeländer sich schließlich selbst nannten, mehr und mehr mit dem Land ihrer Geburt. Diese Einwohner der zweiten, dritten und vierten Generation hatten noch die zusätzlichen Spitznamen *Cornstalkers* (»Getreidehalme«) in New South Wales, *Cabbage Patchers* (»Kohlfeldler«) in Victoria, *Apple Islanders* (»Apfel-Insulaner«) in Tasmanien, *Banana Benders* (»Bananenbieger«) in Queensland, *Crow Eaters* (»Krähenfresser«) in South Australia und *Sand Gropers* (»Sandwühler«) in Western Australia – sie alle dienten dazu, die verschiedenen Identitäten der Kolonien zu betonen.

Im Jahr 1852 teilte das Constitution Act von Neuseeland das Land zu Verwaltungszwecken in sechs Provinzen ein: Auckland, New Plymouth (Taranaki) und Wellington auf der Nordinsel, Nelson, Canterbury und Otago auf der Südinsel. Man wollte durch diese Maßnahme den Forderungen der weißen Siedler nach einem größeren Mitspracherecht in ihren Angelegenheiten Rechnung tragen. Doch die aus einem Gouverneur und einer Generalversammlung mit zwei Kammern bestehende Zentralregierung behielt die oberste Entscheidungsgewalt. Die Provinzen hatten niemals so scharfe regionale Unterschiede wie die australischen Kolonien: Die Menschen tendierten dazu, sich zuerst als Neuseeländer zu sehen und dann entweder zur Nord- oder zur Südinsel gehörig.

Goldfieber

Dem kalifornischen Goldrausch dicht auf dem Fuße folgend, begann im Jahr 1851 auf dem neuentdeckten Goldfeld in der Nähe von Bathurst in New South Wales der erste australische Goldrausch. Bald darauf wurden die weit ergiebigeren Felder von Ballarat und Bendigo in Victoria erschlossen. Obwohl Goldgräber bis Ende des 19. Jahrhunderts weiterhin Gold unter den reichen Erzlagerstätten Australiens fanden und so in den 60er und 70er Jahren in Queensland und in den 90er Jahren in Western Australia (Kalgoorlie) einen Goldrausch auslösten, war keiner so aufsehenerregend wir der in Victoria. Dort wurden in den 50er Jahren über 1000 Tonnen Gold ans Tageslicht gefördert, und zu jener Zeit war Victoria für mehr als ein Drittel der Goldförderung der Welt verantwortlich. Wenn auch nicht so dramatisch wie in Australien, erfaßte das Goldfieber in den 60er Jahren auch Neuseeland. Die Goldfunde in Otago im Jahr 1861 ließen die Bevölkerungszahl von Dunedin sich mehr als verdoppeln und auf 30 000 anwachsen. Australische Schürfer überquerten auf der Suche nach Reichtum in relativ großer Zahl die Tasmansee (zum Beispiel zog ein Goldfund am Wakemarina River etwa 6000 hoffnungsvolle Goldgräber an). Doch gegen Ende des Jahrzehnts waren die meisten enttäuscht zurückgekehrt.

Der Goldrausch hatte enorme Auswirkungen auf die Entwicklung Australiens. Zum erstenmal lockte er eine Flut von Menschen ins Land, die weder Sträflinge noch unterstützte Immigranten waren. In nur zehn Jahren verdoppelte sich die Bevölkerung Australiens und erreichte 1861 eine Million: In

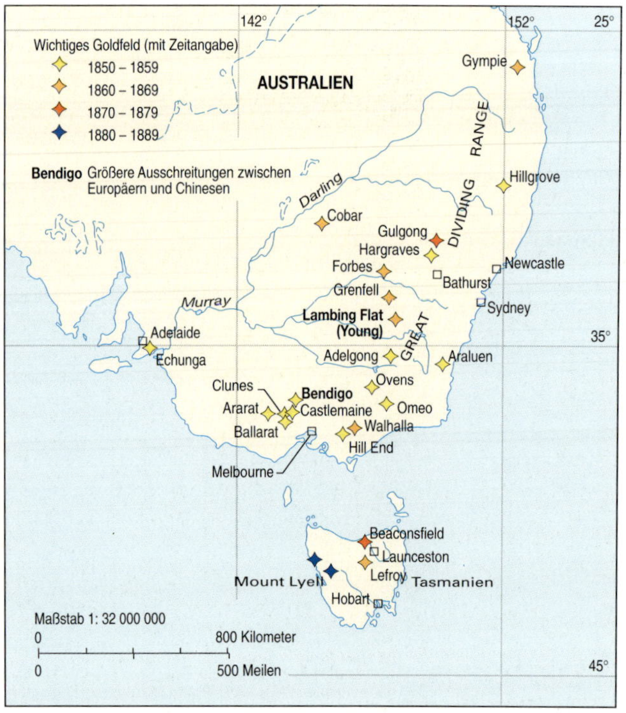

Der südostaustralische Goldrausch
Die Entdeckung von Gold bei Bathurst in New South Wales, der weitere, noch ergiebigere Funde in Victoria folgten, löste 1851 den ersten australischen Goldrausch aus. Der Zustrom von Goldsuchern dauerte das ganze Jahrzehnt hindurch an. Er ließ die Bevölkerung der Gegend um mehr als zwei Drittel ansteigen, doch gegen Ende der 50er Jahre des 19. Jahrhunderts waren diese Felder, die in einem einzigen Monat im Tagebau Gold im Wert von fast drei Millionen Pfund lieferten, praktisch erschöpft. Obwohl in den 60er und 70er Jahren im Südosten Australiens weitere Goldfelder erschlossen wurden, war keines so ergiebig wie die ersten Schürfgründe, und das Hauptinteresse verlagerte sich auf die Goldfelder Queenslands und – gegen Ende des 19. Jahrhunderts – nach Western Australia.

derselben Zeit wuchs die Bevölkerung Victorias von 77 000 auf 540 000 an. Bis 1871 hatte sich die Bevölkerung nochmals verdoppelt. Doch der Reiz, den die Goldfelder ausübten, führte zu einem gewaltigen Mangel an Arbeitskräften in den Städten und ländlichen Gebieten, so daß man die Einwanderung verstärkt förderte, um diesen Mangel auszugleichen. Die Goldgräber waren ein rauher, unsteter Menschenschlag. Vielleicht hatten die Männer anderswo eine Familie, doch sie reisten allein zu den Goldgruben. Im ländlichen Victoria gab es doppelt so viele Männer wie Frauen, und man kann annehmen, daß dieses Verhältnis auf den Goldfeldern noch weit stärker auseinanderklaffte: Einige Schätzungen setzen es bei bis zu 100 zu eins an. In Ermangelung verläßlicher Statistiken deuten anekdotische Zeugnisse in Form von Briefen, Tagebüchern und Zeitungsartikeln auf eine hohe Konzentration von Männern und auf sehr wenige Frauen in den Schürfgebieten hin. Die folgende Beschreibung aus einer Zeitschrift des 19. Jahrhunderts ist typisch:

> Wer von unseren Lesern noch nie ein riesiges Goldfeld mit Tausenden von umherziehenden Goldgräbern bei fieberhafter Arbeit gesehen hat, kann sich den Anblick nicht vorstellen. Man sieht gescheiterte *gentlemen*, Akademiker, junge Männer aus der Oberschicht, wobei alle, die vorher noch nie eine Picke oder Schaufel in der Hand gehabt haben, entsprechend ihrer gegenwärtigen Stellung nicht nur auf dem gleichen Niveau mit den ehrlichen, doch rauhen Männern arbeiten, einfachen Arbeitern und Seeleuten aus aller Herren Länder, sondern auch mit Männern, deren vorangegangene Laufbahn durch eine lange Geschichte als Verbrecher befleckt ist. Wenn sich meine geneigten Leser einmal eine solche Mischung von Männern fast ohne die Anwesenheit von Frauen vorstellen, wobei man unter der geringen Zahl dieser Besänftigerinnen des Männerlebens (sagen wir mal, eine auf jeweils hundert Männer) nur einen kleinen Anteil von solchen finden könnte, deren Einfluß günstig wäre – so würden sie daraus normalerweise schließen, daß eine solche Gemeinschaft eine »Hölle auf Erden« darstellen müßte. Aber ein solcher Schluß wäre falsch.

Außer Europäern trugen auch asiatische und amerikanische Einwanderer zum Anstieg der australischen Bevölkerung während des Goldrausches bei. Die Anzahl der Chinesen verzehnfachte sich auf 20 000, und sie machten annähernd 20 Prozent der männlichen Bevölkerung auf den Schürfge-

Rechts: Ein Goldgräber posiert vor dem Eingang zu einem Minenschacht. Obwohl der Goldschürfer oder *fossicker* (»Stöberer«) in die australische Legende einging, wurden die unabhängigen Goldgräber durch große Bergbauunternehmen verdrängt, die das Kapital und das Gerät besaßen, um tief unter der Erdoberfläche zu schürfen.

ländern aus. Die chinesischen Goldgräber waren ungern gesehen, und man schränkte ihre Einwanderung durch Einwanderungs- und Aufenthaltssteuern ein. Gewalttätige Ausschreitungen gegen die Chinesen waren nicht selten, sie wurden auch häufig verprügelt, und man schnitt ihnen oft auf rituelle Weise ihre Zöpfe ab. Der berüchtigtste Aggressionsakt ereignete sich 1861 in Lambing Flat in New South Wales, als 4000 weiße Schürfer über das Lager von 3000 chinesischen Goldgräbern herfielen und es niederbrannten. Solche Aufstände gingen wie Schockwellen durch die koloniale Gesellschaft: »Briten schnitten chinesische Zöpfe samt Kopfhaut ab« lautete eine typische Schlagzeile. Die Lösung war, die Einwanderung von Chinesen weiter einzuschränken. Neuseeland erließ bis in die 80er Jahre des 19. Jahrhunderts keine gesetzlichen Restriktionen, doch auch dort versuchte man die Chinesen tatkräftig daran zu hindern, in das Land einzureisen.

Demokratische Unruhen

Die Goldfunde beschleunigten die Einführung einer »verantwortlichen Regierung« – der zeitgenössische Begriff für Selbstverwaltung – in den Kolonien der Antipoden. Im Jahr 1849 empfahl ein Ausschuß des Privy Councils (Geheimer Rat der Krone) in England, einen Weg zu finden, wie die Kolonien Australiens und Neuseeland sich in diese Richtung bewegen könnten, aber niemand glaubte ernsthaft, daß dies kurzfristig geschehen würde. Doch da der Goldrausch Victoria und New South Wales ein volkswirtschaftliches Selbstvertrauen gab, indem er das koloniale Australien von einem Gefängnis zu einem Land der Möglichkeiten wandelte, ging mit ihm der Wunsch nach einer neuen nationalen Identität einher. Gilbert Wright, einer der ersten Befürworter der australischen Unabhängigkeit, schrieb 1853 an den Redakteur des *Sydney Morning Herald*: »Unser Ziel sollte die Nationalität – die Individualität – der Charakter sein. Wir sollten unsere Vorstellungen nicht mit der Geschichte der Alten Welt vermengen! Warum sollten wir nicht eine Zeitrechnung – eine Chronologie für uns allein besitzen?«

Das Streben nach Selbstverwaltung erhielt durch den Eureka-Aufstand von 1854 einen starken emotionalen Impuls. Um die Goldminen für die Staatseinnahmen zu nutzen, erhob die Kolonialverwaltung von Victoria eine Lizenzgebühr. Dies wurde von den Schürfern nicht begrüßt, vor allem als Soldaten auf die Goldfelder entsandt wurden, um die Entrichtung der Gebühr zu prüfen. Die Soldaten waren schlecht ausgebildet und undiszipliniert, und viele nahmen Bestechungsgelder an, für die sie dann illegale Unternehmungen zuließen. Die Goldgräber wurden oft von ihren Claims fortgezerrt und ins Gefängnis gesperrt, weil sie ihre Gebühr nicht bezahlt hatten, und dies trug zu der wachsenden Unzufriedenheit bei. Schließlich sahen sich Schürfer in Ballarat zur Rebellion veranlaßt. Der Aufstand wurde nach dem Eureka-Hotel benannt, das im Verlauf der Proteste völlig niedergebrannt wurde. Eine Flagge, auf der ein Kreuz mit fünf Sternen (Kreuz des Südens) auf blauem Grund zu sehen war, wurde bei einer Massenversammlung gehißt (diese Flagge, oft »Eureka-Flagge« genannt, sollte später zum Symbol des australischen Nationalismus werden). Die von den flammenden Reden ihres Anführers Peter Lalor inspirierten Goldgräber entwarfen ein radikales Reformprogramm, das verkündete, »daß es das unveräußerliche Recht jedes Bürgers ist, beim Erlaß von Gesetzen, die er befolgen soll, mitentscheiden zu dürfen. Daß die Erhebung von Steuern ohne eine Volksvertretung Tyrannei ist«. Das Manifest fährt damit fort, die Demokraten aufzurufen, »der unverantwortlichen Macht, die sie so tyrannisiert, zu widerstehen und sie zur Not zu beseitigen«, und forderte ferner eine »umfassende und gerechte Repräsentation; das Wahlrecht für alle Männer; keine Klassifizierung der Mitglieder des Gesetzgebenden Rates durch Besitztum; die Bezahlung von [Parlaments-]Mitgliedern; eine kurze Amtszeit des Parlaments«. Das Ende kam, als Soldaten und die Polizei eine von den Goldgräbern errichtete Barrikade stürmten; man sprach von 45 Toten. Die Rebellion war vorbei, doch die demokratische Grundstimmung, die sie entfacht hatte, war nicht mehr umkehrbar, so daß Victoria und New South Wales innerhalb eines Jahres ihre eigenen Parlamente besaßen. Neuseeland, Tasmanien und South Australia zogen im folgenden Jahr nach, und 1860 entschied sich Queensland für die Selbstverwaltung. Western Australia war 1890 die letzte der Kolonien, die im 19. Jahrhundert ihre Unabhängigkeit erreichten, und auch hier stand sie in Verbindung mit Goldfunden. Der Eureka-Aufstand ging als eine der Sternstunden in Australiens Historie ein: Seine Geschichte ist wiederholt in Literatur, Kunst und

Oben: Eine Aufnahme der Lower High Street in Dunedin aus dem Jahr 1907. Das frühe Wachstum Dunedins gründete sich auf den Goldrausch in Otago. In den 60er und 70er Jahren des 19. Jahrhunderts war es eine Zeitlang Neuseelands größte Stadt. Hier wurde die erste Universität und medizinische Ausbildungsstätte Neuseelands gegründet, doch gegen Ende des Jahrhunderts wurde Dunedin von Auckland und Christchurch überflügelt. Seine eleganten Steingebäude zählen zu den schönsten Beispielen viktorianischer Kolonialarchitektur in den Antipodenländern, die nur von denen in Melbourne übertroffen werden. Das Bild zeigt das Telegraphengebäude mit dem Turm der Börse im Hintergrund.

Rechts: Der sich auf den Goldrausch von Victoria gründende Aufschwung in Melbourne verebbte Ende des 19. Jahrhunderts genauso schnell, wie er entstand – die Banken schlossen, Firmen gingen bankrott, und die Arbeitslosenzahl schoß empor. Einen Teil der Schuld suchte man bei Grundstücksspekulanten. Jenseits der Collins und Burke Street, der eleganten Boulevards des Geschäftsviertels, lagen die Reihen billig gebauter Holzhäuser, die zu Slums verkamen. Ein Jahrhundert später begann man mit ihrer Sanierung, und heute sind viele von ihnen Wohnungen der Mittelschicht.

Oben: Kamele, Pferde und Ochsen wurden lange Zeit benutzt, um Wolle, Getreide, Bauholz und andere Rohstoffe entlang der Hauptstraßen des Landesinneren zu Lagerhäusern und Verladestationen zu transportieren, die Dutzende, manchmal Hunderte von Kilometern entfernt sein konnten. Katherine Susannah Prichards Roman *Bullocks* (Ochsen, 1926) fängt das Ende der Ochsengespanne ein, die in der Holzindustrie zum Einsatz kamen.

Film erzählt worden. *The Eureka Stockage* (Die Eureka-Palisade), einer der bekanntesten Berichte, wurde von Raffaello Carboni (1820–1875) geschrieben, einem Goldgräber, der dem Komitee angehörte, das die Rebellion geplant hatte.

Volkstümliche Kultur

Eine besondere Form der Vortragskunst, die Ballade, entstand in der Phase des Goldfiebers. Sie wird heute gern mit der Kultur Australiens und Neuseelands identifiziert. Zu den Melodien, die von den Immigranten aus der Alten Welt mitgebracht worden waren, erfand man neue Texte, um sie an den neuen Lebensraum anzupassen. Auf diese Weise wurden die Balladen zu einer Erzählform, durch die australische und neuseeländische Mythen übermittelt wurden, und je öfter man sie sang, desto stärker gestaltete man sie mit lokalem Wissen und lokaler Sprache aus. In enger Verbindung zur Ballade standen Verse und lyrische Poesie, die in der zweiten Hälfte des 19. Jahrhunderts zu den bevorzugten literarischen Formen beider Gesellschaften wurden. Aus der Neigung der Australier und Neuseeländer, eine Art von »Seemannsgarn« zu erzählen, entwickelten sich literarische Kurzformen.

An den Lagerplätzen der Goldschürfer blühte die volkstümliche Kultur. Überall gab es Bars, die oftmals auch als Bordelle dienten. Vaudeville, Varieté, Oper und Theater waren nach Tagen harter Arbeit und Nächten in primitivsten Unterkünften Orte der Zerstreuung. Theatertruppen auf Tournee, viele von ihnen ursprünglich aus Europa und Amerika stammend, besuchten von den Städten aus die Goldfelder, aber sie bedienten sich auch ansässiger Darsteller, die lokale Anspielungen in ihren Stoff einbrachten, und einige kehrten mit gutem Material für eine Bühnenproduktion nach Melbourne und Sydney zurück. Oft war die Unterhaltung auf den Goldfeldern jedoch zu gewöhnlich für Australiens Großstädte, deren Theaterstücke und Opern die neuesten Aufführungen aus Londons West End oder vom Broadway imitierten.

Mit der Konzentration von immer mehr durch Gold verdientem Reichtum in den Städten wurden Teile der urbanen Gesellschaft allmählich verbürgerlicht. Sydney University, die erste Universität Australiens, wurde 1851 eingeweiht, dicht gefolgt von der in Melbourne im Jahr 1853. Wie die 1883 gegründete Universität von Neuseeland standen bei diesen Institutionen die englischen Universitäten Modell, und sie waren den neuen »respektablen« Schichten vorbehalten. Das großartigste Zeichen des neuen australischen Wohlstands war Melbourne. In den 50er Jahren des 19. Jahrhunderts stieg Melbourne zur Finanzmetropole Australiens auf und übertraf eine Zeitlang Sydney hinsichtlich Einwohnerzahl und politischer Bedeutung. *»Marvelous Melbourne«* (»wunderbares Melbourne«), wie man die Stadt nannte, entwickelte sich zu einer der beeindruckendsten viktorianischen Städte der Welt.

Aber sie wurde auch ihrem Namen »London des Südens« gerecht, denn ihre Architektur orientierte sich eng an der britischen Metropole. Australien mußte erst noch eine künstlerische Vision entwickeln, die wirklich ihm selbst gehörte.

Radikaler Nationalismus

Ein radikaler Nationalismus machte sich erst gegen Ende des 19. Jahrhunderts bemerkbar. In dem 1880 von Jules François Archibald (1856–1919) gegründeten *Bulletin* konnten australische Schriftsteller und Künstler zusammen mit Intellektuellen, Gewerkschaftsführern und einigen Politikern ein betont australisches Forum finden. Das Motto des *Bulletin* war »Australien den Australiern«, und es wurde zum führenden Organ für den radikalen Nationalismus der 90er Jahre des 19. Jahrhunderts, als es den Höhepunkt seiner Popularität erreichte. Unter den von ihm geförderten Autoren waren Henry Lawson, Australiens Poet der Arbeiterklasse, Andrew Barton (»Banjo«) Paterson (1864–1941) und Joseph Furphy (1843–1912). Banjo Paterson war vor allem für seine Busch-Balladen bekannt, unter anderem *The Man from Snowy River* (1890) und *Waltzing Matilda*, das bis zum heutigen Tag meistgesungene Lied Australiens und die inoffizielle Nationalhymne des Landes. Obwohl *Waltzing Matilda* die Geschichte eines *swagman* (Wanderarbeiters) erzählt, der sich lieber das Leben nimmt, als sich einsperren zu lassen, war Paterson in Wirklichkeit nicht besonders radikal – er soll mehr Sympathien für die *squatters*, die australische Grundbesitzerklasse, gehabt haben als für die Arbeiter. Durch seine Popularisierung von Charakteren wie dem Mann vom Snowy River, dem besten Reiter der Berge, der ein Fohlen wieder einfing, das »tausend Pfund wert« war, gab Paterson Charaktereigenschaften eine schriftliche Form, von denen die Australier mittlerweile glaubten, daß sie typisch für sie seien. Die neuen Australier sahen sich als Söhne des Sattels, praktisch veranlagte Arbeiter, die fähig waren, gegen die Großgrundbesitzer zu bestehen.

Die Bezeichnung radikaler Nationalist paßt eher auf Lawson und Furphy, zwei Sozialisten, die sich bemühten, die australische Kultur der Arbeiterklasse in ein sozialistisches Modell einzupassen. Lawsons radikale politische Überzeugung umfaßte die Befürwortung einer australischen Republik. Er war äußerst populär, und seine Gedichte und Kurzgeschichten, viele von ihnen über den Busch und die Buscharbeiter, waren in Australien weit und breit bekannt. Furphy war der Sohn eines Gutspächters und hatte auf Rinderfarmen und in einer Gießerei gearbeitet. Er schrieb während der 90er Jahre des 19. Jahrhunderts unter dem Pseudonym Warrigal Jack im *Bulletin*. Unter dem Namen Tom Collins veröffentlichte er 1903 *Such is Life (So ist das Leben)*, seinen bekanntesten Roman. In ihm erklärte er sein literarisches Programm: »Veranlagung: demokratisch, Vorliebe: offensiv australisch.« Furphy war der Ansicht, daß der egalitäre Geist der Australier der Geist des angewandten Sozialismus sei, der Kommune des australischen *mateship*. Linke Intellektuelle aus Europa, die nach Australien kamen, unterstützten diese Sichtweise und erklärten Australien zu einem sozialen Laboratorium, in dem der Sozialismus ohne Doktrin existierte.

Während die radikal nationalistischen Autoren der 90er Jahre eine dezidiert australische Tonlage fanden, die die Stimmung des australischen Nationalismus einfing, schufen die Künstler der Heidelberger Schule die ersten charakteristischen Darstellungen von Australien. Ihre wichtigsten Mitglieder waren Tom Roberts (1856–1931), Arthur Streeton (1867 bis 1943), Frederick McCubbin (1855–1917) und Charles Conder (1868–1909). Die Gruppe arbeitete in Künstlersiedlungen außerhalb Melbournes in Box Hill und Heidelberg (woher der Name der Gruppe stammt) gemeinsam unter freiem Himmel und entwickelte einen impressionistischen Stil. Sie war außerordentlich erfolgreich darin, das südliche Licht und die Farben Australiens einzufangen, was früheren Künstlern nicht gelungen war. »Ein Eindruck dauert nur einen Augenblick«, lautete das Programm ihrer 1889 gehaltenen kontroversen *Ausstellung von 9 x 5 Impressionen*, die aus

Links: Die 90er Jahre des 19. Jahrhunderts waren in Südostaustralien durch eine schwere Wirtschaftskrise und eine hohe Arbeitslosigkeit geprägt. Die Einstellung der einzelnen Klassen verhärtete sich, als streikende Arbeiter von ihren Arbeitgebern ausgesperrt wurden – Arbeitslose, die an ihrer Lage verzweifelten, waren gezwungen, die ihnen für ihre Rückkehr angebotenen niedrigeren Löhne zu akzeptieren. Schriftsteller, Künstler und Intellektuelle traten für die Sache der Arbeiter ein. Diese Illustration erschien 1891 im *Bulletin*.

Unten: Der Held im Mittelpunkt der australischen Legende ist der *swagman* oder *swaggy*, ein Wanderarbeiter, der auf der Suche nach saisonbedingter Arbeit durch das Hinterland zog und seine persönlichen Habseligkeiten in einem Reisebündel *(swag)* auf dem Rücken trug oder wie hier auf dem Fahrrad transportierte. In den meisten anderen westlichen Kulturen sind solche Männer – als Landstreicher und Vagabunden tituliert – oft Objekte der Verachtung. Der *swagman* – durch den Text des Lieds *Waltzing Matilda* unsterblich gemacht – erfaßte in den 90er Jahren des 19. Jahrhunderts die Phantasie der Australier, als Heere arbeitsloser Männer sich weigerten, die harten Bedingungen der Arbeitgeber zu akzeptieren, und statt dessen die Freiheit der Buschpfade wählten. Die *swaggies* verschwanden mit den Veränderungen des Transportsystems im 20. Jahrhundert nach und nach, waren jedoch in den 50er Jahren noch vereinzelt anzutreffen.

ben: Der unabhängige Mann, prakch veranlagt, rauhbeinig und manchal etwas schluderig, der tief ins Glas haut, spielt und ein ungezwungenes enehmen an den Tag legt, fand Einng in alle Formen der australischen ultur. Er ist lässig und gewöhnlich ıtätig, arbeitet im Notfall jedoch hart, t seinen Kameraden treu, auch wenn sie im Unrecht weiß, und hat einen inn für lakonischen Humor. In den *rocodile-Dundee*-Filmen der 80er ıhre ließ Paul Hogan diese Charakereigenschaften in der imaginären leldenfigur des Mike Dundee wieder ufleben.

Gemälden auf Zigarrenkistendeckeln bestand. »Zwei halbe Stunden sind sich niemals gleich, und wenn man versucht, an zwei aufeinanderfolgenden Abenden einen Sonnenuntergang zu malen, muß man mehr oder weniger aus dem Gedächtnis arbeiten. Daher war es im Rahmen dieser Arbeiten das Ziel der Künstler, sehr unterschiedliche Eindrücke von sehr vergänglichem Charakter getreu wiederzugeben und sie auf diese Weise zum ersten Male festzuhalten.« Die Maler der Heidelberger Gruppe waren keine Radikalen wie die *Bulletin*-Autoren. Doch durch ihre Verhöhnung der pastoralen Konventionen des früheren kolonialen Stils, der in Neuseeland noch vorherrschend war, und durch ihre Szenen des australischen Arbeiterlebens als Motive waren sie äußerst einflußreich bei der Etablierung einer australischen Malerschule. Daher liegt eine Ironie in der Tatsache, daß fast alle Mitglieder der Heidelberger Gruppe, mit Ausnahme McCubbins, einen Teil ihrer Schaffenszeit im europäischen Exil verbrachten – was Australien ein bedeutendes künstlerisches Potential entzog.

In Literatur und Kunst hatte sich jedoch ein signifikanter kultureller Durchbruch vollzogen. Durch die Entdeckung der angemessensten Form für die Präsentation typisch australischer Themen – im Gegensatz zu lediglich abgeleiteten Stilen und Themen aus Übersee – gaben die Künstler und Autoren der 90er Jahre des 19. Jahrhunderts denen Selbstvertrauen, die ihnen nachfolgten, obwohl die Betonung des Nationalismus allmählich einem sozialen Realismus wich. Ein populäres Werk der nächsten Generation, das die Heldennatur des australischen Pioniergeistes erkundete, war *My Brilliant Career* (*Meine glänzende Laufbahn*, 1901), die fiktive Autobiographie von Miles Franklin (1879–1954). Henry Handel Richardsons Trilogie *The Fortunes of Richard Mahony* (*Die Glücksfälle Richard Mahonys*, 1917–1929), die sie nach dem Leben ihres Vaters gestaltete, war eine sorgfältig recherchierte Studie des Einwandererlebens in der Mitte des 19. Jahrhunderts. Der Einfluß der Schriftsteller aus den Neunzigern ist noch bis in die Gegenwart zu verfolgen, insbesondere in populären Darstellungen von Australien. Obwohl Kunst und Literatur Eingang in eine größere Vielfalt von Genres und Stilrichtungen fanden, verwenden vor allem Film und Fernsehen eine Reihe von Motiven, die aus jener Periode stammen. Der bilderreiche Stil einiger zeitgenössischer Filme wie etwa Peter Weirs betörend schönem *Picnic at Hanging Rock* (*Picknick am Valentinstag*, 1975) und Gillian Armstrongs Umsetzung von *My Brilliant Career* (*Meine brillante Karriere*, 1978) schöpft in hohem Maße aus der Bildersprache der Impressionisten der Jahre nach 1890, während sich der lakonische Held aus Paul Hogans beiden *Crocodile-Dundee*-Filmen in den 80er Jahren direkt auf die Literatur der gleichen Periode zurückführen läßt.

Die politische und kulturelle Stimmung Neuseelands war ganz anders. Es gab einige, die den Radikalismus der australischen Autoren und Künstler teilten und eine nationalistische Geisteshaltung zum Ausdruck brachten, doch im großen und ganzen war Neuseeland dem britischen Empire wohlgesonnener als Australien. Als Großbritannien den niederländischen Bauern in Transvaal im südafrikanischen Burenkrieg von 1899 bis 1902 gegenübertrat, sandte Neuseeland im Verhältnis mehr Truppen für den Kampf gegen die Buren als jeder andere Teil des Empires. Obwohl in Australien seit dem 19. Jahrhundert mit mehr oder weniger großem Nachdruck der Wunsch nach einer Republik und der völligen Unabhängigkeit vom »Mutterland« ausgedrückt wurde, hätten die mei-

Rechts: Krankenschwestern aus South Australia bereiten sich im Jahr 1900 auf ihre Abfahrt zum Kap vor. Der Aufruf zur Unterstützung des Mutterlandes in seinem Krieg gegen die Buren in Südafrika rief widersprüchliche Gefühle hervor, da er zu einer Zeit erfolgte, in der die australischen Kolonien ihre Unabhängigkeit verfolgten. In der radikalen Grundstimmung identifizierten sich viele mit dem Kampf der Buren für ihre Selbstbestimmung. Trotzdem entsandte jede der Kolonien Truppen in das Kriegsgebiet. Die reiterfahrenen Australier erwiesen sich als fähige Soldaten, die in den Überlebenstechniken im Busch genauso gut geschult waren wie ihre burischen Gegner.

Australische und neuseeländische Maler

Nach der europäischen Besiedlung war die Reaktion der Maler auf die Landschaft der Antipodenländer für ungefähr 100 Jahre die von Kolonisten: Der Stil, die Formen und die Empfindsamkeit ihrer Gemälde spiegelten die Werte der Alten Welt wider und nicht die der Neuen. Größtenteils in Aquarellfarben gemalte arkadische Landschaften wurden mit den Ulmen und Eichen angefüllt, die man von englischen Gemälden kannte. Das grelle Licht und die schrillen Farben des Hinterlands verlangten nach einer anderen Behandlung, und als sich am Ende des 19. Jahrhunderts schließlich eine erkennbar australische Schule herauszubilden begann, wurden der Busch und vor allem der Eukalyptusbaum zum Hauptmotiv. Die Avantgarde waren die Maler der Heidelberger Gruppe, deren impressionistischem Stil es zuerst gelang, das charakteristische australische Licht einzufangen.

Die koloniale Tradition idyllischer Malerei hatte sich in Neuseeland sogar noch stärker festgesetzt als in Australien, doch auch hier entwickelte sich allmählich eine nationale Malerschule, die sich der Eigenheiten der neuseeländischen Landschaft annahm. Zwar neigte die neuseeländische Kunst dazu, etwas konservativer zu sein als die australische, doch sie unterschied sich auch darin von ihr, daß sie die Maori als geeignetes Motiv betrachtete, wenn auch aus der Perspektive des Kolonialherrn.

Die Auswanderung im frühen 20. Jahrhundert forderte auch von den Malern ihren Tribut. Die Erfahrungen des Ersten Weltkriegs dämpften die Experimentierfreude eher, und der Modernismus wurde meist als dekadent und defätistisch abgelehnt. Die Malerei der 20er Jahre zeigt eine Vitalität des Ausdrucks, die im Einklang mit der Lebenskraft der Zeit stand, während die Reaktionen auf die Weltwirtschaftskrise der 30er Jahre vom sozialen Realismus bis zum Surrealismus reichten. Nach dem Zweiten Weltkrieg wurden die Künstler experimentierfreudiger, und in den 60er Jahren verschafften sich bedeutende Maler Geltung, wie Sidney Nolan, Arthur Boyd und Brett Whiteley aus Australien und Toss Woolaston und Colin McCahon aus Neuseeland. Seit den 80er Jahren hat die Kunst der Aborigines und der Maori die Anerkennung erlangt, die man ihr bis dahin vorenthalten hatte.

Links: Frederick McCubbins *The Pioneers* (Die Pioniere, 1904), eines der bekanntesten australischen Gemälde, bildet den mittleren Teil eines Triptychons, das die Geschichte einer Pionierfamilie zeigt und eine Metapher für die Erschließung Australiens ist. Die beiden Flügel sind den trauernden Eltern nach dem Tod des Kindes gewidmet und dem einsamen, zum Witwer gewordenen Mann. Die Zivilisation ist hinter der Lichtung sichtbar. McCubbin war vielleicht der nationalbewußteste Maler der Heidelberger Gruppe.

Oben: Tom Roberts war in der Heidelberger Gruppe tonangebend. Er teilte mit seinen Zeitgenossen eine romantische Sicht der körperlichen Arbeit. *Shearing the Rams* (Schur der Schafböcke, 1889/90) entstand im Vorfeld des großen Schafschererstreiks der 90er Jahre. In seinem Bild findet sich jedoch kein Hinweis auf den Klassenkampf. Roberts schuf in ähnlicher Manier weitere klassische Darstellungen des australischen Lebens, wie etwa *The Breakaway* (Lossagung) und *Bailed Up* (Gefangen), die Teil der Romantisierung der Pioniervergangenheit sind.

Rechts: Arthur Streeton, vielleicht der begabteste Maler der Heidelberger Gruppe, hatte einen anhaltenden Einfluß auf die australische Kunst. *The Purple Noon's Transparent Might* (Die transparente Macht des purpurnen Mittags) fand bei seiner ersten Ausstellung 1896 großen Beifall bei den Kritikern. Weitere berühmte australische Werke sind unter anderem frühe Stadtansichten wie *Redfern Station* und Strandszenen wie *Coogee*. Während des Ersten Weltkriegs wandte Streeton sich patriotischen Motiven zu, doch ihre Umsetzung war abgegriffen und kraftlos. Als er 1924

Ganz links: Frances Hodgkins, eine Aquarellmalerin ohne formale Ausbildung, gab von 1902 bis 1912 in Europa Kunstunterricht. Sie kehrte nach Neuseeland zurück und begann 1915 mit der Ölmalerei. Vier Jahre später ging sie erneut nach Europa, wo sie bis zu ihrem Tode im Jahr 1947 lebte. Ihre Bedeutung als neuseeländische Malerin liegt demzufolge nicht so sehr in ihrem Beitrag zu neuseeländischen Kunstströmungen oder in ihrem Einfluß auf ihre Zeitgenossen, sondern in der Inspiration, die ihr Schaffen den jüngeren Generationen Neuseelands gab. Das hier gezeigte Bild *Wings over Water* (Flügel über Wasser, 1936) ist eines ihrer schönsten Gemälde.

Links: James Nairn, gebürtiger Brite und ausgebildeter Maler, gründete in den 90er Jahren des 19. Jahrhunderts eine Künstlerschule in Wellington. Gemeinsam mit Petrus van der Velden und G. P. Nerli trug er dazu bei, die neuseeländische Kunst zu verändern, indem er sie von der kolonialen Schablone befreite. Er konzentrierte sich eher auf Menschen als auf die Landschaft, wie hier in seinem Porträt *Old Age* (Das Alter).

nach fast 20 Jahren im Ausland nach Australien zurückkehrte, genoß er große Verehrung, doch seine künstlerische Botschaft war mittlerweile recht altmodisch geworden. Besonders kritisch stand er dem Modernismus gegenüber.

sten Neuseeländer bis vor kurzem einen solchen Standpunkt als Verrat an Neuseeland selbst angesehen.

Das Arbeiterparadies

The Workingman's Paradise: An Australian Labor Novel (Das Arbeiterparadies: Ein australischer Arbeiterroman, 1892) ist der Titel eines populären Romans von William Lane (1861–1917), einem Journalisten und Gewerkschaftler. Mit ihrer Romantisierung der australischen Arbeiter und Pioniere trugen die Schriftsteller der 90er Jahre des 19. Jahrhunderts dazu bei, die erstarkende Vorstellung von Australien als einem Arbeiterparadies zu fördern. Zu Beginn des 20. Jahrhunderts waren Australien und Neuseeland im Hinblick auf demokratische Errungenschaften weltweit führend. In den 50er Jahren des 19. Jahrhunderts war das Wahlrecht für alle Männer eingeführt und in den 90er Jahren auf die Frauen ausgedehnt worden (Neuseeland führte das Frauenwahlrecht zuerst ein, und zwar 1893). Beide Staaten waren damit ihrer Zeit weit voraus – in den USA und in Großbritannien erhielten Frauen erst in den 20er Jahren des 20. Jahrhunderts das volle Wahlrecht. Obwohl dies nicht zu Gesellschaften zu passen scheint, die stark von Männern dominiert wurden, zeigt sich darin der ausgeprägte Sinn für soziale Gerechtigkeit, der in jener Zeit überwog, sowie die Charakterstärke der Frauen, die für ihr Wahlrecht kämpften. In den 70er und 80er Jahren des 19. Jahrhunderts war der Einfluß der Gewerkschaften beiderseits der Tasmansee zusehends angewachsen. Einige beachtliche Verbesserungen der Arbeitsbedingungen hatte man erreicht, unter anderem die weitverbreitete Einführung des Achtstundentags. In Australien dehnten sich die Gewerkschaftsorganisationen, die besonders unter Bergleuten und Schafscherern einflußreich waren, über die Koloniegrenzen aus: Die gewaltige Australian Workers Union (AWU) vertrat zum Beispiel Schafscherer in allen Teilen des Kontinents, indem sie Forderungen nach standardisierten Löhnen und Arbeitsbedingungen Nachdruck verlieh. Die weltweite Wirtschaftskrise der frühen 90er Jahre des 19. Jahrhunderts, die sich besonders in Victoria und New South Wales bemerkbar machte, stärkte jedoch den Widerstand der Arbeitgeber, und die Gewerkschaften wurden in einer Reihe von Arbeitskämpfen besiegt. Als sie ihre Ziele auf diese Weise nicht durchsetzen konnten, wandten sie sich der Politik zu. Die ersten Labor-Parteien der Welt wurden in Australien und Neuseeland gegründet, die ersten Labor-Abgeordneten in den frühen Neunzigern in das Parlament von Queensland gewählt, und die erste nationale Labor-Regierung gelangte 1904 in Australien an die Macht. Mit der Zeit entwickelten die Labor-Parteien ihren eigenen politischen Einfluß, doch sie erhielten eine enge Verbindung mit der Gewerkschaftsbewegung aufrecht. Der Aufbau von Labor-Parteien in beiden Ländern gebot der Radikalisierung der Gewerkschaftsbewegung Einhalt, die nun das Parlament für ihre Ziele zu gewinnen suchte. Obwohl kommunistische Parteien später einen Einfluß auf die wichtigsten Gewerkschaften Australiens und Neuseelands ausüben sollten, blieb es den Labor-Parteien als den politischen Flügeln der Gewerkschaften überlassen, den Standpunkt der Arbeiter zu vertreten.

Zu Beginn des 20. Jahrhunderts war der Lebensstandard in Australien und Neuseeland einer der höchsten der Welt, und die Rechte der Arbeiter waren besser geschützt als fast überall sonst. Es gab Regelungen für das Alter, für Invaliden- und Witwenrenten; Schlichtungs- und Schiedsgerichtshöfe waren eingerichtet worden, um Arbeitskämpfe abzuwickeln, und im Jahr 1907 kamen die Gerichte zu dem Urteil (als »Harvester Judgement« bekannt), daß Arbeitgeber ihre Lohnzahlungen an den Bedürfnissen der Arbeiter orientieren sollten. So war die Beziehung zwischen dem Lohnniveau und der Zahlungsfähigkeit der Arbeitgeber durchbrochen, und der Mindestlohn wurde zum Grundpfeiler der Arbeitsverhandlungen. Auch Neuseeland führte einen Mindestlohn ein, obwohl 1921 das Conciliation and Arbitration Act dahingehend geändert wurde, daß man »wirtschaftliche Bedingungen, die ein Handwerk oder eine Industrie betreffen«, berücksichtigte. Doch wie in Australien erwartete man von den Arbeitgebern, ihren Arbeitern einen Mindestbetrag zu zahlen, der sich auf die Bedürfnisse des Mannes gründete, Frau und Kinder zu ernähren. Für Frauen galt die Regelung des Mindestlohns nicht. Sie verdienten zwischen der Hälfte und zwei Dritteln des Lohns der Männer, weil man voraussetzte, daß die Männer für den Broterwerb und den Erhalt des Familienlebens zuständig waren.

Links: Australien und Neuseeland waren weltweit die ersten Staaten, die das Wahlrecht für Frauen einführten. Doch das Wahlrecht setzte sich nicht in politische Repräsentation um. Vida Goldstein war die erste Frau im gesamten britischen Empire, die sich für eine Parlamentswahl aufstellen ließ, als sie 1903 für die Wahl des australischen Senats kandidierte. In den Jahren 1910, 1913, 1914 und 1917 versuchte sie es erneut, wurde aber jedesmal besiegt. Die ersten Frauen, die in das australische Parlament gewählt wurden, waren Dorothy Tangey und Edith Lyons im Jahr 1943. Frauen sind noch immer unterrepräsentiert und haben bislang nur selten eine wichtige Regierungsposition bekleidet. Ein Durchbruch wurde in den 80er Jahren erzielt, als Carmen Lawrence in Western Australia und Joan Kirner in Victoria als Premierministerinnen gewählt wurden.

Politischer Zusammenschluß und Unabhängigkeit

Die literarischen und sozialen Bewegungen der 90er Jahre des 19. Jahrhunderts, die stark zur Entstehung des Selbstbildes der Australier beitrugen, gossen Öl in das Feuer des öffentlichen Wunsches nach einer Regierungsform, die die sechs australischen Kolonien zu einem einzigen Staatengebilde zusammenfügen würde – eine Bewegung, die bereits in den 40er Jahren desselben Jahrhunderts aufgekommen war. Man war sich der Notwendigkeit bewußt, die finanziellen und administrativen Belastungen der Verteidigung gemeinsam zu tragen und Dienstleistungen wie den Postdienst reibungsloser zu gestalten, wobei der Wunsch der Kolonien nach Vereinigung durch das Bestreben Großbritanniens begünstigt wurde, die Kosten für die Seeverteidigung Australiens und Neuseelands zu reduzieren. Eine Vereinigung hätte es auch den britischen Firmen erleichtert, ihre Handelsgeschäfte in Australien abzuwickeln: Statt sich durch die Behörden der einzelnen Kolonien kämpfen zu müssen, würden die Geschäftsleute sich direkt an eine zentrale Stelle wenden. Da die Kolonien mächtige politische Einheiten waren, die sich ihre Rechte gegenseitig neideten und sich mit Mißtrauen betrachteten, schien eine Form des föderativen Zusammenschlusses mit impliziten Arrangements der Machtverteilung zwischen den einzelnen Teilen und der Zentralregierung unvermeidlich. Die Föderation sollte die Rechte der Staaten (zu denen die Kolonien werden sollten) garantieren und ihnen genügend Spielraum lassen, ihre individuelle Beziehung zur Zentralverwaltung auszuhandeln.

Der australische Bundesstaat
Das Australien des 19. Jahrhunderts war ein loser Zusammenschluß von sechs unabhängigen Kolonien, die jeweils eigene Beziehungen und Verkehrsverbindungen mit Großbritannien und der übrigen Welt aufrechterhielten. Die Entfernungen, die die Hauptstädte der Kolonien voneinander trennten, erschwerten die Kommunikation auf dem Landweg und begünstigten die Entwicklung eigenständiger wirtschaftlicher und politischer Systeme. Die Rivalität unter den Kolonien war groß, obwohl sie alle durch eine gemeinsame Kultur verbunden waren. Gegen Ende des Jahrhunderts wurden die Vorteile eines wie auch immer gearteten politischen Arrangements für eine gemeinschaftliche Regelung einiger Verwaltungsaufgaben offensichtlich. In einer Reihe von verfassungsgebenden Versammlungen entschlossen sich die Kolonien in den 90er Jahren, eine föderative Nation der Machtteilung mit einer Zentralregierung zu bilden. Volksbefragungen ergaben sehr unterschiedliche Ergebnisse im Hinblick auf die Unterstützung des Staatenbundes: Der Widerstand war am größten in New South Wales, das zunächst gegen die Föderation stimmte, in Queensland und in Western Australia, der Kolonie, die sich als letzte für den Beitritt entschied. Das Commonwealth of Australia wurde am 1. Januar 1901, dem ersten Tag des 20. Jahrhunderts, ins Leben gerufen. Die Staaten behielten ihre Parlamente bei und verteidigten eifersüchtig ihre Macht. Die Bundesregierung, die sich vor dem Umzug nach Canberra im Jahr 1927 in Melbourne befand, war zunächst sehr schwach, doch im Laufe der Zeit hat sie an Macht gewonnen.

NORDPAZIFIK
SARAWAK (brit.)
Borneo
Celebes
NIEDERLÄNDISCH-INDIEN (niederl.)
NIEDERLÄNDISCH-NEUGUINEA (niederl.)
KAISER-WILHELMS-LAND (dt.)
TERRITORY OF PAPUA (1906 austr.)
Neuirland (zu Kaiser-Wilhelms-Land)
Neubritannien (zu Kaiser-Wilhelms-Land)
Port Moresby
Kleine Sunda-Inseln
OST-TIMOR (port.)
TIMORSEE
ARAFURASEE
KORALLENSEE
nach Hong Kong
nach Britisch-Indien
nach Afrika und Europa via Suez-Kanal
INDISCHER OZEAN
Darwin
Katherine
Wyndham
Golf von Carpentaria
NORTHERN TERRITORY (bis 1911 Teil von South Australia)
Broome
Fitzroy
Port Hedland
Ashburton
AUSTRALIEN
Alice Springs
WESTERN AUSTRALIA 32 231
Murchison
Mount Magnet
Geraldton
Menzies
Kalgoorlie
Northam
Perth
Fremantle
Bunbury
Albany
SOUTH AUSTRALIA 34 959 (einschließlich Northern Territory)
Oodnadatta
Cooper Creek
Marree
Port Augusta
Port Pirie
Peterborough
Broken Hill
Große Australische Bucht
Adelaide
Kingston
Portland
Warrnambool
Cooktown
Cairns
Burketown
Normanton
Croydon
Flinders
Townsville
Hughenden
Mackay
Winton
Rockhampton
Emerald
Mount Morgan
Wendekreis des Steinbocks
Bundaberg
Maryborough
QUEENSLAND 57 705
Charleville
Brisbane
Toowoomba
Cunnamulla
nach Neuseeland
Inverell
Bourke
Darling
NEW SOUTH WALES 164 030
Dubbo
Newcastle
Bathurst
Sydney
Wollongong
Hay
Goulburn
Murray
Albury
VICTORIA 112 399
Bendigo
Ballarat
Melbourne (Bundeshauptstadt 1901 – 1927)
TASMANSEE
nach Afrika und Amerika
TASMANIEN 15 485
Launceston
Hobart
115° 125° 135° 145° 155°
5° 15° 25° 35° 45°
Wichtige Dampfschiffroute (spätes 19. Jahrhundert)
Eisenbahnnetz (1900)
Grenzen der Bundesstaaten (1901)
1911 hinzugefügte Grenzen
Hauptstädte der Bundesstaaten
Stimmenverhältnis im Volksentscheid über einen Staatenbund 1899/1900
dafür
dagegen
Maßstab 1: 25 000 000
0 600 Kilometer
0 400 Meilen
Gesamtbevölkerung der einzelnen Bundesstaaten (Erhebung von 1901)
Einwohner
1 000 000
500 000
200 000
15 485 Zahl der Rekruten für die Australian Imperial Force (AIF) von 1914 – 1918

Oben: Canberra wurde 1909 als zukünftiges Australian State Territory ausgewählt. Ein internationaler Wettbewerb für den Entwurf der neuen Hauptstadt wurde von Walter Burley Griffin (1876 bis 1937) gewonnen, einem Amerikaner. Sein Entwurf umfaßte einen künstlichen See und Parks, breite Avenuen und großzügige Prospekte, doch der Erste Weltkrieg verzögerte die Umsetzung. 1927 wurde ein Parlamentsgebäude eingeweiht, aber danach ließen die Weltwirtschaftskrise und ein weiterer Weltkrieg die Arbeiten an der Stadt erneut zum Erliegen kommen. Erst in den 50er Jahren entschloß sich die australische Regierung, das für den Ausbau Canberras benötigte Geld zur Verfügung zu stellen. In seinem Herzen liegt das neue Parlamentsgebäude, das während der Zweihundertjahrfeier 1988 eröffnet wurde und von einer Gruppe öffentlicher Gebäude umgeben ist, zu denen die Nationalbibliothek und das nationale Kriegerdenkmal gehören.

Während der 90er Jahre des 19. Jahrhunderts wurde eine australische Föderation auf verschiedenen Konferenzen diskutiert, und bis 1899 hatten fünf der sechs Staaten durch Volksentscheid einer föderativen Verfassung zugestimmt, die die Macht zwischen dem Parlament des Commonwealth (oder Bundesparlament) und den Parlamenten der einzelnen Staaten aufteilte. In Western Australia, das als letzte Kolonie in die Verhandlungen eintrat, wurde das Referendum, das den Beitritt bestätigen sollte, bis 1900 hinausgezögert. Dafür gab es mehrere Gründe: Perth ist weiter von Sydney und Melbourne an der Ostküste Australiens entfernt als Auckland und Wellington in Neuseeland. Für die *Sand gropers* von Western Australia (die diesen Namen mit Stolz benutzten) waren alle anderen Australier *»t'othersiders«* – »die von der anderen Seite«. Western Australia war als eine freie Kolonie proklamiert und unabhängig besiedelt worden, ohne jede Abhängigkeit von New South Wales. Darüber hinaus war es wirtschaftlich autark; die Entdeckung von Goldvorkommen schützte es vor den Auswirkungen der Wirtschaftskrise in den frühen 80er Jahren des 19. Jahrhunderts. Erst als die Bevölkerung der Goldfelder mit der Sezession drohte, um der föderativen Bewegung beizutreten, begann die Regierung von Western Australia ernsthaft einen Beitritt zur Union zu erwägen. Die Bewohner von Western Australia betrachteten sich weiterhin als anders; noch in den frühen 30er Jahren des 20. Jahrhunderts stimmten sie mit einer Zweidrittelmehrheit für den Austritt aus der Föderation, doch der Privy Council in London erkannte das Referendum nicht als verfassungsgemäß an.

Mit der Proklamation des Commonwealth of Australia am 1. Januar 1901 war der australische Nationalstaat offiziell geboren. Neuseeland hatte zunächst an den Verhandlungen für eine zentralisierte australische Verwaltung teilgenommen, doch die Tasmansee hatte sich für die politische Integration als eine zu große psychologische Barriere erwiesen. Auch wenn man die Möglichkeit eines späteren Beitritts Neuseelands zu der Föderation offengehalten hatte, waren die Gespräche ohnehin immer nur halbherzig geführt worden. Es gab offenbar kein Bedürfnis nach einem Beitritt – »eine enge Beziehung, doch ein sicherer Abstand« war das Motto. Aus dem Prozeß ihrer Selbstdefinition als Nicht-Australier ging der weiße Stamm der Neuseeländer als ein eigenständiges Volk hervor, und 1907 gewährte ein Gesetz des britischen Parlaments Neuseeland die Unabhängigkeit. Australien und Neuseeland waren unspektakulär vor einem kolonialen Hintergrund zu Nationalstaaten geworden. Da sie innerhalb des Empires auch den Status eines Dominions hatten, war die Loyalität zu Nation und Krone kein Widerspruch, und die Australier und Neuseeländer waren in der Lage, sich gleichzeitig als Nationalisten und als Kolonisten zu definieren.

Politische Kultur

Für Neuseeland, das seit den 50er Jahren des 19. Jahrhunderts eine verantwortliche Zentralregierung gehabt hatte, war der Übergang von einer Kolonie zu einem Dominion oder Nationalstaat ein relativ sanfter Prozeß. Doch in Australien mußte eine völlig neue Struktur der Zentralverwaltung aufgebaut werden. Nach den Bedingungen der Föderation traten die Staaten nur begrenzte und genau definierte Befugnisse an die Commonwealth-Regierung ab, unter anderem die Organisation der Verteidigung, die Außenpolitik, die Handhabung der Einwanderung und die Zollerhebung. Das Unterhaus der Zweikammern-Legislative, das House of Representatives, wurde durch Wahlbezirke gewählt, die in etwa die gleiche Größe hatten und jeweils einen Abgeordneten entsandten. Dieses war und ist die wichtigste gesetzgebende Körperschaft, die auch den Premierminister wählt. Das Oberhaus

Oben: Richard John Seddon war Neuseelands am längsten amtierender Premierminister (1893–1906). Er hatte als Schürfer, Lagerist und Gastwirt gearbeitet, bevor er mit soliden Referenzen für die Arbeiterschicht in die Politik eintrat. Er verfügte über ein Gespür für Publizität und eine eindrucksvolle Rhetorik, mit denen er die neuseeländische Politik veränderte. Er hatte den Parteivorsitz der Liberalen inne, als deren soziales Reformprogramm auf der ganzen Welt revolutionär war. Seddon übernahm die Verantwortung für Finanzen, Bildung, Verteidigung und Regierungsprojekte, und so wurde sein Regierungsstil zunehmend autokratisch. Die starke Identifikation der Liberal Party mit seiner Persönlichkeit trug nicht wenig dazu bei, daß sie nach seinem Tod im Amt an Einfluß verlor.

oder der Senat wurde die Kammer der Staaten, die auf dem Modell der USA basiert. In jedem der Staaten wurde die gleiche Anzahl von Senatoren gewählt, unabhängig von seiner Größe. Wie das House of Representatives wurde der Senat schon bald von politischen Parteien beherrscht.

Um der Gefahr vorzubeugen, daß New South Wales und insbesondere Sydney eine zu dominante Position in der Föderation einnehmen könnten, trat das Commonwealth-Parlament zunächst in Melbourne zusammen, doch um das Problem der Rivalität zwischen den Staaten zu lösen, entschied man sich bald, eine neue Hauptstadt für die Nation zu erbauen. Im Jahr 1911 erwarb man in Canberra zu diesem Zweck Land, und 1927 eröffnete der Herzog von York (der spätere König George VI.) offiziell das dortige Parlamentsgebäude. Es beherbergte bis 1988 das australische Nationalparlament, als es durch ein prächtiges neues Parlamentsgebäude abgelöst wurde, das während der Zweihundertjahrfeiern offiziell eröffnet wurde. Diese Veränderungen sind in gewisser Hinsicht eine Metapher für die wechselhafte Natur Australiens. Die in der feierlichen Rechtssprache des späten 19. Jahrhunderts geschriebene Verfassung ist ein gewichtiges Dokument, das die Beziehungen zwischen den sechs Staaten und der Commonwealth-Regierung regelt. Sie betont auch die zentrale Rolle der Monarchie und Großbritanniens im politischen Leben Australiens. Obwohl Australien ein unabhängiger Nationalstaat ist, war es auf diese Weise noch immer an das Empire gebunden. Zwar lockerten sich diese Bande im Laufe des 20. Jahrhunderts allmählich, doch sollten sie einen tiefgreifenden Einfluß auf die politische Kultur Australiens ausüben. Darüber hinaus gewann die Zentralregierung im Rahmen der Vereinbarungen zur Machtaufteilung mit der Zeit an Macht, während die Staaten an Macht verloren.

Die politischen Gegenspieler in den ersten beiden Nationalparlamenten waren die Protektionisten, die importierte Fertigprodukte mit Einfuhrzöllen belegen wollten, um Australien die Entwicklung einer industriellen Basis zu ermöglichen, und die Freihändler, die gegen Restriktionen aller Art eintraten. Die besseren Argumente lagen bei den Protektionisten, und seitdem verfolgen die australischen Regierungen eine protektionistische Politik. Mit der Bildung der kurzlebigen Labor-Regierung im Jahr 1904 wurde der Grundstein für eine moderne Parteienpolitik in Australien gelegt. Die Australian Labor Party spielte seitdem immer eine bedeutende Rolle in der Politik und war von 1910 bis 1917, 1929 bis 1932, 1941 bis 1949, 1972 bis 1975 und ab 1983 an der Macht. Die Mehrzahl der Regierungen wurde jedoch nicht von der Labor Party gebildet. Die wichtigste Oppositionspartei der Labor Party nahm eine Reihe von Namen an – Liberal, Fusion, Nationalist, United Australia Party –, bevor sie in den 40er Jahren zum Namen Liberal Party zurückkehrte. Sie dominierte die australische Regierung zwischen 1949 und 1972 und stellte Australiens Premierminister mit der längsten Amtszeit, Robert Menzies (1894–1978), der von 1939 bis 1941 und von 1949 bis 1965 dieses Amt innehatte. Die andere »konservative« Partei Australiens ist die Country Party, die ihren Namen in den 70er Jahren in National Party umwandelte.

Die bedeutendste Kraft in der politischen Frühgeschichte Neuseelands war die Liberal Party. Sie hatte von 1891 bis 1912 die Macht inne, überwachte die Wandlung Neuseelands zu einem unabhängigen Staat und leitete ein umfangreiches Programm der Sozialgesetzgebung und wirtschaftlichen Entwicklung ein, in dessen Rahmen Straßen und Bahnlinien gebaut und die milch- und fleischverarbeitende Industrie erweitert wurden. Während ihrer Regierungszeit und vor allem, als der volkstümliche Politiker Richard Seddon (»King Dick«, 1845–1906) von 1893 bis zu seinem Tod das Amt des Premiers bekleidete, organisierte sich die Politik in einer modernen Parteienlandschaft. Die Reform Party war von 1912 bis 1930 an der Macht, als sie eine Koalition mit der United Party einging, aus der sie als National Party hervorging. Sie war partikularistischer als die Liberal Party und wurde von den Bauern unterstützt. Seit den 30er Jahren war die Labor Party die Hauptoppositionspartei, die von 1935 bis 1949 zur kontrollierenden Kraft in der Regierung wurde. Seitdem war die National Party die dominierende Regierungspartei, deren Herrschaft durch die Labor-Regierungen von 1957 bis 1969, 1972 bis 1975 und 1984 bis 1990 unterbrochen wurde.

Obwohl die parlamentarischen Systeme in Australien und Neuseeland stark vom britischen Modell beeinflußt sind, gibt es beträchtliche Unterschiede. Zunächst einmal gibt es in keinem der beiden Länder eine konservative Kraft. Alle Parteien außer der Labor Party tendierten dazu, ein Konglomerat von Wirtschaftsinteressen zu sein, zum Beispiel der Landwirtschaft, der Industrie und des Handels. Wie ihre Gegner in der Labor Party sahen sie den Staat als Hauptgaranten für den Wohlstand des Volkes an und unterstützten bedeutende Sozialreformen. Obwohl Australien und Neuseeland den Ruf fortschrittlicher Gesellschaften hatten, zögerten ihre Regierungen eine Verfassungsreform hinaus, insbesondere im Hinblick auf die Staatsbürgerschaft. Australien und Neuseeland kannten bis zum Ende des Zweiten Weltkriegs keine formelle Staatsbürgerschaft – vorher waren die Einwohner beider Länder britische Untertanen. Während die Maori seit dem

Gallipoli: Das Entstehen eines Mythos

Unten links: Der australische Soldat, der *digger* mit dem tiefkrempigen Hut, wurde zu einer Ikone des australischen Nationalismus. *Kenneth Soldier* (1958) ist eines der Kriegsgemälde Sidney Nolans. Es bezieht sich vermutlich auf Kenneth Slessor, den zum Kriegsberichterstatter des Zweiten Weltkriegs gewordenen Poeten, doch das Motiv sind die ANZAC-Soldaten beider Weltkriege.

Alljährlich begehen die Australier und Neuseeländer den 25. April als Anzac Day (Tag des Armeekorps), ein Tag nationaler Erinnerung an die Landung in Gallipoli im Jahr 1915, als größtenteils dem ANZAC (Australischen und Neuseeländischen Armeekorps) angehörende Expeditionsstreitkräfte auf einem schmalen Küstenstreifen in der Türkei an Land gesetzt wurden. Das Bestreben war, die Türken aus dem Krieg auszuschalten und durch die Dardanellen und das Schwarze Meer einen Seeweg nach Rußland zu öffnen. Nach neun Monaten erbitterter Kämpfe wurde das Unternehmen aufgegeben. Die alliierte Streitmacht wurde in Nacht und Nebel zurückbeordert – zurückgelassen wurden 12 000 Tote, von denen 8500 Australier und 2700 Neuseeländer waren. Paradoxerweise bildete sich aus dieser Niederlage und aus dem Konflikt in Europa das australische und neuseeländische Nationalbewußtsein. Obwohl Interpretationen des ANZAC-Mythos kompliziert sind, ist die Geschichte selbst einfach erzählt: Eine Generation mutiger junger Australier und Neuseeländer zog in den Krieg, und aus ihrem enormen Blutzoll ging die australische und neuseeländische Nation hervor. Die alljährlichen ANZAC-Gedenkfeiern halten den Mythos am Leben: Australier und Neuseeländer, viele ungefähr im selben Alter wie die gefallenen Soldaten, pilgern jedes Jahr nach Anzac Cove, wo die erste Landung stattfand. Nur wenige können die Namen der verantwortlichen Offiziere oder herausragender Helden nennen. Es ist der einfache Soldat, der anonyme *digger*, dem dieser Tag nationaler Rückbesinnung gilt.

Unten: In den drei Wochen nach der Landung bei Gallipoli transportierte John Simpson Kirkpatrick (1892–1915), einfacher Sanitätssoldat im Australian Army Medical Corps, verwundete Männer von der Front an den Strand zu den wartenden Lazarettschiffen, indem er sie auf einen Esel lud. Er wurde am 19. Mai 1915 getötet. Fast augenblicklich wurde die Geschichte von Simpson oder dem »Mann mit dem Esel« zu einer zentralen Legende des australischen Nationalbewußtseins, die mit den biblischen Qualitäten der Treue und Aufopferung ausgeschmückt wurde. Über den Mann selbst war nicht viel bekannt. Heute weiß man aber, daß er ein vor dem Krieg nach Australien ausgewanderter Engländer war, der als Wanderarbeiter gearbeitet hatte.

Links: Der Maler George Lambert (1872–1930) wurde 1917 offizieller australischer Kriegsmaler. Er ist für seine zahlreichen Bilder von Gallipoli, insbesondere für seine prächtigen Darstellungen der australischen leichten Kavallerie, bekannt. Weniger glorifizierend ist sein Bild *Anzac – the Landing* (ANZAC – die Landung, 1920–1922), das mit topographischer Exaktheit den steilen Abhang abbildet, den die Soldaten überwinden mußten. Das Gemälde gehört heute zur Sammlung der nationalen Kriegsgedenkstätte.

Oben Mitte: Die größten Verluste erlitten die ANZAC-Soldaten, als sie in den ersten drei Tagen nach der Landung für Ablenkungsangriffe eingesetzt wurden, um den britischen Vorstoß vorzubereiten, der niemals kam. Die Überlebenden mußten neun Monate in den Schützengräben von Gallipoli ausharren. Briefe von der Front erzählten von Mut und Kameradschaft, doch die Realität des Stellungskrieges war ganz anders: Läuse, Krankheit, Tod, Langeweile und Fahnenflucht boten einen Vorgeschmack auf die Westfront.

Unten: In seinem 1960 geschriebenen gleichnamigen Theaterstück nennt Alan Seymour den Anzac Day *»The One Day of the Year« (Der einzige Tag des Jahres)*. In jeder Stadt Australiens beginnt er mit einem Frühgottesdienst, auf den eine Parade von ehemaligen Soldaten und eine Kranzniederlegung folgen. Doch wenn die Gedenkfeiern vorüber sind, ist der Anzac Day auch für Rüpeleien bei den nachmittäglichen »Besäufnissen« bekannt. Er ist der einzige Tag des Jahres, an dem das Glücksspiel *two-up* erlaubt ist.

19. Jahrhundert in Neuseelands politisches System einbezogen waren und vier Maori-Wahlbezirke ihre Abgeordneten in das Parlament entsandten, wurde den australischen Aborigines bis 1967 noch nicht einmal die Staatsbürgerschaft zuerkannt. Dieses Zögern, der vollen nationalen Autonomie Ausdruck zu verleihen, war kennzeichnend für die Langsamkeit, mit der beide Länder dem Statut von Westminster aus dem Jahr 1931 zustimmten, dem verfassungsrechtlichen Instrument, mit dem das britische Parlament den unabhängigen Dominions des Empires einen gleichen Status verlieh und die Selbständigkeit der einzelnen Länder erweiterte, unter gleichzeitiger Verminderung des britischen Einflusses. Das Statut wurde erst 1941 von Australien und 1949 von Neuseeland ratifiziert.

Der Erste Weltkrieg

Ironischerweise sollte eines der wichtigsten Ereignisse im Entstehungsprozeß der australischen und neuseeländischen Nationalität ein Krieg sein, der von europäischen Mächten auf der anderen Seite der Welt ausgetragen wurde. Als Großbritannien 1914 in den Ersten Weltkrieg eintrat, entsandten Australien und Neuseeland (zusammen mit den anderen Dominions und abhängigen Gebieten des britischen Weltreichs) sofort Freiwillige, um an den Kampfhandlungen teilzunehmen, und sie stellten ihre Fabriken auf die Munitionsproduktion um. Die Zahl der Rekrutierten beider Länder war groß: Ungefähr die Hälfte aller wehrfähigen Männer zog in den Krieg. Es gab Kritik an der Rolle, die das Australian and New Zealand Army Corps (ANZAC) im Krieg spielte, und an der späteren Mythologisierung, die seine Einsätze, insbesondere der bei Gallipoli, erfuhren. Die Kritiker argumentierten, daß Australier und Neuseeländer als marionettenhafte Kolonialsoldaten in einem Krieg kämpften, der keine oder nur eine geringe Bedeutung für sie hatte. Doch die öffentliche Meinung war fast einstimmig der Ansicht, daß der Krieg gegen das Deutsche Reich gerecht war. Darüber hinaus sah man die australische und neuseeländische Beteiligung als eine Rückzahlung der tiefen kulturellen Schuld, in der man gegenüber Großbritannien stand. Das neue Australien war erst 14 Jahre alt und Neuseeland halb so alt, als die Soldaten des ANZAC in die Schlacht zogen. Bilder, Zeitungen und Briefe von der Front, die abbildeten und beschrieben, wie Australier und Neuseeländer zum erstenmal unter ihrer Nationalflagge kämpften, hatten einen tiefgreifenden psychologischen Einfluß auf die daheimgebliebene Bevölkerung und weckten in ihr ein echtes Nationalgefühl.

Das Kriegsengagement wurde im Rahmen einer Partnerschaft eingegangen. Als man vorschlug, die australischen Einheiten aufzulösen und unter britisches Kommando zu stellen, streikte die Truppe. Außerdem brach Gewalttätigkeit auf den Straßen aus, als die Politiker in Australien die Wehrpflicht einführen wollten. Zwei Volksbefragungen wurden durchgeführt, und beide Male weigerte sich die Bevölkerung, wehrpflichtige Soldaten nach Übersee zu schicken. Gleichsam um die Unabhängigkeit des ANZAC hervorzuheben, stimmten auch die Soldaten an der Front gegen die Wehrpflicht, die von allen anderen kriegsführenden Parteien eingeführt worden war.

Im Ersten Weltkrieg mußten Australien und Neuseeland unverhältnismäßig viele Opfer beklagen. Von den 100 000 neuseeländischen Soldaten starben 16 000, und 45 000 wurden verwundet; von den 333 000 australischen Rekruten wurden fast 70 000 getötet und 100 000 verwundet – ein höherer Prozentsatz von Verlusten, als Großbritannien oder irgendein anderer Teil des britischen Empire erlitt. Weitere 30 000 starben an den Folgen ihres Kriegseinsatzes in dem Jahrzehnt nach dem Waffenstillstand von 1918. Solche Verluste hatten dramatische Auswirkungen auf das Leben in beiden Ländern. Zum erstenmal seit der Besiedlung der Kolonien gab es in der Bevölkerung einen Frauenüberschuß. Außerdem gehörte der Großteil der Männer, die getötet oder verwundet wurden, der Altersgruppe von 18 bis 25 Jahren an. Die Reaktion auf den

Krieg war eine Art betretenes Schweigen. Die Schriftstellerin Eleanor Dark (1901–1985) faßte die Stimmung zusammen, als sie schrieb, daß die Menschen die Toten nicht als »vergeudete Arbeitskraft, als weit fortgeworfene Genialität, als auf höchst tragische Weise geopferte potentielle Vaterschaft« sehen wollten. »Sie wollten den Gründen nicht zu tief auf den Grund gehen, und den letzten Konsequenzen noch weniger.«

Australien und Neuseeland brachten eine umfangreiche Kriegsliteratur hervor, doch in ihrem Hauptanliegen ist sie auf das Lokale begrenzt. Einige Werke, wie etwa John A. Lees neuseeländischer Roman *Citizen into Soldier* (Vom Bürger zum Soldaten, 1937) und *Flesh in Armor* (Fleisch in Eisen, 1939) des Australiers Leonard Mann, setzen sich direkt mit den Schlachtfeldern auseinander, die das Leben von so vielen Männern aus den Antipodenländern forderten. Erst in der großen Wirtschaftskrise der 30er Jahre begannen australische und neuseeländische Autoren, den Krieg in Europa offen zu kritisieren – obwohl bezeichnenderweise das Heldentum des ANZAC unangetastet blieb. Da so viele Männer tot oder verwundet waren, war es eine Folge des Krieges, daß eine herausragende Generation von Schriftstellerinnen Raum zur Entfaltung erhielt. Zu ihr gehörten unter anderem H. H. Richardson, Katherine Susannah Prichard (1883–1960), Eleanor Dark und Marjorie Barnard (1897–1990). Autorinnen hatten auch schon vorher eine bedeutende Rolle in der Literatur Australiens und Neuseelands gespielt und taten dies auch weiterhin, möglicherweise weil ihre von Männern dominierten Siedlergesellschaften das Schriftstellerhandwerk als »unmännliche« Beschäftigung ansahen. Frauen wandten sich auch deshalb dem Schreiben zu, um ihrer Energie Ausdruck verleihen zu können, da andere Berufe ihnen bis vor kurzem praktisch verschlossen waren.

Die Weltwirtschaftskrise

Australien und Neuseeland – stark von Exporteinnahmen für die Erzeugnisse der Landwirtschaft und der Viehzucht abhängig – waren beide sehr durch den internationalen Preisverfall betroffen, der zur Weltwirtschaftskrise in den 30er Jahren führte. Nur in Deutschland war die Arbeitslosenquote höher als in Australien, wo ungefähr 30 Prozent ihre Arbeit verloren; in Neuseeland betrug die Quote etwa 20 Prozent. Beide Länder hatten in den 20er Jahren hohe Kredite aufgenommen, um öffentliche Bauprojekte durchzuführen und die Infrastruktur für Landwirtschaft und Industrie zu verbessern. Als die Rückzahlungen fällig wurden, verstärkte dies noch die Auswirkungen der Inflation. Ohne ein zentrales Arbeitslosenprogramm waren private Einrichtungen wie Kirchengruppen nicht in der Lage, sich in angemessener Weise um die Opfer der Krise zu kümmern. Das Resultat war eine allgemeine soziale Verarmung. Aus dem wachsenden Klassenhaß gingen radikale Arbeiterbewegungen erstarkt hervor, während paramilitärische Organisationen, die sich an den Parallelen in Italien und Deutschland orientierten, ebenfalls Zulauf fanden.

Unter Schriftstellern und Intellektuellen setzten die Jahre der Weltwirtschaftskrise eine Stimmung des Zorns und der kritischen Gesellschaftsbetrachtung frei. In Neuseeland waren die Schriften Frank Sargesons, der soziale Außenseiter porträtierte, und anderer Autoren, wie John Mulgan, besonders einflußreich. In Australien wurden viele Schriftsteller durch die Weltwirtschaftskrise radikalisiert. Katherine Susannah Prichard, Jean Devanny (1894–1962, eine Neuseeländerin, die in den Zwanzigern nach Australien zog) und J. M. Harcourt (1902–1971), dessen Roman *Upsurge* (Aufbegehren) verboten wurde, weil man glaubte, er befürwortete eine Revolution des Proletariats, waren Kommunisten. Andere, wie Frank Dalby Davison (1893–1960) und Kylie Tennant (1912–1992), waren »Reisegefährten«, die die Sache unterstützten. Ihre Bücher spielten meist in städtischer Umgebung – ein wichtiger Schritt weg von den ländlichen Themen, die von früheren australischen Autoren bevorzugt worden waren. Die Erfahrung der Wirtschaftskrise schien eine umfangreichere Erzählform zu verlangen, um ihre mannigfaltigen Effekte

Oben: Die Weltwirtschaftskrise der 30er Jahre strapazierte die sozialen Initiativen Australiens bis zum äußersten. Jeder Dritte war arbeitslos, und die beschäftigungslosen Männer trieb es in die Städte, wo sie die Parks und öffentlichen Plätze bevölkerten. In einem Versuch, das Straßenbild zu säubern, schufen die Behörden eine Reihe von Lagern für die Arbeitslosen. Diese siedelte man weit von den Stadtzentren entfernt an, um das Risiko zu verringern, daß sich die soziale Unzufriedenheit ausbreitete und zu politischer Betätigung steigerte.

Links: Ein Gegenmittel für die Übel der Wirtschaftskrise war Phar Lap, ein Rennpferd, das zum »Freund der Wetter« aus der Arbeiterklasse wurde. Phar Lap war in Neuseeland gezüchtet, doch billig an einen gegen den Bankrott kämpfenden australischen Trainer verkauft worden. Daher fehlte ihm die Empfehlung eines Vollblutstammbaums, wie ihn die vom dünkelhaften Australian Jockey Club gesponserten Favoriten besaßen. Er erfreute seine Fans durch das Überwinden aller Hindernisse, die ihm in den Weg gelegt wurden, um 1930 den renommierten Melbourne Cup zu gewinnen. Er starb zwei Jahre später in Mexiko, wahrscheinlich an einer Kolik, obwohl ein Verbrechen vermutet wurde. Die Nation trauerte. Der Pferdekadaver wurde nach Australien überführt, ausgestopft und ausgestellt. Noch heute repräsentiert Phar Lap für die Australier die Tugenden der Beharrlichkeit, Entschlossenheit und des Mutes.

zu umreißen, und so löste der Roman die Kurzprosa sowie die Lyrik als literarische Hauptformen ab.

Im Hinblick auf das internationale Urheberrecht waren Australien und Neuseeland in Regionen eingeschlossen, die durch die Grenzen des britischen Empire definiert wurden – Grenzen, die bis 1975 ihre Gültigkeit behielten. Die meisten britischen Verleger hatten es sich zur Gewohnheit gemacht, sogenannte »Kolonialausgaben« zu drucken, die in Australien und Neuseeland für den halben oder für zwei Drittel des britischen Preises verkauft wurden. Eine Folge davon war, daß beide Länder mit billigen Büchern überschwemmt wurden. Im Verhältnis zur Einwohnerzahl wurden die Australier und Neuseeländer zu den größten Bücherkäufern der Welt, die ungefähr ein Drittel aller britischen Exporte konsumierten. Doch ansässigen Verlegern war es fast unmöglich, australische und neuseeländische Bücher auf einem wettbewerbsfähigen Preisniveau herauszubringen. Wenn australische und neuseeländische Autoren also veröffentlicht werden wollten, mußten sie ihre Manuskripte nach Übersee schicken. Mehr als zwei Drittel aller australischen und neuseeländischen Romane, die während der Wirtschaftskrise veröffentlicht wurden, erschienen mit dem Druckvermerk britischer Verlage. Die australischen und neuseeländischen Autoren, die ihre in Großbritannien veröffentlichten Bücher in ihren Heimatländern verkauften, erhielten nur ein Drittel der Tantiemen, die ihnen für die Verkäufe in Großbritannien gezahlt wurden. Dies allein unterschied das Schreiben ab den 30er Jahren des 20. Jahrhunderts von dem der 90er des 19. Jahrhunderts – die Schriftsteller mußten nun den Geschmack des britischen Lesepublikums berücksichtigen, da es mehr als zwei Drittel der Käufer repräsentierte, und die Themen waren nicht mehr so eng gefaßt. Viele Autoren fühlten sich veranlaßt, nach Großbritannien zu reisen, um mit dem Büchermarkt und der Welt der Verleger und Agenten in Kontakt zu treten.

Die Weltwirtschaftskrise hatte in jeder Hinsicht anhaltende Auswirkungen für Australien und Neuseeland, und sie prägte bis zu den 60er Jahren eine ganze Generation von Politikern und Sozialkritikern. Die Labor-Regierungen in Neuseeland (1935–1949) und Australien (1941–1949) hatten die wirtschaftlichen Verhältnisse der Dreißiger überstanden, und sie waren entschlossen, den Sozialvertrag mit dem Volk zu erneuern. Sie glaubten, es sei Aufgabe der Regierung, einen Puffer zwischen die Exzesse des Weltkapitalismus und das eigene Volk zu schieben. Der Anspruch Australiens und Neuseelands, die sozialwissenschaftlichen Experimentierstuben der Welt zu sein, erhielt neuen Auftrieb, als sie in den 40er und 50er Jahren einen Wohlfahrtsstaat aufbauten. Doch zunächst mußten sie einen weiteren Weltkrieg überstehen.

Krieg im Pazifik

Wie 1914 reagierten Australien und Neuseeland loyal, als Großbritannien sich wieder an die Dominions wandte, um militärische Unterstützung für den Kampf gegen das Deutsche Reich im Zweiten Weltkrieg zu erbitten. Premierminister Robert Menzies beriet sich nicht mit dem Parlament, bevor er den Kriegszustand verkündete – er erklärte im Radio: »Großbritannien befindet sich im Krieg, also befindet sich Australien im Krieg.« Als jedoch Japan im Dezember 1941 mit der Bombardierung von Pearl Harbor in den Krieg eintrat, wurden die Kampfhandlungen vor die Türschwelle Australiens getragen. Nachdem die Japaner im Februar 1942 die britische Garnison in Singapur eingenommen hatten, verschlechterten sich die Beziehungen zwischen Großbritannien und Australien. John Curtin (1885–1945), der Führer der Labor Party, die 1941 die Liberalen abgelöst hatte, forderte die Rückführung australischer Truppen aus dem Mittleren Osten für die Verteidigung Australiens, doch Churchill wiegelte seine Befürchtungen ab. Eine im Namen Curtins bekanntgegebene öffentliche Stellungnahme trug nicht dazu bei, die Lage zu entschärfen. In ihr hieß es: »Australien blickt auf Amerika, ohne im Hinblick auf unsere traditionelle Verbindung zum Vereinigten Königreich in einen Gewissenskonflikt zu geraten.«

Der Romanautor und Sozialkritiker Vance Palmer faßte Anfang 1942 die von den Australiern verspürte Anspannung zusammen, als er schrieb: »In den allernächsten Monaten kann es sich nicht nur entscheiden, ob wir als Nation überleben werden, sondern auch, ob wir es verdienen zu überleben. Bis jetzt hat keine unserer Leistungen dies bewiesen, und schon gar nicht in den Augen der Außenwelt. Wir können keine Monumente vorweisen, keine Stein gewordenen Träume, kein Guernica, keine heiligen Stätten. Wir könnten spurlos verschwinden und nur außerordentlich wenige Anzeichen dafür hinterlassen, daß einige Generationen lang ein Volk gelebt hat, das sich diese australische Erde zur Heimat gemacht hatte.« Die Australier hatten einen objektiven Grund zur Angst. Japanische Flugzeuge bombardierten Darwin und andere Hafenstädte im Norden, und ein japanisches U-Boot erschien im Mai 1942 im Hafen von Sydney und war für 19 Todesopfer verantwortlich. Eine bedeutende Seeschlacht wurde in der Korallensee zwischen der amerikanischen und japanischen Flotte ausgetragen. Als die Japaner in Papua einfielen, hielten australische Truppen erfolgreich Port Moresby gegen sie und trugen dazu bei, daß sie sich Ende 1942 zurückziehen mußten. Eine langwierige Schlacht um die Kontrolle über Guadalcanal wurde in den Salomonen ausgefochten. In Australien und Neuseeland verbreitete sich die Angst vor einer Invasion. Die Einführung von Verdunklungsregelungen und der Bau von Luftschutzbunkern ließen jeden die Gefahr spüren, und wenn die Neuseeländer etwas weniger in Panik zu sein schienen als die Australier, so nur deshalb, weil Australien ihr Puffer und Bollwerk war. Aus Selbsterhaltungstrieb und emotionaler Verbundenheit kämpfte Neuseeland mit Australien an allen Kriegsschauplätzen im Pazifikraum.

Letztlich wurde der Krieg im Pazifik ohne das Eingreifen der Australier oder der Neuseeländer entschieden, nachdem die USA die größte Seeschlacht aller Zeiten gewonnen hatten, die Schlacht von Midway. Trotz alledem fand eine Invasion von Australien und Neuseeland statt, wenn auch nicht durch die Japaner: Während des Krieges waren über eine Million amerikanische Soldaten dort stationiert. Die Auswirkungen waren gewaltig. Die Australier wurden süchtig nach dem Glanz von Hollywood – seit den 20er Jahren hatten sie pro Kopf statistisch jede Woche mindestens drei Kinofilme angesehen, ein weltweiter Rekord. Die amerikanischen Soldaten konnten sich in diesem Ruhm sonnen und gaben sich oft als Filmstars aus. Über 10 000 australische Kriegsbräute kehrten mit den Soldaten in die USA zurück. Die Amerikaner führten auch den Jazz ein – er wurde schnell beliebt, und bald entstanden im ganzen Land Jazzclubs. Das Eintreffen der amerikanischen Kultur war die erste äußere Bedrohung der britischen Vorherrschaft in den Antipodenländern seit der Ankunft der Ersten Flotte im Jahr 1788.

Wechsel des Bündnispartners

Nach dem Zweiten Weltkrieg hatten sich die alten Loyalitätsbande Australiens zum Empire gelockert. Erneut hatte es eine große Zahl von Soldaten für den Krieg bereitgestellt – über 550 000 (von einer Gesamtbevölkerung von 7 Millionen) hatten in Übersee gedient, von denen 23 000 im Krieg fielen und 8000 in japanischen Kriegsgefangenenlagern starben. Doch Australien stand nun der britischen Politik weitaus kritischer gegenüber als zuvor. Der Beitrag Neuseelands zum Weltkrieg war prozentual sogar noch größer – ein Viertel der männlichen Bevölkerung wurde zu den Waffen gerufen, und auch die Todesrate war höher. Doch obwohl Neuseeland Arbeitskräfte verlor, erreichte es die höchste landwirtschaftliche Produktivität aller kriegsbeteiligten Nationen und schickte alle Überschüsse an Großbritannien. Neuseeland stand noch immer vollständig hinter König und Empire.

Die sich rapide wandelnde Weltlage der 40er und 50er Jahre zwang Australien und Neuseeland jedoch dazu, ihre althergebrachten Loyalitäten neu zu bewerten, was ein Infragestellen der nationalen Identität mit sich brachte. Der Krieg im Pazifik hatte die Vorherrschaft des amerikanischen Einflusses

CHINA
Marco-Polo-Brücke Juli 1937
Tai'erzhuang März – April 1938
Shanghai August – November 1937
Changsha September 1941 – Januar 1942, Juni 1944
Hong Kong Dezember 1941
Wendekreis des Krebses
JAPANISCHES MEER
GELBES MEER
JAPAN kapituliert am 15. August 1945
Tokio 18. April 1942
Yokohama 18. April 1942
Yokosuka 18. April 1942
Nagoya 18. April 1942
Kobe 18. April 1942
Hiroshima 6. August 1945
Nagasaki 9. August 1945
NORDPAZIFIK
OST-CHINESISCHES MEER
Le Shima April 1945
Okinawa April – Juni 1945 Juni 1945
Formosa (Taiwan)
Formosa Oktober 1944
Bonininseln (Ogasawara Gunto)
Vulkaninseln (Kazan Retto)
Iwo Jima Februar – März 1945 März 1945
Marcus (Minami-Tori-Shima)
Parece Vela
Wake
Marianen
Saipan Juni – Juli 1944 Juli 1944
Tinian Juli – August 1944 August 1944
Guam Juli – August 1944 August 1944
Luzon Januar – Juni 1945
Philippinen Januar – Juni 1945 (teilweise)
Philippinensee Juni 1944
PHILIPPINENSEE
SÜDCHINESISCHES MEER
Leyte Oktober 1941 – Januar 1945
Leyte-Golf Oktober 1944
Ulithi September 1944
Yap
Eniwetok (Enewetak) Februar 1944
Kwajalein Januar – Februar 1944
Marshall-Inseln Januar – Februar 1944 (teilweise)
SULUSEE
Mindanao
Babelthuap
Peleliu September – Oktober 1944 Oktober 1944
Palau
Truk-Inseln (Chuuk-Inseln) 17. Februar 1944
Karolinen
CELEBESSEE
Borneo Juni – Juli 1945 (teilweise)
Morotai September 1944
Halmahera
Biak Mai – August 1944 August 1944
Nauru
Celebes
Bismarcksee März 1943
Neuirland
Juni – August 1944
Neubritannien März 1944 (teilweise)
Javasee Februar 1942
Java
BANDASEE
Neuguinea Dezember 1942 – Mai 1945 (teilweise)
Vella Lavella Oktober 1943
Vella-Golf August 1943
Salomonen August 1942 – Oktober 1943 (teilweise)
Buna November 1942 – Januar 1943
Kula-Golf und Kolombangara Juli 1943
Port Moresby 3. Februar, 10. März 1942
Timor
ARAFURASEE
Guadalcanal August – Dezember 1942
Guadalcanal August 1942 – Februar 1943
TIMORSEE
Korallensee Mai 1942
Darwin 19. Februar 1942
KORALLENSEE
INDISCHER OZEAN
Golf von Carpentaria
Neue Hebriden März 1942
Broome 3. März 1942
AUSTRALIEN
Neukaledonien März 1942
Wendekreis des Steinbocks
120° 130° 140° 150° 160°
40° 30° 20° 10° 0° 10° 20°

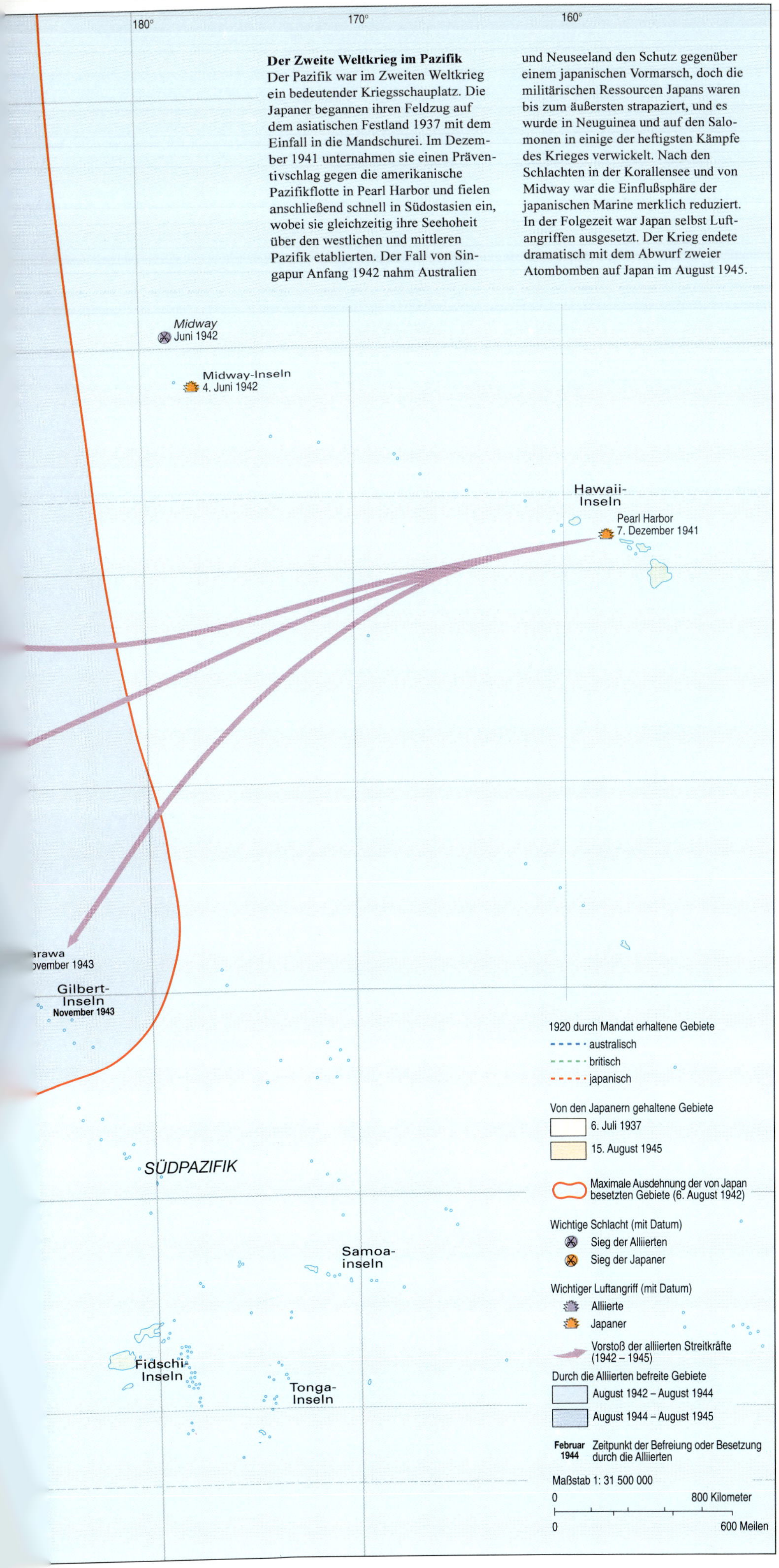

Der Zweite Weltkrieg im Pazifik
Der Pazifik war im Zweiten Weltkrieg ein bedeutender Kriegsschauplatz. Die Japaner begannen ihren Feldzug auf dem asiatischen Festland 1937 mit dem Einfall in die Mandschurei. Im Dezember 1941 unternahmen sie einen Präventivschlag gegen die amerikanische Pazifikflotte in Pearl Harbor und fielen anschließend schnell in Südostasien ein, wobei sie gleichzeitig ihre Seehoheit über den westlichen und mittleren Pazifik etablierten. Der Fall von Singapur Anfang 1942 nahm Australien und Neuseeland den Schutz gegenüber einem japanischen Vormarsch, doch die militärischen Ressourcen Japans waren bis zum äußersten strapaziert, und es wurde in Neuguinea und auf den Salomonen in einige der heftigsten Kämpfe des Krieges verwickelt. Nach den Schlachten in der Korallensee und von Midway war die Einflußsphäre der japanischen Marine merklich reduziert. In der Folgezeit war Japan selbst Luftangriffen ausgesetzt. Der Krieg endete dramatisch mit dem Abwurf zweier Atombomben auf Japan im August 1945.

in der Region nur zu deutlich gemacht, und Großbritanniens offensichtliche Unfähigkeit, seinen Einfluß östlich von Suez aufrechtzuerhalten, erforderte eine Überprüfung der australischen und neuseeländischen Außenpolitik. Obwohl Menzies von sich sagte, er sei »britisch bis zu den Schnürsenkeln« und seine fortdauernde Verpflichtung zu einem engen Verhältnis mit Großbritannien betonte, fiel seine Amtszeit doch in eine Periode des Übergangs, in der Australien seine Außenpolitik sehr viel stärker an die der USA anpaßte. Im Jahr 1951 wurde der ANZUS-Pakt (Pazifischer Sicherheitsvertrag) zwischen Australien, Neuseeland und den USA unterzeichnet, mit dem zwei ehemalige Kolonien zum erstenmal in der Geschichte in ein Bündnis eintraten, das Großbritannien nicht mit einschloß (es blieb bis 1987 bestehen, als der Entschluß Neuseelands, nuklearbetriebenen Schiffen den Zugang zu verwehren, die USA veranlaßten, Neuseeland als »freundlichen« und nicht mehr als »verbündeten« Staat zu bezeichnen). Australien und Neuseeland entsandten während des Koreakriegs (1950 bis 1953) und des Vietnamkriegs (1964 – 1975) Truppen für die von den USA angeführten Streitkräfte der Vereinten Nationen, obwohl Großbritannien am letzteren Konflikt nicht beteiligt war. Und als amerikanische Studenten begannen, gegen die Einmischung ihres Landes in den Vietnamkrieg zu protestieren, führten Studenten in Australien und Neuseeland ähnliche gegen den Krieg gerichtete Proteste in ihren Ländern durch. Was als Anliegen einer Minderheit begonnen hatte, entwickelte sich schnell zu einer Massenbewegung, mit dem Ergebnis, daß Australien bis 1972 sämtliche Soldaten zurückbeordert hatte. Nach Großbritanniens Beitritt zur Europäischen Gemeinschaft (EG) im Jahr 1972 wurde sein Verhältnis zu Australien noch gespannter, weil dadurch die Politik der Präferenz innerhalb des Commonwealths ein Ende hatte, die australischen und neuseeländischen Exporten nach Großbritannien günstige Bedingungen geboten hatte. Man betrachtete dies als Verrat, insbesondere in Neuseeland, dessen Wirtschaft sich in der Nachkriegszeit nicht im gleichen Maße wie die Australiens diversifiziert hatte und deshalb sehr auf den Export landwirtschaftlicher Erzeugnisse nach Großbritannien angewiesen war. Australien hatte andererseits stabile Handelsbeziehungen mit Japan, China und den USA aufgebaut.

In der wirtschaftlichen und sozialen Gesetzgebung änderten Australien und Neuseeland ihre traditionelle Haltung mit Rücksicht auf die internationalen Trends. Beide Staaten setzten der ungleichen Bezahlung der Geschlechter in den 70er Jahren ein Ende. Gleichzeitig wurde vom Konzept des Mindestlohns offiziell Abstand genommen, obwohl die Bedürfnisse der Arbeiter im Gegensatz zum Zahlungsvermögen der Arbeitgeber nach wie vor als Kriterien für die Festsetzung von Löhnen und Arbeitsbedingungen herangezogen wurden. In den 80er und 90er Jahren wandten sich beide Staaten von einer zentralisierten Lohnfestsetzung ab und favorisierten Betriebsverhandlungen am Arbeitsplatz. Der Republikanismus wurde in den 90er Jahren erneut zu einem wichtigen Thema in Australien und in einem geringeren Grade auch in Neuseeland. Mittlerweile waren nur noch Reste der Verbindung zur britischen Monarchie zurückgeblieben, die noch als zeremonielles Staatsoberhaupt fungierte, was durch das Amt des Generalgouverneurs verdeutlicht wurde. In beiden Ländern gab es eine lebhafte Diskussion, ob man die Monarchie abschaffen und statt dessen einen Präsidenten wählen solle.

Als vorwiegend englischsprachige Kulturen stellen Australien und Neuseeland etwas über 21 Millionen in einer Welt, die Schätzungen zufolge zwischen 750 Millionen und einer Milliarde Englisch sprechende Menschen umfaßt. Als koloniale Gesellschaften fühlten sich die kulturellen Eliten beider Länder angesichts des umfangreichen Korpus der englischen Literatur und der aufkeimenden amerikanischen Literatur überwältigt und überfordert. In jüngerer Zeit haben jedoch die eigenständigen Literaturen beider Staaten als solche Anerkennung gefunden. Im Jahr 1973 wurde der Status des australischen Schrifttums bestätigt, als Patrick White der Nobelpreis für Literatur zuerkannt wurde, während Thomas Keneally,

Peter Carey und – neben anderen neuseeländischen Autoren – Keri Hulme internationale Preise für ihr Schaffen erhielten. Australische und neuseeländische Bildungseinrichtungen gehören zu den weltweit führenden Instituten für das Erlernen von Englisch als Zweit- oder Fremdsprache. Einst eine tödliche Bedrohung kulturellen Lebens, erwies sich die englische Sprache mit der Zeit als einer der größten kulturellen Aktivposten, den die weißen Stämme der Antipoden besaßen.

Die Regierungen in Australien und Neuseeland haben immer wieder die Künste unterstützt, sei es in Form staatlicher Gelder, die für Funk und Fernsehen, Galerien, Museen, Bibliotheken und Bildungseinrichtungen bereitgestellt wurden, oder durch direktes Mäzenatentum. Es existieren keine umfangreichen privaten Kunststiftungen, und die Förderung ist deshalb traditionell Aufgabe der Regierungen. Im Jahr 1908 wurde das Commonwealth Literature Board (Australia) gegründet, damit mittellosen Autoren eine Altersrente gezahlt werden konnte. 1973 wurde es zum Literature Board of the Australia Council, mit einem Programm, das die Künste finanziell weit großzügiger unterstützte. Ein Dachverband der Künstler in beiden Ländern fördert Tanz, Theater, Film und Fernsehen, Literatur und bildende Künste. Eines der positivsten Resultate dieser Förderung durch den Staat war die Wiedergeburt australischer und neuseeländischer Kultur in allen Bereichen der Kunst seit den 70er Jahren. Der Erfolg zeigte sich international vor allem beim Film. In den 90er Jahren entfernte sich der australische Film von zeitgebundenen Themen, um sich auf das kosmopolitische Leben zu konzentrieren, wie in dem vielbeachteten Film von Baz Luhrmann, *Strictly Ballroom* (*Strictly Ballroom – Die gegen alle Regeln tanzen*, 1991), obwohl Stephan Elliotts *Priscilla: Queen of the Desert* (*Priscilla, Königin der Wüste*, 1994), die Geschichte einer Transvestiten-Revue, die im Hinterland auf Tournee geht, der australischen Legende eine überraschende neue Facette gab. Das Kino Neuseelands machte in den 90er Jahren einen bedeutenden Wandel durch, der vor allem von Jane Campion getragen wurde. Lee Tamahoris *Once were Warriors* (*Die letzte Kriegerin*, 1995), der auf Alan Duffs gleichnamigem Roman basiert, ist auf schonungslose Weise offen in seiner Aufwertung der Gesellschaft und der Werte der Maori.

Multikulturelle Gesellschaften

Der bei weitem einschneidendste Wandel in beiden Ländern vollzog sich in ihrer Einwanderungspolitik. Vor dem Zweiten

Bodennutzung in Australien und Neuseeland
Beide Länder entwickelten sich zu Agrargesellschaften, doch mit Unterschieden. In Australien ist der Großteil der landwirtschaftlichen Nutzfläche nur für extensive Weidewirtschaft geeignet, und so entstanden gewaltige Höfe und nur wenige Siedlungen. Weniger als zehn Prozent der Fläche sind für den Ackerbau (größtenteils Weizenanbau) geeignet, der sich im Südosten konzentriert. Dagegen ermöglicht Neuseelands gemäßigtes Klima eine intensive landwirtschaftliche Besiedlung. Schafzucht und Milchwirtschaft sind die Hauptformen der Landwirtschaft, der Obstanbau gewinnt an Bedeutung. Mit Ausnahme des Goldrausches im 19. Jahrhundert begann die Ausbeutung der reichen Bodenschätze Australiens erst nach dem Zweiten Weltkrieg; seine Industrien beschränken sich auf die Küstenregionen. Seit den 80er Jahren betätigt sich Australien auf Gebieten wie der Informations-, Luft- und Raumfahrttechnik, während Neuseeland neue Technologien der Lebensmittelverarbeitung entwickelte.

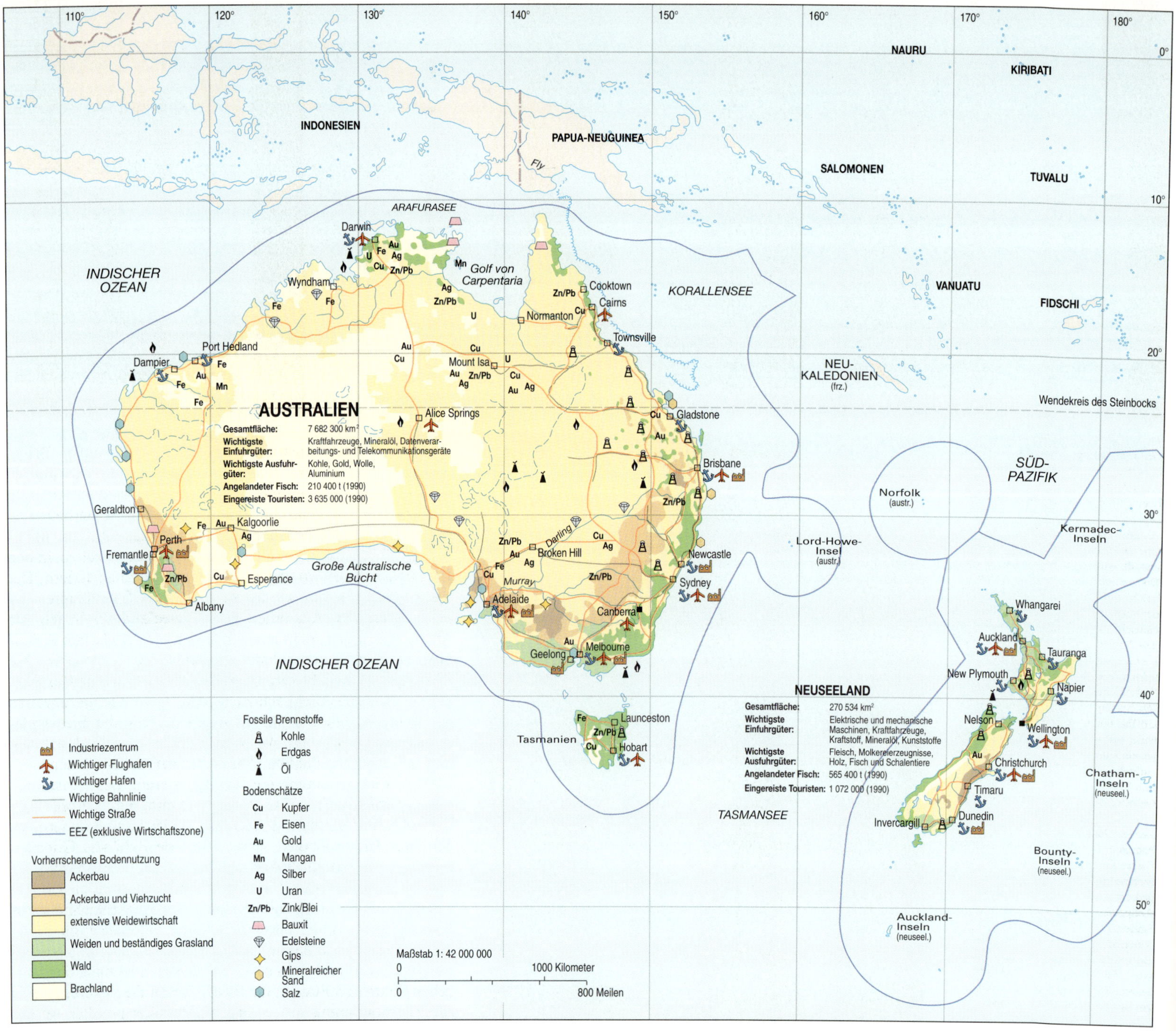

Oben: Lange Zeit beklagte man sich in der Öffentlichkeit oft darüber, daß Australien keine großen Monumente oder architektonischen Wahrzeichen besäße. Als aber in den 50er Jahren des 20. Jahrhunderts die Pläne für ein neues Opernhaus an der Hafenseite Sydneys enthüllt wurden, entstand eine hitzige Diskussion: Viele waren der Ansicht, daß hier in eklatanter Weise Steuergelder vergeudet werden sollten. Der dänische Architekt Jørn Utzon stieg aus dem Projekt aus, bevor die Bauarbeiten beendet waren. Heute wird sein Werk jedoch als eines der berühmtesten Wahrzeichen Australiens angesehen. Das Sydney Opera House wurde 1973 eröffnet und beherbergt eine Konzerthalle, eine Opern- und eine Theaterbühne, ein Kino sowie Proberäume und Aufnahmestudios. Hier konzentrieren sich kulturelle Hochleistungen auf allen Gebieten der darstellenden Kunst.

Rechts: Holly Hunter *(links)* und Anna Paquin in *The Piano* (*Das Piano*, 1993). Dieser Kinofilm wurde von der Neuseeländerin Jane Campion in Australien gedreht und ist einer der Filme der Antipoden, die höchste Anerkennung fanden. Er spielt im Neuseeland der Kolonialzeit und war der australische Beitrag für das Filmfestival in Cannes, wo ihm die prestigeträchtige Goldene Palme verliehen wurde. Außerdem gewann er drei Academy Awards.

Weltkrieg hatten Australien und Neuseeland außer Briten praktisch keine Einwanderer aufgenommen. Obwohl es bedeutende deutsche und skandinavische Minderheiten in Neuseeland und deutsche und italienische Minderheiten in Australien gab, erließen beide Länder Gesetze, um nichtbritische Migranten, vor allem Asiaten, abzuschrecken. In den 40er und 50er Jahren begann sich dies jedoch zu ändern: Der Wahlspruch war nun *»populate or perish«* (»bevölkere oder geh zugrunde«). Australien und Neuseeland fürchteten, sie würden von den rapide anwachsenden Gesellschaften Asiens wirtschaftlich in den Schatten gestellt werden, wenn sie ihre Einwohnerzahl nicht vergrößerten – und ihre eigene Bevölkerungszahl wuchs nicht schnell genug. Am Ende des Zweiten Weltkriegs stellten beide Staaten Geld für die Einwanderungshilfe bereit, und Australien und Neuseeland nahmen eine beträchtliche Zahl von Menschen auf, die durch den Konflikt in Europa entwurzelt worden waren. Die Einwanderungspolitik wurde auf nicht-englischsprachige Europäer erweitert, was die kulturelle Identität beider Länder änderte: In den 50er Jahren siedelte sich eine große Zahl von Griechen und Italienern in Australien an. In den 70ern verabschiedete sich Australien offiziell von der Politik des weißen Australiens – obwohl diese schon seit über zwei Jahrzehnten nur noch auf dem Papier bestanden hatte – und beseitigte sämtliche Rassenbeschränkungen in den Einwanderungsbestimmungen. In den Jahren vor dem Krieg glaubte man, daß zwischen 96 und 98 Prozent der australischen Bevölkerung britischer Abstammung waren, und die Politiker prahlten oft mit

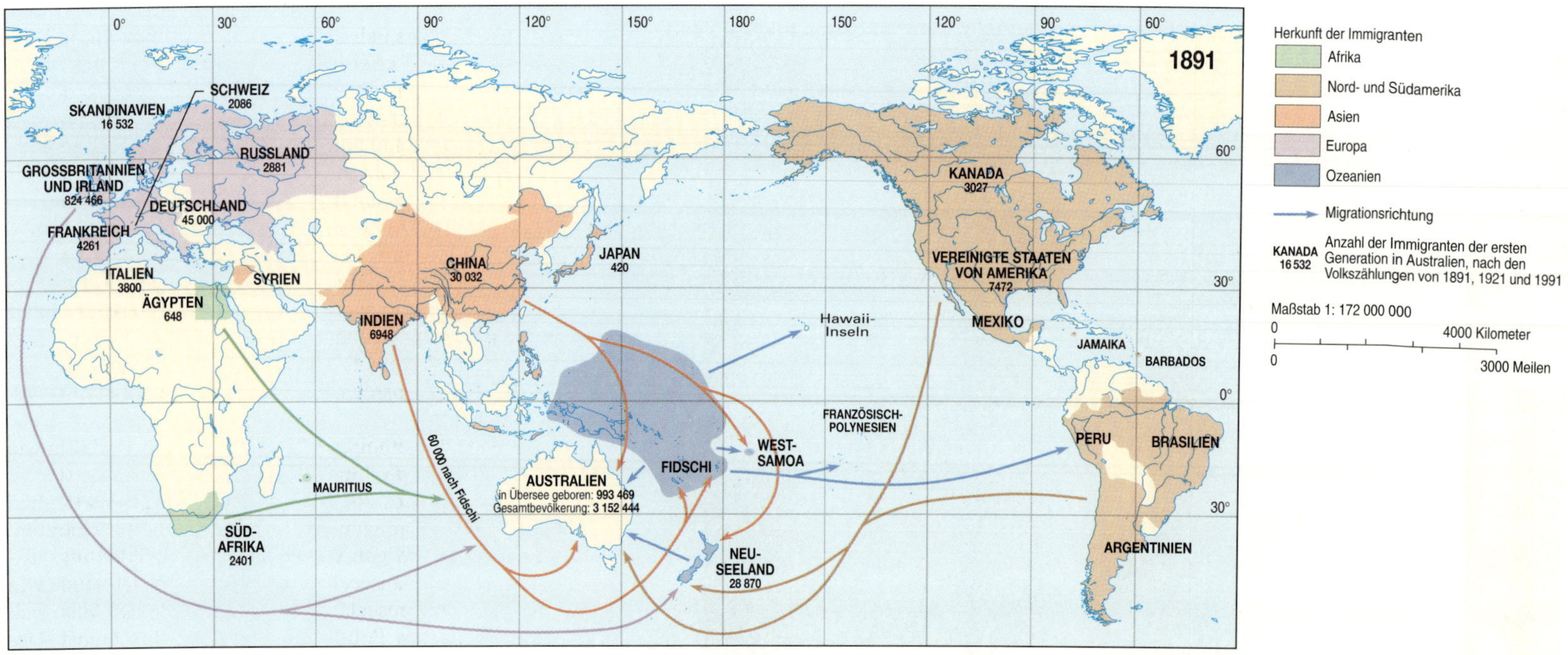

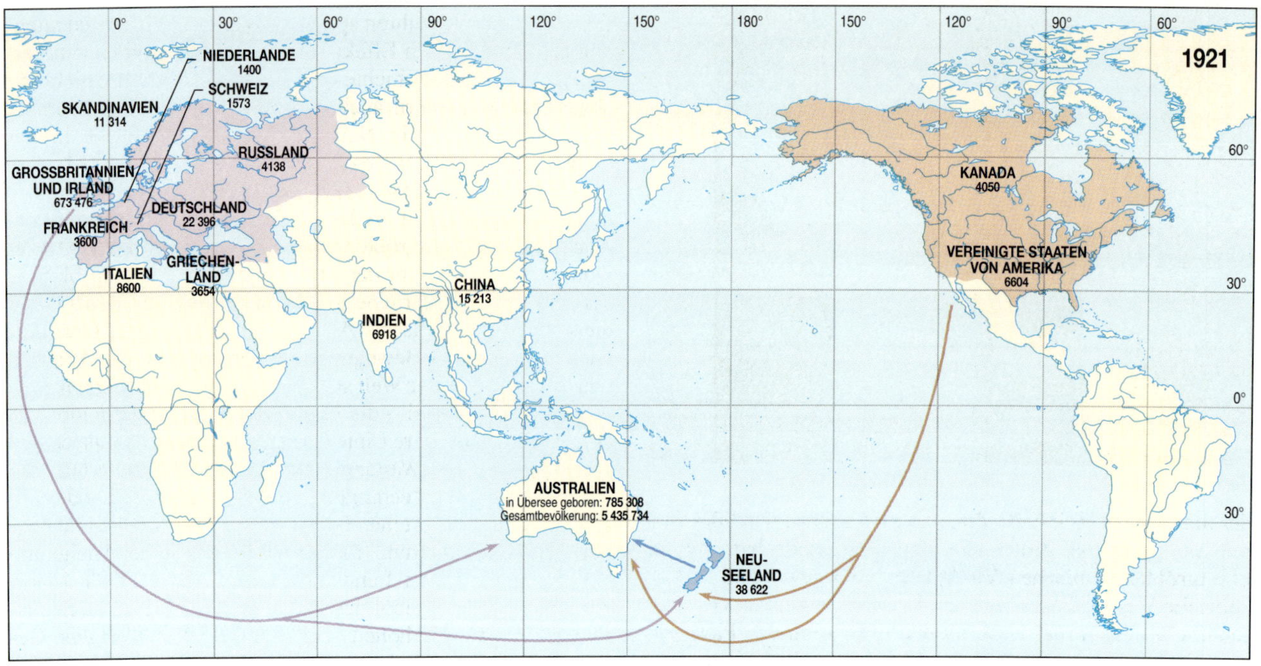

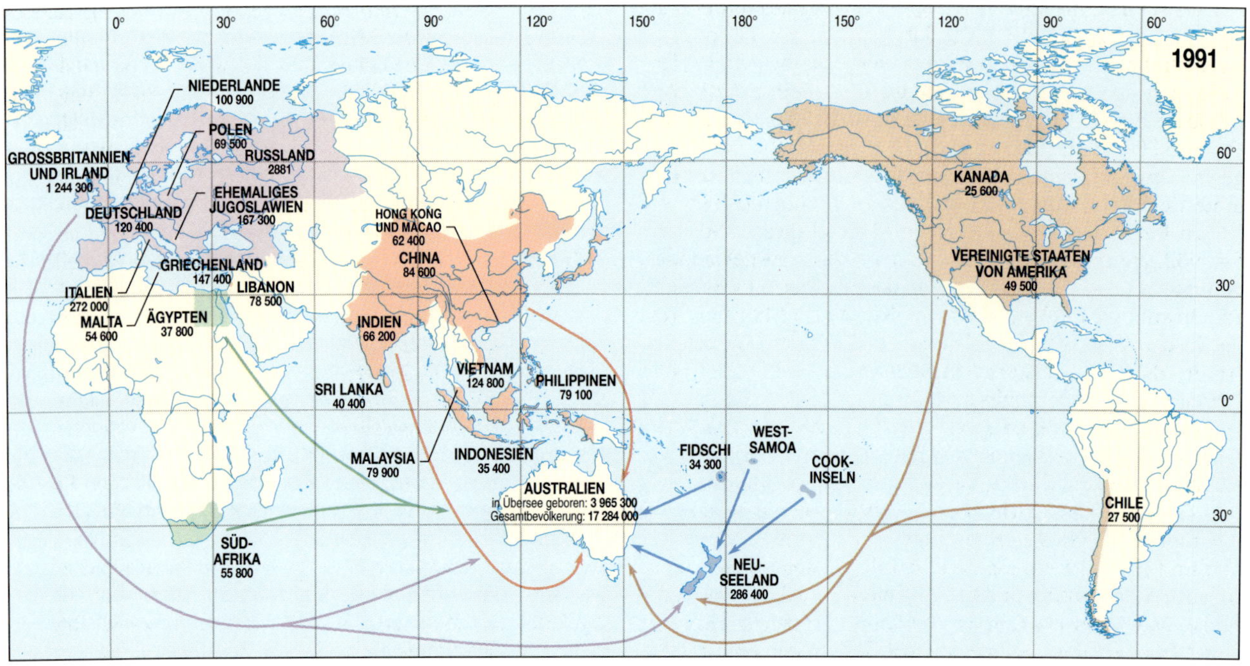

Einwanderungstrends
Die Zahlen der Immigranten der ersten Generation, die aus den Erhebungen der Jahre 1891, 1921 und 1991 stammen, sind klare Zeichen für die Auswirkungen der restriktiven Einwanderungsbestimmungen Australiens und Neuseelands – die sich hauptsächlich gegen Asiaten richteten – auf die Bevölkerungszusammensetzung im späten 19. und frühen 20. Jahrhundert. Nachdem jegliche Zuwanderung aus Asien verboten worden war, hatte sich die Anzahl der Chinesen der ersten Generation in Australien von 30 000 im Jahr 1891 bis 1921 halbiert. Die Anzahl von in Übersee Geborenen war ebenfalls gesunken, von einem Drittel auf 16 Prozent der Gesamtbevölkerung. Die Statistik von 1991 zeigt ein völlig anderes Bild. Immigranten der ersten Generation machen nun 25 Prozent der Gesamtbevölkerung aus. Besonders augenfällig ist die Zahl der neueren Einwanderer aus Südeuropa und dem Mittelmeerraum sowie aus China, Indien und Südostasien, die sich mit der Aufhebung sämtlicher Einwanderungsbeschränkungen in der Nachkriegszeit erklären läßt.

Oben: Gegen das zweihundertjährige Jubiläum der europäischen Besiedlung Australiens im Jahr 1988 protestierten zahlreiche Aborigines. Tausende von ihnen gingen am 26. Januar, dem Nationalfeiertag (Australia Day), in Sydney auf die Straße, als sich führende Politiker und Gäste, unter ihnen Königin Elizabeth II., zu einer offiziellen Zeremonie am Standort der ersten Siedlung versammelten. Ähnliche Proteste gab es in allen australischen Städten. Hier verkündet in Brisbane ein Banner: »Das weiße Australien hat eine schwarze Vergangenheit.« Die Demonstrationen trugen entscheidend dazu bei, die Anerkennung der Rechte der Aborigines durchzusetzen, die lange Zeit von den weißen Australiern ignoriert worden waren.

der »rassischen Reinheit« ihres Landes. Bis zu den 90er Jahren war Australien hinter Israel zu der Gesellschaft mit der zweitgrößten ethnischen Vielfalt der Welt geworden. Anglokeltische Wertmaßstäbe nehmen in der »imaginären Gemeinschaft« der Australier noch immer einen zentralen Platz ein, doch die Multikulturalität ist heute die offizielle Doktrin.

Dies schließt die Bevölkerung der Aborigines mit ein, die bis zum letzten Viertel des 20. Jahrhunderts von der offiziellen australischen Politik so gut wie vergessen waren. Im Jahr 1988 hielt man Gedenkfeiern ab, um das zweihundertjährige Jubiläum der Gründung des weißen Australiens zu begehen. Etwa 15 000 Aborigines gingen in Sydney auf die Straße, um gegen den fröhlichen Charakter dieser Veranstaltungen zu protestieren, was den weißen Australiern überdeutlich vor Augen führte, daß die Aborigines während dieser 200 Jahre fast völlig vom Selbstverständnis der Nation ausgeklammert gewesen waren. Dies traf sogar auf das künstlerische Schaffen zu. Obwohl die anglo-australische Künstlerin Margaret Preston in den 20er und 30er Jahren für ihre Gemälde bekannt wurde, die die Aborigines thematisierten, und in den 40er Jahren eine Gruppe anglo-australischer Dichter, die sich die Jindyworobaks nannten (was sich von dem Ausdruck der Aborigines für »sich zusammenschließen« ableitet), Mythen, Religion und zum Teil auch die Sprache der Aborigines in ihre Gedichte einzubeziehen versuchte, war die Kultur der Aborigines marginalisiert und ignoriert worden. Albert Namatjira (1902–1959), ein Mitglied der Aranda-Völker Zentralaustraliens, wurde in den 50er und 60er Jahren als Aquarellist und Landschaftsmaler berühmt. Trotzdem besaß er keine Bürgerrechte, bis sie ihm 1957 ausnahmsweise zuerkannt wurden, und es gab einen Skandal, als man ihn ins Gefängnis sperrte, weil er ein alkoholisches Getränk mit einem Freund, der ein Ureinwohner war, geteilt hatte (es war damals den Aborigines-Völkern verboten, Alkohol zu kaufen und zu konsumieren). Gedichte und Romane der Aborigines erschienen erst in den 60er Jahren in gedruckter Form. Als sich der Kampf der Aborigines um ihre kulturelle Identität zunehmend politisierte, konzentrierte sich ihr Protest auf die Streitfrage des Grundbesitzrechtes. Doch erst 1977 wurde den Aborigines das Recht auf Landeigentum zuerkannt, als bestimmten Stammesgruppen in Reservaten des Northern Territory unter staatlicher Kontrolle Grundbesitz zugesprochen wurde. 1993 wurde die *terra-nullius*-Regelung aufgehoben und das ursprüngliche Eigentumsrecht der Aborigines auf Australien gesetzlich anerkannt.

Neuseeland ist in ethnischer Hinsicht nicht so vielfältig wie Australien, obwohl die Gesamtheit der Bevölkerung sich in der zweiten Hälfte des 20. Jahrhunderts stark gewandelt hat, als immer mehr Migranten aus Kontinentaleuropa eintrafen. Viele Jahre hindurch gab es einen freien Bevölkerungsaustausch über die Tasmansee. In Sydney lebt eine Gemeinde von mehreren tausend Neuseeländern – vor Wahlen bemühen sich die neuseeländischen Politiker intensiv um ihre Gunst. Der Strom junger Neuseeländer nach Australien war besonders in den 70er und 80er Jahren spürbar, als er auch einen bedeutenden psychologischen Effekt auf die Nation ausübte. Zum erstenmal in ihrer Geschichte begann die Bevölkerung nicht nur abzunehmen, sondern auch zu altern. Als die Verknappung von Arbeitskräften in Neuseeland zunahm, zog es immer mehr Gastarbeiter von den Pazifikinseln in das Land – besonders von den Cook-Inseln, aus Samoa, Tonga und Fidschi. Die meisten siedelten sich in den großen Städten an, vor allem in Auckland, das zur »größten polynesischen Stadt der Welt« geworden ist. Die Kultur der Maori und – im weiteren Sinne – der Polynesier erfuhr eine Renaissance. Bei den Maori nahm diese die Form politischer Aktivität an. In den 60er Jahren entwickelte sich eine Bewegung, die das Unrecht des Vertrags von Waitangi aus der Welt schaffen wollte. Im Parlament wurde eine Maori-Partei – die Mana Motuhake – gegründet, die eine nationalistischere Linie vertritt. Die neuseeländische Regierung stellte ein Waitangi-Tribunal auf, um die Klage der Maori gegen die unrechtmäßige Enteignung ihres Landes anzuhören, und schlug einen Fonds vor, der eine »volle und endgültige« Entschädigung für die widerrechtliche Aneignung und die ungerechten Landkäufe leisten sollte. Viele Maori wiesen dieses Angebot jedoch zurück und forderten ausschließlich die Oberhoheit über ihre Gebiete und eigene Gesetze, wobei sie sich darauf beriefen, daß ihnen dieses durch die Formulierung *te tino rangatiratanga* im Vertrag zugesichert worden war. Die Militanz ist besonders groß unter den jungen Maori in den Städten, in denen auch die Arbeitslosenquote hoch ist. Es gibt die nachdrückliche Forderung, den Maori-Namen für Neuseeland, Aotearoa, wieder anzunehmen.

Bis zum letzten Jahrzehnt des 20. Jahrhunderts waren viele Menschen in Neuseeland zu der Auffassung gelangt, daß ihr Land untrennbar mit der sich herausbildenden regionalen Wirtschaft und Gesellschaft des Pazifiks verbunden sei und nicht so sehr einen europäischen Außenposten darstelle. In den 80er Jahren sagte der damalige Premierminister David Lange: »Wir … akzeptieren, was die Landkarte uns sagt: daß wir eine südpazifische Nation sind.« Im Gegensatz dazu sahen viele Australier ihre Zukunft in einer engeren Kooperation mit den prosperierenden Wirtschaftsnationen Südostasiens und mit Japan. Hatte Australien sich früher als der »andersartige Außenseiter in Asien« beschrieben, wollte es nun der »andersartige Innenseiter« sein. Das zunehmend auf den Pazifik ausgerichtete Selbstverständnis Neuseelands und die gewachsene Bereitschaft Australiens, sich in wirtschaftlicher Hinsicht Asien anzunähern, könnten in letzter Konsequenz dazu führen, daß sich die Wege der weißen Stämme der Antipodenländer in emotionaler Hinsicht trennen, obwohl ihre gemeinsame Geschichte sie noch immer eng verbindet.

DER SÜDPAZIFIK HEUTE

Unabhängige Pazifikstaaten

Eine der Folgen des Zweiten Weltkriegs im Pazifik war es, daß sich das Ende des Kolonialismus alten Stils beschleunigte: Der Krieg selbst hatte viele der Pazifikinseln stärkeren äußeren Einflüssen ausgesetzt, und im veränderten politischen Klima der Nachkriegszeit wurde ein internationaler Druck ausgeübt, der die Entkolonialisierung zum Ziel hatte. In unmittelbarer Nachbarschaft der Region wurde im ehemaligen Niederländisch-Indien ein erbitterter Befreiungskrieg ausgefochten. Die Kolonialmächte im Pazifik fanden sich bereit, Verfassungsbestimmungen zu ändern, um den Inseln ein größeres Mitspracherecht in ihren Angelegenheiten zu gewähren und ihnen mehr Rohstoffe zugänglich zu machen, was ihnen den Weg zur völligen Unabhängigkeit oder Selbstverwaltung ebnen sollte.

West-Samoa war der erste Pazifikstaat, der im Jahr 1962 seine vollständige Unabhängigkeit von Neuseeland erlangte, und bis 1980 waren acht weitere dem Beispiel gefolgt: Nauru (1968), Fidschi (1970), Tonga (1970), Papua-Neuguinea (1975), die Salomonen (1978), Kiribati (1978), Tuvalu (1978) und Vanuatu (1980). Sie alle waren ehemalige britische Territorien oder australische und neuseeländische Kolonien und Treuhandgebiete. Die Cook-Inseln und Niue sind selbstverwaltete Staaten in freier Assoziation mit Neuseeland. Durch gegenseitige Übereinkunft trägt Neuseeland die Verantwortung für die auswärtigen Angelegenheiten und die Verteidigung, während die Inselbewohner praktisch eine doppelte Staatsbürgerschaft besitzen und jederzeit nach Neuseeland einreisen dürfen. Alle diese pazifischen Inselstaaten haben eine Form der Parlamentsregierung angenommen, die auf dem britischen Vorbild basiert. Es gibt jedoch beträchtliche Unterschiede in ihren Regierungssystemen, die mehr oder weniger Elemente traditioneller Sozial- und Herrschaftsstrukturen widerspiegeln.

Am oberen Ende der Skala steht das Königreich Tonga. Obwohl es ab 1901 britisches Protektorat war, wurde es nie gänzlich von einer Kolonialmacht annektiert, und es konnte sich eine einmalige politische Kontinuität und Autonomie bewahren. Tonga ist seit 1845 eine Monarchie, deren Herrscher von den Oberhäuptlingen abstammen, die siegreich aus den Bürgerkriegen der ersten Hälfte des 19. Jahrhunderts hervorgegangen waren. Der erste von diesen Herrschern, Taufa'ahau, wurde zum Christentum bekehrt und regierte als König George Tupou I. Die 1875 von ihm eingeführte Verfassung ist noch heute in Kraft. Der Monarch hat beträchtliche Machtbefugnisse: Die Gesetzgebende Versammlung Tongas besteht aus einem Kabinett, dem etwa zwölf vom Monarchen ernannte Mitglieder, neun von den 33 erblichen Trägern von Adelstiteln des Königreichs gewählte adlige Mitglieder und neun von der gesamten erwachsenen Bevölkerung gewählte Mitglieder angehören. Der König ernennt ein adliges Mitglied der Versammlung zum Sprecher. Bis vor kurzem gab es keine politischen Parteien.

Es wäre zwar eine Vereinfachung, das tonganische Regierungssystem als bloße Fortführung des polynesischen Systems der Häuptlingsherrschaft zu betrachten, aber es ist sicherlich in der polynesischen Kultur verwurzelt, die die soziale Hierarchie sehr betonte. Diese Tatsache hat zusammen mit dem Respekt der Tonganer vor der königlichen Familie und ihrer Liebe zu ihrem Monarchen zu seiner Erhaltung beigetragen. In den letzten Jahren wurden jedoch mehr und mehr Stimmen laut, die einen Wandel forderten. In den 80er Jahren

Oben links: Kleine Pfadfinderinnen mit papua-neuguineanischen und britischen Flaggen begrüßen Königin Elizabeth II. bei ihrem Besuch in Port Moresby, der Hauptstadt Papua-Neuguineas. Das Land wurde 1975 eine unabhängige parlamentarische Demokratie innerhalb des britischen Commonwealths. Die Königin als formales Staatsoberhaupt wird durch einen Generalgouverneur repräsentiert, der vom Parlament ernannt wird.

Oben: Indische Zuckerrohrschneider in Fidschi zur Zeit der Staatsstreiche von 1987. Die ersten Lohnarbeiter kamen 1879 aus Indien nach Fidschi. Über 60 000 waren ihnen gefolgt, bevor das Lohnarbeitersystem 1916 beendet wurde. Viele blieben nach Ablauf ihrer Verträge in Fidschi, und ab 1945 übertraf die Bevölkerung indischer Fidschianer zahlenmäßig ein wenig die ethnischen Fidschianer. Seit den Verfassungsänderungen, die auf die Putsche von 1987 folgten und die ethnischen Fidschianer begünstigen, verlassen indische Fidschianer vermehrt das Land und ziehen ihr Kapital ab.

Links: König Taufa'ahau Tupou IV. von Tonga unternimmt eine Fahrradfahrt, während seine Eskorte an seiner Seite joggt. Der König war der erste Tonganer, der einen akademischen Titel erwarb. Er löste 1965 seine Mutter, Königin Salote, auf dem Thron ab und erlebte 1970 den Übergang Tongas zur vollständigen Unabhängigkeit von Großbritannien. König Taufa'ahau wird eng mit den Reformen der Regentschaft seiner Mutter in Verbindung gebracht, doch er schlug einen Mittelweg zwischen weiteren Reformen und einer konservativen Grundhaltung ein, die an der traditionellen Machtstruktur Tongas festhält. Der ihm entgegengebrachte Respekt wirkte dämpfend auf die Forderungen nach einer Verfassungsänderung.

entstand eine inoffizielle Oppositionsbewegung, die für mehr Demokratie und die Einschränkung der ministerialen Privilegien sowie der Geheimhaltung eintritt. Die Bewegung ging von Universitätsabsolventen und vom öffentlichen Dienst aus und trug mit ihren Anstrengungen dazu bei, daß die Frage der Demokratie einen wichtigen Platz auf der Tagesordnung der tonganischen Politik eroberte. Die Wahlergebnisse der 90er Jahre zeigten, wie breit die Basis für eine politische Reform in der Bevölkerung ist. Es erwies sich, daß auch dieser traditionellste aller Pazifikstaaten sich auf gewisse Verfassungsänderungen einstellt.

Nach Tonga hat vermutlich West-Samoa die stärksten Verbindungen zu traditionellen politischen Strukturen. Einer der *tama ainga*, der vier Oberhäuptlinge, wird von der Gesetzgebenden Versammlung *(Fono)* zum Staatsoberhaupt bestimmt. Malietoa Tanumafili II., Staatsoberhaupt bei Erlangung der Unabhängigkeit im Jahr 1962, wurde auf Lebenszeit gewählt. Die Verfassung legt fest, daß nach seinem Tod das Staatsoberhaupt für jeweils fünf Jahre gewählt wird. In den Diskussionen, die der Unabhängigkeit vorangingen, entschied man durch Plebiszit, daß der Großteil der Stimmen für den *Fono* den *matai* vorbehalten sein solle, den adligen Führern der Großfamilien, die von allen Erben der jeweiligen Titel in diese Position gewählt wurden. Wie in Tonga drängt man jedoch auf eine begrenzte Reform, und in einem weiteren Volksentscheid stimmte 1990 eine knappe Mehrheit für die Einführung des Wahlrechts für alle Erwachsenen. Die neue Wählerschaft besteht aus allen Bürgern über 21 Jahren, obwohl nur die *matai* einen Sitz in der Versammlung einnehmen können. Ein Resultat war, daß sich der Prozentsatz weiblicher Wähler beträchtlich erhöht hat. Die begrenzte Wahlregistration beim Plebiszit von 1990 und der knappe Sieg deuten nicht auf eine völlige Ablehnung der früheren Verhältnisse hin.

In Fidschi hat sich der Große Häuptlingsrat innerhalb des Parlaments- und Parteiensystems einen beträchtlichen Einfluß bewahrt. Unter der Verfassung von 1970 stellte er die Mehrheit der Mitglieder des Senats, des Oberhauses des Parlaments, und nach 1987, als zwei Militärputsche stattfanden, schien sich sein Einfluß noch zu vergrößern. Der eigentliche Kern der Krise war eine Verschiebung des Machtgleichgewichts zwischen den ethnischen Fidschianern (1970 43 Prozent der Bevölkerung) und den Indo-Fidschianern (51 Prozent), die von den indischen Vertragsarbeitern abstammen, welche während der Kolonialzeit zur Arbeit auf den Zuckerrohrplantagen eingestellt worden waren. Unter britischer Herrschaft wurde der Trennung beider Bevölkerungsteile nicht nur durch die Unterschiede in Sprache, Religion und Brauchtum Vorschub geleistet, sondern auch durch die Politik der Kolonialherren. Die Verfassung des unabhängig gewordenen Staates garantierte beiden Gruppen eine Repräsentation, sicherte aber den Interessen der ethnischen Fidschianer einen besonderen Schutz zu. Anfangs schien ein tragfähiger Kompromiß erreicht: Die ethnischen Fidschianer behaupteten ihren Grundbesitz, während ein Teil der indo-fidschianischen Bevölkerung im Handel und in der Industrie erfolgreich war. Im Jahr 1987 wurde jedoch die Alliance Party von einer politischen Partei besiegt, die stark von den Indo-Fidschianern unterstützt wurde. Die ethnischen Fidschianer begannen, den Verlust der politischen Kontrolle zu befürchten, und die Armee schritt ein mit dem Ziel, die gewählte Regierung ihres Amtes zu entheben. In der Folge wurde die Verfassung ergänzt, um die »traditionell fidschianische« Natur des Staates hervorzuheben und die Dominanz der ethnischen Fidschianer in der Politik zu sichern.

Vanuatu besitzt einen Nationalrat von Häuptlingen, der die Regierung in Fragen der Sitte und Tradition berät, doch in anderen Teilen Melanesiens können die angestammten politischen Führer auf der lokalen Ebene den stärksten Einfluß haben, wo sie im Auftrag ihrer Gemeinde eine Vermittlerrolle zwischen ihr und der Landes- und der Provinzregierung wahrnehmen. Während die Ansammlung von Reichtum schon immer eine Rolle bei der melanesischen Führerschaft gespielt hat, trugen wechselnde politische und wirtschaftliche Umstände zu Verschiebungen in der anerkannten Macht- und

JAPAN
USA
CHINA
OST-CHINESISCHES MEER
Midway Inseln
Staatsgebiet der
USA
Wendekreis des Krebses
Taiwan
Hanoi
LAOS
VIETNAM
Manila
SÜD-CHINESISCHES MEER
PHILIPPINEN
USA
PHILIPPINEN-SEE
GUAM
nicht eingegliedertes Staatsgebiet der USA
USA
NÖRDLICHE MARIANEN
selbständiges Mitglied des USA-Commonwealths
USA
Saipan
Agaña
Wake
Staatsgebiet der USA
USA
Enewetak
Bikini
MARSHALL-INSELN
(USA, 1990)
in freier Assoziation mit den USA
Dalap-Uliga-Darrit
BRUNEI
Begawan
MALAYSIA
CELEBESSEE
Koror
PALAU
(USA, 1994)
in freier Assoziation mit den USA
FÖDERIERTE STAATEN VON MIKRONESIEN
(USA, 1990)
in freier Assoziation mit den USA
Palikir
Bairiki
Yaren
NAURU
(Aus, 1968)
INDONESIEN
JAVASEE
BANDASEE
Jakarta
PAPUA-NEUGUINEA
(Aus, 1975)
Port Moresby
ARAFURASEE
SALOMONEN
(GB, 1978)
Honiara
TUVALU
(GB, 1978)
Fongafale
TIMORSEE
Darwin
KORALLENSEE
INDISCHER OZEAN
VANUATU
(GB/Frankr., 1980)
Port-Vila
FIDSCHI
(GB, 1970)
Suva
USA
NEU-KALEDONIEN
französisches Staatsgebiet
Fr
Nouméa
Monte-Bello-Inseln
GB
Wendekreis des Steinbocks
Alice Springs
AUSTRALIEN
(GB, 1901)
GB/USA
Brisbane
Norfolk
australisches Staatsgebiet
USA
Kermadec Inseln
zu Neuseeland
Maralinga
GB
Perth
Emu
GB
Darling
Murray
Große Australische Bucht
Adelaide
Sydney
Canberra
Melbourne
Auckland
TASMANSEE
Tasmanien
Wellington
Hobart
Christchurch
INDISCHER OZEAN
NEU-SEELAND
(GB, 1907)
USA
Auckland-Inseln
zu Neuseeland
30°
20°
10°
0°
10°
20°
30°
40°
50°
110°
120°
130°
140°
150°
160°
170°

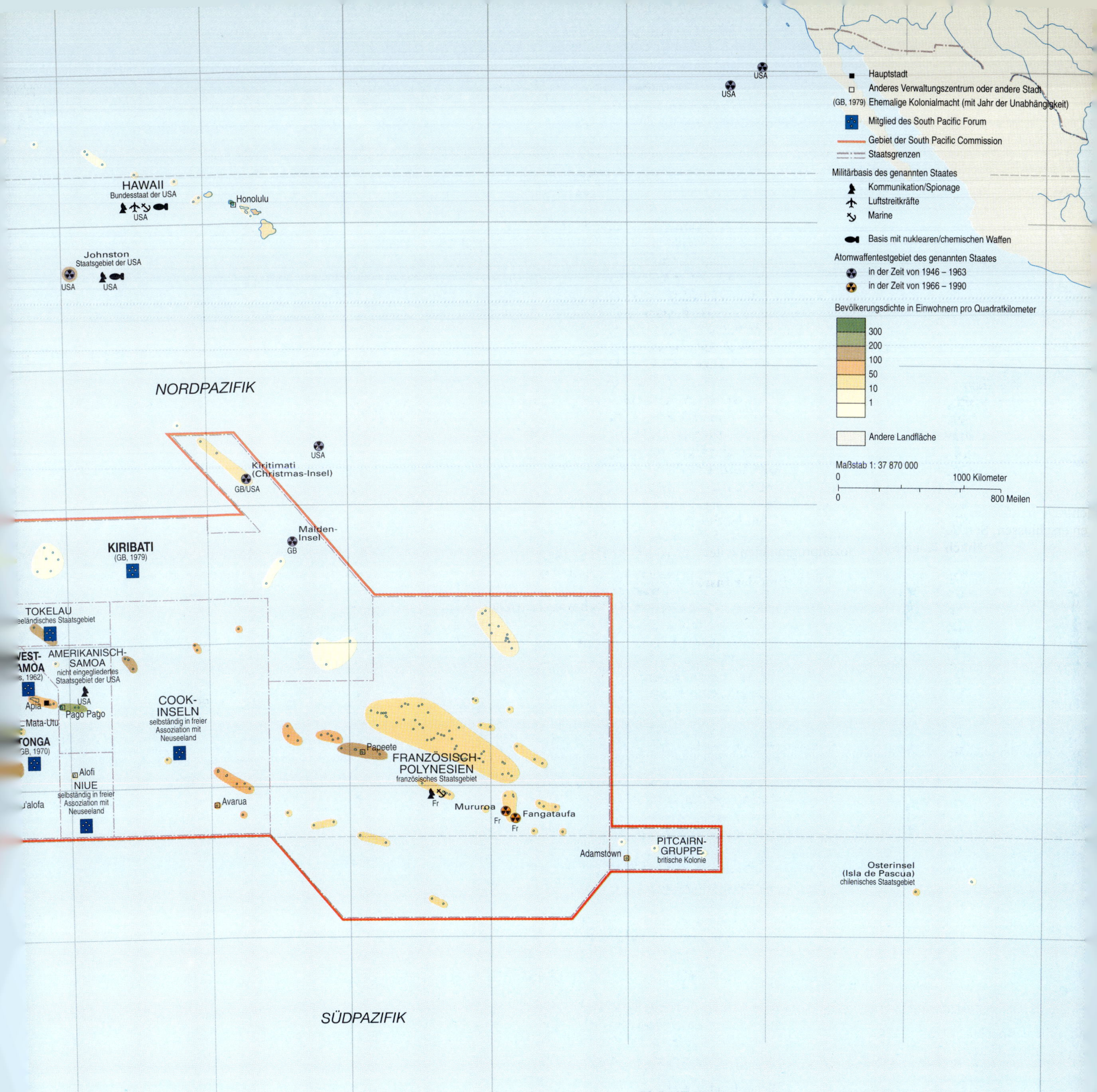

ham-
seln
seeland

Die Pazifikregion heute

Der Pazifikraum ist ein Flickenteppich unabhängiger Staaten und abhängiger Gebiete, von denen 22 in den Bereich der South Pacific Commission (SPC) fallen, einer unpolitischen Körperschaft für technische Unterstützung, die ihr Hauptquartier in Nouméa (Neukaledonien) sowie weitere Zweigstellen in Suva (Fidschi) hat. Australien, Neuseeland, die USA und Frankreich sind Mitglieder der SPC und unterstützen sie finanziell. Im Gegensatz dazu ist die Mitgliedschaft im South Pacific Forum auf Pazifikstaaten mit einem hohen Grad an politischer Unabhängigkeit begrenzt, obwohl anderen Ländern und Gruppen – wie Vertretern der Unabhängigkeitsbewegung der Kanaken aus Neukaledonien – ein Beobachterstatus zuerkannt wird. Es wurde als ein zwischenstaatliches Forum gegründet, in dessen Rahmen politische Streitfragen diskutiert werden können, die seine Mitglieder betreffen. Die Befürchtungen, die durch die Präsenz militärischer Einrichtungen im Pazifik hervorgerufen werden, sind oft im Forum zur Sprache gebracht worden. Man protestiert regelmäßig gegen die Atomtests der Franzosen und gab den Befürchtungen Ausdruck, die man mit dem Betrieb einer Verbrennungsanlage für die Entsorgung chemischer Kampfstoffe der USA auf der Insel Johnston verbindet.

170° 160° 150° 140° 130° 120° 110° 100°

Oben: Patroullierende papua-neuguineanische Regierungstruppen auf Bougainville bei Ausbruch der Kämpfe, die sich dort 1989 aus dem Streit um Besitzrecht und Ausbeutung der wertvollen Kupfervorkommen der Insel entwickelten. Die Unterzeichnung einer Friedensvereinbarung durch den Premierminister und den Anführer der Bougainville Revolutionary Army im September 1994 weckte die Hoffnung auf eine zufriedenstellende Beilegung dieses langwierigen Konflikts.

Autoritätsverteilung bei, was die Entstehung neuer Eliten zur Folge hatte. In Papua-Neuguinea zum Beispiel geben die einzelnen Regierungsebenen – nationale, provinzielle und lokale – einer gewissen Vielfalt Entwicklungsmöglichkeiten, und sie lassen innerhalb einer übergreifenden nationalen Identität Spielraum für althergebrachte Regierungsformen. Doch die neuen wirtschaftlichen Möglichkeiten eröffneten neue Wege zu persönlichem Reichtum und somit möglicherweise auch neue Wege zu politischen Ämtern. Man hat die Vermutung aufgestellt, daß der fehlende Zugang zu Kapital vielleicht dazu beigetragen hat, daß es bis 1992 kein weiblicher Kandidat geschafft hatte, in das Nationalparlament gewählt zu werden.

Die politischen Grenzen des Staates Papua-Neuguinea sind das Erbe der Aufteilung der Insel Neuguinea durch drei europäische Kolonialmächte im 19. Jahrhundert. Die westliche Hälfte der Insel, früher Teil Niederländisch-Indiens, wurde 1963 unter der Schirmherrschaft der Vereinten Nationen an Indonesien übergeben und bildet heute die indonesische Provinz Irian Jaya. Die östliche Hälfte der Insel war in einen nördlichen deutschen und einen südlichen britischen (später australischen) Teil aufgeteilt worden. Nach dem Ersten Weltkrieg erhielt Australien das Mandat über den deutschen Sektor, der die nördlichen Salomonen mit einschloß, obwohl diese kulturell und geschichtlich mit den übrigen Salomoninseln, damals einer britischen Kolonie, verbunden waren.

Als Papua-Neuguinea 1975 auf die Unabhängigkeit zustrebte, entstand auf Bougainville, der Hauptinsel der nördlichen Salomonen, eine starke separatistische Bewegung. Dort befindet sich eine der größten Tagebau-Kupferminen der Welt, die Con-Zinc-Rio-Tinto-Mine von Panguna. Das in Panguna geförderte Erz machte einen sehr großen Teil der Exporte Papua-Neuguineas aus, und 1989 verschärften sich die Spannungen auf Bougainville, als zu den lokalen Übergabeforderungen der Zorn über die Umweltschäden durch die Mine und über die brüske Zurückweisung der Ansprüche ansässiger Landbesitzer auf Entschädigung kamen. Der Minenbetrieb kam durch Sabotage zum Erliegen, und eine Gruppierung, die sich Bougainville Revolutionary Army (BRA) nannte, machte der Regierung die Herrschaft über die Insel streitig. Als direkte oder indirekte Folge des Konflikts, der sich anschloß, sind bereits etwa 6000 Menschen ums Leben gekommen. Ab 1994 war ein Großteil der Insel wieder in der Gewalt der Regierung, allerdings nicht die Mine selbst. Die unruhige Geschichte Bougainvilles zeigt viele der Probleme auf, denen sich die Pazifikstaaten in der postkolonialistischen Zeit gegenübersehen: Schwierigkeiten, die sich aus ererbten Kolonialgrenzen ergeben, die Frage, wie und vor allem zu wessen Vorteil die Rohstoffquellen erschlossen werden sollen, sowie Interessenkonflikte zwischen multinationalen Konzernen, zentralen und lokalen Regierungen und der ansässigen Bevölkerung.

Nordamerikanische Interessen im Pazifik

In den unter nordamerikanischer Verwaltung stehenden Pazifikstaaten zog sich der Weg bis zur vollständigen Unabhängigkeit etwas mehr in die Länge. Im Jahr 1947 wurden die Karolinen, Palau, die Nördlichen Marianen und die Marshall-Inseln zu einem Treuhandgebiet der Vereinten Nationen unter der Jurisdiktion der USA zusammengefügt, die versprachen, »die Entwicklung ... zur Selbständigkeit oder gegebenenfalls zur Unabhängigkeit zu fördern«. Im Gegenzug wurde den USA das Recht zugesprochen, in der Region Militärstützpunkte einzurichten. 1969 begann man darüber zu diskutieren, den Inseln die volle Souveränität zu geben, doch Palau, die Nördlichen Marianen und die Marshall-Inseln entschlossen sich später dazu, die geplante Föderation mikronesischer Staaten zu verlassen und in Zukunft ihre verfassungsmäßigen Arrangements selbst auszuhandeln. Im Jahr 1983 stimmten die Föderierten Staaten von Mikronesien (bestehend aus den Karolinen-Inseln Yap, Truk, Kosrae und Pohnpei) und die Marshall-Inseln dafür, in eine freie Assoziation mit den USA einzutreten. Die freie Assoziation schloß die Zusicherung ein, daß außenpolitische Initiativen der Inselregierungen sich nicht gegen amerikanische Interessen richten durften, wofür sie eine langfristige Unterstützung und eine Arbeitserlaubnis für ihre Bürger in den USA erwarten konnten. Im Austausch dafür waren die USA berechtigt, für einen vereinbarten Zeitraum Militärbasen auf den Inseln zu unterhalten. Die Föderierten Staaten von Mikronesien und die Marshall-Inseln wurden 1990 als vollwertige Mitglieder der Vereinten Nationen anerkannt. Verständlicherweise lassen ihre Verfassungen amerikanische Einflüsse erkennen. Zum Beispiel haben die Föderierten Staaten von Mikronesien einen Staatspräsidenten und einen Vizepräsidenten, die für eine Amtsperiode von vier Jahren direkt gewählt werden, sowie einen Nationalkongreß mit 14 Mitgliedern, wobei die vier Bundesstaaten ihre eigenen Gouverneure und eine eigene Legislative besitzen.

Der Prozeß der freien Assoziation Palaus wurde durch Streitigkeiten verzögert, da die USA auf dem Recht bestanden, Atomwaffen auf den Inseln stationieren und mit atomwaffenfähigen Schiffen oder Flugzeugen innerhalb des Hoheitsgebiets von Palau operieren zu dürfen. Dies widersprach der palauanischen Verfassung, die 1981 in Kraft trat, nachdem die Wählerschaft einen Entwurf, der den USA mehr zugesagt hätte, zurückgewiesen und nukleare Stoffe auf dem Hoheitsgebiet Palaus ausdrücklich verboten hatte. Die zwischen 1983 und 1990 alljährlich durchgeführten Volksabstimmungen erbrachten nicht die erforderlichen 75 Prozent, um die Anti-Atomgesetze umzustoßen und in die freie Assoziation mit den USA einzutreten, obwohl jedesmal über die Hälfte dafür stimmte. Der Sicherheitsrat der UNO beendete 1990 das strategische Treuhandverhältnis der USA zur Republik Belau (wie sich Palau seit seiner Unabhängigkeit im Jahr 1981 nennt), doch der amerikanische Senat weigerte sich, den Vertrag zu ratifizieren, wenn Palau seine Verfassung nicht änderte. Ein im Jahr 1992 erlassenes Ergänzungsgesetz gestattete die Anerkennung des Bündnisses durch eine einfache Mehrheit gegen Ende 1993, und 1994 wurde Palau in die UNO aufgenommen.

Im Jahr 1975 stimmten die Wähler der Nördlichen Marianen für einen Staatenbund in politischer Union mit den USA. Man wollte sicherstellen, daß die wirtschaftlichen Vorteile der amerikanischen Präsenz (wiederum zum Teil militärischer

Oben rechts: Mururoa ist das einzige Atoll der südöstlichen Tuamotu-Inseln Französisch-Polynesiens mit einem Durchbruch, der Schiffen den Zugang zu seiner Lagune ermöglicht. Dies bestimmte es zum wichtigsten Standort des französischen Atomtestprogramms im Pazifik in den 60er Jahren. Auf der Insel Hao wurde eine Versorgungsbasis aufgebaut. Zwischen 1966 und 1974 wurden auf Mururoa und der Nachbarinsel Fangataufa über 40 atmosphärische Nuklearversuche durchgeführt. Zum Teil wegen der wachsenden internationalen Proteste verlegte man sich 1975 auf unterirdische Tests. Auf internationaler Ebene wurde weiterhin der Besorgnis über das Austreten radioaktiver Substanzen von den Versuchsgebieten Ausdruck verliehen, doch das Programm wurde bis 1992 weitergeführt, als es für ein Jahr eingestellt wurde. Später wurde diese Unterbrechung in ein Moratorium verwandelt, aber im Juni 1995 kündete die französische Regierung ihre Absicht an, die Atomtests mit bis zu acht Sprengungen zwischen September 1995 und Mai 1996 wieder aufzunehmen und dann 1996 den weltweiten Teststoppvertrag zu unterzeichnen. Der zunehmende internationale Widerstand gegen die Atomtests wurde vom South Pacific Forum angeführt, das nach dem zweiten Test vom 2. Oktober 1995 auf dem 50. Jahrestreffen der UN-Vollversammlung die Beendigung aller Beziehungen zu Frankreich bekanntgab.

Oben: Zwei kanakische Jungen in Neukaledonien tragen französisches Brot. Mehr als ein Jahrhundert lang war das Volk der Kanaken in vielen Bereichen des Alltags französischen Einflüssen ausgesetzt, unter anderem bei der Nahrung und Kleidung, doch heute werden wieder die Werte der kanakischen Kultur in den Vordergrund gerückt. Die kanakischen Führer drängen darauf, daß den Traditionen ihres Volkes mehr Aufmerksamkeit geschenkt wird, und die Regierung trägt dem bis zu einem gewissen Grade Rechnung, indem sie eine Behörde für die Förderung der kanakischen Kultur eingerichtet hat.

Natur) erhalten blieben und man weiterhin in das benachbarte Guam einwandern durfte, wo sich ebenfalls ein bedeutender amerikanischer Stützpunkt der See- und Luftstreitkräfte befindet: Ungefähr ein Drittel der Landfläche Guams ist im Besitz der amerikanischen Armee. Als Zentrum schwerer Kämpfe im Zweiten Weltkrieg stand es bis 1950 unter der Jurisdiktion der amerikanischen Marine und ist heute ein nichteingegliedertes Territorium der USA. Diesen Status teilt Guam mit Amerikanisch-Samoa in Polynesien. In beiden Staaten gibt es Forderungen nach mehr Autonomie, wobei einige ansässige Führer ihrem Wunsch Ausdruck geben, eine losere Bindung zu den USA anzustreben, wie etwa einen Commonwealth-Status. Trotzdem sind die Inseln jeweils darauf bedacht, die wirtschaftlichen Vorteile, die sich aus ihrer derzeitigen Situation ergeben, nicht zu verlieren.

Französische Schutzgebiete

Es existiert noch eine Reihe weiterer abhängiger Gebiete im Pazifik. Die Bevölkerung einiger Inseln ist so klein, daß eine völlige Unabhängigkeit wohl nie erreicht werden wird: Die drei Atollinseln von Tokelau sind neuseeländische Schutzgebiete, das winzige britische Schutzgebiet Pitcairn mit einer ständigen Bevölkerung von nur etwa 60 Menschen wird von dem britischen Hochkommissar im neuseeländischen Wellington verwaltet. Doch die bei weitem größte Kolonialmacht im Zentralpazifik ist Frankreich. Da es seine wirtschaftlichen und strategischen Interessen in der Region nicht aufgeben wollte, ging Frankreich nicht auf den allgemeinen Trend zur Dekolonisation ein, obwohl sich in seinen drei pazifischen Überseeterritorien *(territoires d'outre-mer)* Wallis und Futuna, Neukaledonien und Französisch-Polynesien der Grad an praktischer Autonomie etwas vergrößert hat. Man betrachtet diese Gebiete als feste Bestandteile des französischen Staates. Sie wählen Deputierte und Senatoren in das Nationalparlament nach Paris, genießen jedoch auch ein begrenztes Recht auf Selbstverwaltung, das durch gewählte Territorialversammlungen wahrgenommen wird.

Seit den 60er Jahren steht Französisch-Polynesien – bestehend aus den Gesellschaftsinseln, dem Tuamotu-Archipel, den Australinseln, den Gambier-Inseln und den Marquesas-Inseln – im Mittelpunkt des französischen Atomwaffenprogramms. Auf dem Mururoa- und dem Fangataufa-Atoll im Tuamotu-Archipel existieren Versuchsbasen, und auf anderen Inseln befinden sich angegliederte logistische Versorgungseinrichtungen. Die starke militärische Präsenz auf den Inseln hat die ansässige Wirtschaft aus dem Lot gebracht – das Pro-Kopf-Einkommen zählt zu den höchsten der Region, doch der Reichtum ist so ungleich verteilt, daß er der polynesischen Bevölkerung keinen Vorteil brachte. Das Territorium sucht Entwicklungshilfe, um die wirtschaftlichen Auswirkungen eines zukünftigen Rückgangs der militärischen Präsenz Frankreichs abzumildern. Es gibt Stimmen für eine größere Selbständigkeit, und die extremeren Verfechter der Unabhängigkeit und der Rechte der Polynesier gerieten wiederholt mit der Obrigkeit in Konflikt. Doch die allgemeine Befürwortung einer völligen Unabhängigkeit von Frankreich scheint wegen der Angst vor den wirtschaftlichen Konsequenzen eines fran-

zösischen Abzugs Grenzen zu haben: Die Unterstützung der Wähler für Kandidaten, die für die Unabhängigkeit sind, ist in den sehr von äußerer Hilfe abhängigen Inselgruppen am geringsten.

In Neukaledonien tritt die Opposition gegen die französische Herrschaft deutlicher zutage. Das ansässige Volk der Kanaken ist die größte einzelne ethnische Gruppe und unterstützt mit überwältigender Mehrheit die Unabhängigkeit, doch die Nicht-Melanesier sind in der Überzahl – eine heterogene Gruppe, die sich aus Europäern (wie beispielsweise Caldoches, gebürtigen Neukaledoniern europäischer Abstammung), Wallisianern, Französisch-Polynesiern, Indonesiern und anderen zusammensetzt. Sie machen mittlerweile etwa 55 Prozent der Bevölkerung aus und neigen dazu, eine Fortdauer der französischen Herrschaft zu unterstützen. Im Jahr 1984 boykottierte die Nationale Befreiungsfront der Kanaken und Sozialisten (Front de Libération National Kanake et Socialiste; FLNKS) die Wahlen zur Territorialversammlung, da sie aufgrund des fehlenden Fortschritts in Richtung auf die Selbständigkeit frustriert war, obwohl in den vorigen Wahlen die der Unabhängigkeit gegenüber positiv eingestellte Koalition erfolgreich gewesen war. Barrikaden wurden errichtet, Wahlurnen zerstört und eine provisorische kanakische Regierung aufgestellt. Die Auseinandersetzungen zwischen Kanaken und Siedlern, Militär und Polizei waren durch Gewaltausbrüche auf beiden Seiten gekennzeichnet.

Ein Regierungswechsel in Frankreich führte 1988 zu neuen Versuchen, die anhaltenden politischen Unruhen und Streitigkeiten zu beenden. Der Matignon Accord von 1988 ließ die Franzosen für ein Jahr direkt regieren, wonach Wahlen zu drei Provinzversammlungen stattfinden sollten. Gelder sollten in die Provinzen mit mehrheitlich kanakischer Bevölkerung fließen statt wie bisher in die von Europäern dominierte Südprovinz auf der Hauptinsel, in der die Hauptstadt Nouméa liegt. Eine Volksabstimmung soll 1998 über die Unabhängigkeit entscheiden. Auf beiden Seiten fanden viele die Bedingungen des Matignon Accord unannehmbar. Viele junge Kanaken hatten sich in den politischen Kämpfen mehr und mehr radikalisiert. Im Jahr 1989 wurde Jean-Marie Tjibaou, der Anführer, der die FLNKS während der 80er Jahre geleitet hatte, von einem Kanakendissidenten ermordet. Obwohl Tjibaous Nachfolger versprachen, den Matignon-Plan bis zum Referendum von 1998 weiterzuverfolgen, verließen einige Kanaken die Bewegung, weil sie ihre Politik als zu versöhnlich empfanden.

Das South Pacific Forum unabhängiger Staaten war mit den Fortschritten der französischen Regierung bei der Beilegung der Krise in Neukaledonien nicht zufrieden und verlangte daher 1986, daß das Dekolonisationskomitee der UNO sie stärker überwachen solle. Auch die Weigerung Frankreichs, das Atomversuchsprogramm aufzugeben, führte zu allgemeiner internationaler Verurteilung, insbesondere nachdem französische Geheimagenten das Protestschiff *Rainbow Warrior* der Umweltschutzorganisation Greenpeace im Hafen von Auckland durch Minen versenkt hatten, um es davon abzuhalten, 1985 in das Mururoa-Gebiet zu fahren. Seit den späten 80er Jahren versucht Frankreich, seine Beziehungen zu den anderen Staaten der Region zu verbessern. Es hat seine Absicht erklärt, den Pazifikterritorien eine größere Mitsprache bei der Außenpolitik zu gewähren, indem es ihnen gestattete, in Bereichen wie Handel, Bildung und Umweltschutz regionale Abkommen zu schließen. Ferner wurden regionale Organisationen stärker unterstützt und die Hilfsleistungen an Länder wie Fidschi und Tonga angehoben.

Bevölkerungsstruktur

Die Bevölkerung der Pazifikinseln beträgt heute – ohne Irian Jaya und Hawaii – ungefähr sechs Millionen Menschen. Diese sind sehr ungleich über die Region verteilt. Papua-Neuguinea macht mit über 3,5 Millionen Menschen mehr als die Hälfte der Gesamtbevölkerung aus, während das neuseeländische Schutzgebiet Tokelau eine Bevölkerung von unter 1600 hat; die Landfläche von Papua-Neuguinea nimmt 462 000 Quadratkilometer ein, Tokelau umfaßt nur elf. Die großen melanesischen Inseln – Papua-Neuguinea, Neukaledonien, die Salomonen und Vanuatu – haben eine Bevölkerungsdichte von acht bis 14 Menschen pro Quadratkilometer, während Tuvalu, das aus neun kleinen Atollen mit einer Gesamtfläche von 24 Quadratkilometern besteht, heute durchschnittlich 375 Einwohner pro Quadratkilometer aufweist. Die höchste Bevölkerungsdichte von allen – über 430 Einwohner pro Quadratkilometer – findet sich in dem winzigen Staat Nauru mit

Oben links: Das Greenpeace-Flaggschiff *Rainbow Warrior* liegt im Juli 1985 leckgeschlagen im Hafen von Auckland, Neuseeland. Davor hatte es im selben Jahr die Menschen von Rongelap (Marshall-Inseln), wo 1954 der amerikanische »Bravo«-Wasserstoffbombenversuch durchgeführt worden war, auf eine der Inseln des Kwajalein-Atolls evakuiert, weil man die Langzeitwirkung der Strahlen fürchtete. Das Schiff bereitete sich auf die Reise von Auckland in das Mururoa-Atoll vor, um gegen das französische Atomwaffentestprogramm zu protestieren, als an seinem Schraubenschacht angebrachte Unterwasserminen den Rumpf durchschlugen und einen Mann töteten. Später fand man heraus, daß zwei französische Geheimagenten dafür verantwortlich gewesen waren. Der Zwischenfall sorgte für internationale Empörung, wodurch die Greenpeace-Kampagne gegen Atomversuche im Pazifik an Bekanntheit gewann, und die Proteste wurden unerschrocken fortgesetzt. Das Nachfolgeschiff, die *Rainbow Warrior II*, befand sich in den Gewässern um Mururoa, als im April 1992 eine Beendigung der Tests bekanntgegeben wurde, und – zusammen mit dem Schwesterschiff *M. V. Greenpeace* – wiederum im Jahr 1995, als Frankreich eine Serie von acht Tests, beginnend im September 1995, ankündigte. Ihre Pläne wurden jedoch vereitelt: die Schiffe wurden aus dem Gebiet geschleppt, die Schlauchboote beschlagnahmt und die Taucher verhaftet.

Oben: Phosphatabbau auf Nauru. In dieser kleinen, aus nur einer Insel bestehenden Republik von lediglich 22 Quadratkilometern leben etwa 5000 Menschen. Die Insel ist ein angehobenes Korallenriff mit einem Zentralplateau, wo sich über die Jahrhunderte durch Vogelexkremente reiche Phosphatvorkommen gebildet haben. Als wertvoller Grundstoff für Düngemittel werden sie seit dem Beginn des Jahrhunderts ausgebeutet. Als Nauru – seit 1945 ein gemeinschaftlich von Australien, Großbritannien und Neuseeland verwaltetes Treuhandgebiet – 1968 unabhängig wurde, übernahm die Nauru Phosphate Corporation die Kontrolle über die Bergbauindustrie. Die Gewinne aus dem Phosphathandel haben den Nauruanern einen relativen Wohlstand gebracht. Doch ihm sind die begrenzten Entwicklungsmöglichkeiten nach dem Versiegen der Vorkommen am Anfang des nächsten Jahrhunderts und die Umweltzerstörung gegenüberzustellen, die der Abbau verursacht hat. Das Geld aus dem Phosphatgeschäft hat man benutzt, um die Fluggesellschaft des Landes, die Air Nauru, eine Schiffahrtsgesellschaft, die Nauru Pacific Line, und die Nauru Fishing Corporation aufzubauen. Bei dem Versuch, der Regierung und dem Volk ein zukünftiges Einkommen zu sichern, hat man auch in Grundbesitz und Hotelprojekte in einer Reihe von Staaten investiert. Nicht alle Investitionen haben sich als profitabel erwiesen.

seiner einzigen Insel, der kleinsten Republik der Welt. Sie ist auf die ungewöhnliche Wirtschaft der Insel zurückzuführen: Naurus Bevölkerung lebt in relativem Wohlstand, der auf dem Abbau seiner Phosphatvorkommen basiert und der die Anwesenheit einer beträchtlichen Zahl von Ausländern erfordert.

Die Bevölkerung im südpazifischen Raum wächst pro Jahr um etwa 2,3 Prozent, wobei Melanesien und Mikronesien die höchsten Raten aufweisen (drei Prozent in Papua-Neuguinea, Vanuatu und den Salomonen, 3,8 Prozent – eine der höchsten der Welt – auf den Marshall-Inseln). Wenn sich das Wachstum in diesem Tempo fortsetzt, wird sich die Bevölkerung der Region um 2020 auf zwölf Millionen verdoppelt haben. Die Faktoren dieses Wachstums sind anhaltend hohe Geburtenraten und das Sinken der Sterbeziffer. In Papua-Neuguinea zum Beispiel erhöhte sich die durchschnittliche Lebenserwartung von 35 Jahren 1950 auf 49,6 Jahre 1994, und im gesamten Pazifikraum beträgt der Durchschnitt etwa 60 Jahre. Die Inselregierungen machen sich die Herausforderungen zunehmend klar, die ein Bevölkerungswachstum mit sich bringt, das sich offensichtlich auf einer Rate eingependelt hat, die das erwartete Wirtschaftswachstum übertrifft. Wenn der Anteil der Bevölkerung unter 20 Jahren noch weiter ansteigt, wird zunehmender Druck auf das Bildungssystem ausgeübt werden, und die Zahl derer, die einen bezahlten Arbeitsplatz finden können, wird noch weiter sinken.

In einem sehr großen Ausmaß war die Geschichte des Pazifikraums eine Geschichte der Wanderungen, und daher ist es nicht verwunderlich, daß die Entwicklung moderner Transportmittel überall zu Migrationen geführt hat – von den Dörfern in die Städte, Minen oder Plantagen, von den äußeren Inseln in die Häfen und Verwaltungszentren, von den Bergen zur Küste und von den kleinen Inselstaaten in größere und wohlhabendere Länder im pazifischen Gebiet oder außerhalb der Region. Die expandierenden Handels- und Verwaltungszentren ziehen Menschen durch bessere Arbeitsmöglichkeiten und ein größeres Angebot an Bildung, medizinischer Versorgung und anderen Dienstleistungen an. Einige jüngere Leute aus ländlichen Gebieten und abgelegenen Inseln werden durch die Chance angelockt, sich von den Beschränkungen des Dorflebens lösen zu können. In einigen Gebieten gibt es eine Tradition des Migrationskreislaufes: Die Menschen kehren nach einiger Zeit des Wohnens und Arbeitens in der Fremde in ihre Heimatgemeinden zurück. Andernorts bedeutet das Wachstum der Städte eine dauerhaftere Bevölkerungsverschiebung. Große Städte wie Port Moresby, die Hauptstadt Papua-Neuguineas mit etwa 150 000 Einwohnern, beherbergen mittlerweile Migranten zweiter und dritter Generation, deren Verbindung zu einer ländlichen Heimat stark im Verschwinden begriffen ist.

In einigen der Inselstaaten können Stadtbevölkerungen eine sehr hohe Dichte erreichen. Ebeye ist eine kleine Insel im Kwajalein-Atoll der Marshall-Inseln mit einer Fläche von nur 33 Hektar, begrenzter Wasserversorgung und limitierten Dienstleistungen, die 7000 Menschen beherbergt – eine Bevölkerungsdichte von über 23 000 pro Quadratkilometer. Dies ist ein Ausnahmefall: Die Bevölkerung war durch Menschen angewachsen, die einen Arbeitsplatz bei der Militärbasis auf der Nachbarinsel Kwajalein suchten, sowie durch die ursprünglichen Bewohner Kwajaleins, die nach Ebeye umgesiedelt wurden, als ihre Heimatinsel zu einem Raketenstützpunkt umgewandelt wurde. Doch sogar Tarawa, das Verwaltungszentrum der verstreut liegenden Inselgruppen, die Kiribati ausmachen, hat ein viermal größeres Bevölkerungswachstum als die äußeren Inseln des Landes und Bevölkerungsdichten, die denen von Hong Kong gleichen.

Wie auch andere Entwicklungsländer haben die pazifischen Regierungen Schwierigkeiten, die notwendige Infrastruktur und die erforderlichen Dienstleistungen bereitzustellen, um mit dem rapiden Städtewachstum Schritt halten zu können. Um viele der expandierenden Städte der Region haben sich Slumsiedlungen gebildet, da ländliche Migranten bezahlbare Unterkünfte suchen. Die städtische Obrigkeit wird mit den dringenden Problemen verschmutzter Trinkwasserquellen, unzureichender Müllentsorgung, schlechten Gesundheitsstandards, niedrigen Löhnen und hohen Arbeitslosenquoten konfrontiert, einhergehend mit wachsenden Kriminalitätsraten. Doch die Regierungen befinden sich in einer Zwickmühle, da jeder Versuch, die Bedingungen in den Städten zu verbessern, wahrscheinlich eine stärkere Zuwanderung in die Städte auslösen wird. Durch die Abwanderung entsteht auf dem Land ein Mangel an Arbeitskräften, die landwirtschaftliche Produktivität sinkt, und für die wachsenden Bedürfnisse der Stadtbewohner müssen mehr Nahrungsmittel importiert werden. Die Schwierigkeit besteht darin, ländliche Entwicklungsprogramme zu finden, die die Abwanderung bremsen, und gleichzeitig in den Städten einen akzeptablen Lebensstandard aufrechtzuerhalten. Zwar bringt die Verstädterung große Probleme mit sich, die sich allem Anschein nach im nächsten Jahrhundert noch verschlimmern werden, doch es sollte betont werden, daß auf einer großen Zahl der Pazifikinseln die Bevölkerung noch überwiegend ländlich geblieben ist. Guam und Nauru haben zwar fast ausschließlich Stadtbevölkerungen, und in mehreren anderen mikronesischen Staaten lebt über die Hälfte der Bevölkerung in Städten, doch in den meisten Ländern Polynesiens leben zwischen drei Viertel und zwei Drittel der Bevölkerung auf dem Land. In Papua-Neuguinea sind es 80 Prozent, und in den Salomonen und Vanuatu ist die Zahl sogar noch größer.

Man hat die Pazifikinseln oft als »Menschenexporteure« bezeichnet, und noch immer wandern viele in der Hoffnung aus dem Pazifikraum aus, ein besseres Leben zu finden. Heute lebt von zehn Pazifikinsulanern, Papua-Neuguinea nicht mitgerechnet, mehr als einer in den Anrainerstaaten des Pazifiks, wo lebendige Gemeinschaften entstanden sind, die zu ihrer ethnischen und kulturellen Vielfalt beitragen. Menschen aus den ehemaligen amerikanischen Treuhandgebieten Mikronesiens, aus Samoa und aus Tonga haben sich in den USA niedergelassen. Neuseeland wurde zur neuen Heimat einer großen Zahl von Polynesiern aus West-Samoa, den Cook-Inseln, Niue und Tokelau – mehr als 100 000 von ihnen leben in Auckland –, und auch Australien hat eine kleinere polynesische Bevölkerung. Neuseeland, die USA und Kanada waren das Ziel von Einwanderern aus Fidschi, seit 1987 vor allem

Sport auf den pazifischen Inseln

Sport und Spiel waren schon immer ein Bestandteil des Insellebens. Eine regionale Sportart, das Surfen, hat sich von seiner hawaiianischen Heimat über die ganze Welt verbreitet. Im letzten Jahrhundert hat man andere Sporttraditionen eingeführt, und die sportlichen Interessen bestimmter Inselgruppen spiegeln noch immer stark ihre Vergangenheit als Kolonien wider. So ist es zum Beispiel nicht überraschend, daß in den früheren amerikanischen Treuhandgebieten Mikronesiens Baseball gespielt wird oder daß Rugby eine bedeutende Sportart der Pazifikregion ist, populär in den Gebieten, wo der australische und neuseeländische Einfluß groß war. Die zunehmende Globalisierung bedeutet, daß die Einflüsse des Sports immer komplexer werden, und heutzutage kann man sogar in kleinen Gemeinschaften Kampfsportclubs oder Bobybuildingvereine finden.

Im gesamten Pazifikraum sind die elementaren Sporteinrichtungen – das Rugbyfeld, der Volleyballplatz, der Cricketrasen – ein wichtiger Teil des lokalen sozialen Lebens. Gleichzeitig wurde der Sport selbst zu einem bedeutenden Bindeglied zwischen den Nationen der Region und darüber hinaus mit der größeren internationalen Gemeinschaft. Wenn Mannschaften und einzelne Sportler gegen andere Länder antreten und an wichtigen internationalen Wettkämpfen teilnehmen, stehen ihre Erfolge im Zentrum nationalen Stolzes. In der Region selbst finden mehrere regelmäßige Sportveranstaltungen statt. Die South Pacific Games (Südpazifikspiele) werden alle vier Jahre ausgetragen, und zur jeweiligen Halbzeit werden »Minispiele« ausgerichtet. An den Minispielen von 1993 nahmen 15 Pazifikstaaten teil, die sich in Leichtathletik, Fußball, Boxen, Tennis, Golf und Korbball miteinander maßen. Bei den Micronesian Games (Mikronesischen Spielen) sind traditionelle Zeitvertreibe und auch internationale Sportarten vertreten. Die Spannbreite der Disziplinen reicht von Regatten mit Auslegerkanus, der Unterwasserfischjagd mit dem Speer und dem Erklettern von Kokospalmen bis zu Baseball, Tischtennis sowie Bahn- und Rasensportarten. Finanzielle Unterstützung durch die olympische Sportsolidaritätsbewegung trägt dazu bei, die regionalen Sportwettkämpfe zu fördern, doch die größeren oder reicheren Länder – die französischen Territorien, Papua-Neuguinea und Fidschi – sind meistens in der Lage, die größten und erfolgreichsten Mannschaften aufzustellen.

Oben rechts: In Apia, der Hauptstadt Samoas, wird gespannt der Lauf einer Bowlingkugel über einen sorgsam gepflegten Rasenplatz verfolgt. Der ruhige, aber schwierige und von erbittertem Wettbewerb geprägte Sport des Rasenbowlings wird auf einigen der Pazifikinseln betrieben, wo der britische, australische und neuseeländische Einfluß stark war. Die pazifischen Inselbewohner nehmen oft an internationalen Bowlingturnieren teil.

Mitte rechts: Auf Rarotonga (Cook-Inseln) spiegelt die Begeisterung für den Rugby-Sport eine lange Verbindung zu Neuseeland wider. Rugby ist nach wie vor der wichtigste Männersport, und an jedem Wochenende der Saison werden in allen Kategorien enthusiastische Spiele zwischen den Clubs ausgetragen.

Unten rechts: Auf Bora-Bora in Französisch-Polynesien spielt man das französische *pétanque*, eine Art Boccia. In Tahiti umfaßt das Heiva i Tahiti-Festival im Vorfeld der Feierlichkeiten zum Tag der Bastille (14. Juli) viele Disziplinen, von Radrennfahren, *pétanque* und Bogenschießen bis zu Regatten mit Auslegerkanus. Die französische Tradition zeigt sich auch an der tahitianischen Begeisterung für Fußball.

Links: Angeblich wurde Cricket im 19. Jahrhundert durch Missionare auf den Trobriand-Inseln im Osten Papua-Neuguineas eingeführt. Sie wollten eine Alternative zu den Kämpfen zwischen den Bewohnern verschiedener Dörfer und der Sexualität, die mit den Erntetänzen einherging, finden. Doch die Inselbewohner wandelten ihr Cricket bald zu etwas Aufregenderem ab, das ihnen mehr zusagte als die gängigen Regeln. Dorfmannschaften von etwa 60 Männern statten sich mit Kleidung und magischem Schmuck aus, als ob sie zu einem Tanzwettbewerb gingen. Gesänge und Tänze sind ein wichtiger Bestandteil der Cricket-Wettkämpfe, die im Rahmen eines oft mehrere Wochen dauernden Turniers stattfinden.

Unten: In der gesamten Pazifikregion bieten eine bescheidene Ausrüstung und eine offene Fläche der Dorfbevölkerung eine Sportmöglichkeit. Hier wird in Tana, Vanuatu, Volleyball gespielt. Doch die Investitionen in den Sport werden immer größer, da man sich stärker an internationalen Wettkämpfen beteiligt. Ein neuer nationaler Sportkomplex wurde in Vanuatu für die Austragung der südpazifischen Minispiele gebaut.

von Fidschianern indischer Abstammung. Innerhalb der von Frankreich kontrollierten Gebiete fanden Wanderungen von Wallis-Insulanern und Tahitianern nach Neukaledonien statt.

Die Emigration kann ein Sicherheitsventil für den Bevölkerungsüberschuß auf den kleineren Inseln darstellen. In einigen Fällen kann sie die Probleme großer Arbeitslosigkeit lösen, und darüber hinaus schicken Arbeiter in Übersee Geld in die Heimat, so daß mehr Kapital für Investitionen in das Land gelangt. Doch solche Geldsendungen können die Nachfrage nach zusätzlichen, oft importierten Gütern anheizen, was wiederum den Wunsch nach weiteren bezahlten Arbeitsplätzen weckt. Es ist keinesfalls immer die »überzählige« Bevölkerung, die die kleinen Inseln und die ländlichen Gebiete verläßt: Die Abwanderung einiger der fähigsten und bestausgebildeten Arbeiter kann Ländern wichtige menschliche Ressourcen entziehen. Einer der extremsten Fälle ist der des neuseeländischen Schutzgebietes Niue. In Neuseeland leben mittlerweile viermal so viele Niueaner wie auf der Insel selbst. Die landwirtschaftliche Produktion ist gesunken, die Entwicklungsaussichten sind begrenzt, und die Regierung Niues unternimmt Anstrengungen, die Auswanderer zu einer Rückkehr zu bewegen. Sogar in dem um vieles größeren Staat Tonga fiel das Bevölkerungswachstum durch die Auswanderung auf 0,5 Prozent, was zu einem Arbeitsmangel in der Landwirtschaft führte.

Auf den meisten Pazifikinseln bilden einheimische Völker die große Mehrheit der Bevölkerung, mit bedeutenden Minderheiten von Europäern und anderen zugewanderten Gruppen wie den Chinesen, die sich während des 19. Jahrhunderts im ganzen Pazifikraum als Arbeiter und Händler niederließen. In Fidschi und auf Neukaledonien übertrifft jedoch, wie erwähnt, die Zahl der Neuankömmlinge die der einheimischen Bevölkerung. Nach den Staatsstreichen von 1987 emigrierten Inder in wachsender Zahl aus Fidschi und bilden dort nicht länger die größte Bevölkerungsgruppe. Obwohl der Grund für die Putsche wahrscheinlich in dem Streben einer etablierten politischen Elite nach Machterhaltung zu suchen ist, war ihre offizielle Rechtfertigung die Betonung der »fidschianischen« Natur des Staates. Nach einer Kolonialzeit, während der ihre Kulturen und Interessen beständig unterbewertet oder ignoriert wurden, entwickelte sich auf der Seite der pazifischen Inselbewohner ein verständliches Interesse, ihre kulturelle Identität wieder in den Vordergrund zu rücken. Der Fall Fidschi macht die Schattenseiten solcher ethnischen Anmaßungen deutlich, die dann dazu gebraucht werden, Menschen auszugrenzen, die an einem Großteil der Kolonialerfahrung teilgenommen haben.

Das Herstellen von Verbindungen

Die pazifischen Inseln, insbesondere die Melanesiens, sind noch immer reich an Sprachen. Die gleiche Sprache zu sprechen ist ein wichtiger Bestandteil eines gemeinschaftlichen Identitätsempfindens, das auf unterschiedlichen Ebenen entsteht. Die Verfassung Vanuatus enthält das Versprechen, seine zahlreichen Sprachen als Teil des nationalen Erbes zu schützen. Trotzdem tendieren im gesamten Pazifikraum die lokalen Sprachen und Dialekte dazu, von den weiter verbreiteten untergraben oder verdrängt zu werden. Der Kommunikationsbedarf innerhalb der linguistisch verschiedenen Länder Melanesiens hat zum Gebrauch von Pidgin geführt – *Tok pisin* in Papua-Neuguinea, *Pijin* in den Salomonen und *Bis-lama* in Vanuatu. Obwohl sie Unterschiede aufweisen, ähneln sie sich genug, um zu dem allgemeinen melanesischen Identitätsempfinden beizutragen, das sich in seinen Staaten entwickelt hat. Andernorts werden trotz ihrer kolonialistischen Konnotation Englisch und Französisch in Bildung und Verwaltung als *lingua franca* verwendet.

Die lokale und nationale Identität findet auch in den Künsten Ausdruck. In Papua-Neuguinea wurde das Zentrum für Bildende Kunst, die spätere Nationale Schule der Künste, gegründet, als sich der Tag der Unabhängigkeit näherte. Unter anderem hat sie die visuellen Künste sowie Tanz, Musik und

Drama gefördert, wobei das Traditionelle mit dem Innovativen kombiniert wurde. Arbeiter aus dem Zentrum halfen dabei, das nationale Parlamentsgebäude zu schaffen, das für seine Kombination neuer Materialien mit Aspekten traditioneller Bauweise und Verzierung berühmt ist. Politiker der Pazifikinseln betonen oft die Bedeutung traditioneller Kunst, Kultur oder des *kastom* (»Brauch, Tradition«, ein Begriff des melanesischen Pidgins), obwohl die von der Regierung für die Künste zur Verfügung gestellten Gelder diesen Nachdruck oft nicht wiedererkennen lassen.

In einigen Ländern kommen mitunter Künstler von verschiedenen Inseln und unterschiedlichen Kulturgruppen bei nationalen Festivals zusammen, um ihre mannigfaltigen Traditionen miteinander zu teilen. Es finden auch subregionale und regionale Kunstfestivals statt, von denen das größte das alle vier Jahre abgehaltene Festival der pazifischen Künste (Festival of Pacific Arts) ist. Den Kern solcher Festivals bilden Tanz, Gesang und Musik, doch immer kommen noch andere Künste und Handwerke hinzu. Obwohl der Tourismus das kulturelle Leben des Pazifikraums in vieler Hinsicht negativ beeinflußt hat, vor allem durch die Art, wie lokale Traditionen abgewertet, vergröbert oder sogar erfunden werden, um sie für Besucher attraktiv zu machen, haben das Interesse und die Gelder von Außenstehenden in einigen Fällen eine lokale Renaissance unterstützt und eine Vitalität und Hingabe an die Kunst zur Folge gehabt, die sich nicht auf die bloße Reaktion auf die touristische Nachfrage reduzieren läßt. Neue Bereiche der Kreativität wurden erschlossen. Seit den 70er Jahren gewinnt eine pazifische Literatur allmählich Konturen. Romanautoren, Verfasser von Kurzgeschichten und Dichter wie Vincent Eri aus Papua-Neuguinea, Albert Wendt aus Samoa und Epeli Hau'ofa aus Tonga machen ihre unverwechselbare Sichtweise der modernen Pazifikregion einer internationalen Leserschaft zugängig.

Die Verbreitung von Kommunikationstechnik und Medien hat den pazifischen Raum für kulturelle Einflüsse in einem neuen Ausmaß geöffnet. Der Rundfunk war größtenteils auf Lokalsender beschränkt, doch die Möglichkeit des Empfangs ausländischer Sender verbesserte sich. Das Fernsehen wurde zuerst in den von Amerikanern und Franzosen beeinflußten Gebieten eingeführt, doch seit 1991 haben Papua-Neuguinea und Fidschi ein Fernsehangebot, und bald wird es auch zu den meisten Inselstaaten gelangt sein. In vielen Gebieten ist Video dem Fernsehen vorausgeeilt. Der Satellitenempfang steht zur Zeit nur einer wohlhabenden Minderheit offen. Satellitensysteme wie INTELSAT und PEACESAT haben die Kommunikationsverbindungen zwischen den Inselstaaten und mit der gesamten Welt verbessert. PEACESAT ermöglicht es der University of the South Pacific, deren Hauptcampus sich in Fidschi befindet, mit den Studenten in anderen Inselstaaten in Verbindung zu treten.

In Polynesien und Mikronesien ist das Angebot primärer und sekundärer Bildung fast lückenlos, dagegen ist in Melanesien das Schulangebot etwas ungleicher verteilt. Die Zahl tertiärer Bildungseinrichtungen der Pazifikregion ist seit den 70er Jahren beträchtlich angewachsen, und mittlerweile existieren zehn Universitäten mit vollem Angebot. In den meisten von ihnen ist Englisch die wichtigste Unterrichtssprache, doch in den 80er Jahren wurde die auf Neukaledonien und Tahiti verteilte französischsprachige Université Française du Pacifique gegründet.

Das Christentum spielt auf den Pazifikinseln nach wie vor eine bedeutende Rolle. Viele Konfessionen sind repräsentiert, wobei ihr jeweiliger Einfluß auf den verschiedenen Inseln die Geschichte missionarischer Aktivität im Pazifik widerspiegelt, und die Kirchen bleiben ein wichtiges Element in der Organisation des Gemeinschaftslebens. Die Freien Methodisten bilden in Tonga die größte Gruppe; in Fidschi sind es die Methodisten und auf den Cook-Inseln die Kongregationalisten. In den letzten Jahren ist die Zahl der neuen Konfessionen und Sekten angestiegen, und evangelische Missionsgruppen engagieren sich zunehmend in Funk und Fernsehen. Die Pacific Conference of Churches ist eine bedeutende regionale Körperschaft, die die Kirchen verbindet und eine Reihe von Sozialprogrammen unterhält.

Oben: Obwohl die älteren Konfessionen, die das Christentum im 19. und frühen 20. Jahrhundert auf den Pazifikinseln etablierten, noch immer weit verbreitet und sehr einflußreich sind, hat es in den letzten Jahren einen großen Zustrom diverser religiöser Gruppierungen gegeben. Mormonen, Baptisten, Apostoliker, Adventisten, Assemblies of God und Baha'i sind unter denen, die Anhänger gefunden haben. Hier halten Adventisten eine Versammlung in Fidschi ab, wo unter der indo-fidschianischen Bevölkerung auch der Hinduismus und der Islam Elemente des religiösen Lebens sind. Einheimische Religionen sind in Teilen Melanesiens wie Papua-Neuguinea und Vanuatu am einflußreichsten.

Die Wirtschaft der Inseln

Obwohl die traditionelle Dorfökonomie nach wie vor wichtig ist, haben die kontinuierliche Abkehr von der Landwirtschaft als Hauptlebensgrundlage der Pazifikinseln und die wachsende Nachfrage nach Importgütern das Bedürfnis nach Bargeldeinkünften entstehen lassen. Die Möglichkeiten, die sich durch den Anbau von für den Verkauf bestimmten Feldfrüchten oder die Annahme eines bezahlten Arbeitsplatzes auftun, können verlockender erscheinen als die ermüdenden Anstrengungen, die der Anbau traditioneller Nahrungspflanzen und die Viehzucht im Rahmen der Subsistenzwirtschaft mit sich bringen. Die Unabhängigkeit von Nahrungsmittel- und anderen Importen schwindet auf lokaler und nationaler Ebene. Da die meisten der Inselstaaten Rohmaterialien exportieren und Fertigwaren einführen, können nur wenige eine ausgeglichene Handelsbilanz erwarten.

Früher waren Plantagenfrüchte und gewinnbringende Feldfrüchte die Haupteinnahmequelle der Pazifikinseln. Heute nimmt die Bedeutung der Ausfuhr landwirtschaftlicher Erzeugnisse ab, obwohl der neuguineanische Kaffee, Kakao und Tee noch immer wichtige Exportgüter sind, wie auch der Zucker von den Plantagen Fidschis. Auf zahlreichen anderen Inseln ist Kopra (getrocknetes Kokosfleisch, das Öl für die Herstellung von Seife, Kosmetika, Margarine und anderen Produkten liefert) eine wertvolle Einnahmequelle. Eine breite Auswahl von Obst und Gemüse – Bananen, Ananas, Zitrusfrüchte, Maracujas, Papayas, Vanille, Yamswurzeln und Süßkartoffeln – wird für den Export angebaut, sieht sich aber auf dem Weltmarkt starker Konkurrenz gegenüber, wo die Preise landwirtschaftlicher Produkte Marktschwankungen unterworfen sind, die sich der Kontrolle der pazifischen Erzeuger entziehen. Obwohl in einer Reihe von Ländern landwirtschaftliche Entwicklungsmöglichkeiten existieren, die auch gesehen werden, dominiert die Landwirtschaft bei der Planung nationaler Wirtschaftssysteme nicht mehr so stark wie früher. Die Holzwirtschaft in den melanesischen Wäldern gewinnt zunehmend an Bedeutung, wobei Japan ein wichtiger Abnehmer der tropischen Harthölzer ist. Für Länder mit ernsthaften wirtschaftlichen Engpässen ist es verlockend, ihre Einnahmen durch die Ausbeutung der Holzbestände zu verbessern, aber trotzdem beginnt man, die Raubbaupraktiken der Forstindustrie zunehmend in Frage zu stellen.

Bodenschätze liefern heute die größten Exporterlöse der Region: Sie machen etwa 46 Prozent der Gesamteinnahmen aus; allerdings sind die Bodenschätze ungleich verteilt. Nauru stellt einen außergewöhnlichen Fall dar. Der Abbau der reichen Phosphatvorkommen der winzigen Insel, der im Laufe des 20. Jahrhunderts von deutschen, britischen und amerikanischen Firmen durchgeführt wurde, hat einen Großteil der Landoberfläche abgetragen. Es werden nun Anstrengungen unternommen, einen Teil des Landes für die Landwirtschaft zurückzugewinnen, doch dies reicht bei weitem nicht aus, um die Bevölkerung der Insel zu ernähren. Die Einnahmen durch den Phosphatexport haben das ausgezeichnete Wohlfahrtssystem Naurus ermöglicht, doch wenn die Vorkommen erschöpft sind (vermutlich Ende des Jahrhunderts), werden sich die Inselbewohner auf die Einkünfte aus den Überseeinvestitionen der Regierung verlassen müssen. Melanesien hat das größte Potential für die Ausbeutung von Bodenschätzen. In Papua-Neuguinea gibt es große Gold- und Kupfervorkommen und beträchtliche Möglichkeiten für die Erdgasförderung. Die Interessen der mächtigen multinationalen Bergbau- und Förderkonzerne decken sich jedoch nicht immer mit den nationalen Interessen. Der Konflikt auf Bougainville hat gezeigt, daß die Rechte der ansässigen ehemaligen Landbesitzer nicht auf die leichte Schulter genommen werden können – die Regierung von Papua-Neuguinea hat den traditionellen Besitzern das Recht auf die oberen sechs Meter Boden des Minengeländes zugesprochen.

Inselstaaten mit sehr kleiner Landfläche, doch zahlreichen verstreuten Inseln und ausgedehnten Küstenlinien besitzen die Wirtschaftsrechte über gewaltige Bereiche des Ozeans. Das internationale Recht erkennt eine 200 Meilen breite exklusive Wirtschaftszone (Exclusive Economic Zone, EEZ) um Inseln an, und neun pazifische Inselstaaten besitzen EEZs von über einer Million Quadratkilometern. Die Nutzung des vollen Potentials ihrer Meeresressourcen wird sicherlich für die wirtschaftliche Zukunft dieser Inseln von beträchtlicher Bedeutung sein. Dies gilt besonders für Atoll-Staaten wie Kiribati und Tuvalu, deren Spielraum für eine Wirtschaftsentwicklung an Land sehr begrenzt ist. Fischerei und Meeresprodukte stellen bereits die zweitgrößte Quelle der Exporteinkünfte im Pazifikraum dar. Thunfisch ist das größte kommerzielle Fischereiprodukt, von dem jedes Jahr mehr als 600 000 Tonnen aus dem Südpazifik gefischt werden, hauptsächlich von Fischfangflotten, die von den USA, Japan, Korea und Taiwan aus operieren. Kleine Inselstaaten können es sich nicht leisten, große Fabrikschiffe mit ihren gewaltigen Schleppnetzen, die ganze Schwärme von Meeresfischen einfangen, zu erwerben und zu unterhalten; kostengünstiger (und für die Umwelt verträglicher) sind Hochseeangelschiffe, obwohl ihre Fangquoten natürlich nicht vergleichbar sind. Die Inselstaaten dürfen aufgrund von Lizenzabkommen für Fangrechte innerhalb ihrer EEZ eine Gebühr von ausländischen Fangflotten fordern, doch die Aushandlung dieser Gebühren hat sich für einzelne Staaten als schwierig erwiesen, wenn sie allein an den Verhandlungstisch gingen. In den letzten Jahren hat eine regionale Körperschaft, die Forum Fisheries Agency, bei der Aushandlung eines Lizenzabkommens für den Pazifik mit den USA und Japan eine Rolle gespielt. Die Durchsetzung dieses Abkommens bleibt jedoch ein Problem – auch mit der Unterstützung anderer Länder ist die effektive Überwachung der gewaltigen Fläche der Hoheitsgewässer ein extrem kostenintensives Unterfangen. Es ist allgemein anerkannt, daß der Erhalt der Küstenfischerei unentbehrlich für die Sicherung des zukünftigen Nahrungsbedarfs des Pazifikraums ist und daß sie in einigen Gebieten noch Raum für wirtschaftliche Entwicklung bietet: In Fidschi, auf den Salomonen und in Amerikanisch-Samoa gibt es zum Beispiel Fischkonservenfabriken. Trotzdem setzt sich noch immer der kostspielige Import von Dosenfisch fort, der zwar in pazifischen Gewässern gefangen, aber außerhalb der Region verarbeitet wird.

Für die entferntere Zukunft bietet der Meeresboden ein großes Potential für die Erzgewinnung in Form von gewalti-

Unten: Ein Waldgebiet in Papua-Neuguinea, das zur Holzgewinnung gerodet wurde. Der hohe Wert des Holzes als Devisenbringer erschwert es den unter starkem Druck stehenden Regierungen des Pazifikraums, den Interessen der internationalen Holzfirmen zu widerstehen, obwohl die Abholzung bewaldeter Hänge bleibende Umweltschäden verursacht. In den Wäldern Papua-Neuguineas, der Salomonen, Neukaledoniens, Vanuatus, Fidschis und West-Samoas hat man starken Raubbau betrieben, und landwirtschaftliche Expansion, Brände und Wirbelstürme tragen ebenfalls zur Entwaldung der Region bei. Es werden jedoch immer mehr Initiativen gestartet, um den ansässigen Völkern zu zeigen, wie man mit erneuerbaren Waldbeständen finanzielle Gewinne erzielen kann, um einen praktischen Anreiz für die Erhaltung der Wälder zu schaffen. Zu einem gewissen Grad hatten sie Erfolg.

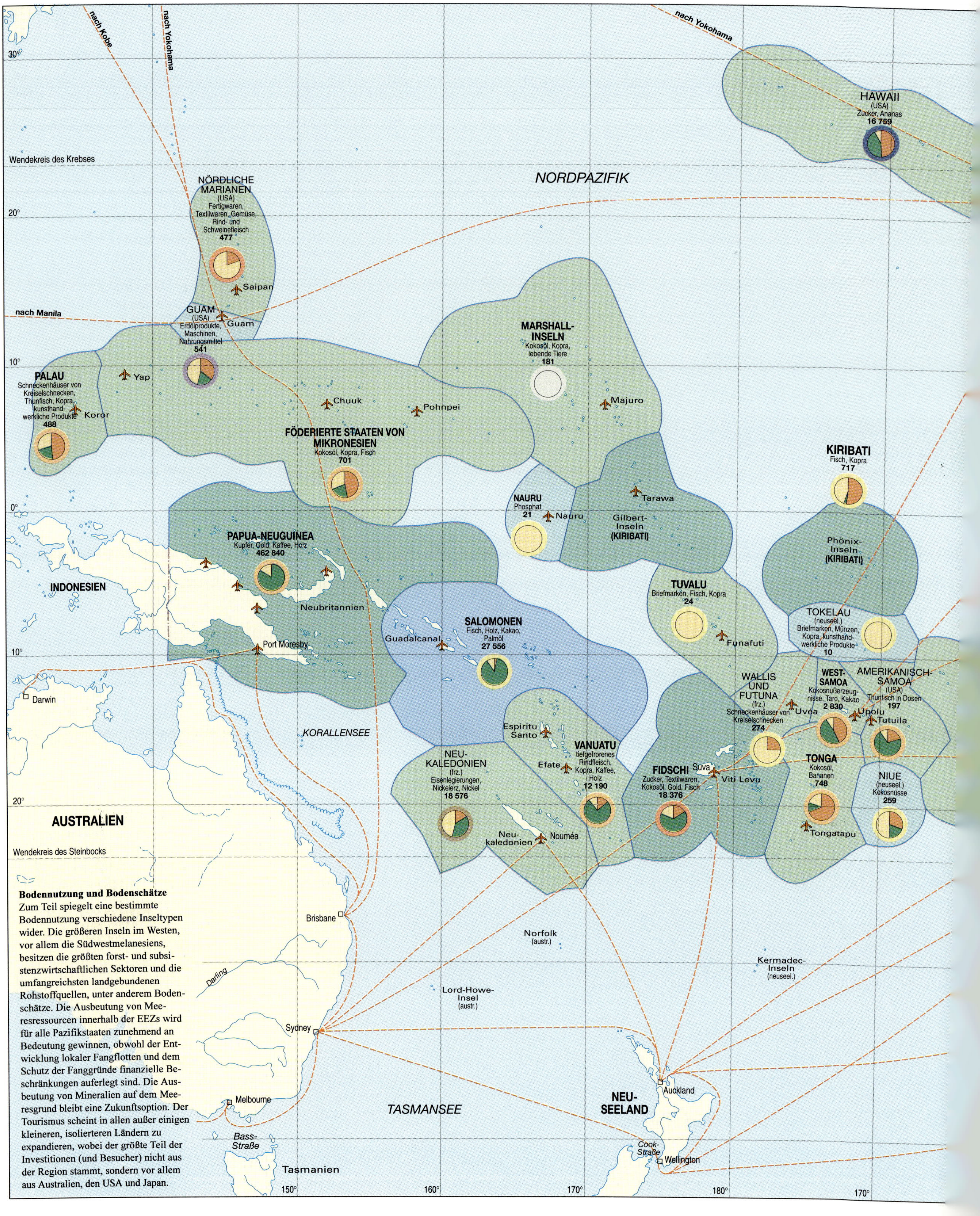

Bodennutzung und Bodenschätze
Zum Teil spiegelt eine bestimmte Bodennutzung verschiedene Inseltypen wider. Die größeren Inseln im Westen, vor allem die Südwestmelanesiens, besitzen die größten forst- und subsistenzwirtschaftlichen Sektoren und die umfangreichsten landgebundenen Rohstoffquellen, unter anderem Bodenschätze. Die Ausbeutung von Meeresressourcen innerhalb der EEZs wird für alle Pazifikstaaten zunehmend an Bedeutung gewinnen, obwohl der Entwicklung lokaler Fangflotten und dem Schutz der Fanggründe finanzielle Beschränkungen auferlegt sind. Die Ausbeutung von Mineralien auf dem Meeresgrund bleibt eine Zukunftsoption. Der Tourismus scheint in allen außer einigen kleineren, isolierteren Ländern zu expandieren, wobei der größte Teil der Investitionen (und Besucher) nicht aus der Region stammt, sondern vor allem aus Australien, den USA und Japan.

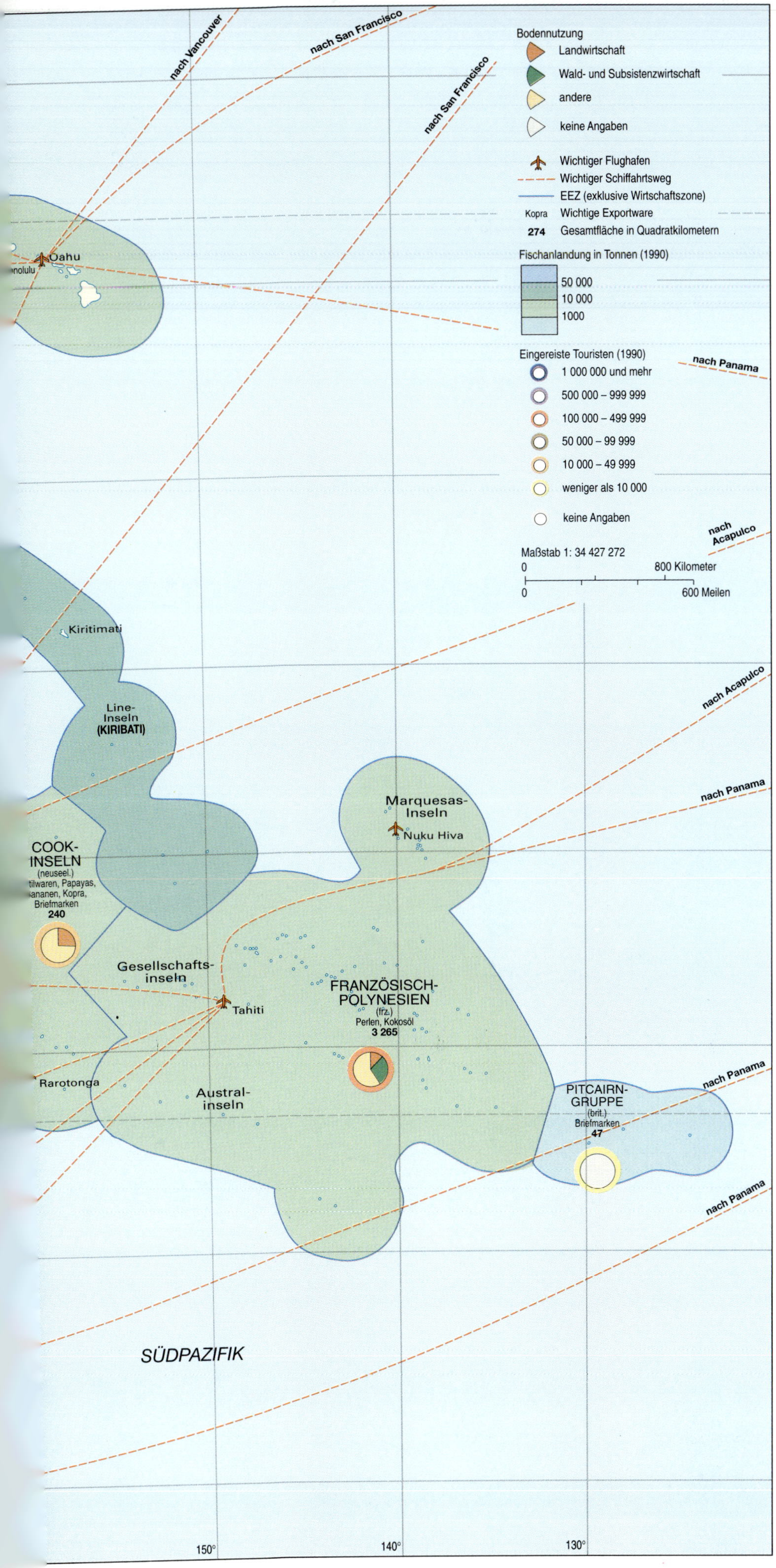

gen Ablagerungen metallreicher Knollen. Einige Vorkommen befinden sich innerhalb der EEZs, einschließlich derer von Kiribati und den Cook-Inseln. Eine vollständige internationale Übereinkunft muß noch getroffen werden, die bestimmt, wie die Erträge der außerhalb der EEZs gelegenen Bodenschätze verteilt werden sollen. Wie die Vereinbarung auch aussehen wird, es ist wahrscheinlich, daß die erforderlichen hohen Investitionen in Technologie und Know-how für die Gewinnung der Erze das Ausmaß beschränken werden, in dem die Wirtschaftssysteme der Inseln an ihrer Ausbeutung teilnehmen und von ihr profitieren können.

Handel, Dienstleistungen und Tourismus

Die hohen Kosten für importierte Werk- und Treibstoffe und den Transport über große Entfernungen tragen in Verbindung mit der geringen Größe der lokalen Märkte dazu bei, den Spielraum für die verarbeitende Industrie einzuschränken, obwohl es einige lebensmittelverarbeitende Betriebe gibt und man in letzter Zeit den Versuch unternommen hat, Industrieprodukte für den Export zu entwickeln. Textilwaren stellen einen bedeutenden Teil der Exporte Fidschis dar, und Tonga hat ein kleines Industriezentrum von Firmen aufgebaut, die eine Reihe unterschiedlicher Produkte, von Yachten bis zu Wollkleidung, herstellen. Der Erfolg solcher Exportunternehmen hängt zu einem erheblichen Teil von der Fortdauer des privilegierten Zugangs zu Märkten ab. Das südpazifische Abkommen über regionalen Handel und wirtschaftliche Zusammenarbeit (South Pacific Regional Trade and Economic Cooperation Arrangement, SPARTECA) bietet beispielsweise einen bevorzugten Zugang zu den australischen und neuseeländischen Märkten. Derartige Abkommen könnten sich als brüchig erweisen, wenn die Welt sich weiter in Richtung auf den freien Handel orientiert, und es besteht die Befürchtung, daß die zunehmende asiatische Konkurrenz Löhne und Arbeitsbedingungen beeinträchtigen wird. Australien und Neuseeland sind wichtige Handelspartner, auch wenn die Handelsbilanz eindeutig zuungunsten der Inseln ausfällt. Ein reiches Handelsaufkommen liefert das Geschäft mit den Ländern der Europäischen Union (EU) und den USA, während die Bedeutung Japans und anderer pazifischer Anrainerstaaten für die Wirtschaft der Inseln beständig anwächst.

Eine Reihe von Inselstaaten hat versucht, ihre Abhängigkeit von landwirtschaftlichen Exporten zu vermindern, indem sie den Ausbau des Dienstleistungssektors vorantrieb. Vanuatu war der erste pazifische Inselstaat, der in das Offshore-Bankgeschäft einstieg, und inzwischen haben es ihm die Cook-Inseln, Tonga, Nauru und West-Samoa nachgetan. Vanuatu, die Cook-Inseln und Tonga bieten auch ausländischen Schiffen Billigflaggen an. Eine weniger kontroverse Einnahmequelle der Regierung ist die Ausgabe von Briefmarken. Obwohl der philatelistische Markt seine Glanzzeit hinter sich hat, profitieren zum Beispiel die Regierungen Tuvalus und der Cook-Inseln noch immer von der regelmäßigen Herausgabe neuer und sehr dekorativer Briefmarkensätze.

Ein Wirtschaftsbereich, der große Wachstumschancen bietet, ist der Tourismus. Die Pazifikstaaten haben keine Schwierigkeiten, ihre Insellandschaften und Kulturen zu vermarkten. In Ländern wie Fidschi, Tonga und den Cook-Inseln ist der Tourismus bereits fest etabliert, und anderswo entwickelt er sich rapide. Die jährliche Zahl von Besuchern des Staates Guam – hauptsächlich Japaner – ist viermal so groß wie die einheimische Bevölkerung, während amerikanische und andere Urlauber im Vergleich zu den ansässigen Bewohnern der Nördlichen Marianen im Verhältnis von neun zu eins in der Überzahl sind. Dies sind zwar Ausnahmefälle, aber dennoch werden die pazifischen Inseln jedes Jahr von über 1,25 Millionen Menschen besucht. Die Versorgung und Unterhaltung der Touristen sowie der Verkauf von handwerklichen Erzeugnissen und anderen Gütern liefern dringend benötigte Arbeitsplätze und Einkommensquellen. Etwa 20 Prozent der bezahlten Arbeitsplätze Vanuatus stehen in Verbindung mit dem Tourismus; in Fidschi ist der Prozentsatz noch höher.

154°
156°
158°
160°
162°
164°
6°
8°
10°
12°
Buka
(Papua-Neuguinea)
Bougainville
(Papua-Neuguinea)
Ontong Java
Roncador-Riff
Chirovanga
Choiseul
Sasamungga
Alu
Ballalae
Korovou
Shortland-Inseln
Mono
Posarae
Vaghena
PAZIFISCHER OZEAN
Kia
Santa Isabel
Gizo
Vella Lavella
Kolombangara
Ranongga
Noro
Munda
New Georgia
Simbo
Buala
Keavanga
Malu'u
Fouia
Dala
Atori
Auki
Malaita
Rendova
Viru
Uepi
Vangunu
Patutiva
New-Georgia-Inseln
Tetepare
Marovo Lagoon
Russell-Inseln
Pavuvu
Mbanika
Yadina
Florida-Inseln
Savo
Nggela Sule
Tulagi
Tambea
Nggela Pile
Lambi Bay
Honiara
Tetere
Vulelua
Aloa
Maramasike
Parasi
Makarakomburu
2447 m
Marau Sound
Ulawa
Kamuvaolu
Guadalcanal
SALOMONENSEE
Uki
Kirakira
Makira Harbour
Makira
Star Harbour
Santa Catalina
Santa Ana
KORALLENSEE
Bellona
Rennell
Lavanggu
Te Nggano
Touristenort
Flughafen/Landebahn
Hafen/Kaianlagen
Hauptstraße
Ort ist bekannt für
Beutel/Körbe
Schalen
Kämme
Federgeld
Schmuck
Matten
Miniaturkanus
Miniaturwaffen
Musikinstrumente
Keramik
Muschelgeld
tapa-Tuch
Holzschnitzerei
Örtliche Wirtschaft basiert auf
Bootsbau
Kakao
Kopra
Fisch
Gold
Palmöl
Reis
Seife
Taro
Holz
Maßstab 1: 5 500 000
0
150 Kilometer
0
100 Meilen

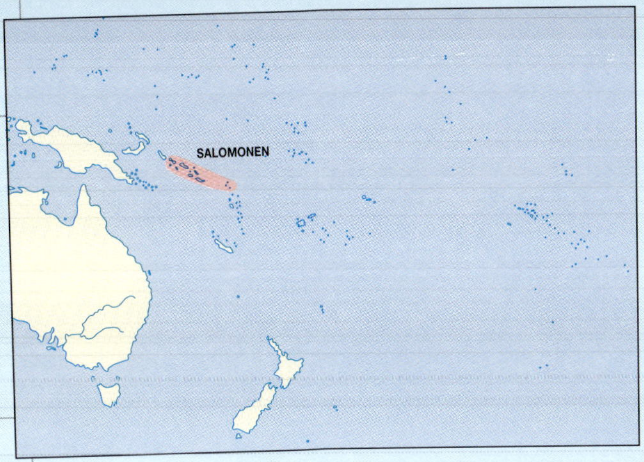

INSELPORTRÄT

Salomonen

Die Salomonen bilden eine doppelte Kette von Inseln mit gebirgigem Binnenland und ausgedehnten Waldgebieten. Doch zwischen den sieben Provinzen des Landes, von denen einige Atolle und gehobene Koralleninseln enthalten, gibt es Unterschiede. Der Großteil der Bevölkerung, gegenwärtig etwa 300 000, sind Melanesier, obwohl auf einigen der außengelegenen Inseln, wie Rennell und Ontong Java, Polynesier leben. Während die Bevölkerungsdichte (etwa zwölf pro Quadratkilometer) im Vergleich zu vielen kleineren pazifischen Nationen niedrig ist, gehört die Geburtenrate zu den höchsten in der Region. Die Bewohner der Salomonen sprechen etwa 90 unterschiedliche Sprachen. Pidgin bietet jedoch eine Kommunikationsbrücke zwischen den Sprachgruppen, und Englisch ist die offizielle Landessprache.

Eine traditionelle Dorfwirtschaft mit Gartenbau und Fischfang liefert weiterhin die Lebensgrundlage für die meisten Familien der Salomonen. Weniger als zehn Prozent der Bevölkerung haben eine bezahlte Ganztagsbeschäftigung. Aber es gibt eine beachtliche kommerzielle Fischindustrie, mit Konserven- und Tiefkühlfabriken an Land. Holz ist ebenfalls ein wichtiges Exportgut, mit fatalen Auswirkungen auf die Regenwälder des Landes. Der Bedarf für eine weniger auf Zerstörung ausgerichtete Holzwirtschaft wurde zwar erkannt, aber ökonomische Zwänge stehen der Verwirklichung entgegen. Eine kommerzielle Landwirtschaft bietet weitere Exportgüter, wie Kopra, Palmöl und Kakao. Der Tourismus spielt bisher nur eine untergeordnete Rolle, es werden jedoch Anstrengungen unternommen, das Wachstum dieses Industriezweigs anzuregen.

Unten, ganz links: Dorfbewohner mit Bananenblättern in der Hand überqueren einen Fluß. Mehr als 80 Prozent der Einwohner der Salomonen leben in Dorfgemeinden – mit der höchste Anteil an Landbewohnern im Pazifikraum. Dennoch nimmt die Verstädterung zu, und es zieht immer mehr Menschen in die Nähe der Hauptstadt Honiara auf Guadalcanal, das Verwaltungs- und Handelszentrum.

Unten links: Eine Hochzeitsgesellschaft beim Aufbruch zur Fahrt über die Lau-Lagune im nordöstlichen Malaita. Die Lagune ist berühmt für ihre künstlichen Inseln aus Korallen, Sand und Erde, die seit vielen Jahrhunderten bewohnt sind. Die auf ihnen lebenden Menschen bauen Feldfrüchte auf dem Hauptland an, aber es gibt auch eine lange Tradition des Tausches von Fisch und Gartenprodukten zwischen den »Salzwasserleuten« der Küste und den »Buschleuten« im Landesinneren.

Unten: Ein Schwein wird getrieben, um für ein Fest zubereitet zu werden. Die von den Dorfbewohnern gehaltenen Schweine dienen eher als Festspeise für besondere Gelegenheiten als für den täglichen Bedarf. Heute werden die traditionell für den Eigenbedarf angebauten Feldfrüchte Yamswurzel, Taro, Süßkartoffel und Cassave durch in jüngerer Zeit eingeführte Nahrungsmittel ergänzt. Fisch und viele Arten von Meeresfrüchten sind eine Hauptnahrungsquelle der Küstengemeinden. Obwohl wenige der auf dem Land lebenden Menschen lohnabhängig sind, spiegelt der zunehmende Ankauf importierter Lebensmittel ihre wachsende Einbindung in die Geldwirtschaft.

Fidschi

Fidschi besteht aus zwei großen und über 800 kleineren Inseln, von denen etwa 100 bewohnt sind. Die größeren Inseln haben ein stark gegliedertes Inneres mit Flußtälern, die in Küstenebenen münden. Die kleinen Inseln sind zum Teil Korallenatolle und -riffe. Etwa 75 Prozent der Bevölkerung von über 750 000 leben auf Viti Levu, der größten Insel. Etwa ein Fünftel aller Fidschianer lebt in der Hauptstadt Suva. Die Bevölkerung setzt sich aus melanesischen Fidschianern und Fidschianern indischer Herkunft zusammen, mit Minderheiten von Chinesen, Europäern und anderen. Die Bevölkerung von Rotuma ist polynesisch, während Rabi gekauft wurde, um Menschen von Banaba in Mikronesien umzusiedeln, die wegen des Phosphatabbaus ihre Heimat verlassen mußten.

Im Oktober 1970 wurde Fidschi ein unabhängiges Mitglied des Britischen Commonwealth. Nach zwei Militärputschen 1987 wurde es zur Republik ausgerufen mit einem Präsidenten als Staatsoberhaupt. Die neue Verfassung bevorzugte die altansässigen Fidschianer, und bei den Wahlen 1992 wurde der Anführer der Putschisten, Sitiveni Rabuka, Premierminister. Obwohl Fidschi nicht mehr dem Commonwealth angehört, bleibt es doch ein wichtiges Mitglied der pazifischen Regionalversammlungen. Die Zuckerproduktion, einst das Herz von Fidschis Kolonialwirtschaft, liefert noch immer den größten Anteil des Warenexports, aber mittlerweile ist die Vielfalt größer. Heute ist der Tourismus die wichtigste Einnahmequelle des Landes.

Links: Mangrovensümpfe bedecken Tausende Hektar in einigen Teilen Fidschis. Viele dieser Feuchtgebiete sollten durch die Umwandlung in Ackerland oder zu anderen Zwecken »rekultiviert« werden. Heute ist man sich jedoch weit besser der bedeutenden Rolle bewußt, die die Mangrovensümpfe als Küstenschutz und als Brutgebiete für Fische und andere Meerestierarten spielen.

Unten: Der Goldbergbau in Fidschi hat sein Zentrum auf Vatukoula im Norden von Viti Levu, wo die Entdeckung von Gold in den 30er Jahren dieses Jahrhunderts zur Gründung der Emperor Gold Mine führte, die hier abgebildet ist. Für einige Zeit wurde Gold nur vom Zucker in den Exporterträgen übertroffen, und es gehört noch immer zu Fidschis wichtigsten Exportgütern. Die Vatukoula-Mine produziert auch ein wenig Silber und darüber hinaus Schotter aus Abfallgestein. Eine anderes Grubenfeld im Tavua-Becken in der Nähe von Vatukoula wurde in den 80er Jahren eröffnet. Es gibt außerdem Pläne, die Kupfererzvorkommen bei Namosi südlich des Zentrums von Viti Levu zu erschließen. Die Arbeitsbedingungen in der Minenindustrie waren wiederholt Gegenstand kritischer Aufmerksamkeit.

Unten: Kleinere ländliche Gewerbe wie der Bootsbau bieten einem Teil von Fidschis wachsendem Arbeitskräftepotential eine Beschäftigung. Aber Fidschi hat das Problem, wie viele seiner Nachbarn, daß die Schaffung von Arbeitsplätzen nicht mit der wachsenden Zahl von Arbeitskräften Schritt halten kann. 1987 wurde ein Tax Free Factory/Tax Free Zone-System eingeführt. Es beinhaltet Anreize und Zugeständnisse an Firmen, mit der Auflage, Unternehmen in Fidschi zu gründen, die 95 Prozent ihrer Produktion exportieren. Dies hat zu einem rapiden Anwachsen der Bekleidungsindustrie geführt.

Rechts: Der Raubbau an Fidschis Urwäldern stellt eine ernsthafte Bedrohung dar. Aber trotz der Schäden, die Zyklone, Dürrezeiten und Feuer anrichten, erntet die Holzindustrie heute schon die Früchte der Aufforstungsprogramme von Kiefern und Harthölzern, die in den späten 70ern von der Fiji Pine Commission und den Ortsgemeinden durchgeführt wurden. Inzwischen exportiert Fidschi mehr gesägtes Holz und Holzschliff als unbearbeitete Stämme.

Ganz rechts: In einer Fabrik in Suva werden Seifenstücke verpackt. Die industriellen Exportgüter in Fidschi sind unterschiedlich. Kleidung macht den größten Teil aus, aber neben der Herstellung von Fischkonserven, gemahlenem Reis, Walzstahl und Parfüm gibt es auch eine Produktion von Musikkassetten und Solar-Wassererhitzern.

West-Samoa

Unten: Am frühen Morgen jedes Tages spielt die Polizeikapelle die Nationalhymne, wenn die Flagge vor dem alten Parlamentsgebäude in Apia gehißt wird. Viele ältere Gebäude und Institutionen der Hauptstadt zeugen noch immer vom Einfluß der Jahre der neuseeländischen Verwaltung.

West-Samoa ist von den unabhängigen Ländern Inselpolynesiens das bevölkerungsreichste. Über zwei Drittel seiner Bevölkerung von annähernd 163 000 leben auf der Insel Upolu, davon über 33 000 in der Landeshauptstadt Apia. Die Gesamtfläche des Landes beträgt etwa 2900 Quadratkilometer; das Innere der beiden großen Inseln besteht aus Ketten von Vulkankegeln und, im Falle von Savaii, aus Lavafeldern. Als Folge davon beschränkt sich die Besiedlung hauptsächlich auf die Küstenebenen. Das Bevölkerungswachstum hat sich in den letzten Jahren verlangsamt, was auf die anhaltende Abwanderung von den Inseln zurückzuführen ist, vor allem nach Neuseeland (das eine samoanische Bevölkerung von über 60 000 hat) und – über Amerikanisch-Samoa und Hawaii – in die Vereinigten Staaten.

West-Samoa war der erste pazifische Inselstaat, der – im Jahr 1962 – seine politische Unabhängigkeit erlangte. Seit 1991 gibt es ein allgemeines Wahlrecht für die Erwachsenen, wodurch das alte System ersetzt wurde, in dem die *matai*, die gewählten Anführer der Großfamilien *(aiga)*, die Wahlmänner waren. Aber die Veränderungen in West-Samoa erhalten ihr Gegengewicht durch die große Bedeutung, die man der *fa'a Samoa*, der samoanischen Lebensweise, nach wie vor beimißt. Die *aiga* und ihre *matai* spielen auch heute noch eine Schlüsselrolle in der Gesellschaft; die *aiga* besitzen zum Beispiel das meiste Land, und die *matai* haben die Verantwortung für das Vermögen ihrer *aiga*, aber auch für das Wohlergehen des Bevölkerungsteils, den sie im Dorfrat vertreten. Nur *matai* können Mitglieder im Parlament werden. Die Rolle der Dorfräte wird ergänzt durch aktive und einflußreiche Frauenkomitees.

Der landwirtschaftliche Anbau für den Eigenbedarf und den Verkauf und die Fischerei sind nach wie vor die Grundlage der west-samoanischen Wirtschaft. Kokosnuß-Produkte, Kakao und Taro werden unter anderem exportiert. Aber der Anteil der Exporterlöse durch die Landwirtschaft ist rapide gefallen. Die Schaffung eines kleinen Industriezentrums in Vaitele außerhalb von Apia, mit einer Brauerei und einer Fabrik, die elektrische Schaltungssysteme herstellt, trug zur Steigerung der Exporterlöse bei. Dennoch liegt der Wert der Importe noch immer ganz erheblich über dem der Exporte, und das wirtschaftliche Gleichgewicht wird nur durch die Überweisungen der vielen Samoaner, die im Ausland leben und arbeiten, durch Entwicklungshilfe und – mit steigender Tendenz – durch die Einkünfte aus der Tourismusindustrie erreicht. West-Samoa lockt Besucher aus den unterschiedlichsten Teilen der Welt an.

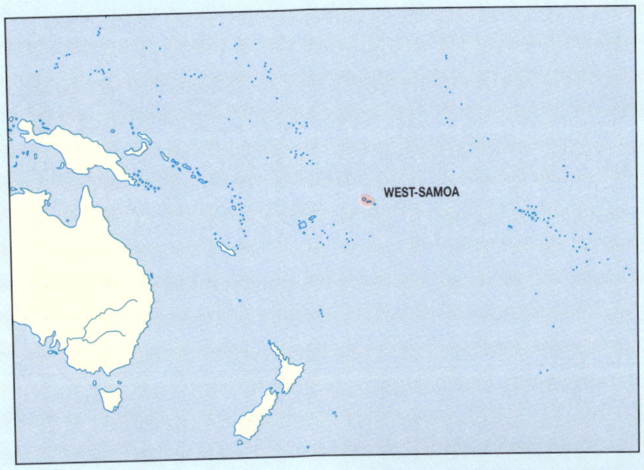

Oben rechts: Dorfbewohner auf dem Weg zum sonntäglichen Gottesdienst. Das Christentum ist ein wichtiger Teil des samoanischen Lebens, und man opfert viel Geld und Zeit für kirchliche Aktivitäten. Etwa die Hälfte der Bevölkerung gehört zur Kirche der Kongregationalisten, die auf die Lehre der hier 1830 von Reverend John Williams gegründeten London Missionary Society zurückgeht.

Rechts: Der Uhrenturm der Stadt im geschäftigen Handels- und Verwaltungszentrum von Apia. Er schaut auf die lange Strandpromenade, wo aneinandergereiht die wichtigsten Läden, Büros, Hotels, Unterhaltungsstätten und Kirchen liegen. Ein großes modernes Regierungsgebäude und die Zentralbank sind ganz in der Nähe. An der belebten Bushaltestelle entlädt sich eine ständige Flut von Passagieren aus den Dörfern von Upolu, von denen viele kommen, um ihre Produkte in der Markthalle zu verkaufen.

Links: Schüler betrachten die Feiern zum jährlichen Unabhängigkeitstag. Sie finden an den drei ersten Junitagen statt, obwohl die Unabhängigkeit in Wirklichkeit am 1. Januar 1962 erlangt wurde. Eine Regatta von Langbooten mit 40 Mann Besatzung wird im Hafen von Apia veranstaltet. Darüber hinaus gibt es noch viele andere Sportveranstaltungen, wie beispielsweise Pferderennen; außerdem werden Tänze aufgeführt und Festmähler und Reden abgehalten.

INSELPORTRÄT

Kiribati

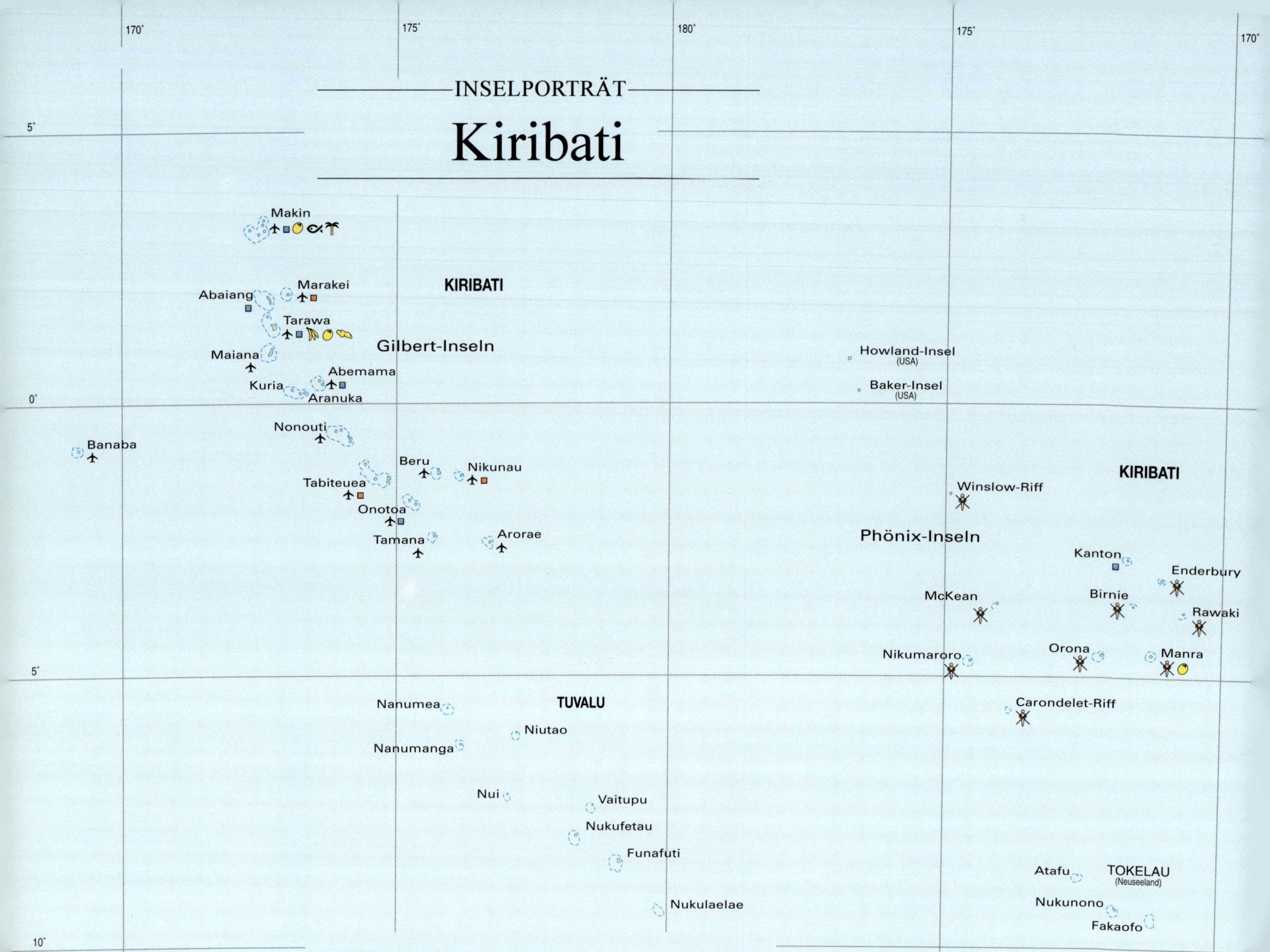

Die 33 Inseln der Republik Kiribati bestehen aus drei Gruppen von Korallenatollen – den Gilbert-Inseln, den Phönix-Inseln (unbewohnt) und den Line-Inseln – und einer isoliert liegenden Vulkaninsel (Banaba). Sie haben eine Gesamtfläche von 717 Quadratkilometern, verstreut über ungefähr 5 Millionen Quadratkilometer Ozean.

Früher Teil der britischen Kolonie Gilbert and Ellice Islands, wurde Kiribati (abgeleitet von »Gilberts« und Kiri-bass ausgesprochen) im Jahr 1979 unabhängig. Die Bevölkerung von Kiribati nennt sich I-Kiribati. Sie besteht vorwiegend aus Mikronesiern. Der größte Teil der 70 000 Einwohner lebt auf den Atollen der Gilbert-Inseln, über ein Drittel von ihnen in den urbanen Zentren auf dem Tarawa-Atoll, wo die Hauptstadt Bairiki und der Hauptflughafen liegen. Etwa drei Viertel der arbeitenden Bevölkerung sind in der Landwirtschaft oder der Fischerei beschäftigt – der Phosphatabbau auf Banaba, der die wichtigste Exportgrundlage der Kolonie war, mußte im Jahr 1979 eingestellt werden. Kopra und Fisch sind die bedeutendsten Exportgüter. Die Erlöse aus den Gebühren, die von ausländischen Fischereiflotten gezahlt werden, wenn sie in den Gewässern von Kiribati operieren, stellen eine wichtige Einnahmequelle dar, ebenso wie die Überweisungen der I-Kiribati, die im Ausland arbeiten (einige in den Phosphatminen von Nauru). Darüber hinaus erhält das Land erhebliche Subventionsbeträge. Die unter Wasser liegenden Bodenschätze stellen ein beachtliches Entwicklungspotential dar. Kiribati gehört zu den Pazifikländern, die am meisten durch den Anstieg des Meeresspiegels infolge der globalen Klimaerwärmung bedroht sind.

Rechts: Die *maneaba* oder Versammlungshalle ist noch immer ein bedeutender Mittelpunkt der I-Kiribati-Gemeinden. Hier kommen die Menschen der Gegend zusammen, um wichtige gemeinsame Beschlüsse zu fassen und Konflikte beizulegen oder um zu feiern. Der Name eines Typs des Versammlungshauses, Maneaba ni Maungatabu, wurde auf das Nationalparlament von Kiribati übertragen.

Ganz rechts: Tanz und Gesang sind Teil der Dorffeste auf Kiritimati (Christmas-Insel). Diese am östlichsten liegende der drei Line-Inseln, mehr als 2000 Kilometer von den Gilbert-Inseln entfernt, ist die größte reine Koralleninsel der Welt. Sie macht mehr als die Hälfte der Gesamtfläche Kiribatis aus. In den 50er und 60er Jahren diente sie als Stützpunkt für britische und nordamerikanische Atomversuche. Die wachsende Bevölkerung und der Landmangel auf Tarawa und den anderen Gilbert-Atollen lassen die Entwicklung von Kiritimati als reizvolle Möglichkeit erscheinen, obwohl seine isolierte Lage ein Problem darstellt. Es hat jedoch ein touristisches Potential.

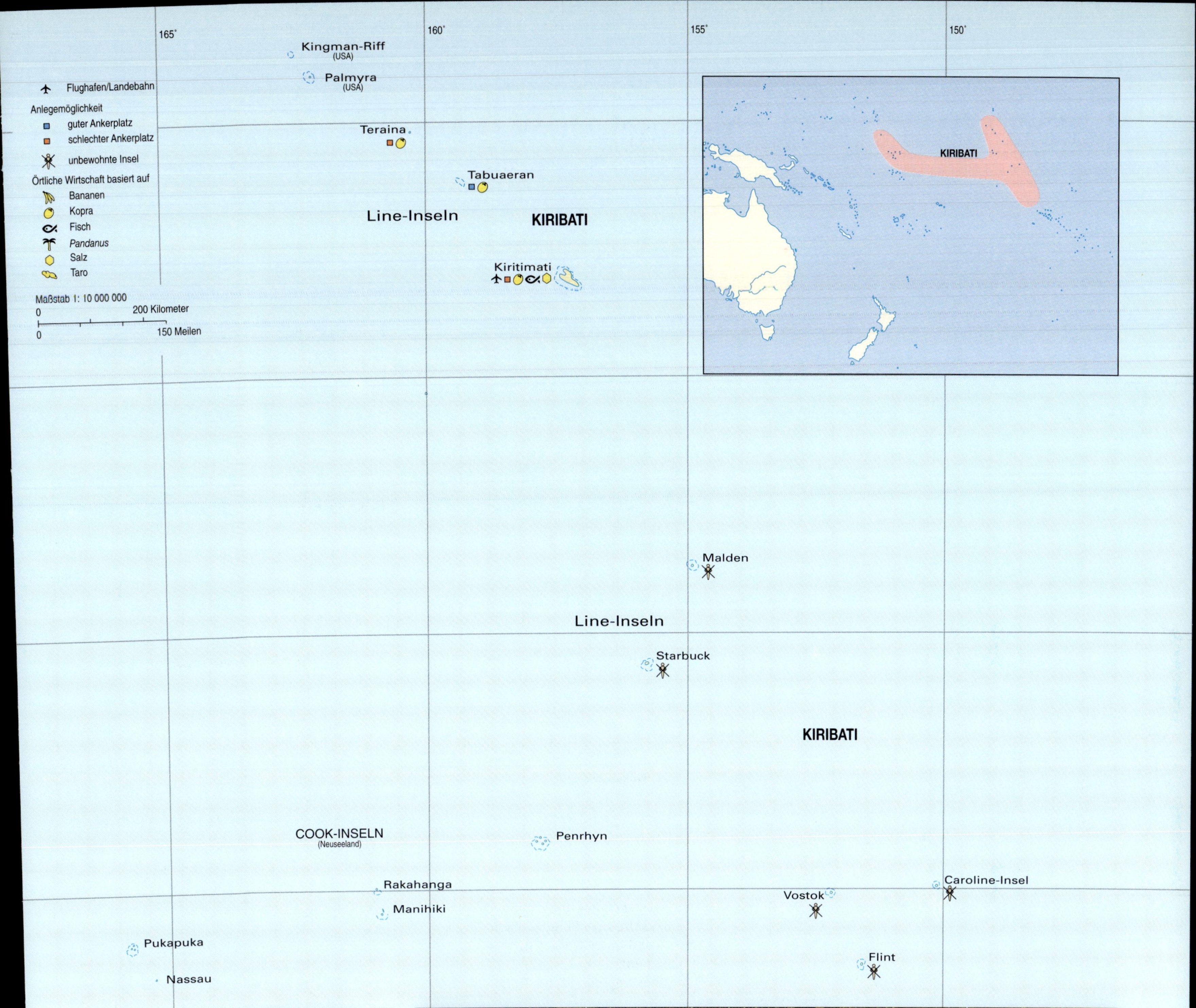
165°
160°
155°
150°
Kingman-Riff
(USA)
Palmyra
(USA)
Flughafen/Landebahn
Anlegemöglichkeit
guter Ankerplatz
schlechter Ankerplatz
unbewohnte Insel
Örtliche Wirtschaft basiert auf
Bananen
Kopra
Fisch
Pandanus
Salz
Taro
Maßstab 1: 10 000 000
0
200 Kilometer
0
150 Meilen
Teraina
Tabuaeran
Line-Inseln
KIRIBATI
Kiritimati
KIRIBATI
Malden
Line-Inseln
Starbuck
KIRIBATI
COOK-INSELN
(Neuseeland)
Penrhyn
Rakahanga
Manihiki
Vostok
Caroline-Insel
Pukapuka
Nassau
Flint

Das Festival der pazifischen Künste

Das Festival der pazifischen Künste ist das bedeutendste kulturelle Ereignis der Pazifikregion. Alle vier Jahre kommen Vertreter der pazifischen Inselstaaten sowie Abordnungen der australischen Aborigines und der neuseeländischen Maori zusammen, um ihr kulturelles Erbe in Darbietungen, Vorführungen und Ausstellungen miteinander zu teilen. Die Festivals finden unter der Schirmherrschaft der South Pacific Commission (Südpazifikkommission) statt und ziehen auch viele Besucher an, die nicht aus der pazifischen Region stammen. Seit dem ersten Festival im Jahr 1972 ist es jedesmal an einem anderen Ort in einem der Teilnehmerländer ausgerichtet worden, bisher fand es in Fidschi, Neuseeland, Papua-Neuguinea, Französisch-Polynesien, Australien und auf den Cook-Inseln statt.

Das sechste Festival mit dem Thema »Seefahrende Inselvölker des Pazifiks« wurde im Oktober 1992 auf Rarotonga (Cook-Inseln) abgehalten und feierte die ozeanische Natur der Pazifikkulturen. Kanus aus vielen Gebieten des Pazifiks versammelten sich zu einer *vaka*-(Kanu-)Parade. Mehrere von ihnen waren zu ihrem Zielort gesegelt worden, wobei man sich traditioneller Navigationstechniken bedient hatte. Außerhalb des *vaka*-Dorfs war ein neues Kulturzentrum samt Auditorium für das Festival errichtet worden, das sich als eines der vielseitigsten von den bisher durchgeführten erwies. Eine große Spannbreite von traditionellen Künsten und Handwerken wurde vorgeführt sowie die üblichen Schaudarbietungen. Es wurde traditionelle Kleidung ausgestellt, und unter den demonstrierten Fertigkeiten waren Schnitzkunst, Kanubau, das Kochen im Erdofen, Textilkunst, Korbflechten, Malerei, Tätowierung und Feuerlaufen. Diese Vorführungen fanden neben traditionellem Geschichtenerzählen, Theatervorstellungen sowie Musik- und Tanzdarbietungen statt, um einen bunten und unvergeßlichen Überblick über den vielfältigen kulturellen und künstlerischen Reichtum der pazifischen Völker und Länder zu bieten.

Oben: Im *vaka*-Dorf wurde aus Steinen, die jeweils von den Vertretern der Teilnehmerländer mitgebracht worden waren, ein dauerhaftes Denkmal errichtet. Hinter diesem Arrangement ist die *Waan Aelon Kein* sichtbar, ein Auslegerkanu von den Marshall-Inseln. Weiter im Hintergrund ragen die gehörnten Masten der polynesischen Langstreckenkanus empor. Die beiden näheren Masten gehören zu dem berühmten modernen Kanu *Hokule'a* aus Hawaii.

Unten: Musikalische Darbietungen bilden einen wichtigen Teil des Festivals. Die Gitarre und die Ukelele sind seit langem Bestandteil der Musik des Pazifikraums, doch die verbreitetsten traditionellen Instrumente sind verschiedene Schlag- und Blasinstrumente, unter ihnen die Muscheltrompete und zahlreiche Flötenarten.

Unten: Ein Chor aus Tokelau führt traditionelle Tänze und Gesänge auf. Die Stirnbänder, Trachten und die Matte mit dem Landesnamen weisen die Bewohner von Tokelau auch als geschickte Weber aus. Dieses kleine neuseeländische Protektorat war auf dem Festival von Rarotonga zahlreich vertreten. Die Mitglieder seiner Abordnung spielten auch traditionelle Spiele, erzählten Geschichten und demonstrierten Koch- und Handwerkskünste. Die Teilnahme am Kunstfestival ist eine ausgezeichnete Gelegenheit für die kleineren Inselstaaten, ihr einzigartiges Erbe sowohl einem pazifischen als auch einem breiteren internationalen Publikum vorzustellen. Sogar die winzige Pitcairn-Insel war 1992 vertreten – mit Kunsthandwerk und Briefmarken.

Unten: Der Chor der Cook-Inseln wartet darauf, daß die Reihe bei den Abschlußfeierlichkeiten an ihn kommt. Währenddessen scheinen die Kränze auf den Köpfen der Teilnehmerinnen wie auch diese selbst arg unter der Hitze zu leiden. Die Cook-Inseln besitzen ein reiches kulturelles Erbe an Liedern, das von traditionellen Gesängen und Tänzen bis zu einem komplexen mehrteiligen hymnenartigen Gesangsstil reicht, der im letzten Jahrhundert entstand. Hinzu kommen noch die populären Lieder der Gegenwart. Wenn ihre Darbietung einmal begonnen hat, werden alle Chormitglieder mit voller Energie dabeisein.

Ganz unten: Die Kunst des Holzschnitzens ist auf den Pazifikinseln weit verbreitet. Hier arbeitet ein Schnitzer im charakteristischen Stil der Kanaken Neukaledoniens. Mit modernen Werkzeugen meißelt er Muster, die – gekrönt von einem abstrakten Gesicht – traditionell auf den Türpfosten eines Häuptlingshauses angebracht wurden.

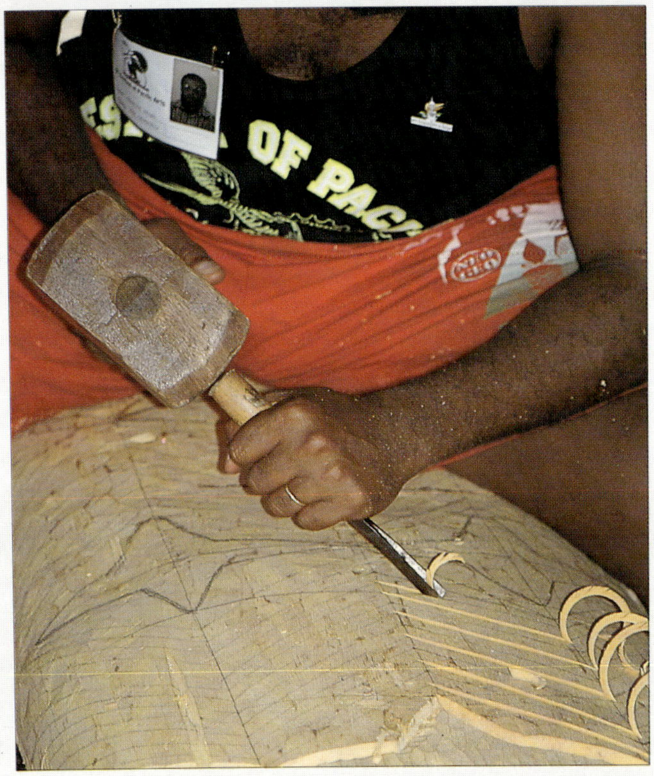

Der Tourismus könnte sich allerdings als ein zweifelhafter Vorteil erweisen. Nur ein kleiner Teil der Einkünfte der Tourismusindustrie bleibt auf den Inseln, der Rest fließt an die ausländischen Reise- und Hotelgesellschaften und an Investoren aus Übersee. Die hohen Kosten für die Unterhaltung der Infrastruktur, die Touristen heutzutage erwarten – von Flughäfen bis zur Trinkwasserversorgung –, stellen eine Belastung für die Regierungen der Gastländer dar. Man macht sich auch Sorgen wegen der unerwünschten Auswirkungen des Tourismus auf die Gesellschaft und die Umwelt. Viele meinen, daß der Tourismus materialistische Wertvorstellungen fördert: Er ändert die Einstellung der Menschen gegenüber ihrem eigenen Lebensstil und schafft eine endlose Spirale der Nachfrage nach Importgütern. Eine sehr reale Gefahr besteht darin, daß die einheimische Kultur entwürdigt wird, indem sie zur bloßen »Show« für die Touristen verkommt. Die Regierungen sind sich dieser Gefahren durchaus bewußt. Einige versuchen, sich vom Pauschalreisegeschäft zu lösen und eine Form des Tourismus zu fördern, die rücksichtsvoller mit Umwelt und Kultur umgeht. Doch die kurzfristigen Wirtschaftsvorteile, die die Entwicklung von Hotel- und Feriendorf-Projekten mit sich bringt, erweisen sich oft als zu verlockend, als daß man ihnen widerstehen könnte.

Wirtschaftshilfe und Geldüberweisungen in die Heimat

Die Wirtschaftshilfe einzelner Staaten und internationaler Vereinigungen wie der UNO und der EU spielt eine entscheidende Rolle, um das Ungleichgewicht zwischen den Wirtschaftssystemen der Inseln zu mildern. Der Südpazifik erhält pro Kopf eine der höchsten Hilfsleistungen der Welt, und die begrenzten Ressourcen und die hohen Investitionen, die für eine wirtschaftliche Entwicklung vonnöten wären, machen es den meisten Inselstaaten schwer, eine Zukunft zu sehen, in der sie auf diese Wirtschaftshilfe verzichten könnten. Diese Unterstützung ist jedoch ungleich über die Pazifikregion verteilt: Die Staaten, die noch starke Bindungen zu ihren »Mutterländern« haben, erhalten tendenziell die höchste Wirtschaftshilfe pro Kopf – dies sind die ehemaligen amerikanischen Treuhandgebiete, die französischen Territorien und die Staaten mit einer Verbindung zu Neuseeland. Auch von Australien gehen umfangreiche Hilfsleistungen aus, hauptsächlich an Papua-Neuguinea, während Japan und Großbritannien ebenfalls beträchtliche Zahlungen leisten.

Die Hilfe manifestiert sich auf unterschiedliche Weise. Sie kann zum Beispiel einem bestimmten Projekt gelten (manchmal in Verbindung mit der Bedingung, daß das Empfängerland Firmen aus dem Geberland in Vertrag nehmen muß), oder sie kann ein direkter Beitrag zum Staatsetat sein. Die EU unterhält ein Programm zur Preisstabilisation, das die Teilnehmerstaaten vor dem Preissturz bestimmter Exportgüter schützt. Für den kleinen Staat Tuvalu wurde ein innovativer Plan entwickelt – ein nationaler Hilfsfonds, aus dem er ein jährliches Einkommen bezieht.

Das Geld, das von Inselbewohnern, die im Ausland leben und arbeiten, in ihre Heimat gesandt wird, hat einen beträchtlichen Einfluß auf die Wirtschaft der Inseln. In den 80er Jahren machten diese Überweisungen in Tonga über ein Drittel der eingeführten Devisen aus, mehr als die gesamten Einkünfte aus Export und Tourismus. Solche Überweisungen stammen meist von denen, die in den pazifischen Anrainerstaaten mit einer früheren kolonialen Bindung zu den Inseln leben. Man ist daher vom Grad der Freizügigkeit abhängig, der den Inselbewohnern beim Kommen und Gehen zwischen den Ländern gewährt wird.

Organisationen im Pazifikraum

Eine bedeutende Entwicklung in der Wirtschaftsplanung war die wachsende Zusammenarbeit im Pazifikraum, die sich größtenteils durch neugegründete Körperschaften wie die Forum Fisheries Agency vollzieht. Sie liefern Informationen und ermöglichen es, Erfahrung dort zu konzentrieren, wo sie am dringendsten benötigt wird. Die Pacific Forum Line stellt ein

Links: Eine spektakuläre Vorführung von Tänzern und Tänzerinnen Französisch-Polynesiens für Touristen. Kulturelle Veranstaltungen wie diese sind Teil des Bildes geworden, mit dem den potentiellen Besuchern die Pazifikregion schmackhaft gemacht wird. Doch viele bezweifeln den langfristigen Nutzen des Tourismus für die pazifischen Kulturen. Es besteht die Gefahr, daß lokale Kunstformen sich den Bedürfnissen der Touristen anpassen. In Tonga stellen heute zum Beispiel einige Schnitzkünstler Figuren im hawaiianischen Stil her, weil diese sich besser verkaufen lassen. Tänze und Gesänge können ihre ursprüngliche Bedeutung verlieren, wenn sie wiederholt für ein Touristenpublikum aufgeführt werden. Andererseits soll der Einfluß der Touristen in einigen Bereichen den Anreiz und die Gelder für eine Renaissance des Interesses an der traditionellen Kultur geliefert haben.

gemeinsames Schiffahrtsunternehmen von zehn Inselstaaten dar. Das Pazifische Inselentwicklungsprogramm bietet Forschung, Beratung und Training in Bereichen wie Energiepolitik, Katastrophenschutz und der lokalen Entwicklung des Privatsektors. Diese Unternehmen sind nur eine Facette der regionalen Zusammenarbeit: Der Pazifik ist heutzutage mit einem komplexen Netz von Organisationen und Konferenzen überzogen, die ein verwirrendes Aufgebot an Abkürzungen darstellen und eine gewaltige Spanne von Interessen abdecken. Im Zentrum dieses Netzes stehen zwei Hauptorganisationen – die 1947 gegründete South Pacific Commission und das 1971 gegründete South Pacific Forum.

Die South Pacific Commission wurde mit dem Ziel aufgebaut, die wirtschaftliche und soziale Entwicklung der Region zu fördern. Zu ihren Mitgliedern zählen Inselstaaten und Territorien sowie außenstehende Länder, die territoriale Interessen im Pazifik haben. Im ganzen sind es 27, obwohl Großbritannien 1993 aus wirtschaftlichen Gründen seinen Austritt ankündigte. Die Kommission unterhält Programme in Bereichen wie landwirtschaftlicher Entwicklung und Technik, Nahrungsmittelerzeugung, Meeresressourcen, Gesundheitswesen und Bildung sowie Umweltmanagement. Sie bietet technische Beratung und Unterstützung und leitet Bauprojekte. Die Finanzierung der Kommission übernehmen die Mitgliedsstaaten und andere Spender. Die South Pacific Conference trifft sich jedes Jahr, um das Arbeitsprogramm und das Budget der Kommission zu diskutieren.

Hauptsächlich auf das Insistieren Frankreichs hin wurden politisch brisante Streitfragen wie die Atomtests von der Tagesordnung der Kommission ausgeklammert. Die Unzufriedenheit mit dieser Situation war ausschlaggebend für die Gründung des South Pacific Forum, das ein Plenum darstellt, in dessen Rahmen die unabhängigen und selbständigen Staaten des Südpazifiks (einschließlich Australiens und Neuseelands) einmal im Jahr zusammentreten können, um Probleme von allgemeinem Interesse zu diskutieren. Der Forumsrat (Forum Secretariat, früher als South Pacific Bureau for Economic Cooperation, SPEC, bekannt) beteiligt sich auch an der Förderung gemeinschaftlicher Projekte. In der letzten Zeit engagierte er sich für den Ausbau der Telekommunikation. Organisationen verschiedener Regierungen, insbesondere die mit der South Pacific Commission oder dem South Pacific Forum verbundenen, entstanden in so großer Zahl, daß man 1988 das South Pacific Organizations Coordinating Committee (SPOCC) ins Leben rief, um die Beziehungen auf einen Nenner zu bringen und mögliche Konflikte zu entschärfen.

Eine atomkraftfreie Zone

Ohne die Zustimmung der Inselvölker hat der Pazifik eine bedeutende Rolle bei der Entwicklung von Atomwaffen gespielt. Zwischen 1946 und 1958 wurde eine Reihe atomarer Sprengkörper, einschließlich der ersten Wasserstoffbomben, im Enewetak- und im Bikini-Atoll der mikronesischen Territorien zur Explosion gebracht, die zum amerikanischen Treuhandgebiet zählten. Die USA und Großbritannien führten in den 50er und 60er Jahren an anderen Orten im Pazifik weitere Bombenversuche durch, und zwar auf der Christmas-Insel, heute zu Kiribati gehörig, und in Maralinga in Australien. Noch immer ist nicht endgültig geklärt, welche Langzeitfolgen diese Tests haben und inwieweit die Atommächte für diejenigen verantwortlich sind, die von ihren Testprogrammen betroffen sind.

Der vielleicht stärkste Groll der letzten Jahre richtet sich gegen die französische Atompolitik im Pazifikraum. Nachdem Frankreich 1962 die Kontrolle über die Testgelände in seiner ehemaligen Kolonie Algerien verloren hatte, wurde das Testprogramm nach Französisch-Polynesien verlegt. Entschiedener Protest von den Regierungen der Region bereitete den atmosphärischen Tests schließlich ein Ende, doch die unterirdischen Tests wurden fortgesetzt, ebenso wie die Proteste. Der *Rainbow-Warrior*-Zwischenfall von 1985 markierte einen Tiefpunkt der Beziehung Frankreichs zu zahlreichen Pazifiknationen. Im Zuge des internationalen Klimawandels stellten die Franzosen ihre Versuche in Französisch-Polynesien 1992 auf unbestimmte Zeit ein; als Frankreich jedoch im Jahr 1995 den Beginn einer weiteren Reihe unterirdischer Tests ankündigte, entbrannte die Kontroverse von neuem.

Die Hoffnung auf ein Ende der Nutzung der pazifischen Versuchsgebiete hängt von den allgemeinen Aussichten auf ein generelles Testverbot ab. 1986 stimmte eine Mehrheit der Staaten des South Pacific Forum einem Vertrag für eine atomkraftfreie Zone zu, dem Vertrag von Rarotonga. Von den fünf etablierten Atommächten kamen nur China und die ehemalige Sowjetunion der Einladung nach, den Vertrag zu ratifizieren – Frankreich, die USA und Großbritannien hielten sich zurück. Atomwaffen sind nicht der einzige Grund für die Besorgnis um die Strahlenbelastung der Region. Nuklearbetriebene Schiffe und U-Boote haben wiederholt ihre Reaktoren im Pazifik über Bord geworfen, und zugleich existiert die beständige Furcht, der Ozean könnte in der Zukunft als Lagerstätte für Atommüll benutzt werden. Die Streitfragen um die Atomkraft stellten schon früh einen Fokus für das Umweltbewußtsein im Pazifik dar, sowohl für die Regierungen als auch für interna-

Weltweite Klimaveränderungen
Die gesamte südpazifische Region ist von den weitreichenden Auswirkungen der globalen Erwärmung betroffen. Wie die Karte zeigt, reagieren Länder, die wie Kiribati und Tuvalu aus niedriggelegenen Atollen bestehen, besonders empfindlich auf das Ansteigen des mittleren Meeresniveaus durch die Erwärmung und Ausdehnung des Meerwassers und das Abschmelzen der Polkappen. Aber auch die größeren und höheren Inseln müssen mit Auswirkungen auf ihre Küstengebiete rechnen – mit potentiellen Bedrohungen für Ackerbau und Fischerei wie auch für Siedlungsgebiete und Infrastruktur. Die Geschwindigkeit und das Ausmaß des Anstiegs sind unbekannt, aber das International Panel on Climate Change (das Internationale Gremium für die Klimaveränderung) sagt voraus, daß das mittlere Meeresniveau zwischen drei und zehn Zentimetern pro Jahrzehnt ansteigen wird. Die Auswirkungen des kontinuierlichen Anstiegs auf den Inseln müssen in Verbindung mit den Folgen der Sturmfluten und Zyklone gesehen werden, die selbst wiederum durch den Klimawechsel verstärkt werden können. In den frühen 90er Jahren erreichten die höchsten Tiden schon fast die städtischen Gebiete auf Majuro (Marshall-Inseln). Darüber hinaus ist es möglich, daß die veränderten Klimastrukturen die Probleme derjenigen Inseln vergrößern werden, die schon jetzt – wie einige der Inseln Kiribatis – zu Dürreperioden neigen.

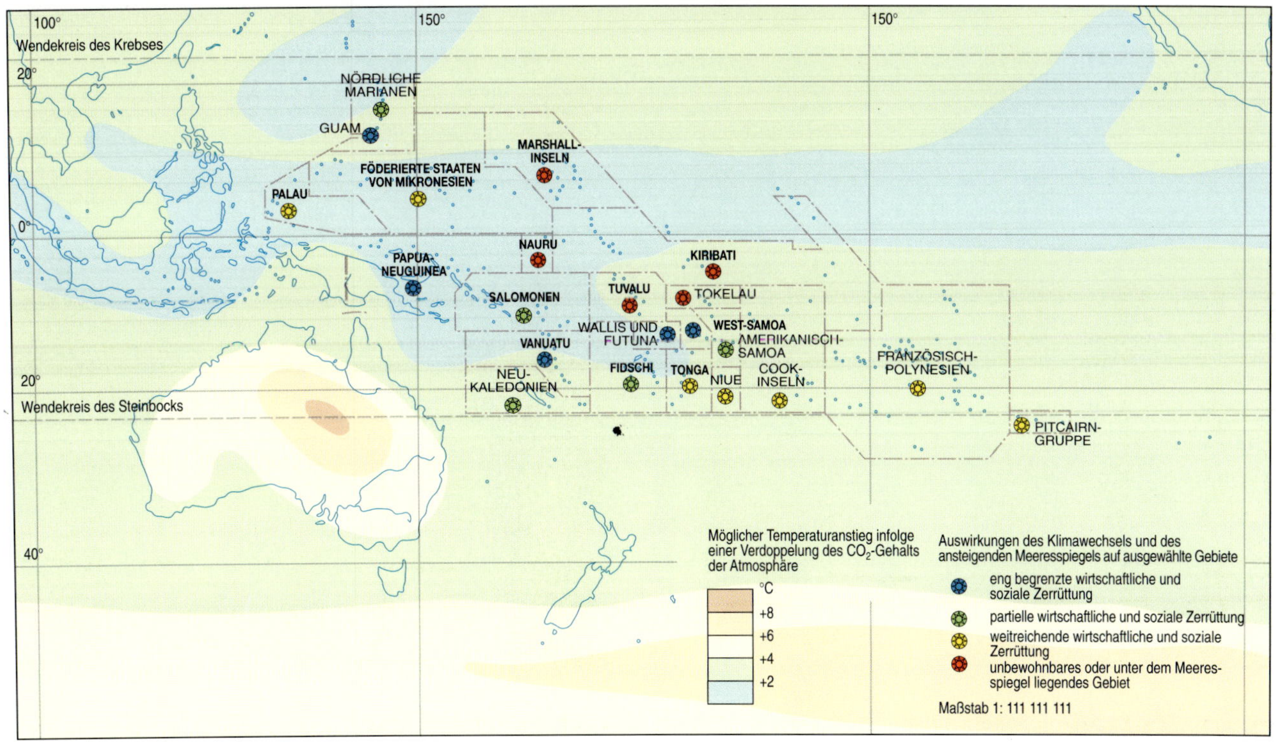

tionale und regionale Organisationen wie Greenpeace oder Nuclear-Free and Independent Pacific Movement. Auch die Kirchen des Pazifikraums wurden im Rahmen der Antikernkraftdebatte aktiv.

Umweltfragen

Für den Erhalt der empfindlichen Inselwelten des Pazifiks werden dringend effektive Umweltschutzstrategien benötigt. Die Pflege der Küstengebiete ist eine lebenswichtige Aufgabe auf den Pazifikinseln – Strände, Riffe und Lagunen sind die Lebensräume und Brutgebiete vieler Tier- und Pflanzenarten, doch sie werden durch die Düngemittel- und Pestizidrückstände der Landwirtschaft und durch Abwasser und andere Verunreinigungen der Stadt- und Tourismusprojekte bedroht. Korallenriffe reagieren besonders empfindlich auf Verschmutzung, die das Wasser trübt und so das Wachstum der Korallen durch den Entzug von Sonnenlicht blockiert. Die wachsende Bevölkerung fordert die Expansion des Ackerbaus auf Randgebiete und eine intensive Landwirtschaft, was verstärkte Risiken der Bodenerosion mit sich bringt. Die Nahrungsquellen des Meeres müssen durch eine vernünftige Hege der Fischbestände erhalten werden, wobei eine Überfischung vermieden werden muß. Hier leistet die Forum Fisheries Agency durch Informationssammlung und Beratungsdienste einen wichtigen Beitrag zum Umweltschutz.

Auf den melanesischen Inseln schreitet die Abholzung der Wälder rapide voran, und der Devisenbedarf der Länder mit keinen oder nur wenigen Exportgütern, die im Wert dem Holz gleichkommen, macht es schwer, den mächtigen multinationalen Interessengruppen zu widerstehen, die auf eine Fortsetzung des Holzeinschlags drängen. Trotzdem werden sich die Regierungen zunehmend bewußt, daß ein besseres Verständnis für die Waldvorräte und ihren Schutz sowie die Entwicklung einer Forstwirtschaft der nachwachsenden Bestände vonnöten sind. In einer Reihe von Staaten existieren Aufforstungsprogramme, doch ist es unwahrscheinlich, daß sie mit der Zerstörungsrate Schritt halten können, und sie können auch die bereits vernichtete Artenvielfalt nicht wiederherstellen. Vorgeschlagene Strategien sind etwa die Einrichtung von Waldschutzgebieten und von Plantagenwäldern. Es gibt auch Maßnahmen für eine verbesserte Vermittlung des Umweltbewußtseins auf lokaler Ebene. Eine interessante Innovation Papua-Neuguineas und der Salomonen ist der Gebrauch der *wokabout somil* (»beweglichen Sägemühle«). Diese kleinen, tragbaren Sägemühlen ermöglichen es der ansässigen Bevölkerung, ausgewählte Bäume auf ihrem Grundbesitz zu fällen, anstatt die Rechte an große Firmen abzutreten, die eine extensivere und zerstörerischere Arbeitsweise an den Tag legen.

In den letzten Jahren hat die Bedrohung der Umwelt durch die Auswirkungen der globalen Erwärmung in Ozeanien besondere Besorgnis erregt. Wissenschaftliche Prognosen sagen voraus, daß bei unveränderten Emissionen von Kohlendioxid und anderen Treibhausgasen in die Atmosphäre die globale Durchschnittstemperatur ansteigen wird, was eine thermale Ausdehnung des Meerwassers zur Folge hat. Der entsprechende Anstieg des Meeresspiegels wird für die niedriggelegenen Länder des Pazifiks schwerwiegende Folgen haben, insbesondere für die Marshall-Inseln, Tuvalu, Tokelau und Kiribati, die größtenteils aus Atollen bestehen. Man ist sich nicht einig über die voraussichtliche Geschwindigkeit und das Ausmaß der durch die globale Erwärmung verursachten klimatischen Veränderungen, doch auch ein geringfügiger Anstieg hätte schädliche Auswirkungen auf Inseln, die nur ein paar Meter über dem Meeresspiegel liegen. Eine der ersten Folgen wäre die Verdrängung des Grundwassers durch das emporsteigende Salzwasser, was Brunnen und den Ackerbau gefährden würde. Die globale Erwärmung könnte auch das Wettersystem verändern und häufigere und verheerendere Wirbelstürme entstehen lassen. Da sie nur wenig Energie verbrauchen und kaum Treibhausgase produzieren, haben die Pazifikstaaten selbst nicht viel zur Verschärfung der globalen Erwärmung beigetragen, doch es ist wahrscheinlich, daß sie zu den Hauptleidtragenden zählen werden. Dies ist ein Problem, das sie verständlicherweise an die Spitze der Tagesordnung internationaler Debatten und politischer Entscheidungsprozesse stellen wollen.

In den letzten zehn bis 15 Jahren erkannten die Regierungen der pazifischen Inselstaaten zunehmend die Notwendigkeit für eine integrierte Sichtweise der Entwicklung und der Umweltfragen. Im Moment erwägt man nationale Umweltschutzprogramme. Das South Pacific Regional Environmental Program (SPREP) existiert seit 1980 und hat eine eigene Strategie und ein eigenes Arbeitsprogramm entwickelt. Das Abkommen für den Schutz der natürlichen Ressourcen und der Umwelt der Südpazifikregion (SPREP-Abkommen), das Atomtests und die Entsorgung radioaktiver Abfälle im Meer untersagt, trat 1990 in Kraft. Die Arbeit zum Schutz der pazifischen Umwelt hat gerade erst begonnen, und unmittel-

Oben: Ein Supermarkt in Tari im Hochland Papua-Neuguineas. Über Jahrtausende haben sich die Völker des Hochlands durch ein Handelsnetz des persönlichen Austausches Güter aus anderen Landesteilen beschafft. Nun sind sie Teil einer unpersönlichen Weltwirtschaft, die neue Waren und Dienstleistungen anbietet, neue Bedürfnisse weckt und die Verbreitung von Initiativen fördert, die Bargeld einbringen. Nur wenige Menschen des Pazifikraums würden auf die Vorteile dieser Verbindung zum Weltmarkt verzichten wollen. Doch wie kann man ihr Auffassungsvermögen mit dem Druck in Einklang bringen, den das System ausübt – das auf eine gewinnbringende Exportwirtschaft und auf vielfältige soziale Veränderungen drängt? Diese Frage ist ein Aspekt der Herausforderung, mit der zur Zeit alle Inselstaaten konfrontiert sind.

barer wirtschaftlicher Druck arbeitet gegen die angestrebte Umsattlung auf erneuerbare Rohstoffquellen. Dennoch lassen die Aktivitäten des SPREP, einiger Regierungen und bestimmter regierungsunabhängiger Organisationen, wie etwa der Stiftung für die Entwicklung der Salomonen (Solomon Islands Development Trust), auf die Zukunft hoffen. Die Umwelterziehung an der Basis wird als ein sehr wichtiges Betätigungsfeld betrachtet. Man ist zunehmend bereit, von traditionellem Wissen über die Umwelt zu lernen, vor allem im Bereich der Fischerei und der Landwirtschaft. Doch im Hinblick auf die fundamentalen Probleme, wie die nukleare Präsenz und den Treibhauseffekt, können die Pazifikstaaten lediglich Druck auf die Länder außerhalb der pazifischen Region ausüben.

In Richtung auf den »Pazifischen Weg«

Außerhalb des Pazifikraums, vor allem in den Industrienationen der Nordhalbkugel, betont die vorherrschende Vorstellung von den pazifischen Inseln immer noch ihre angebliche »Zeitlosigkeit«. Reiseprospekte und -literatur kontrastieren die Vorzüge des Dorflebens auf den Inseln, der kulturellen Kontinuität und der unverdorbenen Schönheit der Natur mit den Problemen der industrialisierten Welt. Doch wie jede andere Region des späten 20. Jahrhunderts sind auch die Pazifikinseln in die Weltwirtschaft und ein Netz regionaler und globaler politischer Faktoren integriert, mit dem vollen Druck auf soziale Veränderung, die dies mit sich bringt. Während ihrer gesamten Vergangenheit waren die Völker des Pazifiks die aktiven Erforscher neuer geographischer Welten und neuer Ideen. Sie beriefen sich auf ihr kulturelles Erbe, um sich neuen Verhältnissen anzupassen, ob diese nun durch das Auswandern in fremde Lebensräume, Veränderungen innerhalb ihrer eigenen Gesellschaften oder das Eintreffen neuer Völker hervorgerufen wurden. Während der Kolonialzeit legten sie die Fähigkeit an den Tag, sich Aspekte anderer Kulturen auf eine Weise zu eigen zu machen, die wichtig für ihre eigene war. In der modernen Welt wachsen der Druck und der Einfluß von außen. Die Probleme, mit denen man sich auseinandersetzen muß, liegen jenseits des Handlungsspielraums nationaler Regierungen, geschweige denn lokaler Gemeinschaften.

Der Slogan vom »Pazifischen Weg« wurde erstmals im Jahr 1970 in einer Rede Ratu Sir Kamisese Maras, des damaligen Ministerpräsidenten von Fidschi, verwendet. Seitdem ist er oft gebraucht worden, um die Werte und Ziele zu vermitteln, die den pazifischen Inselgesellschaften gemeinsam sind. Er war auch der Titel des Berichts, der 1992 im Auftrag der 14 pazifischen Inselstaaten der Konferenz für Umweltschutz und Entwicklung der UNO (dem Umweltgipfel von Rio) überreicht wurde. Der Bericht erwähnte, daß man im Sinne traditioneller Problemlösungsprozesse des Pazifikraums großen Wert auf Kooperation und Konsens lege – daher wolle man nun einen Konsens darüber herbeiführen, wie man den allgemeinen Umweltproblemen begegnen könne, die die pazifischen Inselstaaten bedrohen. Es war kaum zu vermeiden, daß der Wahlspruch auf der politischen Bühne der Region an bestimmte Rahmenbedingungen angepaßt wurde, und diejenigen, die sich eine größere Konstanz gewünscht hatten, wurden manchmal enttäuscht. Politische Ereignisse, wie die Staatsstreiche von Fidschi oder der Konflikt auf Bougainville, schienen eine Bedrohung für die Ideen der Toleranz und der einvernehmlichen Entscheidungsfindung zu bedeuten, auf denen die Intentionen des »Pazifischen Wegs« basieren. Doch wo die Grenzen des Schlagworts auch liegen, so macht der »Pazifische Weg« doch etwas Wichtiges in der heutigen Pazifikregion deutlich – ein wachsendes Gefühl der Verbundenheit und den Wunsch nach einer regionalen Identität, die aus der gesellschaftlichen Erfahrung der pazifischen Völker selbst hervorgeht.

FACHBEGRIFFE

Fett gedruckte Begriffe im Text verweisen auf ein eigenes Stichwort.

Aborigines Eine Bezeichnung für indigene Völker, insbesondere für die Ureinwohner Australiens. Man schätzt, daß die in Australien lebenden Aborigines-Stämme vor der britischen Kolonisation zwischen 500 000 und drei Millionen Menschen umfaßten. Sie teilten sich in 500 Stammesgruppen, die mehr als 250 Sprachen benutzten. Die Bezeichnung Aborigines ist daher ein Oberbegriff. Heute definiert sich die Zugehörigkeit folgendermaßen: »Jemand, dessen Vorfahren Aborigines waren, der sich als einer der Aborigines betrachtet und von seiner Aborigines-Gemeinschaft als solcher anerkannt wird.« Die Aborigines machten einmal 100 Prozent der Bevölkerung des Kontinents aus, heute stellen sie einen Anteil von etwa zwei Prozent der Einwohner Australiens.

ahu Ein Tempel oder eine Stätte religiöser Verehrung auf der Osterinsel, insbesondere die große Steinplattform, auf der Ahnenstatuen standen. Die Bezeichnung wird auch andernorts im östlichen **Polynesien** für Plattformen gebraucht, die einen Teil der ***marae*** (Tempelkomplexe) bildeten.

Antipoden Wörtlich »Gegenfüßler«: Menschen, die auf der anderen Seite der Erde leben. Die Bezeichnung wird oft als ein Synonym für Australier und Neuseeländer verwendet.

ANZAC Abkürzung für das Australian and New Zealand Army Corps (Australisches und Neuseeländisches Armeekorps), das 1914 gegründet wurde, als Großbritannien den Appell an seine Kolonien richtete, Truppen für den Krieg gegen das Deutsche Reich zu entsenden. Der erste Feldzug der ANZAC-Soldaten wurde 1915 bei Gallipoli gegen die Türken geführt. Der Tag der Landung, der 25. April, wird inoffiziell als Nationalfeiertag Australiens gefeiert.

ANZUS-Pakt Ein 1951 geschlossenes Sicherheitsabkommen zwischen Australien, Neuseeland und den USA. Es war das erste außenpolitische Abkommen, das von Australien und Neuseeland unterzeichnet wurde und Großbritannien nicht mit einschloß. Die Garantien haben eher eine symbolische als eine praktische Bedeutung. Jede der unterzeichnenden Nationen erkennt an, daß »ein bewaffneter Angriff im Pazifikgebiet auf einen der Partner für sie selbst eine Bedrohung des eigenen Friedens und der eigenen Sicherheit darstellt, und erklärt, daß sie alles im Rahmen ihrer Verfassung Mögliche unternehmen wird, um der gemeinsamen Gefahr zu begegnen«. Neuseeland trat 1984 aus dem Bündnis aus, nachdem es amerikanischen Atomschiffen Anlegeplätze verweigert hatte.

Aotearoa Der **Maori**-Name für Neuseeland, gewöhnlich als »Land der langen weißen Wolke« übersetzt. Eine andere Übersetzung lautet: »Land des langen Tageslichts«. Aotearoa wurde als alternativer Landesname vorgeschlagen.

Aranda (auch **Arrernte**) Name des in Zentralaustralien lebenden **Aborigines**-Volkes.

ariki Bezeichnung für einen Oberhäuptling *(paramount chief)* bei den **Maori** und bei einer Reihe anderer Gesellschaften **Polynesiens**.

Arnhem Land Der Teil Nordaustraliens, der sich vom Rose River im Süden bis nach Wessel Island im Norden sowie vom South Alligator River im Westen bis nach Groote Eylandt im Osten erstreckt. Dieses Gebiet ist reich an Kultur, Religion und Kunst der **Aborigines**.

Atoll Ringförmige Kette flacher Inseln aus **Korallenriffen**, die über die Wasseroberfläche ragen und eine seichte Lagune einschließen.

Australian Capital Territory (ACT) Bundesterritorium, auf dem sich die australische Bundeshauptstadt Canberra befindet. Das ursprünglich zu **New South Wales** gehörende Gebiet wurde 1911 vom Bund erworben.

Australide Bezeichnung, die zum erstenmal im 19. Jahrhundert für die einheimischen Völker Australiens benutzt wurde. Man hat diese früher als eigenständige Rasse angesehen, heute wird jedoch angenommen, daß sie mit anderen einheimischen Gruppen Südasiens und der Pazifikregion verwandt sind.

Austronesisch Sprachfamilie von mehr als 800 verwandten Sprachen, die vornehmlich in Südostasien und im Pazifikraum zu finden sind. Sie umfaßt die Sprachen **Polynesiens** und **Mikronesiens** sowie etwa 400 Sprachen **Melanesiens**. Die Seefahrtskünste der austronesischsprachigen Urvölker ermöglichten ihre Verbreitung über den gesamten Pazifikraum – ein Prozeß, der um 4000 bis 3000 v. Chr. begann.

Batavia 1619 gegründeter holländischer Handelshafen auf Java, der der Niederländischen Ostindischen Handelsgesellschaft als kommerzielles und administratives Zentrum in Südostasien diente. Als das heutige Jakarta ist es die Hauptstadt Indonesiens.

blackbirding Im 19. Jahrhundert weit verbreiteter Begriff für die widerrechtliche Entführung von Melanesiern, um sie zur Vertragsarbeit auf den Zuckerrohrfeldern im nördlichen Queensland in Australien zu verpflichten (siehe auch **Vertragsarbeit**).

Botany Bay Schmale Bucht an der Ostküste Australiens, ungefähr acht Kilometer südlich des heutigen Sydney gelegen, wo James Cook erstmalig in Australien landete. Sie war von Cook und Joseph Banks als Standort für die erste Strafkolonie empfohlen worden, erwies sich dafür jedoch als ungeeignet. Statt dessen wählte man **Port Jackson**. Botany Bay blieb im britischen und australischen Volksmund der populäre Name für die Kolonie **New South Wales** und im engeren Sinne für den Verbannungsort der deportierten Sträflinge.

Bumerang Ein V-förmiges Wurfholz der **Aborigines**, das für die Jagd, für Zeremonialhandlungen und den Sport benutzt wird. Einige – jedoch nicht alle – Bumerangs sind aerodynamisch dafür ausgelegt, zum Werfer zurückzukehren.

bushrangers Kriminelle, die im australischen Busch lebten und von dort aus Siedlungen überfielen. Ursprüngliche Bezeichnung für entflohene Sträflinge, doch ab den 50er Jahren des 19. Jahrhunderts glichen die *bushrangers* eher Straßenräubern – ein Nebeneffekt des Goldrauschs in Südostaustralien. Die ländlichen Unruhen zwischen 1870 und 1890 brachten erneut *bushrangers* hervor. Ned Kellys Bande ist das bekannteste Beispiel für diesen späteren Typ der ländlichen Banditen.

Cargo-Kulte Bezeichnung für Bewegungen religiösen und oft endzeitlichen Charakters, die unter einheimischen Völkern in Reaktion auf die Kolonisation entstanden. Sie wird insbesondere für religiöse Kulte in Neuguinea und anderen Teilen **Melanesiens** gebraucht, deren Anhänger den Glauben hatten, daß ihre rituellen Handlungen das Eintreffen westlicher Konsumgüter *cargo* (englisch): Fracht –, die Umstoßung der kolonialen Sozialordnung und das Ende der Welt zur Folge haben würden.

Chamorros Ureinwohner der Marianen. Ihre Kultur wurde während der spanischen Besetzung der Inseln zwischen 1565 und 1898 so gut wie ausgelöscht.

Commonwealth of Australia (Australischer Bund) Offizieller Name der Föderation der australischen Bundesstaaten (vormals selbständigen Kolonien), die am 1. Januar 1901 ins Leben gerufen wurde.

Corroboree Eine Versammlung von Stammesgruppen der **Aborigines**, die abgehalten wird, um wichtige Angelegenheiten zu erörtern und zeremonielle sowie andere Rituale durchzuführen.

Didgeridoo (auch **Didjeridu**) Ein Blasinstrument der **Aborigines**, das aus einem ausgehöhlten Ast gefertigt wird.

digger Volkstümliche Bezeichnung für den australischen Mann; informelle Anrede zwischen australischen Männern. Ihr Ursprung ist unklar, doch sie wurde vermutlich zuerst für die Schürfer auf den australischen Goldfeldern benutzt – *digger* (englisch): Gräber, Schürfer. Im Ersten Weltkrieg wurde sie allgemein für australische Soldaten verwendet.

Eisenrotten Arbeitseinheiten von Sträflingen, die für Arbeiten an öffentlichen Bauvorhaben unter freiem Himmel herangezogen wurden. Ihre Beine waren mit Eisenketten gefesselt.

Entlassungsschreiben System der Belohnung und Entlassung aus der Gefangenschaft, das Sträflingen erlaubte, einer geregelten, von den staatlichen Bauvorhaben unabhängigen Arbeit nachzugehen.

Erste Flotte Name, den man den elf Schiffen gab, die erstmals weiße Siedler (Sträflinge, Marinesoldaten und Zivilisten) im Jahr 1788 nach Australien brachten.

Exklusive Wirtschaftszone (Exclusive Economic Zone; EEZ) Eine Küstenzone von bis zu 200 Seemeilen, innerhalb der Staaten nach dem internationalen Seerecht das Exklusivrecht auf Erforschung, Ausbeutung, Erhaltung und Management natürlicher Rohstoffe geltend machen können.

fae Steingeld von Yap. Große Steinscheiben mit einem Loch in der Mitte, die als Wertgegenstände im zeremoniellen Austausch verwendet wurden.

FLNKS (Front de Libération Nationale, Kanak et Socialiste) Die bedeutendste pro-Unabhängigkeits-Gruppierung Neukaledoniens, eine aus mehreren kleineren Gruppen bestehende Dachorganisation.

freie Assoziation Eine Form freiwilliger politischer Bindung zwischen einem Staat und einer ehemaligen Kolonialmacht; ein politischer Status, der eine extensive Selbstverwaltung, jedoch keine völlige Unabhängigkeit bedeutet: Die ehemalige Kolonialmacht besitzt weiterhin bestimmte eingeschränkte und klar umrissene Rechte und Verpflichtungen.

Freigelassener In der Zeit der Deportationen die Bezeichnung für einen vom Gouverneur begnadigten Sträfling, später wurde sie erweitert auf jeden Sträfling, der seine vollständige Strafe verbüßt hatte.

Gondwanaland Riesenhafter südlicher Urkontinent, der die heutigen Landmassen Südamerikas, Afrikas, des indischen Subkontinents, einiger Teile Südostasiens, Australiens und der Antarktis umfaßte. Er begann vor etwa 200 Millionen Jahren auseinanderzubrechen. Als letzte Teile lösten sich die Antarktis und Australien vor ungefähr 95 Millionen Jahren. Einige **Aborigines**-Gruppen ziehen es vor, Australien Gondwanaland zu nennen.

Götterhaus Gebäude, das früher in einer Reihe von **polynesischen** Gesellschaften anzutreffen war und als Aufbewahrungsort von Götterbildern und mit ihnen assoziierten Objekten diente.

»großer Mann« ***(»big man«)*** Bezeichnung, die oft für **melanesische** Anführer gebraucht wird, die ihre Position durch Taten, Fertigkeiten und den Einsatz ihres Reichtums erlangen, anstatt sie zu erben.

Gubber Normalerweise auf die Ostküste Australiens beschränktes Kreolwort der **Aborigines** für eine weiße Person. Es könnte vom englischen Wort *governor* (Gouverneur) abgeleitet worden sein.

Gunwinggu Eines der **Aborigines**-Völker von **Arnhem Land**, dessen Gebiet durch den Liverpool River und den East Alligator River begrenzt ist.

hapu Teil eines **Maori**-Stamms oder -Unterstamms – eine Sippengemeinschaft, die zwischen Stamm und der Großfamilie einzuordnen ist. Sie besitzt traditionell ein bestimmtes Gebiet des Stammesterritoriums und arbeitet innerhalb eines größeren Aktionsspielraums zusammen als der gesamte Stamm.

Heidelberger Schule Eine Gruppe australischer Künstler des späten 19. Jahrhunderts, die mit dem Impressionismus und der Freiluftmalerei experimentierte. Sie wird als die erste eigenständige Schule australischer Kunst angesehen.

Inselbewohner der Torres-Straße Die einheimischen **melanesischen** Bewohner der etwa 70 Inseln der Torres-Straße. Sie unterscheiden sich in Kultur und Gesellschaftsform von den **Aborigines**, werden jedoch zu den australischen Ureinwohnern gezählt, da die Inseln politisch zu Australien gehören.

kainga Unverteidigtes Dorf oder unverteidigte Siedlung der **Maori**.

Kanake Ein einheimischer **melanesischer** Bewohner Neukaledoniens.

kava Getränk aus den mit Wasser aufgegossenen, gestampften oder zerkauten Wurzeln der Pflanze *Piper methysticum*, das entspannt und eine leichte Euphorie hervorruft. Besonders im westlichen **Polynesien** ist der zeremonielle Genuß von *kava* ein Teil der Rituale, die gesellschaftliche Stellung und Häuptlingswürde mit sich bringen.

Korallenriff Barriere aus Kalksteinfels, der durch die Ansammlung der Skelette von Millionen von Korallenpolypen entsteht. Die Riffe wachsen, indem die Polypen sich auf den Schalen abgestorbener Generationen ansiedeln.

kula Zeremonielles **Tributsystem** des D'Entrecasteaux-Archipels im Südosten von Papua-Neuguinea. Armmuscheln und Halsketten werden als Wertgegenstände zwischen Tauschpartnern in einem Ring von Tributverhältnissen weitergereicht.

»kulturelle Katzbuckelei« ***(cultural cringe)*** Erstmalig in den 50er Jahren benutzte Bezeichnung für die Tendenz der Kolonien, sich der Kultur der europäischen Großstädte zu unterwerfen.

kurdaitcha Hexergestalten in der **Aborigines**-Gesellschaft. Sie besaßen die Macht, andere Menschen zu Tode zu »singen«, die als Übeltäter entlarvt waren oder im Rahmen der Vergeltung für ein Vergehen gegen Stammesangehörige bestraft wurden.

Lapita-Keramik In einem traditionellen Verfahren hergestellte Keramik, die sich von ungefähr 1600 v. Chr. an über die Inselketten **Melanesiens** verbreitete und Fidschi, Tonga und Samoa erreichte. Sie ist bedeutsam für die Erforschung der Migrationen der Völker, die man für die Urahnen der **Polynesier** hält.

latte Parallele Reihen von senkrechten Steinen, die mit einem Deckstein versehen sind. Sie sind auf den Marianen zu finden und dienten vermutlich als Stützpfeiler für Häuser.

***malanggan*-Zeremonien** Auf Neuirland (Papua-Neuguinea) abgehaltene Zeremonien, mit denen Verstorbene und Ahnen geehrt werden. Zu diesem Anlaß fertigt man kunstvoll bemalte Schnitzwerke an, die Ahnen und Geister darstellen.

mana Ein **polynesischer** Begriff für Macht und Prestige. *Mana* zu haben bedeutet den Besitz von Autorität und die Fähigkeit, konkrete Macht auszuüben. *Mana* kann ererbt werden und steht im Zusammenhang mit der sozialen Stellung, kann jedoch durch eigenes Handeln vergrößert werden oder verlorengehen. Man kann eine übernatürliche Dimension in ihm erkennen.

maneaba Versammlungshaus in Kiribati.

Mangaasi-Keramik Eine Tradition der Keramikherstellung Zentralvanuatus, die etwa zwischen 700 v. Chr. und 1200 bis 1600 n. Chr. existierte. Die Verzierung früher Exemplare umfaßt Reliefarbeiten und geritzte Muster.

Maori Die einheimischen **polynesischen** Bewohner **Aotearoas** (Neuseelands), deren Vorfahren das Land zwischen 800 und 1000 n. Chr. besiedelten. Maori ist ein ostpolynesisches Wort mit der Bedeutung »ansässig« oder »zu diesem Ort gehörend«. Die Bewohner der Cook-Inseln nennen sich ebenfalls Maori, während die Tahitianer das ähnliche Ma'ohi verwenden.

marae Ein traditionelles Kultzentrum der Inseln des mittleren Ost**polynesiens**, ein Ort der Verehrung ehemaliger Götter unter freiem Himmel. Bei den **Maori** ist ein *marae* ein lokales Kultzentrum, meist ein offener Platz vor einem Versammlungshaus, wo eine Reihe von gesellschaftlichen Ritualen, Hochzeiten, Begräbnisse und öffentliche Zusammenkünfte abgehalten werden.

Marianen-Rot Ein dünnwandiger, rotgeschlämmter Keramiktyp, der manchmal eingeritzte, mit Kalk gefüllte Muster aufweist. Er ist Teil des archäologischen Erbes der Marianen und stammt wahrscheinlich aus der Zeit von 1500 v. Chr. bis 800 n. Chr.

matai Der ernannte Anführer einer Großfamilie in Samoa.

mateship Eine Weltanschauung, fast ein Glaubenssatz unter den australischen Männern; sie beruht auf egalitären und sozialistischen Prinzipien – jedem, in welcher Not er sich auch befindet, wird stets von den anderen geholfen (*mateship:* Kameradschaft).

Maui **Polynesischer** Kulturheros und listiger Held, dessen Geschichten in vielen polynesischen Gesellschaften anzutreffen sind. Unter den Taten, die man ihm zuschreibt, sind das Herausfischen von Land aus dem Meer und der Raub des Feuers für die Menschen. In den Mythen der **Maori** stirbt er bei dem Versuch, die Todesgöttin zu überwinden.

Melanesien Eine der drei großen Kulturregionen des Pazifikraums (siehe auch **Mikronesien** und **Polynesien**), im Westpazifik gelegen. Zu Melanesien gehören unter anderem die Insel Neuguinea (Papua-Neuguinea und Irian Jaya), die Salomonen, Vanuatu, Neukaledonien und Fidschi.

Merinoschafe Eine aus Spanien stammende Schafrasse, die eine dichte Wolle außergewöhnlicher Qualität liefert. Die australische Feinwollindustrie gründete sich auf Merinoschafe, nachdem diese im Jahr 1797 in Australien eingeführt worden waren.

Miglew Ein von den **Aborigines** der Ostküste Australiens gebrauchter Name für weiße Menschen.

Mikronesien Eine der drei großen Kulturregionen des Pazifikraums (siehe auch **Melanesien** und **Polynesien**). Ihre zahlreichen kleinen Inseln liegen im Westpazifik nördlich von Melanesien und umfassen Kiribati, Nauru, Guam, Palau, die Föderierten Staaten von Mikronesien, die Marshall-Inseln und die Nördlichen Marianen.

moa Name, den die **Maori** einer Gruppe großer, flugunfähiger Vögel gaben, die ihre Urahnen auf **Aotearoa** antrafen. Diese reichte vom truthahngroßen *Anomalopteryx* bis zum gewaltigen *Dinornis maximus*, der über drei Meter groß war. Ihre intensive Bejagung durch die Maori spielte höchstwahrscheinlich eine wichtige Rolle bei der Ausrottung sämtlicher *moa*-Arten.

moko Die Kunst der Tätowierung bei den **Maori**. Traditionell wurden die Muster mit einen Tätowierkamm oder Meißel tief in die Haut eingeschnitten.

Neuholland Name, den holländische Seeleute im 17. Jahrhundert dem westlichen Teil der australischen Landmasse gaben. Er wurde später auf den gesamten Kontinent ausgeweitet, und sein Gebrauch verschwand erst in den 20er Jahren des 19. Jahrhunderts, als der Name Australien ihn abgelöst hatte.

Neuseelandkompanie (New Zealand Company) Förderte in den 30er Jahren des 19. Jahrhunderts die **unterstützte Migration** von Großbritannien nach Neuseeland. Die Kompanie erwarb, gelegentlich mit dubiosen Methoden, große Landgebiete von den **Maori**-Stämmen der Gegend um die Cook-Straße für die Besiedlung.

New South Wales Einer der Bundesstaaten des **Commonwealth of Australia**. Als James Cook die östliche Hälfte des australischen Kontinents 1770 für Großbritannien in Besitz nahm, gab er ihr diesen Namen, der 1788 durch Arthur Phillip bestätigt wurde. New South Wales machte ursprünglich die Gesamtheit der britischen Kolonie Australien aus. Van Diemen's Land (Tasmanien) löste sich 1825 von ihr, Victoria 1851 und Queensland 1859. Western Australia wurde 1829 als eigenständige Kolonie annektiert, South Australia im Jahr 1836. Das Northern Territory, seit 1824 Teil von New South Wales, wurde 1863 South Australia angegliedert, und das Gebiet des **Australian Capital Territory** ging 1911 an das Commonwealth.

New-South-Wales-Korps Eine Heereseinheit, die 1789 in Großbritannien aufgestellt wurde, um in der Sträflingskolonie den Polizeidienst zu verrichten.

Nyungar (auch **Nungar**) Für die **Aborigines**-Völker Südwestaustraliens gebrauchter Name. Seine wörtliche Bedeutung ist »Mensch«.

pa Befestigte Siedlungen der **Maori** mit einer Vielzahl von Verteidigungsanlagen wie Erdwällen, Gräben, Palisaden und Kampfplattformen, die natürliche Geländemerkmale wie Bergrücken und Vorgebirge ausnutzten. Zu den *pa* gehörten dauerhafte Siedlungen und auch Festungen, die man nur in Zeiten der Gefahr benutzte.

pakeha Die Bezeichnung der **Maori** für weiße Menschen.

Panaramittee Art von Felsritzungen der **Aborigines** in South Australia, die in großen Felsgalerien zu finden ist. Sie bestehen gewöhnlich aus abstrakten, labyrinthähnlichen Mustern.

Platting-Stricke Tauwerk aus den Fasern der Kokosnußschale.

Politik des weißen Australiens Die euphemistische Bezeichnung für die sich aus dem Restrictive Immigration Act ergebende Einwanderungspolitik Australiens, die ab 1901 nicht-europäische Migranten an der Immigration hinderte, hauptsächlich durch eine Rechtschreibprüfung. Sie wurde in den 40er und 50er Jahren in der Praxis nicht mehr durchgesetzt, man nahm jedoch erst in den 70er Jahren offiziell Abstand von ihr, als sie durch eine Einwanderungsgesetzgebung ohne Diskriminierung abgelöst wurde.

Polynesien Die größte der drei bedeutenden Kulturregionen des Pazifikraums (siehe auch **Melanesien** und **Mikronesien**). Mit Ausnahme einiger Inseln liegt das Gebiet der polynesischen Besiedlung innerhalb eines großen Dreiecks mit den Ecken Hawaii, der Osterinsel und **Aotearoa** (Neuseeland).

Port Jackson Eine kleine Bucht an der Südostküste Australiens, die Kapitän James Cook entdeckt und benannt hat. Sie wurde als Standort der ersten britischen Niederlassung in Australien gewählt, nachdem die **Botany Bay** sich als ungeeignet erwiesen hatte, und ist heute ein Teil Sydneys.

Proto-Polynesisch Die erschlossene Sprache der Urpolynesier. Man hat einige ihrer Wörter durch den Vergleich existenter polynesischer Sprachen rekonstruieren können.

rangatira Inhaber des Häuptlingsranges in der Gesellschaft der **Maori**, manchmal auch als »Aristokraten« bezeichnet. Sie sind meist eng mit dem Häuptling ihres ***hapu*** und mit herausragenden Nichtadligen verwandt. Ähnliche Bezeichnungen finden sich auch anderswo im östlichen **Polynesien**.

Roaring Forties Auf den Meeren der Südhalbkugel werden die beständigen Westwinde der gemäßigten Breiten *Roaring Forties* genannt, da sie in etwa 40 Grad südlicher Breite mit besonderer Heftigkeit auftreten.

rongorongo Ein Schriftsystem der Osterinsel unbekannten Alters. Die Symbole, aus denen sich die Schrift zusammensetzt, wurden reihenförmig angeordnet in hölzerne *rongorongo*-Täfelchen geschnitzt. Es gibt keine gesicherte Übersetzung, und möglicherweise stellen die Symbole keine echte Schrift dar, sondern dienten beim Rezitieren mündlicher Traditionen und Ahnenreihen als Gedächtnishilfe.

sawei Ein **Tributsystem** der Karolinen, in dessen Rahmen Kanufahrten unternommen wurden, um von anderen Inseln, die dem System angeschlossen sind, Tributgaben nach Yap zu bringen.

»Schottische Märtyrer« Populäre Bezeichnung für fünf politische Gefangene, die 1793 und 1794 in Edinburgh der Volksverhetzung für schuldig befunden und nach Australien deportiert wurden.

selectors Kleinbauern, die in der Folge einiger Gesetzeserlasse während der zweiten Hälfte des 19. Jahrhunderts Landparzellen in Besitz nahmen. Die Gesetze zielten auf die Zerschlagung der Vormachtstellung der ***squatters*** ab, doch viele *selectors* (Auswähler) scheiterten, oftmals, weil das ihnen zur Verfügung gestellte Land für die Landwirtschaft ungeeignet war.

South Pacific Commission (Südpazifikkommission) Eine 1947 gegründete unpolitische Behörde, die Rat, Ausbildung und Unterstützung für wirtschaftliche, soziale, kulturelle und ökologische Verbesserungen in den 22 Mitgliedsstaaten und -territorien im Pazifik anbietet.

South Pacific Forum (Südpazifisches Forum) Ein 1971 gegründetes interstaatliches Forum für die unabhängigen und selbstverwalteten Staaten des Pazifiks. Es hält regelmäßig Versammlungen ab, und das Sekretariat des Forums, das ehemalige South Pacific Bureau for Economic Cooperation (Südpazifische Amt für Wirtschaftliche Zusammenarbeit), koordiniert Projekte und bietet eine Basis für die Zusammenarbeit seiner Mitglieder.

squatters Ursprünglich Bezeichnung für Sträflinge, die sich widerrechtlich Land angeeignet hatten, später für Viehzüchter, die große Besitzungen von Weideland aufbauten, indem sie sie besetzten, bevor sie offiziell ausgeschrieben wurden. In den 60er Jahren des 19. Jahrhunderts waren die *squatters* zur einflußreichsten wirtschaftlichen und gesellschaftlichen Gruppierung Australiens geworden, vor allem in **New South Wales** und Victoria.

swagmen, swaggies Wandernde Landarbeiter, die in Australien von Farm zu Farm zogen. Ihr krasser Individualismus und ihre praktische Einstellung ließen sie zu einem Symbol der nationalen Identität werden.

***tambaran*-Kulte** Geisterkulte in der Sepik-Region des nördlichen Papua-Neuguinea. Darstellungen der Geister können in einem *haus tambaran* des Dorfes aufbewahrt sein, das manchmal als »Geisterhaus« oder »Männerhaus« bezeichnet wird.

tapa Rindenbasttuch. Es wird durch das Zusammenklopfen von Streifen der faserreichen inneren Rinde der Papiermaulbeere und anderer Bäume hergestellt.

tapu Ein **polynesischer** Ausdruck für etwas Heiliges oder rituell Eingeschränktes. *Tapu* bietet Personen, Orten, Ereignissen und Gegenständen einen übernatürlichen Schutz. Der Ursprung des deutschen Worts »tabu«.

terra australis incognita Der lateinische Name (mit der Bedeutung »unbekanntes Südland«), der vor der Entdeckung Australiens auf europäischen Karten vermerkt wurde, um die Existenz eines hypothetischen südlichen Kontinents anzudeuten.

terra nullius Ein lateinischer Ausdruck mit der Bedeutung »Niemandsland«, der von den Briten auf Australien angewandt wurde. Dadurch sollte die britische Inbesitznahme von Australien und die Aberkennung des Besitzrechts der **Aborigines** auf ihr angestammtes Land legalisiert werden. Das Dogma der *terra nullius* wurde 1992 aufgegeben, als man das Besitzrecht der Ureinwohner anerkannte.

territoires d'outre-mer (TOMs) Französische Überseeterritorien, die als integraler Bestandteil Frankreichs betrachtet werden, obwohl es einige spezielle Vereinbarungen gibt, die einen gewissen Grad an Selbstverwaltung ermöglichen. Französisch-Polynesien, Neukaledonien und Wallis und Futuna besitzen diesen Status im Pazifikraum.

tohunga Ein Experte oder Spezialist bei den **Maori**. Dieser konnte sich in künstlerischen oder handwerklichen Fähigkeiten auszeichnen, doch der Begriff steht in enger Verbindung mit priesterlichen oder rituellen Kenntnissen. Ähnliche Titel (z.B. *ta'unga, kahuna*) finden sich auch anderswo in **Polynesien**.

»Traumzeit« Allgemein anerkannter Begriff für die Schöpfungsmythen der **Aborigines**. Die »Traumzeit« berichtet davon, daß die Welt in einer profanen Form existierte, bis ihr während des Schöpfungsprozesses Gestalt und Bedeutung verliehen wurden. Das Land wurde zum Heiligtum, Totems bildeten sich heraus, und die Tiere und Pflanzen entstanden.

Treuhandgebiet Ein Territorium, das von einem anderen Staat unter der Aufsicht des Treuhandrats der Vereinten Nationen verwaltet wird. Eine Übereinkunft zwischen den UN und den USA schuf 1947 das Treuhandgebiet der Pazifischen Inseln. Dieses umfaßte den größten Teil **Mikronesiens** (mit Ausnahme von Nauru und dem heutigen Kiribati). Mitte der 90er Jahre hatten alle Staaten des ehemaligen Treuhandgebiets Pazifische Inseln einen neuen politischen Status angenommen.

Tributsystem Ein strukturierter und wiederholter gegenseitiger Austausch von Wertgegenständen und Gebrauchsgütern zwischen Individuen oder Gruppen. Einige Tributsysteme des Pazifikraums besitzen starke zeremonielle Elemente.

Tu'i Tonga Seit ungefähr dem 10. Jahrhundert der Titel des obersten Herrschers von Tonga. Er wurde abgeschafft, nachdem der letzte Inhaber des Titels 1865 gestorben war. Seine Würde ging auf den fortbestehenden Titel König oder Königin von Tonga über.

tutua Der Stand des gewöhnlichen Volks in der traditionellen **Maori**-Gesellschaft.

Uluru Der Name der **Aborigines** (Matijula) und – seit 1985 – der offizielle Name für den riesenhaften, 2,5 Kilometer langen und 1,5 Kilometer breiten Monolithen, der sich aus den Wüsten Zentralaustraliens erhebt. Vormals als Ayers Rock bekannt.

unterstützte Migration/Überfahrt Bezieht sich auf Unterstützungsgelder und andere Hilfsprogramme, die die Einwanderung nach Australien und Neuseeland förderten. Mit ihrer Hilfe wurden erstmals »freie« Siedler (also keine Sträflinge) nach Swan River in Western Australia gebracht (1829).

Vergeltung Ein System des gerechten Ausgleichs bei den Stämmen der **Aborigines**, durch das Übeltäter bestraft wurden.

Verschärfte Strafmaßnahmen Ein Strafsystem, das angewandt wurde, um Sträflinge zu bestrafen, die nach ihrer Deportation nach Australien rückfällig wurden.

Vertragsarbeit Ein System der Rekrutierung von Arbeitern durch eine vertragliche Bindung an eine Person oder Unternehmerschaft und das Arrangieren ihrer Anreise an den Arbeitsplatz, die gewöhnlich unter schlechten Verhältnissen erfolgte. Die Sträflingsarbeit wird manchmal als eine Form der Vertragsarbeit bezeichnet.

Waddi (auch **Waddy**) Eine keulenähnliche, hölzerne Waffe, die von den australischen **Aborigines** benutzt wurde.

Wadjella (auch **Wadjulla**) Die Bezeichnung der **Nyungar** für eine weiße Person, vermutlich eine Kreolform von *white fella* (Weißer). Sie hat sich in ganz Australien verbreitet, ist jedoch nicht überall anzutreffen.

Weipa Eine **Aborigines**-Gemeinschaft an der Westküste der Kap-York-Halbinsel.

Wik Ein **Aborigines**-Volk, das auf der westlichen Kap-York-Halbinsel beheimatet ist.

Woomera Ein Wurfholz der **Aborigines**, das bei der Jagd und bei Zeremonien zum Einsatz kam.

yaqona Die fidschianische Bezeichnung für ***kava***. Manchmal *yanggona* geschrieben, was die Aussprache etwas getreuer widerspiegelt.

BIBLIOGRAPHIE

AUSTRALIEN UND NEUSEELAND

Kultur der Ureinwohner: Australien

Clark, J. D., *Aboriginal Languages and Clans: An Historical Atlas of Western and Central Victoria*, Clayton (South Australia) 1988.
Cowan, J., *Geheimnisse der Traumzeit. Das spirituelle Leben der australischen Aborigines*, Frankfurt am Main 1994.
Dixon, R. W. M., *Languages of Australia*, Cambridge (GB) 1980.
Dodson, J. (Hrsg.), *Native Lands; Prehistory and Environmental Usage in Australia and the South-West Pacific*, Melbourne 1992.
Greenway, J., *Verfluchte Wüste. Forscherabenteuer bei den letzten Steinzeitmenschen im Inneren Australiens*, Reinbek bei Hamburg 1974.
Heermann, I., Menter, U., *Gemaltes Land. Kunst der Aborigines aus Arnhemland*, Berlin 1994.
Hermann, F., *Völkerkunde Australiens*, Mannheim 1967.
Lawlor, R., *Am Anfang war der Traum. Die Kulturgeschichte der Aborigines*, München 1993.
Löffler, A., *Märchen aus Australien. Traumzeitmythen und -geschichten der australischen Aborigines*, Düsseldorf 1981.
Lommel, A., *Fortschritt ins Nichts. Die Modernisierung des Primitiven*, Frankfurt am Main, Berlin, Wien 1981.
Moyle, A. M., *Aboriginal Sound Instruments*, Canberra 1985.
Mulvaney, D. J., *The Prehistory of Australia*, Ringwood (Victoria) 1975.
Nevermann, H., Worms, E. A., Petri, H., *Die Religionen der Südsee und Australiens*, Stuttgart 1968.
Peter, B., *Der schlafende Bumerang. Ein Buch von den Ureinwohnern Australiens*, Wien, München 1978.
Roberts, J., *Nach Völkermord: Landraub und Uranabbau. Die Schwarzaustralier (Aborigines) kämpfen ums Überleben*, Göttingen 1979.
Schellberg, D., *Didjeridu. Das geniale Instrument der australischen Ureinwohner*, Südergellersen 1993.
Schlatter, G., *Bumerang und Schwirrholz. Eine Einführung in die traditionelle Kultur australischer Aborigines*, Berlin 1985.
Scrobogna, F., *Die Pintubi. Am Ende der Steinzeit*, Berlin 1980.
Supp, E., *Australiens Aborigines. Ende der Traumzeit*, Bonn 1985.
Tindale, N. B., *Aboriginal Tribes of Australia: Their Terrain, Environmental Controls and Proper Names*, Canberra 1974.
Turnbull, C., *Tod auf Tasmanien. Die Ausrottung der tasmanischen Urbevölkerung*, Berlin (DDR) 1963.
Völger, G., *Die Tasmanier. Versuch einer ethnographisch-historischen Rekonstruktion*, Wiesbaden 1972.
Wilpert, C., *Kosmogonische Mythen der australischen Eingeborenen. Das Konzept der Schöpfung und Anthropogenese*, München 1970.
Wilpert, C. (Hrsg.), *Der Flug des Bumerang. 40 000 Jahre Australier*, Hamburg 1987.

Kolonialgeschichte

Adams, P., *Fatal Necessity: British Intervention in New Zealand*, Auckland 1977.
Becker, O. E. H., *Königin der Südsee. Eine Biographie Neu-Seelands*, Berlin 1940.
Belich, J., *The New Zealand Wars and the Victorian Interpretation of Racial Conflict*, Auckland 1986.
Bonyhady, T., *Burke and Wills: from Melbourne to Myth*, Sydney 1991.
Broome, R., *Aboriginal Australians: Black Responses to White Dominance*, Sydney 1982.
Cook, J., *Entdeckungsfahrten im Pacific*, Tübingen 1971.
Loos, N., *Invasion and Resistance: Aboriginal-European Relations on the North Queensland Frontier*, Canberra 1982.
McKenzie, D. F., *Oral Culture, Leteracy and Print in Early New Zealand: the Treaty of Waitangi*, Wellington 1985.
Nicholas, S. (Hrsg.), *Convict Workers: Reinterpreting Australian History*, Cambridge (GB) 1988.
Orange, C., *The Treaty of Waitangi*, Wellington 1981.
Phillips, J., *A Man's Country: The Image of the Pakeha Male, a History*, Auckland 1990.
Pool, I., *The Maori Population of New Zealand 1769–1971*, Auckland 1977.
Read, P., *A Hundred Years War: the Wiradjuri People and the State*, Canberra 1982.
Reynolds, H., *The Law of the Land*, Ringwood (Victoria) 1982.
Ders., *The Other Side of the Frontier*, Ringwood (Victoria) 1982.
Ders., *Frontier: Aborigines, Settlers and the Land*, Sydney 1987.
Ders. (Hrsg.), *Dispossession: Black Australians and White Invaders*, Sydney 1989.
Ryan, T., Parham, B., *The Colonial New Zealand Wars*, Wellington 1986.
Seal, G., *Ned Kelly in Popular Tradition*, Melbourne 1980.
Shaw, P., *Südland. Eroberung des fünften Kontinents im 19. Jahrhundert*, München 1991.
Sinclair, K., *A History of New Zealand,* Auckland 1988.
Ders. (Hrsg.), *The Oxford Illustrated History of New Zealand*, Auckland 1990.
Tasman, A. J., *Entdeckung Neuseelands, Tasmaniens und der Tonga- und Fidschi-Inseln 1642–1644,* Tübingen 1982.
Viedebantt, K., *Neuseeland und Polynesien,* München 1981.
Voigt, J. H., *Geschichte Australiens*, Stuttgart 1988.

Zeitgeschichte

Alley, R. (Hrsg.), *New Zealand and the Pacific*, Boulder (Western Australia) 1984.
Alomes, S., *A Nation At Last?*, Sydney 1988.
Baker, P., *King and Country Call: New Zealanders, Conscription and the Great War*, Auckland 1988.
Ballara, A., *Proud to be White? A Survey of Pakeha Prejudice in New Zealand*, Wellington 1986.
Bean, C. E. W., *Anzac to Amiens*, Canberra 1946.
Bedggood, D., *Rich and Poor in New Zealand: A Critique of Class and Politics and Ideology in New Zealand*, Wellington 1980.
Boyak, *Behind the Lines: the Lives of New Zealand Soldiers in the First World War*, Auckland 1990.
Burgman, V., Lee, J. (Hrsg.), *The People's History of Australia since 1788*, Melbourne 1988.
Cleave, P., *The Sovereignty Game: Power, Knowledge and Reading the Treaty*, Wellington 1989.
Cochrane, P., *Simpson and the Donkey: the Making of a Legend*, Melbourne 1992.
Crocombe, R., *Pacific Neighbours: New Zealand's Relations with Other Pacific Islands: Aotearoa me Nga Moutere o te Moana Nui a Kiwa*, Christchurch 1992.
Crowley, F., *New History of Australia*, Melbourne 1974.
Day, D., *Reluctant Nation: Australia and the Allied Defeat of Japan 1942–1945*, Melbourne 1992.
Easton, B., *Social Policy and the Welfare State in New Zealand*, Auckland 1980.
Firkins, P., *The Australians in Nine Wars: Waikato to Long Tan*, Adelaide 1971.
Gammage, B., *The Broken Years*, Ringwood (Victoria) 1987.
Gerster, R., *Big Noting: the Heroic Theme in Australian War Writing*, Melbourne 1987.
Gold, H., *New Zealand Politics in Perspective*, Auckland 1985.
Gould, J., *The Rake's Progress: the New Zealand Economy Since 1945*, Auckland 1982.
Grimshaw, P., Lake, M., McGrath, A., Quartly, M., *Creating a Nation*, Melbourne 1994.
Hazelhurst, K. M., *Political Expression and Ethnicity: Statecraft and Mobilization in the Maori World*, Westport (NZ) 1993.
Horne, D., *The Australian People, Biography of a Nation*, Sydney 1972.
James, C., *New Territory: The Transformation of New Zealand, 1984–1992*, Wellington 1993.
Malony, J., *History of Australia*, Ringwood (Victoria) 1987.
McLachlan, N., *Waiting for the Revolution*, Ringwood (Victoria) 1989.
McQueen, H., *Gallipoli to Petrov: Arguing with Australian History*, Sydney 1984.
Ders., *A New Britannia: Arguments Concerning the Social Origins of Australian Radicalism and Nationalism*, Ringwood (Victoria) 1986.
Mulgan, R., *Democracy and Power in New Zealand*, Auckland 1984.
Ders., *Maori, Pakeha and Democracy*, Auckland 1989.
Pemberton, G., *All the Way: Australia's Road to Vietnam*, Sydney 1987.
Pugsley, C., *Gallipoli: The New Zealand Story*, Auckland 1984.
Rickard, J., *Australia: A Cultural History*, Melbourne 1988.
Ross, J., *The Myth of the Digger: Australian Soldiers in Two World Wars*, Sydney 1985.
Spoonley, P., *The Politics of Nostalgia: Racism and the Extreme Right in New Zealand*, Palmerston North 1987.
Walker, R., *Nga Tau Tohetohe: Years of Anger*, Auckland 1988.
Ders., *Ka Whawhai Tonu Matau: Struggle Without End*, Auckland 1990.
White, R., *Inventing Australia*, Sydney 1981.
Winter, D., *25 April 1915: The Inevitable Tragedy*, St Lucia (Queensland) 1994.
Yarwood, A.T./Knowling, M. J., *Race Relations in Australia*, Sydney 1982.

Die heutige Gesellschaft

Atkinson, A., *The Muddleheaded Republic*, Melbourne 1993.
Bennet, S., *Aborigines and Political Power*, Sydney, London, Boston 1989.
Bottomley, G., de Lepervanche, M. (Hrsg.), *Ethnicity, Class and Gender in Australia*, Sydney 1991.
Brennan, F., *Sharing the Country: The Case for an Agreement between Black and White Australians*, 1991.
Council for Aboriginal Reconciliation, *Addressing Key Issues of Reconciliation*, Canberra 1994.
Davey, T., Puschmann, H., *Kiwi-Rock. Die unabhängige Rock-Szene in Neuseeland*, Augsburg 1994.
Ferber, S., Healy, C., McAuliffe, C., *Beasts of Suburbia: Reinterpreting Cultures in the Australian Suburbs*, Melbourne 1994.
Gilding, M., *The Making and Breaking of the Australian Family*, Sydney 1993.
Gollan, A. (Hrsg.), *Questions for the Nineties*, Sydney 1990.
Goodman, D., A'Hearn, D., Wallace-Crabbe, C., *Multicultural Australia*, Melbourne 1991.
Grassby, A., *Australian Republic*, Sydney 1993.
Gunew, S., *Culture, Difference and the Arts*, St Leonards (New South Wales) 1994.
Hayward, P. (Hrsg.), *From Pop to Punk to Post Modernism: Popular Music and Australian Culture from the 1960s to the 1990s*, Sydney 1992.
Headon, D. u. a., *Crown or Country: The Tradition of Australian Republicanism*, St Leonards (New South Wales) 1994.
Hocking, B. (Hrsg.), *Australia Towards 2000*, London 1990.
Hudson, W., Carter, D., *The Republicanism Debate*, Kensington (New South Wales) 1993.
James, C., *The Quiet Revolution: Turbulence and Transition in Contemporary New Zealand*, Wellington 1986.
Kawharu, I. H. (Hrsg.), *Waitangi: Maori and Pakeha Perspectives on the Treaty of Waitangi*, Auckland 1989.
King, M., *Being Pakeha: An Encounter with New Zealand and the Maori Renaissance*, Auckland 1986.
Levine, S., Raj, V., *Maori Political Perspectives: He Whakaaro Mari Mo Nga Ti Kanga Kawantanga*, Auckland 1985.
Macintyre, S., Janson, S., *Through White Eyes*, Sydney 1990.
MacKay, H., *Reinventing Australia*, Sydney 1993.
Markus, A., *Australian Race Relations*, St Leonards (New South Wales) 1994.
Marsh, I., *Governing in the 1990s: An Agenda for the Decade*, Melbourne 1993.
McKinlay, P. (Hrsg.), *Redistribution of Power? Devolution in New Zealand*, Wellington 1990.
Metge, J., *In and Out of Touch: Whakamaa in Cross Cultural Context*, Wellington 1986.
Nile, R. (Hrsg.), *Australian Civilization*, Melbourne 1994.
Ders. (Hrsg.), *Immigration and the Politics of Ethnicity and Race in Australia and Britain*, London 1991.
Ders. (Hrsg.), *Indigenous Rights in the Pacific and North America*, London 1992.
Ochiltree, G., *Children in Australian Families*, Melbourne 1990.

Pfetsch, F. R. (Hrsg.), *Asien, Australien und Ozeanien*, Freiburg 1991.
Rowland, D. T., *Ageing in Australia*, Melbourne 1991.
Sharp, Andrew, *Justice and the Maori: Maori Claims in New Zealand Political Argument in the 1980s*, Auckland 1991.

Kunst, Kultur und Literatur

Ashcroft, B., Griffiths, G., Tiffin, H., *The Empire Writes Back*, London 1989.
Atsbury, L., *Sunlight and Shadow: Australian Impressionist Painters 1880–1900*, Sydney 1989.
Bleidick, U., Bahnmüller, L., *Neuseeland. Land der großen weißen Wolke. Mit Mythen der Maori erzählt von Kiri Te Kanawa*, Dortmund 1993.
Cannon, M., *Australia: Spirit of a Nation*, Melbourne 1985.
Carroll, J. (Hrsg.), *Intruders in the Bush: The Australian Quest for Identity*, Melbourne 1992.
Clark, M., *The Quest for an Australian Identity*, St Lucia (Queensland) 1980.
Colling, T., *Beyond Mateship: Understanding Australian Men*, Sydney 1992.
Conway, R., *The Great Australian Stupor: An Interpretation of the Australian Way of Life*, Melbourne 1985.
Craven, I. (Hrsg.), *Australian Popular Culture*, Cambridge (GB) 1994.
Dutton, G., *Sun, Sea, Surf and Sand: The Myth of the Beach*, Melbourne 1985.
Ders. (Hrsg.), *The Literature of Australia*, Ringwood (Victoria) 1976.
Fiske, J., Hodge, B., Turner, G., *Myths of Oz – Readings in Australian Popular Culture*, Sydney 1987.
Foss, P., *Islands in the Stream: Myths of Place in Australian Culture*, Sydney 1988.
Greschat, H.-J., *Mana und Tapu. Die Religion der Maori auf Neuseeland*, Berlin 1980.
Haese, R., *Rebels and Precursors: The Revolutionary Years of Australian Art*, Ringwood (Victoria) 1988.
Hanson, F. A., Hanson, L., *Counterpoint in Maori Culture*, London 1983.
Head, B., Walter, J. (Hrsg.), *Intellectual Movements and Australian Society*, Melbourne 1988.
Hergenhan, L. (Hrsg.), *Penguin History of Australian Literature*, Ringwood (Victoria) 1988.
Ihimaera, W., *Te Ao Marama: Regaining Aotearoa – Maori Writers Speak Out*, Auckland 1993.
Jones, S., *Early Painters of Australia: 1788–1880*, Sydney 1988.
Magarey, S., Rowley, S., Sheridan, S., *Debutante Nation: Feminism Contests the 1890s*, Sydney 1981.
Modjeska, D., *Exiles at Home: Australian Women Writers 1925–1935*, Sydney 1981.
Myers, D., *The Bleeding Battlers from Ironbark: Australian Myths in Fiction and Film 1890s–1980s*, Rockhampton (Queensland) 1992.
Novitz, D., Willmott, B. (Hrsg.), *Culture and Identity in New Zealand*, Wellington 1989.
Pearson, K., *Surfing Subcultures of Australia and New Zealand*, St Lucia (Queensland) 1979.
Phillips, A. A., *The Australian Tradition*, Melbourne 1958.
Reid, I., *Fiction and the Great Depression in Australia and New Zealand*, Sydney 1981.
Scarlett, K., *Australian Sculptors*, Melbourne 1980.
Schaffer, K., *Women and the Bush: Forces of Desire in the Australian Cultural Tradition*, Cambridge (GB) 1988.
Seal, G., *The Hidden Culture: Folklore in Australian Society*, Melbourne 1989.
Serle, G., *From Deserts the Prophets Come*, Melbourne 1973.
Shoemaker, A., *Black Words, White Pages: Aboriginal Literature 1929–1988*, St Lucia (Queensland) 1990.
Sinclair, K., *A Destiny Apart: New Zealand's Search for National Identity*, Wellington 1986.
Smith, B., Smith, F. B., *Australian Painting*, Sydney 1992.
Smith, F. B., Goldberg, S. L. (Hrsg.), *Australian Cultural History*, Cambridge (GB) 1991.
Sturgeon, G., *The Development of Australian Sculpture*, London 1978.
Thompson, E., *Fair Enough: The Politics of Egalitarianism in Australia*, Kensington (New South Wales) 1994.
Ward, R., *The Australian Legend*, Melbourne 1958 (und weitere Auflagen).
Whitlock, G., Carter, D. (Hrsg.), *Images of Australia*, St Lucia (Queensland) 1992.
Wilde, W. H., Hooton, J., Andrews, B., *The Oxford Companion to Australian Literature*, Melbourne 1995.

DIE PAZIFIKINSELN

Archäologie und einheimische Kultur

Allen, J., Golson, J., Jones, R. (Hrsg.), *Sunda and Sahul: Prehistoric Studies in Southeast Asia, Melanesia and Australia*, London 1977.
Bellwood, P., *The Polynesians*, London 1987.
Böhm, K., *Das Leben einiger Inselvölker Neuguineas. Beobachtungen eines Missionars auf den Vulkaninseln Manam, Biem und Ubrub*, St. Augustin 1975.
Böhme, H. H., *Der Ahnenkult in Mikronesien*, Leipzig 1937.
Brake, B., McNeish, J., Simmons, D., *Art of the Pacific*, Oxford 1979.
Crawford, P., *Nomaden des Windes*, Köln 1995.
Feil, D. K., *The Evolution of Highland Papua New Guinea Societies*, Cambridge (GB) 1987.
Gladwin, T., *East is a Big Bird: Navigation and Logic on Pulawat Atoll*, Cambridge (Mass.) 1970.
Gondolier, M., Strathern, M. (Hrsg.), *Big Men and Great Men: Personification of Power in Melanesia*, Cambridge (GB) 1991.
Heermann, I., Meuter, U., *Schmuck der Südsee. Ornament und Symbol*, München 1992.
Irwin, G., *The Prehistoric Exploration and Colonization of the Pacific*, Cambridge (GB) 1992.
Käser, L., *Die Besiedlung Mikronesiens. Eine ethymologisch-linguistische Untersuchung*, Berlin 1989.
Kelm, H., *Kunst vom Sepik*, Berlin 1966.
Kirch, P. V., *The Evolution of the Polynesian Chiefdoms*, Cambridge (GB) 1984.
Lehmann, F. R., *Die polynesischen Tabusitten*, Leipzig 1930.
Lewis, D., *We, the Navigators: The Ancient Art of Landfinding in the Pacific*, Canberra 1972.
Malinowski, B., *Argonauten des westlichen Pazifik. Unternehmungen und Abenteuer der Eingeborenen von Melanesisch-Neuguinea*, Hamburg 1984.
Metge, J., *The Maoris of New Zealand: Rautahi*, London 1976.
Oliver, D. L., *Oceania: The Native Cultures of Australia and the Pacific Islands*, Honolulu 1989.
Prachan, J., *Das Geheimnis der Osterinsel*, München 1991.
Schlesier, E., *Die Erscheinungsformen des Männerhauses und das Klubwesen in Mikronesien*, 's-Gravenhage 1953.
Schultze-Westrum, T., *Neu-Guinea, Papua, Urwelt im Aufbruch*, Bern 1972.
Speiser, F., *Versuch einer Siedlungsgeschichte der Südsee*, Zürich 1946.
Steinbauer, F., *Melanesische Cargo-Kulte. Neureligiöse Heilsbewegungen in der Südsee*, München 1971.
Sterly, J., *Kumo. Hexer und Hexen in Neu-Guinea*, München 1987.
Stingl, M., *Südseeparadiese. Inseln, Träume und Kulturen*, Düsseldorf 1993.
Strathern, A. J., *The Rope of Moka: Big-men and Ceremonial Exchange in Mount Hagen, New Guinea*, Cambridge (GB) 1971.
Tischner, H., *Kulturen der Südsee. Einführung in die Völkerkunde Ozeaniens*, Hamburg 1958.
Uhlig, H., *Geheimnisvolle Südsee. Die Naturvölker Australiens und Ozeaniens*, Bergisch Gladbach 1989.
Urban, M., *Die Haustiere der Polynesier*, Göttingen 1961.
White, J. P., O'Connell, J. F., *A Prehistory of Australia, New Guinea, and Sahul*, Sydney 1982.
Worsley, P., *Die Posaune wird erschallen. ›Cargo‹-Kulte in Melanesien*, Frankfurt am Main 1973.

Europäische Visionen vom Pazifikraum

Anderson, C. R., *Melville in the South Seas*, New York 1939.
Beaglehole, J. C. (Hrsg.), *The Journals of Captain James Cook on his Voyages of Discovery*, 4 Bände, Cambridge (GB) 1955–1974.
Bligh, W., *Aus dem Logbuch der »Bounty«. Im Jahre 1793 aus dem Englischen übertragen und mit Anmerkungen begleitet von Georg Forster*, Hamburg 1963.
Daws, G., *A Dream of Islands*, London 1980.
Day, A. G., *Adventurers of the Pacific*, New York 1969.
Ders., *Jack London in the South Seas*, Boston 1979.
Ders., *James A. Mitchener*, Boston 1977.
Ders. (Hrsg.), *Melville's South Seas: An Anthology*, New York 1970.
McLaren, J., *New Pacific Literatures: Culture and Environment in the European Pacific*, New York 1993.
Pearson, B., *Rifled Sanctuaries: Some Views of the Pacific Islands in Western Literature to 1900*, Auckland 1984.
Ritz, H., *Die Sehnsucht nach der Südsee. Bericht über einen europäischen Mythos*, Göttingen 1983.
Schneeberger, P.-F., *Gauguin und Tahiti*, Stuttgart 1991.
Smith, B., *European Vision and the South Pacific*, New Haven 1992.
Spate, O. H. K., *The Pacific Since Magellan*, Canberra 1988.
Taillemite, E., *Die Entdeckung der Südsee. Auf der Suche nach der ›terra incognita‹*, Ravensburg 1991.

Der Südpazifik heute

Crocombe, R. u.a. (Hrsg.), *Culture and Democracy in the South Pacific*, Suva (Fidschi) 1992.
Draguhn, W., Hofmeier, R., Schönborn, M., *Politisches Lexikon Asien und Südpazifik*, München 1989.
Ehrhart, S., *Die Südsee. Inselwelten im Südpazifik*, Köln 1993.
Fairburn, T. I. J. u.a., *The Pacific Islands: Politics, Economics and International Relations*, Honolulu 1991.
Fischer, H., *Warum Samoa? Touristen und Tourismus in der Südsee*, Berlin 1984.
Gewertz, D. B., Errington, F. K., *Twisted Histories, Altered Contexts: Representing the Chambri in a World System*, Cambridge (GB) 1991.
Henningham, S., *France and the South Pacific*, Sydney 1992.
Hereniko, V., *Art in the New Pacific*, Suva (Fidschi) 1979.
Hoadley, S., *The South Pacific Foreign Affairs Handbook*, Sydney 1992.
Jolly, M., MacIntyre, M. (Hrsg.), *Family and Gender in the Pacific: Domestic Contradictions and the Colonial Impact*, Cambridge (GB) 1989.
Kreisel, W., *Die pazifische Inselwelt*, Darmstadt 1991.
McCall, G., *Rapanui: Tradition and Survival on Easter Island*, Sydney 1994.
O'Meara, T., *Samoan Planters: Tradition and Economic Development in Polynesia*, Fort Worth (Texas) 1990.
Ravuvu, A., *Development or Dependence: The Pattern of Change in a Fijian Village*, Suva (Fidschi) 1988.
Robie, D., *Blood on their Banner: Nationalist Struggles in the South Pacific*, London 1989.
Robillard, A.D. (Hrsg.), *Social Change in the Pacific Islands*, London 1992.
Stingl, M., *Kunst der Südsee*, Leipzig, München 1985.
Vinke, H., *Wir sind wie die Fische im Meer. Mikronesien, verseucht, verplant, verdorben*, Zürich 1984.
Weingartner, E., *The Pacific: Nuclear Testing and Minorities (Minority Rights Group Report)*, London 1991.
Weissbach, M. und U., *Südsee*, München 1994/95.

Neuere Belletristik von Schriftstellern aus der Pazifikregion

Eri, V., *The Crocodile*, Harlow (GB) 1970. (Papua-Neuguinea).
Grace, P., *Waiariki and Other Stories*, Auckland 1986. (Aotearoa).
Hau'ofa, E., *Tales from the Tikongs*, Auckland 1983. (Tonga).
Hulme, K., *The Bone People*, London 1983. (Aotearoa).
Ihimaera, W., *Tangi*, Auckland 1973. (Aotearoa).
Subramani, *South Pacific Literature*, Suva (Fidschi) 1985 (rev. 1992).
Wendt, A., *Lali: A Pacific Anthology*, Auckland 1980.
Ders., *Leaves of the Banyan Tree*, London 1980. (West-Samoa).

BILDQUELLENVERZEICHNIS

Abkürzungen: o = oben, ol = oben links, or = oben rechts, M = Mitte, u = unten usw.

APA = Axel Poignant Archive, London; AOL = Andromeda Oxford Ltd; ATL = Alexander Turnbull Library, Neuseeland; AWM = Australian War Memorial; BAL = Bridgeman Art Library, London; BCL = Bruce Coleman Limited, London; BL = British Library, London; CPA = Codex Photographic Archive; ETA = E. T. Archive, London; FSP = Frank Spooner Pictures, London; HL = Hutchison Library, London; HDC = Hulton Deutsch Collection, London; MC = Mansell Collection, London; MEPL = Mary Evans Picture Library, London; ML = Mitchell Library, Sydney; MSI = Mirror Syndication International, London; NGA = National Gallery of Australia; NGV = National Gallery of Victoria; NHM = National History Museum, London; NHPA = National History Photographic Agency, Großbritannien; NLA = National Library of Australia; NMM = National Maritime Museum, London; NMNZ = National Museum of New Zealand; PRM = Pitt Rivers Museum, Oxford; RGS = Royal Geographical Society, London; RHPL = Robert Harding Picture Library, London; RNK = Rex Nan Kivell Collection; SLNSW = State Library of New South Wales; SLV = State Library of Victoria; WFA = Werner Forman Archive, London.

Seite

8/9 Ile des Pins, Neukaledonien: Christine Osborne.
11 Devil's Marbles, südlich des Tennant Creek, Northern Territories: RHPL/Michael Botham.
14/15 Coral Beach, Upolu, West-Samoa: RHPL/James Strachan.
17 White Island (Whakaari), Neuseeland: G. R. Roberts.
19 Aitutaki-Atoll, Cook-Inseln: G. R. Roberts.
20/21 Waldrodung, Zentralprovinz, Papua-Neuguinea: RHPL/Ian Griffiths.
22 Hienghene, Neukaledonien: Christine Osborne.
25 Heiße Quellen, Cathedral Rocks, Neuseeland: G. R. Roberts.
27 Bungle-Bungle-Gebirgskette, Purnululu-Nationalpark, Australien: Photo Index/Richard Woldendorp.
28 l Graues Riesenkänguruh: NHPA.
28 r Kiwi: BCL.
28/29 Schnabeltier: BCL.
29 ol Koala: NHPA.
29 or Allfarblori: NHPA.
29 ur Leierschwanz: NHPA.
30 Wüstenlandschaft, Australien: Christine Osborne.
31 Steinerner Anhänger, eine Muschel darstellend und auf der Brust getragen, maorisch, um 11. Jahrhundert, Okains Bay, Banks-Halbinsel: WFA/Canterbury Museum, Christchurch.
32/33 *Group of Aborigines at Chowilla Station*, Foto von Charles Bayliss: NGV.
34 o Anthropomorphe Fotografie eines australischen Ureinwohners: PRM.
34 u Grafik von John Fuller, Cambridge.
36/37 Uluru (Ayers Rock): Christine Osborne.
38 o *Lightning Brothers*, Felsmalerei an einem Felsüberhang bei Garnawalla, Northern Territory: Josephine Flood.
38 u und 39 u Grafik von John Fuller, Cambridge.
39 o Quandong-Baum: Christine Osborne.
40 *Corroboree around a campfire* von Joseph Lycett: NLA.
41 o Rindenunterstand der Aborigines: Christine Osborne.
41 u Lager der Aborigines um 1830: Rhodes House, Oxford.
42 *By Water to Parramatta* von J. Heath, 1798: Ashmolean Museum, Oxford.
43 o Dingo: NHPA/Martin Harvey.
43 u Brennendes Grasland: NHPA/ANT.
44 *Firestick carried by Mannalargenna* von Thomas Bock, 1834: PRM.
45 l Bumerangs: PRM.
45 r Pukamini-Pfähle: Christine Osborne.
46 o Panaramittee-Felsgravierungen, South Australia: Josephine Flood.
46 u Felsmalerei aus Kakadu, Northern Territory National Park: Josephine Flood.
47 l *Bardadany* von Paddy Carlton (Joolama), 1992, Erdpigmente und natürliche Bindemittel auf Holz: NGV.
47 or *Dream of Two Women* von Ronnie Tjampitjinpa, 1990, Acryl auf Leinwand: BAL.
47 ur Mit Knochen bemalter Gunwinggu-Tänzer: AIATSIS/Jon Altman.
49 Tanz der Aborigines: Christine Osborne.
50/51 Bora Bora, Französisch-Polynesien: RHPL.
52 Taroanbau: G. R. Roberts.
53 ol Ambun-Stein: WFA/Philip Goldman Collection, London.
53 ur Entwässerungsgraben, Kuk, Neuguinea: Australian National University.
54 und 55 o Grafik von John Fuller, Cambridge.
55 u Pflanzen von Yams in Fidschi: Peter Crawford, Bristol.
56 o Steinstößel in Vogelform, Papua-Neuguinea: Museum of Mankind, London.
56 u Bankivahuhn: BCL/Jane Burton.
57 Grabstätte Roy Matas, Eretoka, Vanuatu: aus Garanger, 1972.
59 Brotfrucht: G. R. Roberts.
60 Zeremonien-Breitbeil: WFA/NMNZ.
61 Lange weiße Wolke, Aotearoa: G. R. Roberts.
62/63 Haurakigolf, Neuseeland: WFA.
64/65 Rekonstruktion eines polynesischen Segelkanus: Peter Crawford, Bristol.
66 o *Latte*-Pfeiler auf Tinian, gezeichnet auf George Ansons Seereise: Bernice T. Bishop Museum, Honolulu.
66 Ml *Latte*-Steine bei Agaña, Guam: RHPL.
66 r Grafik von John Fuller, Cambridge.
67 Außenmauer der umfriedeten Begräbnisstätte von Nan Douwas, Pohnpei: HL.
68 Aufschichten von Yams vor dem Yamshaus, Trobriand-Inseln: HL.
69 Ha'amonga 'a Maui, Trilithon, Tongatapu: HL/Michael MacIntyre.
70 o Rindenbaststoff *(tapa)* aus West-Samoa: RHPL/James Strachan.
70 ul Zurechthauen eines Einbaum-Kanus, Sepik-Region, Papua-Neuguinea: RHPL/M. A. Mackenzie.
70 ur Kämme aus Palmblättern, Salomonen, um 1900: John Hillelson Agency/Brian Brake/Auckland Museum.
71 ol Betelkauer: RHPL/Sassoon.
71 or Zubereiten von *yaqona*, Fidschi: RHPL.
72 Muschelgeld, Malaita: HL/Michael MacIntyre.
74 o Tahitianische Kriegskanus von William Hodges: NMM.
74 u Maori-Paddel, Sydney Parkinson zugeschriebene Aquarellzeichnung: BL.
76 One Tree Hill, Auckland: G. R. Roberts.
77 o Federmantel eines Häuptlings, Hawaii, um 1840: PRM.
77 u Arahurahu-*marae*, Tahiti: WFA.
78/79 Grafik von John Fuller, Cambridge.
80 l Figuren von Vogelmenschen, Orongo: RHPL.
80 r Steinfigur mit Kopfbedeckung: RHPL.
81 M und u Grafik von John Fuller, Cambridge.
81 Mr Gemeißelter Kopf, Ranu Raruku: RHPL.
82 o Tätowierung eines Mannes, Samoa: RHPL/James Strachan.
82 ul Abwaschen nach einer Tätowierungssitzung: HL/Michael MacIntyre.
82/83 Tätowierungssitzung, Ost-Papua: RHPL.
83 o *Portrait of a New Zealand Man*, Federzeichnung und Tusche, von Sydney Parkinson, um 1769: BL.
84/85 Hewa-Männer, Hochland von Neuguinea: M. A. Mackenzie.
85 Geschnitztes Paddel, Santa Isabel, Salomonen: John Hillelson Agency/Brian Brake/Auckland Museum.
86 ul Männer mit langem Perücken-Kopfschmuck, Mount Hagen: RHPL/M. A. Mackenzie.
86 ur Hewa-Frau: RHPL/M. A. Mackenzie.
86/87 o Huli-Mann mit Perücke: RHPL.
87 ul Sich das Gesicht schminkender Huli-Mann: HL/Isabella Tree.
87 ur Kopfschmuck mit Federn: RHPL.
88 Für den zeremoniellen Austausch angepflockte Schweine, Hochland von Neuguinea: HL.
89 Mann mit *kula*-Kanu: RHPL/David Holdsworth.
90 o *Tanua* oder *tatanua*-Maske: Otago Museum, Neuseeland.
90 ul Neuguineanische Haustür mit »Röntgenbild«-Malerei: WFA/Museum für Ethnologie, Leiden.
90 ur Geschnitzter Stopfen einer heiligen Flöte: WFA/mit freundlicher Genehmigung der Entwhistle Gallery, London.
91 Schlitztrommeln, Vanuatu: HL/Michael MacIntyre.
92 M Dachdecken in Fidschi: HL/Maurice Harvey.
92 u Traditionelles Haus, Tonga: HL.
92/93 o *Maneaba*, Kiribati: RHPL.
93 u *Tambaran*-Haus, mittlere Sepik-Region, Papua-Neuguinea: HL/Nigel Sitwell.
94 Steingeld, Yap: RHPL/Earl Young.
95 Palauanisches Perlengeld: Bernice T. Bishop Museum, Honolulu.
96 Schlamm-Mann, Asarotal, Papua-Neuguinea: M/Philip Jones Griffiths.
97 *Government Farm at Rose Hill*, unbekannter Künstler, um 1791: NHM.
100 Vlamingh-Teller: NLA.
101 o Karte Neuguineas, 1593, aus *Speculum Orbis Terrae* von Gerard und Cornelius de Jode, fol. 12r: Maritiem Museum, Rotterdam.
101 u Detail aus Hessel Gerritsz' Karte des Pazifischen Ozeans: Bibliothèque Nationale, Paris.
102 o Karte des Beatus: MAS (Arxiu Mas), Barcelona.
102 u *Typus Orbis Terrarum* von Abraham Ortelius, Antwerpen 1570: BL.
103 o Karte von Neuholland von Robert de Vaugondy aus *Histoire des Navigations aux Terres Australes*: BL.
103 u *General Chart of Terra Australis* von Matthew Flinders, 1829: BL.
104 o Tasmans Karte des nördlichen Teils der Südinsel und der Westküste der Nordinsel: MS Kolonialarchive, Den Haag.
105 o Porträt William Dampiers von Thomas Murray, 1698: National Portrait Gallery, London.
105 u Tasman mit seiner Familie von Jacob Gerritsz Cuyp: ETA/National Museum, Canberra.
106 l Porträt James Cooks von William Hodges, um 1775: NMM.
106 r Von Cook auf seinen späteren Reisen benutzter Chronometer: NMM.
107 o *HMS Resolution* von Henry Roberts: ML/Image Library/SLNSW.
107 u *Death of Captain Cook* von J. Cleveley: ETA.
108 Illustration aus einer 1805 erschienenen Ausgabe der *Lusiaden*: CPA.
109 o Robinson Crusoe darstellender Stich, 1745: CPA.
109 u Illustration aus *Der Schweizerische Robinson* von Johann Rudolf Wyß: Bodleian Library, Oxford.
110 o und u Illustrationen aus *Gullivers Reisen* von Jonathan Swift: CPA.
111 *A Group on the North Shore of Port Jackson, New South Wales* von Thomas Watling, um 1794: NHM.
112 M Querschnitt der *HMS Beagle*.
112 ul Porträt Joseph Banks' von Sir Joshua Reynolds: mit freundlicher Genehmigung von Herrn Clive Gibson, London.
112 ur Johann Reinhold und Georg Forster, nach T. F. Rigaud: Österreichische Nationalbibliothek, Wien/Lichtbild-Werkstätte Alpenland.
112/113 M Bild eines Tuis von Georg Forster: NHM.
113 or Von William Dampier gemalte Vögel, aus dem Bericht über seine Reise nach Neuholland: PRM.
113 or Baumfuchsie von James Miller, nach Sydney Parkinson: NHM.
113 u Louis XVI. gibt La Pérouse Anweisungen, von Nicolas André Monsiau: Réunion des Musées Nationaux.
116 o *Sauvages des Iles de l'Amirauté*, Stich von Copia nach Piron, in Labillardières *Relation du voyage à la recherche de La Pérouse*, Atlas (1797): Bodleian Library, Oxford.
116 u *Oaitepeha Bay (Tautira Bay), Tahiti* von William Hodges, Öl auf Leinwand, 1776: NMM.
117 l *Poedooa (Poetua), Daughter of Oree, Chief of Ulietea (Raiatea), one of the Society Islands* von John Webber, um 1780: NLA.
117 or *Two of the Natives of New Holland advancing to Combat* von T. Chambers, nach Sydney Parkinson, 1773: ML/Dixson Collections/Image Library/SLNSW.
117 ur *Omai, Banks and Solander* von William Parry, um

1776: mit freundlicher Genehmigung von Herrn Clive Gibson, London.
118/119 o Französische Tapete *Les peuples de l'océan pacifique* von J.-G. Charvet, 1805: Australian National Gallery, Canberra.
118/119 u Illustration aus *Taipi*: Linda Proud.
120 o *Merahi Metua No Tehamana* von Paul Gauguin: Arts Institute, Chicago.
120 ul *Selbstporträt mit Götterbild* von Paul Gauguin, um 1893: Marion Koogler McNay Art Institute, San Antonio, Texas.
120/121 *Te Raau Rahi* von Paul Gauguin, 1891: Cleveland Museum of Art.
121 *Hina Tefatou* von Paul Gauguin: Museum of Modern Art, New York.
123 Reisebroschüre für die Cook-Inseln: AOL.
125 Fernão de Magalhães: RHPL.
126 Angriff auf Tasmans Schiffe: ATL.
127 Englischer Offizier ersteht im Tauschhandel Langusten von den Maori, Joseph Banks zugeschrieben: MSI/Aldus.
128 o *A Devilish Propensity to Theiving*, aus *The Voyage of La Pérouse*, 1798: Bodleian Library, Oxford.
128 u Hohepriester von Tahiti tritt den Distrikt der Matavai-Bucht an Missionare ab, Stich: HDC.
129 Boxkampf, von John Webber: CPA.
130 Jagd auf Pottwale, von W. Read: NLA.
132 M Grafik von John Brennan.
132 u Firstbalken und Dachsparren von Te Hau ki Turanga: NMNZ/WFA.
132/133 Versammlungshaus Te Hau ki Turanga: NMNZ/WFA.
134 o *Heitiki* aus Grünstein: WFA/Museum of Mankind, London.
134 u Unterzeichnung des Vertrags von Waitangi: ATL/National Library of New Zealand.
136/137 Maori-Dorf innerhalb eines *pa* bei Petre, Wanganui, Lithographie von E. Walker: ATL.
137 o Die *Sirius* läuft 1788 mit Konvoi in die Botany Bay ein, von William Bradley: Image Library, SLNSW.
138 o Gouverneur Daveys Proklamation: G. R. Roberts.
138 u Bild Truganinis, von Thomas Bock, um 1831: Tasmanian Museum & Art Gallery, Hobart.
139 Aborigines in Ketten: NLA.
140 o Porträt William Blighs, von John Smart: mit freundlicher Genehmigung der National Portrait Gallery, London.
140 u *The Mutiny on the Bounty* von Robert Dodd, 1790: NLA.
141 ul Pitcairn-Insel: Michael Brooke.
141 Mr Die Glocke der *Bounty*: Michael Brooke.
141ur Das Haus Thursday October Christians: Michael Brooke.
143 Der Mord an Reverend John Williams: ETA.
145 *Blackbirding*, Stich, 1872: NLA.
146 o Tag der Proklamation, 1844, Papua-Neuguinea: National Archives and Public Records Services, Papua-Neuguinea.
146/147 Cargo-Kult-Bildwerke: Sir David Attenborough.
147 Kaipel trägt Schild mit dem Logo einer Biermarke: Michael O'Hanlon, Museum of Mankind, London.
148 *Portsmouth Harbor with Prison Hulks* von Louis Garneray, um 1814: NLA.
149 o *Convicts embarking for Botany Bay* von Thomas Rowlandson, um 1787/88: NLA.
149 u Captain Arthur Phillip, von Francis Wheatley: ML/Image Library/SLNSW.
150 In Käfige gesperrte Gefangene auf einem Transportschiff nach Australien: HDC.
151 Norfolk: G. R. Roberts.
153 o Sträflinge, aus *Voyages dans les deux océans* von E. Delessert, 1848: SLV.
153 u *The Convict Railway* von G. C. Mundy, in: *Our Antipodes*, 1852: NLA/RNK.
154 u Reverend Samuel Marsden: Image Library/SLNSW.
154/155 *Convict Uprising at Castle Hill*, unbekannter Künstler: NLA/RNK.
155 *Female Factory at Parramatta* von Augustus Earle: NLA/RNK.
156 o Porträt John Bigges, unbekannter Künstler: Image Library/SLNSW.
156 u Porträt Lachlan Macquaries, von Richard Read sen.: Image Library/SLNSW.
157 Frauenimmigration, von A. Ducotes, 1832: NLA/RNK.
158 o Entlassungsschreiben: NLA.
158 u Brücke am Ross River, Tasmanien: Matthew Kneale.
159 Sträflingsporträts: Queen Victoria Museum and Art Gallery, Launceston.
160 o Macquarie Harbor, von William B. Gould: APA.
160 u Port Arthur: Matthew Kneale.
161 o Friedhof auf Norfolk: G. R. Roberts.
161 ul Gedenkstein auf der Ile des Pins: Christine Osborne.
161 ur Kapelle von Port Arthur: Matthew Kneale.
162 *Elizabeth Farm, Parramatta* von Joseph Lycett, Aquatinta: NLA/RNK.
163 Blighs Festnahme während des Rumaufstandes, unbekannter Künstler: Image Library/SLNSW.
164 Werbung für die Kinoadaption von *For the Term of His Natural Life* im Jahr 1908. Archives Office of Tasmania.
164/165 Farmszene in New South Wales, um 1895: Image Library/SLNSW.
166 u Katherine Mansfield: HDC.
166/167 *A Primrose from England* von Edward Hopley, 1856: BAL.
168 l Donald Bradman und Stan McCabe: Popperfoto.
168/169 o Tanzen des Haka, Rugby-Union-Spiel zwischen Neuseeland und Australien: Allsport.
168/169 u Sydney Cricket Ground: Allsport.
169 or Football nach *Australian Rules*: Allsport/Joe Mann.
170 o Zeichnung des alten Regierungsgebäudes, Parramatta, von William Hardy Wilson: NLA.
170 ur Porträt Francis Greenways: Image Library/SLNSW.
170 ul Zeichnung der St. Matthew's Church, Windsor, von William Hardy Wilson: NLA.
171 o Schafzucht in Neuseeland: RHPL/Adam Woolfitt.
171 u Haus eines Pioniers: HL.
172 ol Ned Kelly in Ketten: AOL.
172 or *Ned Kelly's last fight at Glenrowan*: MEPL.
172 ul *The Trial* von Sidney Nolan, 1947: NGA.
172/173 u Ned Kellys Rüstung: La Trobe Collection/SLV.
173 o Siedler in Rindenhütte: La Trobe Collection/SLV.
174 o Charles Sturt, um 1865: Bodleian Library/Rhodes House Library Ms.Austral.s.5.d.
174 M John King mit dem Leichnam Robert Burkes: MEPL.
174 u Thomas Baines mit einem Krokodil: RGS.
175 ol John McDouall Stuart: ETA.
175 or Ernest Giles, 1875: MEPL.
177 Ein *digger* und seine Kameraden am Eingang zu einer Goldmine: Powerhouse: Museum of Applied Arts and Sciences, Sydney.
178 Lower High Street, Dunedin, 1907: Hardwick Knight Collection, Otago Early Settlers Museum.
179 o Ochsenwagen vor einem Hotel im Hinterland: La Trobe Collection/SLV.
179 u Melbournia Terrace, Melbourne: HL/Bernard Regent.
180 o *The Workman's Cross, Disunion*, aus dem *Bulletin*, 1891: La Trobe Collection/SLV.
180 u *Swagman* auf dem Weg nach Wilcannia, New South Wales: APA.
181 o Standbild aus *Crocodile Dundee*: Kobal Collection, London.
181 u Australische Krankenschwestern vor der Abreise in den Burenkrieg: Australian Archives.
182 l Mittlerer Teil des Triptychons *The Pioneers* von Frederick McCubbin, 1904: NGV.
182/183 o *Wings over Water* von Frances Hodgkins, 1936: BAL.
182/183 u *Shearing the Rams* von Tom Roberts, 1889/90: NGV.
183 or *Old Age* von James Nairn: National Art Gallery, Wellington.
183 u *The Purple Noon's Transparent Might* von Arthur Streeton: NGV.
184 Vida Goldstein: La Trobe Collection/SLV.
186 Luftaufnahme von Canberra: Photo Index/Richard Woldendorp.
187 Richard John Seddon: Otago Early Settlers Museum.
188 ol *Kenneth Soldier* von Sidney Nolan, 1958: AWM.
188 u *Anzac – the Landing* von George Lambert: AWM.
188/189 o Schützengräben bei Gallipoli: AWM.
189 or Verwundetenträger Simpson: AWM.
189 u Kriegsveteranen bei der Parade am Anzac Day: HL.
190 o Arbeitslose während der Wirtschaftskrise in den 30er Jahren: MC.
190 u Phar Lap passiert die Ziellinie, Melbourne Cup 1930: La Trobe Collection/SLV.
195 o Sydney Opera House: HL/Christine Pemberton.
195 u Standbild aus *The Piano*: Kobal Collection, London.
197 Protestmarsch der Aborigines, 1988, Brisbane: RHPL.
198 o Kleine Pfadfinderinnen, Papua-Neuguinea: RHPL.
198 u König Taufa'ahau Tupou IV. von Tonga: Impact Photos/Christopher Cormack.
199 Indische Zuckerrohrschneider, Fidschi: FSP/Gamma/Lochon.
202 Regierungstruppen, Bougainville: FSP/Murphy Sydney.
203 o Französischer Marinestützpunkt, Mururoa: FSP/Gamma.
203 u Kanakenjungen, Neukaledonien: Christine Osborne.
204 l Die versenkte *Rainbow Warrior* im Hafen von Auckland: FSP/Gamma/T. Siegmann.
204/205 Phosphatabbau, Nauru: Magnum/René Burri.
206 l Cricketmatch, Trobriand Inseln: RHPL.
206/207 Volleyball, Vanuatu: RHPL/James Strachan.
207 o Bowling, West-Samoa: RHPL/James Strachan.
207 M Rugby, Cook-Inseln: G. R. Roberts.
207 u Pétanque, Bora-Bora: RHPL/Paul van Rielé.
208 Versammlung von Adventisten, Fidschi: FSP/Gamma/Lochon.
209 Waldrodung, Papua-Neuguinea: HL.
212 l Überquerung eines Flusses, Salomonen: HL/Michael MacIntyre.
212/213 Hochzeitsfest, Lau-Lagune: HL.
213 r Vorbereitungen für ein Festmahl: HL/Michael MacIntyre.
214/215 Sämtliche Bilder: G. R. Roberts.
216 o Musikgruppe der Polizei, Apia: HL.
216 u Feierlichkeiten am Unabhängigkeitstag, Apia: RHPL/James Strachan.
217 o Kirchgänger: HL/Michael MacIntyre.
217 u Straßenszene, Apia: HL.
218/219 *Maneaba*, Kiribati: RHPL/Paul van Rielé.
219 r Dorffest, Kiritimati: RHPL.
220/221 Sämtliche Bilder: Karen Steele, London.
222 Tänzerinnen, Französisch-Polynesien: FSP/Philippe Giraud.
224 Supermarkt, Tari, Papua-Neuguinea: RHPL/Sassoon.

Die kartographischen Daten auf den Seiten 131 und 135 basieren auf Informationen, die dem *New Zealand Historic Atlas* (1996) entnommen wurden.

REGISTER GEOGRAPHISCHER NAMEN

Ein Stichwort, das sich auf eine geographische Angabe bezieht, umfaßt in Klammern eine nähere Bezeichnung sowie den aktuellen Ländernamen wie zum Beispiel Abaiang (Atoll), (Kiribati). Ein mit einem * versehenes Stichwort bezeichnet ein kleineres Gebiet, beispielsweise eine Provinz, ein Königreich oder eine Region.

REGISTER

Kursive Seitenzahlen verweisen auf Bildlegenden.

E

F

G

H

I

J

K

T

U

V

W

X

Y

Z

HOMI=
NES HAC LEGE
SVNT GENERATI,
QVI TVERENTVR
ILLVM GLOBVM,
QVEM IN HOC TEM=
PLO MEDIVM VI=
DES, QVAE TER=
RA DICITVR.
Cicero.
TYPVS ORBI
TERRA SEPT
CIRCVLS ARCTICVS.
ANIAN regnum.
AMERICA SIVE IN DIA NOVA. Ao 1492. a Christophoro Colombo nomine regis Castellæ primum detecta.
Tolm
QVIVIRA regnum.
Totonteac
Ceuola
Marata
Calicuas
Tagil
Chilaga
Noua Fran cia.
Florida
Canagadi
Estotilant
Groclant
Norombega
Culiacan
Hispania noua
Los Bolcanes
Las dos hermanos
Archipelago di
Abreojo
Rocca partida
S.Lazaro
Y de los galopegos
CIRCVLVS AEQVINOCTIALIS
TROPICVS CANCRI
MAR DEL NORT
Caribana
Peru
Amazones
Brasil
Tisnada
Noua Guinea
Islas de Salomon.
MAR DEL ZVR
Insulæ incognitæ
TROPICVS CAPRICORNI
EL MAR PACIFICO.
Hanc continentem Australem, nonnulli Magellanicam regionem ab eius inventore nuncupant.
Chica
Rio de la Plata
C. blanco
Archipelago de las islas
Terra del Fuego
CIRCVLVS ANTARCTICVS.
190 200 210 220 230 240 250 260 270 280 290 300 310 320 330 340
TERRA AVSTRA
HOC
EST PVNCTVM,
QVOD INTER TOT
GENTES FERRO
ET IGNI DIVIDI=
TVR, O QVAM RIDI=
CVLI SVNT MOR=
TALIVM TER=
MINI?
Seneca.
QVID EI POTEST VIDERI MAGN
NITAS OMNIS, TOTIVSQVE MVND